Schriften zum Bibliotheks- und
Büchereiwesen in Sachsen-Anhalt 92

Herausgegeben von
Heiner Schnelling
Universitäts- und Landesbibliothek
Sachsen-Anhalt

Marie-Christine Henning

Inkunabel - Census
der Universitäts- und Landesbibliothek Sachsen-Anhalt in Halle (Saale)

Halle (Saale) 2009

Henning, Marie-Christine
Inkunabel-Census der Universitäts- und Landesbibliothek Sachsen-Anhalt in Halle (Saale) / Marie-Christine Henning. – Halle (Saale) : Univ.- und Landesbibliothek Sachsen-Anhalt, 2009, xvi, 499 S. (Schriften zum Bibliotheks- und Büchereiwesen in Sachsen-Anhalt ; 92)

ISBN 978-3-86829-185-8

© Universitäts- und Landesbibliothek Sachsen-Anhalt, Halle (Saale), 2009

INHALT

Zum Geleit iii

Zur Geschichte der Universitäts- und Landesbibliothek
Sachsen-Anhalt in Halle (Saale) vii

Die Inkunabelsammlung der Universitäts- und Landesbibliothek
Halle (Saale) xi

Der Incunabula Short Title Catalogue (ISTC) xv

Inkunabel - Census 1

Abbildungen 403

Index der Drucker, Verleger und Druckorte 435

Konkordanzen 451

    I) *Gesamtkatalog der Wiegendrucke, einschließlich Manuskript (M)* 451

    II) *Hain's Repertorium bibliographicum* 458

    III) *Proctor's Index* 470

    IV) Goff *Census* (nur Abweichungen vom *ISTC*) 481

    V) VD 16 481

Abkürzungen 483

ZUM GELEIT

Das vorliegende Verzeichnis der Inkunabeln der Universitäts- und Landesbibliothek Sachsen-Anhalt in Halle (Saale) bietet zum ersten Mal in der langen Geschichte einen vollständigen Nachweis aller Inkunabeln in ihren Beständen. Darin sind auch zahlreiche Inkunabeln enthalten, welche die Universitäts- und Landesbibliothek (ULB) aus der Bibliothek der Leucorea, der Universität Wittenberg, nach deren Schließung im Jahre 1817 übernommen hat.

Inkunabeln sind zunächst nichts anderes als Drucke, die in den Jahren bis einschließlich 1500 erschienen sind, einer Zeit also, in der das Druckerhandwerk noch ganz in seinen Anfängen war, im Wortsinn: in seiner Wiege lag. Die Wirkung des für damalige Zeiten unerhörten Verfahrens, mit beweglichen Lettern Bücher in gewaltigen Auflagen herstellen zu können, kann gar nicht überschätzt werden. Davor war man im wesentlichen gezwungen, Bücher entweder abzuschreiben oder aber als Blockbücher zu vervielfältigen; beide Verfahren nahmen viel Zeit in Anspruch und begrenzten den Wirkungsbereich solchermaßen hergestellter Bücher auf einen recht überschaubaren Kreis.

Das neue, revolutionäre Verfahren aber, das Gutenberg in Mainz zur frühen Perfektion brachte, ermöglichte eine Verbreitung von Drucken, für die allein das Attribut ‚explosionsartig' angemessen ist. Bereits im Jahr 1501 existierten 1.120 Druckereien in 254 europäischen Städten, die fast 30.000 verschiedene Werke in mehr als 12 Mill. Exemplaren herstellten: 80 Werkstätten befanden sich in Italien, 52 in Deutschland und 43 in Frankreich; der Rest verteilte sich bereits in jenem Jahr buchstäblich über ganz Europa bis in die Türkei.[1]

Es kann kein Zweifel bestehen, dass die Reformation, nur wenige Jahre danach, ohne die neue Methode, Drucke vergleichsweise preiswert und schnell herstellen zu können, ihre Wirkung kaum so hätte entfalten können. Was für die Martin-Luther-Universität Halle-Wittenberg, deren Bibliothek die ULB ist, von besonderer und dementsprechend auch hier zu würdigender Bedeutung ist. Der Aufstieg der 1502 gegründeten Universität Wittenberg in der ersten Hälfte des 16. Jahrhunderts nicht nur zur führenden protestantischen Universität, sondern gar zu einem der größten Hochschulstandorte Europas wäre wiederum ohne die Reformation nicht vorstellbar. Schon in der 1550er Jahren gab es in Wittenberg, einer Stadt mit 3.000 Einwohnern, aber ebenso vielen Studierenden, mindestens 13 Druckereien[2] und gleich 24 Buchbindereien.[3]

---

[1] Peter Weidhaas, *Zur Geschichte der Frankfurter Buchmesse*. Frankfurt: Suhrkamp, 2003, S. 30.

[2] Christoph Reske, *Die Buchdrucker des 16. und 17. Jahrhunderts im deutschen Sprachgebiet. Auf der Grundlage des gleichnamigen Werkes von Josef Benzing*. Wiesbaden: Harrassowitz, 2007, S. 996ff..

[3] Ernst Hildebrandt, Die kurfürstliche Schloß- und Universitätsbibliothek zu Wittenberg 1512-1547. In: *Zeitschrift für Buchkunde*, 2 (1925), S. 34-42, 109-129, 157-188 (zugl. Diss. phil. Leipzig 1924), hier: S. 177.

Zurück zu den Inkunabeln, und hier insbesondere zur Sammlung der ULB. Sie zählt nicht zu den ganz großen weltweit, mit 1.400 Werken jedoch zu den größeren in Deutschland.[4] Die Sammlung ist nicht planvoll zusammengetragen worden; vielmehr hat sie sich eher im Laufe der Jahrhunderte angesammelt. Ein Schicksal übrigens, das sie mit vielen Inkunabel-Sammlungen teilt: Auch andernorts sind diese Bestände häufig anders als durch sorgfältige bibliothekarische Sammlungstätigkeit entstanden oder vermehrt worden, typischerweise infolge der Säkularisation, aber auch der Bodenreform.[5]

Inkunabeln bilden ohne Zweifel das Herzstück der Rara-Sammlung einer jeden Bibliothek. Darin sind sie mittelalterlichen Handschriften nicht unähnlich. Sie bleiben Höhepunkte von Auktionen weltweit. Bei näherer Betrachtung wird man indessen anerkennen müssen, dass die Grenze 1500, bis zu der Drucke als Inkunabeln bezeichnet werden, lediglich als einigermaßen pragmatisch anzusehen ist. Als ob vom Jahr 1501 an die Welt des Drucks, des Vertriebs oder auch der Rezeption gedruckter Bücher eine so gänzlich andere gewesen wäre als ein Jahr zuvor. Weswegen sich ja auch für die Drucke, die bis 1550 erschienen sind, die Bezeichnung ‚Post-Inkunabel' eingebürgert hat. Der Bestand der ULB spiegelt in sinnfälliger Weise die explosionsartige Verbreitung von Druckwerken zwischen der Mitte des 15. und des 16. Jahrhunderts: Die ULB hat ca. 7.300 Post-Inkunabeln in ihren Beständen,[6] davon sind 5.468 im nationalbibliographischen *Verzeichnis der im deutschen Sprachraum im 16. Jhdt. erschienenen Drucke* nachgewiesen.[7]

Von solchen Verzeichnissen, wie sie in Deutschland für das 17. Jahrhundert[8] bereits vorliegen und für das 18. Jahrhundert[9] gerade entstehen, hat auch der vorliegende Inkunabel-Census ganz entscheidend profitiert. Es handelt sich im vorliegenden Fall um den *Incunabula Short Title Catalogue (ISTC)*, ein international angelegtes Ver-

---

4 Zu nennen sind hier vor allem die Bayerische Staatsbibliothek München, die Württembergische Landesbibliothek Stuttgart, die Staatsbibliothek zu Berlin Preußischer Kulturbesitz oder die Universitätsbibliothek Heidelberg.

5 Karl-Klaus Walther, Zwischen Notaufnahme und Restitution: die Rettung der Bücher in Sachsen-Anhalt; Gedanken und Erinnerungen. In: Bibliothek und Wissenschaft, 42 (2009) [im Druck].

6 Siehe: Manfred Langer (Bearb.), *Katalog der Druckschriften des 16. Jahrhunderts der Universitäts- und Landesbibliothek Sachsen-Anhalt Halle.* Hildesheim: Olms, 2002. CD-ROM Ausgabe. – Ab 2009 werden ca. 8.050 VD16-relevante Drucke im Rahmen eines von der Deutschen Forschungsgemeinschaft geförderten Projekts digitalisiert.

7 http://www.vd16.de/

8 http://www.vd17.de/ Die ULB hat in den Jahren 1995-2008 ihre VD17-relevanten Bestände (ca. 80.000 Titel) in das VD 17 eingebracht. Siehe auch: Dorothea Sommer, Digitalisierung von Drucken des 17. Jahrhunderts an der Universitäts- und Landesbibliothek Halle: Werkstattbericht zu einem DFG-Projekt der Aktionslinie VD16/VD17. In: ABI-Technik, 27 (2007), S. 236-247.

9 Thomas Bürger, Claudia Fabian, Rupert Schaab, Barbara Schneider-Kempf, Heiner Schnelling, Manfred Thaller, Das VD 18: eine Einladung ins 18. Jahrhundert. In: *Bibliothek: Forschung und Praxis*, 32 (2008), pp. 195-202.

zeichnis, das an der British Library in London gepflegt wird, mit einer nationalen Komponente, die von der Bayerischen Staatsbibliothek in München betreut wird. Näheres dazu findet sich im Vorwort zur vorliegenden Ausgabe.

Mit dem vorliegenden Inkunabel-Census werden die in den von der ULB betreuten *Schriften zum Bibliotheks- und Büchereiwesen in Sachsen-Anhalt* bereits erschienenen Veröffentlichungen zu Spezialbeständen der ULB in erfreulicher Weise fortgesetzt; frühere Bände sind den Zeitungsbeständen[10] gewidmet sowie den deutschen und niederländischen Handschriften des Mittelalters.[11]

Mein Dank gilt zunächst Marie-Christine Henning, bis 2006 Leiterin der Abteilung Sondersammlungen der ULB: Sie hat den vorliegenden Census für die Bestände der ULB aufbereitet, und ihr ist es in erster Linie zu verdanken, dass dieser Census nunmehr veröffentlicht werden kann. Sodann gilt mein Dank der bayerischen Staatsbibliothek, insbesondere Frau Dr. Claudia Fabian, Frau Dr. Bettina Wagner sowie Frau Gertrud Friedl, die der ULB den für den Census notwendigen Datenabzug zur Verfügung gestellt und unser Unternehmen an manchen Stellen mit Rat und Tat unterstützt hat. Zu danken habe ich aber auch Herrn Dr. Kristian Jensen (British Library) vom *ISTC*.

Halle (Saale), im Juli 2009

Dr. Heiner Schnelling,
Direktor der Universitäts- und Landesbibliothek Sachsen-Anhalt,
Halle (Saale)

---

[10] Historische Zeitungen in der Universitäts- und Landesbibliothek Sachsen-Anhalt, Halle. Zusammengest. von Julia Sturm, Markus Lucke. Halle: Universitäts- und Landesbibliothek Sachsen-Anhalt, 2006 (Schriften zum Bibliotheks- und Büchereiwesen in Sachsen-Anhalt, Bd. 87). 2006. Siehe dazu auch: Manfred Pankratz / Heinz Bursian, Zeitungen in Sachsen-Anhalt: ein Nachweis. Halle: Universitäts- und Landesbibliothek Sachsen-Anhalt, 2008 (Schriften zum Bibliotheks- und Büchereiwesen in Sachsen-Anhalt, Bd. 91).

[11] Brigitte Pfeil, *Katalog der deutschen und niederländischen Handschriften des Mittelalters in der ULB Sachsen-Anhalt*. Halle: Universitäts- und Landesbibliothek Sachsen-Anhalt, 2008 (*Schriften zum Bibliotheks- und Büchereiwesen in Sachsen-Anhalt*, Bd. 89/1&2).

Zur Geschichte der Universitäts- und Landesbibliothek Sachsen-Anhalt in Halle (Saale)

Die Universtäts- und Landesbibliothek Sachsen-Anhalt in Halle (ULB) ist auf einem zweifachen Fundament errichtet. Sie ist die Universitätsbibliothek der Martin-Luther-Universtät Halle-Wittenberg, d.h. sie ist zuständig für Anschaffung, Sammlung und Bereitstellung der für Lehre und Forschung benötigten Literatur. Seit 1948 ist sie auch die Landesbibliothek des Landes Sachsen-Anhalt. Und in dieser Funktion, die in ihren Wurzeln schon bis 1712 bzw. 1824 zurückreichen[1], ist sie zuständig für die Archivierung aller im Lande erschienen Druckerzeugnisse. Mit ihren umfangreichen Beständen – über 5 Mio. Bände, etwa 110.000 Handschriften und Autographen, ca. 1400 Inkunabeln, 12.300 laufend gehaltene Zeitschriften als gedruckte oder elektronische Ausgaben sowie 283.500 Mikromaterialien ist die ULB die größte wissenschaftliche Allgemeinbibliothek des Landes Sachsen-Anhalt und gehört mit ihren 5,42 Mio. Bestandseinheiten zu den größten Bibliotheken Deutschlands.

Die Bibliothek wurde 1694, zwei Jahre nach der Universität, gegründet. Die ersten Jahrzehnte ihres Bestehens waren gekennzeichnet durch räumliche Notlösungen, mangelnde Finanzausstattung und einem eher zufälligen Bestandsaufbau. 1131 Bände, die der Bibliothek aufgrund eines Bittgesuches der Professoren (gestellt am 22. Juli 1695) an den Kurfürsten Friedrich III. von Brandenburg (1657-1713; reg. ab 1701 als König von Preußen) als Dubletten aus der kurfürstlichen Bibliothek zu Berlin überlassen worden waren, und die auf 500 Taler geschätzte Privatbibliothek des halleschen Juraprofessors Johann Georg Simon (1644-1709) – sie enthielt eine Vielzahl von Werken spanischer Moralisten und Juristen – bilden den Grundstock der Universitätsbibliothek. Die Universität bekam die Bücher Simons jedoch erst nach einem Vergleich mit den Erben.

Bedingt durch die sehr geringen Erwerbungsmittel war die Bibliothek jahrzehntelang auf private Schenkungen in Form von Gelehrtennachlässen und Stiftungen angewiesen. 1709 erhielt die Universitätsbibliothek Halle die 2345 Bände umfassende Privatbibliothek des ersten Oberkurators der Universität Halle, Daniel Ludolf Freiherr von Danckelmann (1648-1709). Wegen des erheblichen Umfangs und des

---

[1] Schon im Dezember 1712 wurden auf Grund eines königlichen Erlasses die halleschen Buchhändler und Buchdrucker verpflichtet, jeweils ein kostenloses Pflichtexemplar an die Königliche Bibliothek in Berlin sowie an die Universitätsbibliothek in Halle abzuliefern. Seit 1824 mußte von jeder in der preußischen Provinz Sachsen erschienene Publikation ein Pflichtexemplar an die hallesche Universitätsbibliothek abgeliefert werden. Vgl. zu den Anfängen des Pflichtexemplarrechts in Sachsen-Anhalt Manfred Langer: Das Pflichtexemplarrecht in Sachsen-Anhalt, in : Wissenschaftliche Bibliotheken nach der Wiedervereinigung Deutschlands. Entwicklung und Perspektive: Kolloquium aus Anlaß des 300jährigen Bestehens der Universitäts- und Landesbibliothek Sachsen-Anhalt am 6. März 1996 in Halle (Saale), hrsg. v. Joachim Dietze und Brigitte Scheschonk, Halle 1996, S. 187-200.

Wertes seines Vermächtnisses verdient dieser vorwiegend aus Werken des 16. und 17. Jahrhunderts bestehende Zuwachs besondere Hervorhebung. Erst Ende des 18. Jahrhunderts verfügte die Bibliothek über einen festen Jahresetat. Somit war – wenn auch im bescheidenen Maße – ein kontinuierlicher und systematischer Bestandsaufbau möglich, der auch weiterhin durch Geschenke ergänzt werden konnte. Eine einigermaßen ausreichende Unterbringung fand die Bibliothek, deren Bestand jetzt ca. 20.000 Bände zählte, in dem 1778 bis 1780 umgebauten und erweiterten Königlichen Salzamt, dem sogenannten Reifhaus, wo sie genau 100 Jahre bis zum Bezug des 1878/80 fertiggestellten neuen Zweckbaus verblieb.

So bescheiden die Anfänge der Universitätsbibliothek Halle auch waren, so wuchsen im 19. Jahrhundert auf der Grundlage eines ständig wachsenden Etats, durch Zuweisungen aus anderen Einrichtungen, die durch die französische Besatzungsherrschaft aufgehoben worden waren (die Dombibliothek Quedlinburg und die Klosterbibliotheken Huysburg, Halberstadt und Magdeburg), durch die Übernahme großer Teile der geschlossenen Universität Wittenberg und des 1824/25 erteilten Pflichtexemplarrechts (vgl. Anm.1) die Buchbestände erheblich an.

1876 übernahm Otto Hartwig als erster hauptamtlich bestellter Bibliotheksdirektor die Universitätsbibliothek Halle mit ihren umfangreichen Beständen von etwa 100.000 Bänden und 1.000 Handschriften. Hartwig stand vor großen Problemen, die gelöst werden mussten: Die Raumnot der Bibliothek war so groß, dass die Neuanschaffungen nicht mehr ordnungsgemäß in den Magazinen untergebracht werden konnten, und die vorhandenen Kataloge wiesen solche Mängel auf, dass sie für die Benutzung der Bibliothek keine Hilfe waren. Zusammen mit dem Universitäts- und Landesbaumeister Ludwig von Tiedemann (1841-1908) sorgte Hartwig dafür, dass nach den bereits vorhandenen Plänen in den Jahren 1878-1880 ein moderner Bibliotheksneubau, der technisch und funktionell auf der Höhe der Zeit war, errichtet wurde.

Mit den Arbeiten an den neuen Katalogen wurde im Oktober 1876 begonnen. Hartwig hatte Regeln aufgestellt, die auf eine einheitliche und einfach zu erfassende Aufnahme der Buchtitel zielten. Sinn und Zweck der Kataloge sah Hartwig in ihren praktischen Gebrauch durch die Benutzer. Für den Alphabetischen Katalog wurde die Titelaufnahme auf längliche Zettel (Format 21,8 x 8,5 cm) geschrieben.. Als Zettelkatalog („Strumpfbandkatalog") – die Zettel wurden alphabetisch geordnet und in handlichen kleinen Bündeln in Kapseln untergebracht – war er so modern wie der Neubau der Bibliothek.

Für den neuen Realkatalog entwarf Hartwig eine eigene Systematik, die die Entwicklung der Wissenschaften berücksichtigte. Er behielt zwar die Bandform bei, doch wurden die Bände, Format 35 cm Breite x 44 cm Höhe, so eingerichtet, dass sie gut zu benutzen waren. Bei seiner Fertigstellung umfasste der Katalog 128 Bände und stellt – über den systematisch geordneten Bestandsnachweis einer Bibliothek hinaus – eine der bedeutendsten wissenschaftlichen Universalbibliographien dar.

Besaß die Bibliothek 1890 bei der ersten genauen Zählung ihres Bestandes 184.300 Bände, so hatte sie 1945 den stattlichen Bestand von 530.00 Bänden erreicht. Zum

Wachstum trugen auch die Übernahme anderer Bibliotheken bei: die Bibliothek des Thüringisch-Sächsischen Geschichtsvereins mit 5000 Bänden, die Bibliothek der 1845 gegründeten Deutschen Morgenländischen Gesellschaft mit einem Bestand von 40.000 Bänden und die Bibliothek der Universitäts-Sternwarte mit 2200 Bänden.

Im Zuge der 3. Hochschulreform der DDR wurden 1969 die ab Ende des 19. Jahrhunderts entstandenen Institus-, Seminar- und Kliniksbibliotheken mit einem Bestand von ca. 1 Mio. Bänden der Bibliothek unterstellt. Nach 1998 hat die ULB von beträchtlichen Mitteln zum Aufbau eines Büchergrundbestandes profitieren können. Ihre umfangreichen Buchbestände – fast 5 Mio. Bände – verteilen sich auf die beiden Hauptgebäude in der August-Bebel-Straße und auf 24 Zweigbibliotheken.

Ausgewählte Literatur zur Geschichte der Universitäts- und Landesbibliothek Sachsen-Anhalt in Halle

Walther, Karl Klaus. Bibliographie zur Geschichte der Universitäts- und Landesbibliothek Sachsen-Anhalt zu Halle. Halle: Universitäts- und Landesbibliothek, 1963 (Schriften zum Bibliotheks- und Büchereiwesen in Sachsen-Anhalt, 18).

Bibliographie zur Geschichte der Universitäts- und Landesbibliothek Sachsen-Anhalt zu Halle. Teil 2 (1962-1995/96. Halle: Universitäts- und Landesbibliothek, 1996 (Schriften zum Bibliotheks- und Büchereiwesen in Sachsen-Anhalt, 72).

Jahresbericht der Universitätsbibliothek Halle 1909-1933, in: Chronik der Preußischen vereinigten Friedrichs-Universität Halle-Wittenberg für die Jahre 1909-1936. Halle 1910-1937.

Krekeler, Jutta. Die Universitätsbibliothek Halle an der Saale während des Dritten Reiches. Abschlußarbeit d. Fachhochschule f. Bibliotheks- u. Informationswesen, Köln 1998 [Typoskript].

Kunze, Horst. Die Universitäts- und Landesbibliothek Sachsen-Anhalt in Halle (Saale). Leipzig: Harrassowitz, 1949.

Mauersberger, Erhardt. u.a., Universitäts- und Landesbibliothek Sachsen-Anhalt. In: Handbuch historischer Buchbestände in Deutschland, Bd. 22: Sachsen-Anhalt. Hrsg. W. Guth. Hildesheim: Olms 2000.

Scheschonk, Brigitte. Die Entwicklung der Universitäts- und Landesbibliothek in Halle (Saale) von 1945 bis 1983. Halle: Universitäts- und Landesbibliothek, 1989 (Schriften zum Bibliotheks- und Büchereiwesen in Sachsen-Anhalt, 34).

Schnelling, Heiner. Die künftige Entwicklung der Universitäts- und Landesbibliothek. In: Die denkmalpflegerische Restaurierung des Hauptgebäudes der Universitäts- und Landesbibliothek Sachsen-Anhalt in Halle. Hrsg. W. Müller/H. Schnelling. Halle: Fliegenkopf-Verlag, 2000, S. 58-73.

Schnelling, Heiner. Strukturfragen einschichtiger Bibliothekssysteme: das Beispiel der Universitäts- und Landesbibliothek Sachsen-Anhalt in Halle (Saale), in: Geschichte, Gegenwart und Zukunft der Bibliothek: Festschrift für Konrad Marwinski. Hrsg. D. Reißmann, München: Saur, 2000, S. 168-179.

Schwarzkopf, Volker G. Die Universitäts- und Landesbibliothek Sachsen-Anhalt und ihre Sondersammlungen. In: 300 Jahre Universität Halle 1694-1994: Schätze aus den Sammlungen und Kabinetten. Hrsg. R.-T. Speler. Halle: Martin-Luther-Universität Halle-Wittenberg, 1994, S. 196-225.

Selbmann, Erhard. Die Universitäts- und Landesbibliothek Sachsen-Anhalt. In: 450 Jahre Martin-Luther-Universität Halle-Wittenberg. Hrsg. L. Stern. Halle: Martin-Luther-Universität, 1952. Bd. 3: Halle-Wittenberg1945-1952, S. 219-225.

Suchier, Wolfram. Kurze Geschichte der Universitätsbibliothek zu Halle 1696 bis 1876. In: Jahresbericht des Thüringisch-Sächsischen Vereins für die Erforschung des vaterländischen Altertums und Erhaltung seiner Denkmale über das 93./94. Vereinsjahr 1912/13. Halle: Gebauer-Schwetschke, 1913, S. 1-67.

Weißenborn, Bernhard. Die hallische Universitätsbibliothek während der 250 Jahre. In: 250 Jahre Universität Halle: Streifzüge durch ihre Geschichte in Forschung und Lehre. Halle: Niemeyer, 1944, S. 308-313.

Wendel, Carl. Die Universitätsbibliothek. In: Die Martin-Luther- Universität Halle-Wittenberg. Halle: 1936, S.137-144.

DIE INKUNABELSAMMLUNG DER UNIVERSITÄTS- UND LANDESBIBLIOTHEK SACHSEN-ANHALT IN HALLE (SAALE)

Die heutige hallesche Inkunabelsammlung ist nicht das Ergebnis gezielter schöngeistiger bürgerlicher oder adeliger Sammeltätigkeit. Viele Inkunabeln sind durch private Vermächtnisse in die Bibliothek gekommen. Andere – wie eine Reihe von Rechtsbüchern aus Halberstadt im 19. Jahrhunderts oder eine wertvolle Sammlung aus Quedlinburg in den dreißiger Jahren des 20. Jahrhunderts – sind vom preußischen Staat der Bibliothek überwiesen worden. Zuweisungen aus den oben genannten aufgehobenen Einrichtungen während der französischen Besatzung Anfang des. 19. Jahrhunderts vergrößerten auch den Inkunabel-Bestand der Bibliothek.

Mit großzügiger finanzieller Unterstützung des Kultusministeriums des Landes Sachsen-Anhalt, der Kulturstiftung der Länder und des Beauftragten der Bundesregierung für Angelegenheiten der Kultur und der Medien konnte die Martin-Luther-Universität Halle-Wittenberg zusammen mit der Universitäts- und Landesbibliothek Sachsen-Anhalt eine wissenschaftlich wie kulturell sehr wertvolle Sammlung von 57 Inkunabeln, die ursprünglich Bestanteil der Bibliothek der Familie Apel in Ermlitz waren, für die Forschung an unserer Universität erwerben.

So gehören heute ca. 1400 Inkunabeln oder Wiegendrucke zum festen Bestand der ULB Halle. Die Inkunabeln sind im Alphabetischen Katalog verzeichnet und besonders gekennzeichnet. Im Realkatalog wurden sie sachlich erschlossen und dementsprechend gesondert aufgestellt. Seit 1962 erfolgte die Aufstellung nach dem Numerus currens.

Ein bedeutender Anteil des Bestandes – 424 Titel – entfällt auf die Theologie: Allgemeines, Systematische Theologie einschließlich Dogmatik und Ethik, Exegetische Theologie einschließlich Bibelausgaben und Übersetzungen, Praktische Theologie einschließlich Liturgik, Hymnologie, Homiletik, Katechetik und Erbauungsschriften, Exegese des Alten und Neuen Testaments, Historische Theologie.

Weitere Schwerpunkte ergeben sich für die Rechtswissenschaft – 248 Titel – Kirchenrecht, Römische Rechtsgeschichte, Dogmatik des römischen Rechts, Zivilprozeß, Deutsche Rechtsgeschichte, Lehnsrecht – drei Ausgaben des Sachsenspiegels; und ein Titel Auswärtiges Recht. Zur Klassischen Philologie liegen 109 Titel vor, darunter Ausgaben der griechischen und römischen Schriftsteller sowie der Kirchenväter. Außerdem finden sich Werke zur Geschichte, Medizin, Philosophie und Astronomie.

Die Inkunabel ist kein Massenprodukt, sondern bildet für sich eine Besonderheit, die so und nicht anders sein sollte. Buchschmuck, Randleisten, Initialen und Druckermarken weisen jede Inkunabel einer bestimmten Werkstatt zu. Zentren des Inkunabeldrucks waren Köln, Augsburg, Leipzig, Straßburg, Nürnberg, Basel, Venedig, Rom, Mailand, Florenz, Paris und Lyon. Hier wurden rund zwei Drittel der Inkunabeln hergestellt.

Aus allen bedeutenden Druckorten der Wiegendruckzeit befinden sich Exemplare in der ULB Halle: 159 Inkunabeln wurden in Venedig gedruckt und 136 in Straßburg. 113 Inkunabeln stammen aus Nürnberg, 101 aus Basel, 93 aus Köln, 76 aus Leipzig, 49 aus Augsburg und 21 aus Mainz. Eine genaue Aufstellung von Drucker und Druckorten findet sich im Anhang des Inkunabel-Kataloges. Die Inkunabeln stellen somit einen repräsentativen Querschnitt der Buchproduktion des ausgehenden 15. Jahrhunderts dar und dokumentieren gleichsam die Entwicklungsgeschichte des Buchdrucks.

15 Drucke von Günther Zainer (gest.1478), dem ältesten Drucker aus Augsburg, gehören zum Bestand der ULB. Zainer stammte aus Reutlingen und war wahrscheinlich Mentelins Schüler in Straßburg, bevor er am 12.3.1468 Bonaventuras „Meditationes" als sein erstes Augsburger Druckwerk herausgab. Zainer verwandte als einer der ersten deutschen Meister Antiqua-Typen. Er pflegte und erweiterte die Ausschmückung seiner Drucke mit Holzschnittinitialen und –randleisten.

Das Reichskloster St. Ulrich und Afra in Augsburg betrieb unter anderem auch eine Druckerei, aus deren Produktion sich drei Exemplare in der halleschen Sammlung befinden. Anfangs eng verbunden mit dieser Werkstatt des Reichsklosters war einer der produktivsten Buchdruckermeister des 15. Jahrhunderts, Anton Sorg (um 1430, gest. um 1493). 180 überwiegend deutschsprachige Titel, darunter viele bildgeschmückte Volksbücher, sind nachweislich in seiner Werkstatt gedruckt worden. 14 Exemplare aus dieser Werkstatt zählen zur halleschen Inkunabel-Sammlung.

Weitere 68 Exemplare des Inkunabelbestandes stammen aus der Werkstatt Anton Kobergers (1440-1513) aus Nürnberg. Koberger zählt zu den bedeutendsten Druckern, Buchhändlern und Verlegern des 15. Jahrhunderts. Seine 1470/71 gegründete Druckerei war die bedeutendste in Deutschland. Er gilt als Hauptdrucker der spätmittelalterlichen Schulgelehrsamkeit. Etwa 250 meist umfangreiche Werke, gab er heraus, darunter großartige Holzschnittwerke, wie eine deutsche Bibel (1483), Stephan Fridolins *Schatzbehalter der wahren Reichtümer des Heils* (1491) und Hartmut Schedels *Weltchronik* (1493).

Zu den wertvollsten Stücken des Inkunabelbestandes der ULB Halle gehört ein Exemplar der deutschen Bibel, gedruckt von 1466 von Johann Mentelin, dem ältesten Drucker in Straßburg. Wie Gutenbergs 42zeilige lateinische Bibel das erste in Europa mit beweglichen Lettern gedruckte repräsentative Buch ist, hat die von Mentelin gedruckte deutsche Bibel eine ebenso große Wirkung ausgeübt. Diese erste gedruckte deutschsprachige Bibel, die die erste gedruckte Bibel in einer lebenden Sprache war, blieb ungeachtet aller Übersetzungsfehler der Standardtext aller deutschen Bibeln vor Luther. Bis zu Luthers Bibelübersetzung folgten weitere 17 deutsche Bibel-Ausgaben, die alle auf der Mentelin-Bibel fußten. Der „Gesamtkatalog der Wiegendrucke" (GW), Berlin 1930 weist nur noch 12 Exemplare dieser Bibel in Deutschland nach.

Des weiteren besitzt die ULB Halle ein Exemplar von Hartmut Schedels *Liber cronicarum cum fiuris et ymaginibus ab inicio mundi* - kurz „Schedels Weltchronik" genannt. Dieses Werk ist eines der kostbarsten Schöpfungen der Buchdruckerkunst und durch und durch ein Nürnberger Erzeugnis: Der Nürnberger

Buchdrucker Anton Koberger (1440-1513) hat die Chronik in seiner großen Werkstatt gedruckt. Die Herstellung der Einheit von Text und Bild stellte hohe Ansprüche an die Gestaltung der Seiten und machte die Arbeit an Satz und Druck sehr schwierig. Zwei Nürnberger Kaufleute, Sebald Schreyer (1446-1520) und Sebastian Kammermeister, gaben das Werk in Auftrag und das Geld für sein Gelingen. Die 645 Holzschnitte für die 1809 Abbildungen haben die Nürnberger Künstler Michael Wolgemut (1434-1519) und Wilhelm Pleyderwurff (gest. 1494) geschaffen. Den Text verfasste der Nürnberger Stadtphysikus Hartmut Schedel (1456-1514), der wie seine Freunde, die Humanisten Celtis, Pirckheimer, Tucher und andere, trotz aller beruflichen Belastungen und amtlicher Pflichten seinen umfassenden Interessen an Kunst, Literatur und Wissenschaft nachging.

Schedels *Liber cronicarum ...* setzt die Tradition der mittelalterlichen Weltchroniken fort und ist ihnen mehr verpflichtet als der beginnenden Quellenkritik der Humanisten. So folgt er in seiner Darstellung dem Geschichtsbild, das auf den altkirchlichen Theologen Aurelius Augustinus (354-439) zurückgeht.

Die 645 Holzschnitte, von denen viele mehrfach benutzt wurden, schmücken die Chronik. Kleinformatige Abbildungen - zumeist fiktive Personenporträts, die einzeln oder als Reihe neben- oder untereinander stehen oder auch in den zahlreichen Stammbäumen verwendet werden, wechseln mit großen, halb- oder ganzseitigen Illustrationen. Die größten Holzschnitte nehmen zwei ganze Seiten ein. Auch von den großen Illustrationen sind viele, darunter auch zahlreiche Stadtansichten, fiktive Darstellungen. Nach der Realität gezeichnet sind ca. 30, darunter die Ansichten von Nürnberg, Erfurt und Magdeburg.

Die Illustrationen und großen Initialen sind handkoloriert. Am Ende des Registerbandes ist mit Hand die Jahreszahl 1550 eingetragen, so dass wir annehmen dürfen, dass in diesem Jahr die Chronik farblich ausgestaltet wurde.

Weiterhin zu nennen sind so interessante Werke wie: *die spieghel vã sassē vã // alle keyserlike rechten* (Sachsenspiegel, holländisch), Delft, [Jacob von der Meer, nach d. 14.2.1483], einzig bis jetzt bekanntes vollständiges Exemplar mit Titelblatt; Justitianus *Institutiones*, Pergamentdruck, Mainz: P. Schöffer, 1468; ein niederdeutscher *Bibeldruck* - eine der vier vorreformatorischen Bibeln in Niederdeutsch - mit Glossen nach den Postillen des Nicolaus de Lyra, Lübeck: Steffen Arndes, 19. Nov. 1494; Stephan Fridolins *Schatzbehalter der wahren Reichtümer des Heils*, Nürnberg: Anton Koberger, 8. Nov. 1491. Vorhanden ist außerdem Antonius Florentinus, *Opus historiale (Chronicon;* Basel: Nikolaus Kessler, 1491, gebunden in einem spätmittelalterlichen Ketteneinband).

Erwähnung verdient auch ein Ablaßbrief für Paulinus Chappe (*Ablaßbrief zum besten des Kampfes gegen die Türken*: Mainz: P. Schöffer 1455; unvollständig, von Z. 18 an vorhanden.

Der Incunabula Short Title Catalogue (ISTC)

Im 15. Jahrhundert befanden sich die meisten Inkunabeln in Klöstern und Universitätsbibliotheken. Die Aufhebung von Klöstern in der Reformationszeit, die Säkularisierung von Bistümern in Deutschland, die Auflösung von Universitäten sowie die Nationalisierung von Büchersammlungen während der Französischen Revolution 1789 führten zur Vernichtung bzw. Zerstreuung des Inkunabelbesitzes. Man schätzt, dass heute weltweit etwa 500.000 Inkunabeln in öffentlichen Bibliotheken und Privatsammlungen erhalten geblieben sind. Die größten Inkunabelsammlungen befinden sich in der Bayrischen Staatsbibliothek München (18.530 Inkunabeln), der British Library London (10.000 Inkunabeln mit etwa 1000 Dubletten) Der Bibliothèque Nationale Paris, der Österreichischen Nationalbibliothek (beide mit etwa 8000 Exemplaren) und der Bibliotheca Apostolica Vaticana.

Viele nationale und regionale Inkunabelsammlungen sind hervorragend durch gedruckte Kataloge erschlossen und bekannt, allen voran das von Frederick R. Goff für die USA erarbeitete Verzeichnis: *Incunabula in American libraries: a third census of fiftheen-century ...* . New York, 1964.

Die in öffentlichen Bibliotheken und in Privatsammlungen befindlichen Inkunabeln weist der seit 1925 mit Unterbrechungen erarbeitete *Gesamtkatalog der Wiegendrucke* (GW) mit ausführlicher bibliographischer Beschreibungen und optimaler Erschließung der Texte nach. Auf die Vollendung des GW wird man aber noch lange warten müssen. Daher erschien es sinnvoll, genauere Kenntnisse über die Inkunabelbestände Deutschlands zu gewinnen. Bei einem solchen Unternehmen bedient man sich selbstverständlich der modernen Datenverarbeitung, die vielfältige Zugriffe auf die erfassten Daten ermöglicht.

Aufgrund ihres weltweit größten Inkunabelbestandes wurde 1989 an der Bayrischen Staatsbibliothek in Absprache mit der British Library, London, der Inkunabel-Census Deutschland als deutsche Arbeitsstelle des *Incunabula Short Title Catalogue* (ISTC) eingerichtet. Ziel des von der British Library angeregten Projekts ist der Aufbau und die kontinuierliche Erweiterung der ISTC-Datenbank, in der alle erhaltenen Drucke des 15. Jahrhunderts mit Kurzbeschreibungen und Nachweis von allen weltweit bekannten Exemplaren verzeichnet werden.

Dem Aufbau des ISTC wurde Goff's Verzeichnis *Incunabula in American Libraries* (3. Aufl. 1964 und Supplement, 1972) zugrunde gelegt. Die einzelnen Titelaufnahmen werden nicht maschinell sortiert. Eine Ordnung erfolgt vielmehr über intellektuell vergebene Kontrollnummern, die sich aus den von *Goff* verwendeten Nummern ableiten (z.B. *Goff* N97 = Kontroll- bzw. *ISTC-Nummer* N*97).

Der Aufbau der *Kontrollnummern*, nach denen die alphabetische Ordnung erfolgt, ermöglicht es, auch Drucke im *ISTC* an der richtigen Stelle einzufügen, die bei *Goff* nicht vorhanden sind. So können z.B. zwischen den *Goff*-Nummern „N97" und „N98" theoretisch die *ISTC*-Nummern „n*00097001" bis „n*00097999" vergeben werden.

So befinden sich z.B. hebräische Inkunabeln nicht im laufenden Alphabet, sondern geschlossen am Ende des Buchstabens **H**.

Die einzelnen Titelaufnahmen sind einfach strukturiert und übersichtlich angeordnet:

1. Die Ansetzung der *Verfassernamen* ist überwiegend mit der von *Goff* identisch. Abweichungen zu anderen Inkunabelkatalogen wurden bewusst in Kauf genommen.
2. Äußerst knapp gehalten und normiert sind die *Sachtitel*. Hinweise auf Herausgeber, Übersetzer bzw. Kommentatoren können hinzugefügt werden.
3. Diese Kategorie enthält die Angaben von *Drucker, Druckort* und *Erscheinungsjahr* (gegebenenfalls mit Tag, Monat und Jahr). Abweichende Drucker-Zuordnungen und Formatangaben werden hier vermerkt.
4. Das erste Bemerkungsfeld, *Author note*, gibt Auskunft über weitere mögliche Verfasser, die Gliederung der Inkunabel sowie über enthaltene Werke.
5. Die zweite, für Bemerkungen vorgesehene Kategorie *Publication note*, enthält Forschungsergebnisse über den jeweiligen Wiegendruck und weist auf Illustrationen oder andere Besonderheiten hin. Bei mehrbändigen Werken wird die Datierung der einzelnen Teile verzeichnet.
6. Es folgen die *bibliographischen Verweise*. Die Konkordanzen sind wie folgt angeordnet: Zuerst werden die Angaben bei *Hain* angeben. Es folgen die Angaben bei *Hain,* dann weitere Bibliographien, anschließend Kataloge und zuletzt, falls bereits vorhanden, der *GW*.
7. Dieses Feld ist den Besitzeintragunen – *Location* – vorbehalten.
8. Wenn die Inkunabel bereits im Katalog von *Goff* enthalten ist, wird hier die entsprechende Kennung angegeben.
9. Hier erfolgt die Eingabe der *Kontroll-* bzw. *ISTC-Nummer.*

So können Benutzer der *ISTC*-Datenbank Namen von Verfassern, Herausgebern, Übersetzern und Kommentatoren, Druckorte, Erscheinungsdaten, Begriffe aus Sachtiteln oder aus Bemerkungsfeldern, Konkordanzen und Besitzeinträge recherchieren. Ebenso sind auch verknüpfte Suchen möglich. Z.B. können die Werke Ciceros, die vor 1490 in Paris gedruckt wurden, ermittelt werden.

Die ULB Halle verfügt über keinen gedruckten Inkunabel-Katalog. Die Inkunabeln sind nur im alphabetischen Katalog („Strumpfbandkatalog") nachgewiesen. Ihre Titelaufnahmen wurden xerokopiert und der Münchener ISTC-Redaktion zugeleitet. Im Gegenzug erhielt die ULB nach Einarbeitung ihrer Bestände in den *ISTC* einen maschinenlesbaren Ausdruck ihres Inkunabel-Bestandes, allerdings ohne Lokalsignatur. Nach Hinzufügen der Signaturen (*Shelfmark*) vor Ort verfügt die ULB Halle über einen Formalkatalog ihrer Inkunabeln, der den handschriftlich verfassten Zettelkatalog an Qualität weit übertrifft.

Inkunabel-Census

ISTC number	A*34
Heading	*Accursius, Franciscus*
Title:	Casus longi super Digesto Novo
Imprint	[Freiburg im Breisgau: Kilianus Piscator (Fischer), about 1494]
Imprint	[Basel: Johann Amerbach, about 1486-97]
Publ'n notes	Assigned to Johann Amerbach in Basel by GW and Polain
Bib. Refs	Goff A34; H 68; [Not H]C 67; Pell 40; Hillard 9; Arnoult 3; Polain(B) 6; IBE 23; IBP 13; Madsen 7; Voull(B) 504; Schmitt I 470,7; Voull(Trier) 178; Hubay(Würzburg) 2; Hubay(Eichstätt) 6; Sack(Freiburg) 11; Borm 8; Walsh 1090; Rhodes(Oxford Colleges) 9; BSB-Ink A-19; GW 186
Shelfmark	**an Kc 3101, 2°**

ISTC number	A*48
Heading	*Adam, Magister*
Title:	Summula sacramentorum Raymundi de Pennaforte metrificata (With commentary and interlinear glosses)
Imprint	Cologne: [Retro Minores, for] Heinrich Quentell, 18 July 1500
Author notes	A metrical compendium of the Summa sacramentorum of Raymundus de Pennaforte: see F. Valls Taberner, La "Summula Pauperum" de Adam de Alderspach, in Gesammelte Aufsätze zur Kulturgeschichte Spaniens, 7 (1938) pp.69-83 (CIBN)
Bib. Refs	Goff A48; H 13710*; Voull(K) 998; IBE 29; IDL 11; IBP 21; Polain(B) 11; Voull(B) 996; Sack(Freiburg) 21; Wilhelmi 1; Walsh 467; Pr 1366; BMC I 292; BSB-Ink A-23; GW 216
Shelfmark	**Ink A 67**

ISTC number	A*80
Heading	*Aegidius (Columna) Romanus*
Title:	De esse et essentia theoremata XXII. With commentary
Imprint	[Leipzig]: Conrad Kachelofen, 1493
Bib. Refs	Goff A80; H 120*; Pell 76; Hillard 26; Fernillot 3; Zehnacker 10; IGI 3071; IBP 40; Sajó-Soltész 24; Louda 576; Günt(L) 1258; Schüling 299; Hubay(Würzburg) 666; Borm 793; Pr 2862; BMC III 626; BSB-Ink A-59; GW 7211
Shelfmark	**14 an Ink A 74**

ISTC number	A*82
Heading	*Aegidius (Columna) Romanus*
Title:	De partibus philosophiae. De differentia rhetoricae, politicae et ethicae. De gradibus formarum accidentalium. Quaestio de gradibus formarum in ordine ad Christi opera
Imprint	[Leipzig: Conrad Kachelofen, about 1493-95]

A*85　　　　　　　　　　　　　　　　　　　　　　　　　　　　ISTC number

Imprint	[about 1490]
Publ'n notes	Dated by CIBN; GW dates about 1490
Bib. Refs	Goff A82; H 115 = 116; Klebs 367.1; Pell 75; CIBN A-44; IBP 43; IGI 3088; Sajó-Soltész 27; Voull(B) 1251,5; Hubay(Augsburg) 610; Hubay(Würzburg) 667; Ohly-Sack 894; Borm 794; BSB-Ink A-61; GW 7214
Shelfmark	**13 an Ink A 74**

ISTC number	**A*85**
Heading	*Aegidius (Columna) Romanus*
Title:	Quodlibeta (Ed: Simon de Ungaria)
Imprint	Bologna: Dominicus de Lapis, 22 May 1481
Bib. Refs	Goff A85; H 113*; Polain(B) 21; IGI 3092; IBE 72; IBP 46; Sajó-Soltész 29; Hubay(Würzburg) 668; Madsen 1226; Rhodes(Oxford Colleges) 604; Pr 6537; BMC VI 814; BSB-Ink A-54; GW 7216
Shelfmark	**Ig 9, 4°**

ISTC number	**A*86**
Heading	*Aegidius (Columna) Romanus*
Title:	In quosdam Aristotelis metaphysicorum locos quaestiones (Ed: Johannes Baptista de Tolentino)
Imprint	Venice: Petrus de Quarengiis, Bergomensis, for Alexander Calcedonius, 23 Dec. 1499
Bib. Refs	Goff A86; HR 143; Klebs 365.1; Pell 88; CIBN A-45; Polain(B) 30; IGI 3089; IBE 68; IBP 37; IDL(Suppl) 25b; Mendes 489, 490, 491; Sallander 2161; Madsen 1225; Badalic(Croatia) 370; Lökkös (Cat BPU) 3; Rhodes(Oxford Colleges) 605; Pr 5488A; BMC V 514; GW 7205
Shelfmark	**an Ce 2400, 4°**

ISTC number	**A*87**
Heading	*Aegidius (Columna) Romanus*
Title:	De regimine principum
Imprint	[Augsburg: Günther Zainer], 27 June 1473
Publ'n notes	For the corrected leaf 13, cf. GW-Ms online
Bib. Refs	Goff A87; H 107*; Pell 68; CIBN A-46; Zehnacker 14; Delisle 3; Polain(B) 18; IDL 20; IGI 3093; IJL 1; Sajó-Soltész 30; Coll(S) 325; Madsen 1227; Nentwig 136; Voull(B) 14; Hubay(Augsburg) 611; Hubay(Eichstätt) 289; Ohly-Sack 895; Walsh 515; Oates 877; Rhodes(Oxford Colleges) 606; Sheppard 1140; Pr 1535; BMC II 319; BSB-Ink A-40; GW 7217
Shelfmark	**an Ib 479 u/1, 2°**

ISTC number	**A*108.4**
Heading	*Aesopus*
Title:	Fabulae [Latin] (Tr: Laurentius Valla)
Imprint	Erfurt: Wolfgang Schenck, 1500
Bib. Refs	HR 323; GfT 6; Hase 15, 16; Voull(B) 1125; Borm 16; IBP 53; Coll(S) 10; GW 332
Shelfmark	**Pon Πc 218, 8°**

ISTC number	**A*141**
Heading	*Aesopus*
Title:	Aesopus moralisatus [Latin] (Cum commento: Graecia disciplinarum...) (With interlinear gloss, in Latin)
Imprint	Deventer: Jacobus de Breda, 23 Oct. 1500
Author notes	Metrical version of Fabulae Lib. I-IV by Anonymus Neveleti (Gualtherus Anglicus?)
Bib. Refs	Goff A141; HC 319; Camp 50; IDL 81; Voull(B) 4883,7; Günt(L) 994; GW 417
Shelfmark	**an Kr 913, 8°**

ISTC number	**A*143**
Heading	*Aesopus*
Title:	Aesopus moralisatus [Latin] (Cum commento: Graecia disciplinarum...) (With interlinear gloss, in Latin)
Imprint	[Strassburg: Johann Knoblouch], 1508
Imprint	[Cologne: Heinrich Quentell?, about 1499]
Language	lat
Publ'n notes	GW assigned to Cologne, about 1499, working from a copy with the date erased (cf. G.D. Painter, Book Collector, 9 (1960) p.220)
Author notes	Metrical version of Fabulae Lib. I-IV by Anonymus Neveleti (Gualtherus Anglicus?)
Bib. Refs	Goff A143; VD16 A442; Hunt 891; FairMur(G) 13; Pr 10062; BMC(Ger) p.7; GW 416
Shelfmark	**Ink A 20 (4)**

ISTC number	**A*177**
Heading	*Alanus de Insulis*
Title:	Doctrinale altum seu liber parabolarum (cum commento)
Imprint	Leipzig: Melchior Lotter, [14]99
Language	lat
Bib. Refs	Goff A177; H 388; IBP 72; Voull(B) 1390,7 = 1395,5; BSB-Ink A-98; GW 505
Shelfmark	**3 an Ink A 22**

ISTC number	**A*189**
Heading	*Albericus de Rosate*
Title:	Dictionarium iuris civilis et canonici. Ed: Johannes Baptista de Castellione
Imprint	Pavia: Michael and Bernardinus de Garaldis, 11 Dec. 1498
Language	lat
Bib. Refs	Goff A189; H 14000*; Zehnacker 34; Polain(B) 59; IBE 146; IGI 137; IBP 78; Coll(U) 27; Madsen 39; Borm 26; Sack(Freiburg) 44; Rhodes(Oxford Colleges) 16; Pr 7109; BMC VII 1018; BSB-Ink A-104; GW 525
Shelfmark	**an Ka 4766, 2°**

ISTC number	**A*192**
Heading	*Albericus de Rosate*
Title:	Super statutis
Imprint	Venice: [Paganinus de Paganinis?], 16 Mar. 1497
Language	lat
Publ'n notes	In BMC the assignment to de Paganinis is doubted (Goff)
Bib. Refs	Goff A192; HC 14005*; IGI 143; IBP 79; Voull(Trier) 2129; Voull(Bonn) 18; Hubay(Augsburg) 22; Pr 5174; BMC V 460; BSB-Ink A-109; GW 530
Shelfmark	**Kc 150, 2°**

ISTC number	**A*215**
Heading	*Alberti, Leo Baptista*
Title:	De re aedificatoria. Ed: Bernardus de Albertis. Add: Angelus Politianus: Epistola ad Laurentium Medicem. Baptista Siculus: Carmen ad lectorem
Imprint	Florence: Nicolaus Laurentii, Alamanus, 29 Dec. 1485
Language	lat
Publ'n notes	For two states see BMC
Author notes	It appears from the letter of Politianus that the editing was done by Alberti's brother Bernardus, and that his own part was confined to this brief laudatory preface
Bib. Refs	Goff A215; HC 419*; GfT 2174; Klebs 32.1; Pell 266; CIBN A-112; Aquilon 7; Lefèvre 3; Zehnacker 39; Delisle 34; Polain(B) 66 & 66A; IDL 117; IGI 155; IBE 153; IBP 90; IJL 3; Sajó-Soltész 52; Mendes 34; Madsen 48, 49; Voull(Trier) 1671; Voull(B) 2885; Hubay(Augsburg) 26; Sack(Freiburg) 56; Walsh 2855, 2856, 2857, 2858; Oates 2336; Rhodes(Oxford Colleges) 20; Sheppard 5064; Pr 6131; BMC VI 630; BSB-Ink A-125; GW 579 (+ Accurti(1936) p.53); Fac: Alberti Index, ed. H-K. Lücke, Munich 1975, vol. 4
Shelfmark	**Tb 3263 z/20, 4°**

ISTC number	**A*217**
Heading	*Albertus Magnus*
Title:	De abundantia exemplorum ad omnem materiam in sermonibus
Imprint	[Ulm: Johann Zainer, the elder, not after 22 Mar. 1478]
Imprint	[between 1478 and 20 June 1481]
Language	lat
Publ'n notes	Dated between 1478 and 1481 commonly (from the buyer's date in BL copy, 'in vigilia corporis christi anno mc. lxxximo'), but the copy in Rottenburg Sem has been rubricated at Easter 1478
Author notes	Bloomfield 5001 identifies the true author as Humbertus de Romanis. The text is also recorded as De dono timoris, De septemplies timore, De septem timoribus per exempla or De septem speciebus timoris. Cf. also G.G. Meersseman, Introductio in opera omnia B. Alberti Magni, 1931, p.148 (BSB-Ink)
Bib. Refs	Goff A217; H 484*; Accurti(1930) p.110; Zehnacker 56; IGI 157; IBP 130; Sajó-Soltész 78; Voull(B) 2608; Schmitt I 2600,5; Hubay(Würzburg) 17; Hummel-Wilhelmi 6, 7; Borm 33; Coll(U) 41; Madsen 50; Rhodes(Oxford Colleges) 22; Sheppard 1821; Pr 2527; BMC II 528; BSB-Ink A-167; GW 581
Shelfmark	**1 an Ne 1193 z/1, 4°**

ISTC number	**A*218**
Heading	*Albertus Magnus*
Title:	De adhaerendo Deo. Add: Johannes Gerson: De remediis contra pusillanimitatem. Bonaventura: Epistola de modo proficiendi; Doctrina iuvenum; De instructione novitiorum
Imprint	[Ulm: Johann Zainer, about 1473]
Language	lat
Author notes	De adhaerendo Deo usually attributed to Albertus Magnus, but the author is Johannes de Castello (Sheppard, referring to M. Grabmann, Mittelalterliches Geistesleben, 1926, pp.489-524)
Bib. Refs	Goff A218; H 429*; H 3506 (Bonaventura: De modo); GfT 476; Schramm V 4; Pell 271; CIBN A-134; Fernillot 9; Zehnacker 57; Polain(B) 4071; IGI 158; IBP 131; Sajó-Soltész 79; Coll(U) 42; Coll(S) 21; Madsen 51; Voull(B) 2610; Hubay(Augsburg) 40; Hubay(Würzburg) 18; Ernst(Hannover) 51; Sack(Freiburg) 57; Walsh 881; Oates 1153; Sheppard 1790, 1791; Pr 2501; BMC II 522; BSB-Ink I-381; GW 582
Shelfmark	**2 an Ink B 4**

ISTC number	**A*225**
Heading	*Albertus Magnus*
Title:	De animalibus

Imprint	Venice: Johannes and Gregorius de Gregoriis, de Forlivio, 21 May 1495
Language	lat
Bib. Refs	Goff A225; H 547*; Klebs 14.3; Pell 341; CIBN A-117; Buffévent 10; Péligry 5; Zehnacker 41; Polain(B) 69; IGI 163; IBE 158; IBP 95; Sajó-Soltész 54; Mendes 37, 38; Madsen 54; Lökkös(Cat BPU) 8; Voull(Trier) 1916; Voull(B) 3882; Hubay(Augsburg) 29; Sack (Freiburg) 60; Pad-Ink 9; Walsh 2009, 2010, 2011; Rhodes(Oxford Colleges) 27; Sheppard 3902; Pr 4541; BMC V 346; BSB-Ink A-144; GW 589
Shelfmark	**Ink B 104**

ISTC number	**A*228**
Heading	*Albertus Magnus*
Title:	De coelo et mundo
Imprint	Venice: Johannes and Gregorius de Gregoriis, de Forlivio, 6 July 1495
Language	lat
Bib. Refs	Goff A228; HC(Add) 512*; Klebs 15.2; Pell 331; CIBN A-119; Péligry 6; Zehnacker 42; IGI 168; IBE 160; IBP 97; Sajó-Soltész 55; Mendes 39; Voull(B) 3885; Schmitt I 3885; Ohly-Sack 31; Coll(S) 23; Sallander 2021; Sander 187; Walsh 2019, 2020, 2021; Rhodes(Oxford Colleges) 28; Pr 4544; BMC V 347; BSB-Ink A-146; GW 595
Shelfmark	**3 an Ink B 155**

ISTC number	**A*229**
Heading	*Albertus Magnus*
Title:	Compendium theologicae veritatis. Add: Bernoldus de Caesarea: Distinctiones de tempore et de sanctis quarum declarationes ex compendio... capiuntur
Imprint	[Nuremberg: Johann Sensenschmidt, not after 1469]
Imprint	[about 1470-72]
Language	lat
Publ'n notes	Louvain copy has rubricator's date 1469 (Polain Suppl.). Dated about 1470-72 in Goff
Author notes	Also attributed to Hugo (Ripelin) Argentinensis (M. Grabmann, Mittelalterliches Geistesleben vol.1 (München, 1926) pp.174-185)
Bib. Refs	Goff A229; H 432*; Delisle 39; Zehnacker 60; Polain(B) 2010 [and Suppl.]; IBP 134; Madsen 56; Nentwig 4; Voull(Trier) 986; Voull(B) 1632; Schmitt I 1632; Hubay(Eichstätt) 513; Borm 34; Oates 973; Rhodes(Oxford Colleges) 29; Sheppard 1389, 1390; Pr 1951; BMC II 403; BSB-Ink H-395; GW 596
Shelfmark	**Ink B 22**

ISTC number	**A*235**
Heading	*Albertus Magnus*
Title:	Compendium theologicae veritatis. With table by Thomas Dorniberg. Add: Bernoldus de Caesarea: Distinctiones de tempore et de sanctis quarum declarationes ex compendio ... capiuntur
Imprint	Ulm: Johann Zainer, [not after 1481]
Language	lat
Publ'n notes	The Leipzig copy was rubricated in 1481 (Günther)
Author notes	Also attributed to Hugo (Ripelin) Argentinensis (M. Grabmann, Mittelalterliches Geistesleben vol.1 (München, 1926) pp.174-185)
Bib. Refs	Goff A235; H 437*; Fernillot 11; Zehnacker 63; Polain(B) 4446; IBP 138; Sajó-Soltész 83; Lökkös(Cat BPU) 247; Voull(Trier) 1630; Voull(B) 2611; Hubay(Augsburg) 44; Hubay(Würzburg) 24; Hubay(Eichstätt) 515; Günt(L) 3058; Hummel-Wilhelmi 340; Sack(Freiburg) 64; Walsh 907; Sheppard 1824; Pr 2532; BMC II 527; BSB-Ink H-402; GW 600
Shelfmark	**Ig 53, 4°**

ISTC number	**A*237**
Heading	*Albertus Magnus*
Title:	Compendium theologicae veritatis. With table by Thomas Dorniberg
Imprint	[Strassburg: Martin Schott, not before 1481]
Imprint	[not after 1483]
Language	lat
Publ'n notes	For variant in colophon see Polain and CIBN. Sack dates not after 1483, the date of rubrication of one of the Freiburg copies
Author notes	Also attributed to Hugo (Ripelin) Argentinensis (M. Grabmann, Mittelalterliches Geistesleben vol.1 (München, 1926) pp.174-185)
Bib. Refs	Goff A237; HC 435*; Pell 275; CIBN A-141; Arnoult 15; Fernillot 12; Hillard 1053; Zehnacker 64; Polain(B) 2013; IDL 122; IBE 188; IBP 139; Sajó-Soltész 84; Coll(S) 19; Sallander 2022; Madsen 57; Voull(Trier) 1378; Voull(B) 2241; Schmitt I 2228,8; Hubay (Augsburg) 45; Hubay(Würzburg) 25; Ohly-Sack 33; Sack(Freiburg) 66, 67; Borm 35; Walsh 143, 144; Oates 165; Sheppard 323; Pr 392; BMC I 93; BSB-Ink H-401; GW 602
Shelfmark	**Ig 53 a, 4°**

ISTC number	**A*244**
Heading	*Albertus Magnus*
Title:	Enarrationes in evangelium Johannis
Imprint	[Cologne: Johann Guldenschaff, not after 1477]
Imprint	[not after 1478]
Language	lat

Publ'n notes	Copy in Mogila C has date of purchase 1477 (IBP). CIBN records a table (two quires of 6 leaves) not described elsewhere
Bib. Refs	Goff A244; HC 459*; Voull(K) 43; Pell 295; CIBN A-129; Hillard 44; Buffévent 11; Zehnacker 43; IDL 134; IBE 161; IBP 98; Sajó-Soltész 56; Madsen 61; Voull(B) 898; Voull(Trier) 573; Schüling 17; Hubay(Würzburg) 27; Ohly-Sack 35; Finger 12, 13; Oates 695; Pr 1215; BMC I 254; BSB-Ink A-164; GW 612
Shelfmark	**Ie 2182 w, 4°**

ISTC number	**A*245**
Heading	*Albertus Magnus*
Title:	De generatione et corruptione
Imprint	Venice: Johannes and Gregorius de Gregoriis, de Forlivio, 10 June 1495
Language	lat
Bib. Refs	Goff A245; HC(Add) 517*; Klebs 16.1; Pell 333; CIBN A-120; Péligry 9; Zehnacker 44; Polain(B) 72; IGI 178; IBE 167; IBP 99; Sajó-Soltész 57; Mendes 45; Voull(B) 3883; Schmitt I 3883; Ohly-Sack 36; Coll(S) 24; Sallander 2023; Walsh 2012, 2013, 2014, 2015; Rhodes(Oxford Colleges) 31; Pr 4542; BMC V 346; BSB-Ink A-147; GW 613
Shelfmark	**1 an Ink B 155**

ISTC number	**A*248**
Heading	*Albertus Magnus*
Title:	De laudibus Mariae
Imprint	Strassburg: Martin Flach (printer of Strassburg), 1493
Language	lat
Author notes	Although attributed to Albertus Magnus, the probable author is Richardus de Sancto Laurentio (Sack(Freiburg))
Bib. Refs	Goff A248; HC(Add) 10767 = H 10768*; Pell Ms 7651 (7556); CIBN A-147; Hillard 1749; Péligry 10; Zehnacker 69; Polain(B) 2612; IDL 147; IBE 198; IGI 6183; IBP 147; Sajó-Soltész 94; Mendes 46; Madsen 63; Ernst(Hildesheim) II,II 186; Voull(Trier) 1580; Voull(B) 2496; Schmitt I 2496; Leuze(Isny) 63; Ohly-Sack 38; Hubay(Augsburg) 47; Hubay(Eichstätt) 17; Hummel-Wilhelmi 12; Sack(Freiburg) 72; Borm 41; Finger 10, 11; Walsh 280; Oates 254; Pr 697; BMC I 152; BSB-Ink R-174; GW 616/10
Shelfmark	**Ink B 42** **Ink B 44**

ISTC number	**A*271**
Heading	*Albertus Magnus*
Title:	Mariale
Imprint	[Cologne: Ulrich Zel, not after 1473]
Language	lat
Publ'n notes	The Uppsala copy has date of acquisition 1473 (Coll(U))
Author notes	On the authorship, see A. Fries, Die unter dem Namen des Albertus Magnus überlieferten mariologischen Schriften (1954) pp.5-80, 130-131, and A. Kolping, in Recherches de théologie ancienne et médiévale 25 (1958) pp.285-328 (Sack(Freiburg))
Bib. Refs	Goff A271; H 460; Voull(K) 40; Pell 296; CIBN A-148; Torchet 16; Delisle 40; Polain(B) 83 bis; IDL 131; IBE 162; IBP 103; Sajó-Soltész 67; Coll(U) 50; Voull(Bonn) 24; Voull(B) 647; Voull (Trier) 302; Finger 14; Sheppard 677; Pr 887; BMC I 192; BSB-Ink A-185; GW 678
Shelfmark	**Ib 52 m, 4°**

ISTC number	**A*274**
Heading	*Albertus Magnus*
Title:	Mariale
Imprint	[Strassburg: Martin Schott, not after 1486]
Imprint	[about 1485-89]
Language	lat
Publ'n notes	The Poznan AA copy has date of rubrication 1486 (IBP). Dated about 1485-89 by GW and Goff
Author notes	On the authorship, see A. Fries, Die unter dem Namen des Albertus Magnus überlieferten mariologischen Schriften (1954) pp.5-80, 130-131, and A. Kolping, in Recherches de théologie ancienne et médiévale 25 (1958) pp.285-328 (Sack(Freiburg))
Bib. Refs	Goff A274; HC 463*; Pell 300; CIBN A-151; Hillard 53; Zehnacker 77; Polain(B) 81; IDL 133; IGI VI 183-A; IBE 165; IBP 106; Sajó-Soltész 70; Coll(U) 51; Coll(S) 31; Madsen 72, 73; Ernst(Hildesheim) II,VI 1; Voull(B) 2241,5; Hubay(Würzburg) 33; Ohly-Sack 41; Hubay(Eichstätt) 20; Sack(Freiburg) 76, 77; Hummel-Wilhelmi 15; Born 49; Oates 168; Rhodes(Oxford Colleges) 36; Pr 404; BMC I 95; BSB-Ink A-188; GW 681
Shelfmark	**1 an Il 3545 p, 4°**

ISTC number	**A*281**
Heading	*Albertus Magnus*
Title:	De mineralibus
Imprint	Venice: Johannes and Gregorius de Gregoriis, de Forlivio, 22 June 1495
Language	lat

Bib. Refs	Goff A281; H (p. 58) 522* bis; Klebs 21.3; Pell 338; Péligry 13; Zehnacker 47; IGI 208; IBE 174; IBP 112; Sajó-Soltész 62; Mendes 51; Voull(B) 3884; Ohly-Sack 43; Coll(S) 26; Walsh 2016, 2017, 2018; Rhodes(Oxford Colleges) 40; Pr 4543; BMC V 346; BSB-Ink A-151; GW 688
Shelfmark	2 an Ink B 155

ISTC number	**A*286**
Heading	*Albertus Magnus*
Title:	De muliere forti. Add: Pseudo- Albertus Magnus, Orationes super evangelia dominicalia. Rodolphus de Langen (Rudolphus Langius): Epitaphium in Albertum Magnum. Ad urbem Agrippinensem
Imprint	Cologne: Heinrich Quentell, 7 May 1499
Language	lat
Publ'n notes	Known in variants with and without title on the verso of the last leaf (GW Anm.)
Bib. Refs	Goff A286; H 465* = 466; GfT 284, 285; Voull(K) 41; Pell 302; CIBN A-124; Hillard 46; Arnoult 21; Péligry 15; Zehnacker 50; IDL 128; IGI 212; IBE 175; IBP 115; Sajó-Soltész 63; Coll(S) 27; Madsen 76; Sallander 1538; Voull(Bonn) 25; Voull(B) 988; Voull(Trier) 673; Hubay(Augsburg) 34; Hubay(Würzburg) 34; Ohly-Sack 45-50; Sack(Freiburg) 79; Borm 53; Wilhelmi 6; Walsh 463; Oates 778; Sheppard 1042; Pr 1355; BMC I 290; BSB-Ink A-169; GW 699
Shelfmark	**Id 4541, 8°** **2 an Ink A 103**

ISTC number	**A*293**
Heading	*Albertus Magnus*
Title:	Paradisus animae, sive Tractatus de virtutibus
Imprint	Strassburg: Martin Flach (printer of Strassburg), 10 July 1498
Language	lat
Bib. Refs	Goff A293; H 481*; Pell 311; Zehnacker 80; IDL 158; IGI 216; IBE 202; IBP 157; Sajó-Soltész 98; Sallander 2024; Madsen 80; Voull(Trier) 1592; Voull(B) 2508,3; Hubay(Augsburg) 50; Hubay (Eichstätt) 22; Hubay(Würzburg) 38; Ohly-Sack 54; Sack(Freiburg) 81; Hummel-Wilhelmi 16; Borm 56; Wilhelmi 11; Walsh 286; Sheppard 525; Pr 709; BMC I 155; BSB-Ink A-192; GW 706
Shelfmark	**7 an Ink A 23**

ISTC number	**A*300**
Heading	*Albertus Magnus*
Title:	Physica

ISTC number	A*328

Imprint	Venice: Johannes and Gregorius de Gregoriis, de Forlivio, 31 Jan. 1494/95
Language	lat
Bib. Refs	Goff A300; HC(Add) 519*; Klebs 24.2; Pell 335; CIBN A-128; Péligry 16; Polain(B) 71; IGI 224; IBE 179; IBP 120; IJL 5; Sajó-Soltész 66; Mendes 53; Coll(S) 29; Voull(B) 3877; Schmitt I 3877; Ohly-Sack 59; Wilhelmi 12; Walsh 2002, 2003, 2004, 2005; Rhodes(Oxford Colleges) 42; Pr 4534; BMC V 346; BSB-Ink A-163; GW 717
Shelfmark	**Ink B 155**

ISTC number	**A*328**
Heading	*Albertus Magnus*
Title:	Sermones de tempore et de sanctis
Imprint	[Speyer: Peter Drach, not after 1475]
Imprint	[about 1476]
Language	lat
Publ'n notes	Polain dates about 1476
Bib. Refs	Goff A328; HC 469*; Zehnacker 93; Polain(B) 93; IBE 180; IBP 121; Sajó-Soltész 72; Günt(L) 2587; Voull(Trier) 1224; Voull(B) 2025,2; Hummel-Wilhelmi 20; Sack(Freiburg) 90; Finger 18; Pr 2345; BMC II 488; BSB-Ink A-213; GW 772
Shelfmark	**Ink B 48**

ISTC number	**A*331**
Heading	*Albertus Magnus*
Title:	Sermones de tempore et de sanctis
Imprint	Ulm: Johann Zainer, [not after 1478]
Language	lat
Publ'n notes	Goff Suppl. notes two copies with purchase date of 1478
Bib. Refs	Goff A331; H 472*; Zehnacker 95; Polain(B) 94; IDL 141; IBP 123; Sajó-Soltész 73; Coll(U) 52; Madsen 95; Ernst(Hildesheim) I,II 3; Voull(B) 2614; Hubay(Augsburg) 36; Ohly-Sack 68; Sack (Freiburg) 92; Borm 70; Finger 19; Walsh 897; Sheppard 1811; Pr 2531; BMC II 528; BSB-Ink A-216; GW 775
Shelfmark	**Ib 54, 4°**

ISTC number	**A*351**
Heading	*Albicus, Archiepiscopus Pragensis*
Title:	Regimen hominis, sive Vetularius [Latin and German]
Imprint	Leipzig: Marcus Brandis, 26 Aug. [14]84
Language	ger

Bib. Refs	Goff A351; HC 605 = H 604 = 603; Klebs 34.1; IBP 179; Sajó-Soltész 112; Voull(B) 1220; Günt(L) 1212; Walsh 1005; Pr 2853; BMC III 622; BSB-Ink A-221; GW 804
Shelfmark	**7 an Ink A 2**

ISTC number	**A*352.788**
Heading	*Albrecht, Herzog zu Sachsen*
Title:	Steuermandat. Formular für mehrere Personen. Dresden, 29 Apr. 1488
Imprint	[Leipzig: Moritz Brandis, after 29 Apr. 1488]
Format	Bdsde
Language	ger
Publ'n notes	32 ll.
Bib. Refs	VE 15 A-118; GW M00827020N
Shelfmark	**Pon Vf 2521 (1)**

ISTC number	**A*363**
Heading	*Alchabitius*
Title:	Libellus isagogicus. Tr: Johannes Hispalensis. Add: Johannes de Saxonia: In Alchabitium (Corr: Bartholomaeus Alten)
Imprint	Venice: Erhard Ratdolt, [not after 15 Nov.] 1485
Language	lat
Publ'n notes	Woodcut diagrams; on the date see Accurti
Bib. Refs	Goff A363; H 617*; C 225; Klebs 41.3; Essling 295; Sander 217; Pell 418; CIBN A-197; Hillard 63; Zehnacker 102; Polain(B) 4072; IDL 170; IGI 268; IBE 231; Sajó-Soltész 121; Voull(B) 3794; Hubay(Augsburg) 61; Sack(Freiburg) 101; Mittler-Kind 22; Walsh 1831, 1832; Poynter 34; Redgr 55; Oates 1760, 1761, 1762; Rhodes(Oxford Colleges) 49; Sheppard 3691, 3692; Pr 4400; BMC V 290; BSB-Ink A-233; GW 844 (Accurti(1930) p.115)
Shelfmark	**3 an Pd 2382, 4°**

ISTC number	**A*371.5**
Heading	*Alexander VI, Pont. Max. (formerly Rodrigo Borgia)*
Title:	Bulla 28 Mar. 1499 "Consueverunt Romani pontifices praedecessores nostri ad retinendam puritatem religionis christianae"
Imprint	[Rome: Eucharius Silber, not before 28 Mar. 1499]
Language	lat
Bib. Refs	C 226; Pell 421; IGI 276; BSB-Ink A-302; GW 902
Shelfmark	**an Kn 3467, 8°**

ISTC number	**A*383**
Heading	*Alexander de Ales*
Title:	Summa universae theologiae (Partes I-IV)
Imprint	Nuremberg: Anton Koberger, 1481-82
Language	lat
Publ'n notes	In four parts, dated: I) 24 Jan. 1482; II) 29 Nov. 1481; III) 6 May 1482; IV) 23 Aug. 1482. Part II also has the misprinted date M°.cccc°. iij. decembris. in some copies (GW Anm.). For other variants see CIBN
Author notes	Part IV is the continuation of the Summa by Alexander de Ales, in part by Guilelmus de Melitonia (Hillard)
Bib. Refs	Goff A383; HC 643*; Pell 431; CIBN A-210; Hillard 66; Buffévent 15; Girard 7; Parguez 20; Péligry 24; Torchet 23; Zehnacker 107; Polain(B) 112; IDL 177; IGI 287; IBE 248; IBP 194; Sajó-Soltész 128; Mendes 61; Coll(U) 61; Madsen 118; Nentwig 11; Ernst(Hildesheim) II,II 6; Voull(B) 1682, 1680, 1685, 1687; Voull(Trier) 1024, 1022, 1027, 1030; Wiegrefe p.77; Ohly-Sack 77, 78, 79; Hubay(Augsburg) 66; Hubay(Eichstätt) 33; Hummel-Wilhelmi 29; Sack(Freiburg) 105; Borm 82; Finger 21; Wilhelmi 22; Walsh 686; Oates 997; Rhodes(Oxford Colleges) 56; Sheppard 1472-1477; Pr 2016, 2010, 2019, 2024; BMC II 422; BSB-Ink A-240; GW 871
Shelfmark	**Ig 15, 2°**

ISTC number	**A*393**
Heading	*Alexander Carpentarius*
Title:	Destructorium vitiorum
Imprint	Nuremberg: Anton Koberger, 20 Sept. 1496
Language	lat
Bib. Refs	Goff A393; HC 652*; Pell 436; CIBN A-208; Hillard 64; Fernillot 22; Zehnacker 106; Polain(B) 109; IDL 175; IGI 285; IBE 245; IBP 193; IJL 9; Sajó-Soltész 126; Coll(U) 62; Madsen 115; Ernst (Hildesheim) II,II 7; Voull(Trier) 1119; Voull(B) 1767; Hubay (Eichstätt) 32; Hubay(Augsburg) 65; Hummel-Wilhelmi 24; Sack (Freiburg) 104; Borm 81; Lökkös(Cat BPU) 10; Walsh 751; Rhodes(Oxford Colleges) 54; Pr 2111; BMC II 443; BSB-Ink A-239; GW 867
Shelfmark	**Fc 1227, 4°**

ISTC number	**A*395**
Heading	*Alexander Magnus*
Title:	Historia Alexandri Magni (Adapted by Leo Archipresbyter)
Imprint	[Cologne: Printer of Dictys (Arnold Ther Hoernen), about 1472]
Language	lat

15

A*397   ISTC number

Bib. Refs   Goff A395; HCR 778; Voull(K) 749; Pell 445; CIBN H-145;
                 Polain(B) 4122; Voull(B) 752 = 749,8; Madsen 120; Walsh 363;
                 Oates 483; BMC I 210; GW 873
Shelfmark   Cl 848, 4°

ISTC number   **A*397**
Heading   *Alexander Magnus*
Title: Historia Alexandri Magni (Adapted by Leo Archipresbyter)
Imprint   Strassburg: [Printer of the 1483 Jordanus de Quedlinburg (Georg
                 Husner)], 14 Oct. 1486
Language   lat
Bib. Refs   Goff A397; H 779*; Pell 446; CIBN H-147; Hillard 1018; Arnoult
                 32; Zehnacker 109; Polain(B) 116; IDL 225; IGI 290; IBE 241; IBP
                 198; Sajó-Soltész 130; Coll(U) 63; Coll(S) 652; Voull(Trier) 1508;
                 Voull(B) 2413; Schmitt I 2413; Ohly-Sack 83, 84; Sack(Freiburg)
                 107; Pad-Ink 15; Walsh 233; Rhodes(Oxford Colleges) 59; Sheppard 468; Pr 606; BMC I 135; GW 876
Shelfmark   **Cl 848 c, 4°**

ISTC number   **A*398**
Heading   *Alexander Magnus*
Title: Historia Alexandri Magni (Adapted by Leo Archipresbyter)
Imprint   Strassburg: [Printer of the 1483 Jordanus de Quedlinburg (Georg
                 Husner)], 17 Mar. 1489
Language   lat
Bib. Refs   Goff A398; HC 780*; Pell 447; CIBN H-148; Hillard 1018;
                 Zehnacker 110; Polain(B) 117; IDL 226; IGI 291; IBP 199; Sajó-Soltész 131; Coll(U) 64; Madsen 121; Ernst(Hildesheim) I,I 17;
                 Günt(L) 2673; Voull(B) 2426; Ohly-Sack 85; Borm 83; Mittler-Kind 838; Walsh 237; Oates 232; Sheppard 475; Pr 619; BMC I
                 138; BSB-Ink H-291; GW 877
Shelfmark   **Yg 8° 41**

ISTC number   **A*400**
Heading   *Alexander Magnus*
Title: Historia Alexandri Magni (Adapted by Leo Archipresbyter)
Imprint   Strassburg: [Printer of the 1483 Jordanus de Quedlinburg (Georg
                 Husner)], 26 May 1494
Language   lat
Bib. Refs   Goff A400; H 783*; Pell 449; Hillard 1021; Jammes H-2;
                 Zehnacker 111; Polain(B) 118; IDL 227; IGI 293; IBE 243; IBP
                 201; Sajó-Soltész 132; Coll(U) 65; Coll(S) 653; Madsen 123;
                 Voull(Trier) 1544; Voull(B) 2452; Schmitt I 2452; Ohly-Sack 86;

	Sack(Freiburg) 108; Borm 84; Mittler-Kind 839; Lökkös(Cat BPU) 14; Walsh 254, 255; Sheppard 489, 490; Pr 628; BMC I 144; BSB-Ink H-292; GW 879
Shelfmark	**Cl 849,4°**

ISTC number	**A*445.59**
Heading	*Alexander de Villa Dei*
Title:	Doctrinale (Pars II) (Comm: Wilhelmus Zenders de Wert)
Imprint	Deventer: Jacobus de Breda, 2 Jan. 1497
Language	lat
Bib. Refs	C 365; Camp-Kron I 131b; Pr(T) III 135B; R(Doctr) 128; Gspan-Badalic 14; GW 1173
Shelfmark	**2 an Ink A 19**

ISTC number	**A*461**
Title:	Algorithmus integrorum cum probis annexis. Composed by Johannes Widmann(?)
Imprint	[Leipzig: Martin Landsberg, about 1490-95]
Language	lat
Publ'n notes	Woodcuts
Bib. Refs	Goff A461; R 378; Schr 3142; Klebs 55.1; Borm 101; GW 1272
Shelfmark	**Ink A 74**

ISTC number	**A*461.5**
Title:	Algorithmus integrorum cum probis annexis. Composed by Johannes Widmann (?)
Imprint	[Leipzig: Martin Landsberg, about 1490-95]
Language	lat
Bib. Refs	GW(Nachtr) 17; Klebs 55.2; Oates 1287; Günt(L) 1374; Pr 2959A; BMC III 638; GW 1273
Shelfmark	**5 an Ink A 9**

ISTC number	**A*462**
Title:	Algorithmus linealis. Composed by Johannes Widmann (?)
Imprint	[Leipzig]: Martin Landsberg, [about 1490-95]
Language	lat
Publ'n notes	Woodcut diagrams
Bib. Refs	Goff A462; Klebs 54.1; IBP 241; Borm 102; GW 1269
Shelfmark	**2 an Ink A 74** **9 an Ink A 9**

ISTC number	**A*464**
Title:	Algorithmus minutiarum physicarum. Composed by Johannes Widmann (?)
Imprint	[Leipzig: Martin Landsberg, about 1490-95]
Language	lat
Bib. Refs	Goff A464; Klebs 57.1; Borm 103; Hubay(Würzburg) 73; BSB-Ink A-312; GW(Nachtr) 18; GW 1275
Shelfmark	**4 an Ink A 74** **6 an Ink A 9**

ISTC number	**A*465**
Title:	Algorithmus minutiarum vulgarium
Imprint	[Leipzig: Martin Landsberg, about 1490--95]
Language	lat
Bib. Refs	Goff A465; C 381; Klebs 56.1; Voull(Trier) 864; Borm 104; Pr 2962; BMC III 638; GW 1274
Shelfmark	**3 an Ink A 74**

ISTC number	**A*478**
Heading	*Alliaco, Petrus de*
Title:	De impressionibus aeris. Super libros Meteororum Aristotelis
Imprint	[Leipzig: Conrad Kachelofen, not after 1493]
Imprint	[1493-1500]
Language	lat
Publ'n notes	The Wroclaw copy has a note of ownership with the date 1493 (IBP). Goff recorded 1493-1500
Bib. Refs	Goff A478; H 846*; Klebs 769.1; Fernillot 31; IGI 386; IBP 4303; Voull(B) 1267; Schmitt II 1267; Günt(L) 1336; Hubay(Würzburg) 1654; Borm 2084; Dokoupil 897; Feigelmanas 336; Riedl 784; Walsh 1016; Pr 2918; BMC III 632; BSB-Ink P-331
Shelfmark	**15 an Ink A 74**

ISTC number	**A*479**
Heading	*Alliaco, Petrus de*
Title:	Meditationes circa psalmos poenitentiales
Imprint	[Cologne: Arnold Ther Hoernen, about 1472]
Language	lat
Bib. Refs	Goff A479; Voull(K) 911; Pell 521; Ohly-Sack 2261; Finger 781; BSB-Ink P-322
Shelfmark	**4 an Ink A 29** (imperfect)

ISTC number	**A*481**
Heading	*Alliaco, Petrus de*
Title:	Quaestiones super libros Sententiarum Petri Lombardi. Add: Recommendatio S. Scripturae; Principium in cursum Bibliae; Quaestio in suis vesperiis; Quaestio de resumpta
Imprint	Strassburg: [Printer of the 1483 Jordanus de Quedlinburg (Georg Husner)], 15 Apr. 1490
Language	lat
Bib. Refs	Goff A481; HC 841; Pell 544; CIBN A-259; Hillard 80; Fernillot 34; Girard 10; Parguez 27; Lefèvre 10; Péligry 30; Zehnacker 125; Polain(B) 142; IGI 388; IDL 3611; IBE 4507; IBP 4304; Mendes 1003, 1004; Coll(U) 1169; Madsen 3145; Voull(Trier) 1527; Voull (Bonn) 900; Voull(B) 2436; Schüling 671; Sack(Freiburg) 2757; Borm 2085; Rhodes(Oxford Colleges) 62; Oates 245; Pr 654; BMC I 139; BSB-Ink P-325
Shelfmark	**Ig 166, 4°**

ISTC number	**A*540**
Heading	*Alphonsus de Spina*
Title:	Fortalitium fidei
Imprint	[Basel: Bernhard Richel, before 10 May 1475]
Language	lat
Publ'n notes	The Harvard copy was bought on 10 May 1475 (Walsh) and the Freiburg copy rubricated in that year (Sack). Woodcut
Bib. Refs	Goff A540; HC 871*; Schr 5291; Schramm XXI p.13; Pell 561; CIBN A-281; Zehnacker 132; IDL 241; IGI 402; IBP 256; Sajó-Soltész 154; Madsen 153; Nentwig 14; Voull(B) 407; Sack-(Freiburg) 131; Borm 109; Lökkös(Cat BPU) 17; Walsh 1140; Rhodes(Oxford Colleges) 68; Sheppard 2364, 2365; Pr 7522; BMC III 735; BSB-Ink A-451; GW 1575
Shelfmark	**Ig 786 x, 2°**

ISTC number	**A*543**
Heading	*Alphonsus de Spina*
Title:	Fortalitium fidei
Imprint	Nuremberg: Anton Koberger, 25 Feb. 1494
Language	lat
Bib. Refs	Goff A543; HC 875*; Pell 565; Fernillot 41; Polain(B) 160; IDL 243; IGI 405; IBE 278; IBP 258; Sajó-Soltész 156; Mendes 71; Coll(U) 86; Coll(S) 47; Madsen 156; Voull(Trier) 1101; Voull(B) 1747; Hubay(Augsburg) 88; Hubay(Eichstätt) 47; Ohly-Sack 124, 125; Sack(Freiburg) 133; Hummel-Wilhelmi 37; Borm 110; Oates 1030, 1031; Rhodes(Oxford Colleges) 69; Sheppard 1524, 1525; Pr 2088; BMC II 438; BSB-Ink A-454; GW 1578
Shelfmark	**Ig 787, 8°**

ISTC number	**A*545**
Heading	*Alvarotus, Jacobus*
Title:	Super feudis (With additions by Matthaeus de Corbinellis and Montorius Mascarellus)
Imprint	Venice: [Printer of the 1477 Alvarotus (H 886*; Roman type)], 10 July 1477
Language	lat
Bib. Refs	Goff A545; H 886*; GfT 1982; TFS 1906s; Pell 570; IDL 244; IGI 414; IBE 298; IBP 259; Voull(B) 4545; Borm 111; Coll(S) 48; Madsen 157; Walsh 1765; Pr 5677; BMC V 259; BSB-Ink A-457; GW 1589 (+ Accurti(1936) p.57)
Shelfmark	**Kl 66, 2°**

ISTC number	**A*551**
Heading	*Ambrosius, S*
Title:	Opera. Ed: Johann Amerbach, Johannes (Heynlin) de Lapide
Imprint	Basel: Johann Amerbach, 1492
Language	lat
Publ'n notes	Woodcut
Author notes	In three parts. Contents: Part I: De officiis ministrorum; Hexameron; De Paradiso; De Cain et Abel; De Noe et arca; De Abraham; De Isaac vel de anima. De bono mortis; De fuga saeculi; De Jacob et vita beata; De Joseph patriarcha; De patriarchis; De Nabuthae; De Helia et jejunio. De Tobia; De interpellatione Job et David; De apologia David. De Mysteriis. De sacramentis. (Pseudo-) Ambrosius [Prosper Aquitanus]: De vocatione omnium gentium. (Pseudo-) Ambrosius: De dignitate humanae conditionis. (Pseudo-) Ambrosius [Gregorius Illiberitanus]: De Salomone. (Pseudo-) Ambrosius: De dignitate sacerdotali. (Pseudo-) Ambrosius [Johannes Fiscanensis]: Oratio praeparativa ad missae celebrationem. (Pseudo-) Ambrosius [Ambrosius Autpertus]: [Oratio contra septem vitia]; Oratio praeparativa ad missae celebrationem secunda Part II: S. Ambrosius: Expositio in Psalmum CXVIII; Expositio in evangelium secundum Lucam. (Pseudo-) Ambrosius [Ambrosiaster]: Commentarius in Pauli Epistolas. Part III: S. Ambrosius: Epistolae LXXXIV; De fide ad Gratianum; De Spirito Sancto; De incarnationis dominicae sacramento; De excessu fratris Satyri; De poenitentia; De virginibus; De viduis; Exhortatio virginitatis. Sermones XCIV. (Pseudo-) Ambrosius [Gregorius Illiberitanus]: De fide contra Arrianos. (Pseudo-) Ambrosius: Sermo XXXV De Mysterio Paschae. (Pseudo-) Ambrosius [Caesarius Saint; Bishop of Arles]: Sermo LXII De poenitentia ex dictis sancti Aurelii Augustini. (Pseudo-) Ambrosius [Pelagius]: Ad virginem devotam. (Pseudo-) Ambrosius: De lapsu virginis consecratae Susannae. Sebastian Brant: Versus in laudem Ambrosii

ISTC number	A*557

Bib. Refs	Goff A551; HC 896*; C 406 (III, var); GfT 888, 892; Schr 3264; Schramm XXI p. 27; Pell 579, 581 (III, var); CIBN A-291; Hillard 95; Buffévent 19; Girard 13; Parguez 32; Péligry 40; Torchet 36; Zehnacker 138; Polain(B) 162; IDL 252; IGI 423; IBE 303, 305; IBP 263; Sajó-Soltész 157; Mendes 72; Coll(U) 91; Madsen 160, T2 (II); Ernst(Hildesheim) I,I 19, I,II 7, II,II 10, 11, II,III 5; Voull(B) 456; Schmitt I 456; Voull(Trier) 168; Wiegrefe pp.28-30; Ohly-Sack 126, 127, 128, 129, 130, 131; Hubay(Augsburg) 91; Sack(Freiburg) 138, 139; Borm 112; Pad-Ink 20, 21; Schäfer 11; Hummel-Wilhelmi 39; Wilhelmi 25; Walsh 1174, 1175; Oates 2780, 2781; Rhodes(Oxford Colleges) 71; Sheppard 2439; Pr 7592; BMC III 753; BSB-Ink A-480; GW 1599
Shelfmark	**Ink B 76**

ISTC number	**A*557**
Heading	*Ambrosius, S*
Title:	Hexameron
Imprint	[Cologne: Johann Guldenschaff, about 1480-83]
Language	lat
Publ'n notes	Dated about 1480 in GW and Goff. IDL records a copy bought in 1483
Bib. Refs	Goff A557; HC 901*; Voull(K) 103; Pell 585; CIBN A-296; Hillard 97; Aquilon 20; Polain(B) 163; IDL 251; IGI 429; IBE 306; IBP 268; Madsen 166; Voull(B) 899; Voull(Trier) 575; Ohly-Sack 133; Borm 114; Finger 35; Walsh 417; Oates 696; Pr 1216A; BMC I 255; BSB-Ink A-477; GW 1604
Shelfmark	**Ink B 31** **Ink B 96**

ISTC number	**A*568**
Heading	*Ancharano, Petrus de*
Title:	Consilia
Imprint	Venice: Bernardinus Stagninus, de Tridino, 12 July 1490
Language	lat
Bib. Refs	Goff A568; H 946*; Polain(B) 3078; IDL 256; IBE 4513; IGI 446; Voull(B) 4050; BSB-Ink P-334; GW 1622
Shelfmark	**Ka 4770, 2°**

ISTC number	**A*568.4**
Heading	*Ancharano, Petrus de*
Title:	Consilia. Corr: Bonifacius de Berlingeriis
Imprint	Pavia: Franciscus Girardengus, [partly for Jacobinus Suigus at Turin, 24 Oct. 1496

A*595   ISTC number

Imprint	Turin: Jacobinus Suigus', 24 Oct. 1496
Language	lat
Publ'n notes	Two variant colophons are known, giving Girardengus and Suigus (cf. BMX VII p.lxvii and note)
Bib. Refs	HC 947; C 411 (var); TFS 1903aa; Pell 609, 610 (var); CIBN A-309; Parguez 804; Zehnacker 143; IGI VI 446-A; IBE 4514; Coll(U) 1171; Hubay(Würzburg) 93; Sack(Freiburg) 147 (var); BSB-Ink P-335; GW 1623
Shelfmark	**Ka 4771, 2°** (var)

ISTC number	**A*595**
Heading	*Andreae, Johannes*
Title:	Additiones ad Durantis Speculum iudiciale
Imprint	[Strassburg: Georg Husner, before 25 Mar. 1475]
Language	lat
Publ'n notes	A Stuttgart LB copy bears a rubricator's date '1475, Annunciationis Mariae'
Bib. Refs	Goff A595; H 1083*; Pell 670; CIBN A-325; Hillard 108; Zehnacker 149; Polain(B) 188; IBP 289; Voull(Trier) 1352; Voull(B) 2196; Schmitt I 2193,5; Sack(Freiburg) 156; Borm 118; Finger 38; Oates 144; BMC I 84; BSB-Ink I-278; GW 1675
Shelfmark	**Ko 1378, 2°**

ISTC number	**A*602**
Heading	*Andreae, Johannes*
Title:	Super arboribus consanguinitatis, affinitatis et cognationis spiritualis
Imprint	Nuremberg: Friedrich Creussner, [not after 1476]
Language	lat
Publ'n notes	2 Woodcuts
Bib. Refs	Goff A602; H 1025*; Schr 3273; Schramm XVIII p. 15; Pell 640; CIBN A-339; Sajó-Soltész 178; Hubay(Augsburg) 98; Hubay(Eichstätt) 52; Coll(S) 52; Walsh 769; Pr 2163; BMC II 448; BSB-Ink I-287; GW 1682
Shelfmark	**an Ye 2° 68**

ISTC number	**A*618.5**
Heading	*Andreae, Johannes*
Title:	Super arboribus consanguinitatis, affinitatis et cognationis spiritualis et legalis
Imprint	[Leipzig: Conrad Kachelofen, not before 1489]
Language	lat
Publ'n notes	Woodcuts

Bib. Refs	H 1039*; Schr 3291; Schramm XIII 72-80; IGI 485; IBP 304; Louda 80; Coll(U) 98; Voull(B) 1242,3; Günt(L) 1250; Borm 123; BSB-Ink I-299; GW(Nachtr) 22; GW 1704
Shelfmark	**an Kb 2147, 4°**

ISTC number	**A*620**
Heading	*Andreae, Johannes*
Title:	Super arboribus consanguinitatis, affinitatis et cognationis spiritualis et legalis. (Comm: Henricus Greve)
Imprint	[Leipzig: Martin Landsberg, not before 1492]
Language	lat
Publ'n notes	Woodcuts
Bib. Refs	Goff A620; HC 1042*; Schr 3294; Schramm XIII p. 3 (2nd pagination); Zehnacker 162; Polain(B) 174; IBP 306; Voull(B) 1310 = 1311; Borm 126; Pr 2945; BMC III 637; BSB-Ink I-301; GW 1710 (+ Accurti(1936) p.59)
Shelfmark	**7 an Cl 3237, 4°**

ISTC number	**A*622**
Heading	*Andreae, Johannes*
Title:	Super arboribus consanguinitatis, affinitatis et cognationis spiritualis et legalis. (Comm: Henricus Greve)
Imprint	[Leipzig: Martin Landsberg, not before 1498]
Language	lat
Publ'n notes	Woodcuts
Bib. Refs	Goff A622; H 1045*; IBP 308; Schr 3299; Schramm XIII p. 13 (2nd pagination); BSB-Ink I-306; GW 1712
Shelfmark	**an Kb 4535, 4°**

ISTC number	**A*623**
Heading	*Andreae, Johannes*
Title:	Super arboribus consanguinitatis, affinitatis et cognationis spiritualis et legalis (Comm: Henricus Greve)
Imprint	[Leipzig: Martin Landsberg, not before 1498]
Language	lat
Publ'n notes	Woodcuts
Bib. Refs	Goff A623; H 1044*; Schr 3298; Schramm XIII p.13 (2nd pagination); Zehnacker 163; IBP 309; Voull(B) 1317,5; Ohly-Sack 143; Madsen 180, 181; Pr 2952; BMC III 641; BSB-Ink I-307; GW 1713
Shelfmark	**an Ko 1453, 4°**

ISTC number	**A*627**
Heading	*Andreae, Johannes*
Title:	Hieronymianus
Imprint	[Cologne: Conrad Winters, de Homborch], 9 Aug. 1482
Language	lat
Bib. Refs	Goff A627; HC 1082; Voull(K) 105; Pell 669; CIBN A-329; Polain(B) 187; IDL 259; IBP 316; Mendes 79; Coll(U) 93; Ernst(Hildesheim) I,II 8; Voull(B) 866; Borm 130; Pr 1171; BMC I 249; BSB-Ink I-280; GW 1727
Shelfmark	**3 an Ink B 31**

ISTC number	**A*631**
Heading	*Andreae, Johannes*
Title:	Novella super VI Decretalium
Imprint	Pavia: Franciscus Girardengus, de Novis, 17 Apr. 1484
Language	lat
Bib. Refs	Goff A631; H 1078*; Pell 666; IGI 489; IBE 320; IBP 320; Voull(B) 3252,5; Pr 7071A; BMC VII 1003; BSB-Ink I-316; GW 1731
Shelfmark	**Kr 961, 2°**

ISTC number	**A*635**
Heading	*Andreae, Johannes*
Title:	Quaestiones mercuriales super regulis iuris. Ed: Hieronymus de Castellanis
Imprint	[Strassburg: Heinrich Eggestein], 1475
Language	lat
Bib. Refs	Goff A635; H 1056*; C 454; Pell 652; CIBN A-333; Zehnacker 152; IGI VI 492-A; IBP 323; Madsen 185; Voull(Trier) 1302; Voull(B) 2140; Sack(Freiburg) 167; Borm 133; Walsh S-96A; Pr 266; BMC I 69; BSB-Ink I-321; GW 1735
Shelfmark	**an Kr 936, 2°**

ISTC number	**A*638**
Heading	*Andreae, Johannes*
Title:	Quaestiones mercuriales super regulis iuris
Imprint	Pavia: [Nicolaus Girardengus, de Novis], for Johannes Franciscus de Pezanis, 17 May 1483
Language	lat
Bib. Refs	Goff A638; H 1059*; Pell 654; IGI 495; IBP 325; Sajó-Soltész 182; Walsh 3460; Pr 7082; BMC VII 1007; BSB-Ink I-324; GW 1738
Shelfmark	**an Kc 816, 2°**

ISTC number	**A*648**
Heading	*Andreae, Johannes*
Title:	Summa de sponsalibus et matrimoniis, sive Summa super IV Decretalium. Enlarged edition
Imprint	Leipzig: Jacobus Thanner, 1498
Language	lat
Bib. Refs	Goff A648; C 448; Hunt 1765; IBP 332; Voull(B) 1422; Sheppard 2165; GW 1755
Shelmark	**an Ka 3079 (1), 8°**

ISTC number	**A*665**
Heading	*Andreas de Escobar*
Title:	Modus confitendi
Imprint	Deventer: [Richardus Pafraet], 1 Oct. 1490
Language	at
Bib. Refs	Goff A665; HC 1016 = 11009; Camp 1235; Polain(B) 194; IDL 277; Ernst(Hildesheim) I,I 23; Schüling 51; Borm 142; Oates 3488; Pr 8988; BMC IX 52; GW 1834
Shelfmark	**Ig 4357 c, 4°**

ISTC number	**A*687.95**
Heading	*Andreas de Escobar*
Title:	Modus confitendi (cum orationibus ante et post missam)
Imprint	[Erfurt: Printer of Bollanus, about 1489]
Language	lat
Bib. Refs	H 1013*; Voull(B) 4991 = 1130,7; Voull(Trier) 814; BSB-Ink A-503; GW 1851
Shelfmark	**Ig 4357, 8°**

ISTC number	**A*711**
Heading	*Angelus, Johannes*
Title:	Astrolabium
Imprint	Augsburg: Erhard Ratdolt, 27 Nov. (or 6 Oct.?) 1488
Language	lat
Publ'n notes	The colophon reads 'vigesimoseptimo kalendas Novembris'. Woodcuts
Bib. Refs	Goff A711; H 1100*; Klebs 375.1; Schr 3316; Schramm XXIII p. 25; Pell 759; CIBN A-379; Hillard 135; Aquilon 26; Péligry 50; Zehnacker 173; Polain(B) 203; IDL 303; IGI 3674; IBE 375; IBP 347; Sajó-Soltész 191a; Madsen 192; Günt(L) 48; Voull(B) 289; Voull(Trier) 40; Hubay(Augsburg) 115; Schäfer 12; Mittler-Kind 26; Sheppard 1318-1319; Pr 1876; BMC II 382; BSB-Ink E-63; GW 1900
Shelfmark	**Pd 4329, 4°**

ISTC number	**A*745**
Heading	*Anna, S*
Title:	Legenda S. Annae
Imprint	Leipzig: Melchior Lotter, 1497
Language	lat
Bib. Refs	Goff A745; HC 1113*; IBP 372; Sajó-Soltész 212; Coll(U) 117; Madsen 210; Voull(B) 1389; Ernst(Hildesheim) I,I 25, I,II 11, II,II 14; Ernst(Hannover) 68; Ohly-Sack 173, 174; Sack(Freiburg) 200; Borm 156; Wilhelmi 35; Pr 3028; BMC III 649; BSB-Ink L-83; GW 2003
Shelfmark	**6 an Ib 503, 8°**

ISTC number	**A*748**
Heading	*Annius, Johannes, Viterbiensis*
Title:	Auctores vetustissimi (Comm: Johannes Annius)
Imprint	Rome: Eucharius Silber, 10 July 1498, 3 Aug. 1498
Language	lat
Publ'n notes	Copies are known with and without the papal privilege printed on f.12b. Some copies (eg LC, WartGL, Bamberg, Kraków J) have an inserted quarto leaf printed in Johannes Hamman's type 102G giving the list of contents. Others (eg Augsburg 2° Ink 1058a) have the same contents on an inserted folio leaf printed in Silber's 73G. GW Anm. calls these leaves Ankündigungsblätter but they may be rather title pages clarifying the confused order of the contents for sale in different towns. For a reproduction of the Library of Congress copy see Pollard and Ehrman Fig. 10
Author notes	A collection of spurious fragments purporting to be the work of Myrsilus Lesbius, Cato, Archilochus, Metasthenes, Xenophon (De aequivocis), Berosus, Manetho, and other Greek and Roman writers, but probably fabricated by Annius (Giovanni Nanni)
Bib. Refs	Goff A748; HC 1130*; Sander 407; Pell 795; CIBN A-399; Fernillot 55; Jammes A-9; Péligry 58; Zehnacker 186, 186bis; Polain(B) 225; IGI 584; IDL 313; Sajó-Soltész 213; IBP 374; IBE 384; Madsen 212; Coll(U) 873; Coll(S) 60; Voull(B) 3495; Leuze(Isny) 95; Ohly-Sack 175, 176; Hubay(Augsburg) 127; Borm 158; Walsh 1473; Sheppard 3075; Pr 3888; BMC IV 118; BSB-Ink A-541; GW 2015
Shelfmark	**Cl 1277, 4°**

ISTC number	**A*751**
Heading	*Annius, Johannes, Viterbiensis*
Title:	De futuris Christianorum triumphis in Saracenos, seu glossa super Apocalypsin
Imprint	Leipzig: [Marcus Brandis], 28 Sept. 1481

Language	lat
Bib. Refs	Goff A751; H 1127*; GfT 61, 66; Günt(L) 1210; Buffévent 30; IBP 375; IDL 315; Madsen 214; Coll(S) 61; Ernst(Hildesheim) I,I 26, 27; Voull(B) 1219; Borm 159; Walsh 1004; Pr 2852; BMC III 621; BSB-Ink A-542; GW 2018
Shelfmark	**6 an Ink A 2** **1 an Ink A 14**

ISTC number	**A*755**
Heading	*Annius, Johannes, Viterbiensis*
Title:	De futuris Christianorum triumphis in Saracenos, seu glossa super Apocalypsin
Imprint	Nuremberg: [Peter Wagner, about 1485]
Imprint	[Conrad Zeninger],
Language	lat
Publ'n notes	Proctor assigned this work to Conrad Zeninger
Bib. Refs	Goff A755; H 1123*; GfT 74; Pell 790; Hillard 145; Polain(B) 221; IGI VI 588-A; IBP 377; Sajó-Soltész 216; Borm 160; Voull(B) 1879; Hubay(Augsburg) 129; Hubay(Eichstätt) 66; Madsen 215; Walsh 800; Pr 2227; BMC II 462; BSB-Ink A-544; GW 2022
Shelfmark	**Ink A 59** (imperfect)

ISTC number	**A*759**
Heading	*Anselmus, S*
Title:	Opera. Ed: Petrus Danhauser
Imprint	Nuremberg: Caspar Hochfeder, 27 Mar. 1491
Language	lat
Author notes	Contents: Cur deus homo; De incarnatione verbi epistola; De conceptu virginali et originali peccato; Proslogion; Monologion; De processione Spiritus Sancti; De casu diaboli; Liber apologeticus adversus Gaunilonem Pro insipiente; Meditatio ad concitandum timorem; De sacramentis ecclesiae epistola; De sacrificio azimi et fermentati epistola; De concordia praescientiae at praedestinationis et gratiae Dei cum libero arbitrio; De libero arbitrio. De veritate; Meditatio redemptionis humanae; Epistolae 101, 112, 416, 121, 168, 258, 231, 37, 65, 160, 161, 188, 281, 285; Vita S. Anselmi; Declaratio cuiusdam de Anselm de conceptu virginali et originali peccato²Gaunilo: Pro insipiente. (Pseudo-) Anselmus: Expositio membrorum et actuum Dei; De voluntate Dei. (Pseudo-) Anselmus [Eadmerus Cantuariensis]: De sancti Anselmi similitudinibus, cap. 1-185. (Pseudo-) Anselmus: De mensuratione crucis. (Pseudo-) Aurelius Augustinus: Meditationes ('Domine Deus meus da cordi meo' I, cap. 1-9). (Pseudo-) Anselmus: Dialogus Anselmi et Beatae Mariae Virginis de passione Jesu Christi. (Pseudo-) Anselmus

Bib. Refs	[Ecbertus Schonaugiensis]: Stimulus amoris. (Pseudo-) Anselmus [Radulphus Cantuariensis]: Homilia in Lucam (10, 38) 'Intravit Jesus in quoddam castellum'. Honorius Augustodunensis: De imagine mundi [lib. I-II]. Anselmus: Orationes ad sanctam Mariam; Forma et mores beatae Mariae [extract]. With additions by Petrus Danhauser and Johannes Löffelholz Goff A759; HC 1134*; Van der Vekene(Hochfeder) 2; Pell 797; CIBN A-404; Arnoult 83; Parguez 52; Lefèvre 18; Péligry 59; Polain(B) 228; IDL 320; IGI 594; IBE 386; IBP 379; Sajó-Soltész 219; Coll(S) 64; Sallander 2031; Madsen 217; Voull(Trier) 1160; Voull(B) 1918; Hubay(Augsburg) 130; Hubay(Eichstätt) 67; Ohly-Sack 178, 179, 180, 181; Sack(Freiburg) 202, 203; Hummel-Wilhelmi 47, 48; Borm 161; Finger 47, 48, 49; Wilhelmi 37; Walsh S-819A; Sheppard 1656, 1657; Pr 2285; BMC II 473; BSB-Ink A-554; GW 2032
Shelfmark	**1 an Ib 35, 4°** **Ink B 119**

ISTC number	**A*764.4**
	Heading *Anselmus, S*
Title:	Dialogus beatae Mariae et Anselmi de passione Domini [Low German] Vraghe van deme bitteren Lydende Jesu Christi
Imprint	[Lübeck: Stephanus Arndes, about 1495]
Language	ger
Bib. Refs	Borchling & Claussen 260; GW 2044
Shelfmark	**6 an Il 2196, 4°** (wanting leaves 21 and 26)

ISTC number	**A*778**
Heading	*Antoninus Florentinus*
Title:	Chronicon. Partes I-III
Imprint	Nuremberg: Anton Koberger, 31 July 1484
Language	lat
Bib. Refs	Goff A778; HC 1159*; Pell 813; CIBN A-450; Hillard 149; Arnoult 85; Girard 26; Aquilon 31; Torchet 52; Zehnacker 193; Polain(B) 234; IDL 327; IGI 608; IBE 430; IBP 385; Sajó-Soltész 225; Mendes 99; Coll(U) 122; Coll(S) 68; Madsen 226; Nentwig 23; Ernst(Hildesheim) I,I 30; Voull(Trier) 1041; Voull(B) 1704; Hubay(Augsburg) 134; Hubay(Eichstätt) 69; Ohly-Sack 189; Sack (Freiburg) 211; Borm 167; Wilhelmi 38; Lökkös(Cat BPU) 30; Walsh 701; Oates 1003; Rhodes(Oxford Colleges) 105; Sheppard 1492; Pr 2040; BMC II 426; BSB-Ink A-563; GW 2072
Shelfmark	**Na 995 m, 2°**

ISTC number	**A*779**
Heading	*Antoninus Florentinus*
Title:	Chronicon, Partes I-III
Imprint	Nuremberg: Anton Koberger, 10 Jan. 1491
Language	lat
Bib. Refs	Goff A779; H 1160*; Pell 814; CIBN A-451; Buffévent 32; Parguez 54; Zehnacker 195; Polain(B) 235; IDL 328; IGI 609; IBE 431; IBP 386; Sajó-Soltész 226; Madsen 227; Ernst(Hildesheim) I,II 13, II,II 18; Voull(Trier) 1080; Voull(B) 1733; Ohly-Sack 190; Sack(Freiburg) 212; Borm 168; Finger 50; Pr 2067; BMC II 433; BSB-Ink A-564; GW 2073
Shelfmark	**Na 997 z, 4°** (II)

ISTC number	**A*780**
Heading	*Antoninus Florentinus*
Title:	Chronicon, Partes I-III
Imprint	Basel: Nicolaus Kesler, 10 Feb. 1491
Language	lat
Bib. Refs	Goff A780; HC 1161*; Pell 815; Parguez 55; Péligry 60; Torchet 53; Zehnacker 194; Polain(B) 236; IDL 329; IGI 610; IBE 432; IBP 387; Sajó-Soltész 227; Mendes 100; Coll(U) 123; Coll(S) 1141; Nentwig 24; Ernst(Hildesheim) II,III 11; Voull(B) 530; Hubay (Augsburg) 135; Ohly-Sack 191; Sack(Freiburg) 213; Hummel-Wilhelmi 51, 52, 618; Borm 169; Finger 51; Wilhelmi 39; Lökkös (Cat BPU) 31; Pr 7680; BMC III 769; BSB-Ink A-565; GW 2074
Shelfmark	**Na 998, 4°**

ISTC number	**A*788**
Heading	*Antoninus Florentinus*
Title:	Confessionale: Defecerunt scrutantes scrutinio. Add: Johannes Chrysostomus: Sermo de poenitentia
Imprint	[Cologne: Ulrich Zel, about 1470]
Language	lat
Bib. Refs	Goff A788; HC 1162*; C 491; Voull(K) 123 = 124; Pell 817; CIBN A-417; Zehnacker 196; Polain(B) 238; IGI 616; IBE 398; IBP 5783; IJL 16; Madsen 232; Coll(S) 69; Ernst(Hildesheim) II,III 7; Voull(B) 651,3; Voull(Trier) 307; Ohly-Sack 195, 196; Schäfer 13; Finger 53; Oates 301; Sheppard 613; Pr 819 = 821; BMC I 183; GW 2082
Shelfmark	**Ink A 46**

ISTC number	**A*799**
Heading	*Antoninus Florentinus*

Title:	Confessionale: Defecerunt scrutantes scrutinio. Add: Johannes Chrysostomus, Sermo de poenitentia
Imprint	[Esslingen]: Conrad Fyner, [not after 1474]
Language	lat
Publ'n notes	BL copy C.9.a.30/2 is annotated '1474' (see copy note). For variants see CIBN
Bib. Refs	Goff A799; H 1171*; Pell 835; CIBN A-419; Parguez 57; Zehnacker 198; IBP 392; Sallander 2033; Oates 1142; Voull(B) 1140; Hubay(Augsburg) 136; Sack(Freiburg) 214; Borm 172; Pr 2468; BMC II 513; BSB-Ink A-570; GW 2092
Shelfmark	**Ink A 49**

ISTC number	**A*869**
Heading	*Antoninus Florentinus*
Title:	Summa theologica (Pars II)
Imprint	Speyer: Peter Drach, 20 Aug. 1477
Language	lat
Bib. Refs	Goff A869; H 1256*; C 515; Pell 889; Hillard 160; IBP 427; Sajó-Soltész 259; Voull(B) 2000; Voull(Trier) 1194; Hubay(Eichstätt) 79; Sack(Freiburg) 241; BSB-Ink A-605; GW 2197
Shelfmark	**Ig 23 x, 2°**

ISTC number	**A*871**
Heading	*Antoninus Florentinus*
Title:	Summa theologica (Partes I-IV)
Imprint	Nuremberg: Anton Koberger, 1477-79
Language	lat
Publ'n notes	In four parts, dated: I) 17 Oct. 1478; II) 10 Oct. 1477; III) 26 Jan. 1478; IV) 29 Apr. 1479. The colophon-date of part III reads February Kalendas septimo, which is 26 January, incorrectly interpreted in BMC as 26 February
Bib. Refs	Goff A871; HC 1242*; Pell 877; CIBN A-452; Hillard 156; Girard 28; Zehnacker 210; Polain(B) 265; IDL 354; IGI 689; IBE 434; IBP 417; IJL 19; Sajó-Soltész 249; Sallander 1560; Coll(S) 75; Madsen 266, 4383; Nentwig 25; Ernst(Hildesheim) II,II 15, 16, II,III 9, 10, II,IV 2; Voull(Trier) 1003, 997, 999, 1005; Voull(B) 1657, 1649, 1652, 1659; Ohly-Sack 206; Hubay(Augsburg) 143; Hubay(Eichstätt) 76; Sack(Freiburg) 228; Hummel-Wilhelmi 55; Pad-Ink 39; Borm 179; Finger 61; Wilhelmi 44, 45; Sheppard 1452, 1440, 1443, 1455; Pr 1988, 1981, 1983, 1992; BMC II 416, 415, 417; BSB-Ink A-594; GW 2186
Shelfmark	**Ig 23 w,** (2, imperfect) **Ig 23 w/1, 2°**

ISTC number	A*875
Heading	*Antoninus Florentinus*
Title:	Summa theologica (Partes I-IV) (With Molitoris tabula, i.e. pt. V)
Imprint	Nuremberg: Anton Koberger, 1486-87
Language	lat
Publ'n notes	In five parts, dated: I) 17 July 1486; II) 28 Aug. 1486; III) 18 Nov. 1486; IV) 12 Feb. 1487; V) 23 July 1486
Bib. Refs	Goff A875; H 1246*; C 518 (V); Pell 883; Parguez 65; Aquilon 34; Arnoult 96 (II); Lefèvre 21; Torchet 58; Zehnacker 213; Polain(B) 269; IDL 357; IGI 693; IBE 437; IBP 421; Sajó-Soltész 253; Coll(U) 131; Coll(S) 740; Madsen 2809; Ernst(Hildesheim) I,I 31; Voull(Trier) 1063, 1067, 1069, 1073, 1065; Voull(B) 1720, 1723, 1724, 1726, 1722; Hubay(Augsburg) 146; Hubay(Eichstätt) 78; Ohly-Sack 213; Sack(Freiburg) 231, 232; Hummel-Wilhelmi 60; Borm 182; Finger 67, 68, 69; Wilhelmi 631; Pr 2052; BMC II 430; BSB-Ink A-598; GW 2189
Shelfmark	**Ink C 38** (I)

ISTC number	A*876
Heading	*Antoninus Florentinus*
Title:	Summa theologica (Partes I-IV) (With Molitoris tabula, i.e., pt. V)
Imprint	Speyer: Peter Drach, 1487-88
Language	lat
Publ'n notes	In five parts, dated: I) 1 Oct. 1487; II) 4 Aug. 1487; III) 8 Feb. 1488; IV) 17 Feb. 1487; V) [undated]
Bib. Refs	Goff A876; HC 1247*; H 1258 (IV); Pell 881; Arnoult 97 (I-II); Zehnacker 212; Polain(B) 270; IDL 358; IGI 694; IBE 438; IBP 422; Sajó-Soltész 254; Coll(U) 132; Madsen 269; Ernst(Hildesheim) I,I 32; Voull(B) 2015, 2014, 2017, 2013; Voull(Trier) 1211 (III); Hubay(Augsburg) 147; Ohly-Sack 214, 215; Sack(Freiburg) 233; Hummel-Wilhelmi 58,59; Borm 183; Pad-Ink 41; Finger 70; Sheppard 1712; Pr 2370, 2369, 2373, 2367; BMC II 495; BSB-Ink A-599; GW 2190
Shlefmark	**Ig 24, 4°** (P. 4))

ISTC number	A*878
Heading	*Antoninus Florentinus*
Title:	Summa theologica (Partes I-IV) (With Molitoris tabula, i.e., pt. V)
Imprint	Strassburg: Johann (Reinhard) Grüninger, 1496
Language	lat
Publ'n notes	In five parts dated: I) 4 Sept. 1496; II) 24 Apr. 1496; III) 6. Mar. 1496; IV) 12 Aug. 1496; V) [undated]
Bib. Refs	Goff A878; HC(+Add) 1249*; Pell 884; Lefèvre 23; Péligry 69; Zehnacker 215; Polain(B) 272; IDL 360; IGI 696; IBE 440; IBP

	424; Sajó-Soltész 256; Mendes 114; Coll(U) 133; Madsen 270; Ernst(Hildesheim) II,II 17; Voull(B) 2295 (I), 2293 (II), 2292,5 (III), 2294 (IV), 2290 (V); Ohly-Sack 218, 219, 220, 221; Sack (Freiburg) 238; Borm 185; Pad-Ink 43, 44, 45; Finger 71; Wilhelmi 47, 48; Lökkös(Cat BPU) 36; Walsh 173; Oates 190 (IV); Rhodes(Oxford Colleges) 109; Sheppard 375, 376-377; Pr 472, 470, 469, 471; BMC I 109; BSB-Ink A-601; GW 2192
Shelfmark	**Ig 24 n, 4°** (I-II,IV-V)

ISTC number	**A*880**
Heading	*Antoninus Flotentinus*
Title	Tabula super Summam theologicam Johannis Molitoris
Imprint	[Basel: Printer of the ‚Modus legendi abbreviaturas'], 6 July 1484
Imprint	[Cologne: Heinrich Quentell],
Language	lat
Publ'n notes	On the location of the press and printer, see BMC III 761
Bib. Refs	Goff A880; H 1262*; Voull(K) 818; Pell 892; Zehnacker 217; Polain(B) 2762; IDL 363; IBP 429; Sallander 2038; Nentwig 291; Ernst(Hildesheim) II,III 88; Günt(L) 700; Voull(B) 926; Voull (Trier) 608; Hubay(Augsburg) 148; Ohly-Sack 226; Borm 186; Wilhelmi 49; Sheppard 2464; BSB-Ink M-547; GW 2199
Shelfmark	**Ink B 25**

ISTC number	**A*915.4**
Heading	*Antonius de Prato Veteri*
Title:	Repertorium iuris super operibus Bartoli
Imprint	[Venice: Paganinus de Paganinis, 1498-1500]
Language	lat
Bib. Refs	HC 13328*; IBE 487; IGI 748; IDL 372; IBP 442; Sajó-Soltész 267; Voull(Trier) 2131; Voull(B) 4275; Sack(Freiburg) 250; Borm 194; BSB-Ink M-394; GW 2253
Shelfmark	**Kb 4240, 2°**

ISTC number	**A*924**
Heading	*Apollonius Rhodius*
Title:	Argonautica [Greek]. With the Scholia of Lucillus, Sophocles, and Theon. Ed: Janus Lascaris
Imprint	Florence: [Laurentius (Francisci) de Alopa, Venetus], 1496
Language	grc
Bib. Refs	Goff A924; HC 1292*; Pell 912; CIBN A-478; Arnoult 109; Lefèvre 26; Péligry 75; Delisle 106; Polain(B) 283; IDL 375; IGI 753; IBE 499; IBP 445; Sajó-Soltész 270; Sallander 2042; Madsen 282; Voull(B) 2990; Mittler-Kind 72; Walsh 2964, 2965; Oates

	2439, 2440; Sheppard 5198, 5199; Rhodes(Oxford Colleges) 115; Pr 6407; BMC VI 667; BSB-Ink A-650; GW 2271
Shelfmark	Ce 1114, 4°

ISTC number	**A*938**
Heading	*Apuleius Madaurensis, Lucius*
Title:	Asinus aureus, sive Metamorphosis. Comm: Philippus Beroaldus. Add: Beroaldus: Vita Apulei. With additions by Coelius Calcagninus
Imprint	Bologna: Benedictus Hectoris, 1 Aug. 1500
Language	lat
Publ'n notes	Some copies have a sixteen-leaf 'Tabula vocabulorum et historiarum', printed later than the body of the book (BMC)
Bib. Refs	Goff A938; HC 1319*; GfT 2296; Pell 926; Hillard 170; IGI 773; IDL 383; IBE 504; IBP 453; Sajó-Soltész 274; Coll(U) 143; Coll(S) 89; Madsen 291; Voull(B) 2790; Schmitt I 2790; Sack (Freiburg) 254; Mittler-Kind 220; Walsh 3249; Oates 2503; Sheppard 5399-5400; Rhodes(Oxford Colleges) 124; Pr 6647; BMC VI 845; BSB-Ink A-657; GW 2305
Shelfmark	**Ink C 47**

ISTC number	**A*958**
Heading	*Aristophanes*
Title:	Comoediae novem [Greek]. Ed: Marcus Musurus, in part. With the Scholia
Imprint	Venice: Aldus Manutius, Romanus, 15 July 1498
Language	grc
Publ'n notes	For variants see CIBN
Bib. Refs	Goff A958; HC 1656*; Sander 580; Essling 1163; Pell 1174; CIBN A-503; Hillard 174; Arnoult 113; Fernillot 63; Lefèvre 31; Parguez 78; Péligry 78; Torchet 67; Zehnacker 231; Delisle 140; Polain(B) 288; IDL 394; IGI 790; IBE 516; IBP 464; IJL 24; Sajó-Soltész 280; Coll(U) 145; Coll(S) 92; Madsen 297; Voull(B) 4503; Schmitt I 4503; Borm 204; Mittler-Kind 78; Walsh 2663, 2664, 2665; Oates 2183; Rhodes(Oxford Colleges) 129; Sheppard 4649, 4650, 4651; Pr 5566; BMC V 559; BSB-Ink A-673; GW 2333
Shelfmark	**Ce 1386, 4°**

ISTC number	**A*960**
Heading	*Aristoteles*
Title:	Opera [Latin]. Con: [I] Praedicamenta, De interpretatione, Analytica priora (Tr: Boethius). Add: Porphyrius: Isagoge in Aristotelis Praedicamenta (Tr: Boethius). Gilbertus Porretanus: Liber sex prin-

	cipiorum. Boethius: Divisiones. [II] Analytica posteriora (Tr: Jacobus Veneticus). [III] Sophistici elenchi, Topica (Tr: Boethius). [IV] Physica (Tr: Guilelmus de Moerbeka)

Imprint   Augsburg: Ambrosius Keller, 1479
Language   lat
Publ'n notes In four parts dated: I) 15 Sept. 1479; II) 13 Oct. 1479; III) 21 Oct. 1479; IV) 8 Nov. 1479
Bib. Refs   Goff A960; HC 1658*; GfT 466; Burger(MG&IT) 102; Klebs 82.5; Pell 1176; CIBN A-505; Fernillot 64; Zehnacker 233; Polain(B) 290; IGI VI 791-A; IBP 466; Sajó-Soltész 282; Madsen 300; Voull(B) 195, 196, 197; Sack(Freiburg) 259; Mittler-Kind 80; Walsh 591; Oates 943; Rhodes(Oxford Colleges) 131; Sheppard 1285; Pr 1747-50; BMC II 361; BSB-Ink A-699; GW 2335
Shelfmark   **Ce 1823, 4°** (I-III)

ISTC number   **A*962**
Heading   *Aristoteles*
Title: Opera [Latin]. Comm: Averroes. Ed: Nicoletus Vernia. Con: [I.1] Praedicamenta, De interpretatione, Analytica priora (Tr: Boethius). Analytica posteriora (Tr: Jacobus Veneticus). Topica, Sophistici elenchi (Tr: Boethius). Add: Porphyrius: Isagoge in Aristotelis Praedicamenta (Tr: Boethius). [I.2] Physica. [II.1.1] De caelo et mundo (Tr: Guilelmus de Moerbeka and Michael Scotus). [II.1.2] De generatione et corruptione. [II.2.1] De anima (Tr: Guilelmus de Moerbeka and Michael Scotus). [II.2.2] De sensu et sensato, De memoria et reminiscentia, De somno et vigilia, De longitudine et brevitate vitae, Meteorologica (Tr: Guilelmus de Moerbeka). Add: Averroes: De substantia orbis (Tr: Michael Scotus). [III.1] Metaphysica (lib. i-xii, tr: Guilelmus de Moerbeka, with the 'vetus translatio'). Add: Nicoletus Vernia: Quaestio an caelum sit ex materia et forma constitutum. [III.2] Ethica ad Nicomachum (Tr: Robertus Grosseteste). Politica (Tr: Guilelmus de Moerbeka). Oeconomica (Tr: Durandus de Alvernia)
Imprint   Venice: Andreas Torresanus, de Asula and Bartholomaeus de Blavis, de Alexandria (in part for Johannes de Colonia), 1483
Language   lat
Publ'n notes Issued in 8 parts, dated: I.1) for Johannes de Colonia, 1 Feb. 1483; I.2) 2 Oct. 1483; II.1.1) 27 May 1483; II.1.2) 25 Sept. 1483; II.2.1) 12 Sept. 1483; II.2.2) 8 Oct. 1483; III.1) 25 Oct. 1483; III.2) for Johannes de Colonia, 3 Feb. 1483
Bib. Refs   Goff A962; HC 1660*; Klebs 82.2; Pell 1178; CIBN A-506; Jammes A-14; IGI 794; IBE 522; IBP 468; Sajó-Soltész 283; IDL 404; Mendes 162; Coll(U) 158; Madsen 301; Dokoupil 91; Badalic(Croatia) 95; Voull(B) 3987 (I pt.1), 3988 (III pt.2), 3989 (II pt.2.2), 3990 (III.1); Schmitt I 3987; Sack(Freiburg) 260; Walsh

	1880, 1881; Rhodes(Oxford Colleges) 133; Sheppard 3764 (II pt.1), 3765, 3766 (II pt.2), 3767 (I pt.2), 3768 (III pt.1), 3773 (I pt.1), 3774 (III pt.2); Pr 4701; BSB-Ink A-701; GW 2337
Shelfmark	**Ce 1714 o, 2°** (imperfect)

ISTC number	**A*966**
Heading	*Aristoteles*
Title:	Opera [Latin]. Con: Rhetorica ad Alexandrum [preface and opening lines only], Physica, Metaphysica, De caelo et mundo, De anima, Ethica Nicomachea (Tr: Johannes Argyropoulos). Liber de moribus (= Leonardus Brunus Aretinus: Isagogicon). Praedicamenta, De interpretatione, Analytica priora, Analytica posteriora (Tr: Johannes Argyropoulos). Topica, Sophistici elenchi (Tr: Boethius). Politica, Oeconomica (Tr: Leonardus Brunus Aretinus). De sensu et sensato, De memoria et reminiscentia, De somno et vigilia, De motu animalium, De longitudine et brevitate vitae, De iuventute et senectute, De respiratione et inspiratione, De vita et morte (Tr: Guilelmus de Moerbeka) Physiognomia (Tr: Bartholomaeus de Messana). De bona fortuna (extracts of Magna moralia and Ethica Eudemia). De coloribus (Tr: Bartholomaeus de Messana). De plantis (Tr: Alfredus de Sareshel). De lineis indivisibilibus (Tr: Robertus Grosseteste?). De inundatione Nili. De proprietatibus elementorum (Tr: Gerardus Cremonensis). De pomo (Tr: Manfredus). De intelligentia (Tr: Jacobus Veneticus). De mundo (Tr: Nicolaus Siculus). De causis (Tr: Gerardus Cremonensis?). Magna moralia (Tr: Georgius Valla). Add: 'Democritus': Epistola ad Benedictum Fontanam. Porphyrius: Isagoge in Aristotelis Praedicamenta (Tr: Argyropoulos). Gilbertus Porretanus: Liber sex principiorum (in version of Hermolaus Barbarus)
Imprint	Venice: Johannes and Gregorius de Gregoriis, de Forlivio, for Benedictus Fontana, 13 July 1496
Language	lat
Bib. Refs	Goff A966; HC 1659*; Klebs 82.7; Sander 592; Pell 1177; Hillard 176; Torchet 68; Zehnacker 236; Polain(B) 291; IGI 797; IBE 519; IBP 472; IJL 26; Sajó-Soltész 287; Kotvan 83; Gspan-Badalic 718a; Nagel 4; Riedl 75; Dokoupil 92; Louda 145; Madsen 4339; Nentwig 50; Ernst(Hildesheim) I,I 47; Voull(Trier) 1919; Voull(B) 3889; Hubay(Augsburg) 163; Sack(Freiburg) 264; Hummel-Wilhelmi 65; Mittler-Kind 81; Walsh 2025; Rhodes(Oxford Colleges) 136; Sheppard 3905, 3906; Pr 4552; BMC V 349; BSB-Ink A-705; GW 2341
Shelfmark	**Ink B 146** (imperfect)

ISTC number	**A*997.5**
Heading	*Aristoteles*
Title:	De interpretatione
Imprint	[Leipzig]: Martin Landsberg, [about 1497-1500]
Language	lat
Bib. Refs	Goff Suppl. A997a; H 1667?; IBP 495; Pr 2957; BMC III 642; GW 2413
Shelfmark	**2 an Ink B 156**

ISTC number	**A*1006**
Heading	*Aristoteles*
Title:	Metaphysica. Ed: Johannes Peylick
Imprint	Leipzig: Martin Landsberg, 14 Mar. 1499
Language	lat
Bib. Refs	Goff A1006; H 1740; Klebs 90.3; IBP 504; Louda 154; Ernst (Hildesheim) II,II 31; Voull(B) 1316; Mittler-Kind 106; Pr 2953; BMC III 641; GW 2418
Shelfmark	**Ce 2075 s, 4°** **1 an Ink B 156**

ISTC number	**A*1006.8**
Heading	*Aristoteles*
Title:	Meteorologica
Imprint	[Leipzig: Martin Landsberg, about 1492]
Language	lat
Bib. Refs	H 1694; Klebs 91.4; IBP 505; Günt(L) 1382; Ernst(Hildesheim) II,II 32; Hubay(Würzburg) 172; Mittler-Kind 109; GW 2420
Shelfmark	**2 an Ce 2075 s, 4°**

ISTC number	**A*1010.5**
Heading	*Aristoteles*
Title:	Oeconomica (Tr: Leonardus Brunus Aretinus and Durandus de Alvernia)
Imprint	[Leipzig: Gregorius Böttiger (Werman), about 1494]
Language	lat
Bib. Refs	IGI 832; IBP 513; Sajó-Soltész 301; Voull(Bonn) 93; Oates 1303; Pr 3021; BMC III 648; BSB-Ink A-723; GW 2437
Shelfmark	**3 an Ink B 145**

ISTC number	**A*1010.7**
Heading	*Aristoteles*

Title:	Oeconomica (Tr: Leonardus Brunus Aretinus and Durandus de Alvernia)
Imprint	[Leipzig: Martin Landsberg, about 1499]
Language	lat
Publ'n notes	GW records erroneously as 4°
Bib. Refs	HC 1775*; IBP 514; Voull(Bonn) 92; Voull(B) 1318; Borm 216; BSB-Ink A-725; GW 2438
Shelfmark	**6 an Ce 2048, 4°**

ISTC number	**A*1020.2**
Heading	*Aristoteles*
Title:	Physica. Tr: Guilelmus de Moerbeka
Imprint	[Leipzig: Martin Landsberg, about 1492-95]
Language	lat
Publ'n notes	The Wroclaw copy has owner's inscription with date 1495
Bib. Refs	H 1684; IBP 516; Ernst(Hildesheim) II,II 29; Voull(B) 1319,5; Günt(L) 1384; Pr 2989; Sheppard 2108; BSB-Ink A-712; GW 2441
Shelfmark	**1 an Ce 2075 s, 4°**

ISTC number	**A*1040**
Heading	*Aristoteles*
Title:	Problemata (Text beginning: Omnes homines). Add: De vita et morte Aristotelis
Imprint	[Cologne: Heinrich Quentell, about 1490]
Language	lat
Bib. Refs	Goff A1040; C 623; Klebs 95.22; Voull(K) 154; Pell 1222; CIBN A-547; IBP 529; Madsen 336; Louda 157, 158; Voull(B) 4986 = 1003,2; Hubay(Augsburg) 181; Borm 220a; Finger 81; Pr 1393; BMC I 279; BSB-Ink P-787; GW 2471
Shlefmark	**Ink A 28**

ISTC number	**A*1044.4**
Heading	*Aristoteles*
Title:	Problemata (Text beginning: Propter quid superabundantiae) Tr: Bartholomaeus de Messana. Comm: Petrus de Abano
Imprint	[Venice]: Johannes Herbort, de Seligenstadt, 25 Feb. 1482/83
Imprint	Padua: ,
Language	lat
Publ'n notes	Contains 316 ff. HC's description omits the first unsigned quire with the table, and Polain omits the last two blanks. Pellechet assigned to Padua, mentioned in the colophon as the place where the writing of the work was completed. For variants see CIBN
Author notes	Entered under Petrus de Abano in Goff

37

Bib. Refs	Goff P437; HC 17*; Klebs 776.2; Pell 12; CIBN A-553; Hillard 1560; Arnoult 1172; Polain(B) 3073; IDL 3604; IGI VI 847-A; IBP 4298; IBE 4493; Voull(B) 3206 = 3979; Hubay(Würzburg) 1650; Sack(Freiburg) 2751; Mittler-Kind 125; Walsh 1868; Sheppard 3749, 3750; Rhodes(Oxford Colleges) 1368; Pr 4686; BMC V 303; BSB-Ink P-314
Shelfmark	**Ce 2312, 4°**

ISTC number	**A*1063**
Heading	*Arnoldus de Geilhoven*
Title:	Gnotosolitos, sive Speculum conscientiae
Imprint	Brussels: [Fratres Vitae Communis], 25 May 1476
Language	lat
Publ'n notes	For variants see CIBN. The colophon is found on the first printed page, fol. 1v, sometimes bound at the end
Bib. Refs	Goff A1063; HC 7514; Camp 830; Pell 5007 & 5007a; CIBN A-567; Elliott-Loose 43; Hillard 189; Polain(B) 1558 & 1558a; IBP 537; IDL 417; Voull(B) 4816; Schmitt I 4816; Voull(Trier) 2359; Günt(L) 555; Ohly-Sack 270; Brussels exhib.1973, cat 93; Rhodes(Oxford Colleges) 172; Sheppard 7172; Pr 9327; BSB-Ink A-749; GW 2512
Shelfmark	**Ink C 46**

ISTC number	**A*1075**
Heading	*Arnoldus de Villa Nova*
Title:	Regimen sanitatis ad regem Aragonum
Imprint	[Southern France: Printer of Valascus de Tarenta, 'De epidemia' (H 15245), about 1474?]
Imprint	[Italy]: ,
Language	lat
Publ'n notes	Proctor and GW located this press in Italy, and BMC in Southern France (cf. BMC VIII 413)
Bib. Refs	Goff A1075; H 1817*; Klebs 99.1; Osler(IM) 72; Pell 1276; CIBN A-574; BSB-Ink A-738; GW 2532
Shelfmark	**Ue 2404, 4°**

ISTC number	**A*1079**
Heading	*Arnoldus de Villa Nova*
Title:	De vinis
Imprint	[Leipzig: Melchior Lotter, after 1500?]
Language	lat
Bib. Refs	Goff A1079; H 1808; C 650; VD16 A3658; Klebs 102.2; IBP 547; Borm 225; Walsh 1047; BSB-Ink A-737; GW 2536
Shelfmark	**Uf 1302**

ISTC number	**A*1082.09**
Heading	*Arnolphus*
Title:	Parvulus antiquorum
Imprint	Leipzig: Melchior Lotter, [about 1499]
Language	lat
Bib. Refs	IBP 5790; Sack(Freiburg) 302; Borm 227; GW 2551
Shelfmark	**Ink A 70**

ISTC number	**A*1098**
Title:	Ars moriendi "Cum de praesentis exilii miseria mortis transitus...". With title: Speculum artis bene moriendi
Imprint	[Cologne: Heinrich Quentell, about 1495]
Language	lat
Publ'n notes	Woodcut
Author notes	Sometimes attributed to Matthaeus de Cracovia or to Albertus Magnus (and in Italian editions to Dominicus Capranica, Cardinal of Fermo); cf. A. Madre, Nikolaus von Dinkelsbühl (Beiträge zur Geschichte der Philos. u. Theol. des Mittelalters 40 (1965) p.292-295), and D. Mertens, Iacobus Carthusiensis (Göttingen, 1976) p.181
Bib. Refs	Goff A1098; HC 14911*; Voull(K) 305; Pell 1339; CIBN A-598; Buffévent 45; Polain(B) 972; IDL 425; IBP 562; Sallander 2046; Madsen 352; Schr 3671; Schramm VIII p.23; Voull(B) 1011; Voull(Trier) 697; Ohly-Sack 274; Sack(Freiburg) 306; Sheppard 1051; Pr 1425; BMC I 294; BSB-Ink A-766; GW 2610
Shelfmark	**7 an Ib 503, 8°**

ISTC number	**A*1131.3**
Title:	Ars notariatus
Imprint	[Rome: Eucharius Silber, about 1490-95]
Language	lat
Author notes	The author is named as Antonius Grassus only in the Brescia edition, GW 11337
Bib. Refs	Goff A1131a; IGI VI 903-B; GW 2653 (+ Accurti(1936) p.66)
Shelfmark	**an Ku 3467, 8°**

ISTC number	**A*1158**
Heading	*Astesanus de Ast*
Title:	Canones poenitentiales
Imprint	[Nuremberg: Peter Wagner, about 1495]
Language	lat
Publ'n notes	Proctor confused GW 2744, 2746 and 2747

39

Bib. Refs	Goff A1158; HC 4340* = H 15445*; Polain(B) 339; IDL 450; IBP 584; Sajó-Soltész 330; IBE 608; Voull(B) 1894 = 1888,5; Schmitt II 1894; Sallander 1575; Madsen 363; Walsh 809; Sheppard 1633; Oates 1083; Pr 2255A; BMC II 465; BSB-Ink A-805; GW 2747
Shelfmark	**Ink A 32**

ISTC number	**A*1160**
Heading	*Astesanus de Ast*
Title:	Summa de casibus conscientiae
Imprint	[Strassburg: Johann Mentelin, not after 1469]
Language	lat
Publ'n notes	For variants see CIBN
Bib. Refs	Goff A1160; H 1888*; Pell 1401; CIBN A-631; Hillard 198; Arnoult 142; Zehnacker 255; IDL 452; IGI 921; IBP 586; Sajó-Soltész 332; Coll(S) 107; Schorbach 12; Schmitt II 2083,12; Sack(Freiburg) 314; Finger 84; Walsh 54; Rhodes(Oxford Colleges) 176; Sheppard 139, 140; Pr 207; BMC I 53; BSB-Ink A-793; GW 2749
Shelfmark	**Kr 596, 2°**

ISTC number	**A*1164**
Heading	*Astesanus de Ast*
Title:	Summa de casibus conscientiae
Imprint	[Basel: Michael Wenssler, and Bernhard Richel, not after 1476]
Language	lat
Publ'n notes	Copy known with binding dated 1476 (Hubay). The first 21 quires by Wenssler, the last 22 by Richel
Bib. Refs	Goff A1164; H 1892*; Pell 1404; CIBN A-634; Hillard 199; Zehnacker 259; IGI 924; IBP 590; Sajó-Soltész 335; Coll(U) 170; Voull(B) 408; Voull(Trier) 124; Leuze(Isny) 25; Hubay(Augsburg) 197; Sack(Freiburg) 319; Borm 242; Sheppard 2330; Pr 7528; BMC III 724 & 737; BSB-Ink A-797; GW 2753
Shelfmark	**Kr 597, 2°** **Kr 597 a, 2°** (imperfect)

ISTC number	**A*1170**
Heading	*Astesanus de Ast*
Title:	Summa de casibus conscientiae. Ed: Bartholomaeus de Bellatis and Gometius de Ulixbona
Imprint	Nuremberg: Anton Koberger, 11 May 1482
Language	lat
Bib. Refs	Goff A1170; H 1897*; Pell 1409; Arnoult 143; Parguez 86; Péligry 96; Torchet 82; Zehnacker 260; Polain(B) 338; IDL 460; IGI 927;

Shelfmark	IBE 611; IBP 595; Sajó-Soltész 338; Coll(U) 171; Voull(Trier) 1028; Voull(B) 1686; Ohly-Sack 284, 285; Sack(Freiburg) 322; Borm 245; Walsh 688; Oates 998, 999; Rhodes(Oxford Colleges) 178; Sheppard 1479, 1480; Pr 2020; BMC II 423; BSB-Ink A-802; GW 2758 **Kr 598, 4°**

ISTC number	**A*1173.9**
Heading	*Athanasius*
Title:	Stilus et character psalmorum [Latin]. Tr: Angelus Politianus
Imprint	[Bologna]: Franciscus (Plato) de Benedictis, 27 Aug. 1492
Language	lat
Bib. Refs	R 1130; IGI 931; IBE 614; GW 2762
Shelfmark	**4 an Af 3222 z, 8°**

ISTC number	**A*1205**
Title:	Auctoritates notabiles de castitate et moribus
Imprint	[Cologne: Martin von Werden, about 1505]
Imprint	[about 1508]
Language	lat
Publ'n notes	Dated about 1508 in VD16
Bib. Refs	Goff A1205; C 728; VD16 A4035; Schr 3390; G. Langer in Gb Jb 1980, pp.51-66; Borm 249; Pr 1486; BMC III 861; BMC(Ger) p.50; BSB-Ink A-840; GW III col 56
Shelfmark	**an Ka 1065 (4)**

ISTC number	**A*1209**
Heading	*Auerbach, Johannes (jurist)*
Title:	Processus iudiciarius. Ed: Johannes de Eberhausen
Imprint	Leipzig: Moritz Brandis, [14]89
Language	lat
Publ'n notes	Woodcut
Bib. Refs	Goff A1209; HC 2126; Zehnacker 270; IBP 613; Schr 4329; Schramm XIII p.4 (2nd pagination); Borm 251; Voull(B) 1289; Schmitt I 1289; Günt(L) 1220; Madsen 378; Louda 174; Walsh 1036; Pr 2928; BMC III 634; BSB-Ink I-530; GW 2851
Shelfmark	**Ko 1453, 4°** **an Kc 3566, 4°**

ISTC number	**A*1210**
Heading	*Auerbach, Johannes* (jurist)
Title:	Processus iudiciarius

Imprint	[Strassburg: Johann (Reinhard) Grüninger, about 1490]
Language	lat
Bib. Refs	Goff A1210; HC 12360* = H 12366(?); Jammes A-17; Zehnacker 271; IDL 477; IBP 611; Sajó-Soltész 355; Sallander 1579; Günt(L) 2830; Voull(Trier) 1441; Voull(B) 2326; Schmitt I 2282,9; Ohly-Sack 290; Borm 252; Mittler-Kind 1173; Pr 500; BMC I 107; BSB-Ink I-531; GW 2845
Shelfmark	**1 in Ink B 133**

ISTC number	**A*1217**
Heading	*Augustinus, Aurelius*
Title:	Opuscula
Imprint	Venice: Andreas de Bonetis, 23 July 1484
Language	lat
Publ'n notes	Known with and without printer's device
Author notes	Contents: Enchiridion de fide, spe et caritate. De vita beata. De divinatione daemonum. De cura pro mortuis gerenda. Confessiones. De doctrina christiana. De vita et moribus clericorum suorum. De vera religione. Regula tertia, with dedication of Eusebius Corradus to Sixtus IV. Pseudo-Augustinus: Meditationes. Soliloquia. Manuale. De triplici habitaculo. De duodecim abusionum gradibus. De vera et falsa poenitentia. De contritione cordis. De contemptu mundi. De convenientia decem praeceptorum et decem plagarum Aegypti Guigo Carthusiensis: Scala paradisi. Anselmus: De assumptione beatae Mariae virginis. Caesarius Arelatensis: De honestate mulierum (Sermo 41, Nemo dicat). Honorius Augustodunensis: De cognitione verae vitae. Fulgentius: De fide ad Petrum diaconum. Liber ad lectorem: 'Barbara quid prodest'. Possidius Calamensis: De vita et moribus sancti Augustini. Eusebius Corradus: Annotatio in errorem scribentium sanctum Augustinum fuisse eremitam, with dedication to Sixtus IV. Sequentia in solemnitate sancti Augustini. Pseudo-Augustinus: De spiritu et anima (BSB-Ink)
Bib. Refs	Goff A1217; HC 1947*; C 734; Pell 1459; CIBN A-670; Péligry 112; Polain(B) 390; IGI 1015; IBE 84; IBP 618; Sajó-Soltész 359; Coll(U) 201; Madsen 381; Voull(B) 4033; Ohly-Sack 296, 297; Sack(Freiburg) 339; Walsh 2059; Oates 1899; Sheppard 3950; Pr 4813; BMC V 361; BSB-Ink A-896; GW 2864
Shelfmark	**Ink A 88**

ISTC number	**A*1218**
Heading	*Augustinus, Aurelius*
Title:	Opuscula
Imprint	Strassburg: Martin Flach (printer of Strassburg), 20 Mar. 1489

ISTC number	A*1221

Language lat
Author notes Contents: Enchiridion de fide, spe et caritate. De vita beata. De divinatione daemonum. De cura pro mortuis gerenda. Confessiones. De doctrina christiana. De vita et moribus clericorum suorum. De vera religione. De disciplina christiana. Sermo de caritate. De decem chordis. De agone christiano. Regula tertia. Pseudo-Augustinus: Meditationes. Soliloquia. Manuale. De triplici habitaculo. De duodecim abusionum gradibus. De vera et falsa poenitentia. De contritione cordis. De contemptu mundi. De convenientia decem praeceptorum et decem plagarum Aegypti. De spiritu et anima. De vanitate saeculi²Guigo Carthusiensis: Scala paradisi. Anselmus: De assumptione beatae Mariae virginis. Caesarius Arelatensis: De honestate mulierum (Sermo 41, Nemo dicat). Honorius Augustodunensis: De cognitione verae vitae. Fulgentius: De fide ad Petrum diaconum. Pelagius: De vita christiana. Gennadius: De ecclesiasticis dogmatibus. Hieronymus: De oboedientia et humilitate. Valerianus Cemeliensis: De bono disciplinae (Sermo I). Possidius Calamensis: De vita et moribus sancti Augustini. Liber ad lectorem: 'Barbara quid prodest' and 'Hos iuvat arguta' (BSB-Ink)
Bib. Refs Goff A1218; HC 1948*; Pell 1460; Aquilon 55; Zehnacker 274; Polain(B) 395; IDL 525; IBE 85; IBP 619; Sajó-Soltész 360; IGI 1016; Coll(U) 202; Madsen 382, T5; Voull(Trier) 1571; Voull(B) 2484; Ernst(Hildesheim) I,II 20, II,II 40; Ernst(Hannover) 83; Hubay(Augsburg) 208; Sack(Freiburg) 340, 341; Borm 254; Wilhelmi 80; Rhodes(Oxford Colleges) 188; Sheppard 509; Pr 681; BMC I 149; BSB-Ink A-897; GW 2865
Shelfmark **Ib 227, 4°**

ISTC number **A*1221**
Heading *Augustinus, Aurelius*
Title: Opuscula
Imprint Strassburg: Martin Flach (printer of Strassburg), 11 Aug. 1491
Language lat
Author notes Contents: Enchiridion de fide, spe et caritate. De vita beata. De divinatione daemonum. De cura pro mortuis gerenda. Confessiones. De doctrina christiana. De vita et moribus clericorum suorum. De vera religione. De disciplina christiana. Sermo de caritate. De decem chordis. De agone christiano. Regula tertia. Pseudo-Augustinus: Meditationes. Soliloquia. Manuale. De triplici habitaculo. De duodecim abusionum gradibus. De vera et falsa poenitentia. De contritione cordis. De contemptu mundi. De convenientia decem praeceptorum et decem plagarum Aegypti. De spiritu et anima. De vanitate saeculi²Guigo Carthusiensis: Scala paradisi. Anselmus: De assumptione beatae Mariae virginis. Caesarius Arelatensis: De

	honestate mulierum (Sermo 41, Nemo dicat). Honorius Augustodunensis: De cognitione verae vitae. Fulgentius: De fide ad Petrum diaconum. Pelagius: De vita christiana. Gennadius: De ecclesiasticis dogmatibus. Hieronymus: De oboedientia et humilitate. Valerianus Cemeliensis: De bono disciplinae (Sermo I). Possidius Calamensis: De vita et moribus sancti Augustini. Liber ad lectorem: 'Barbara quid prodest' and 'Hos iuvat arguta' (BSB-Ink)
Bib. Refs	Goff A1221; HC(+Add) 1950*; Pell 1462; CIBN A-672; Hillard 208; Fernillot 92; Parguez 94; Zehnacker 276; Polain(B) 396; IDL 527; IBE 88; IBP 621; Sajó-Soltész 363; IGI 1019; Mendes 10, 11; Voull(Trier) 1576; Voull(B) 2493; Ohly-Sack 298; Hubay(Augsburg) 209; Hubay(Eichstätt) 104; Sack(Freiburg) 343, 344; Borm 255; Pad-Ink 60, 61; Wilhelmi 81, 82; Walsh 276, 277; Rhodes(Oxford Colleges) 189; Sheppard 513; Pr 691; BMC I 151; BSB-Ink A-899; GW 2868
Shelfmark	**Ib 227 d, 4°** **Ink B 133**

ISTC number	**A*1239**
Heading	*Augustinus, Aurelius*
Title:	De civitate dei (Comm: Thomas Waleys and Nicolaus Trivet)
Imprint	[Strassburg: Johann Mentelin, not after 1468]
Language	lat
Bib. Refs	Goff A1239; H 2056*; GfT 726; Schorbach 9; Pell 1554; CIBN A-677; Torchet 90; Zehnacker 281; Delisle 184; IDL 488; IGI 975; IBP 629; IJL 36; Sajó-Soltész 373; Coll(U) 182, 183; Madsen 397; Voull(B) 2095; Leuze(Isny) 71; Sack(Freiburg) 348, 349, 350; Walsh 50; Oates 75; Sheppard 133; Pr 201, 202; BMC I 52; BSB-Ink A-853; GW 2883
Shelfmark	**Ib 262, 2°**

ISTC number	**A*1241**
Heading	*Augustinus, Aurelius*
Title:	De civitate dei (Comm: Thomas Waleys and Nicolaus Trivet)
Imprint	Basel: Michael Wenssler [and Bernhard Richel], 25 Mar. 1479
Language	lat
Publ'n notes	For variants see CIBN
Bib. Refs	Goff A1241; HC 2058; Pell 1556; CIBN A-685; Girard 39; Polain(B) 362; IDL 494; IGI 977; IBE 96; IBP 631; Sajó-Soltész 375; Coll(U) 185; Coll(S) 117; Madsen 399; Nentwig 60; Voull(B) 364; Voull(Trier) 72; Leuze(Isny) 31; Ohly-Sack 303; Hubay(Augsburg) 211; Hummel-Wilhelmi 619; Sack(Freiburg) 351; Borm 259; Finger 96, 97, 98; Rhodes(Oxford Colleges) 195;

	Sheppard 2338; Pr 7489 = 7534; BMC III 726 & 738; BSB-Ink A-859; GW 2885
Shelfmark	**Ib 263, 2°** (var)

ISTC number	**A*1244**
Heading	*Augustinus, Aurelius*
Title:	De civitate dei (Comm: Thomas Waleys and Nicolaus Trivet)
Imprint	Basel: Johann Amerbach, 13 Feb. 1490
Language	lat
Publ'n notes	The day and month in the colophon are doubtless taken over from Amerbach's edition of 1489. For variants see CIBN. Woodcut
Bib. Refs	Goff A1244; HC 2066*; C 761; GfT 890; Schr 3394; Schramm XXI p. 27; Pell 1561; CIBN A-688; Hillard 213; Arnoult 154; Girard 40; Lefèvre 47; Parguez 99; Aquilon 57; Péligry 106; Zehnacker 283; Polain(B) 367; IDL 498; IGI 980; IBE 100; IBP 635; IJL 37; Sajó-Soltész 377; Madsen 402; Ernst(Hildesheim) II,II 36; Voull(B) 452; Hubay(Augsburg) 212; Sack(Freiburg) 353, 354; Borm 261; Pad-Ink 66, 67; Lökkös(Cat BPU) 54; Walsh 1171; Oates 2775; Sheppard 2432; Pr 7585; BMC III 752; BSB-Ink A-863; GW 2888
Shelfmark	**Ink B 62**

ISTC number	**A*1253**
Heading	*Augustinus, Aurelius*
Title:	De conflictu vitiorum et virtutum
Imprint	[Strassburg: Georg Husner, about 1474]
Language	lat
Author notes	Apparently this is the work of Ambrosius Autpertus
Bib. Refs	Goff A1253; H 2085*; Pell 1572; CIBN A-725; Zehnacker 305; IDL 535; IGI 986; IBP 665; Ernst(Hildesheim) I,I 53; Voull(B) 2199; Hubay(Augsburg) 226; Ohly-Sack 306; Sack(Freiburg) 360; Borm 265; Walsh 121; Oates 147; Sheppard 286; Pr 350; BMC I 83; BSB-Ink A-463; GW 2939 (Pseudo-Augustinus)
Shelfmark	**Ib 282, 4°**

ISTC number	**A*1267**
Heading	*Augustinus, Aurelius*
Title:	Epistolae
Imprint	[Strassburg: Johann Mentelin, not after 1471]
Language	lat
Bib. Refs	Goff A1267; H 1966*; Schorbach 22; Pell 1481; CIBN A-708; Hillard 218; Zehnacker 288; Delisle 189; IDL 516; IGI 993; IBP 643; IJL 40; Sajó-Soltész 385; Coll(U) 194; Coll(S) 123; Madsen

A*1268	ISTC number

	413; Voull(B) 2097; Hubay(Augsburg) 215; Ohly-Sack 307; Sack (Freiburg) 365; Oates 76; Sheppard 151; Pr 208; BMC I 55; BSB-Ink A-887; GW 2905
Shelfmark	Ib 297, 2°

ISTC number	A*1268
Heading	*Augustinus, Aurelius*
Title:	Epistolae
Imprint	[Basel]: Johann Amerbach, [14]93
Language	lat
Bib. Refs	Goff A1268; HC 1969*; Pell 1483; Girard 43; Parguez 101; Péligry 110; Torchet 95; Zehnacker 289; Polain(B) 383; IDL 517; IGI 995; IBE 105; IBP 644; Sajó-Soltész 386; Coll(U) 195; Madsen 414; Nentwig 63; Voull(B) 460; Schmitt I 460; Voull(Trier) 171; Ohly-Sack 308; Hubay(Augsburg) 216; Sack(Freiburg) 366; Hummel-Wilhelmi 78; Borm 270; Pad-Ink 68; Finger 110, 111; Walsh 1179, 1180, 1181; Rhodes(Oxford Colleges) 207; Sheppard 2442; Pr 7599; BMC III 755; BSB-Ink A-888; GW 2906
Shelfmark	Ib 297 b, 4°

ISTC number	A*1271
Heading	*Augustinus, Aurelius*
Title:	Explanatio psalmorum
Imprint	[Southern Netherlands?: Printer of Augustinus, 'Explanatio psalmorum', not after 1487]
Imprint	[not after June 1488]
Imprint	[Cologne?]: ,
Language	lat
Publ'n notes	In three parts. On the location of the press, see HPT I p.75. Dated from Polain and HPT. Goff dated about 1485. The copy in Bornheim-Walberberg has an acquisition date 1487
Bib. Refs	Goff A1271; C 741; GfT 1643; Camp-Kron 197a; Pell 1484; Hillard 219; Polain(B) 397 (II, III); IDL 518; Madsen 415; Voull (Bonn) 127; Borm 271; Finger 112; Oates 4008 (I), 4009 (I); Rhodes(Oxford Colleges) 208; Sheppard 7271; Pr 8807; BMC IX 209; GW 2908
Shelfmark	Id 3643 k, 4°

ISTC number	A*1274
Heading	*Augustinus, Aurelius*
Title:	Explanatio psalmorum
Imprint	Basel: Johann Amerbach, 1497
Language	lat

46

ISTC number		A*1279

Bib. Refs   Goff A1274; HC 1975*; H 1972?; Pell 1487; CIBN A-705; Hillard 222; Aquilon 60; Zehnacker 291; Polain(B) 399; IDL 520; IGI 999; IBE 107; IBP 647; Sajó-Soltész 388; Coll(U) 196; Madsen 418; Ernst(Hildesheim) I,I 56, II,IV 10; Voull(B) 467; Hubay(Augsburg) 218; Hubay(Eichstätt) 107; Ohly-Sack 310; Sack(Freiburg) 372; Hummel-Wilhelmi 80; Finger 115; Wilhelmi 77; BMC III 758; BSB-Ink A-885; GW 2911

Shelfmark   **Id 3643 l, 4°**
                Ink B 81

ISTC number   **A*1279**
Heading   *Augustinus, Aurelius*
Title: De fuga mulierum; De continentia; De contemptu mundi. Add: Hieronymus: Epistola ad Paulinum presbyterum; Augustinus: Sermones de vita clericorum
Imprint   [Cologne: Ulrich Zel, about 1470-72]
Imprint   [about 1470]
Language   lat
Publ'n notes Dated by CIBN. GW dates about 1470
Author notes Pseudo- Augustinus
Bib. Refs   Goff A1279; HC 1962; Voull(K) 212; Pell 1476; CIBN A-733; Hillard 231; Torchet 101; Zehnacker 309; Polain(B) 387; IDL 541; IGI VI 1000-A; IBP 669; Voull(B) 653; Voull(Trier) 314; Ohly-Sack 312; Madsen 440; Walsh 320; Oates 358, 359; Sheppard 647, 648; Pr 861; BSB-Ink C-32; GW 2955 (Pseudo-Augustinus)
Shelfmark   **Ink A 33**

ISTC number   **A*1304**
Heading   *Augustinus, Aurelius*
Title: Sermo super orationem dominicam. Expositio super symbolum. De ebrietate
Imprint   [Cologne: Printer of the 'Historia S. Albani' (Johann Guldenschaff or Conrad Winters, de Homborch?), about 1474]
Language   lat
Bib. Refs   Goff A1304; H 1990*; Voull(K) 208; Bradshaw 8; Pell 1502; CIBN A-753; IDL 568; Madsen 445; Voull(B) 753,15; Voull(Trier) 421; Oates 510; Sheppard 775; Pr 1009; BMC I 215; BSB-Ink A-918; GW 2997 (Pseudo-Augustinus)
Shelfmark   **Ink A 31**

ISTC number   **A*1308**
Heading   *Augustinus, Aurelius*

A*1314   ISTC number

Title: Sermones. With additions by Sebastian Brant. I) Sermones ad
                  heremitas; II) Sermones de verbis Domini; III) Sermones de verbis
                  apostoli; IV) Sermones in epistolam Johannis; V) Quinquaginta;
                  VI) Sermones de tempore; VII) Sermones de sanctis
Imprint   Basel: Johann Amerbach, 1494-95
Language   lat
Publ'n notes   In seven parts; I) [undated]; II-V) 1494; VI & VII) 1495. Woodcuts
Bib. Refs   Goff A1308; H 2008*; Schr 3395; Schramm XXI p. 27; Pell 1518;
                  Aquilon 63; Péligry 113; Zehnacker 298; Polain(B) 408 & 408a
                  (var); IDL 530; IGI 1030; IBE 113; IBP 653; IJL 42; Sajó-Soltész
                  394; Mendes 23; Coll(U) 205; Madsen 423; Ernst(Hildesheim) I,II
                  21, II,II 41; Voull(B) 464; Voull(Trier) 174; Hubay(Augsburg)
                  221; Ohly-Sack 318, 319, 320; Sack(Freiburg) 381, 382; Borm 279;
                  Hummel-Wilhelmi 84, 85; Pad-Ink 72; Wilhelmi 86; Walsh 1187;
                  Oates 2789 (VI & VII); Rhodes(Oxford Colleges) 216; Sheppard
                  2446, 2447, 2448; Pr 7605; BMC III 756; BSB-Ink A-892;
                  GW 2920
Shelfmark   **Ib 312, 4°**
                  Ib 312 a, 4° (imperfect)
                  Ink B 90

ISTC number   **A*1314**
Heading   *Augustinus, Aurelius*
Title: Sermones ad heremitas. Add: Homiliae duae
Imprint   [Strassburg: Johann Prüss, not after 1487]
Language   lat
Publ'n notes   On the date see BMC reprint. The copy there referred to as dated
                  1487 is now at McGill University, purchased "anno lxxxvij"
Bib. Refs   Goff A1314; HC 1997*; Arnoult 165; Girard 50; Parguez 110;
                  Zehnacker 315; Polain(B) 406; IDL 570; IBE 129; IGI 1034;
                  IBP 673; Sajó-Soltész 408; Coll(S) 1151; Coll(U) 204; Madsen
                  448; Ernst(Hildesheim) II,III 20; Voull(Trier) 1606; Voull(B) 2365;
                  Ohly-Sack 323, 324; Sack(Freiburg) 384; Borm 280; Hummel-
                  Wilhelmi 83; Pad-Ink 73; Wilhelmi 84; Walsh 194; Oates 221;
                  Pr 741; BMC I 125; BSB-Ink A-921; GW 3002 (Pseudo-Au-
                  gustinus)
Shelfmark   **Ib 314, 8°**

ISTC number   **A*1315**
Heading   *Augustinus, Aurelius*
Title: Sermones ad heremitas
Imprint   Venice: Paganinus de Paganinis, 26 May 1487
Language   lat

ISTC number	A*1318

Bib. Refs	Goff A1315; HC 2002*; Pell 1513; Arnoult 166; Zehnacker 316; Polain(B) 4080; IDL 569; IGI 1035; IBE 130; Madsen 449; Voull(B) 4265; Sack(Freiburg) 383; Walsh 2355; Oates 2023; Sheppard 4249; Pr 5160; BMC V 454; BSB-Ink A-920; GW 3003 (Pseudo-Augustinus)
Shelfmark	**an Ig 4357, 8°**

ISTC number	**A*1318**
Heading	*Augustinus, Aurelius*
Title:	Sermones ad heremitas. Add: Homiliae duae
Imprint	[Strassburg: Printer of the 'Casus Breves Decretalium' (Georg Husner?), about 1493-94]
Language	lat
Bib. Refs	Goff A1318; HC 1998*; Pell 1508 & 1509; Girard 51; Zehnacker 317; Polain(B) 404; IGI VI 1037-A; IDL 571; IBP 674; Sajó-Soltész 410; Sallander 1587; Coll(S) 127; Madsen 452; Voull(B) 2512 = 2524,5; Schmitt I 2524,5; Schmitt II 2524,5; Ohly-Sack 325; Hubay(Augsburg) 231; Borm 281; Wilhelmi 85; Walsh 297; Oates 267; Sheppard 534; Pr 724; BMC I 161; BSB-Ink A-924; GW 3006 (Pseudo-Augustinus)
Shelfmark	**Ink A 30**

ISTC number	**A*1342**
Heading	*Augustinus, Aurelius*
Title:	De trinitate
Imprint	[Strassburg: Printer of Henricus Ariminensis (Georg Reyser), not after 1474]
Imprint	[Heinrich Eggestein?],
Language	lat
Publ'n notes	Printed in type (1:120G) ascribed to Georg Reyser by Ohly, and tentatively to Heinrich Eggestein by Needham, Christie's, Doheny 19. The Uppsala and Passau copies have rubricator's dates of 1474. The MS date 1471 in the Vienna ÖNB copy (cf. BMC) is considered doubtful from paper evidence (CIBN). Bodleian copy collates as GW, not as BMC
Bib. Refs	Goff A1342; HC 2034*; Pell 1540; CIBN A-720; Hillard 225; Zehnacker 299; Polain(B) 415; IDL 509; IGI 1053; IBP 656; Sajó-Soltész 395; Coll(U) 189; Madsen 427; Voull(B) 2161; Voull (Trier) 1321; Leuze(Isny) 59; Ohly(Gb Jb 1956) 9; Ohly-Sack 329; Sack(Freiburg) 387; Borm 283; Pad-Ink 74; Wilhelmi 72; Oates 132; Sheppard 235; Pr 319; BMC I 78; BSB-Ink A-876; GW 2925
Shelfmark	**an Ib 2345 x, 2°**

ISTC number	**A*1343**
Heading	*Augustinus, Aurelius*
Title:	De trinitate
Imprint	[Basel]: Johann Amerbach, 1489
Language	lat
Bib. Refs	Goff A1343; HC 2037; Pell 1541; Girard 52; Parguez 105; Zehnacker 300; Polain(B) 416; IDL 510; IGI 1054; IBE 116; IBP 657; Sajó-Soltész 396; Mendes 24, 25; Coll(U) 190; Madsen 428, 4394; Ernst(Hildesheim) II,II 37, 38; Voull(B) 443; Voull(Trier) 157; Wiegrefe pp.34-35; Ohly-Sack 330, 331; Sack(Freiburg) 388, 389; Borm 284; Finger 104; Wilhelmi 73; Walsh 1167; Rhodes (Oxford Colleges) 223; Sheppard 2428; Pr 7581; BMC III 751; BSB-Ink A-877; GW 2926
Shelfmark	**Ib 323, 4°**

ISTC number	**A*1345**
Heading	*Augustinus, Aurelius*
Title:	De trinitate
Imprint	[Basel]: Johann Amerbach, 1490
Language	lat
Bib. Refs	Goff A1345; HC 2039*; Pell 1542; CIBN A-721; Hillard 226; Lefèvre 50; Parguez 106; Aquilon 64; Zehnacker 301; Polain(B) 417; Schr 3396; IDL 511; IGI 1056; IBE 118; IBP 659; IJL 45; Sajó-Soltész 398; Sallander 2057; Madsen 430; Voull(B) 450; Hubay(Augsburg) 222; Hubay(Eichstätt) 108; Sack(Freiburg) 390, 391; Borm 285; Pad-Ink 75, 76; Lökkös(Cat BPU) 56; Walsh 1172; Oates 2776; Sheppard 2433, 2434; Pr 7586; BMC III 753; BSB-Ink A-879; GW 2928
Shelfmark	**an Ink B 62**

ISTC number	**A*1353**
Heading	*Augustinus, Aurelius*
Title:	De vita beata. Add: Augustinus: De fuga mulierum; Bernardus Claravallensis: Speculum de honestate vitae
Imprint	[Cologne: Ulrich Zel, about 1470-72]
Language	lat
Publ'n notes	Dated by CIBN
Bib. Refs	Goff A1353; H 1960*; Voull(K) 200; Pell 1475; CIBN A-674; Zehnacker 303; Polain(B) 424; IDL 514; IGI 1059; IBP 661; Voull(Bonn) 144; Voull(B) 656; Voull(Trier) 313; Borm 286; Walsh 321; Oates 361; Rhodes(Oxford Colleges) 227; Sheppard 649; Pr 863; BSB-Ink A-881; GW 2932
Shelfmark	**1 an Ink A 29**

ISTC number	**A*1355**
Heading	*Augustinus, Aurelius*
Title:	De vita christiana. Add: De singularitate clericorum
Imprint	[Cologne]: Ulrich Zel, 1467
Language	lat
Author notes	Pseudo- Augustinus (GW). The work has been doubtfully attributed to Pelagius or Fastidius (Hillard 236)
Bib. Refs	Goff A1355; HC 2094* (incl H 2082*); GfT 121; Voull(K) 201; Pell 1586; CIBN A-773; Polain(B) 425; IDL 547; IBE 138; Voull(B) 639; Ernst(Hannover) 90; Finger 106; Oates 284, 285; Rhodes(Oxford Colleges) 228; Sheppard 596, 597; Pr 802; BMC I 179; BSB-Ink P-122; GW 3038 (Pseudo-Augustinus)
Shelfmark	**Ink A 29**

ISTC number	**A*1361.7**
Heading	*Augustinus, Aurelius*
Title:	Vita divi Hieronymi
Imprint	[Leipzig: Melchior Lotter, after 1500?]
Language	lat
Bib. Refs	Voull(B) 1306; GW 3048 (Pseudo-Augustinus)
Shelfmark	**28 an Il 289, 4°**

ISTC number	**A*1381**
Heading	*Aurbach, Johannes* (theologian)
Title:	Summa de sacramentis
Imprint	Augsburg: Günther Zainer, 1469
Language	lat
Bib. Refs	Goff A1381; H 2124*; Pell 1599; CIBN A-786; Polain(B) 431; IDL 478; IBP 614; Sajó-Soltész 356; Voull(B) 2; Hubay(Augsburg) 204; Coll(U) 789; Coll(S) 585; Walsh 494; Sheppard 1117; Pr 1522; BMC II 315; BSB-Ink I-534; GW 2852
Shelfmark	**Ink B 6**

ISTC number	**A*1402**
Heading	*Ausonius, Decimus Magnus*
Title:	Opera. Ed: Julius Aemilius Ferrarius
Imprint	Venice: Johannes Tacuinus, de Tridino, 11 Aug. 1494
Language	lat
Author notes	Contents: Epigrammata; Versus paschales; Epistolae; Ecloga [extract]; Monosticha et tetrasticha; Carmina minora (De mensibus et quattuor anni temporibus; Caesares); Gratiarum actio ad Gratianum imperatorem; Technopaegnion; Griphus ternarii numeri; Cento nuptialis; Ephemeris [extract]; Oratio; Epicedion in patrem; Pro-

A*1428 ISTC number

	trepticus ad nepotem; Cupido cruciatus; De bissula; Ordo urbium notabilium. Add: Vita Decimi Magni Ausonii. With additions (dedications and letters) by Julius Aemilius Ferrarius and Laurentius Casatia Saluzolius. GW erroneously lists works of Pseudo-Ovid, Proba Falconia, Calpurnius, Nemesianus and Tiphernas among the contents (cf. BSB-Ink and Sheppard)
Bib. Refs	Goff A1402; H 2178*; Pell 1647; CIBN A-797; Hillard 242; Fernillot 101; Zehnacker 329; Polain(B) 435; IDL 588; IGI 1099; IBE 650; IBP 698; Sajó-Soltész 431; Voull(B) 4424; Sack(Freiburg) 405; Borm 291; Walsh 2554, 2555; Oates 2110; Rhodes(Oxford Colleges) 234; Sheppard 4519; Pr 5434; BMC V 528; BSB-Ink A-946; GW 3092
Shelfmark	**3 an Ch 1850, 4°**

ISTC number	**A*1428**
Heading	*Avicenna*
Title:	Canon medicinae [Latin] (Lib.I; III, Fen 1-22; IV, Fen 1) (Tr: Gerardus Cremonensis. Comm: Jacobus de Partibus). With additions by Johannes Lascaris. Ed: Jacques Ponceau
Imprint	Lyons: Johannes Trechsel, completed by Johannes Clein, 24 Dec. 1498
Language	lat
Bib. Refs	Goff A1428; H 2214*; Klebs 131.13; Cl IV 88, 93; Pell 1668; CIBN A-816; Hillard 248; Arnoult 181; Jammes A-19; Lefèvre 58; Parguez 119; Péligry 125; Zehnacker 335; Polain(B) 444; IDL 599; IGI 1125; IBE 666; IBP 717; Sajó-Soltész 447; Madsen 478; Voull(Trier) 2252; Voull(B) 4708; Hubay(Augsburg) 246; Hubay (Eichstätt) 114; Ohly-Sack 342; Sack(Freiburg) 417; Borm 299; Walsh 3803; Rhodes(Oxford Colleges) 241; Sheppard 6678; Pr 8616; BMC VIII 302; BSB-Ink A-964; GW 3127
Shelfmark	**Bd 2105, 2°** (imperfect)

ISTC number	**A*1435**
Heading	*Azo, Portius*
Title:	Summa super Codice et Institutis
Imprint	Speyer: Peter Drach, 1482
Language	lat
Publ'n notes	Variant colophon noted in GW
Bib. Refs	Goff A1435; HC 2231* (var); Pell 1679 (var); CIBN A-818; Hillard 250; Polain(B) 447 (var); IDL 604; IBP 722; Sajó-Soltész 450; Coll(U) 218; Coll(S) 135; Madsen 481; Voull(Trier) 1203; Voull(B) 2007; Schmitt I 2007; Hubay(Augsburg) 248; Hubay (Eichstätt) 115; Ohly-Sack 345, 346; Sack(Freiburg) 421; Borm

	300; Finger 121; Walsh 846, 847; Oates 1112; Pr 2350; BMC II 492; BSB-Ink A-972; GW 3144
Shelfmark	**Kc 3380, 2°** (2, 1 imperfect)

ISTC number	**B*3**
Heading	*Badius Ascensius, Jodocus*
Title:	Silvae morales
Imprint	Lyons: Johannes Trechsel, 14 Nov. 1492
Language	lat
Publ'n notes	Woodcuts
Author notes	Contents: works of (pseudo-) Vergilius (Vir bonus. De ludo. De livore. De vino et Venere. De littera Y), Horatius, Persius, Juvenalis, Ennius, Baptista Mantuanus, Sulpitius Verulanus, Cato (Disticha Catonis), Alanus de Insulis, with commentary by Badius
Bib. Refs	Goff B3; HC 15191*; GfT 2136; Pell Ms 10856; CIBN B-3; Hillard 253; Parguez 120; Péligry 127; Torchet 109; Zehnacker 339; Polain(B) 3644; IBE 676; IGI 1142; IBP 724; Coll(S) 1012; Voull(Trier) 2242; Voull(B) 4700; Hubay(Augsburg) 250; Borm 301; Finger 122; Mittler-Kind 223; Walsh 3789; Sheppard 6662; Pr 8601; BMC VIII 294; BSB-Ink B-1; GW 3154
Shelfmark	**Fc 1225, 4°**

ISTC number	**B*9**
Heading	*Bämler, Johann*
Title:	Chronik von allen Kaisern und Königen und Päpsten
Imprint	Augsburg: Anton Sorg, 9 Sept. 1480
Language	ger
Publ'n notes	Woodcuts
Bib. Refs	Goff B9; H 9793*; GfT 580; Schr 3755; Schramm IV p. 17 & 50; IBP 725; Sajó-Soltész 453; Borm 303; Voull(B) 118; Hubay(Augsburg) 252; Madsen 486; Pr 1673; BMC II 348; BSB-Ink T-575; GW 3164
Shelfmark	**Ne 1515 t, 4°** (imperfect)

ISTC number	**B*23**
Heading	*Balbus, Johannes*
Title:	Catholicon
Imprint	[Strassburg: The R-Printer (Adolf Rusch), between 1475-77]
Imprint	[about 1470]
Language	lat
Publ'n notes	One of the München BSB copies was rubricated in 1477. For variants see GW Anm. Dated about 1470 in GW and BSB-Ink

Bib. Refs	Goff B23; HC 2251*; Pell 1699; CIBN B-16; Zehnacker 343; Polain(B) 455; IDL 612; IGI 1156; Giglio-Vignono 10; IBP 732; Sajó-Soltész 462; IBE 685; IJL 49; Gspan-Badalic 71; Coll(U) 220; Lökkös(Cat BPU) 61; Ernst(Hildesheim) II,IV 12; Voull(Trier) 1284; Voull(B) 2111; Ohly-Sack 353; Borm 309; Pad-Ink 77; Wilhelmi 91, 92; Oates 102, 103; Sheppard 211; Rhodes(Oxford Colleges) 246; Pr 246; BMC I 65; BSB-Ink B-11; GW 3185
Shelfmark	**Ink C 45**

ISTC number	**B*24**
Heading	*Balbus, Johannes*
Title:	Catholicon
Imprint	[Strassburg: Printer of the 1483 Jordanus de Quedlinburg (Georg Husner), not after 30 June 1482]
Language	lat
Publ'n notes	Deckert describes a copy with rubricator's date 30 June 1482
Bib. Refs	Goff B24; HC(+Add) 2252*; Pell 1694; Hillard 259; Arnoult 186; Buffévent 64; Parguez 123; Péligry 129; Polain(B) 452; IDL 614; IGI 1157; IBE 686; IBP 733; Coll(U) 224; Coll(S) 140; Madsen 488; Deckert 86; Voull(Trier) 1556; Voull(B) 2468; Schmitt I 2400,2; Voull(Trier) 1556; Ohly-Sack 354; Borm 311; Finger 125; Walsh 218; Pr 632; BMC I 130; BSB-Ink B-12; GW 3186
Shelfmark	**Cb 3237, 2°**

ISTC number	**B*42**
Heading	*Balthasar de Porta*
Title:	Expositio mysteriorum missae. Add: Johannes Faber de Werdea: Carmen de vita S. Onufrii
Imprint	Leipzig: Conrad Kachelofen, [14]94
Language	lat
Bib. Refs	Goff B42; HC 6804*; Zehnacker 346; Polain(B) 4181; IBP 749; IDL 623; Borm 316; Voull(B) 1230; Schmitt I 1230; Hubay (Würzburg) 284; Schüling 131; Pr 2868; BMC III 627; BSB-Ink B-29; GW 3222
Shelfmark	**2 an Ib 503**

ISTC number	**B*51**
Heading	*Baptista Mantuanus*
Title:	Opera. Con: Apologeticon; Parthenice prima sive Mariana; Ad beatam virginem votum; Parthenice secunda sive Catharinaria; De suorum temporum calamitatibus; In Robertum Severinatem panegyricum carmen; Somnium Romanum; Epigrammata ad Falconem; De vita divi Ludovici Morbioli; De contemnenda morte; In divum

	Albertum Carmelitam; Contra poetas impudice loquentes. With poems by Hermannus Buschius, Franciscus Ceretus, Theodoricus Ulsenius, Petrus Bonomus, Jodocus Badius Ascensius
Imprint	Cologne: Apud praedicatores [Cornelis de Zierikzee, 1500
Language	lat
Bib. Refs	Goff B51; H 2360*; Voull(K) 217; IGI 1174; Madsen 504; Voull(B) 1092; Borm 319; Pad-Ink 80; Walsh 481, 482; Sheppard 1104; Pr 1493; BMC I 308; BSB-Ink B-51; GW 3243
Shelfmark	**Af 3222 z, 8°**

ISTC number	**B*56**
Heading	*Baptista Mantuanus*
Title:	In funere Ferrandi regis oratio
Imprint	Brescia: Bernardinus de Misintis, 8 Dec. 1496
Language	lat
Bib. Refs	Goff B56; HCR 2415; GfT 2043; IGI 1178; IBP 765; Voull(B) 2849; Madsen 512; Walsh S-3435A; Rhodes(Oxford Colleges) 250; Pr 7038; BMC VII 991; GW 3275
Shelfmark	**3 an Af 3222 z, 8°**

ISTC number	**B*78**
Heading	*Baptista Mantuanus*
Title:	De patientia. With additions of Helias Capreolus and Johannes Taberius
Imprint	Deventer: Richardus Pafraet, 20 Oct. 1498
Language	lat
Bib. Refs	Goff B78; HC 2405; Camp 230; IDL 639; IBP 774; IBE 3355; Ernst(Hildesheim) I,I 69; Borm 327; Amelung, Hellinga Festschrift 8; Madsen 4266; GW 3306
Shelfmark	**3 an Ink A 13**

ISTC number	**B*84.4**
Heading	*Baptista Mantuanus*
Title:	Redemptoris mundi matris Ecclesiae Lauretanae historia
Imprint	[Bologna: Bazalerius or Caligula de Bazaleriis, about 1495]
Imprint	[Northern Italy: Printer of Bentivoglio, after 22 Sept. 1489]
Language	lat
Publ'n notes	On the identity of the printer, see BMC XII p.59. GW assigned to an anonymous press
Bib. Refs	R 416; IBP 764; IBE 3357; Louda 249; GW 3267
Shelfmark	**2 an Af 3222 z, 8°** (imperfect)

ISTC number	**B*88**
Heading	*Baptista Mantuanus*
Title:	In Robertum Severinatem panegyricum carmen. Add: Somnium Romanum. Epigrammata ad Falconem
Imprint	Deventer: Richardus Pafraet, 10 Apr. 1500
Language	lat
Bib. Refs	Goff B88; HC 2389; C 855; Camp(I) 240a = Camp 237; IDL 647; IGI VI 1196-A; Kiselev 82; BSB-Ink B-50; GW 3261
Shelfmark	**3 an Ink A 25**

ISTC number	**B*97.3**
Heading	*Baptista Mantuanus*
Title:	De vita divi Ludovici Morbioli. Add: De contemnenda morte; In divum Albertum Carmelitam Carmen. Contra poetas impudice loquentes (with additions by Jodocus Badius Ascensius)
Imprint	Deventer: Richardus Pafraet, 1 Apr. 1500
Language	lat
Bib. Refs	HC 2391; Camp 236; Polain(B) 488; IDL 644; IGI VI 1202-A; BSB-Ink B-47; GW 3320
Shelfmark	**2 an Ink A 25**

ISTC number	**B*102**
Heading	*Barbarus, Hermolaus*
Title:	Castigationes Plinianae et Pomponii Melae. With additions by Augustinus Grandis
Imprint	Cremona: Carolus de Darleriis, 3 Apr. 1495
Language	lat
Bib. Refs	Goff B102; HC 2423*; Klebs 143.3; Pell 1825; CIBN B-73; Lefèvre 67; Péligry 134; Zehnacker 354; Polain(B) 4186; IGI 1212; IBE 712; Sajó-Soltész 494; Deckert 89; Mittler-Kind 505; Oates 2604; Sheppard 5722; Rhodes(Oxford Colleges) 257; Pr 6929; BMC VII 959; BSB-Ink B-60; GW 3342
Shelfmark	**4 an Ch 1850, 4°**

ISTC number	**B*107**
Heading	*Barbatia, Andreas*
Title:	Johannina, id est Repetitio capituli "Raynaldus de testamentis"
Imprint	Bologna: [Printer of Barbatia, 'Johannina' (H 2429*), not before 1475]
Language	lat
Publ'n notes	For variants see CIBN

Bib. Refs	Goff B107; H 2429* = 2430; GfT 1813; TFS 1908p; Pell 1828 (var); CIBN B-78; IGI 1219; IBP 791; IBE 726; Walsh 3184; Pr 6669; BMC VI 813; BSB-Ink B-67; GW 3379
Shelfmark	**Kf 1533, 2°**

ISTC number	**B*124.5**
Heading	*Barinus, Jacobus*
Title:	Recognitio in genera vatum et carmina eorundem. Epistolae ad Andream Cervinocornum
Imprint	[Leipzig: Martin Landsberg, after 8 July 1494]
Language	lat
Publ'n notes	With two letters of dedication to Andreas Hirschhorn, the latter dated 8 July 1494
Bib. Refs	H 2662*; Pell 1973; CIBN B-90; IBP 794; Madsen 542; Voull(B) 1325; Ohly-Sack 387; Sack(Freiburg) 455; Borm 350; BSB-Ink B-85; GW 3395
Shelfmark	**3 an Ch 3216 z, 8°**

ISTC number	**B*133**
Heading	*Bartholomaeus Anglicus*
Title:	De proprietatibus rerum
Imprint	Cologne: Johann Koelhoff, the Elder, 1481
Language	lat
Bib. Refs	Goff B133; HC 2501; Klebs 149.4; Voull(K) 219; Pell 1868; CIBN B-97; Arnoult 205; Polain(B) 499; IDL 672; IBE 752; IBP 798; Sajó-Soltész 501; Voull(B) 771; Ohly-Sack 389; Sack(Freiburg) 460; Sheppard 800; Pr 1048; BMC I 223; GW 3405
Shelfmark	**Af 2047, 4°** **Ink B 99**

ISTC number	**B*138**
Heading	*Bartholomaeus Anglicus*
Title:	De proprietatibus rerum
Imprint	Strassburg: [Printer of the 1483 Jordanus de Quedlinburg (Georg Husner)], 14 Feb. 1485
Language	lat
Bib. Refs	Goff B138; H 2506* = H 2511; Klebs 149.9; Pell 1873; Arnoult 209; Zehnacker 360; Polain(B) 504; IDL 674; IGI 1256; IBE 757; IBP 801; Sajó-Soltész 505; Coll(U) 243; Coll(S) 155; Madsen 550, 551, 552; Nentwig 176; Ernst(Hildesheim) I,I 74, 75; Voull(Trier) 1500; Voull(B) 2403; Borm 353; Ohly-Sack 394, 395; Finger 144; Wilhelmi 103; Walsh 222, 223; Pr 592; BMC I 132; BSB-Ink B-96; GW 3410
Shelfmark	**Af 2047 c, 4°**

ISTC number	**B*140**
Heading	*Bartholomaeus Anglicus*
Title:	De proprietatibus rerum
Imprint	Strassburg: [Printer of the 1483 Jordanus de Quedlinburg (Georg Husner)], 11 Aug. 1491
Language	lat
Bib. Refs	Goff B140; HC 2509*; Klebs 149.11; Pell 1875; CIBN B-103; Arnoult 211; Parguez 137; Zehnacker 362; Polain(B) 506; IDL 676; IGI 1258; IBP 803; Sajó-Soltész 507; IBE 759; IJL 52; Mendes 165; Sallander 1601; Madsen 553; Voull(Trier) 1535; Voull(B) 2445; Hubay(Augsburg) 292; Ohly-Sack 397; Sack(Freiburg) 464; Walsh 247, 248, 249; Rhodes(Oxford Colleges) 271; Sheppard 483; Pr 665; BMC I 142; BSB-Ink B-98; GW 3412
Shelfmark	**Af 2047 a, 4°** (3)

ISTC number	**B*152**
Heading	*Bartholomaeus Brixiensis*
Title:	Casus decretorum
Imprint	[Leipzig: Wolfgang Stöckel, about 1495-1500]
Imprint	[Cologne: Ludwig von Renchen],
Imprint	[Strassburg: Printer of the 'Vitas Patrum'],
Language	lat
Publ'n notes	Assigned by Proctor to Strassburg, printer of the Vitas Patrum, by BMC to Ludwig von Renchen and by GW, followed by others, to Leipzig
Bib. Refs	Goff B152; H 2471a; C 876 = 877; Pell 1851; IDL 679; IBP 806; Sajó-Soltész 508; Coll(U) 247; Coll(S) 158; Madsen 558; Voull(Trier) 1613; Voull(B) 2260 = 1418,3; Schmitt I & II 1418,3; Hubay(Eichstätt) 136; Ohly-Sack 400; Pad-Ink 91; Wilhelmi 105; Walsh 1048; Pr 435; BMC I 269; BSB-Ink B-103; GW 3427
Shelfmark	**Kr 684, 4°**

ISTC number	**B*165.55**
Heading	*Bartholomaeus Coloniensis*
Title:	Epistola mythologica una cum difficilium vocabulorum interpretatione
Imprint	[Deventer: Jacobus de Breda, after 9 Apr. 1497]
Language	lat
Bib. Refs	H 2495 (I); C 883; Camp(I) 256a; IDL 684; Feigelmanas 63; Borm 358; GW 3441
Shelfmark	**3 an Ink A 23**

ISTC number	**B*170**
Heading	*Bartholomaeus de Sancto Concordio*

Title:	Summa de casibus conscientiae
Imprint	[Milan?: Printer of Bartholomaeus de S. Concordio, 'Summa' (GW 3450), about 1473]
Language	lat
Publ'n notes	For arguments locating this press at Milan, see BMC (with BMC XII 81 on IA.36837)
Bib. Refs	Goff B170; H 2526*; TFS 1900bb; Pell 1891; CIBN B-113; IGI 1267; Madsen 563; Oates 2729; Sheppard 6065; Pr 7389; BMC VII 1123; BSB-Ink B-114; GW 3450
Shelfmark	**Ig 6436, 4°**

ISTC number	**B*173**
Heading	*Bartholomaeus de Sancto Concordio*
Title:	Summa de casibus conscientiae
Imprint	[Speyer: Peter Drach, not after 1479]
Imprint	[about 1477]
Language	lat
Publ'n notes	Polain dates about 1477
Bib. Refs	Goff B173; HC 2524*; Polain(B) 524; IDL 688; Coll(U) 256; Madsen 564; Voull(Trier) 1225; Voull(B) 2025,6; Borm 360; Ohly-Sack 401; Pr 2346; BMC II 489; BSB-Ink B-116; GW 3455
Shelfmark	**Ig 6436 c, 4°**

ISTC number	**B*175.25**
Heading	*Bartholomaeus de Usingen*
Title:	Compendium naturalis philosophiae
Imprint	Erfurt: Wolfgang Schenck, [about 1507]
Language	lat
Author notes	Author also recorded as Bartholomaeus Arnoldi (cf. A. Kunzelmann, in Scientia Augustiniana: Festschrift A. Zumkeller (Würzburg, 1975), pp.609-629; BSB-Ink)
Bib. Refs	C 887; VD16 A3692; Hase 80; Breitenbruch p.87; BMC(Ger) p.67; GW III col 447
Shelfmark	**2 an Ink A 70** **2 an Ink A 94** **2 an 83 L 1217**

ISTC number	**B*175.4**
Heading	*Bartholomaeus de Usingen*
Title:	Exercitium physicorum in gymnasio Erphurdiensi
Imprint	Erfurt: Wolfgang Schenck, [about 1507]
Language	lat

Author notes	Author also recorded as Bartholomaeus Arnoldi (cf. A. Kunzelmann, in Scientia Augustiniana: Festschrift A. Zumkeller (Würzburg, 1975), pp.609-629; BSB-Ink)
Bib. Refs	C 889; VD16 A3700; Hase 81; BMC(Ger) p.68; BSB-Ink A-745; GW III col 447
Shelfmark	**AB 154778 (3)**

ISTC number	**B*184**
Heading	*Bartolus de Saxoferrato*
Title:	Opera (Ed: Laurentius Paterinus, Johannes Palmerius, Franciscus Bucletus, Andreas Garnerius). Con: I) Super i et ii parte Digesti veteris; II) Super i et ii Digesti novi; III) Super i et ii parte Infortiati; IV) Super i et ii parte Codicis
Imprint	Lyons: [Guillaume Le Roy], for Barthélemy Buyer, 1481-82
Imprint	[Johannes Siber],
Language	lat
Publ'n notes	Dated: I) i: [n.d.], ii: 6 July 1482; II) i: [n.d.], ii:6 July 1482; III) i: [n.d.], ii: 6 July 1482; IV) i: 30 July 1481, ii: 6 July 1482. According to GW, there are indications that the date 6 July 1482 may have been added to Partes II-IV after the completion of the volume (Goff)
Bib. Refs	Goff B184; C 892 (= 893) + 897 + 895; Cl III 23-24; Pell 1923 + 1944 + 1933; Parguez 142; IBE 787; Sack(Freiburg) 473; Hunt 4743 (IV) + 4746 (III); Pr 8507 (I); BMC VIII 236 (I); GW 3474
Shelfmark	**Kb 2843, 2° (I)**

ISTC number	**B*186**
Heading	*Bartolus de Saxoferrato*
Title:	Super authenticis
Imprint	[Milan: Johannes Antonius de Honate, after 7 Mar. 1480]
Language	lat
Publ'n notes	IBP records format as f°
Bib. Refs	Goff B186; HC 2623*; Pell 1951; IGI 1281; IBP 817; IDL 695; Voull(Trier) 1 680; Voull(B) 3076; Ohly-Sack 407; Sack(Freiburg) 474; Walsh 3091; Sheppard 4924; Pr 5902; BSB-Ink B-203; GW 3477
Shelfmark	**an Kb 3397, 2°**

ISTC number	**B*186.5**
Heading	*Bartolus de Saxoferrato*
Title:	Super authenticis
Imprint	Nuremberg: Anton Koberger, 5 Sept. 1481
Language	lat

Bib. Refs	HC 2627*; IGI 1282; Sajó-Soltész 513; IBP 818; IDL 696; Voull(Trier) 1019; Hubay(Augsburg) 298; Pr 2007; BMC II 420; BSB-Ink B-204; GW 3478
Shelfmark	**an Kr 1030, 2°**

ISTC number	**B*192**
Heading	*Bartolus de Saxoferrato*
Title:	Super prima parte Codicis
Imprint	Venice: Nicolaus Jenson, 25 Apr. 1478
Language	lat
Bib. Refs	Goff B192; H 2543* (I); Pell 1904 (I); Arnoult 218; IBE 788; IGI 1290; IBP 820; Voull(B) 3671,6; Pr 4114 (I); BMC V 179; BSB-Ink B-131 (I); GW 3491
Shelfmark	**Kb 3394, 2°**

ISTC number	**B*193**
Heading	*Bartolus de Saxoferrato*
Title:	Super prima parte Codicis
Imprint	Venice: Johannes de Colonia, and Johannes Manthen, 12 June 1480
Language	lat
Bib. Refs	Goff B193; H 2544* (I); Hillard 298; IGI 1292; Sajó-Soltész 515; Voull(B) 3760,5; Sheppard 3506; Pr 4343; BMC V 237; BSB-Ink B-132 (I); GW 3493
Shelfmark	**Kb 3397, 2°**

ISTC number	**B*196.5**
Heading	*Bartolus de Saxoferrato*
Title:	Super prima parte Codicis cum additionibus Alexandri Tartagni
Imprint	[Lyons: Johannes Siber, about 1495]
Language	lat
Bib. Refs	H 2539* (I); IBE 793; Voull(B) 4689 (I); Schmitt I 4682,70; Rhodes(Oxford Colleges) 281; BSB-Ink B-139 (I); GW 3504
Shelfmark	**Kb 3391, 2°**

ISTC number	**B*197.7**
Heading	*Bartolus de Saxoferrato*
Title:	Super prima parte Codicis cum additionibus Alexandri Tartagni
Imprint	Venice: Baptista de Tortis, 9 Aug. 1499
Language	lat
Bib. Refs	H 2551* (I); IBP 824; IBE 794; IGI 1299; Deckert 94; Sack(Freiburg) 481; Lökkös(Cat BPU) 67; BSB-Ink B-140 (I); GW 3505
Shelfmark	**Kb 3400, 2°**

ISTC number	**B*200**
Heading	*Bartolus de Saxoferrato*
Title:	Super secunda parte Codicis
Imprint	Venice: Nicolaus Jenson, 7 May 1478
Language	lat
Bib. Refs	Goff B200; H 2543* (II); Pell 1904 (II); CIBN B-130; Arnoult 219; IBP 825; IGI 1302; Oates 1643; Pr 4114 (II); BMC V 179; BSB-Ink B-131 (II); GW 3509
Shelfmark	**Kb 3394, 2°**

ISTC number	**B*201**
Heading	*Bartolus de Saxoferrato*
Title:	Super secunda parte Codicis
Imprint	Venice: Johannes de Colonia, and Johannes Manthen, 30 June 1480
Language	lat
Bib. Refs	Goff B201; H 2544 (II); Voull(B) 3760,6; Walsh 1716; Sheppard 3507; Pr 4345; BSB-Ink B-132 (II); GW 3510
Shelfmark	**Kb 3397, 2°**

ISTC number	**B*204.2**
Heading	*Bartolus de Saxoferrato*
Title:	Super secunda parte Codicis cum additionibus Alexandri Tartagni
Imprint	[Lyons: Johannes Siber, about 1495]
Language	lat
Bib. Refs	H 2539* (II); Péligry 145; Voull(B) 4689 (II); Schmitt I 4682,70; Rhodes(Oxford Colleges) 284; BSB-Ink B-139 (II); GW 3521
Shelfmark	**Kb 3391, 2°**

ISTC number	**B*204.3**
Heading	*Bartolus de Saxoferrato*
Title:	Super secunda parte Codicis cum additionibus Alexandri Tartagni
Imprint	Venice: Baptista de Tortis, 14 Feb. 1499
Language	lat
Bib. Refs	H 2551* (II); IBP 829; IBE 802; IGI 1309; Deckert 96; Sack(Freiburg) 484; Lökkös(Cat BPU) 68; BSB-Ink B-140 (II); GW 3522
Shelfmark	**Kb 3400, 2°**

ISTC number	**B*205**
Heading	*Bartolus de Saxoferrato*
Title:	Super tribus ultimis libris Codicis cum additionibus Angeli de Ubaldis et Alexandri Tartagni
Imprint	Venice: Nicolaus Jenson, 1477

Language	lat
Bib. Refs	Goff B205; HC 2558*; Pell 1916; CIBN B-136; Arnoult 220; IBE 803; IGI 1311; Sajó-Soltész 520; Voull(Trier) 1817; Voull(B) 3668; Hubay(Augsburg) 301; Walsh 1586; Rhodes(Oxford Colleges) 285; Pr 4112; BMC V 177; BSB-Ink B-144; GW 3525
Shelfmark	**an Kb 3394, 2°**

ISTC number	**B*206**
Heading	*Bartolus de Saxoferrato*
Title:	Super tribus ultimis libris Codicis cum additionibus Angeli de Ubaldis et Alexandri Tartagni. Ed: Petrus Albinianus Trecius
Imprint	Venice: Johannes de Colonia, and Johannes Manthen, 31 Jan. 1479/80
Language	lat
Bib. Refs	Goff B206; H 2559*; IBE 6210; IGI 1312; IBP 830; Voull(B) 3755,5; Sack(Freiburg) 485; Pr 4333; Sheppard 3504; BSB-Ink B-145; GW 3527
Shelfmark	**an Kb 3397, 2°**

ISTC number	**B*216**
Heading	*Bartolus de Saxoferrato*
Title:	Super prima parte Digesti novi. Add: Repetitio legis "Caesar. De publicanis"
Imprint	Venice: Nicolaus Jenson, 1478
Language	lat
Bib. Refs	Goff B216; GW(Nachtr) 39; Pell 1943 (I); CIBN B-138; Arnoult 222; IBP 833; IGI 1326; IBE 844; Voull(Trier) 1827; Voull(B) 3669,6; Grol Cat no. 65; Sheppard 3285; Pr 4117; GW 3549
Shelfmark	**Kb 3084, 2°**

ISTC number	**B*217**
Heading	*Bartolus de Saxoferrato*
Title:	Super prima parte Digesti novi. Add: Repetitio legis "Caesar. De publicanis"
Imprint	Venice: Nicolaus Jenson, 1478
Language	lat
Bib. Refs	Goff B217; H 2608* (I); IBP 834; IGI 1327; Pr 4116; Sheppard 3286; BSB-Ink B-152; GW 3550
Shelfmark	**Ha 11 III, 13**

ISTC number	**B*220.4**
Heading	*Bartolus de Saxoferrato*

| B*221.2 | ISTC number |

Title:	Super prima parte Digesti novi cum additionibus Alexandri Tartagni
Imprint	Venice: Baptista de Tortis, 29 Nov. 1499
Language	lat
Bib. Refs	H 2613* (I); IBP 836; IBE 851; IGI 1333; Sack(Freiburg) 498; Lökkös(Cat BPU) 69; BSB-Ink B-161 (I); GW 3562
Shelfmark	Kb 3087, 2°

ISTC number	B*221.2
Heading	Bartolus de Saxoferrato
Title:	Super secunda parte Digesti novi
Imprint	Venice: Nicolaus Jenson, [after 21 Mar.] 1478
Language	lat
Bib. Refs	H 2608* (II); Pell 1943 (II); CIBN B-140; Arnoult 223; IBE 853; IGI 1337; IBP 839; Voull(Trier) 1828; Voull(B) 3669,7; Walsh 1589; Rhodes(Oxford Colleges) 294; BSB-Ink B-165; GW 3569
Shelfmark	Kb 3084, 2°

ISTC number	B*223.4
Heading	Bartolus de Saxoferrato
Title:	Super secunda parte Digesti novi cum additionibus Alexandri Tartagni
Imprint	Venice: Baptista de Tortis, 16 Sept. 1499
Language	lat
Bib. Refs	H 2613* (II); IBE 859; IGI 1345; IBP 841; Sack(Freiburg) 504; Lökkös(Cat BPU) 70; Pr 4669; BMC V 331; BSB-Ink B-161 (II); GW 3580
Shelfmark	Kb 3087, 2°

ISTC number	B*225
Heading	Bartolus de Saxoferrato
Title:	Super prima parte Digesti veteris
Imprint	Venice: Johannes de Colonia, and Johannes Manthen, 6 Nov. 1479
Language	lat
Bib. Refs	Goff B225; HC 2571* (I); Sajó-Soltész 526; IBP 842; Polain(B) 531; IGI 1351; Voull(Trier) 1871; Voull(B) 3758; Schüling 147; Walsh 1714; Pr 4337; BMC V 235; BSB-Ink B-169; GW 3584
Shelfmark	Kb 2841, 2°

ISTC number	B*225.8
Heading	Bartolus de Saxoferrato

Title:	Super prima parte Digesti veteris cum additionibus Alexandri Tartagni et Bernardini Landriani
Imprint	Venice: Baptista de Tortis, 4 Nov. 1499
Language	lat
Bib. Refs	H 2578* (I); IBE 821; IGI 1357; IBP 5808; Sack(Freiburg) 510; Lökkös(Cat BPU) 71; BSB-Ink B-178 (I); GW 3592
Shelfmark	**Kb 2845, 2°**

ISTC number	**B*228.5**
Heading	*Bartolus de Saxoferrato*
Title:	Super secunda parte Digesti veteris cum additionibus Alexandri Tartagni et Bernardini Landriani
Imprint	Venice: Baptista de Tortis, 29 Jan. 1499
Language	lat
Bib. Refs	H 2578* (II); IBE 826; IGI 1367; IBP 5809; Sack(Freiburg) 513; Lökkös(Cat BPU) 72; BSB-Ink B-178 (II); GW 3604
Shelfmark	**Kb 2845, 2°**

ISTC number	**B*229**
Heading	*Bartolus de Saxoferrato*
Title:	Super prima et secunda parte Digesti veteris
Imprint	Venice: Nicolaus Jenson, 1477-78
Language	lat
Publ'n notes	In two parts, dated: I) 10 Mar. 1478; II) 1477. GW and Pellechet describe a variant
Bib. Refs	Goff B229; H 2570*; Pell 1921; CIBN B-141; Arnoult 224; IBE 814; IGI 1346; IBP 850; Voull(Trier) 1829; Voull(B) 3671,3 & 3668,3; Hubay(Würzburg) 339; Sack(Freiburg) 505; Rhodes(Oxford Colleges) 298; BSB-Ink B-171; GW 3605
Shelfmark	**Kb 3839, 2°**

ISTC number	**B*233**
Heading	*Bartolus de Saxoferrato*
Title:	Super prima parte Infortiati
Imprint	Venice: Nicolaus Jenson, 28 Mar. 1478
Language	lat
Bib. Refs	Goff B233; H 2590* (I); Pell 1931 (I); CIBN B-148; Arnoult 225; IGI 1370; IBP 851; Voull(Trier) 1830; Voull(B) 3671,5; Sack(Freiburg) 515; Walsh 1590; Rhodes(Oxford Colleges) 301; BSB-Ink B-187 (I); GW 3616
Shelfmark	**Kb 2981, 2°**

ISTC number	**B*237.3**
Heading	*Bartolus de Saxoferrato*
Title:	Super prima parte Infortiati cum additionibus Alexandri Tartagni
Imprint	Venice: Baptista de Tortis, 18 Dec. 1499
Language	lat
Bib. Refs	H 2596* (I); IBE 834; IGI 1378; IBP 5811; Sack(Freiburg) 520; Lökkös(Cat BPU) 73; BSB-Ink B-194 (I); GW 3628
Shelfmark	**Kb 2984, 2°**

ISTC number	**B*238**
Heading	*Bartolus de Saxoferrato*
Title:	Super secunda parte Infortiati
Imprint	Venice: Nicolaus Jenson, 1478
Language	lat
Bib. Refs	Goff B238; H 2590* (II); Pell 1931 (II); CIBN B-149; Arnoult 226; IBE 835; IGI 1381; IBP 855; Voull(Trier) 1831; Voull(B) 3669,4; Sack(Freiburg) 521; Borm 366; Rhodes(Oxford Colleges) 305; BSB-Ink B-187 (II); GW 3631
Shelfmark	**Kb 2981, 2°**

ISTC number	**B*247**
Heading	*Bartolus de Saxoferrato*
Title:	Processus Satanae contra genus humanum
Imprint	[Leipzig: Gregorius Böttiger (Werman), about 1495]
Language	lat
Bib. Refs	Goff B247; H 2644*; Polain(B) 539; IBP 860; Sajó-Soltész 534; Coll(S) 168; Ernst(Hildesheim) I,I 76; Voull(B) 1376; Pr 3020; BMC III 648; BSB-Ink P-799; GW 3653
Shelfmark	**7 an Ch 3216 z, 8°**

ISTC number	**B*254**
Heading	*Bartolus de Saxoferrato*
Title:	Tractatuli. With tables of contents to Aristoteles: Politica, and Thomas Aquinas: In octo libris Politicorum
Imprint	Leipzig: Gregorius Böttiger (Werman), 5 Oct. 1493
Language	lat
Bib. Refs	Goff B254; H 2636*; IBP 863; IDL 706; Voull(Trier) 869; Voull(B) 1369; Schmitt I 1369; BSB-Ink B-199; GW 3664
Shelfmark	**an Ka 3079 r, 8°**

ISTC number	**B*262.5**
Heading	*Barzizius, Gasparinus*

ISTC number	B*274.9

Title:	Epistolae
Imprint	[Reutlingen: Johann Otmar, not after 1483]
Language	lat
Publ'n notes	The Uppsala copy has an owner's note with the date 1483
Bib. Refs	Goff Suppl. B262a; H 2673; Pell 1978; CIBN B-167; Polain(B) 543; IBP 866; IGI 1411; Voull(B) 1982; Ohly-Sack 440; Coll(U) 265; BMC II 584; GW 3679
Shelfmark	**1 an Ink A 28**

ISTC number	**B*274.9**
Heading	*Basilius Magnus*
Title:	De legendis antiquorum libris, sive De liberalibus studiis (Tr: Leonardus Brunus Aretinus)
Imprint	[Leipzig: Martin Landsberg, about 1489-96]
Language	lat
Publ'n notes	Signed CD6. The work which occupied AB is unknown (GW)
Bib. Refs	C 918; IBP 871; GW 3708
Shelfmark	**4 an Ink A 92**

ISTC number	**B*285**
Heading	*Baysio, Guido de*
Title:	Rosarium decretorum
Imprint	[Strassburg: Johann Mentelin, about 1473]
Language	lat
Bib. Refs	Goff B285; H 2713*; Pell 2011; CIBN B-191; Hillard 308; Zehnacker 376; Polain(B) 1766; IBE 875; IGI 4553; IBP 875; Sajó-Soltész 541; Schorbach 30; Madsen 579; Ernst(Hildesheim) II,III 22; Voull(Trier) 1274; Voull(B) 2101; Sack(Freiburg) 535; Borm 373; Wilhelmi 278; Finger 148; Walsh 62; Sheppard 157, 158; Pr 213; BMC I 57; BSB-Ink B-246; GW 3744
Shelfmark	**Kr 688, 2°**

ISTC number	**B*288**
Heading	*Baysio, Guido de*
Title:	Rosarium decretorum. Ed: Franciscus Moneliensis
Imprint	[Venice]: Johannes Herbort, de Seligenstadt, for Johannes de Colonia, Nicolaus Jenson et Socii, 3 Apr. 1481
Language	lat
Publ'n notes	For variant see CIBN
Bib. Refs	Goff B288; H 2717*; Pell 2014; CIBN B-193; Hillard 309; Arnoult 232; Polain(B) 1768; IDL 2126; IBE 878; IGI 4556; IBP 876; Sajó-Soltész 543; Voull(B) 3973; Voull(Trier) 1959; Hubay(Augsburg) 312; Ohly-Sack 3067; Sack(Freiburg) 536; Hummel-Wilhelmi 275,

Shelfmark	276; Finger 149; Walsh 1863; Oates 1854; Rhodes(Oxford Colleges) 313; Pr 4677; BMC V 301; BSB-Ink B-248; GW 3747 **Kr 689, 2°**

ISTC number	**B*289**
Heading	*Baysio, Guido de*
Title:	Rosarium decretorum. With a letter of dedication by Petrus Albinianus Trecius
Imprint	[Venice]: Andreas Torresanus, de Asula, 14 Apr. 1495
Language	lat
Publ'n notes	Part of this edition was revised in the 16th century, cf. GW anm
Bib. Refs	Goff B289; HC 2718*; IBE 879; IGI 4557; IBP 877; Borm 374; Voull(Trier) 1985; Sack(Freiburg) 537; Rhodes(Oxford Colleges) 314; Pr 4737; BMC V 312; BSB-Ink B-249; GW 3748
Shelfmark	**Ink C 32** (imperfect)

ISTC number	**B*290.3**
Heading	*Bebel, Heinrich*
Title:	Liber Hymnorum. Add: Johannes Marchesinus
Imprint	[Tübingen: Johann Otmar, after 18 Mar. 1501]
Language	lat
Bib. Refs	C 926; VD16 H6513; Torchet 121; GW III col 585
Shelfmark	**Cl 1434**

ISTC number	**B*292**
Heading	*Beckenhaub, Johannes*
Title:	Tabula super libros sententiarum cum Bonaventura
Imprint	[Nuremberg: Anton Koberger, not after 1494]
Imprint	[about 1500]
Language	lat
Publ'n notes	An Ottobeuren copy has an buyer's inscription with the date 1494. Dated about 1500 in Goff
Bib. Refs	Goff B292; C 1159; Pell 2718; Hillard 311; Girard 79; Polain(B) 798; IDL 720; IBP 879; IBE 882; Sajó-Soltész 544; Sallander 2388; Ernst(Hildesheim) II,II 81; Voull(B) 1784; Hubay(Ottobeuren) 346; Wilhelmi 163; Hunt 1281; GW(Nachtr) 41
Shelfmark	**Ig 185, 4°**

ISTC number	**B*293**
Heading	*Beda*
Title:	Historia ecclesiastica gentis Anglorum
Imprint	[Strassburg: Heinrich Eggestein, not after 1475]

Imprint	[about 1475-78]
Language	lat
Publ'n notes	The Wloclawek copy has the rubricator's date 1475. Formerly dated about 1475-78
Bib. Refs	Goff B293; H 2732*; C 933; Pell 2017; CIBN B-195; Hillard 312; IDL 721; IBP 880; Sajó-Soltész 545; Madsen 580; Nentwig 70; Voull(Trier) 1304; Voull(B) 2143; Schmitt I 2143; Hubay(Augsburg) 313; Ohly-Sack 445, 446; Borm 375; Walsh 102; Oates 118; Sheppard 201; Pr 284; BMC I 71; BSB-Ink B-255; GW 3756
Shelfmark	**an Ib 898, 2°**
	an Ib 898 a, 4°

ISTC number	**B*332**
Heading	*Bentivolus, Antonius Galeazius*
Title:	Oratio ad Alexandrum VI nomine Bononiensium habita (Ed: Ferdinandus de Salazar)
Imprint	[Rome: Eucharius Silber, not before Sept. 1492]
Language	lat
Bib. Refs	Goff B332; H 2790*; Pell 2049; CIBN B-233; IBE 905; IGI 1485; Coll(S) 1155; Voull(B) 3500; Sack(Freiburg) 543; Sheppard 3055, 3056; Pr 3864; BMC IV 114; BSB-Ink B-288; GW 3854
Shelfmark	**an Kn 3467, 8°**

ISTC number	**B*334**
Heading	*Berberius, Johannes*
Title:	Viatorium utriusque iuris
Imprint	[Strassburg: Johann Prüss, 1493]
Language	lat
Publ'n notes	GW notes a variant
Bib. Refs	Goff B334; HC 2793*; Parguez 148; Zehnacker 381; Polain(B) 557; IBP 886; Sajó-Soltész 551; Coll(U) 270; Madsen 590; Voull(Trier) 1476; Voull(B) 2367; Schmitt I 2362,9; Hubay(Augsburg) 321; Hubay(Eichstätt) 156; Sack(Freiburg) 544, 545; Hummel-Willhelmi 92; Walsh S-207A, S-207B; Sheppard 430; Pr 572; BMC I 127; BSB-Ink B-290; GW 3858
Shelfmark	**Kc 175, 8°**
	1 an Ink A 60

ISTC number	**B*336**
Heading	*Berchorius, Petrus*
Title:	Liber Bibliae moralis
Imprint	Ulm: Johann Zainer, 9 Apr. 1474
Language	lat

Bib. Refs	Goff B336; H 2794*; Amelung, Frühdruck I 20; Pell 2056; CIBN B-235; Zehnacker 382; IDL 727; IGI 1487; IBP 887; IJL 59; Sajó-Soltész 552; Coll(U) 300; Coll(S) 174; Madsen 591; Voull(B) 2585; Hubay(Augsburg) 322; Sack(Freiburg) 547; Borm 381; Walsh 883; Sheppard 1793; Pr 2502; BMC II 522; BSB-Ink B-291; GW 3862
Shelfmark	**Ink C 29**

ISTC number	**B*337**
Heading	*Berchorius, Petrus*
Title:	Liber Bibliae moralis
Imprint	[Strassburg]: C.W., 7 Sept. 1474
Language	lat
Publ'n notes	The Tabula is dated 7 Oct. 1474. The printer has been identified tentatively as Clas Wencker or Conrad Wolfach
Bib. Refs	Goff B337; H 2795*; Pell 2057; CIBN B-236; Zehnacker 383; IDL 728; IBP 888; Coll(U) 301; Coll(S) 175; Nentwig 72; Ernst(Hildesheim) I,I 83; Voull(Trier) 1343; Voull(B) 2186; Hubay (Eichstätt) 157; Ohly-Sack 452; Sack(Freiburg) 548; Borm 382; Wilhelmi 110; Walsh 119; Oates 140; Sheppard 281; Pr 341; BMC I 82; BSB-Ink B-292; GW 3863
Shelfmark	**Ib 441, 2°**

ISTC number	**B*340**
Heading	*Berchorius, Petrus*
Title:	Repertorium morale (Ed: Johannes Beckenhaub)
Imprint	[Nuremberg]: Anton Koberger, 4 Feb. 1489
Language	lat
Publ'n notes	3 volumes
Bib. Refs	Goff B340; HC 2798 = 2801; Pell 2060; CIBN B-239; Hillard 322; Girard 80; Torchet 123; Zehnacker 384; Polain(B) 559; IBE 4524; IGI VI 1488-A; IBP 891; Sajó-Soltész 553; Coll(U) 298; Madsen 593; Nentwig 71; Ernst(Hildesheim) II,VI 5; Voull(Trier) 1125; Voull(B) 1779; Schmitt I 1732,5; Hubay(Augsburg) 323; Hubay (Eichstätt) 158; Hummel-Wilhelmi 93, 94; Ohly-Sack 454, 455; Sack(Freiburg) 549; Borm 384; Pad-Ink 95; Finger 154; Wilhelmi 112, 113; Rhodes(Oxford Colleges) 317; Sheppard 1511; Pr 2066; BSB-Ink B-294; GW 3866
Shelfmark	**Ib 441 c, 2°** (I,III)

ISTC number	**B*341.4**
Heading	*Berengarius de Landora*
Title:	Lumen animae. Ed: Matthias Farinator

Imprint	[Augsburg]: Anton Sorg, 3 Sept. 1477
Language	lat
Author notes	The text is also treated as anonymous (Goff) or found under the editor's name
Bib. Refs	Goff L393; H 10329*; Klebs 631.1; Pell 4747; Hillard 1261; Polain(B) 1466; IDL 731; IGI 3803; Sajó-Soltész 2031; Coll(S) 409; Voull(B) 109; Hubay(Augsburg) 1288; Ohly-Sack 1776; Wilhelmi 115; Walsh 563, 564, 565; Sheppard 1238; Pr 1650; BMC II 344; BSB-Ink L-286
Shelfmark	**Ig 5832, 4°**

ISTC number	**B*341.7**
Heading	*Berengarius de Landora*
Title:	Lumen animae (Ed: Matthias Farinator)
Imprint	[Strassburg: Printer of the 1481 'Legenda Aurea'], 22 Mar. 1482
Language	lat
Author notes	The text is also treated as anonymous (Goff) and found under the editor's name
Bib. Refs	Goff L396; HC 10333*; Klebs 631.4; Pell 4749; Hillard 1263; Arnoult 986; Torchet 602; Polain(B) 1468; IBE 3627; IDL 732; IBP 3492; Sajó-Soltész 2033; Coll(U) 545; Coll(S) 411; Madsen 1559; Ernst(Hildesheim) I,II 99; Voull(Trier) 1387; Voull(B) 2249; Schmitt I 2249; Deckert 422, 423, 424, 425; Schüling 544, 545; Ohly-Sack 1779; Sack(Freiburg) 2215; Pad-Ink 441; Walsh 154, 155, 156; Oates 172, 173; Rhodes(Oxford Colleges) 1127; Sheppard 339; Pr 413; BMC I 97; BSB-Ink L-289
Shelfmark	**Ig 5832 a, 4°**

ISTC number	**B*341.8**
Heading	*Berengarius de Landora*
Title:	De septem peccatis mortalibus, i.e. Lumen animae, Titulus 75. Ed.: Matthias Farinator
Imprint	[Strassburg: C.W., not after 1474]
Imprint	[Nuremberg: Anton Koberger, about 1475]
Language	lat
Publ'n notes	Assigned to C.W. (sometimes identified tentatively as Clas Wencker or Conrad Wolfach) by P. Needham, in British Library Journal 6 (1980) pp. 130-43 (cf BMC II 409). The Uppsala copy has an owner's date 1474
Author notes	The text is traditionally ascribed to Aurelius Prudentius Clemens. See however R. Cruel, Geschichte der deutschen Predigt im Mittelalter, 1879, p. 460
Bib. Refs	Goff P1031; HC 13437*; Pell Ms 9797 (9613); CIBN P-642; IGI 8114; IBP 4609; Sajó-Soltész 2851; Coll(U) 1264; Voull(B) 1794;

Shelmark	Deckert 537, 538; Hubay(Würzburg) 1781; Pr 1963; BMC III 860; BSB-Ink D-67 **an Ig 5432, 4°**

ISTC number	**B*360**
Heading	*Bernardus Carthusiensis*
Title:	Dialogus Virginis Mariae misericordiam elucidans
Imprint	Leipzig: [Conrad Kachelofen], 1493
Language	lat
Author notes	Recorded as Bernardus Legnicensis in CIBN
Bib. Refs	Goff B360; H 2840*; CIBN B-321; Polain(B) 569; IBP 901; Louda 294; Coll(U) 277; Voull(B) 1228; Borm 393; Schüling 160; Oates 1271, 1272; Sheppard 2076; Pr 2863; BMC III 625; BSB-Ink B-337; GW 3902
Shelfmark	**Ig 5221, 8°**

ISTC number	**B*383**
Heading	*Bernardus Claravallensis*
Title:	Epistolae. With other tracts
Imprint	[Strassburg: Heinrich Eggestein, not after 1474]
Language	lat
Bib. Refs	Goff B383; H 2870*; Pell 2104; CIBN B-259; Hillard 327; Zehnacker 393; Polain(B) 580; IDL 749; IGI 1522; IBP 911; Sajó-Soltész 564; Sallander 1612; Madsen 604, 605; Voull(Trier) 1306; Voull(B) 2144; Hubay(Augsburg) 332; Ohly-Sack 464; Sack(Freiburg) 562; Borm 400; Walsh 94, 95; Sheppard 194; Pr 285; BMC I 71; BSB-Ink B-310; GW 3923
Shelfmark	**an Ib 479, u/1, 2°**

ISTC number	**B*389**
Heading	*Bernardus Claravallensis*
Title:	Flores
Imprint	Cologne: Johann Koelhoff, the Elder, 14[82]
Language	lat
Publ'n notes	In many copies, the arabic figures 82 have been added to the printed date 'M.cccc.', probably in the printing-shop
Bib. Refs	Goff B389; HC 2926*; Voull(K) 231; Pell 2181; IDL 752; IBP 915; Sallander 2078; Voull(B) 774; Schmitt I 774; Voull(Trier) 452; Sack(Freiburg) 566; Borm 402; Pad-Ink 99; Finger 159; Oates 540; Sheppard 801; Pr 1058; BSB-Ink G-520; GW 3929
Shelfmark	**Ib 450, 4°**

ISTC number	**B*398**
Heading	*Bernardus Claravallensis*
Title:	Homilia super Stabat mater
Imprint	[Leipzig: Moritz Brandis, about 1488-89]
Language	lat
Author notes	The true author is Odo de Morimond, cf. J.M. Canal, in Sacris Erudiri 13 (1962) pp. 377-437 (BSB-Ink)
Bib. Refs	Goff B398; HC 2869*; Camp 272; Polain(B) 589; IBP 916; Borm 405; Voull(B) 1248 = 1291,5; Günt(L) 1225; Hubay(Würzburg) 367; Louda 303; Oates 1285; BSB-Ink O-4; GW 3931
Shelfmark	**Ib 478, 8°**

ISTC number	**B*430**
Heading	*Bernardus Claravallensis*
Title:	Sermones super Cantica canticorum. Add: Gilbertus de Hoilandia: Sermones super Cantica canticorum
Imprint	Strassburg: Martin Flach (printer of Strassburg), 1497
Language	lat
Bib. Refs	Goff B430; HC 2859* = H 2858a; C 2735; Pell 2098; CIBN B-275; Parguez 160; Zehnacker 399; Polain(B) 607; IDL 764; IBE 929; IGI 1553; IBP 919; Sajó-Soltész 569; Coll(U) 284; Madsen 613; Ernst(Hildesheim) I,I 81 & 213; Voull(Trier) 1589; Voull(B) 2505; Wiegrefe pp.36-37; Hubay(Ottobeuren) 66; Ohly-Sack 474, 475; Sack(Freiburg) 574; Hummel-Wilhelmi 102; Pad-Ink 101; Finger 169, 170; Wilhelmi 136; Pr 707; BMC I 154; BSB-Ink B-326; GW 3937
Shelfmark	**Ib 480, 4°**

ISTC number	**B*436**
Heading	*Bernardus Claravallensis*
Title:	Sermones de tempore et de sanctis et De diversis
Imprint	Mainz: Peter Schoeffer, 14 Apr. 1475
Language	lat
Bib. Refs	Goff B436; H 2844*; Pell 2087; CIBN B-262; Hillard 334; Zehnacker 395; Polain(B) 601; IDL 757; IGI 1556; IBP 921; Sajó-Soltész 570; Coll(U) 282; Madsen 614; Ernst(Hildesheim) II,II 52; Voull(B) 1532; Voull(Trier) 892; Ohly-Sack 476, 477; Sack(Freiburg) 575; Oates 32, 33; Sheppard 65; Pr 107; BMC I 32; BSB-Ink B-320; GW 3940
Sheklfmark	**Ib 479, u, 2°** **Ib 479, u/1, 2°**

ISTC number	**B*439**
Heading	*Bernardus Claravallensis*
Title:	Sermones de tempore et de sanctis
Imprint	Basel: Nicolaus Kesler, 1495
Language	lat
Bib. Refs	Goff B439; HC 2848* = H 2847; Pell 2090; CIBN B-267; Torchet 129; Zehnacker 397; Polain(B) 604; IDL 760; IBE 932; IGI 1559; IBP 924; Sajó-Soltész 572; Sallander 2080; Madsen 617; Ernst (Hildesheim) II,II 53; Voull(B) 536; Schmitt I 536; Ohly-Sack 481, 482; Sack(Freiburg) 578; Borm 413; Finger 167, 168; Wilhelmi 133, 134; Sheppard 2488; Pr 7687; BMC III 771; BSB-Ink B-323; GW 3944
Shelfmark	**Ib 479 v, 4°**

ISTC number	**B*455**
Heading	*Bernardus Parmensis*
Title:	Casus longi super quinque libros decretalium
Imprint	[Basel: Michael Wenssler, not after 1479]
Language	lat
Bib. Refs	Goff B455; HC 2929*; Pell 2188; CIBN B-327; Polain(B) 848; IDL 783; IGI 1574; IBP 944; Sallander 2084; Madsen 636; Nentwig 93; Ernst(Hildesheim) II,III 25; Voull(Trier) 1227; Voull(B) 384,5; Hubay(Augsburg) 343; Hubay(Eichstätt) 168; Ohly-Sack 486, 487; Sack(Freiburg) 584; Borm 418; Finger 174; Wilhelmi 126; Walsh S-1124A; Pr 7491; BMC III 727; BSB-Ink B-342; GW 4093
Shelfmark	**Kr 782 b, 4°**

ISTC number	**B*461**
Heading	*Bernardus Parmensis*
Title:	Casus longi super quinque libros decretalium
Imprint	Strassburg: [Printer of the 1483 Jordanus de Quedlinburg (Georg Husner)], 23 Aug. 1493
Language	lat
Bib. Refs	Goff B461; H 2936*; Pell 2197; CIBN B-333; Hillard 354; Zehnacker 411; IDL 789; IBP 949; Madsen 640, T9; Voull(Trier) 1542; Voull(B) 2451; Walsh 253; Rhodes(Oxford Colleges) 330; BMC I 143; BSB-Ink B-347; GW 4102
Shelfmark	**Kr 782, 4°** **Kr 782 c, 4°**

ISTC number	**B*464**
Heading	*Beroaldus, Philippus*

ISTC number	B*487.1

Title:	Annotationes centum. Corr: Hieronymus Salius Faventinus
Imprint	Bologna: Franciscus (Plato) de Benedictis, for himself and Benedictus Hectoris, 1488
Language	lat
Bib. Refs	Goff B464; HC 2943*; Pell 2205; CIBN B-336; IDL 791; IGI 1582; IBP 954; Sajó-Soltész 586; Deckert 113; Borm 422; Coll(U) 293; Sheppard 5338; Rhodes(Oxford Colleges) 332; Pr 6584; BMC VI 823; BSB-Ink B-360; GW 4113
Shelfmark	**1 an Ink B 138**

ISTC number	**B*487.1**
Heading	*Beroaldus, Philippus*
Title:	Heptalogos. Ed: Nicolaus Grünberg. Add: Sententiae et Proverbia Platonis
Imprint	Leipzig: Jacobus Thanner, 1499
Language	lat
Bib. Refs	HC 2975; Klebs 183.2; IBP 964; Voull(B) 1426,5; Günt(L) 1579; Borm 431; Pr 3075; BMC III 658; BSB-Ink B-376; GW 4139
Shelfmark	**14 an Ink A 18**

ISTC number	**B*492**
Heading	*Beroaldus, Philippus*
Title:	Orationes et poemata. Ed: Jodocus Badius Ascensius
Imprint	Lyons: Johannes Trechsel, 4 Sept. 1492
Language	lat
Bib. Refs	Goff B492; H 2951 = HC 2952*; Pell 2211; Hillard 365; Zehnacker 414; Polain(B) 623; IBE 979; IGI 1603; IBP 967; Sajó-Soltész 599; Sallander 1622; Madsen 652; Voull(Trier) 2240; Voull(B) 4699,12; Sack(Freiburg) 596; Borm 433; Walsh 3788; Sheppard 6661; Pr 8600; BSB-Ink B-381; GW 4145
Shelfmark	**2 an Ink A 76**

ISTC number	**B*498**
Heading	*Bertachinus, Johannes*
Title:	Repertorium iuris utriusque (partes I-III)
Imprint	Nuremberg: Anton Koberger, 25 Oct. 1483
Language	lat
Bib. Refs	Goff B498; H 2982*; Pell 2239; Péligry 162; Zehnacker 416; IBE 985; IDL 797; IBP 972; Sajó-Soltész 602; Coll(U) 294; Madsen 655; Voull(B) 1702; Ohly-Sack 495; Sack(Freiburg) 597; Wilhelmi 138; Rhodes(Oxford Colleges) 335; BSB-Ink B-386; GW 4153
Shelfmark	**Kc 149 z/10, 2°** (II)

ISTC number	**B*498.5**
Heading	*Bertachinus, Johannes*
Title:	Repertorium iuris utriusque (partes I-III)
Imprint	[Lyons: Johannes Siber, about 1485-90]
Language	lat
Bib. Refs	H 2980*; Pell 2238; CIBN B-353; Girard 96; IBE 988; Walsh 3754; Sack(Freiburg) 599; BSB-Ink B-387; GW 4157
Shelfmark	**Kc 169, 2°**

ISTC number	**B*501**
Heading	*Bertachinus, Johannes*
Title:	Repertorium iuris utriusque (partes I-III)
Imprint	[Lyons: Johannes Siber], 23 June 1499
Language	lat
Bib. Refs	Goff B501; Pell 2243; CIBN B-354; Arnoult 264; Van der Vekene 23; IBE 990; IBP 975; Sajó-Soltész 605; Coll(S) 190; Coll(U) 296; Madsen 656; Ernst(Hildesheim) II,III 26, II,IV 14, II,VI 4; Voull(B) 4684; Ohly-Sack 496; Rhodes(Oxford Colleges) 338; GW 4159
Shelfmark	**Ink C 20**

ISTC number	**B*507**
Heading	*Bertholdus*
Title:	Horologium devotionis
Imprint	Cologne: Johann Landen, [about 1498]
Language	lat
Publ'n notes	Woodcuts. Often found with Gerardus Zutphaniensis (Goff G178) and Meditationes de vita et beneficiis Jesu Christi (Goff M434)
Bib. Refs	Goff B507; HC 2994; Voull(K) 247 (I); Pell 2249; CIBN B-356; Polain(B) 630 (I); IGI 1618 (I); IDL 802; IBP 5819; Schr 3446; Borm 437; Ohly-Sack 498; Hubay(Augsburg) 352; Schäfer 48; Walsh 474; Oates 840; BSB-Ink B-399; GW 4176
Shelfmark	**4 an Ink A 87**

ISTC number	**B*519**
Heading	*Bessarion, Cardinal*
Title:	Epistolae et orationes. Ed: Guillermus Fichet
Imprint	[Paris: Ulrich Gering, Martin Crantz and Michael Friburger, Apr. 1471]
Language	lat
Publ'n notes	Five copies are known with additional printed letters of dedication, all dated 5 Aug. 1471: to Louis XI in Paris BN, to Edward IV of England in Vaticano BAV, to Friedrich III in Vienna ÖNB; two

	further copies of the letter to Friedrich are in Halle (formerly in Magdeburg Gy, lacking the first leaf: GW Anm.1.4) and Freiburg i.Br. UB (without the body of the book: Sack). Several other copies have manuscript letters to various princes and prelates
Bib. Refs	Goff B519; H 3005; C 1013; Pell 2254; CIBN B-358; Hillard 368; Arnoult 268; IGI 1622; IBP 980; Sack(Freiburg) 606; Ernst(Hannover) 108; GW 4184
Shelfmark	**Ink A 80** (imperfect)

ISTC number	**B*523.3**
Heading	*Beyer, Nicolaus*
Title:	Bruderschaftsbrief der sächsischen Dominikaner
Imprint	[Bamberg: Johann Sensenschmidt, after 20 Mar. 1482]
Language	lat
Bib. Refs	VE 15 B-57; Juntke(Ablassbriefe) 3; Geldner(Bamberg) 83; Günt(L) 202; GW(Einbl) 449; GW 4192; Fac: Zeitschrift für Bücherfreunde, N.F.6.1(1914), Beibl.S.133
Shelfmark	**Yla 257 (3)** (vellum)

ISTC number	**B*524**
Heading	*Beysselius, Jodocus*
Title:	Rosacea augustissimae Christiferae Mariae corona. Add: Dicta nonnulla. Elegiaca exhortatio in rosarium Mariae virginis. Rosarium ex floribus vitae passionisque Domini. Rodolphus Agricola: Anna mater. Hermolaus Barbarus: Versus in sepulcrum Rodolphi Agricolae
Imprint	Antwerp: Govaert Bac, [not before 1493]
Imprint	[about 1495]
Language	lat
Publ'n notes	Dated in HPT. Dated about 1495 in Goff
Bib. Refs	Goff B524; HC 3026* = H 5753; Camp 288 = Camp 287; Inv Ant 303 = 306; Pell 2020; Polain(B) 636; IDL 808; Ohly-Sack 500, 501; Voull(Trier) 2355; Ernst(Hildesheim) I,I 84; Borm 439; Oates 3980; Pr 9443; BMC IX 202; BSB-Ink B-407; GW 4194
Shelfmark	**2 an Ink A 61**

ISTC number	**B*537**
Title:	Biblia latina. With additions by Menardus Monachus
Imprint	[Basel: Bernhard Richel, not after 1474]
Language	lat
Publ'n notes	The HEHL copy has the date of rubrication 1474
Bib. Refs	Goff B537; H 3041* = 3043; Pell 2275; CIBN B-372; Zehnacker 437; Delisle 263; IGI 1637; IBP 989; Sajó-Soltész 613; Voull(B) 409; Voull(Trier) 125; Borm 445; Hummel-Wilhelmi 107; Mittler-

B*540	
Shelfmark	Kind 663; Sheppard 2363; Pr 7526; BMC III 736; BSB-Ink B-417; GW 4212 (+ Accurti(1936) p.79) **Ink C 40** (imperfect)

ISTC number	**B*540**
Title:	Biblia latina. With additions by Menardus Monachus
Imprint	[Basel: Bernhard Richel], 1475
Language	lat
Bib. Refs	Goff B540; HC 3053*; C 1024; Pell 2277; CIBN B-375; Zehnacker 438; IDL 815; IGI 1640; IBP 991; Coll(U) 308; Madsen 664; Voull(B) 398,5; Voull(Trier) 117; Hubay(Augsburg) 357; Ohly-Sack 512; Sack(Freiburg) 616; Borm 447; Oates 2753; Sheppard 2367; Pr 7524; BMC III 736; BSB-Ink B-418; GW 4215
Shelfmark	**Ic 5979 i, 2°** **Bened B BB 42, 2°**

ISTC number	**B*546**
Title:	Biblia latina. With additions by Menardus Monachus
Imprint	[Nuremberg: Johann Sensenschmidt and Andreas Frisner], 1476
Language	lat
Bib. Refs	Goff B546; HC 3062*; Pell 2291; CIBN B-381; IBP 995; Sajó-Soltész 617; Madsen 668; Nentwig 236 (Interpretationes Hebraicorum); Voull(B) 1847; Hubay(Würzburg) 391; Sack(Freiburg) 617, 618; Hummel-Wilhelmi 109; Borm 451; Oates 1068; Sheppard 1414, 1415; Pr 2203; BMC II 408; BSB-Ink B-423; GW 4221
Shelfmark	**2an Ch 3492 b, 2°** (Interpretationes hebraicorum only)

ISTC number	**B*564**
Title:	Biblia latina. With additions by Menardus Monachus
Imprint	Nuremberg: Anton Koberger, 6 Aug. 1479
Language	lat
Bib. Refs	Goff B564; HC 3072*; Pell 2301; CIBN B-392; Péligry 169; Torchet 150; IDL 829; IBE 1017; IBP 1007; Sajó-Soltész 627; Mendes 205; Coll(U) 313; Coll(S) 203; Madsen 675; Ernst(Hildesheim) II,II 60; Voull(B) 1660; Hubay(Augsburg) 362; Ohly-Sack 518, 519; Sack(Freiburg) 626; Borm 457; Pad-Ink 111; Mittler-Kind 669; Wilhelmi 142; Oates 993; Sheppard 1456; Pr 1993; BMC II 417; BSB-Ink B-435; GW 4239
Shelfmark	**Ink A 4**

ISTC number	**B*566**
Title:	Biblia latina

ISTC number		B*568

Imprint	Venice: Franciscus Renner, de Heilbronn, 1480
Language	lat
Publ'n notes	For format see C.F. Bühler, in Studies in Bibliography 23 (1970) pp.141-145, implying 4° & 8°; but BMC rightly recorded this edition as f° and 4° (cf. P. Needham, Princeton Library Chronicle 55 (1994) pp.291-92)
Bib. Refs	Goff B566; HC 3078*; GfT 1691; Pell 2305; CIBN B-399; Arnoult 276; Jammes B-9; Lefèvre 92; Parguez 188; Aquilon 114; Péligry 171; Torchet 152; Polain(B) 656; IBE 1018; IGI 1661; IDL 831; Sajó-Soltész 629; IBP 1009; Mendes 206, 207; Ernst(Hildesheim) II,II 61; Voull(B) 3699; Hubay(Augsburg) 363; Borm 459; Wilhelmi 143; Oates 1674; Sheppard 3356; Pr 4177; BMC V 195; BSB-Ink B-437; GW 4241
Shelfmark	**Ic 5980, 8°**

ISTC number	**B*568**
Title:	Biblia latina. With additions by Menardus Monachus
Imprint	Nuremberg: Anton Koberger, 14 Apr. 1480
Language	lat
Bib. Refs	Goff B568; HC 3076*; Pell 2304; Hillard 386; Torchet 153; Polain(B) 655; IBE 1019; IBP 1011; Sajó-Soltész 631; Coll(U) 314; Madsen 677; Ernst(Hildesheim) I,I 86, 87, I,II 29; Voull(Trier) 1006; Voull(B) 1661; Ohly-Sack 522; Hubay(Augsburg) 365; Borm 460; Mittler-Kind 672; Sheppard 1458; Pr 1995; BMC II 418; BSB-Ink B-439; GW 4243
Shelfmark	**Ic 5981, 2°**

ISTC number	**B*569**
Title:	Biblia latina
Imprint	Cologne: [Nicolaus Götz], 9 May 1480
Language	lat
Bib. Refs	Goff B569; C 1025; Voull(K) 255; CIBN B-397; Polain(B) 654; IDL 832; Mendes 208; Voull(B) 833; Ohly-Sack 523; Oates 597; Sheppard 859; Pr 1113; BSB-Ink B-440; GW 4244
Shelfmark	**Ic 5981 d, 4°** (II)

ISTC number	**B*571**
Title:	Biblia latina
Imprint	[Basel: Johann Amerbach], 1481
Language	lat
Bib. Refs	Goff B571; HC 3081* = HC 3083; Pell 2308; CIBN B-401; Hillard 388; Parguez 191; Zehnacker 446; Polain(B) 657; IGI 1664; IBP 1012; Sajó-Soltész 633; Mendes 210; Coll(U) 316; Madsen 678;

B*573	ISTC number

Shelfmark
Voull(B) 427; Voull(Trier) 139; Hubay(Augsburg) 366; Ohly-Sack 524; Sack(Freiburg) 629; Borm 461; Mittler-Kind 675; Lökkös(Cat BPU) 87; Oates 2767; Sheppard 2409; Pr 7560; BMC III 745; BSB-Ink B-443; GW 4246
Ic 5981 m, 4°

ISTC number **B*573**
Title: Biblia latina
Imprint [Basel: Johann Amerbach], 1482
Language lat
Bib. Refs Goff B573; HC 3086*; Pell 2312; CIBN B-404; Parguez 193; Zehnacker 447; Polain(B) 658; IDL 836; IBE 1021; IBP 1013; Mendes 211; Madsen 679; Ernst(Hildesheim) I,I 88, II,II 63; Voull(B) 430,3; Voull(Trier) 145; Ohly-Sack 525; Sack(Freiburg) 630, 631, 632, 633; Borm 463; Pad-Ink 112; Oates 2770; Sheppard 2415; Pr 7563; BMC III 746; BSB-Ink B-445; GW 4248
Shelfmark **Ic 5981 m/10, 4°**

ISTC number **B*575**
Title: Biblia latina
Imprint Nuremberg: Anton Koberger, 31 Dec. 1482
Language lat
Bib. Refs Goff B575; H 3084*; GfT 930, 931, 932; Pell 2310; CIBN B-403; Polain(B) 4088; IBP 1014; Sajó-Soltész 636; Coll(U) 317; Ernst (Hildesheim) II,II 62; Voull(B) 1690; Hubay(Augsburg) 367; Borm 465; Mittler-Kind 677; Sheppard 1484; Pr 2027; BMC II 424; BSB-Ink B-446; GW 4250
Shelfmark **Ic 5981 s, 4°**

ISTC number **B*578**
Title: Biblia latina
Imprint Venice: Franciscus Renner, de Heilbronn, 1483
Language lat
Bib. Refs Goff B578; HC 3089*; Pell 2316; CIBN B-409; Hillard 389; Arnoult 281; Girard 101; Zehnacker 449; IBE 1024; IGI 1667; IDL 838; Sajó-Soltész 638; IBP 1016; Madsen 681; Voull(Trier) 1840; Voull(B) 3701; Ohly-Sack 527, 528, 529; Sack(Freiburg) 635; Borm 467; Oates 1678; Sheppard 3358; Pr 4182; BMC V 198; BSB-Ink B-449; GW 4253
Shelfmark **Ic 5981 m/20, 4°**

ISTC number	**B*579**
Title:	Biblia latina. With additions by Franciscus Moneliensis and Quintius Aemilianus
Imprint	Venice: Johannes Herbort, de Seligenstadt, 31 Oct. 1483
Language	lat
Bib. Refs	Goff B579; HC 3090*; Pell 2317; CIBN B-406; Hillard 390; Parguez 197; Polain(B) 659; IDL 839; IBE 1025; IGI 1668; IBP 1017; Sajó-Soltész 639; Sallander 1623; Coll(S) 204; Madsen 682; Voull(B) 3981; Ohly-Sack 526; Hubay(Augsburg) 368; Mittler-Kind 679; Walsh 1871; Oates 1858.5; Sheppard 3753; Pr 4691; BMC V 303; BSB-Ink B-450; GW 4254
Shelfmark	**Ic 5981 o, 4°** (imperfect) **Ic 5981 s/20, 4°**

ISTC number	**B*580.5**
Title:	Biblia latina
Imprint	[Venice: Nicolaus de Frankfordia, about 1485]
Language	lat
Bib. Refs	Goff Suppl. B580a; C 1022; Torchet 160; IDL 843; IBP 1019; Borm 469; Pr 3265; Sheppard 3869; GW 4256
Shelfmark	**Ic 5981 sb, 4°**

ISTC number	**B*581**
Title:	Biblia latina
Imprint	[Basel: Johann Amerbach], 1486
Language	lat
Bib. Refs	Goff B581; HC 3094*; GfT 886; Pell 2321; CIBN B-411; Aquilon 117; Zehnacker 453; IDL 844; IBP 1021; Sajó-Soltész 642; Sallander 2096; Ernst(Hildesheim) I,I 89, II,VII 3; Voull(B) 434; Ohly-Sack 531; Sack(Freiburg) 638, 639; Hummel-Wilhelmi 123, 124; Oates 2772; Rhodes(Oxford Colleges) 354; Sheppard 2422; Pr 7571; BMC III 749; BSB-Ink B-455; GW 4258
Shelfmark	**Ic 5981 sd, 4°** (imperfect)

ISTC number	**B*583**
Title:	Biblia latina
Imprint	[Strassburg: Johann Prüss], 1486
Language	lat
Bib. Refs	Goff B583; HC 3095*; GfT 275; Pell 2322; Zehnacker 452; Polain(B) 662; IDL 846; IBE 1027; IBP 1023; Sajó-Soltész 644; Coll(U) 320; Sallander 320 bis; Voull(Trier) 1450; Voull(B) 2341; Hubay(Augsburg) 370; Ohly-Sack 532; Sack(Freiburg) 641; Borm

Shelfmark	473; Pad-Ink 114; Mittler-Kind 683; Oates 206; Sheppard 410; Pr 518; BMC I 119; BSB-Ink B-457; GW 4260 **Ic 5981 sc, 4°**

ISTC number	**B*585**
Title:	Biblia latina
Imprint	[Basel]: Nicolaus Kesler, '24 kal. Novembris', i.e. 9 Oct. or 24 Nov. 1487
Language	lat
Publ'n notes	Some copies (e.g. London BL, Stuttgart LB) have an unsigned two-leaf insertion in Kessler's types with a 'Prefatio in presens opus' between title-page and beginning of text on a2
Bib. Refs	Goff B585; HC 3100*; C 1029; Pell 2325; Jammes B-10; Zehnacker 455; CIBN VI 1671-A; IDL 848; IBP 1024; Sajó-Soltész 645; Madsen 684; Ernst(Hildesheim) II,II 65, 66; Voull(B) 516; Voull(Trier) 221; Ohly-Sack 533; Borm 474; Pad-Ink 115; Mittler-Kind 684; Rhodes(Oxford Colleges) 355; Sheppard 2475; Pr 7664; BMC III 765; BSB-Ink B-458; GW 4262
Shelfmark	**Ic 5981 t, 4°**

ISTC number	**B*587**
Title:	Biblia latina
Imprint	[Speyer: Peter Drach], 1489
Language	lat
Bib. Refs	Goff B587; HC 3103 = 3105*; GfT 265; Pell 2327; CIBN B-414; Hillard 392; Polain(B) 4208; IDL 851; IBE 1029; IGI VI 1671-B; IBP 1026; Sajó-Soltész 647; Sallander 1624; Voull(B) 2018; Deckert 126, 127; Hubay(Augsburg) 371; Pad-Ink 118, 119, 120; Finger 195; Lökkös(Cat BPU) 90; Sheppard 1719-1720, 1721; Pr 2378; BMC II 497; BSB-Ink B-461; GW 4264
Shelfmark	**Ic 5981 w, 4°**

ISTC number	**B*598**
Title:	Biblia latina. With table of Gabriel Brunus (revised)
Imprint	Basel: Johann Froben, 27 Oct. 1495
Language	lat
Publ'n notes	A variant is known with a shorter setting of text in the woodcut, in roman rather than gothic type
Bib. Refs	Goff B598; HC 3118*; Schr 3470; Schramm XXII p. 46; Pell 2335; CIBN B-420; Hillard 397; Arnoult 285; Jammes B-11; Parguez 206; Péligry 183; Torchet 172; Polain(B) 666; IDL 859; IBE 1034; IGI 1678; IBP 1034; Sajó-Soltész 656; Mendes 221; Coll(U) 327; Coll(S) 211; Madsen 691; Voull(B) 596; Schmitt I 596; Voull

	(Trier) 267; Hubay(Augsburg) 376; Hubay(Eichstätt) 180; Ohly-Sack 540, 541, 542, 543; Sack(Freiburg) 651, 652, 653; Hummel-Wilhelmi 130; Borm 483; Pad-Ink 128, 129; Finger 203, 204; Mittler-Kind 690; Lökkös(Cat BPU) 94; Walsh 1227; Oates 2840; Rhodes(Oxford Colleges) 356; Sheppard 2543, 2544; Pr 7760; BMC III 791; BSB-Ink B-474; GW 4275
Shelfmark	**Ic 5983 l, 8°**
	Ink A 84 (imperfect)

ISTC number	**B*600**
Title:	Biblia latina. With table of Gabriel Brunus (revised)
Imprint	Strassburg: [Johann (Reinhard) Grüninger], 26 Apr. 1497
Language	lat
Publ'n notes	Woodcut
Bib. Refs	Goff B600; HC 3122*; R 837; GfT 274, 944; Schr 3471; Schramm XX p. 22; Pell 2338; CIBN B-422; Hillard 398; Parguez 207; Polain(B) 667; IDL 860; IBE 1036; IGI 1680; IBP 1035; Sajó-Soltész 657; Schmidt I 29; Madsen 692, T13; Voull(B) 2300; Voull(Trier) 1428; Ohly-Sack 543A; Sack(Freiburg) 654; Borm 484; Mittler-Kind 692; Sheppard 386, 387; Pr 479; BMC I 111; BSB-Ink B-476; GW 4277
Shelfmark	**Ic 5983 w, 4°** (imperfect)

ISTC number	**B*607**
Title:	Biblia latina. With the Glossa Ordinaria of pseudo-Walafrid Strabo and interlinear glosses of Anselmus Laudunensis
Imprint	[Strassburg: Adolf Rusch, for Anton Koberger at Nuremberg, not after 1480]
Imprint	[Basel: Johann Amerbach, for Adolf Rusch and Anton Koberger],
Language	lat
Publ'n notes	Ascribed to Amerbach by A. Hartmann (Amerbach-korrespondenz (1942), I, 2 n.2). The printing, however, seems to have been done by Rusch at Strassburg with types borrowed from Amerbach: F. Geldner in Archiv für Geschichte des Buchwesens, 23 (1982), cols 684-88. GW dates shortly after 23 Sept. 1481 but manuscript notes in the Sion College copy and in Oates 124 are dated 1480. The quire signatures, in multiple sequences of the first seven letters of the alphabet, are perhaps early press figures (BMC). For variants see CIBN
Author notes	On the authorship of the Glossa Ordinaria see B. Smalley, The study of the Bible in the Middle Ages, ed. 3, Oxford, 1983, pp. x, 56-60
Bib. Refs	Goff B607; HC 3173*; GfT 1246; Pell 2352; CIBN B-427; Buffévent 89; Péligry 172; Torchet 151; Hillard 401; Parguez 190;

	Aquilon 123; Zehnacker 445; Polain(B) 682, 682A; IBE 1041; IDL 834; IBP 1038; Sajó-Soltész 660; IGI 1684; IJL 75; Mendes 226; Madsen 695, 696; Coll(U) 312; Louda 373; V. Jugareanu, Catalogul colectiei de incunabule (Sibiu, 1969) 72, 73; Nentwig 78; Ernst(Hildesheim) II,II 73; Voull(B) 2133; Voull(Trier) 1286; Leuze(Isny) 76, 77, 78; Ohly-Sack 545, 546, 547; Sack(Freiburg) 656; Hubay(Augsburg) 378; Hubay(Eichstätt) 181; Hummel-Wilhelmi 111, 112, 113; Borm 458; Finger 184, 185, 186; Mittler-Kind 673, 674; Wilhelmi 144; Walsh 139, 140, 141; Oates 124; Rhodes(Oxford Colleges) 359; Sheppard 320, 321; Pr 299; BMC I 92; BSB-Ink B-442; GW 4282; Fac: ed. K. Froehlich and M.T. Gibson, Turnhout, 1992
Shelfmark	Ic 5980 a, 2°

ISTC number	B*609
Title:	Biblia latina (cum glossa ordinaria Walafridi Strabonis aliorumque et interlineari Anselmi Laudunensis et cum postillis ac moralitatibus Nicolai de Lyra et expositionibus Guillelmi Britonis in omnes prologos S. Hieronymi et additionibus Pauli Burgensis replicisque Matthiae Doering). Ed: Sebastian Brant. Add: Nicolaus de Lyra: Contra perfidiam Judaeorum
Imprint	Basel: Johann Froben and Johann Petri de Langendorff, 1 Dec. 1498
Language	lat
Publ'n notes	Woodcuts
Bib. Refs	Goff B609; HC 3172*; Schr 3477; Schramm XXII p.46; Pell 2351; CIBN B-435; Hillard 403; Arnoult 287; Buffévent 96; Girard 107; Parguez 211; Aquilon 124; Péligry 186; Torchet 174; Polain(B) 681; IBE 1052; IGI 1693; IDL 865; IBP 1040; Sajó-Soltész 662; Mendes 232, 233; Sallander 1627, 2099; Coll(S) 212; Madsen 697, T14; Ernst(Hildesheim) II,III 29; Voull(B) 598; Voull(Trier) 270; Hubay(Augsburg) 379; Hubay(Eichstätt) 182; Ohly-Sack 549, 550; Sack(Freiburg) 658; Borm 488; Pad-Ink 130; Finger 206, 207; Mittler-Kind 695; Wilhelmi 147; Oates 2842; Rhodes(Oxford Colleges) 361; Sheppard 2547, 2548, 2549; Pr 7763; BMC III 791; BSB-Ink B-480; GW 4284 (+ var)
Shelfmark	Ic5984, 4° (imperfect)
	Ic 5984c, 4° (imperfect)

ISTC number	B*610
Title:	Biblia latina (cum postillis Hugonis de Sancto Caro)
Imprint	[Basel]: Johann Amerbach, for Anton Koberger, [1498-1502]
Language	lat

ISTC number		B*612

Publ'n notes	In seven parts. Only the first three parts were printed before 1501. Part I has a dedicatory letter to Koberger dated 29 Oct. 1498, and part VII one dated 7 Nov. 1502. Woodcuts
Bib. Refs	Goff B610; HC 3175; VD16 B2579; Schr 3478; Schramm XXI p.27; Pell 2354; CIBN B-436; Parguez 212; Aquilon 125; Torchet 176; Polain(B) 684; IDL 864; IBE 1053; IGI 1694; IBP 1041; Sajó-Soltész 663; Mendes 234; Coll(U) 328; Ernst(Hildesheim) I,I 97; Voull(B) 471; Voull(Trier) 186; Wiegrefe pp.38-41; Hubay(Eichstätt) 183; Ohly-Sack 551, 552, 553; Sack(Freiburg) 659; Hummel-Wilhelmi 132; Borm 487; Finger 208; Wilhelmi 148, 149; Lökkös (Cat BPU) 96; Oates 2793; Rhodes(Oxford Colleges) 362; Pr 7613; BMC III 759; BSB-Ink B-481; GW 4285
Shelfmark	**Ic 5984 a, 2°** (II,VI) **Ic 5984 b, 2°** (I)

ISTC number	**B*612**
Title:	Biblia latina (cum postillis Nicolai de Lyra et expositionibus Guillelmi Britonis in omnes prologos S. Hieronymi et additionibus Pauli Burgensis replicisque Matthiae Doering). Add: Nicolaus de Lyra: Contra perfidiam Judaeorum
Imprint	Venice: Franciscus Renner, de Heilbronn, 1482-83
Publ'n notes	In three parts. Parts I and II are undated. Part III is dated 1482, and the Additiones of Paulus Burgensis 1483. The Additiones, although often found with the Bible, are not included in its printed register, and are entered separately by Proctor and BMC
Bib. Refs	Goff B612; HC 3165*; TFS 1908g; Pell 2344; CIBN B-429; Arnoult 280; Parguez 195; Torchet 158; Zehnacker 448; Polain(B) 674; IBE 1043; IGI 1685; IDL 837; Sajó-Soltész 665; IBP 1043; Mendes 237; Sallander 1628; Madsen 698; Lökkös(Cat BPU) 315; Ernst(Hildesheim) II,II 74; Voull(B) 3700; Hubay(Augsburg) 380; Hubay(Würzburg) 184; Ohly-Sack 554, 555; Sack(Freiburg) 660, 661, 662; Hummel-Wilhelmi 115, 116, 117, 118, 119; Borm 464; Finger 188, 189, 190; Mittler-Kind 678; Oates 1675, 1676 + 1677; Sheppard 3357; Pr 4180 + 4181; BMC V 197 + V 198; BSB-Ink B-447; GW 4287
Shelfmark	**Ic 5981 m/20, 4°** (imperfect)

ISTC number	**B*613**
Title:	Biblia latina (cum postillis Nicolai de Lyra et expositionibus Guillelmi Britonis in omnes prologos S. Hieronymi et additionibus Pauli Burgensis replicisque Matthiae Doering). Add: Nicolaus de Lyra, Contra perfidiam Judaeorum
Imprint	Nuremberg: Anton Koberger, 1485
Language	lat

B*614	ISTC number

Publ'n notes	In four parts: I-III) [undated]; IV) dated 7 May 1485. Woodcuts
Bib. Refs	Goff B613; HC 3166*; Schr 3472; Schramm XVII p.8; Pell 2345; Hillard 404; Lefèvre 93; Péligry 176; Torchet 159; Zehnacker 451; Polain(B) 675 & 675a (var); IDL 842; IBE 1044; IBP 1044; IJL 77; Sajó-Soltész 666; Mendes 238, 239; Coll(S) 205; Madsen 699 (I-II), 4391; Ernst(Hildesheim) II,IV 16; Voull(Trier) 1044; Voull(B) 1781 = 1705,5; Ohly-Sack 556, 557; Sack(Freiburg) 663, 664; Hummel-Wilhelmi 121, 122; Borm 470; Finger 192; Mittler-Kind 681; Wilhelmi 145; Oates 1004; Rhodes(Oxford Colleges) 364; Sheppard 1493, 1494; Pr 2041; BMC II 427 (var); BSB-Ink B-453; GW 4288
Shelfmark	**Ic 5981 sb/5, 4°** **Ink B 135** (imperfect)

ISTC number	**B*614**
Title:	Biblia latina (cum postillis Nicolai de Lyra et expositionibus Guillelmi Britonis in omnes prologos S. Hieronymi et additionibus Pauli Burgensis replicisque Matthiae Doering). Add: Nicolaus de Lyra: Contra perfidiam Judaeorum
Imprint	Nuremberg: Anton Koberger, [1486-] 1487
Language	lat
Publ'n notes	In four parts: I-III) [undated]; IV) 3 Dec. 1487. One of the Frankfurt copies, part I only, made up with parts II-IV of the 1485 Koberger edition, was bought in 1486; the work must have been put in hand soon after the earlier edition (Ohly-Sack 561). Woodcuts
Bib. Refs	Goff B614; HC 3167*; Schr 3473; Schramm XVII p.8; Pell 2346; CIBN B-430; Girard 103 (I); Zehnacker 454; Polain(B) 676; IDL 849; IBE 1046; IGI 1686; IBP 1045; Sajó-Soltész 667; Mendes 240; Coll(U) 321 (II); Coll(S) 206; Sallander 1629 (I, III-IV); Madsen 700, T15; Lökkös(Cat BPU) 316 (I, IV); Ernst(Hildesheim) I,I 94, I,II 32; Voull(Trier) 1076; Voull(B) 1728; Schmitt I 1728; Leuze(Isny) 45; Hubay(Augsburg) 381; Ohly-Sack 559, 560, 561, 562, 563; Sack(Freiburg) 665; Borm 475; Pad-Ink 116, 117; Mittler-Kind 685; Finger 194; Wilhelmi 146; Walsh 709; Oates 1012; Rhodes(Oxford Colleges) 365; Sheppard 1505, 1506; Pr 2060; BMC II 431; BSB-Ink B-459; GW 4289
Shelmark	**Ic 5981 u, 4°** (IV) **Ink B 159** (I, III, IV)

ISTC number	**B*617**
Title:	Biblia latina (cum postillis Nicolai de Lyra et expositionibus Guillelmi Britonis in omnes prologos S. Hieronymi et additionibus Pauli Burgensis replicisque Matthiae Doering). Add: Nicolaus de Lyra: Contra perfidiam Judaeorum

ISTC number	B*618

Imprint	Strassburg: [Johann (Reinhard) Grüninger], 1492
Language	lat
Publ'n notes	In four parts dated: I-III) [undated]; IV) 3 Nov. 1492. Woodcuts
Bib. Refs	Goff B617; HC 3169*; GfT 269, 2158; Schr 3474; Schramm XX p. 22; Pell 2348; CIBN B-432; Hillard 407; Arnoult 283; Lefèvre 95; Péligry 182; Polain(B) 678; IBE 1048; IGI 1689; IDL 857; IBP 1046; Sajó-Soltész 669; Mendes 244; Sallander 1630; Coll(S) 209; Madsen 702; Lökkös(Cat BPU) 317 (III, IV); Ernst(Hildesheim) I,I 95, I,II 33, II,II 75; Voull(B) 2286; Wiegrefe pp.42-44; Ohly-Sack 564, 565; Sack(Freiburg) 669; Hummel-Wilhelmi 126, 127; Borm 479; Pad-Ink 123, 124; Finger 198, 199; Mittler-Kind 687; Oates 185, 186; Rhodes(Oxford Colleges) 367; Sheppard 367, 368; Pr 462; BMC I 108; BSB-Ink B-468; GW 4292
Shelmark	**Ic 5981 wb, 4°** (2, I-VI)

ISTC number	**B*618**
Title:	Biblia latina (cum postillis Nicolai de Lyra et expositionibus Guillelmi Britonis in omnes prologos S. Hieronymi et additionibus Pauli Burgensis replicisque Matthiae Doering). Add: Nicolaus de Lyra: Contra perfidiam Judaeorum
Imprint	Nuremberg: Anton Koberger, 1493
Language	lat
Publ'n notes	In four parts: I-III) undated; IV) 12 Apr. 1493. Woodcuts
Bib. Refs	Goff B618; HC 3170*; Schr 3475; Schramm XVII p. 9; Pell 2349; CIBN B-433; Polain(B) 679; IDL 858; IBE 1049; IGI 1690; IBP 1047; Sajó-Soltész 670; Coll(U) 326; Madsen 703; Nentwig 81; Ernst(Hildesheim) II,II 76, II,III 28, II,VII 5; Voull(Trier) 1092; Voull(B) 1742; Schmitt I 1742; Ohly-Sack 566; Sack(Freiburg) 670, 671; Hummel-Wilhelmi 129; Borm 481; Pad-Ink 125; Finger 200, 201; Mittler-Kind 688; Walsh 725; Oates 1025; Sheppard 1518, 1519; Pr 2083; BMC II 436; BSB-Ink B-469; GW 4293
Shelmark	**Ic 5982 z, 2°** (I-III) **Ic 5983, 2°** (VI)

ISTC number	**B*619**
Title:	Biblia latina (cum postillis Nicolai de Lyra et expositionibus Guillelmi Britonis in omnes prologos S. Hieronymi et additionibus Pauli Burgensis replicisque Matthiae Doering). Add: Nicolaus de Lyra: Contra perfidiam Judaeorum
Imprint	Nuremberg: Anton Koberger, 1497
Language	lat
Publ'n notes	In four parts: I-III) undated; IV) 6 Sept. 1497. Woodcuts
Bib. Refs	Goff B619; HC 3171*; Schr 3476; Schramm XVII p. 10; Pell 2350; CIBN B-434; Arnoult 286; Parguez 208; Aquilon 128; Péligry 184;

	Polain(B) 680 (I,IV); IDL 861; IBE 1051; IGI 1692; IBP 1048; IJL 78; Sajó-Soltész 671; Madsen 704; Ernst(Hildesheim) I,I 96, I,II 34, II,II 77; Voull(B) 1772; Schmitt I 1772; Hubay(Ottobeuren) 82; Ohly-Sack 567; Sack(Freiburg) 672; Borm 485; Mittler-Kind 693; Oates 1046, 1047; Rhodes(Oxford Colleges) 368; Sheppard 1545-1547; Pr 2115; BMC II 443; BSB-Ink B-477; GW 4294
Shelfmark	**Ic 5983 a, 2°** (I)

ISTC number	**B*624**
Title:	Biblia [German]
Imprint	[Strassburg: Johann Mentelin, before 27 June 1466]
Language	ger
Author notes	Sheppard notes that Schorbach's dating 'nicht nach 1461' is based on a ms date which should be read 1467, not 1461
Bib. Refs	Goff B624; HC 3130*; Pell 2368; CIBN B-437; IGI 1708; IDL(Suppl) 867a; Voull(B) 2099; Borm 490; Mittler-Kind 696; Schorbach 3; Oates 73; Sheppard 132; Pr 198; BMC I 52; BSB-Ink B-482; GW 4295
Shelfmark	**Ic 6191, 2°** (imperfect)

ISTC number	**B*625**
Title:	Biblia [German]
Imprint	[Strassburg: Heinrich Eggestein, not after 1470]
Language	ger
Publ'n notes	The copy in Gotha Forschungsbibliothek has the note: Steffan Losniczer Zum Stege Ist dicz puech Amen etc. 1470. Dated not after 1472 by Sack, on the basis of the paper, despite the dated inscription in the Gotha copy
Bib. Refs	Goff B625; HC 3129*; Pell 2369; CIBN B-438; Zehnacker 419; IDL 868; IGI 1714; IBP 1050; Madsen 705; Voull(B) 2145; Ohly-Sack 568; Sack(Freiburg) 673; Borm 491; Mittler-Kind 697; Oates 119; Sheppard 174; Pr 286; BMC I 72; BSB-Ink B-483; GW 4296
Shelfmark	**Ink C 50**

ISTC number	**B*627**
Title:	Biblia [German]
Imprint	Augsburg: [Günther Zainer, not after 1474]
Imprint	[1475-76]
Language	ger
Publ'n notes	For dating see note in BMC reprint, referring to presentation of a copy in 1474. Woodcuts
Bib. Refs	Goff B627; H 3133*; Schr 3456; Schramm II p.19 & 24; Pell 2372; CIBN B-439; Zehnacker 420; IGI 1709; IBP 1051; Sallander 2100;

ISTC number	
	Coll(S) 195; Madsen 4341, 4341a; Voull(B) 25; Deckert 135, 136, 137; Sack(Freiburg) 674, 675; Ohly-Sack 569; Hubay(Augsburg) 383; Schäfer 50; Borm 492; Mittler-Kind 698, 699; Oates 887; Sheppard 1161, 1162; Pr 1577; BMC II 323; BSB-Ink B-485; GW 4298 (+ note)
Shelfmark	**Ic 6193, 2°**

ISTC number	**B*628**
Title:	Biblia [German]
Imprint	[Nuremberg: Johann Sensenschmidt and Andreas Frisner, between 1476 and 1478]
Language	ger
Publ'n notes	Woodcuts
Bib. Refs	Goff B628; H 3132*; GfT 2406; Schr 3457; Schramm XVIII p.14; Pell 2371; CIBN B-441; Zehnacker 421; IDL 869; IBP 1052; Coll(U) 303; Voull(Trier) 987; Voull(B) 1851; Hubay(Augsburg) 384; Sack(Freiburg) 676; Borm 493; Mittler-Kind 700; Oates 1070; Sheppard 1416; Pr 2204; BMC II 408; BSB-Ink B-486; GW 4299
Shelfmark	**Ic 6192, 2°**

ISTC number	**B*629**
Title:	Biblia [German]
Imprint	Augsburg: [Günther Zainer], 1477
Language	ger
Publ'n notes	Woodcuts. In two parts
Bib. Refs	Goff B629; H 3134*; Schr 3458; Schramm II p.19 & 24; Pell 2373; CIBN B-443; Zehnacker 422; IDL 870; IGI 1710; IBP 1053; Sajó-Soltész 672; Madsen 706; Ernst(Hildesheim) II,Ia 5; Voull(B) 19; Ohly-Sack 571; Hubay(Augsburg) 385; Hummel-Wilhelmi 133; Borm 494; Mittler-Kind 701; Pr 1550; BMC II 324; BSB-Ink B-487; GW 4300
Shelfmark	**Ic 6193 d, 2°** (I)

ISTC number	**B*631**
Title:	Biblia [German]
Imprint	Augsburg: Anton Sorg, 3 Jan. 1480
Language	ger
Publ'n notes	Woodcuts
Bib. Refs	Goff B631; HC 3136*; Polain(B) 4212; Schr 3460; Schramm IV p.15 & 50; IGI 1712; IBP 1054; Voull(B) 115; Schmitt I 115; Hubay (Augsburg) 387; Pr 1670; BMC II 347; BSB-Ink B-489; GW 4302
Shelfmark	**Ic 6193 v, 2°** (I)

89

ISTC number	**B*632**
Title:	Biblia [German]
Imprint	Nuremberg: Anton Koberger, 17 Feb. 1483
Language	ger
Publ'n notes	110 woodcuts
Bib. Refs	Goff B632; H 3137*; Schr 3461; Schramm XVII p.8; Pell 2375; CIBN B-444; Zehnacker 423; Polain(B) 670; IDL 871; IBE 1056; IGI 1713; IBP 1055; IJL 79; Sajó-Soltész 674; Sallander 1631, 2101; Coll(S) 197; Madsen 707, 708, T16; Voull(Trier) 1032; Voull(B) 1691; Leuze(Isny) 41, 42; Hubay(Augsburg) 388; Ohly-Sack 572, 573; Sack(Freiburg) 678, 679, 680; Schäfer 52; Hummel-Wilhelmi 135, 136, 137; Borm 495; Mittler-Kind 702, 703; Wilhelmi 150; Walsh 692; Oates 1000, 1001; Rhodes(Oxford Colleges) 370; Sheppard 1485; Pr 2028; BMC II 424; BSB-Ink B-490; GW 4303
Shelfmark	**Ic 6194, 2°** **Ic 6194 c, 2°** (3, imperfect)

ISTC number	**B*633**
Title:	Biblia [German]
Imprint	Strassburg: [Johann (Reinhard) Grüninger], 2 May 1485
Language	ger
Publ'n notes	Woodcuts
Bib. Refs	Goff B633; H 3138*; GfT 1360; Schr 3462; Schramm XVII p.22; Pell 2376; CIBN B-445; Zehnacker 424; IBE 1057; IBP 5821; Voull(B) 2274; Schmitt I 2274; Hubay(Ottobeuren) 83; Ohly-Sack 574; Sack(Freiburg) 681; Schäfer 53; Borm 496; Rhodes(Oxford Colleges) 371; Sheppard 358; Pr 443; BMC I 103; BSB-Ink B-491; GW 4304
Shelfmark	**Ic 6194 e, 4°** (I) **Ink B 88** (II)

ISTC number	**B*638**
Title:	Biblia [Low German]. With glosses according to Nicolaus de Lyra's postils
Imprint	Lübeck: Stephanus Arndes, 19 Nov. 1494
Language	ger
Publ'n notes	Woodcuts (92)
Bib. Refs	Goff B638; HCR 3143; GfT 810; Schr 3467; Schramm XI p.12; Hans Wahl (ed.), Die 92 Holzschnitte der Lübecker Bibel aus dem Jahre 1494 (Weimar, 1917); Borchling & Claussen 241; Niederdeutsche HSS und Inkunabeln 21 (with plate); IDL 874; IBP 1059; Coll(U) 306; Coll(S) 199; Madsen 714, 715; Nentwig 82; Ernst (Hildesheim) I,I 93; Voull(B) 1486; Schmitt I 1486; Ohly-Sack

ISTC number	B*655

	577; Schäfer 55 & Abb; Borm 500; Mittler-Kind 707; Walsh 953; Oates 1194; Sheppard 1910; Pr 2645; BMC II 560; BSB-Ink B-495; GW 4309 (+ var)
Shelfmark	Ic 6196, 2°

ISTC number	B*655
Heading	*Biel, Gabriel*
Title:	Epitoma expositionis sacri canonis missae. Ed: Wendelin Steinbach. Additions by Heinrich Bebel
Imprint	Speyer: Conrad Hist, [about 1500]
Language	lat
Publ'n notes	Woodcuts
Bib. Refs	Goff B655; H 3182*; GfT 1193; Buffévent 100; Polain(B) 689; Schr 3491; Schramm XVI p. 15; Engel-Stalla col. 1670; IBP 1065; Ernst(Hildesheim) I,I 98; Voull(B) 2068; Hubay(Augsburg) 392; Hubay(Eichstätt) 186; Ohly-Sack 587; Sack(Freiburg) 686; Finger 210; Oates 1139; Pr 2452; BMC II 509; BSB-Ink B-508; GW 4335
Shelfmark	Il 1736, 8° 3 an Ink A 101

ISTC number	B*655
Heading	*Biel, Gabriel*
Title:	Epitoma expositionis sacri canonis missae. Ed: Wendelin Steinbach. Additions by Heinrich Bebel
Imprint	Speyer: Conrad Hist, [about 1500]
Language	lat
Publ'n notes	Woodcuts
Bib. Refs	Goff B655; H 3182*; GfT 1193; Buffévent 100; Polain(B) 689; Schr 3491; Schramm XVI p. 15; Engel-Stalla col. 1670; IBP 1065; Ernst(Hildesheim) I,I 98; Voull(B) 2068; Hubay(Augsburg) 392; Hubay(Eichstätt) 186; Ohly-Sack 587; Sack(Freiburg) 686; Finger 210; Oates 1139; Pr 2452; BMC II 509; BSB-Ink B-508; GW 4335
Shelfmark	3 an Ink A 101

ISTC number	B*659
Heading	*Biel, Gabriel*
Title:	Sacri canonis missae expositio
Imprint	[Reutlingen]: Johann Otmar, 15 Nov. 1488
Language	lat
Bib. Refs	Goff B659; HC 3178*; Pell 2389; Aquilon 134; Arnoult 293; Buffévent 98; Polain(B) 686; IBE 1059; IGI 1716; IBP 1062; Sajó-Soltész 683; Madsen 718; Voull(Trier) 1181; Voull(B) 1979,5; Leuze(Isny) 53; Hubay(Augsburg) 390; Hubay(Würzburg) 185;

Shelfmark	Ohly-Sack 579-580; Sack(Freiburg) 688, 689, 690; Pad-Ink 134; Hummel-Wilhelmi 141, 142; Oates 1218; Sheppard 1979; Pr 2714; BSB-Ink B-503; GW 4332 Il 1734, 4° (imperfect)

ISTC number	**B*660**
Heading	*Biel, Gabriel*
Title:	Sacri canonis missae expositio. Ed: Wendelin Steinbach. Additions by Heinrich Bebel
Imprint	Tübingen: [Johann Otmar], for Friedrich Meynberger, 29 Nov. 1499
Language	lat
Publ'n notes	Woodcut
Bib. Refs	Goff B660; HC 3179*; GfT 1546; Schr 3492; Schramm IX p. 21; Pell 2390; CIBN B-469; Hillard 416; Arnoult 294; Buffévent 99; Péligry 187; Polain(B) 687; IDL 877; IBE 1060; IGI 1717; IBP 1063; Sajó-Soltész 684; Mendes 248; Sallander 1632; Madsen 719; Voull(Trier) 1616; Voull(B) 2568; Schmitt I 2568; Ohly-Sack 581-583; Sack(Freiburg) 691; Borm 505; Pad-Ink 135; Hummel-Wilhelmi 143, 144, 145; Wilhelmi 151; Walsh 1099; Oates 1346; Rhodes(Oxford Colleges) 374; Pr 3231; BMC III 703; BSB-Ink B-504; GW 4333
Shelfmark	**Ig 39, 4°**

ISTC number	**B*662**
Heading	*Biel, Gabriel*
Title:	Sermones (Ed: Wendelin Steinbach)
Imprint	Tübingen: Johann Otmar, for Friedrich Meynberger, 1499-1500
Language	lat
Publ'n notes	In four parts dated: I and III) [undated]; II) 18 Nov. [14]99; IV) 10 Mar. 1500
Bib. Refs	Goff B662; HC 3184* (I-III) + 3185* (IV); Pell 2393; CIBN B-470; Arnoult 295; Buffévent 101 (II), 102 (IV); Girard 113 (II-III); Polain(B) 691; IDL 878; IBE 1061; IGI 1718; IBP 1068; IJL 80; Sajó-Soltész 685; Madsen 724, 725; Ernst(Hildesheim) I,II 36-37, II,III 31-33; Voull(Trier) 1617, 1619; Voull(B) 2571, 2573 (II); Schüling 201; Hubay(Augsburg) 393; Hubay(Eichstätt) 187; Ohly-Sack 589, 590, 591; Sack(Freiburg) 692; Hummel-Wilhelmi 147, 148, 149, 150, 151; Borm 508; Finger 212, 213; Walsh 1098; Oates 1347 (II-III); Rhodes(Oxford Colleges) 375; Sheppard 2276, 2277; Pr 3234; BMC III 703; BSB-Ink B-515; GW 4340
Shelfmark	**Il 4022, 8°** (imperfect)

ISTC number	**B*688**
Heading	*Birgitta, S*
Title:	Revelationes. With foreword by Johannes de Turrecremata and Matthias de Suecia. Vita abbreviata S. Birgittae. Hymnus ad Beatam Birgittam. Ed: Florian Waldauf
Imprint	Nuremberg: Anton Koberger, 21 Sept. 1500
Language	lat
Publ'n notes	Printed at the instigation of Maximilian I. Woodcuts
Author notes	The Latin version of the Revelationes is essentially the work of Petrus Olavi, priest of Alvestra. He is also the author, together with Petrus Olavi of Skännige, of a Vita S. Birgittae from which the Vita abbreviata S. Birgittae originates (CIBN)
Bib. Refs	Goff B688; HC 3205; GfT 50; Schr 3504; Schramm XVII p. 10; Pell 3001; CIBN B-480; Arnoult 297; Parguez 219; Torchet 178; Polain(B) 908; IDL 884; IBE 1219; IGI 1748; IBP 1075; Sajó-Soltész 688; Coll(U) 333; Coll(S) 215; Madsen 728; Voull(B) 1778; Ohly-Sack 593, 594; Sack(Freiburg) 699; Schäfer 60; Lökkös(Cat BPU) 98; Walsh 763; Rhodes(Oxford Colleges) 378; Sheppard 1555; Pr 2124; BMC II 445; BSB-Ink B-531; GW 4392
Shelfmaek	**If 266, 4°** (imperfect)

ISTC number	**B*697**
Heading	*Blanchinus, Johannes*
Title:	Tabulae celestium motuum earumque canones. Ed: Augustinus Moravus. Additions by Johannes Basilius Augustonus
Imprint	Venice: Simon Bevilaqua, 10 June 1495
Language	lat
Bib. Refs	Goff B697; H 3233*; Klebs 188.1; Pell 2412; CIBN B-493; Hillard 418; Polain(B) 699; IBE 1075; IGI 1755; IBP 1078; Sajó-Soltész 690; Coll(S) 230; Madsen 733; Voull(Trier) 2162; Voull(B) 4397; Ohly-Sack 597; Mittler-Kind 28; Walsh 2517; Rhodes(Oxford Colleges) 380; Sheppard 4469; Pr 5391; BMC V 520; BSB-Ink B-547; GW 4410
Shelfmark	**Pd 2383, 8°**

ISTC number	**B*765**
Heading	*Bodivit, Guillelmus*
Title:	Sermo habitus in die Trinitatis, 1485
Imprint	[Rome: Stephan Plannck, after 29 May 1485]
Imprint	[about 1488-90]
Language	lat
Publ'n notes	Dated about 1488-90 in CIBN from the state of type G88
Bib. Refs	Goff B765; H 3349*; Pell 2488; CIBN B-556; IGI 1815; IBE 1101; Pr 3666; BMC IV 93; BSB-Ink B-590; GW 4505
Shelfmark	**an Ku 3467, 8°**

ISTC number	**B*768**
Heading	*Boethius*
Title:	Opera
Imprint	Venice: Johannes and Gregorius de Gregoriis, de Forlivio, 1497-99
Language	lat
Publ'n notes	In three parts dated: I) [undated]; II) 8 July 1499; III) 10 Feb. 1497/98, the third first issued separately
Author notes	Contents: In Porphyrii Isagogen editio prima et secunda; In Praedicamenta Aristotelis; In librum Aristotelis Perihermenias editio prima et secunda; De divisionibus; Introductio ad categoricos syllogismos; De differentiis topicis; Commentaria in Topica Ciceronis; De differentiis topicis; De syllogismo categorico; De syllogismo hypothetico; Opuscula sacra; De arithmetica; De musica; De consolatione philosophiae. Comm: (Pseudo-) Thomas Aquinas. (Pseudo-) Boethius: De geometria [II and I]; De disciplina scholarium. Comm: (Pseudo-) Thomas Aquinas. Gaius Marius Victorinus: De definitionibus [1-2]
Bib. Refs	Goff B768; H 3352*; C 1124 (II) + 1118 (III); Klebs 192.2; Sander 1101; Pell 2491; CIBN B-558; Hillard 428; Buffévent 104 (I); Lefèvre 101; Torchet 185; Polain(B) 721 + 741; IDL 927; IBE 1103; IGI 1817; IBP 1094; Sajó-Soltész 703; Coll(U) 345, 350; Madsen 752, T18 (I); Nentwig 89 (I), 90 (III); Voull(Trier) 1923, 1920; Voull(B) 3896 (II), 3894 (III); Schmitt I 3896 (II), 3894 (III); Ohly-Sack 605; Hubay(Augsburg) 407; Borm 531; Finger 221; Mittler-Kind 226; Walsh 2034, 2035; Oates 1818; Rhodes(Oxford Colleges) 392; Sheppard 3911; Pr 4555 + 4559; BMC V 351 + V 350; BSB-Ink B-619; GW 4512
Shelfmark	**Ink B 54**

ISTC number	**B*793**
Heading	*Boethius*
Title:	De consolatione philosophiae (with commentary ascribed in the text to Thomas Aquinas). Add: Compendiosa consolationis resumptio
Imprint	Strassburg: [Johann Prüss], 6 Mar. 1491
Language	lat
Bib. Refs	Goff B793; HC 3382*; Pell 2532; CIBN B-582; Polain(B) 735; IBP 1106; Sajó-Soltész 713; Madsen 767; Voull(B) 2362; Schüling 207; Sack(Freiburg) 719; Hummel-Wilhelmi 153; Mittler-Kind 236; Walsh 206, 207; Oates 216; Pr 576; BMC I 128; BSB-Ink B-607; GW 4551
Shelfmark	**Ink A 57**

ISTC number	**B*839.5**
Heading	*Bologninus, Ludovicus*

ISTC number	B*845

Title: In Privilegium Theodosii Universitati Bononiensi concessum. Add: Angelus Ugerius, Tabula
Imprint   Bologna: Franciscus (Plato) de Benedictis, 1491
Language   lat
Publ'n notes Often found with Innocentius VIII, Breve "Multorum"; Breve "Accepimus opus"; Adricinus de la Porta, Epistolae (I, II) [Bologna, Ugo Rugerius, after 15 Sept. 1491]
Bib. Refs   H 3438*; C 5905; Pell 2568; IBE 3611; IGI 1867; Hillard 442; Voull(B) 2755; Ohly-Sack 636; Coll(U) 977; BSB-Ink B-639; GW 4626
Shelfmark   **Ku 3135, 2°**

ISTC number **B*845**
Heading   *Bonatus, Guido*
Title: Decem tractatus astronomiae. Additions by Jacobus Canter. Ed: Johannes Angeli
Imprint   Augsburg: Erhard Ratdolt, 26 Mar. 1491
Language   lat
Publ'n notes Woodcuts
Bib. Refs   Goff B845; HC 3461*; GfT 604; Klebs 195.1; Schr 3519; Schramm XXIII p.25; Pell 2577; Aquilon 156; Polain(B) 754; IBE 1142; IGI 1879; IBP 1134; Sajó-Soltész 729; Mendes 286; Coll(S) 1170; Madsen 788; Günt(L) 57; Voull(B) 299; Schmitt I 299; Hubay (Augsburg) 421; Ohly-Sack 638; Sack(Freiburg) 737; Borm 544; Mittler-Kind 29; Walsh 631, 632; Sheppard 1337, 1338; Pr 1891; BMC II 384; BSB-Ink B-652; GW 4643
Shelfmark   **Pd 600, 8°** (imperfect)

ISTC number **B*866**
Heading   *Bonaventura, S*
Title: De castitate et munditia sacerdotum
Imprint   Leipzig: Conrad Kachelofen, [14]98
Language   lat
Bib. Refs   Goff B866; HCR 3504 = H 11641; GfT 511; IBP 1154; Madsen 808; Ernst(Hildesheim) I,I 117, II,II 84; Voull(Bonn) 263; Voull(B) 1239; Ohly-Sack 643; Hubay(Eichstätt) 199; Borm 549; Wilhelmi 154; Louda 437; Walsh 1019; Pr 2876; BMC III 628; BSB-Ink B-678; GW 4716 (Pseudo-Bonaventura)
Shelfmark   **Ib 503, 8°**

ISTC number **B*897**
Heading   *Bonaventura, S*
Title: Meditationes vitae Christi

Imprint	[Strassburg: Johann (Reinhard) Grüninger, about 1496]
Language	lat
Publ'n notes	Sheppard notes that E. Voulliéme attributes this to Husner
Author notes	Sometimes attributed to Johannes de Caulibus (cf. BBFN Inc p.119f)
Bib. Refs	Goff B897; HC 3550*; Pell 2699; Hillard 457; Arnoult 332; Polain(B) 779; IGI VI 1901-A; IDL 965; IBP 1160; Sajó-Soltész 752a; Sallander 1646; Coll(S) 248; Madsen 815; Voull(Trier) 1434; Voull(B) 2317; Sack(Freiburg) 746; Borm 555; Finger 227; Lökkös (Cat BPU) 114; Sheppard 381; Pr 505; BMC I 116; BSB-Ink B-683; GW 4754 (Pseudo-Bonaventura)
Shelfmark	**Ie 714, 8°**

ISTC number	**B*924**
Heading	*Bonaventura, S*
Title:	Opuscula
Imprint	[Cologne]: B.D.V. (Bartholomaeus de Unkel) [and Johann Koelhoff, the Elder], 1484[-85]
Language	lat
Publ'n notes	Part I printed by de Unkel, shortly after 28 June 1484; part II is assigned to Koelhoff the Elder, about 1485
Bib. Refs	Goff B924; H 3463* (incl H 3497, C 1194); Voull(K) 270; Pell 2618 (incl 2587); CIBN B-613; Polain(B) 774; IGI 1931; IDL 940; IBP 1135; Sajó-Soltész 730; Coll(U) 354; Madsen 789; Ernst(Hildesheim) I,I 114, 115; Voull(Bonn) 258 (II), 262 + 266 + 274 (I); Voull(B) 784 & 848; Voull(Trier) 525; Ohly-Sack 639-640; Sack(Freiburg) 738; Borm 545; Pad-Ink 138, 139; Finger 228, 229; Walsh 412 (I), 379 (II); Oates 630 & 544; Rhodes(Oxford Colleges) 415; Pr 1143; BMC I 242; BSB-Ink B-668, B-669; GW 4644
Shelfmark	**Ib 483, 4°**

ISTC number	**B*925**
Heading	*Bonaventura, S*
Title:	Opuscula
Imprint	Cologne: Johann Koelhoff, the Elder, 24 Dec. 1486
Language	lat
Bib. Refs	Goff B925; H 3464*; Voull(K) 271; Pell 2619; CIBN B-614; Polain(B) 775; IGI VI 1931-A; IDL 941; Sajó-Soltész 732; Mendes 249; Coll(U) 355; Coll(S) 242; Madsen 790; Nentwig 160; Voull(B) 787; Voull(Trier) 474; Wiegrefe pp.45-46; Hubay(Augsburg) 422; Sack(Freiburg) 739; Borm 546; Pad-Ink 140, 141, 142; Finger 230; Rhodes(Oxford Colleges) 416; BMC III 860; BSB-Ink B-670; GW 4646
Shelfmark	**Ib 484, 4°** (imperfect)

ISTC number	**B*928**
Heading	*Bonaventura, S*
Title:	Opuscula. Add: Octavianus de Martinis: Oratio in vitam et merita S. Bonaventurae. Johannes Franciscus de Pavinis: Relatio circa canonizationem Bonaventurae. Robertus [Caracciolus?]: Sermo de laudibus Bonaventurae. Sixtus IV: Bulla canonizationis
Imprint	Strassburg: [Printer of the 1483 Jordanus de Quedlinburg (Georg Husner)], 1495
Language	lat
Publ'n notes	In two parts, dated: I) 1495; II) 18 Dec. 1495
Bib. Refs	Goff B928; HC 3468*; Schr 3521; Pell 2616; CIBN B-616; Aquilon 157; Buffévent 107; Péligry 210; Torchet 195; Polain(B) 777; IDL 944; IBE 1238; IGI 1934; IBP 1137; IJL 89; Sajó-Soltész 735; Mendes 250, 251; Coll(U) 358; Coll(S) 243; Madsen 792; Nentwig 161; Ernst(Hildesheim) II,II 83, II,III 35; Voull(Trier) 1550; Voull(B) 2458; Hubay(Augsburg) 424; Hubay(Eichstätt) 196; Ohly-Sack 642; Sack(Freiburg) 741; Hummel-Wilhelmi 162, 163; Borm 548; Pad-Ink 143; Finger 231; Wilhelmi 159, 160; Lökkös(Cat BPU) 115; Walsh 258; Rhodes(Oxford Colleges) 417; Sheppard 493; Pr 639; BMC I 144; BSB-Ink B-673; GW 4648
Shelfmark	**Ib 486, 4°**

ISTC number	**B*931.95**
Heading	*Bonaventura, S*
Title:	De praeparatione ad missam
Imprint	[Lübeck: Lucas Brandis, about 1478]
Language	lat
Bib. Refs	H 3545* (I); IBP 1148; Voull(B) 2708 = 1451,10; Sallander 2108; BSB-Ink B-660; GW 4667
Shelfmark	**3 an Ig 3738 z, 8°**

ISTC number	**B*949**
Heading	*Bonaventura, S*
Title:	Sermones de tempore et de sanctis
Imprint	[Ulm]: Johann Zainer, 1481
Language	lat
Author notes	Sometimes erroneously attributed to Hugo de Sancto Caro (Goff B948). The true author of the great majority of the sermons is Servasanctus Faventinus (CIBN)
Bib. Refs	Goff B949; H 3513*; IGI 1940; IBP 1165; Sajó-Soltész 758; Sallander 2111; Coll(S) 250; Madsen 822; Ernst(Hildesheim) II,II 82; Voull(B) 2599; Schmitt I 2599; Hubay(Augsburg) 432; Hubay (Eichstätt) 203; Borm 561; Oates 1162; BMC II 527; BSB-Ink S-361; GW 4812 (Pseudo-Bonaventura)
Shelfmark	**Il 4102, 4°**

97

ISTC number	**B*951**
Heading	*Bonaventura, S*
Title:	Sermones de tempore et de sanctis
Imprint	Reutlingen: [Johann Otmar], 'Autumni tempore' 1485
Language	lat
Author notes	Sometimes erroneously attributed to Hugo de Sancto Caro (Goff). The true author of the great majority of the sermons is Servasanctus Faventinus (CIBN)
Bib. Refs	Goff B951; H 3517*; IGI 1941; IBP 1167; Sajó-Soltész 759; Voull(Trier) 1179; Voull(B) 1975,5; Ohly-Sack 654; Sack(Freiburg) 751, 752; Pad-Ink 148; Sheppard 1972; Pr 2707; BMC II 585; BSB-Ink S-363; GW 4814 (Pseudo-Bonaventura)
Shelfmark	**Il 4102 b, 4°** (imperfect)

ISTC number	**B*960**
Heading	*Bonaventura, S*
Title:	Speculum Beatae Mariae Virginis
Imprint	[Augsburg]: Anton Sorg, 20 Sept. 1477
Language	lat
Author notes	By Conradus Holzinger de Saxonia (cf BBFN Inc p.125)
Bib. Refs	Goff B960; H 3567*; Pell 2682; IBP 1170; Sajó-Soltész 761; Borm 564; Voull(B) 110; Ohly-Sack 658; Hubay(Augsburg) 435; Hummel-Wilhelmi 167; Oates 912; Rhodes(Oxford Colleges) 420; Sheppard 1239; Pr 1651; BMC II 345; BSB-Ink C-523; GW 4818 (Pseudo-Bonaventura)
Shelfmark	**Ib 500, 4°** (imperfect)

ISTC number	**B*977**
Heading	*Bonifacius VIII*, Pont. Max. (formerly Benedetto Gaetano)
Title:	Liber sextus Decretalium (With gloss of Johannes Andreae)
Imprint	[Strassburg: Heinrich Eggestein, about 1470-72]
Language	lat
Bib. Refs	Goff B977; HC 3583*; Pell 2725 (I); CIBN B-694; Torchet 209; IBE 1819; IBP 1175; Sajó-Soltész 762; Coll(S) 252; Voull(Trier) 1309; Voull(B) 2147; Ohly-Sack 661; Sack(Freiburg) 762; Finger 239; Walsh 92; Sheppard 185; Pr 271; BMC I 70; BSB-Ink B-700; GW 4849
Shelfmark	**Kr 936, 2°**

ISTC number	**B*984**
Heading	*Bonifacius VIII*, Pont. Max. (formerly Benedetto Gaetano)

ISTC number	B*985

Title: Liber sextus Decretalium (with gloss of Johannes Andreae). Ed: Alexander de Nevo. Add: Johannes Andreae: Super arboribus consanguinitatis et affinitatis
Imprint   Venice: Nicolaus Jenson, 1476
Language   lat
Bib. Refs   Goff B984; HC 3592*; Pell 2735 (I); CIBN B-700; Arnoult 347; Delisle 297; IBE 1824; IGI 1965; Sajó-Soltész 766; IBP 1179; IDL 980; Ohly-Sack 665; Lökkös(Cat BPU) 120; Sheppard 3276-7; Pr 4097; BMC V 176; BSB-Ink B-705; GW 4856
Shelfmark   **Kr 938, 2°**

ISTC number **B*985**
Heading   *Bonifacius VIII*, Pont. Max. (formerly Benedetto Gaetano)
Title: Liber sextus Decretalium (With gloss of Johannes Andreae)
Imprint   Mainz: Peter Schoeffer, 9 Jan. 1476
Language   lat
Bib. Refs   Goff B985; HC(+Add) 3593*; Pell 2736 (I); CIBN B-698; Delisle 296; Polain(B) 4234; IDL 981; IGI 1966; IBP 1180; Sajó-Soltész 767; Ohly-Sack 663; Coll(U) 365; Coll(S) 253; Sheppard 72; Pr 109; BMC I 32; BSB-Ink B-706; GW 4857
Shelfmark   **Kr 939, 2°** (vell)

ISTC number **B*986**
Heading   *Bonifacius VIII*, Pont. Max. (formerly Benedetto Gaetano)
Title: Liber sextus Decretalium (With gloss of Johannes Andreae)
Imprint   Basel: Michael Wenssler, 8 July 1476
Language   lat
Bib. Refs   Goff B986; HC(+Add) 3594* = H 3584*; Pell 2737; CIBN B-699; Polain(B) 831; IDL 982; IGI 1967; IBP 1181; Sajó-Soltész 768; Nentwig 91; Voull(B) 358; Hubay(Augsburg) 436; Hubay(Eichstätt) 205; Ohly-Sack 664; Sack(Freiburg) 763; Borm 570; Finger 240, 241; Walsh 1118; Pr 7480; BMC III 723; BSB-Ink B-707; GW 4858
Shelfmark   **an Kr 992, 2°** (imperfect)

ISTC number **B*987**
Heading   *Bonifacius VIII*, Pont. Max. (formerly Benedetto Gaetano)
Title: Liber sextus Decretalium (With gloss of Johannes Andreae)
Imprint   Basel: Michael Wenssler, 10 Dec. 1477
Language   lat
Publ'n notes Different typesetting from GW 4860
Bib. Refs   Goff B987; HC(Add) 3595*; Pell 2739; CIBN B-701; IBP 1182; Madsen 825; Voull(B) 360; Voull(Trier) 67; Leuze(Isny) 29;

	Deckert 158; Sack(Freiburg) 764, 765; Borm 571; Wilhelmi 169; Walsh S-1118A; Pr 7483; BMC III 724; BSB-Ink B-708; GW 4859 (+ var)
Shelfmark	**Kr 939c, 2°**

ISTC number	**B*992**
Heading	*Bonifacius VIII*, Pont. Max. (formerly Benedetto Gaetano)
Title:	Liber sextus Decretalium (With gloss of Johannes Andreae)
Imprint	Speyer: Peter Drach, 17 Aug. 1481
Language	lat
Bib. Refs	Goff B992; HC 3600*; TFS 1906e; Pell 2745 (I); CIBN B-706; Aquilon 166; Arnoult 349; IDL 984; IBP 1185; Voull(Trier) 1201; Voull(B) 2005; Hubay(Augsburg) 438; Hubay(Eichstätt) 206; Ohly-Sack 667, 668; Sack(Freiburg) 767, 768; Finger 242; Wilhelmi 636; Sheppard 1699; Pr 2338; BMC II 491; BSB-Ink B-712; GW 4867
Shelfmark	**Kr 940, 2°**

ISTC number	**B*993**
Heading	*Bonifacius VIII*, Pont. Max. (formerly Benedetto Gaetano)
Title:	Liber sextus Decretalium (with gloss of Johannes Andreae)
Imprint	Nuremberg: Anton Koberger, 12 Mar. 1482
Language	lat
Bib. Refs	Goff B993; HC(+Add) 3603*; Pell 2746 (I); Polain(B) 834 (I); IBP 1186; Sajó-Soltész 770; Ernst(Hildesheim) II,II 87; Voull(Trier) 1026; Voull(B) 1684; Hubay(Ottobeuren) 94; Ohly-Sack 669; Sack(Freiburg) 769; Finger 243, 244; Walsh S-687A; Sheppard 1478; Pr 2018; BMC II 422; BSB-Ink B-713; GW 4868
Shelfmark	**Kr 941, 4°**

ISTC number	**B*999.5**
Heading	*Bonifacius VIII*, Pont. Max. (formerly Benedetto Gaetano)
Title:	Liber sextus Decretalium (With gloss of Johannes Andreae). Add: Johannes Andreae: Super arboribus consanguinitatis et affinitatis
Imprint	Basel: Michael Wenssler, 1486
Language	lat
Bib. Refs	HC 3612*; GfT 253; Polain(B) 836 (I); IDL 987; IBP 1192; Voull(B) 379; Voull(Trier) 86; Sack(Freiburg) 773, 774; Hummel-Wilhelmi 168; Finger 245; Sheppard 2349; Pr 7511; BSB-Ink B-721; GW 4877
Shelfmark	**Kr 943, 2°**

ISTC number	**B*1001**
Heading	*Bonifacius VIII*, Pont. Max. (formerly Benedetto Gaetano)
Title:	Liber sextus Decretalium (With gloss of Johannes Andreae)
Imprint	Nuremberg: Anton Koberger, 20 June 1486
Language	lat
Bib. Refs	Goff B1001; HC 3613*; Pell 2754 (I); Aquilon 167; Arnoult 350; Polain(B) 837; IDL 988; IGI 1979; IBP 1194; Sajó-Soltész 773; Coll(U) 368; Madsen 830; Voull(Trier) 1061; Voull(B) 1718; Hubay(Augsburg) 443; Hubay(Eichstätt) 208; Sack(Freiburg) 772; Borm 574; Wilhelmi 166; Walsh S-704A; Oates 1010; Pr 2049; BMC II 429; BSB-Ink B-723; GW 4879
Shelfmark	**Kr 942, 2°**

ISTC number	**B*1002**
Heading	*Bonifacius VIII*, Pont. Max. (formerly Benedetto Gaetano)
Title:	Liber sextus Decretalium (With gloss of Johannes Andreae). Add: Johannes Andreae: Super arboribus consanguinitatis et affinitatis
Imprint	[Basel: Nicolaus Kesler, not after 1489]
Language	lat
Bib. Refs	Goff B1002; HC 3585* (I); C(Add) 1206 before; Aquilon 169; Polain(B) 827; IDL 990; IBP 1195; Sajó-Soltész 774; Sallander 1648; Madsen 831; Voull(B) 545; Voull(Trier) 238; Sack(Freiburg) 775, 776; Pad-Ink 150, 151; Finger 246; Wilhelmi 167; Pr 7697; BMC III 774; BSB-Ink B-724; GW 4882 (+ var)
Shelfmark	**Kr 944, 2°**

ISTC number	**B*1008.4**
Heading	*Bonifacius VIII*, Pont. Max. (formerly Benedetto Gaetano)
Title:	Liber sextus Decretalium (With gloss of Johannes Andreae). Ed: with additions by Hieronymus Clarius. Add: Johannes Andreae: Super arboribus consanguinitatis et affinitatis. Clemens V: Constitutiones; the 'Summaria' and 'Divisiones' of Andreae, Dominicus de Sancto Geminiano, and others; and the 'Decretales extravagantes communes selectae'
Imprint	[Lyons: Johannes Siber, about 1495-1500]
Language	lat
Bib. Refs	C 1211; Pell 2729; Torchet 210; Rhodes(Oxford Colleges) 425; Pr 8547; BMC VIII 255; GW 4892
Shelfmark	**Kr 937, 2°**

ISTC number	**B*1047**
Heading	*Bossus, Matthaeus*
Title:	Sermo in Jesu Christi passionem

Imprint	Bologna: Franciscus (Plato) de Benedictis, 11 Nov. 1495
Language	lat
Bib. Refs	Goff B1047; HC 3678*; Pell 2784; CIBN B-734; Péligry 218; IDL 1007; IBE 1156; IGI 2025; IBP 1216; Hubay(Augsburg) 449; Madsen 845, 846; Walsh 3214; Sheppard 5355; Pr 6610; BMC VI 828; BSB-Ink B-764; GW 4960
Shelfmark	1 an Af 3222 z, 8°

ISTC number	B*1058.5
Heading	Brack, Wenceslaus
Title:	Vocabularius rerum [Latin and German]. Add: Isidorus Hispalensis: Etymologiae lib. X. Brack: De verbis; De modo epistolandi. Hugo de Sancto Victore: Didascalicon de studio legendi
Imprint	[Strassburg: Johann (Reinhard) Grüninger, not after 1484]
Imprint	[about 1486]
Language	ger
Publ'n notes	Dated not after 1484 from an owner's note in the Aarau KantB copy, Dahm 223 (CIBN). Goff and others date about 1486
Bib. Refs	Goff B1060; HC 3697*; Klebs 207.3; Pell 2804; CIBN B-751; IGI 2031; IBP 1219; Sajó-Soltész 793; Voull(Trier) 1435; Voull(B) 2319; Ohly-Sack 688, 689, 690; Sack(Freiburg) 794; Finger 250; Dahm 223; Walsh 162; Pr 448; BMC I 104; BSB-Ink B-793; GW 4986
Shelfmark	an Bd 3262, 4°

ISTC number	B*1065
Heading	Brack, Wenceslaus
Title:	Vocabularius rerum [Latin and German]
Imprint	Strassburg: [Printer of the 1483 Jordanus de Quedlinburg (Georg Husner)], 1 Feb. 1491
Language	ger
Bib. Refs	Goff B1065; II 3707*; Klebs 207.8; IDL 1011; IBP 1224; Sajó-Soltész 796; Voull(B) 2444; Ohly-Sack 692; Pr 663; BMC I 141; BSB-Ink B-798; GW 4991
Shelfmark	Cb 3240, 8°

ISTC number	B*1066
Heading	Brack, Wenceslaus
Title:	Vocabularius rerum [Latin and German]
Imprint	Leipzig: Conrad Kachelofen, 16 Aug. 1491
Language	ger

Bib. Refs	Goff B1066; HR 3706; GfT 505; Klebs 207.9; Voull(B) 1226; IBP 1225; Louda 462; Günt(L) 1254; Ernst(Hildesheim) I,I 118; Sack(Freiburg) 796; Borm 588; GW 4992
Shelfmark	**Ink A 63**

ISTC number	**B*1068**
Heading	*Brack, Wenceslaus*
Title:	Vocabularius rerum [Latin and German]
Imprint	Augsburg: Johann Schönsperger, 23 Dec. 1495
Language	ger
Bib. Refs	Goff B1068; H 3709*; GfT 595; Klebs 207.11; Pell 2809; CIBN B-752; Polain(B) 4245; Schr 3532; IGI 2032; IBP 1226; Sajó-Soltész 798; Coll(S) 256; Günt(L) 76; Voull(B) 229,5; Hubay (Augsburg) 455; Sack(Freiburg) 798; Walsh 600; Pr 1783; BMC II 369; BSB-Ink B-800; GW 4994
Shelfmark	**8 an Ink A 23**

ISTC number	**B*1078**
Heading	*Brant, Sebastian*
Title:	Expositiones omnium titulorum legalium
Imprint	Basel: Michael Furter, for Andreas Helmut, 1 Oct. 1490
Language	lat
Bib. Refs	Goff B1078; HC 3725*; Pell 2815; IGI 2040; IBP 1232; Sajó-Soltész 800; Madsen 871; Voull(B) 557,20; Schmitt I 557,20; Voull(Trier) 251; Hubay(Augsburg) 466; Sack(Freiburg) 804, 805; Borm 592; Wilhelmi 170; Walsh 1242; Pr 7721; BMC III 781; BSB-Ink B-814; GW 5070
Shelfmark	**Kc 3136, 8°**

ISTC number	**B*1086**
Heading	*Brant, Sebastian*
Title:	Das Narrenschiff [Latin] Stultifera navis. Tr: Jacobus Locher Philomusus
Imprint	Basel: Johann Bergmann, de Olpe, 1 Mar. 1497
Language	lat
Bib. Refs	Goff B1086; HC 3746 = [not H]C(Add) 3747; Schr 3567; Pell 2820; CIBN B-758; Aquilon 175; Arnoult 358; Buffévent 119; Lefèvre 114; Péligry 220; Polain(B) 865; IDL 1016; IBE 1168; IGI 2044; Sajó-Soltész 801; Madsen 859; Voull(Bonn) 283; Voull(B) 607; Deckert 167; Ohly-Sack 701; Sack(Freiburg) 809; Walsh 1258; Oates 2849; Rhodes(Oxford Colleges) 435; Sheppard 2557, 2558; Pr 7776; BMC III 795; BSB-Ink B-817; GW 5054
Shelfmark	**Dd 341, 8°**

ISTC number	**B*1090**
Heading	*Brant, Sebastian*
Title:	Das Narrenschiff [Latin] Stultifera navis. Tr: Jacobus Locher Philomusus. Additions by Thomas Beccadelli
Imprint	Basel: Johann Bergmann, de Olpe, 1 Aug. 1497
Language	lat
Publ'n notes	Enlarged edition. Woodcuts
Bib. Refs	Goff B1090; HC 3750*; GfT 497, 498, 1038; Schr 3571; Schramm XXII p. 47; Pell 2822; CIBN B-759; Hillard 482; Péligry 221; Delisle 329; Polain(B) 4247; IBE 1170; IGI 2048; IBP 1238; Mendes 289; Sallander 1652; Madsen 863; Voull(B) 610; Voull(Trier) 279; Hubay(Augsburg) 461; Hubay(Würzburg) 513; Sack(Freiburg) 810; Walsh 1260; Oates 2853; BSB-Ink B-820; GW 5061
Shelfmark	**Пc 1620, 8°**

ISTC number	**B*1097**
Heading	*Brant, Sebastian*
Title:	De origine et conversatione bonorum regum et de laude civitatis Hierosolymae
Imprint	Basel: Johann Bergmann, de Olpe, 1 Mar. 1495
Language	lat
Publ'n notes	Woodcuts
Bib. Refs	Goff B1097; H 3735*; GfT 1037; Schr 3574; Schramm XXII p. 47; Pell 2819; CIBN B-767; Lefèvre 115; Torchet 218; IBE 1174; IDL 1022; Coll(S) 1172; Madsen 873; Voull(B) 605; Voull(Trier) 276; Schüling 232; Hubay(Augsburg) 467; Ohly-Sack 705; Sack(Freiburg) 812; Schäfer 83; Walsh 1255; Oates 2847; Sheppard 2553; Pr 7772; BMC III 794; BSB-Ink B-810; GW 5072
Shelfmark	**Nc 1181, 8°**

ISTC number	**B*1103**
Heading	*Breitenbach, Johannes de*
Title:	Repetitio capituli: A nobis De decimis
Imprint	Leipzig: Melchior Lotter, Feb. 1500
Language	lat
Bib. Refs	Goff B1103; HCR 3776; IBP 1247; Ernst(Hildesheim) I,I 124; Voull(B) 1395; Madsen 883; Pr 3043; BMC III 652; BSB-Ink B-831; GW 5087
Shelfmark	**an Ka 3079, 8°**

ISTC number	**B*1104**
Heading	*Breitenbach, Johannes de*
Title:	Repetitio capituli "Lator praesentium De homicidio"

ISTC number		B*1106

Imprint	Leipzig: Wolfgang Stöckel, Sept. 1498
Language	lat
Bib. Refs	Goff B1104; HC 3772*; IBP 1249; Madsen 886; Ernst(Hildesheim) I,I 122; Voull(B) 1412; Schmitt I 1412; Pr 3059; BMC III 654; BSB-Ink B-832; GW 5090
Shelfmark	**Ka 3079, 8°**

ISTC number	**B*1106**
Heading	*Breitenbach, Johannes de*
Title:	Repetitio capituli: Sententiam sanguinis Ne clerici vel monachi
Imprint	[Leipzig]: Melchior Lotter, 1499
Language	lat
Author notes	Co-author: Johannes Kyrssman [BMC: Johannes Cerasianus]
Bib. Refs	Goff B1106; H 3771* = HC 4880; IBP 1254; Sajó-Soltész 811; Louda 476; Madsen 888; Nentwig 132; Voull(B) 1391; Sheppard 2147; Pr 3038; BMC III 651; BSB-Ink B-835; GW 5093
Shelfmark	**an Ka 3079, 8°**

ISTC number	**B*1107**
Heading	*Breitenbach, Johannes de*
Title:	Repetitio (capitulorum V): De statu monachorum et canonicorum regularium
Imprint	[Leipzig: Gregorius Böttiger (Werman), after 22 Nov. 1496]
Language	lat
Bib. Refs	Goff B1107; HC 3770*; IBP 1248; Sajó-Soltész 810; Madsen 884; Ernst(Hildesheim) I,I 120, 121; Voull(B) 1377; Walsh 1043; Sheppard 2140; Pr 3022; BMC III 648; BSB-Ink B-836; GW 5088
Shelfmark	**2 an Ka 3079, 8°** **3 an Ink A 72**

ISTC number	**B*1108**
Heading	*Breitenbach, Johannes de*
Title:	Super titulo: De successionibus ab intestato
Imprint	Leipzig: Gregorius Böttiger (Werman), 1494
Language	lat
Bib. Refs	Goff B1108; H 3773 = 15112* (incl 15111*); CIBN B-777; IGI VI 2061-A; IBP 1252; Voull(B) 1371,5; Madsen 885; Walsh 1040; Rhodes(Oxford Colleges) 439; Pr 3014; BMC III 647; BSB-Ink B-837; GW 5089
Shelfmark	**Kf 851, 8°**

ISTC number	**B*1118.5**
Title:	Breviarium Romanum (Franciscan usage)

105

Imprint	[Venice: Petrus de Plasiis, Cremonensis and Bartholomaeus de Blavis, de Alexandria, not after 1478]
Language	lat
Bib. Refs	GW 5129
Shelfmark	**Il 791 r, 8°**

ISTC number	**B*1127**
Title:	Breviarium Benedictinum (Congregationis Bursfeldensis)
Imprint	[Cologne: Johann Koelhoff, the Elder, between Aug. 1486 and Aug. 1488]
Language	lat
Bib. Refs	Goff B1127; C 1253; Camp 366; Pell 4370; CIBN B-792; Madsen 894; Voull(B) 816 (II,III); Voull(Trier) 492; Borm 605; Finger 254; Embach 53; Oates 566; GW 5178
Shelfmark	**Ink A 93** (III, vellum)

ISTC number	**B*1142**
Title:	Breviarium Fratrum Praedicatorum
Imprint	Basel: Jacobus Wolff, de Pforzheim, for Jacobus de Kirchen, 1492
Language	lat
Publ'n notes	Initials printed in brown ink
Author notes	Edited by the Dominicans of the monastery at Basel
Bib. Refs	Goff B1142; H 3880*; Polain(B) 882; IBP 1270; Ohly-Sack 718, 719, 720; F.R. Goff, in Gb Jb 1956 p.116; Walsh 1231; BSB-Ink B-873; GW 5224
Shelfmark	**Ink B 112**

ISTC number	**B*1144.3**
Title:	Breviarium dominorum Teutonicorum
Imprint	[Strassburg: Johann Prüss, after 1500?]
Language	lat
Bib. Refs	C 1319; Voull(B) 2701; Boh(LB) 508; Sallander 1655; Pr 3270; BMC III 860; GW 5238
Shelfmark	**Ink A 93**

ISTC number	**B*1144.45**
Title:	Breviarium Windeshemense
Imprint	Antwerp: Gerard Leeu, 15 Oct. 1488
Imprint	[Thierry Martens],
Language	lat
Publ'n notes	Kalendarium in two settings printed by Thierry Martens, cf. GW

ISTC number	B*1162.47

Bib. Refs	C 1331 = 1332; Camp 367 (Pars aestivalis); Pr(T) III 367A; Inv Ant 165; Polain(B) 4253; IDL 1047; Jan van Ruusbroec cat (1981) 225; B. Kruitwagen, in Het Boek 3 (1914) pp. 193-202; Borm 630; Pad-Ink 165, 166; Pr 9378; Sheppard 7223; GW 5241 (Ergänz V)
Shelfmark	Il 856 m, 8° (imperfect)

ISTC number	B*1162.47
Title:	Breviarium Hildeshemense (Hildesheim)
Imprint	Nuremberg: Georg Stuchs, [about 1495]
Language	lat
Bib. Refs	IBP 1279; Boh(LB) 254 = 1087; IGI 2098; Voull(B) 1909,12; Borm 614; GW 5362
Shelfmark	Ink A 8
	Ink A 100

ISTC number	B*1166
Title:	Breviarium Magdeburgense (Magdeburg). Ed: Ernst, duke of Saxony, archbishop of Magdeburg
Imprint	Nuremberg: Georg Stuchs, 20 June 1491
Language	lat
Publ'n notes	Woodcuts
Bib. Refs	Goff B1166; [Not H]C 3856; Madsen 903; Schr 3606; Schramm XVIII p. 20; Schmitt I 1906,15; Pr 2268; BMC II 469; GW 5381
Shelfmark	Pon Yd 767 z, 4°
	Ink C 24

ISTC number	B*1170.6
Title:	Breviarium Moguntinum (Mainz)
Imprint	[Speyer: Peter Drach], 1487
Imprint	[Strassburg: Johann (Reinhard) Grüninger],
Language	lat
Publ'n notes	Assigned to Drach by GW. CIBN suggests from watermark evidence that Grüninger may rather be the printer
Bib. Refs	GfT 1898; Boh(LB) 293; Pell 2894; CIBN B-834; Ohly-Sack 736; Schüling 240; Borm 615; GW 5397
Shelfmark	Ink A 99

ISTC number	B*1301
Heading	*Burlaeus, Gualtherus*
Title:	Expositio in Aristotelis Ethica Nicomachea (with text)
Imprint	Venice: Simon de Luere, for Andreas Torresanus, de Asula, 4 Sept. 1500

Language	lat
Bib. Refs	Goff B1301; HC(Add) 4144*; Pell 3080; CIBN B-920; Hillard 521; Polain(B) 4259; Sander 1469; IBE 1335; IGI 2266; IBP 1331; Mendes 307, 308, 309; Sallander 1663; Kotvan 320; Voull(B) 4531; Ohly-Sack 750; Sack(Freiburg) 868; Mittler-Kind 96; Oates 2206; Rhodes(Oxford Colleges) 462; Sheppard 4707; Pr 5629; BMC V 576; BSB-Ink B-1005; GW 5779
Shelfmark	**Ce 1999, 4°**

ISTC number	**B*1305**
Heading	*Burlaeus, Gualtherus*
Title:	Expositio in Aristotelis Physica (with text). Ed: Nicoletus Vernia
Imprint	Venice: Bonetus Locatellus, for Octavianus Scotus, 2 Dec. 1491
Language	lat
Bib. Refs	Goff B1305; H 4139*; Klebs 232.4; Pell 3078; CIBN B-922; IBE 1339; IGI 2270; IBP 1333; Sajó-Soltész 854; Mendes 310, 311; Sander 1470; Voull(B) 4170; Louda 485; Gspan-Badalic 154; Badalic(Croatia) 273; Walsh 2287, 2288; Sheppard 4186; Rhodes (Oxford Colleges) 464; Pr 5028; BSB-Ink B-1007; GW 5777
Shelfmark	**Ce 2400, 4°**

ISTC number	**B*1307**
Heading	*Burlaeus, Gualtherus*
Title:	Expositio in artem veterem Porphyrii et Aristotelis (without text)
Imprint	[Venice: Leonardus Wild, about 1479-80]
Language	lat
Publ'n notes	Dated about 1480 by GW, about 1479 by CIBN
Bib. Refs	Goff B1307; HR 4126; Pell 3071; CIBN B-916; IGI 2258; IBP 1325; Mendes 313; Riedl 241; Oates 1790; Sheppard 3603; BSB-Ink B-1001; GW 5766
Shelfmark	**2 an Ce 2454, 4°**

ISTC number	**B*1314**
Heading	*Burlaeus, Gualtherus*
Title:	De intensione et remissione formarum. Add: Jacobus de Forlivio: De intensione et remissione formarum. Albertus de Saxonia: De proportionibus
Imprint	Venice: Bonetus Locatellus, for Octavianus Scotus, 28 Nov. 1496
Language	lat
Publ'n notes	Woodcut diagrams
Bib. Refs	Goff B1314; HC 4141 (incl H 587); Klebs 233.1; Pell 3081; CIBN B-924; Hillard 522; Parguez 280; Polain(B) 934; IDL(Suppl) 1080a; IBE 1340; IGI 2271; IBP 1334; Sander 1471; Hubay(Otto-

	beuren) 107; Walsh 2329; Rhodes(Oxford Colleges) 469; Sheppard 4222; Pr 5073; BMC XII 31; BSB-Ink B-990; GW 5780
Shelfmark	**an Ce 2400, 4°**

ISTC number	**B*1315**
Heading	*Burlaeus, Gualtherus*
Title:	De vita et moribus philosophorum
Imprint	[Cologne: Ulrich Zel, about 1470]
Language	lat
Bib. Refs	Goff B1315; H 4115; Voull(K) 294; Pell 3082; CIBN B-925; Delisle 346; Polain(B) 935; IDL 1082; Sajó-Soltész 858; Voull(B) 662,5; Voull(Trier) 320; Sack(Freiburg) 870; Borm 648; Sheppard 652; Rhodes(Oxford Colleges) 470; Pr 864; BMC I 188; GW 5781
Shelfmark	**2 an Ink A 92**

ISTC number	**B*1317**
Heading	*Burlaeus, Gualtherus*
Title:	De vita et moribus philosophorum (expanded with the life of Persius, and Dicta philosophorum)
Imprint	[Cologne]: Arnold Ther Hoernen, 1472
Language	lat
Bib. Refs	Goff B1317; HC 4122; Voull(K) 295; Pell 3095; CIBN B-926; Polain(B) 4261; IDL 1081; Voull(B) 724,5; Voull(Trier) 380; Walsh 347; Oates 424; Pr 931; Sheppard 723; BSB-Ink B-992; GW 5783
Shelfmark	**3 an Ink A 14**

ISTC number	**B*1328**
Heading	*Burlaeus, Gualtherus*
Title:	De vita et moribus philosophorum [German]. Buch von dem Leben und Sitten der heydnischen Maister
Imprint	Augsburg: Anton Sorg, 16 Jan. or 31 Aug. 1490
Language	ger
Publ'n notes	The colophon reads 'aftermontag nach sant Felicen tag' which BMC interprets as 16 January while GW gives the date 31 August
Bib. Refs	Goff B1328; HC 4125*; Sajó-Soltész 861; Sallander 1665; Madsen 4343; Voull(B) 152; Hubay(Augsburg) 496; Deckert 184; Ohly-Sack 753; Sack(Freiburg) 876; Borm 654; Sheppard 1260; Pr 1716; BMC II 355; BSB-Ink B-999; GW 5793
Shelfmark	**Ck 3585, 8°** **Ink A 83**

ISTC number	**B*1334**
Heading	*Busti, Bernardinus de*
Title:	Mariale (additions by Domenico Ponzoni). Add: Officium et missa Immaculatae Conceptionis BMV (Ed: Bernardinus de Busti)
Imprint	Strassburg: Martin Flach (printer of Strassburg), 26 July 1496
Language	lat
Bib. Refs	Goff B1334; HC(Add) 4161*; Pell 3110; Torchet 235; Polain(B) 2614; IDL 1090; IBE 1345; IGI 2283; IBP 1345; Sajó-Soltész 865; Coll(U) 272; Madsen 964; Voull(B) 2504; Schüling 248, 249; Hubay(Augsburg) 498; Hubay(Eichstätt) 233; Ohly-Sack 754, 755; Sack(Freiburg) 878; Borm 657; Pad-Ink 171, 172; Wilhelmi 116; Pr 704; BMC I 154; BSB-Ink B-1016; GW 5805
Shelfmark	**Ink B 127** (imperfect)

ISTC number	**B*1343**
Heading	*Butrio, Antonius de*
Title:	Super primo libro Decretalium (7-28)
Imprint	Nuremberg: Anton Koberger, 30 Jan. 1486
Language	lat
Publ'n notes	In two parts
Bib. Refs	Goff B1343; HC 4173*; Pell Ms 8425 (8344); CIBN B-947; Hillard 534; Arnoult 388; IDL 1095; IBP 1352; Ernst(Hildesheim) II,II 94; Voull(Trier) 1051; Voull(B) 1712; Schmitt I 1712; Hubay (Augsburg) 501; Sack(Freiburg) 883; Rhodes(Oxford Colleges) 477; BMC II 428; BSB-Ink A-637; GW 5823
Shelfmark	**1 an Kr 1030, 2°**

ISTC number	**C*31**
Heading	*Caesarius de Heisterbach*
Title:	Dialogus miraculorum
Imprint	Cologne: Johann Koelhoff, the Elder, 1481
Language	lat
Bib. Refs	Goff C31; HC 4231; Voull(K) 301; Pell 3154; Polain(B) 956; IBE 1368; IGI 2334; IDL 1107; IBP 1368; Sajó-Soltész 879; Nentwig 124; Voull(B) 772; Voull(Trier) 447; Ohly-Sack 763, 764; Hummel-Wilhelmi 184; Borm 669; Finger 270, 271, 272; Wilhelmi 175; Oates 533; BSB-Ink C-34; GW 5881
Shelfmark	**Ne 1193 z, 4°** **Ne 1193 z/1, 4°**

ISTC number	**C*44**
Heading	*Calderinus, Johannes*
Title:	Auctoritates decretorum

Imprint	Cologne: Petrus in Altis (Bergmann?), de Olpe, 23 June 1477
Language	lat
Publ'n notes	Variant colophon with erroneous date 1470 is recorded by GW and Voulliéme
Bib. Refs	Goff C44; HC 4246; Voull(K) 302; Pell 3160; Hillard 547; IBP 1371; Voull(B) 886,15; Schmitt I 886,15; Borm 670; Sheppard 910; Pr 1200; BMC I 252; GW 5895 (note)
Shelfmark	**an Ye 2° 68** (var)

ISTC number	**C*51**
Heading	*Calderinus, Johannes*
Title:	Repertorium iuris
Imprint	[Basel: Michael Wenssler], 12 Dec. 1474
Language	lat
Bib. Refs	Goff C51; HC 4248*; Pell 3162; Parguez 285; Polain(B) 962; IGI 2366; IDL 1113; IBP 1375; IJL 98; Sajó-Soltész 883; Coll(U) 396; Madsen 988; Voull(B) 353; Voull(Trier) 60; Schüling 255; Ohly-Sack 769, 770; Hubay(Augsburg) 508; Hubay(Eichstätt) 243; Sack-(Freiburg) 896; Borm 672; Walsh 1109; Rhodes(Oxford Colleges) 496; Sheppard 2318; Pr 7461; BMC III 721; BSB-Ink C-54; GW 5904
Shelfmark	**Kc 153, 2°**

ISTC number	**C*68**
Heading	*Cambanis, Vitalis de*
Title:	Tractatus clausularum. Ed: Paris de Puteo
Imprint	Naples: Mathias Moravus, for Johannes Antonius Camos, 9 Apr. 1478
Language	lat
Bib. Refs	Goff C68; HC 4277; Fav e Bres 119; IBP 1381; IBE 1388; IGI 2378; Voull(Bonn) 1215; Voull(B) 3169,5; Wilhelmi 176; BMC VI 863; GW 5931
Shelfmark	**an Kf 1533, 2°** (imperfect)

ISTC number	**C*72**
Heading	*Camers, Johannes*
Title:	De modo studendi in utroque iure epistola. With additions by Rosatus Ferreus
Imprint	Rome: [Eucharius Silber], 26 May 1491
Language	lat
Author notes	The author is Johannes Ricutius Velinus de Camerino OFM, called Camers from his birthplace (GW)

Bib. Refs	Goff C72; HR 4282; IBE 3204; IGI 8372; Walsh 1457; GW 5936 (+ Accurti(1936) p.100)
Shelfmark	**an Ku 3467, 8°**

ISTC number	**C*76**
Heading	*Campanus, Johannes Antonius*
Title:	Oratio in conventu Ratisponensi anno 1471 habita
Imprint	[Rome: Stephan Plannck, about 1488-90]
Language	lat
Bib. Refs	Goff C76; H 4289*; Pell 3181; Hillard 557; IGI 2386; IBP 1383; IBE 1394; Sajó-Soltész 888; Mendes 324; Voull(Trier) 1762; Sack (Freiburg) 902; Walsh 1410; Oates 1498, 1499; Sheppard 2949; Pr 3731; BSB-Ink C-67; GW 5941
Shelfmark	**an Ku 3467, 8°**

ISTC number	**C*129**
Heading	*Capreolus, Johannes*
Title:	Quaestiones in IV libros Sententiarum, seu libri IV defensionum theologiae Thomae Aquinatis. Ed: Thomas de S. Germano
Imprint	Venice: Octavianus Scotus, 1483-84
Language	lat
Publ'n notes	In four parts, dated: I-III) 1483; IV) 1484
Bib. Refs	Goff C129; HC 4410*; M.C. Davies in British Library Journal 20:1 (1994), 101-102; Pell 3234; Hillard 566; Arnoult 397; Buffévent 127; Girard 142; Parguez 288; Péligry 244; Polain(B) 976 (I-III); IDL 1126; IBE 1431; IGI 2441; IBP 1397; Sajó-Soltész 896; Mendes 329; Coll(U) 402; Madsen 1008, 1009; Voull(Trier) 1929; Voull(B) 3903, 3907; Hubay(Augsburg) 516; Ohly-Sack 773, 774; Sack(Freiburg) 907; Borm 687; Walsh 1789; Pr 4580 (II); BMC V 278; BSB-Ink C-101; GW 6032
Shelfmark	**Ib 532, 4°** (IV)

ISTC number	**C*148**
Heading	*Caracciolus, Robertus*
Title:	Sermones de laudibus sanctorum
Imprint	Basel: Nicolaus Kesler, 26 Feb. 1490
Language	lat
Bib. Refs	Goff C148; H 4485*; Pell 3291; Polain(B) 1002; IDL 1133; IBP 1412; Sajó-Soltész 911; Mendes 347; Madsen 1025; Voull(B) 528; Voull(Trier) 228; Schüling 261; Borm 692; Pad-Ink 175; Finger 274; Sheppard 2481; Pr 7678; BMC III 769; BSB-Ink C-118; GW 6057
Shelfmark	**Ih 4699 g, 4°**

ISTC number	**C*164**
Heading	*Caracciolus, Robertus*
Title:	Sermones quadragesimales de peccatis
Imprint	Offenburg: [Printer of Caracciolus, 'Quadragesimales' (H 4443*) (Kilianus Piscator)], 5 Jan. 1496
Language	lat
Author notes	Contents: Sermo de S. Bonaventura, Sermo de S. Bernardino, Sermo I de annuntiatione B.V.M. (Ingressus angelus), Sermo de angelis (de laudibus sanctorum 30), Sermo de beatitudine sanctorum (de laudibus sanctorum 21), Sermo de animae rationalis admirandis praerogativis (de laudibus sanctorum 23), Sermo de spiritu sancto (de laudibus sanctorum 20)
Bib. Refs	Goff C164; H 4443*; GfT 1130, 1131; Pell 3260; Buffévent 134; Torchet 248; IGI 2468; IBP 1418; Sajó-Soltész 915; Coll(U) 405; Ernst(Hildesheim) I,I 135; Voull(B) 1934; Ohly-Sack 797; Sack(Freiburg) 922; Borm 694; Wilhelmi 180; Oates 1341; Sheppard 2267-2268; Pr 3225; BMC III 699; BSB-Ink C-126; GW 6085
Shelfmark	**Il 4196 g, 8°** **3 an Ink A 6**

ISTC number	**C*171**
Heading	*Caracciolus, Robertus*
Title:	Sermones quadragesimales de poenitentia
Imprint	Cologne: Ulrich Zel, 17 Jan. 1473
Language	lat
Bib. Refs	Goff C171; HC 4429*; Voull(K) 307; Pell 3247; Polain(B) 983; IDL 1144; IBE 1466; IGI 2476; Sajó-Soltész 917; Voull(B) 640,5; Walsh 340; Sheppard 673, 674; Rhodes(Oxford Colleges) 505; Pr 880; BMC I 191; BSB-Ink C-132; GW 6067
Shelfmark	**Ink B 151**

ISTC number	**C*190**
Heading	*Caraziis, Martinus de*
Title:	Tractatuli
Imprint	Milan: Uldericus Scinzenzeler, for Johannes de Legnano, 10 July 1494
Language	lat
Author notes	Contents: De principibus, De cardinalibus I (Cardinales dicuntur quoniam mundi sunt cardines), De consiliariis principum (Princeps est de numero consiliariorum), De legatis maxime principum (Si legatus infirmatur), De officialibus dominorum (Pulchre advertendum est quod tempore florenti Romanorum), De milite (Milites debent abstinere ab agrorum cultura), De castellanis et castris (Castellanus vel custos civitatis), De confoederatione, pace et con-

Bib. Refs	ventionibus principum (Quando fit pax et remissio damnorum), De bello (Inferentes iniustam guerram), De crimine laesae maiestatis (In ducibus et proceribus non habet locum), De privilegio et rescripto (Privilegium quod quis habet), De dignitate (Inducens populum), De fisco (Confiscationem bonorum ex officio), De cardinalibus II (Imprimis quaerendum putavi utrum coetus cardinalium), De primogenitura, Repetitio super rubrica 'De rei vindicatione' Goff C190; HC 4500; Pell 3296; Hillard 578; Voull(B) 3115; IBE 1479; IGI 2512; Rhodes(Oxford Colleges) 519; BSB-Ink M-226; GW 6120
Shelfmark	an Ku 3078, 2°

ISTC number	**C*195**
Heading	*Carcano, Michael de*
Title:	Sermonarium de peccatis per adventum et per duas quadragesimas
Imprint	Basel: Michael Wenssler, 29 May 1479
Language	lat
Bib. Refs	Goff C195; HC 4509* = H 4510?; Pell 3301; Buffévent 137; Girard 148; Polain(B) 1010; IDL 1152; IBE 1482; IGI 2519; IBP 1433; Sajó-Soltész 927; Madsen 1043; Ernst(Hildesheim) II,IV 21; Voull(B) 365 (I); Voull(Trier) 73; Hubay(Augsburg) 527; Ohly-Sack 806, 807; Sack(Freiburg) 936; Borm 700; Wilhelmi 426; Pr 7490; BMC III 726; BSB-Ink C-148; GW 6130
Shelfmark	**Il 4196 i, 2°** (var)

ISTC number	**C*199**
Heading	*Cardulus, Franciscus*
Title:	Oratio in funere cardinalis Ardicini de La Porta. Ed: Damianus Corycius Barba. Add: Ardicinus de La Porta: Epistola ad Innocentium VIII, 2 Junii '1493' [i.e. 1491?] missa
Imprint	[Rome: Andreas Freitag, after 4 Mar. 1493]
Language	lat
Author notes	De La Porta's funeral took place on 4 Mar. 1493. His letter to Innocentius VIII asking to resign his see is therefore to be dated 1492, according to GW Anm.; the Bologna C copy, however, has the date altered to read 1491
Bib. Refs	Goff C199; HC(Add) 4511*; C 4825; GfT 2190; Pell 3302; IGI 2523; IBE 1486; Sallander 2132; Madsen 1046; Voull(B) 3538; Sack(Freiburg) 939; Pr 3972; BMC IV 135; BSB-Ink C-150; GW 6134
Shelfmark	**an Ku 3467, 8°**

ISTC number	**C*206**
Heading	*Carolus IV*, Imperator

ISTC number	C*223

Title:	Bulla aurea
Imprint	Nuremberg: Anton Koberger, 24 May 1477
Language	lat
Bib. Refs	Goff C206; H 4076*; GfT 1151; Pell 3318; IDL 1154; IBP 1439; Madsen 1047; Voull(B) 1648; Hubay(Augsburg) 1272; Hubay (Würzburg) 1320; Borm 1644; Wilhelmi 381; Lökkös(Cat BPU) 143; Walsh 674; Oates 985; Sheppard 1439; Pr 1979; BMC II 414; BSB-Ink K-15
Shelfmark	**an Il 5180 a, 4°** **Ink B 125** **an Ye 2° 68**

ISTC number	**C*223**
Heading	*Carvajal, Bernardinus*
Title:	Oratio in die Circumcisionis habita, 1484
Imprint	[Rome: Stephan Plannck, about 1488-90]
Language	lat
Bib. Refs	Goff C223; H 4546*; Pell 3327; Parguez 304; IGI 2534; IBP 1442; IBE 3554; Sallander 2133; Voull(B) 3424; Sack(Freiburg) 941; Walsh 1411; Rhodes(Oxford Colleges) 513; Sheppard 2951; Pr 3639; BMC IV 93; BSB-Ink C-162; GW 6147
Shelfmark	**an Ku 3467, 8°**

ISTC number	**C*233**
Heading	*Cassianus, Johannes*
Title:	De institutis coenobiorum. Add: Collationes patrum XXIV
Imprint	Basel: [Johann Amerbach, after 24 Sept.] 1485
Language	lat
Publ'n notes	Woodcut
Bib. Refs	Goff C233; HC 4562*; Schr 3676; Schramm XXI p. 26; Pell 3336; Hillard 585; Arnoult 414; Buffévent 139; Fernillot 183; Parguez 305; Aquilon 193; Lefèvre 137; Péligry 253; Torchet 250; Polain(B) 1013; IBE 1493; IGI 2545; IDL 1160; IBP 1448; Sajó-Soltész 933; Mendes 365; Coll(U) 410; Madsen 1056, 1057; Nentwig 125; Voull(B) 432; Voull(Trier) 148; Hubay(Augsburg) 531; Ohly-Sack 814; Sack(Freiburg) 943; Hummel-Wilhelmi 190; Borm 704; Wilhelmi 186; Walsh 1160; Oates 2771; Rhodes(Oxford Colleges) 516; Sheppard 2417; Pr 7567; BMC III 748; BSB-Ink C-165; GW 6160
Shelfmark	**Ih 2764, 4°**

ISTC number	**C*235**
Heading	*Cassianus, Johannes*

Title:	De institutis coenobiorum. Add: Collationes patrum XXIV
Imprint	Basel: Johann Amerbach, 1497
Language	lat
Bib. Refs	Goff C235; HC 4564; Pell 3338; Arnoult 416; Aquilon 194; Fernillot 184; Polain(B) 1014; IDL 1161; IBE 1495; IGI 2547; IBP 1449; Sajó-Soltész 935; Coll(U) 411; Madsen 4382; Lökkös(Cat BPU) 144; Voull(B) 468; Voull(Trier) 176; Ohly-Sack 816, 817; Hubay(Augsburg) 532; Hubay(Eichstätt) 252; Borm 705; Pad-Ink 178; Finger 283; Walsh 1193; Sheppard 2455; Pr 7611; BMC III 758; BSB-Ink C-167; GW 6162
Shelfmark	Ink A 48

ISTC number	C*236
Heading	*Cassiodorus, Magnus Aurelius*
Title:	Expositio in Psalterium. Add: Supplement of Johannes de Lapide
Imprint	Basel: Johann Amerbach, 1491
Language	lat
Bib. Refs	Goff C236; HC 4574*; Pell 3350; Hillard 586; Arnoult 417; Girard 150; Parguez 306; Aquilon 195; Torchet 251; Polain(B) 1020; IDL 1162; IBE 1496; IGI 2552; IBP 1450; Sajó-Soltész 936; Coll(U) 412; Coll(S) 302; Madsen 1059; Lökkös(Cat BPU) 145; Nentwig 126; Voull(B) 454; Voull(Trier) 166; Wiegrefe pp.47-48; Hubay(Augsburg) 533; Hubay(Eichstätt) 253; Ohly-Sack 818, 819; Sack(Freiburg) 944; Hummel-Wilhelmi 191, 192, 193; Borm 706; Finger 284; Wilhelmi 187; Walsh 1173; Oates 2777, 2778; Sheppard 2436; Pr 7591; BMC III 753; BSB-Ink C-168; GW 6163
Shelfmark	Id 3643 i, 4°

ISTC number	C*237
Heading	*Cassiodorus, Magnus Aurelius*
Title:	Historia ecclesiastica tripartita
Imprint	[Augsburg]: Johann Schüssler, about 5 Feb. 1472
Language	lat
Publ'n notes	The colophon reads 'Circiter nonas februarias'
Bib. Refs	Goff C237; HC 4573*; Pell 3349; Parguez 307; Delisle 370; Polain(B) 4274; IDL 1163; IGI 2553; IBP 1451; Sajó-Soltész 937; Coll(U) 413; Coll(S) 303; Günt(L) 94; Voull(B) 55; Hubay(Augsburg) 534; Hubay(Eichstätt) 254; Sack(Freiburg) 945; Walsh 533; Oates 892, 893; Sheppard 1179, 1180, 1181; Pr 1594; BMC II 329; BSB-Ink C-169; GW 6164
Shelfmark	1 an Ib 898 a, 4°

ISTC number	C*292
Heading	*Cato, Dionysius*

ISTC number	C*307

Title:	Disticha de moribus. Comm: Philippus de Bergamo, Robertus de Euremodio
Imprint	Augsburg: [Anton Sorg], 2 Nov. 1475
Language	lat
Author notes	Rather than a commentary on the Disticha Catonis this text is an original work, Speculum regiminis, by Philippus de Bergamo with additions by Robertus de Euremodio (cf. Goff and Hillard)
Bib. Refs	Goff C292; HC 4711*; Pell 3429; Polain(B) 4277; IDL 1177; IBE 1527; IGI 2601; IBP 1468; Sajó-Soltész 947; Sallander 2138; Coll(S) 851; Madsen 1071; Nentwig 131; Günt(L) 101; Voull(B) 104; Voull(Trier) 18; Leuze(Isny) 2; Hubay(Augsburg) 539; Borm 710; Lökkös(Cat BPU) 147; Walsh 557; Oates 911; Sheppard 1221; Pr 1643; BMC II 342; BSB-Ink D-189; GW 6277
Shelfmark	**Ch 796 e, 4°**

ISTC number	**C*307**
Heading	*Cato, Dionysius*
Title:	Disticha de moribus. Comm: Anonymous: "Summi deus largitor praemii". Add: Glosulae Cathonis
Imprint	Cologne: Heinrich Quentell, [about 1490]
Language	lat
Bib. Refs	Goff C307; C 1525; Voull(K) 314; Pell 3412; Polain(B) 1034; Voull(B) 1012; Sack(Freiburg) 951; GW 6307
Shelfmark	**2 an Ink A 12**

ISTC number	**C*311**
Heading	*Cato, Dionysius*
Title:	Disticha de moribus. Comm: Anonymous: "Summi deus largitor praemii". Add: Glosulae Cathonis
Imprint	Cologne: Heinrich Quentell, 1496
Language	lat
Publ'n notes	Woodcut
Bib. Refs	Goff C311; H 4735*; Voull(K) 319; Pell 3417; IBP 1477; Sajó-Soltész 948; Schr 3684; Schramm VIII p. 23; Voull(B) 967,7; Schmitt I 967,7; Voull(Trier) 655; Ohly-Sack 824-834; Borm 714; Pr 1338; BMC I 286; BSB-Ink D-205; GW 6314
Shelfmark	**6 an Ink A 13**

ISTC number	**C*320**
Heading	*Cato, Dionysius*
Title:	Documenta moralia Catonis
Imprint	[Ulm: Johann Zainer, not after 1476]
Imprint	[before 23 Apr. 1477]

Language	lat
Publ'n notes	Dated from a MS inscription in the Stuttgart LB copy reproduced by Amelung. Goff dates before 23 Apr. 1477 from inscription in CdelCL copy
Bib. Refs	Goff C320; HC 4710*; Amelung, Frühdruck I 27; Pell 3428; IGI 2613; IBP 1478; IJL 103; Sajó-Soltész 950; Borm 716; Voull(B) 2620; Ohly-Sack 836; Hubay(Augsburg) 545; Walsh 889, 890; Oates 1154, 1155; Sheppard 1809; Pr 2505; BMC II 525; BSB-Ink D-228; GW 6318
Shelfmark	**Ch 796, 4°**

ISTC number	**C*326**
Heading	*Catullus, Gaius Valerius*
Title:	Pelei et Thetidis nuptiae (Carmen LXIV) (Ed: Jacobus Barinus)
Imprint	[Leipzig: Martin Landsberg, after 21 Apr. 1493]
Language	lat
Publ'n notes	The preliminary letter by the editor is dated 21 April 1493
Bib. Refs	Goff C326; H 4769*; Günt(L) 1398; IGI 2618; BSB-Ink C-200; GW 6393
Shelfmark	**10 an Ink A 74**

ISTC number	**C*422.6**
Heading	*Chappe, Paulinus,* commissary
Title:	Indulgentia, 1454-1455. For contributions to the war against the Turks
Imprint	[Mainz: Printer of the 31-line indulgence and of the 36-line Bible, 1454-55]
Format	Bdsde f°
Language	lat
Publ'n notes	31 lines. Eight issues are known: see VE 15 C-15. All copies are printed on vellum
Bib. Refs	Goff N48; H[not C] 11753 (4th); HC 11754 (6th); VE 15 C-15 (issues 1-8); Eisermann(Neufunde) pp.60-64 (issues 1-8); J. Ing in British Library Journal 9 (1983) pp.14-31 (issues 1-7); Stillwell, Beginnning 8 (issues 1-5), 10 (6-7); Eisermann-Honemann p.90 an p.96 (issues 1-8); Schanze(Buchdruck) p.304 (issues 1-8); DeR(M) 47-50; Zedler(Ablassbriefe) pp.55-60 (issues 1-6); M. Germann in Gb Jb 1995 pp.51-56 (8th issue); Eisermann(Neufunde) pp.58-74; Pell Ms 6264 (6241); CIBN I-3 (4th); Delisle 982; IDL 3323 (4th); Nentwig 263 (, 264 (5th), 265 (4th); Günt(L) 1809, 1810 (6th); Voull(B) 1512,1, 1512,2; Ernst(Hildesheim) II,IV 38 (4th); C. Ernst, in Alt-Hildesheim, Heft 8 (1928), pp.32-44, Abb.1; Ernst (Hannover) 1 (2nd), 2 (4th), 3 & table 1 (2nd); Hubay(Augsburg) 559; Borm 731 (2nd), 732 (4th), 733 (5th), 734 (6th); Madsen 1119

ISTC number	C*453.5

(4th); Pr 59 (6th); BMC I 15 (6th); GW(Einbl) 482 (1st), 483 (2nd), 484 (5th), 485 (4th), 486 (6th); GW 6556 (issues 1-7); Fac: Zedler(Ablassbriefe) table X (1st), XI (2nd), XII (3rd), XIII (4th), XIV (6th), XV (5th); Kat.Wolfenbüttel 1972 p.15 (1st), p.17 (2nd), p.19 (3rd), p.21 (4th), p.23 (5th), p.25 (6th); Schwenke, DK-Type table 1 (2nd); Eisermann(Ablass) fig. 7 (4th); Füssel(Gutenberg) fig.11 (4th); Wehmer(Buchdrucker) 5 (4th); Burger(MG&IT) VI 138 (6th); GfT 1804 (6th); Eisermann(Neufunde) fig.1 (7th); M. Germann in Gb Jb 1995 p.51 fig 1 & p.55 fig.2 (8th)

Shelfmark   **Yla 237 (1)**   (7th issue, with date 22 Apr. 1455, imperfect)

ISTC number	**C*453.5**
Heading	*Chieregatus, Leonellus*
Title:	Oratio in funere Innocentii VIII. Add: Sebastianus Baduarius: Oratio ad Alexandrum VI in praestanda Venetorum oboedientia. Ed: Johannes de Velmede
Imprint	Leipzig: Martin Landsberg, [about 1495]
Language	lat
Bib. Refs	CR 4488; Coll(S) 1194; IBP 5835; Hubay(Würzburg) 624; BSB-Ink C-264; GW 6625
Shelfmark	**12 an Ink A 74**

ISTC number	**C*476**
Heading	Chronicles: Cologne
Title:	Kölnische Chronik [Low German] Die Cronica van der hilliger stat van Coellen
Imprint	Cologne: Johann Koelhoff, the Younger, 23 Aug. 1499
Language	ger
Publ'n notes	Woodcuts
Bib. Refs	Goff C476; HC 4989*; Voull(K) 324; Borchling & Claussen 312; Schr 3753; Schramm VIII p.26; Pell 3566; Hillard 612; Polain(B) 1065; IDL 1230; IBP 1519; IJL 107; Sajó-Soltész 987; Mendes 410; Coll(U) 425; Coll(S) 1195; Madsen 1125, 1126; Voull(B) 1077; Voull(Trier) 772; Schüling 283, 284; Ernst(Hannover) 137; Ohly-Sack 856, 857, 858, 859, 860; Schäfer 103; Borm 737; Pad-Ink 184; Finger 290; Walsh 472, 473; Oates 830, 831; Sheppard 1084; Pr 1464; BMC I 299; BSB-Ink C-284; GW 6688; Fac: Köln, 1975; Köln, 1979 (with commentary)
Shelfmark	**Ng 2632, 2°**

ISTC number	**C*521**
Heading	*Cicero, Marcus Tullius*
Title:	Epistolae ad familiares (Comm: Hubertinus clericus)

Imprint	Venice: [Printer of the 1480 Martialis], 1 July 1480
Language	lat
Bib. Refs	Goff C521; HC 5187*; Pell 3609; Hillard 621; Polain(B) 1070; IBE 1599; IGI 2833; Ohly-Sack 863; Madsen 1142; Walsh 1853A; Oates 2223; Sheppard 3715, 3716; Pr 5662; BMC V 296; BSB-Ink C-332; GW 6834
Shelfmark	**an Ci 3871, 4°** **Ink B 68** (2 Exemplare)

ISTC number	**C*524**
Heading	*Cicero, Marcus Tullius*
Title:	Epistolae ad familiares (Comm: Hubertinus clericus)
Imprint	Venice: Andreas Torresanus, de Asula and Bartholomaeus de Blavis, de Alexandria, 31 Jan. 1483/84
Language	lat
Bib. Refs	Goff C524; H 5190*; Pell 3611; Arnoult 450; Polain(B) 4284; IGI 2836; IBP 1526; Ohly-Sack 864, 865; Mittler-Kind 287; Walsh 1884; Rhodes(Oxford Colleges) 551; Sheppard 3771, 3772; Pr 4699; BMC XII 22; BSB-Ink C-335; GW 6838
Shelfmark	**an Ch 2257, 4°**

ISTC number	**C*553**
Heading	*Cicero, Marcus Tullius*
Title:	Oratio Philippica I. Ed: Petrus Aeolicus
Imprint	[Leipzig: Martin Landsberg, about 1495]
Language	lat
Bib. Refs	Goff C553; H 5135 = 5141*; Günt(L) 1404; Schmitt II 1312,4; BSB-Ink C-391; GW 6798
Shelfmark	**5 an Cl 3237, 4°**

ISTC number	**C*561**
Heading	*Cicero, Marcus Tullius*
Title:	Laelius, sive de amicitia
Imprint	Leipzig: [Martin Landsberg], 1493
Language	lat
Bib. Refs	Goff C561; H 5300 ('1494'); Voull(B) 1311,9; Schmitt II 1311,9; BSB-Ink C-349; GW(Nachtr) 72; GW 7002
Shelfmark	**3 an Cl 3237, 4°**

ISTC number	**C*562.1**
Heading	*Cicero, Marcus Tullius*
Title:	Laelius, sive de amicitia

| ISTC number | C*572 |

Imprint	Leipzig: Jacobus Thanner, 1500
Language	lat
Bib. Refs	Günt(L) 594; GW 7006
Shelfmark	**4 an Ce 2048, 4°**

ISTC number	**C*572**
Heading	*Cicero, Marcus Tullius*
Title:	De natura deorum. Add: De divinatione. De legibus, Academica. De finibus bonorum et malorum. De fato, Timaeus, Somnium Scipionis. Quintus Tullius Cicero: Commentariolum petitionis
Imprint	Venice: Simon Bevilaqua [and Petrus de Quarengiis, Bergomensis], 18 Sept. 1496
Language	lat
Publ'n notes	With the exception of the second sheet of quire A, De finibus (quires A-G) is printed with type 109R of P. de Quarengis (Sheppard)
Author notes	In four parts: I) De natura deorum. II) De divinatione. III) De legibus, Academica. IV) De finibus bonorum et malorum etc.
Bib. Refs	Goff C572 + C567; HC 5232* (II-IV); GfT 2201; Parguez 336; IBE 1622; IGI 2882; IBP 1570; Sajó-Soltész 1005; Madsen 1157; Voull(B) 333; Voull(B) 4402; Walsh 2520; Sheppard 4474; Pr 5399; BMC V 521; BSB-Ink C-375; GW 6905
Shelfmark	**Ch 1850, 4°**
	Ch 1471, 4° (var)

ISTC number	**C*592.7**
Heading	*Cicero, Marcus Tullius*
Title:	De officiis
Imprint	[Leipzig: Martin Landsberg, about 1495-96]
Language	lat
Bib. Refs	GW(Nachtr) 73; Oates 1294; GW 6918
Shelfmark	**2 an Cl 3237, 4°**

ISTC number	**C*620.5**
Heading	*Cicero, Marcus Tullius*
Title:	Paradoxa Stoicorum
Imprint	[Speyer: Conrad Hist, about 1498]
Language	lat
Bib. Refs	HC 5289; Camp-Kron II 432b; IDL 1291; Schmitt II 4883,8; Sack(Freiburg) 1024; Borm 767; BSB-Ink C-395; GW 7019
Shelfmark	**9 an Ink A 23**

ISTC number	**C*625.2**
Heading	*Cicero, Marcus Tullius*
Title:	Cato maior, sive de senectute. Ed: Johannes Honorius Cubitensis
Imprint	Leipzig: Martin Landsberg, 18 Mar. 1493
Language	lat
Bib. Refs	Sajó-Soltész 990; BSB-Ink C-296; GW 6987
Shelfmark	**4 an Cl 3237, 4°**

ISTC number	**C*625.7**
Heading	*Cicero, Marcus Tullius*
Title:	Cato maior, sive de senectute
Imprint	[Speyer: Conrad Hist, about 1498]
Imprint	[about 1495]
Language	lat
Publ'n notes	Sack(Freiburg) argues for a date about 1498 and GW and Engel-Stalla date c.1495
Bib. Refs	C 1638 = 1639; Camp(II) 432a; Engel-Stalla 1664; IDL 1268; Schmitt II 2064,2; Sack(Freiburg) 989; Borm 743; Pr 3271; BMC II 509; GW 6988
Shelfmark	**8 an Ink A 23**

ISTC number	**C*629.5**
Heading	*Cicero, Marcus Tullius*
Title:	Timaeus
Imprint	[Leipzig: Martin Landsberg, about 1490]
Language	lat
Bib. Refs	Günt(L) 1402; Hubay(Würzburg) 642; BSB-Ink C-402; GW(Nachtr) 75; GW 7023
Shelfmark	**1 an Ch 1850, 4°**

ISTC number	**C*638**
Heading	*Cicero, Marcus Tullius*
Title:	Tusculanae disputationes (with anonymous commentary)
Imprint	Venice: [Antonius de Strata, de Cremona], 5 Dec. 1491
Language	lat
Bib. Refs	Goff C638; HC 5318*; Pell 3781; Polain(B) 1100; IBE 1667; IGI 2993; IBP 1591; Madsen 1193, 1194; Voull(B) 4556; Sack(Freiburg) 991; Mittler-Kind 335, 336; Walsh 1853; Pr 5695; BMC V 295; BSB-Ink C-406; GW 6896
Shelfmark	**2 an Ch 1850, 4°**

ISTC number	**C*647**
Heading	*Cicero, Marcus Tullius*

ISTC number	C*648

Title:	De inventione, sive Rhetorica vetus (Comm: C. Marius Victorinus). Add: Pseudo- Cicero, Rhetorica ad Herennium (with anonymous commentary)
Imprint	Venice: Baptista de Tortis, 24 Jan. 1481/82
Language	lat
Bib. Refs	Goff C647; HC 5076*; Pell 3653; Arnoult 455; Polain(B) 1094; IDL 1243; IBE 1616; IGI 2869; Sajó-Soltész 1002; Coll(S) 1197; Madsen 1196; Voull(B) 3923; Ohly-Sack 869; Mittler-Kind 296; Walsh 1915; Rhodes(Oxford Colleges) 580; Sheppard 3825; Pr 4605; BMC V 322, XII 23; BSB-Ink C-303; GW 6736
Shelfmark	**Ch 2256 z, 4°**

ISTC number	**C*648**
Heading	*Cicero, Marcus Tullius*
Title:	De inventione, sive Rhetorica vetus (Comm: C. Marius Victorinus). Add: Pseudo- Cicero, Rhetorica ad Herennium (with anonymous commentary)
Imprint	Venice: Johannes de Gregoriis, de Forlivio, and Jacobus Britannicus, 17 July 1483
Language	lat
Bib. Refs	Goff C648; HC 5078*; Pell 3654; IBE 1617; IGI 2870; IBP 1595; Borm 755; Voull(B) 3850; Schmitt I 3850; Hubay(Augsburg) 562; Sallander 1678; Madsen 1197; Walsh 1962; Sheppard 3877; Pr 4501; BMC V 339; BSB-Ink C-304; GW 6737
Shelfmark	**Ch 2257, 4°**

ISTC number	**C*665**
Heading	*Cicero, Marcus Tullius*
Title:	De oratore (Comm: Omnibonus Leonicenus). Add: Topica; Partitiones oratoriae; Brutus; De optimo genere oratorum. Omnibonus Leonicenus: Oratio de laudibus eloquentiae. Q. Tullius Cicero: Commentariolum petitionis. Aeschines: In Ctesiphontem; Epistola XII [Latin]. Tr: Leonardus Brunus Aretinus. Demosthenes: De corona [Latin]. Tr: Leonardus Brunus Aretinus. Ed: Hieronymus Squarzaficus
Imprint	[Nuremberg]: Anton Koberger, 26 Mar. 1497
Language	lat
Bib. Refs	Goff C665; HC(Add) 5111*; Pell 3675; Arnoult 461; Polain(B) 1091; IBE 1664; IGI 2952; IBP 1603; Sajó-Soltész 1028; Mendes 397; Coll(U) 429; Coll(S) 1117; Madsen 1189, 1190; Ernst(Hildesheim) II,II 100; Voull(Trier) 1120; Voull(B) 1771; Hubay(Augsburg) 566; Sack(Freiburg) 1022; Borm 766; Finger 291; Mittler-Kind 330; Wilhelmi 190; Oates 1045; Sheppard 1544; Pr 2114; BMC II 443; BSB-Ink C-376; GW 6753
Shelfmark	**Ch 1549 m, 4°**

ISTC number	**C*697**
Heading	*Cinus de Pistorio*
Title:	Lectura super Codicem
Imprint	Strassburg: [Heinrich Eggestein, about 1475]
Imprint	[about 1476-78]
Language	lat
Publ'n notes	BSB-Ink dates about 1476-78, cf. K. Ohly in Gb Jb 1953 p.52 and Th. Gerardy in Gb Jb 1971 p.22
Bib. Refs	Goff C697; H 13022*; IDL 1312; IBP 1615; Madsen 1204; Voull(B) 2150; Hubay(Ottobeuren) 124; Ohly-Sack 3069; Sack (Freiburg) 1029, 1030; Borm 772; Pr 279; BMC I 72; BSB-Ink C-417; GW 7045
Shelfmark	**Kb 3434, 2°**

ISTC number	**C*702**
Heading	*Claudianus, Claudius*
Title:	Opera. Ed: Thaddaeus Ugoletus
Imprint	Parma: Angelus Ugoletus, 23 Apr. 1493
Language	lat
Author notes	Carmina maiora et publica; Panegyricus dictus Probino et Olybrio consulibus; Carmina minora; De raptu Proserpinae
Bib. Refs	Goff C702; HCR 5371; Pell 3802; Hillard 640; Delisle 497; Polain(B) 1107; IDL 1316; IBE 1690; IGI 3004; IBP 1616; Sajó-Soltész 1034; Voull(B) 3232; Hubay(Augsburg) 594; Coll(U) 437; Sheppard 5680; Pr 6868; BMC VII 945; BSB-Ink C-425; GW 7060
Shelfmark	**Ch 2320, 8°**

ISTC number	**C*713**
Heading	*Clemens V, Pont. Max. (formerly Raimundus Bertrandi del Goth)*
Title:	Constitutiones (cum apparatu Joannis Andreae)
Imprint	Mainz: Peter Schoeffer, 13 Aug. 1471
Language	lat
Publ'n notes	GW distinguishes two states and many intermediate variants
Bib. Refs	Goff C713; HC 5412*; Pell 3837; IDL 1323; IGI 3015; IBP 1621; Sajó-Soltész 1035; Voull(Trier) 885; Deckert 219; Ohly-Sack 879; Sack(Freiburg) 1038; Borm 777; Sheppard 50; Pr 96; BMC I 28; BSB-Ink C-430; GW 7080
Shelfmark	**Kr 990, 2°** (vell)

ISTC number	**C*714**
Heading	*Clemens V, Pont. Max. (formerly Raimundus Bertrandi del Goth)*
Title:	Constitutiones (cum apparatu Joannis Andreae)
Imprint	Strassburg: Heinrich Eggestein, 21 Nov. 1471

ISTC number	C*718

Language	lat
Bib. Refs	Goff C714; HC(Add) 5413*; Pell 3838; IDL 1324; IBP 1622; Voull(B) 2135; Sack(Freiburg) 1039; Borm 778; Walsh 86; Sheppard 177; Pr 260; BMC I 67; BSB-Ink C-431; GW 7081
Shelfmark	**Ink C 28**

ISTC number	**C*718**
Heading	*Clemens V*, Pont. Max. (formerly Raimundus Bertrandi del Goth)
Title:	Constitutiones (cum apparatu Joannis Andreae)
Imprint	Basel: Michael Wenssler, 2 May 1476
Language	lat
Publ'n notes	Borm does not distinguish between GW 7087 and GW 7088
Bib. Refs	Goff C718; H 5419*; GfT 983; Pell 3842; Polain(B) 1108; IDL 1327; IGI 3021; IBP 1624; Sajó-Soltész 1036; Nentwig 135; Voull(B) 356; Hubay(Augsburg) 595; Hubay(Eichstätt) 278; Sack (Freiburg) 1040; Borm 780; Finger 293; Sheppard 2326; Pr 7478; BMC III 722; BSB-Ink C-436; GW 7087
Shelfmark	**Kr 992, 2°**

ISTC number	**C*719**
Heading	*Clemens V*, Pont. Max. (formerly Raimundus Bertrandi del Goth)
Title:	Constitutiones (cum apparatu Joannis Andreae)
Imprint	Basel: Michael Wenssler, [after] '2 May 1476'
Language	lat
Publ'n notes	A reprint of GW 7087 with unaltered colophon (Goff). Borm does not distinguish between GW 7087 and GW 7088
Bib. Refs	Goff C719; HC 5418*; Pell 3843; Arnoult 471; Polain(B) 1109; IBP 1625; Voull(Trier) 63; Ohly-Sack 880; Sack(Freiburg) 1041; Borm 780; Wilhelmi 195; Walsh 1120; BSB-Ink C-437; GW 7088
Shelfmark	**Kr 991, 2°**

ISTC number	**C*721**
Heading	*Clemens V*, Pont. Max. (formerly Raimundus Bertrandi del Goth)
Title:	Constitutiones (cum apparatu Joannis Andreae)
Imprint	Mainz: Peter Schoeffer, 10 Sept. 1476
Language	lat
Bib. Refs	Goff C721; HC 5421*; Pell 2736 (II); Fernillot 199; IDL 1328; IBP 1627; Ernst(Hildesheim) II,IV 23; Voull(B) 1533; Hubay(Augsburg) 596; Borm 781; Wilhelmi 191; Walsh 17; Sheppard 74; Pr 111; BMC I 33; BSB-Ink C-439; GW 7090
Shelfmark	**Kr 993, 2°** (vellum)

ISTC number	**C*725**
Heading	*Clemens V*, Pont. Max. (formerly Raimundus Bertrandi del Goth)
Title:	Constitutiones (cum apparatu Joannis Andreae)
Imprint	Nuremberg: Anton Koberger, 15 Jan. 1482
Language	lat
Bib. Refs	Goff C725; HC 5427*; Pell 2746 (II); Polain(B) 834 (II); IBP 1632; Sajó-Soltész 1038; Ernst(Hildesheim) II,II 101; Voull(Trier) 1023; Voull(B) 1681; Hubay(Ottobeuren) 126; Ohly-Sack 884; Sack (Freiburg) 1046; Pad-Ink 188; Finger 295, 296; Sheppard 1471; Pr 2015; BMC II 421; BSB-Ink C-444; GW 7095
Shelfmark	**an Kr 941, 4°**

ISTC number	**C*727**
Heading	*Clemens V*, Pont. Max. (formerly Raimundus Bertrandi del Goth)
Title:	Constitutiones (cum apparatu Joannis Andreae)
Imprint	Nuremberg: Anton Koberger, 15 Mar. 1486
Language	lat
Bib. Refs	Goff C727; HC 5435*; Pell 2754 (II); Aquilon 228; Arnoult 472; Polain(B) 1113; IDL 1334; IBP 1634; Sajó-Soltész 1039; Coll(U) 441; Madsen 1215; Voull(Trier) 1054; Voull(B) 1715; Hubay (Augsburg) 600; Sack(Freiburg) 1050, 1051; Borm 784; Finger 297; Wilhelmi 193; Walsh 704; Oates 1009; Sheppard 1498; Pr 2046; BMC II 429; BSB-Ink C-454; GW 7097
Shelfmark	**an Kr 942, 2°**

ISTC number	**C*728**
Heading	*Clemens V*, Pont. Max. (formerly Raimundus Bertrandi del Goth)
Title:	Constitutiones (cum apparatu Joannis Andreae) (with XX Extravagantes)
Imprint	Venice: Nicolaus Jenson, 1476
Language	lat
Bib. Refs	Goff C728; H 5417*; Pell 2735 (II); Fernillot 198; Delisle 501; IDL 1326; IBE 1844; IGI 3020; Voull(B) 3666; Borm 779; Coll(S) 1201; Lökkös(Cat BPU) 158; BSB-Ink C-435; GW 7098
Shelfmark	**an Kr 938, 2°**

ISTC number	**C*732.5**
Heading	*Clemens V*, Pont. Max. (formerly Raimundus Bertrandi del Goth)
Title:	Constitutiones (cum apparatu Joannis Andreae) (with XX Extravagantes)
Imprint	Basel: Michael Wenssler, 1486
Language	lat

ISTC number	C*734

Bib. Refs	HC 5437; Polain(B) 836 (II); IDL 1333; IBP 1639; Voull(B) 380; Voull(Trier) 87; Sack(Freiburg) 1052; Hummel-Wilhelmi 196; Finger 298; Sheppard 2350; Pr 7512; BMC III 730; BSB-Ink C-453; GW 7104
Shelfmark	**an Kr 943, 2°**

ISTC number	**C*734**
Heading	*Clemens V*, Pont. Max. (formerly Raimundus Bertrandi del Goth)
Title:	Constitutiones (cum apparatu Joannis Andreae) (with XX Extravagantes)
Imprint	[Basel: Nicolaus Kesler, not after 1489]
Language	lat
Bib. Refs	Goff C734; H 5408* = HC 3585* (II); C 1671a; Aquilon 229; Arnoult 473; IDL 1336; IBP 1640; Sajó-Soltész 1041; Sallander 1685; Madsen 1219; Voull(B) 546; Sack(Freiburg) 1053, 1054, 1055; Pad-Ink 190, 191; Finger 300; Wilhelmi 194; Pr 7698; BMC III 774; BSB-Ink C-456; GW 7105
Shelfmark	**1 an Kr 944, 2°**

ISTC number	**C*742**
Heading	*Cleonides*
Title:	Harmonicum introductorium [Latin](Tr: Georgius Valla). Add: Vitruvius: De architectura; Angelus Politianus: Panepistemon; Lamia (Praelectio in Priora Aristotelis Analytica). Frontinus: De aquaeductibus
Imprint	Venice: Simon Bevilaqua, 3 Aug. 1497
Language	lat
Bib. Refs	Goff C742; HC 5451*; C 4804 (Politianus only); R 290 (Politianus only); Klebs 281.1; Sander 2017; Pell 3848; Hillard 647; Fernillot 200bis; Jammes C-11; Parguez 350; Polain(B) 1118; IBE 1697; IGI 3040; IBP 1648; Sajó-Soltész 1044; Kotvan 391; Riedl 299a; Coll(S) 323; Madsen 1220; Louda 571; Voull(Trier) 2166; Voull(B) 4407; Schmitt I 4407; Ohly-Sack 891; Sack(Freiburg) 1056, 1057; Hummel-Wilhelmi 199; Mittler-Kind 128; Walsh 2529; Rhodes(Oxford Colleges) 592; Sheppard 4483, 4484; Pr 5404; BMC V 522, XII 37; BSB-Ink C-461; GW 7123
Shelfmark	**2 an Ink B 144**

ISTC number	**C*742.6**
Heading	*Cleophilus, Franciscus Octavius*
Title:	De coetu poetarum. Ed: Georgius Dottanius
Imprint	Leipzig: Martin Landsberg, [not before the end of 1496]
Language	lat

Bib. Refs   H 5459; IBP 1649; GW 7125
Shelfmark   **9 an Ink A 74**

ISTC number   **C*753**
Heading   *Collenucius, Pandulphus*
Title: Oratio ad Maximilianum regem
Imprint   [Rome: Johann Besicken, after 17 Mar. 1494]
Imprint   [Johann Besicken and Sigismundus Mayer],
Language   lat
Publ'n notes   Assigned to Besicken with Mayer in BMC
Bib. Refs   Goff C753; HCR 5484; Pell 3853; IBE 1713; IGI 3057; Coll(S) 1202; Pr 3994; BMC IV 140; BSB-Ink C-469; GW 7166
Shelfmark   **an Ku 3467, 8°**

ISTC number   **C*763.4**
Heading   *Columella, Lucius Junius Moderatus*
Title: De re rustica lib. X
Imprint   [Leipzig: Arnoldus de Colonia, about 1492-95]
Language   lat
Bib. Refs   H 5499 (p.176); R 882; IDL 1351; Mittler-Kind 350; GW 7184
Shelfmark   **6 an Ch 3216 z, 8°**

ISTC number   **C*767**
Heading   *Columna, Franciscus*
Title: Hypnerotomachia Poliphili. With additions by Leonardus Crassus, Johannes Baptista Scytha and Andreas Maro
Imprint   Venice: Aldus Manutius, Romanus, for Leonardus Crassus, Dec. 1499
Language   ita
Publ'n notes   Woodcuts
Author notes   P. Scapccchi, in Accademie e biblioteche d'Italia 51 (1983) pp.286-98 and 53 (1985) pp.68-73, argues that Columna is the dedicatee, and that the author is Fra Eliseo da Treviso
Bib. Refs   Goff C767; HC 5501*; Essling 1198; Sander 2056; Pell 3867; Hillard 649; Buffévent 156; Parguez 352; Aquilon 235; Arnoult 474; Jammes C-12; Lefèvre 147; Péligry 282; Delisle 513; Polain(B) 1126; Sajó-Soltész 1050; IBE 1702; IGI 3062; IDL 1353; Mendes 402; Coll(S) 328; Madsen 1237, 1238; Voull(B) 4508; Schmitt I 4508; Deckert 221; Borm 795; Walsh 2685, 2686; Oates 2192, 2193; Rhodes(Oxford Colleges) 609; Sheppard 4667, 4668; Pr 5574; BMC V 561; BSB-Ink C-471; GW 7223 (+ Accurti(1936) p.117); Fac: London, 1904; London, 1963 (ed. G. Painter); Farnborough, 1969; New York, 1976; [Zaragoza]: Ediciones del

	Portico, 1981 (ed. P. Dronke); Milano, 1990 (edd. and comm. M. Ariani and M. Gabriele with modern translation)
Shelfmark	**Di 2203, 4°**

ISTC number	**C*773**
Heading	*Columna, Guido de*
Title:	Historia destructionis Troiae
Imprint	Strassburg: [Printer of the 1483 Jordanus de Quedlinburg (Georg Husner)], about 9 Oct. 1486
Language	lat
Publ'n notes	The colophon reads 'circa festu sancti dyonisij'
Bib. Refs	Goff C773; HC 5509*; Pell 3873; Arnoult 475; Fernillot 201; Polain(B) 1131; IBE 1703; IGI 3100; IBP 1661; Sajó-Soltész 1052; Coll(U) 653; Madsen 1239, 1240; Ernst(Hildesheim) I,II 50; Voull(Trier) 1507; Voull(B) 2412,5; Schmitt I 2412,5; Deckert 222; Sack(Freiburg) 1067; Pad-Ink 193; Oates 228; Sheppard 467; Pr 605; BMC I 134; BSB-Ink G-435; GW 7230
Shelfmark	**an Nb 1747, 4°**

ISTC number	**C*774**
Heading	*Columna, Guido de*
Title:	Historia destructionis Troiae
Imprint	Strassburg: [Printer of the 1483 Jordanus de Quedlinburg (Georg Husner)], 'about' 25 May 1489
Language	lat
Publ'n notes	The colophon reads 'M.cccc.lxxxix. circa festu sancti urbani'
Bib. Refs	Goff C774; H 5510*; Polain(B) 4297; IDL 1360; IBE 1704; IGI 3101; IBP 1662; Sajó-Soltész 1053; Coll(U) 654; Madsen 1241; Borm 798; Voull(B) 2429; Ohly-Sack 900, 901; Hubay(Augsburg) 613; Pad-Ink 195; Walsh 238; Rhodes(Oxford Colleges) 611; Sheppard 476; Pr 620; BSB-Ink G-436; GW 7231
Shelfmark	**Cl 644, 4°** **2 an Kb 2145 a, 4°** (imperfect)

ISTC number	**C*793**
Title:	Compendium octo partium orationis
Imprint	Basel: Johann Amerbach, [not after 1488]
Imprint	[about 1489]
Language	lat
Publ'n notes	Woodcut. Amerbach presented 10 copies of this work to the Carthusians in Basel in (1487 or) 1488 (Sack)

C*794.49		ISTC number

Author notes	The authorship of this work is attributed to Laurentius Valla in BMC. The metrical colophon implies that this Compendium is adapted or excerpted from Valla's Elegantiae (BMC)
Bib. Refs	Goff C793; HC 5564*; Pell 3892; Schr 3766; Schramm XXI p. 27; Voull(B) 479; Hubay(Eichstätt) 419; Sack(Freiburg) 1578; Borm 1165; Finger 455; Pr 7627; BMC III 752; BSB-Ink C-484; GW 10998
Shelfmark	**Ig 53, 4°** **Ink A 82**

ISTC number	**C*794.49**
Title:	Compendium rationale super repraesentatione et significatione missae. Add: Bernardus de Parentinis: Tractatus de missa
Imprint	[Erfurt: Printer of Aristeas, about 1483]
Language	lat
Author notes	Authorship of the Compendium unknown. Entered by BMC and Goff under Durandus, and by IBP under Bernardus de Poncius (an error for Parentinis). The Tractatus de missa are apparently summaries of the Expositio officii missae
Bib. Refs	Goff D402 (I); C(Add) 2135a (I); Accurti(1936) 54 (II); IBP 4541; Louda 313; Schubert, Olmütz 289 + 570; Juntke 320 (I); Pr3103 (I); BMC II 590 (I)
Shelfmark	**4 an Ink A 2**

ISTC number	**C*794.5**
Title:	Compendium rationale super repraesentatione et significatione missae. Add: Bernardus de Parentinis: Tractatus de missa
Imprint	[Erfurt: Printer of Aristeas (H 1655*), about 1483]
Language	lat
Author notes	Authorship of the Compendium unknown. Entered by BMC and Goff under Durandus, and by IBP under Bernardus de Poncius (an error for Parentinis). The Tractatus de missa are apparently summaries of the Expositio officii missae
Bib. Refs	GfT 499; IBP 4542; Voull(B) 1115; Hubay(Würzburg) 1604; E. Voulliéme, in ZfB 29 (1912) p.284
Shelfmark	**4 an Ink A 2**

ISTC number	**C*802**
Title:	Concordantiae minores bibliorum
Imprint	[Hagenau: Heinrich Gran], 1490
Language	lat
Publ'n notes	Known also with variant title: Tabula noui et veteris testameti

ISTC number		C*846

Bib. Refs Goff C802; HC 5613* = H 15211*; Pell 3913; Parguez 353; Polain(B) 4099; IBE 1720; IGI 3118; IBP 1672; Sajó-Soltész 1060; Coll(S) 1204; Madsen 1256; Voull(B) 1167; Hubay(Augsburg) 618; Ohly-Sack 913, 914; Sack(Freiburg) 1076; Finger 303; Pr 3171; BMC III 682; BSB-Ink C-502; GW 7288
Shelfmark **1 an Ink A 61** (imperfect)

ISTC number **C*846**
Heading *Conrad von Megenberg*
Title: Buch der Natur
Imprint Augsburg: Johann Schönsperger, 1499
Language ger
Bib. Refs Goff C846; H 4046*; Klebs 300.6; Sudhoff 65; Schr 3783; Sajó-Soltész 2015; IBP 1696; Sallander 1818; Voull(B) 247; Borm 1653; Walsh 610; Pr 1804; BMC II 374; BSB-Ink K-49
Shelfmark **Dc 1842 x, 4°**

ISTC number **C*881.6**
Heading *Cora, Ambrosius de*
Title: Vita S. Augustini. Orationes de laudibus S. Augustini. Add: Aurelius Augustinus, S: Canones iuxta regulam. Comm: Ambrosius de Cora. Ed: Tilmannus Limperger, Jacobus Fedderer and Johannes Scherrer
Imprint Strassburg: Martin Schott, 1490
Language lat
Publ'n notes Woodcuts
Bib. Refs Goff A1229; H 2076*; Schr 3392; Schramm XIX p.16; Pell 1568; CIBN M-209; Fernillot 96; Zehnacker 304; Sajó-Soltész 400; IBE 120; IBP 664; Polain(B) 393; IGI 965; Coll(U) 176; Madsen 435; Voull(Trier) 1376; Voull(B) 2235; Hubay(Augsburg) 224; Ohly-Sack 300; Sack(Freiburg) 347; Borm 257; Pad-Ink 63, 64; Schäfer 22; Finger 91, 92; Walsh 149; Sheppard 333; Pr 403; BMC I 95; BSB-Ink A-465; GW 2937 (Pseudo-Augustinus)
Shelfmark **Ib 254, 4°**
  Ink B 123

ISTC number **C*899**
Title: Cordiale quattuor novissimorum (with 'Exempla')
Imprint Deventer: Richardus Pafraet, 16 Dec. 1494
Language lat
Author notes The text is ascribed to Dionysius Carthusiensis and to Gerardus de Vliederhoven

Bib. Refs	Goff C899; HC 5708*; Camp 1308; Pell 5107; Elliott-Loose 186; Polain(B) 1182; IDL 1401; IBP 1710; Coll(S) 338; Sallander 2170; Voull(B) 4840,7; Voull(Trier) 2389; Sack(Freiburg) 1100; Oates 3508; Sheppard 6946; Pr 9005; BMC IX 56; BSB-Ink G-117; GW 7512
Shelfmark	**5 an Ink A 13**

ISTC number	**C*923**
Title:	Corona Beatae Mariae Virginis
Imprint	[Strassburg: Printer of the 1483 Jordanus de Quedlinburg (Georg Husner), not after 1488]
Language	lat
Bib. Refs	Goff C923; HC 5746*; Pell 3989; Hillard 671; Girard 160; Polain(B) 1192; IDL 1417; IBE 1779; IGI 3221; IBP 1715; Sajó-Soltész 1083; Madsen 1277, 1278; Nentwig 140; Ernst(Hildesheim) I,II 55, II,III 48; Voull(Trier) 1557; Voull(B) 2469; Ohly-Sack 933; Sack(Freiburg) 1103; Borm 829; Oates 239; Pr 632A; BMC I 136; BSB-Ink C-539; GW 7573
Shelfmark	**an Ig 170, 4°** **1 an Ink B 119**

ISTC number	**C*933**
Heading	*Corsettus, Antonius*
Title:	Repertorium in opera Nicolai de Tudeschis
Imprint	Venice: Baptista de Tortis, 28 June 1499
Language	lat
Bib. Refs	Goff C933; HC 5772*; Pell 3996; Polain(B) 1197; IBE 1930; IGI 3228; IBP 1794; IJL 114; Sajó-Soltész 1110; Voull(Trier) 1947; Hubay(Augsburg) 650; Sack(Freiburg) 1182; Pr 4667; BMC V 331; BSB-Ink C-674; GW 7784
Shelfmark	**Kr 835, 2°**

ISTC number	**C*937.2**
Heading	*Corsettus, Antonius*
Title:	Singularia et notabilia
Imprint	Venice: Bernardinus Stagninus, de Tridino, 23 Dec. 1490
Language	lat
Author notes	Second version, augmented
Bib. Refs	H 5764*; Hillard 689; IGI 3232; Deckert 259; Hubay(Augsburg) 651; Pr 4832; BMC V 366; BSB-Ink C-678; GW 7789
Shelfmark	**an Ka 4770, 2°**

ISTC number	**C*941.1**
Heading	*Corvinus, Laurentius*
Title:	Latinum idioma
Imprint	[Leipzig: Conrad Kachelofen (or Melchior Lotter?), about 1498-1500]
Language	lat
Bib. Refs	Günt(L) 1299; IBP 1798; GW 7800
Shelfmark	**4 an Il 2196, 4°**

ISTC number	**C*961**
Heading	*Crastonus, Johannes*
Title:	Lexicon Graeco-latinum. With Index of Ambrosius Regiensis
Imprint	Modena: Dionysius Bertochus, 1499-1500
Language	grc
Publ'n notes	In two parts, dated: I) 20 Oct. 1[4]99; II) [not before 5 July 1500]
Bib. Refs	Goff C961; H 5814*; Pell 4043 & 4043A (var); Jammes C-14; Delisle 565; Polain(B) 1203 & 1203A (var); IDL 1425; IBE 1952; IGI 3256; IBP 5848; Coll(U) 455; Madsen 4374; Voull(B) 3164; Hubay(Augsburg) 652; Hubay(Ottobeuren) 138; Sack(Freiburg) 1189; Walsh 3526, 3527; Sheppard 5977, 5978; Pr 7214; BMC VII 1067; BSB-Ink C-692; GW 7815
Shelfmark	**Cb 1385, 4°**

ISTC number	**C*965**
Heading	*Crescentiis, Petrus de*
Title:	Ruralia commoda
Imprint	[Augsburg]: Johann Schüssler, about 16 Feb. 1471
Language	lat
Publ'n notes	The colophon reads 'circit xiiij. Kalendas marcias'
Bib. Refs	Goff C965; HC 5828*; Klebs 310.1; Parguez 362; Aquilon 246; Torchet 298; Delisle 570; IDL 1428; IBE 1954; IGI VI 3260-A; IBP 1804; IJL 117; Sajó-Soltész 1117; Günt(L) 91; Voull(B) 53; Hubay(Augsburg) 653; Sack(Freiburg) 1190; Walsh 528; Oates 891; Sheppard 1175, 1176; Pr 1590; BMC II 328; BSB-Ink C-695; GW 7820
Shelfmark	**Ta 346, 4°**

ISTC number	**C*982**
Heading	*Culmacher, Philippus*
Title:	Regimen wider die Pestilenz
Imprint	[Leipzig: Martin Landsberg, about 1495]
Language	ger
Publ'n notes	Woodcut

Bib. Refs	Goff C982; H 5848*; Klebs 316.1; Sudhoff 201; Schr 3791; Schramm XIII p.3; IBP 1813; Voull(B) 1329; Poynter 198 & pl. 5; Pr 2963A; BMC III 639; BSB-Ink C-705; GW 7845
Shelfmark	**an Ms 10 B 16**

ISTC number	**C*984.5**
Heading	*Cultrificis, Engelbertus*
Title:	Defensorium privilegiorum fratrum mendicantium. Add: De simonia vitanda; De beatitudine claustrali. Pseudo- Valerius Bergidensis: De institutione novae vitae. Arnulphus de Boheriis: Speculum monachorum
Imprint	Cologne: Hermann Bumgart, 7 and 25 Sept. 1497
Language	lat
Publ'n notes	With two colophons
Author notes	De institutione novae vitae is attributed in this edition to Isidorus Hispalensis. Attribution to (Pseudo-) Valerius Bergidensis by BSB-Ink (entered in GW as Pseudo-Ambrosius, De vita perfecta: cf. CIBN B-944). The anonymous text De beatitudine claustrali (or 'Dilige stare in claustro'), introduced by a quotation of Petrus Blesensis, is identified by CIBN J-22 as the work of Cultrificis
Bib. Refs	H 5853*; C 1846; GfT 34; Voull(K) 348; Pell 4047; Polain(B) 1206; IBP 1814; IGI VI 3277-A; IDL 1443; Coll(U) 456; Madsen 1305; Ernst(Hildesheim) II,III 49; Voull(B) 1079,5; Voull(Trier) 780; Ohly-Sack 980, 981, 982; BSB-Ink C-707; GW 7849
Shelfmark	**Ink A 87**

ISTC number	**C*994.5**
Heading	*Curtius, Franciscus*
Title:	Commentum in legem "Admonendi"
Imprint	[Pavia: Printer of Butigella, about 1495]
Imprint	[Franciscus Girardengus, de Novis],
Language	lat
Publ'n notes	Assigned to an anonymous press and undated in BMC, GW and IGI assign to Girardengus and date at about 1495
Bib. Refs	HC 5873*; Pell 4058; IBE 1969; IGI 3282; IBP 1816; Voull(B) 3281; Madsen 1306; Pr 7114; BMC VII 1020; BSB-Ink C-714; GW 7862
Shelfmark	**an Ku 3078, 2°**

ISTC number	**C*996.4**
Heading	*Curtius, Franciscus*
Title:	Tractatus sequestrorum

Imprint	Pavia: Johannes Antonius Birreta and Franciscus Girardengus, 22 Nov. 1488
Language	lat
Bib. Refs	HCR 5875; GfT 2421; IBE 1973; IGI 3285; Coll(U) 459; Voull(B) 3253; Sack(Freiburg) 1197; Sheppard 5843; Pr 7074; BMC VII 1003; BSB-Ink C-718; GW 7869
Shelfmark	**an Ku 3078, 2°**

ISTC number	**C*1014**
Heading	*Cyprianus*
Title:	Opera
Imprint	[Stuttgart: Printer of the 'Erwählung Maximilians', about 1486]
Language	lat
Author notes	Contents: Ad Donatum; Ad Demetrianum; De opere et eleemosynis; Ad Fortunatum; De zelo et livore; De bono patientiae; De mortalitate; De habitu virginum; De ecclesiae unitate; De lapsis; De dominica oratione; Quod idola dii non sint; Ad Quirinum. Lib. 1-2; Epistulae. (Pseudo-) Cyprianus: De singularitate clericorum; De montibus Sina et Sion
Bib. Refs	Goff C1014; HC 5895*; Pell 4075; Polain(B) 1209; IDL 1452; IBP 1823; Sajó-Soltész 1128; Coll(U) 462; Coll(S) 348; Madsen 1317; Voull(Trier) 1170; Voull(B) 2564,20 = 1962; Deckert 265, 266; Hubay(Augsburg) 662; Ohly-Sack 984; Sack(Freiburg) 1201, 1202; Borm 866; Pad-Ink 211; Walsh 1071; Oates 1322; Rhodes(Oxford Colleges) 649; Sheppard 2216; Pr 2750; BMC III 675; BSB-Ink C-728; GW 7887
Shelfmark	**Ib 641, 4°**

ISTC number	**C*1017**
Heading	*Cyrillus*
Title:	Speculum sapientiae
Imprint	[Basel: Michael Wenssler, about 1475]
Language	lat
Author notes	The true author is Boniohannes de Messana (Kaeppeli I 699)
Bib. Refs	Goff C1017; H 5903*; Pell 4084; Arnoult 502; IGI 3298; IBP 1825; Sajó-Soltész 1129; Voull(B) 386; Ohly-Sack 985, 986; Sack (Freiburg) 1205; Borm 868; Coll(S) 349; Madsen 1319; Walsh 1115, 1116; Sheppard 2320; Pr 7468; BMC III 721; BSB-Ink B-741; GW 7890
Shelfmark	**Fc 1848 b, 8°**

ISTC number	**C*1018**
Heading	*Cyrillus*

Title:	Speculum sapientiae
Imprint	[Cologne: Johann Koelhoff, the Elder, about 1476-77]
Language	lat
Author notes	The true author is Boniohannes de Messana (Kaeppeli I 699)
Bib. Refs	Goff C1018; H 5905*; C 1866 (var); Voull(K) 357; Pell 4085 & 4085 (var); IDL 1453; IGI 3299; IBP 1826; Madsen 1320; Voull(B) 808,3; Schüling 317; Borm 869; Oates 526; Sheppard 792; Pr 1033; BMC I 221 (var); BSB-Ink B-743; GW 7891
Shelfmark	**2 an Ne 1193 z/1, 4°**

ISTC number	**C*1022.3**
Heading	*Cyrillus*
Title:	Speculum sapientiae
Imprint	Cologne: Cornelis de Zierikzee, [about 1505]
Imprint	[about 1500]
Language	lat
Publ'n notes	Dated from BMC(Ger). GW dated about 1500
Author notes	The true author is Boniohannes de Messana (Kaeppeli I 699)
Bib. Refs	VD16 S8190; Schr 3801; Sajó-Soltész p.354; IBP Postinc 17; Hubay(Augsburg) 664; Ohly-Sack 986a; Sack(Freiburg) 1208a; Pad-Ink 212; Pr 10546; BMC(Ger) p.234; BSB-Ink B-744; GW 7894
Shelfmark	**AB 38 I/h,5 (1)**

ISTC number	**D*43**
Heading	*Dares Phrygius*
Title:	De excidio Troiae historia. Add: Aurelius Prudentius Clemens: Carmina. Ed: Johannes Maius
Imprint	[Leipzig: Martin Landsberg, not before 12 July 1498]
Language	lat
Bib. Refs	Goff D43; HC 5962*; F.R. Goff, in BSA 34 (1940) p. 53; IBP 1840; Madsen 1336; Ohly-Sack 991; Pr 2951; BMC III 641; BSB-Ink D-15; GW 7991
Shelfmark	**6 an Ink A 23** (var)

ISTC number	**D*90**
Heading	*Datus, Augustinus*
Title:	Elegantiolae. Add: Praeceptorum summula. Petrus Luder: Modus epistolandi (with title Modus orandi)
Imprint	[Mainz: Peter Schoeffer, about 1488]
Language	lat
Author notes	For the Modus epistolandi of Petrus Luder, described under the title Modus orandi in GW as 'Beispiele von Petitions- und Kondolenz-

Bib. Refs	schreiben', see BSB-Ink D-16 Goff D90; Finger 329; Hunt 34; Lehmann-Haupt 211; GW 8127
Shelfmark	**Ink A 10**

ISTC number	**D*108**
Title:	Decisiones Rotae Romanae. Con: Decisiones antiquae. Comp: Guillelmus Gallici, Guillelmus Horborch and Bonaguida Cremonensis. Decisiones novae. Comp: Guillelmus Horborch. Add: Jacobus de Camplo: Additiones
Imprint	Mainz: Peter Schoeffer, 4 Jan. 1477
Language	lat
Bib. Refs	Goff D108; H 6047*; Lehmann-Haupt 60; IGI 8456; IBP 1865; IDL 1485; Madsen 1357; Voull(B) 1534; Ohly-Sack 1004; Sack(Freiburg) 1220, 1221; Borm 884; Walsh 18; Rhodes(Oxford Colleges) 662; Pr 112 (II); BMC I 33 (II); BSB-Ink D-86; GW 8201
Shelfmark	**Ka 4392 a, 4°**

ISTC number	**D*108.5**
Title:	Decisiones Rotae Romanae. Con: Decisiones novae. Comp: Guillelmus Horborch. Add: Jacobus de Camplo: Additiones
Imprint	Cologne: [Ulrich Zel], 18 Apr. 1477
Language	lat
Bib. Refs	Goff D106; H 6048; Voull(K) 596; Polain(B) 1994; IDL 1487; Sack(Freiburg) 1222; Pad-Ink 215; Walsh 344; Rhodes(Oxford Colleges) 661; GW 8198
Shelfmark	**Ka 4392, 4°**

ISTC number	**D*109**
Title:	Decisiones Rotae Romanae. Con: Decisiones antiquae. Comp: Guillelmus Gallici, Guillelmus Horborch and Bonaguida Cremonensis. Decisiones novae. Comp: Guillelmus Horborch. Add: Jacobus de Camplo: Additiones
Imprint	[Basel: Berthold Ruppel, Michael Wenssler, and Bernhard Richel, about 1477]
Language	lat
Publ'n notes	The Würzburg copy has an inscription dated 1478
Bib. Refs	Goff D109; HR 6042; Pell Ms 6123 (6104); IDL 1486; Coll(U) 473; Ernst(Hildesheim) I,I 167a, 167b; Voull(B) 344,7 = 386,5; Schüling 325; Hubay(Würzburg) 750; Sack(Freiburg) 1223; Borm 885; BSB-Ink D-85; GW 8202
Shelfmark	**Ka 4390, 2°** **Ka 4391, 2°**

ISTC number	**D*112.4**
Title:	Decisiones Rotae Romanae. Con: Decisiones diversae. Comp: Bernardus de Bosqueto and Thomas Fastolf. Ed: Johannes de Molendino and Johannes Franciscus de Pavinis
Imprint	Pavia: Christophorus de Canibus and Stephanus de Georgiis, for Gasparinus de Fianbertis, 19 July 1485 and 15 June 1486
Language	lat
Bib. Refs	Goff D107; H 6050*; IBE 2029; IGI 8458; Coll(S) 355; Günt(L) 2287; BSB-Ink D-88; GW 8204
Shelfmark	**an Kr 853, 2°**

ISTC number	**D*122**
Title:	Declaratio titulorum legalium
Imprint	Leipzig: Moritz Brandis, 14 July [14]89
Language	lat
Publ'n notes	Woodcut
Bib. Refs	Goff D122; H 2127; IBP 1872; Schr 3811; Schramm XIII p.4 (2nd pagination); Voull(B) 1290; Schmitt I 1290; Hubay(Würzburg) 757; Wilhelmi 207; Walsh 1035; AmBCat 160; GW 8226
Shelfmark	**Kc 3566, 4°**

ISTC number	**D*176**
Heading	*Díaz de Montalvo, Alonso*
Title:	Repertorium quaestionum super Nicolaum de Tudeschis (Ed: Ludovicus de Campis)
Imprint	[Basel: Johann Amerbach, about 1487-88]
Language	lat
Publ'n notes	Sometimes found with Panormitanus, Super V libros Decretalium (Goff P51)
Bib. Refs	Goff D176; HC 11566* = H 11570; Pell 4225; Parguez 379; Polain(B) 3848 (VIII); IDL 4495 (II); IGI 3416; IBP 1891; Sajó-Soltész 1160; Coll(U) 80; Ernst(Hildesheim) I,I 312; Voull(B) 490; Voull(Trier) 190; Ohly-Sack 1012; Sack(Freiburg) 1241; Pad-Ink 220; Wilhelmi 208, 209, 210; Walsh 1164; Oates 2795; Pr 7628; BMC III 749; BSB-Ink D-125; GW 8308
Shelfmark	**Kc 174, 2°** (2 Bände)

ISTC number	**D*223**
Heading	*Diogenes Laertius*
Title:	Vitae et sententiae philosophorum (Tr: Ambrosius Traversarius. Ed: Benedictus Brognolus)
Imprint	Venice: Peregrinus de Pasqualibus, Bononiensis, 19 July 1493
Language	lat

ISTC number	D*242

Bib. Refs	Goff D223; H 6203* = 6200; Klebs 338.5; Polain(B) 1292; Arnoult 532; IBE 2119; IGI 3462; IBP 1917; Sajó-Soltész 1175; Mendes 427; Coll(U) 490; Madsen 1395; Sack(Freiburg) 1253; Mittler-Kind 142; Walsh 2154, 2155; Rhodes(Oxford Colleges) 684; BMC XII 28; BSB-Ink D-158; GW 8382
Shelfmark	**Ink B 146**

ISTC number	**D*242**
Heading	*Dionysius de Burgo Sancti Sepulcri*
Title:	Commentarii in Valerium Maximum
Imprint	[Strassburg: The R-Printer (Adolph Rusch), not after 1475]
Imprint	[not after 1 June 1480]
Language	lat
Publ'n notes	Polain dates not after 1 June 1480
Bib. Refs	Goff D242; HC 4103*; Pell 3059; Arnoult 540; Lefèvre 160; Parguez 385; Polain(B) 1303; IBE 2141; IGI 3480; IDL 1552; Sajó-Soltész 1184; IBP 1927; Coll(U) 493; Madsen 1410; Nentwig 143; Deckert 276; Voull(Trier) 1287; Voull(B) 2115; Borm 904; Hummel-Wilhelmi 214; Mittler-Kind 629, 630; Walsh 74, 75, 76; Oates 97; Rhodes(Oxford Colleges) 688; Sheppard 224; Pr 237; BMC I 63; BSB-Ink D-173; GW 8411
Shelfmark	**Ci 3908 z/10, 4°**

ISTC number	**D*243**
Heading	*Dionysius de Burgo Sancti Sepulcri*
Title:	Commentarii in Valerium Maximum [German] Die Geschichte der Römer. Tr: Heinrich von Mügleyn
Imprint	Augsburg: Anton Sorg, 16 Feb. 1489
Language	ger
Bib. Refs	Goff D243; H 4104* = 11632*; GfT 488; IDL 1553; IBP 1928; Madsen 1411; Voull(B) 147; Hubay(Augsburg) 2081; Hubay (Würzburg) 2155; Ohly-Sack 2886; Sack(Freiburg) 3619; Mittler-Kind 628; Walsh 581; Sheppard 1256; Pr 1709; BMC II 353; BSB-Ink H-31
Shelfmark	**Ci 3909, 4°**

ISTC number	**D*250**
Heading	*Dionysius Halicarnaseus*
Title:	Antiquitates Romanae (Tr: Lampus Biragus)
Imprint	Treviso: Bernardinus Celerius, 24 Feb. 1480
Language	lat
Publ'n notes	Known in at least 6 issues, frequently mixed: see GW. The date in the colophon reads 'bissexto kl. Martias', which should indicate 24

D*268	ISTC number

Author notes	Feb. (F.R. Goff in BSA 24 (1940) 59 n.22) The translator Lampo (or Lampugnino) Birago is often confused with Lapo da Castiglionchio, and so called Florentinus in the editions (M. Miglio in DBI s.v. Birago)
Bib. Refs	Goff D250; HC(+Add) 6239*; H 6239* (b); Pell 4300 (d), 4300A (c), 4300B (a), 4300C (e); Parguez 386; Hillard 739 (d); Aquilon 261; Arnoult 541; Delisle 649; Polain(B) 1312 (b), 1312A (a); IDL 1554; IBE 2134; IGI 3484; IBP 1932; Sajó-Soltész 1186; Madsen 1415; Sallander 1697; Coll(S) 373; Voull(B) 3610; Ohly-Sack 1027; Hubay(Augsburg) 707; Mittler-Kind 146; Walsh 3316, 3317, 3318; Oates 2463; Rhodes(Oxford Colleges) 690; Sheppard 5531 (d), 5532 (b); Pr 6490; BMC VI 895 (b,d,f); BSB-Ink D-174; GW 8423
Shelfmark	**Ce 3736, 4°**

ISTC number	**D*268**
Title:	Disputatio S. Trinitatis de redemptione generis humani
Imprint	[Cologne: Arnold Ther Hoernen, about 1475]
Imprint	[about 1480]
Language	lat
Publ'n notes	Dated about 1480 by Sack
Bib. Refs	Goff D268; HC 6278*; Voull(K) 386; Pell 4356; Voull(B) 730,1; Sack(Freiburg) 1266; Pr 966; BMC I 208; BSB-Ink D-186; GW 8479
Shelfmark	**Ig 3738 z, 8°**

ISTC number	**D*287.2**
Title:	Diurnale Numburgense (Naumburg)
Imprint	Nuremberg: Georg Stuchs, 22 Sept. 1492
Language	lat
Bib. Refs	H 6297; C 2020; Boh(LB) 624; Sajó-Soltész 1195; Voull(B) 1907,3; Deckert 277; GW 8551
Shelfmark	**Ink A 44** (imperfect)

ISTC number	**D*306**
Heading	*Dominicus de Flandria*
Title:	Quaestiones in commentaria Thomae de Aquino super Metaphysicis Aristotelis
Imprint	Venice: [Petrus de Quarengiis, Bergomensis], for Alexander Calcedonius, 20 Aug. 1499
Language	lat
Bib. Refs	Goff D306; H 7125*; Klebs 348.1; Pell 4391; Hillard 748; Péligry 308; Polain(B) 1332; IDL 1569; IBE 2154; IGI 3534; IBP 1948;

ISTC number	D*311

	Sajó-Soltész 1196; Mendes 432; Coll(S) 379; Louda 645; Voull(B) 4451; Ohly-Sack 1035, 1036, 1037; Sack(Freiburg) 1272; Hummel-Wilhelmi 218; Mittler-Kind 108; Walsh 2499, 2500; Rhodes(Oxford Colleges) 694; Sheppard 4456; Pr 5486; BSB-Ink D-230; GW 8640
Shelfmark	**Ink B 158**

ISTC number	**D*311**
Heading	*Dominicus de Sancto Geminiano*
Title:	Super sexto Decretalium (I-II). Ed: Johannes Stoll and Henricus Niffer
Imprint	Speyer: Peter Drach, [not after 1479]
Language	lat
Publ'n notes	The Würzburg copy has an owner's note with the date 1479
Bib. Refs	Goff D311; HC 7530*; Pell 4392; Hillard 749; Polain(B) 4332; IDL 1570; IGI 3535; IBE(Suppl) 6321; IBP 1953; Coll(U) 501 (I); Coll(S) 380; Madsen 1434, 4386; Nentwig 145; Ernst(Hildesheim) II,II 130; Voull(B) 2027; Ohly-Sack 1038; Hubay(Würzburg) 779; Hubay(Eichstätt) 344; Sack(Freiburg) 1273; Hummel-Wilhelmi 219; Borm 919; Pad-Ink 224; Walsh 840; Rhodes(Oxford Colleges) 697; Pr 2342; BMC II 490; BSB-Ink D-233; GW 8648
Shelfmark	**Kr 967, 2°**

ISTC number	**D*313**
Heading	*Dominicus de Sancto Geminiano*
Title:	Super sexto Decretalium (I-II). Ed: Bernardinus de Landriano. With marginal glosses
Imprint	Venice: Baptista de Tortis, 1495-96
Language	lat
Publ'n notes	In two parts, dated: I) 22 Dec. 1495 II) 1 Mar. 1496. The colophon of part II is known in two variants: A = GW 8655; B = GW 8657 (cf IBP)
Bib. Refs	Goff D313; H 7536*; Pell 4398; Hillard 751; Arnoult 548; Polain(B) 1336 (and Suppl.); IBP 1955; IBE 2171; IGI 3539; Sallander 1699; Madsen 1436; Voull(Trier) 1944, 1945; Voull(B) 3948, 3949; Deckert 279; Sack(Freiburg) 1275; Rhodes(Oxford Colleges) 700; Pr 4652 & 4653; BMC V 328; BSB-Ink D-238; GW 8655
Shelfmark	**Kr 966, 2°** (I + II)

ISTC number	**D*314**
Heading	*Dominicus de Sancto Geminiano*

Title:	Super sexto Decretalium (I-II). Ed: Bernardinus de Landriano. With marginal glosses
Imprint	Venice: Baptista de Tortis, [after 1 Mar. 1496]
Language	lat
Publ'n notes	A reprint, with unaltered colophons, of Goff D313. The two parts are dated: I) '22 Dec. 1495'; II) '1 Mar. 1496'
Bib. Refs	Goff D314; Polain(B) 1337; IBP 1956; IBE 2172; Sajó-Soltész 1200; Borm 920; Mittler-Kind 1285; Walsh 1939; GW 8656
Shelfmar	**Kr 967, 2°**

ISTC number	**D*358**
Heading	*Dondis, Jacobus de*
Title:	Aggregator, sive De medicinis simplicibus
Imprint	[Strassburg: The R-Printer (Adolf Rusch), about 1470]
Imprint	[about 1480]
Language	lat
Publ'n notes	Polain dates about 1480
Author notes	On the text and its sources see T. Pesenti in DBI 41 (1995) 107
Bib. Refs	Goff D358; HC 6395*; Klebs 349.2; Osler(IM) 187; Pell 4435; Polain(B) 1348; IDL 1629; IGI 3570; IBP 1980; Sajó-Soltész 1205; Sallander 1702; Voull(Trier) 1289; Voull(B) 2119; Hubay(Augsburg) 724; Sack(Freiburg) 1288; Walsh 68; Sheppard 213; Pr 248; BMC I 64; BSB-Ink D-282; GW 9042
Shelfmark	**Uf 501 b, 2°**

ISTC number	**D*359.6**
Heading	*Doring, Joachim*
Title:	Carmen in hostiam a Judaeis Pataviensibus subductam
Imprint	[Leipzig: Martin Landsberg, about 1492-95]
Language	lat
Bib. Refs	H 6398*; Pell 4437; IBP 1983; Voull(B) 1330; Hubay(Würzburg) 784; Sack(Freiburg) 1289; Borm 1733; Sheppard 2119; Pr 2964; BSB-Ink L-282; GW 9045
Shelfmark	**16 an Ink A 74**

ISTC number	**D*380**
Heading	*Duns Scotus, Johannes*
Title:	Quaestiones in quattuor libros Sententiarum (Ed: Thomas Penketh and Bartholomaeus Bellatus)
Imprint	Nuremberg: Anton Koberger, [14]81
Language	lat
Publ'n notes	In four parts, dated: I) [14]81; II) 23 Apr. [14]81; III) [14]81; IV) 19 May [14]81. Frequently found with the Quodlibeta (Goff D394)

ISTC number	D*388

Bib. Refs	and in BMC treated as one edition Goff D380; HC 6417*; Pell 4452; Lefèvre 164; Parguez 393; IBE 2198; IGI 3599; IBP 1994 & Tab. II; Sajó-Soltész 1212; Sallander 1705; Coll(S) 384 (I); Madsen 1452; Nentwig 148; Ernst(Hildesheim) II,IV 24-27; Voull(Trier) 1008, 1014, 1009, 1016; Voull(B) 1665, 1673, 1666, 1675; Leuze(Isny) 36, 37, 38, 39; Ohly-Sack 1053; Sack(Freiburg) 1301; Borm 928; Pad-Ink 227; Wilhelmi 217; Rhodes(Oxford Colleges) 711; Sheppard 1463, 1464; Pr 2011, 2001, 2012, 2003 (I); BMC II 419; BSB-Ink D-304; GW 9074
Shelfmark	**Ib 781, 2°**

ISTC number	**D*388**
Heading	*Duns Scotus, Johannes*
Title:	Quaestiones in Universalia Porphyrii. Add: Quaestiones in Aristotelis Praedicamenta; Quaestiones in Aristotelis libros De interpretatione (lib. I). Antonius Andreae: Quaestiones in Gilberti Porretani Librum sex principiorum. Johannes Bacho (Johannes Anglicus): Super quaestionibus Scoti de Universalibus
Imprint	Venice: Johannes Persan Dauvome, 1483
Language	lat
Publ'n notes	In two parts. Part I is undated, and Part II is dated 1483
Author notes	Authenticity of the tracts attributed to Duns Scotus questioned
Bib. Refs	Goff D388; H 6440 = HC 6442* = 6443 (I); H 1106* (II); GfT 2343; Pell 4473, 1682; IGI 3609; IBP 2004; Sajó-Soltész 1221; Madsen 1461, 2231, 2232; Voull(Trier) 2057; Voull(B) 4112; Ohly-Sack 1060, 1061; Sack(Freiburg) 1309; Badalic(Croatia) 415; Pr 4906, 4905; BMC V 380; BSB-Ink D-315 (I); BSB-Ink I-563 (II); GW 9088
Shelfmark	**Ib 779, 4°**

ISTC number	**D*412**
Heading	*Duranti, Guillelmus*
Title:	Rationale divinorum officiorum
Imprint	[Speyer: Peter Drach, not after 1476]
Language	lat
Publ'n notes	The copy in München BSB has an owner's note with the date 1476
Bib. Refs	Goff D412; H 6467*; Pell 4483; IGI 3621; IBP 2013; Coll(U) 516; Ernst(Hildesheim) I,I 173; Voull(Trier) 1230; Voull(B) 2028; Ohly-Sack 1065, 1066; Sack(Freiburg) 1316; Borm 931; Pad-Ink 229; Sheppard 1689; Pr 2346A; BMC II 489; BSB-Ink D-329; GW 9109
Shelfmark	**Il 868 c, 4°**

ISTC number	**D*422**
Heading	*Duranti, Guillelmus*
Title:	Rationale divinorum officiorum
Imprint	Nuremberg: Anton Koberger, 19 Apr. 1480
Language	lat
Bib. Refs	Goff D422; HC 6483*; Pell 4502; Arnoult 562; Polain(B) 1376; IDL 1655; IBE 2227; IGI 3630; IBP 2019; Sajó-Soltész 1233; Coll(U) 511; Madsen 1471; Ernst(Hildesheim) II,II 113; Voull(B) 1662; Ohly-Sack 1068, 1069, 1070; Borm 933; Finger 357; Mittler-Kind 955; Wilhelmi 220, 221; Sheppard 1459; Pr 1996; BMC II 418; BSB-Ink D-341; GW 9121
Shelfmark	**Il 867, 4°**

ISTC number	**D*427**
Heading	*Duranti, Guillelmus*
Title:	Rationale divinorum officiorum
Imprint	[Strassburg: Printer of the 1483 Jordanus de Quedlinburg (Georg Husner), not after 1483]
Language	lat
Publ'n notes	The Utrecht UB copy has a MS date 1483
Bib. Refs	Goff D427; H 6469* = 6470 = 6488; Pell 4482; Polain(B) 1370; IDL 1657; IGI 3633; IBP 2022; Sajó-Soltész 1235; Ernst(Hildesheim) I,I 175; Voull(Trier) 1558; Voull(B) 2470; Hubay(Eichstätt) 351; Ohly-Sack 1071; Sack(Freiburg) 1323; Hummel-Wilhelmi 222, 223; Borm 936; Pad-Ink 234; Finger 359; Wilhelmi 222; Oates 240; Pr 633; BMC I 130; BSB-Ink D-344; GW 9125
Shelfmark	**Ink B 75**

ISTC number	**D*431**
Heading	*Duranti, Guillelmus*
Title:	Rationale divinorum officiorum
Imprint	Strassburg: [Johann Prüss], 1486
Language	lat
Bib. Refs	Goff D431; HC 6491*; Pell 4508; Arnoult 566; Parguez 401; Polain(B) 1379; IBE 2233; IGI 3636; IBP 2025; Sajó-Soltész 1239; Coll(U) 514; Ernst(Hildesheim) I,I 176; Voull(Trier) 1451; Voull(B) 2341,3; Deckert 284; Hubay(Eichstätt) 353; Ohly-Sack 1078; Sack(Freiburg) 1327; Finger 360; BSB-Ink D-348; GW 9131
Shelfmark	**Il 868, 4°**

ISTC number	**D*434**
Heading	*Duranti, Guillelmus*

| ISTC number | D*436 |

Title:	Rationale divinorum officiorum
Imprint	Strassburg: [Printer of the 1483 Jordanus de Quedlinburg (Georg Husner)], 1 Sept. 1488
Language	lat
Bib. Refs	Goff D434; H 6494*; Pell 4512; Polain(B) 4101; IDL 1660; IBP 2028; IBE 2236; Sajó-Soltész 1243; Sallander 1707; Madsen 1476, 1477; Ernst(Hildesheim) I,I 177; Voull(B) 2422; Voull(Trier) 1516; Sack(Freiburg) 1329; Borm 939; Pad-Ink 238, 239; Walsh 236; Rhodes(Oxford Colleges) 727; Sheppard 473; Pr 616; BMC I 138; BSB-Ink D-352; GW 9135
Shelfmark	Il 868 b, 4°

ISTC number	**D*436**
Heading	*Duranti, Guillelmus*
Title:	Rationale divinorum officiorum
Imprint	Strassburg: [Printer of the 1483 Jordanus de Quedlinburg (Georg Husner)], 19 July 1493
Language	lat
Bib. Refs	Goff D436; HC 6496*; Pell 4514; Polain(B) 1382; IDL 1661; IGI 3641; IBP 2029; Sajó-Soltész 1244; Voull(Trier) 1540; Voull(B) 2450; Deckert 285; Hubay(Augsburg) 743; Ohly-Sack 1079; Sack(Freiburg) 1330; Walsh 252; Sheppard 487; Pr 626; BMC I 143; BSB-Ink D-353; GW 9137
Shelfmark	Il 869, 4°

ISTC number	**D*438**
Heading	*Duranti, Guillelmus*
Title:	Rationale divinorum officiorum
Imprint	Nuremberg: Anton Koberger, 30 Sept. 1494
Language	lat
Bib. Refs	Goff D438; H 6497*; Pell 4516; Polain(B) 1383; IBE 2240; IGI 3644; IDL 1662; IBP 2030; Sajó-Soltész 1245; Mendes 474; Coll(U) 515; Madsen 1479; Ernst(Hildesheim) II,II 114; Voull(Trier) 1106; Voull(B) 1753; Ohly-Sack 1080; Sack(Freiburg) 1332; Borm 940; Walsh 744; Sheppard 1530; Pr 2094; BMC II 439; BSB-Ink D-355; GW 9140
Shelmark	Il 870, 8°

ISTC number	**D*445**
Heading	*Duranti, Guillelmus*
Title:	Speculum judiciale
Imprint	Strassburg: Georg Husner and Johann Beckenhub, 22 Nov. 1473
Language	lat

Publ'n notes	In four parts
Bib. Refs	Goff D445; H 6506*; TFS 1908a; Pell 4523; Hillard 763; IGI 3649; IBP 2032; Sajó-Soltész 1249; Coll(S) 388; Nentwig 151; Voull (Trier) 1346; Voull(B) 2193; Hubay(Augsburg) 745; Ohly-Sack 1081; Sack(Freiburg) 1336; Borm 941; Oates 143; Sheppard 283; Pr 346; BSB-Ink D-360; GW 9148
Shelfmark	**Ko 1367, 2°**

ISTC number	**D*448**
Heading	*Duranti, Guillelmus*
Title:	Speculum judiciale. With the additions of Johannes Andreae and Baldus de Ubaldis. Add: Berengarius Fredoli: Inventarium Speculi judicialis. Ed: Franciscus Moneliensis
Imprint	Padua: Johannes Herbort, de Seligenstadt, 1478-79
Language	lat
Publ'n notes	In two sections, dated: I) 6 May 1479; II) 21 Nov. 1478; of which the first comprises four parts
Bib. Refs	Goff D448; HC 6511*; GfT 1947; Pell 4527; Péligry 326; IDL 1665; IBE 2248; IGI 3655; IBP 2035; Madsen 1488; Nentwig 152; Voull(Trier) 1706; Voull(B) 3204; Schmitt I 3204; Hubay(Augsburg) 746; Ohly-Sack 1082; Sack(Freiburg) 1338, 1339; Sheppard 5587; Rhodes(Oxford Colleges) 730; Pr 6799; BMC VII 916; BSB-Ink D-364; GW 9154
Shelfmark	**Ko 1369, 2°**

ISTC number	**D*449**
Heading	*Duranti, Guillelmus*
Title:	Speculum judiciale. With the additions of Johannes Andreae and Baldus de Ubaldis. Add: Berengarius Fredoli: Inventarium Speculi judicialis. Corr: Johannes Schilinus
Imprint	Venice: Bernardinus Stagninus, de Tridino, 1485-86
Language	lat
Publ'n notes	In two sections, of which the first comprises four parts, with III and IV combined. Dated: I, i) 1 Feb. '1489' [i.e., 1485 or 1486]; ii) 29 Dec. 1485; iii-iv) 16 Feb. 1486; II) 20 Aug. 1485
Bib. Refs	Goff D449; H 6514; Sajó-Soltész 1251; IBE 2249; IGI 3657; Coll(U) 520; Voull(Bonn) 402; Borm 943; GW 9156
Shelfmark	**Ko 1371, 2°** (2)

ISTC number	**D*450**
Heading	*Duranti, Guillelmus*
Title:	Speculum judiciale. With the additions of Johannes Andreae and Baldus de Ubaldis. Add: Berengarius Fredoli: Inventarium Speculi

Imprint	judicialis. Ed: Franciscus Moneliensis Nuremberg: Anton Koberger, 1486
Language	lat
Publ'n notes	In two sections, of which the first comprises four parts, but with III and IV combined. The parts are dated: I) i 29 May 1486, ii 2 May 1486, iii-iv 2 June 1486; II) 18 June 1486
Bib. Refs	Goff D450; H 6512*; Pell 4530; Aquilon 274; IDL 1667; IBP 2036; Sajó-Soltész 1252; Coll(U) 519; Voull(Trier) 1058, 1057, 1059, 1060; Ernst(Hildesheim) I,I 178; Ohly-Sack 1083; Pad-Ink 241, 242; Borm 944; Wilhelmi 225; Pr 2048; BMC II 429; BSB-Ink D-365; GW 9157
Shelfmark	**Ink C 39**

ISTC number	**E*12**
Heading	*Ebrardus Bethuniensis*
Title:	Graecismus. Comm: Johannes Vincentius Metulinus
Imprint	[Strassburg: Johann Prüss, not after 1489]
Language	lat
Bib. Refs	Goff E12; HC 6526*; GfT 854; Pell 4545; Polain(B) 1393; IBP 2050; IBE 2257; Madsen 1490, T22; Nentwig 153; Voull(B) 2371; Ohly-Sack 1089; Sack(Freiburg) 1348; Borm 948; Sheppard 421; Pr 532; BMC I 121; BSB-Ink E-21; GW 9217
Shelfmark	**Ink B 163**

ISTC number	**E*24.6**
Heading	*Eike von Repgow*
Title:	Sachsenspiegel: Landrecht
Imprint	Augsburg: Johann Schönsperger, 24 Mar. 1496
Language	ger
Publ'n notes	Woodcut
Bib. Refs	Goff E27; HC 14080; Schr 5168; IBP 2057; Günt(L) 77; Voull(B) 230; Deckert 290; Hubay(Augsburg) 755; Sack(Freiburg) 1351; Walsh 601; Pr 1784; BMC II 369; BSB-Ink E-31; GW 9260
Shelfmark	**Kg 629, 4°**

ISTC number	**E*26.5**
Heading	*Eike von Repgow*
Title:	Sachsenspiegel: Lehnrecht. Add: Weichbild. Dietrich von Bocksdorf: Remissorium
Imprint	Augsburg: Anton Sorg, 16 Dec. 1482
Language	ger
Bib. Refs	Goff E18; HC 13866; IBP 2060; Voull(B) 130; Voull(Bonn) 1006; Hubay(Augsburg) 756; Sack(Freiburg) 1352; Walsh 570; BSB-Ink

Shelfmark	W-9; GW 9266 **Ink C 23**

ISTC number	**E*28**
Heading	*Eike von Repgow*
Title:	Sachsenspiegel: Lehnrecht. Add: Weichbild. Dietrich von Bocksdorf: Remissorium
Imprint	[Germany]: B.R., [before 16 Dec. 1482]
Imprint	[Basel]: B[ernhard] R[ichel, about 1475]
Language	ger
Publ'n notes	The initials B.R. occur at the end; whether or not these refer to Bernhard Richel is questionable (cf. GW)
Bib. Refs	Goff E28; H 13865; GfT 31; IBP 2059; Günt(L) 380 (I); Borm 955; Walsh 1102; GW 9265
Shelfmark	**Ink B 103**

ISTC number	**E*28.25**
Heading	*Eike von Repgow*
Title:	Spiegel van Sassen
Imprint	Delft: [Jacob Jacobszoon van der Meer or Christiaen Snellaert, between 29 Nov. 1486 and 26 June 1488]
Language	dut
Bib. Refs	HC 14085; Camp 1594; HPT II 401; IDL 1678; F. Juntke in Gb Jb 1953 pp. 65-68; GW 9270
Shelfmark	**Kg 628, 4°**

ISTC number	**E*29.2**
Title:	Elegantiae terminorum ex Laurentio Valla et aliis collectae
Imprint	[Zwolle: Peter van Os, between 26 Mar. 1493 and 1497]
Language	lat
Bib. Refs	GfT 1764; Camp <674b>; G. Langer, in Beiträge zur Inkunabelkunde, Dritte Folge 3 (1967) pp.174-76; GW 9279/10
Shelfmark	**Pon IIc 75, 8°** (imperfect)

ISTC number	**E*38**
Heading	*Ellenbog, Ulrich von*
Title:	Instruktion wider die Pestilenz
Imprint	Memmingen: Albrecht Kunne, 1494
Language	ger
Author notes	The authorship of Ellenbog was doubted in BMC, but accepted in GW

ISTC number	E*44

Bib. Refs   Goff E38; H 6581*; Klebs 533.2; Sajó-Soltész 1259; Sudhoff 197; Voull(B) 1601; Hubay(Augsburg) 759; Madsen 1495; Pr 2795; BMC II 606; BSB-Ink E-50; GW 9287
Shelfmark   **Uh 1421, 8°**

ISTC number   **E*44**
Heading   *Ephrem Syrus*
Title: Sermones
Imprint   [Freiburg im Breisgau: Kilianus Piscator (Fischer), not after 1491]
Imprint   [before 1493]
Language   lat
Publ'n notes   A copy at Tübingen UB was rubricated in 1491. Polain dates before 1493
Bib. Refs   Goff E44; HC 6597* = H 6598; Pell 4580; Hillard 767; Polain(B) 1400; IDL 1693; IBE 2261; IGI VI 3681-A; IBP 2074; Sajó-Soltész 1262; Coll(U) 526; Coll(S) 390; Madsen 1498, 1499; Voull(B) 555; Schmitt II 1155,35; Voull(Trier) 249; Hubay(Augsburg) 760; Hubay(Eichstätt) 355; Sack(Freiburg) 1360, 1361, 1362; Borm 964; Finger 365, 366, 367; Walsh 1087; Hunt 1823; Morg 579; Sheppard 2249, 2250; Pr 7711; BMC III 693; BSB-Ink E-70; GW 9334
Shelfmark   **Ib 227 d, 4°**

ISTC number   **E*64**
Title: Epistolae diversorum philosophorum, oratorum, rhetorum [Greek]. Ed: Marcus Musurus
Imprint   Venice: Aldus Manutius, Romanus, 1499
Language   grc
Publ'n notes   In two parts, dated: I) [29] Mar. 1499; II) [not before 17 Apr. 1499]
Author notes   Includes in Part I: Greek exercise letters and letters, genuine and supposititious, of Synesius, Demosthenes, Plato, Aristoteles, Philippus Rex Macedonum, Alexander Magnus, Hippocrates, Heraclitus, Diogenes, Crates, Anacharsis, Euripides, Pythagoraei, Alciphron, Philostratus, Theophylactus Simocatta, Aelianus, Aeneas Gazaeus, Procopius Gazaeus, Dionysius Antiochenus, Lysis Pythagoraeus, Amasis, Musonius. Part II: Basilius Magnus, Libanius, Chion, Aeschines, Isocrates, Phalaris, Pythagoras, Brutus, Apollonius Tyaneus, Julianus imperator, and Lex de archiatris
Bib. Refs   Goff E64; HC 6659*; Klebs 379.1; Pell 4613; Hillard 770; Arnoult 575; Parguez 407; Torchet 334; Delisle 694; Polain(B) 1416; IDL 1723; IBE 2289; IGI 3707; IBP 2083; IJL 134; Sajó-Soltész 1268; Mendes 504, 505; Coll(U) 528; Coll(S) 393; Madsen 1505, 1506; Voull(B) 4504; Schmitt I 4504; Hubay(Augsburg) 765; Ohly-Sack 1098; Sack(Freiburg) 1367; Borm 969; Mittler-Kind 150; Wilhelmi 231; Walsh 2674, 2675, 2676, 2677; Oates 2186, 2187, 2188;

Shelfmark	Rhodes(Oxford Colleges) 736; Sheppard 4656, 4657, 4658; Pr 5569; BMC V 560; BSB-Ink E-86; GW 9367 **Cd 1074, 8°**

ISTC number	**E*102**
Title:	Erklärung der zwölf Artikel des christlichen Glaubens
Imprint	Ulm: Conrad Dinckmut, 21 Aug. 1485
Language	ger
Publ'n notes	Woodcuts
Bib. Refs	Goff E102; H 6668* = 6667; Schr 4106; Schramm VI p.18; Polain(B) 1419; IBP 5858; Amelung, Frühdruck I 109; Voull(B) 2648; Ohly-Sack 1100; Hubay(Augsburg) 767; Schäfer 125; Hummel-Wilhelmi 228; Madsen 1508; Sheppard 1845; Pr 2566; BMC II 534; BSB-Ink E-88; GW 9379
Shelfmark	**Im 51, 4°** (imperfect)

ISTC number	**E*106**
Title:	Errores Judaeorum ex Talmud extracti. Probationes novi testamenti ex veteri testamento
Imprint	[Augsburg: Günther Zainer, before 1473]
Language	lat
Bib. Refs	Goff E106; H 6678*?; H 8589* (VIII, f.187-198); Pell Ms 6000 (5986); CIBN H-118; Aquilon 277; Polain(B) 4437 (VIII); IBP 2801 (VIII); Sajó-Soltész 3212; IDL 2290; Günt(L) 176 (VIII); Voull(B) 31 (VIII); Hubay(Augsburg) 1046 (VIII); Schäfer 327; Walsh 509, 510; Bod-inc T-070; Sheppard 1136; Pr 1567; BMC II 318; BSB-Ink T-136; GW 12451 (VI)
Shelfmark	**Ink B 165**

ISTC number	**E*122**
Heading	*Eusebius Caesariensis*
Title:	De evangelica praeparatione. Tr: Georgius Trapezuntius. Ed: Hieronymus Bononius
Imprint	Venice: Bernardinus Benalius, 31 May 1497
Language	lat
Bib. Refs	Goff E122; HC 6706*; Sander 2610; Pell 4645; Arnoult 583; Parguez 412; Aquilon 283; Torchet 336; Polain(B) 1433; IDL 1738; IBE 2345; IGI 3758; IBP 2099; Sajó-Soltész 1277; Sallander 2195; Voull(B) 4099; Ohly-Sack 1111; Sack(Freiburg) 1382, 1383; Lökkös(Cat BPU) 181; Walsh 2109; Oates 1924; Sheppard 3999; Pr 4893; BMC V 376; BSB-Ink E-118; GW 9444
Shelfmark	**an Id 1176 s, 4°** (imperfect)

ISTC number							E*125

ISTC number   **E*125**
Heading   *Eusebius Caesariensis*
Title: Historia ecclesiastica (Tr: Rufinus Aquileiensis)
Imprint   [Strassburg: Heinrich Eggestein, not after 1475]
Imprint   [about 1475-80]
Language   lat
Publ'n notes   Dated not after 1475 by Hillard, Goff dates about 1475-80
Bib. Refs   Goff E125; HC(Add) 6708*; Pell 4635; Hillard 783; Lefèvre 179; Delisle 717; IDL 1741; IBP 2093; Sajó-Soltész 1279; Madsen 1520; Nentwig 156; Voull(Trier) 1311; Voull(B) 2152; Hubay (Augsburg) 771; Sack(Freiburg) 1376; Borm 979; Walsh 98; Oates 121; Sheppard 204; Pr 289; BMC I 73; BSB-Ink E-110; GW 9435
Shelfmark   **Ib 898, 2°**
               Ib 898 a, 4°

ISTC number   **E*127**
Heading   *Eusebius Caesariensis*
Title: Historia ecclesiastica (Tr: Rufinus Aquileiensis)
Imprint   Mantua: Johannes Schallus, [not before 15] July 1479
Language   lat
Bib. Refs   Goff E127; HC 6711*; GfT 1935; Pell 4638; Arnoult 585; Girard 187; Hillard 784; Lefèvre 180; Parguez 415; Aquilon 281; Péligry 334; Delisle 719; Polain(B) 1428; IDL 1743; IBE 2340; IGI 3762; IBP 2094; Sajó-Soltész 1280; Mendes 512; Coll(U) 535; Coll(S) 399; Madsen 1517; Voull(B) 3022; Schmitt I 3022; Ohly-Sack 1108, 1109; Sack(Freiburg) 1377; Walsh 3341, 3342; Oates 2590, 2591; Rhodes(Oxford Colleges) 748; Sheppard 5632; Pr 6908; BMC VII 933; BSB-Ink E-112; GW 9437
Shelfmark   **Ink B 139** (imperfect)

ISTC number   **E*129**
Heading   *Eusebius Caesariensis*
Title: Historia ecclesiastica (Tr: Rufinus Aquileiensis). Add: Beda: Historia ecclesiastica gentis Anglorum
Imprint   Strassburg: [Georg Husner], 14 Mar. 1500
Language   lat
Bib. Refs   Goff E129; HC 6714*; C 2356 (incl. 932); GfT 84; Pell 4640; Arnoult 587; Polain(B) 1430; IDL 1744; IBE 2342; IGI 3764; IBP 2095; IJL 139; Sajó-Soltész 1281; Coll(U) 536; Coll(S) 400; Madsen 1519; Voull(Trier) 1350; Voull(B) 2529,3; Hubay(Augsburg) 772; Hubay(Eichstätt) 361; Sack(Freiburg) 1378, 1379; Borm 980; Pad-Ink 246, 247; Finger 370; Walsh 304; Oates 270; Rhodes (Oxford Colleges) 750; Sheppard 540, 541; Pr 747; BMC I 162; BSB-Ink E-113; GW 9439
Shelfmark   **Ib 871 h, 4°**

ISTC number	**E*135**
Title:	Exceptiones legum Romanorum. Add: Tractatus actionum
Imprint	Strassburg: Johann Schott, 4 Nov. 1500
Language	lat
Bib. Refs	Goff E135; HC 6759*; GfT 1545; Polain(B) 1437; IGI 3769; IDL 1754; IBP 2108; Sajó-Soltész 1287; Voull(Trier) 1611; Voull(B) 2563; Schmitt I 2563; Ohly-Sack 1112; Madsen 1532; Pr 764; BMC I 167; BSB-Ink P-297; GW 9493
Shelfmark	**Kc 3567, 4°**

ISTC number	**E*148**
Title:	Expositio hymnorum
Imprint	[Strassburg: Johann Prüss, about 1491]
Imprint	[Reutlingen: Michael Greyff, about 1489-93]
Language	lat
Publ'n notes	Assignment to printer from CIBN and IBP. Assigned to Reutlingen in Goff and older sources
Bib. Refs	Goff E148; H 6779* (I); Boh(LB) 660; Pell 4674 (I); CIBN H-344; IDL 1757; IBP 2914; Coll(S) 1231; Voull(Trier) 1171; Voull(B) 1963; Günt(L) 2924; Hubay(Augsburg) 1102; Hubay(Eichstätt) 518; Ohly-Sack 1526; Sack(Freiburg) 1931; Schäfer 172; BSB-Ink H-263
Shelfmark	**Il 2195, 8°**

ISTC number	**E*149**
Title:	Expositio hymnorum
Imprint	Cologne: Heinrich Quentell, 14 July 1492
Language	lat
Publ'n notes	Woodcut
Bib. Refs	Goff E149; H 6784*; Boh(LB) 671; Voull(K) 604; Schr 3933; Schramm VIII p. 20; Pell 4682 (I); Polain(B) 4352; IDL 1758; IBP 2915; Madsen 1537; Voull(B) 952,7; Voull(Trier) 639; Hubay (Augsburg) 1103; Sack(Freiburg) 1932; Borm 1423; Wilhelmi 233; Oates 747; Sheppard 987; Pr 1309; BMC I 276; BSB-Ink H-264
Shelfmark	**2 an Ink A 27**

ISTC number	**E*170**
Heading	*Eyb, Albertus de*
Title:	Margarita poetica
Imprint	[Nuremberg]: Johann Sensenschmidt, 2 Dec. 1472
Language	lat
Author notes	Contents: Pars 1: Praecepta artis rhetoricae (revised and augmented version, with excerpts taken from classical authors and Italian

	humanists and formulas for letter-writing). Pars II: An anthology of prose writers (Cicero, Lactantius, Macrobius, Plutarchus [Apophthegmata], G. Burleius, Valerius Maximus etc.). Pars III: Selections from Petrarca (De remediis and pseudo-Petrarch, Liber Augustalis), dramatic poets (Terentius, Plautus, Seneca, Hugolinus Parmensis), humanist speeches (Panormita, Bessarion, Boncambius de Boncambiis, Ruglerius de Comitibus, A. de Eyb, Ladislaus Posthumus, Johannes Lamola, Gotfridus Lange, Nicolaus Perottus, Poggius Florentinus, Galeatius Sforza, with other anonymous pieces)
Bib. Refs	Goff E170; H 6818*; GfT 2404; Pell 4702 (incl 4699); Hillard 791; Torchet 343; IGI 3771; IBP 2113; Sajó-Soltész 1289; Coll(S) 405; Madsen 1545; Ernst(Hildesheim) II,III 61; Voull(B) 1630; Ohly-Sack 1116; Sack(Freiburg) 1393; Walsh 663; Sheppard 1399; Pr 1948; BMC II 405; BSB-Ink E-152; GW 9529
Shelfmark	**Cb 3489 w, 4°**

ISTC number	**F*9.9**
Heading	*Faber Runcinus, Johannes*
Title:	Breviarium super Codicem. Prelim: Johannes Oliverus, Carmen; Ludovicus Honnomus, Epistola. Add: Repetitio super materia quaestionum sive torturarum; Bartolus de Saxoferrato, De insigniis et armis. Ed: Matthaeus Quadrigerius
Imprint	Paris: André Bocard, for Jean Petit and Jean Alexandre at Angers, 15 Dec. 1499
Imprint	15 Dec. 1498
Language	lat
Publ'n notes	The date in the colophon reads 'Millesimo CCCC.xcix. xviii. Kl. ianuarii', interpreted by IGI as 1498 and by GW as 1499
Bib. Refs	H 6847; C 2399; Pell 4714; Coq(Bordeaux) F-1; Polain(B) 4355; IBE 2375; IGI 3784; IBP 2122; Rhodes(Oxford Colleges) 761; BSB-Ink F-2; GW 9632
Shelfmark	**Kc 3388, 4°**

ISTC number	**F*22.7**
Heading	*Faber de Werdea, Johannes*
Title:	De errore vitando
Imprint	[Leipzig: Jacobus Thanner, about 1498-1500]
Language	lat
Bib. Refs	H 6859*; GW 9658
Shelfmark	**Pon IIf 1220, 8°**

ISTC number	**F*53**
Heading	*Felicianus*
Title:	De divina praedestinatione

Imprint	[Augsburg: Monastery of SS. Ulrich and Afra (with Anton Sorg's type), 1473-74]
Imprint	[not after 1474]
Imprint	[not after 1476]
Language	lat
Publ'n notes	A copy in Stuttgart LB has a rubricator's date 1474. Dated in GW 1473-74, in BSB-Ink not after 1474, in BMC not after 1476
Bib. Refs	Goff F53; H 6950*; GfT 578; Pell 4752; Polain(B) 1469; IDL 1783; IGI 3807; IBP 2159; Voull(B) 97,5; Hubay(Augsburg) 794; Sallander 1714; Madsen 1560; Walsh 552; Oates 915; Sheppard 1229, 1230; Pr 1640; BMC II 343; BSB-Ink P-351; GW 9731
Shelfmark	**Ig 2789 z, 4°**

ISTC number	**F*107.5**
Heading	*Ferrariis, Johannes Petrus de*
Title:	Practica nova judicialis
Imprint	[Strassburg: Heinrich Eggestein, not after 1472]
Imprint	[before 19 Sept. 1473]
Imprint	[not after 12 Nov. 1471?]
Language	lat
Publ'n notes	Dated not after 1472 by Hillard and in GW. Goff dates before 19 Sept. 1473, BSB-Ink not after 12 Nov.1471? (cf. F. Geldner in Beiträge zur Geschichte des Buches und seiner Funktion in der Gesellschaft. Festschrift für H. Widmann. Stuttgart, 1974, p.52)
Bib. Refs	Goff F109; H 6984*; Pell 4767; Hillard 802; IBP 2167; Voull (Trier) 1312; Voull(B) 2157; Hubay(Augsburg) 801; Sack(Freiburg) 1419; Walsh 89; Sheppard 190; Pr 264A; BMC I 69; BSB-Ink F-74; GW 9806
Shelfmark	**Ko 1387, 2°**

ISTC number	**F*110**
Heading	*Ferrariis, Johannes Petrus de*
Title:	Practica nova judicialis
Imprint	[Strassburg: Heinrich Eggestein, about 1475-80]
Language	lat
Bib. Refs	Goff F110; HC 6985*; Pell 4769; Parguez 422; IBP 2168; Voull(Trier) 1313; Sack(Freiburg) 1421; Pad-Ink 249; Pr 280; BMC I 73; BSB-Ink F-76; GW 9808
Shelfmark	**Ko 1389, 2°**

ISTC number	**F*113**
Heading	*Ferrariis, Johannes Petrus de*
Title:	Practica nova judicialis

ISTC number	F*118

Imprint	Nuremberg: Anton Koberger, 28 Feb. 1482
Language	lat
Publ'n notes	Woodcut
Bib. Refs	Goff F113; H 6990*; Schr 3976; Schramm XVII p. 8; Pell 4775; Polain(B) 1473; IDL 1793; IBE 2413; IGI 3832; IBP 2169; Sajó-Soltész 1310; Madsen 1565, 1566; Voull(Trier) 1025; Voull(B) 1683; Schüling 352; Ohly-Sack 1128; Sack(Freiburg) 1423; Wilhelmi 236; Walsh 687; Pr 2017; BMC II 422; BSB-Ink F-78; GW 9815
Shelfmark	**Ko 1391, 2°**

ISTC number	**F*118**
Heading	*Ferrarius, Johannes Matthaeus, de Gradibus*
Title:	Expositiones super tractatum de urinis et fen XXII tertii Canonis Avicennae
Imprint	Milan: Jacobus de Sancto Nazario, de Ripa, 1494
Language	lat
Publ'n notes	In two parts, dated: I) 26 July 1494; II) 17 Nov. 1494
Bib. Refs	Goff F118; HR 7839 + H 7840*; Klebs 394.1; Pell 5286 (II); IDL 1796; IBE 2422; IGI 3843; IBP 2174; Sajó-Soltész 1307; Hubay (Augsburg) 803; Coll(U) 1019; Madsen 1572, 1573; BMC VI 783; BSB-Ink F-72; GW 9829
Shelfmark	**Bd 2103, 4°** (II)

ISTC number	**F*129**
Heading	*Ferrerius, Vincentius, S*
Title:	Sermones de tempore et de sanctis
Imprint	Cologne: [Heinrich Quentell], 1485
Language	lat
Publ'n notes	In three parts, dated: I & III) [undated]; II) 1485
Bib. Refs	Goff F129; HC(Add) 7001*; GfT 281, 2031; Voull(K) 412; Pell Ms 11571; Hillard 804; Polain(B) 3951; IBE 6057; IGI 10274; IBP 5661; Sajó-Soltész 1315; Madsen 1585; Voull(B) 929, 928, 930; Voull(Trier) 609; Schüling 850; Ohly-Sack 1133; Hubay(Augsburg) 806; Hubay(Eichstätt) 375; Borm 1024; Pad-Ink 250; Finger 381, 382, 383, 384, 385; Oates 739; Sheppard 959; BSB-Ink F-85; GW 9835
Shelfmark	**Ib 958, 4°**

ISTC number	**F*130**
Heading	*Ferrerius, Vincentius, S*
Title:	Sermones de tempore et de sanctis
Imprint	Cologne: [Heinrich Quentell], 1487

Language	lat
Publ'n notes	In three parts, all dated 1487
Bib. Refs	Goff F130; H 7002*; C 2470 (I & II); Voull(K) 413; Polain(B) 3952 (II); Pell Ms 11572; IBP 5662; IDL 1797; IBE 6058; IGI 10286, 10296, 10275; Sajó-Soltész 1316; Madsen 1579; Voull(B) 933 (I), 933,5 (II), 934 (III); Voull(Trier) 612 (II); Leuze(Isny) 33; Hubay(Augsburg) 807; Sack(Freiburg) 1432; Pad-Ink 251; Wilhelmi 619; Pr 1289 (III); BMC I 271; BSB-Ink F-86; GW 9836
Shelfmark	**Ink B 18** (I, III)

ISTC number	**F*138**
Heading	*Ferrerius, Vincentius, S*
Title:	Sermones de tempore et de sanctis
Imprint	Lyons: Mathias Huss, 1497
Language	lat
Publ'n notes	In three parts, dated: I & II) [undated]; III) 5 Oct. 1497
Bib. Refs	Goff F138; HC 7011* (I & III); Parguez 431; Péligry 350; Torchet 354; Polain(B) 3958 (I); IBP 5667 (Pars aestivalis); IBE 6067; IGI 10284, 10293, 10304; Coll(S) 1234; Madsen 1582; Sheppard 6618-6621; BSB-Ink F-92; GW 9845
Shelfmark	**1 an Ink A 56** (II,III)

ISTC number	**F*143**
Heading	*Festus, Sextus Pompeius*
Title:	De verborum significatione
Imprint	[Venice]: Johannes de Colonia, and Johannes Manthen, 24 Dec. 1474
Language	lat
Bib. Refs	Goff F143; H[not R] 15858 (II) = HC(Add) 15858; C 2487; Hillard 807; Delisle 738; IDL 1805; IBE 2426; IGI 3849 = 3850; Coll(S) 414; Madsen 1587; Voull(Trier) 1852; Voull(B) 3737; Mittler-Kind 361; Walsh 1674; Sheppard 3465; Pr 4295; BMC V 230; BSB-Ink F-107; GW 9865
Shelfmark	**Ci 3976, 8°**

ISTC number	**F*147**
Heading	*Fichetus, Guillermus*
Title:	Rhetorica. Add: Robertus Gaguinus: Panegyricus in auctorem
Imprint	[Paris: Ulrich Gering, Martin Crantz and Michael Friburger, July 1471]
Language	lat
Publ'n notes	Proofs of an earlier redaction of the text survive in Freiburg i.Br. Three copies are known with printed letters of dedication added: to

	Cardinal Bessarion in Venice, Marciana, to Charles de Bourbon in Paris BN, and to Sixtus IV in London BL. Five quires are affected by cancels made in the course of printing (Veyrin-Forrer(Sorbonne), pp. 215-19)
Bib. Refs	Goff F147; HCR 7057; Pell 4784; Hillard 808; Parguez 434; Cl(FPPr) VI; IBE 2440; IGI 3856; IBP 2179; Voull(B) 4719,5; Sack(Freiburg) 1440, 1441; Pr 7827; BMC VIII 3; GW 9870
Shelfmark	**Ink A 80**

ISTC number	**F*157**
Heading	*Ficinus, Marsilius*
Title:	Platonica theologia de immortalitate animorum
Imprint	Florence: Antonio di Bartolommeo Miscomini, 7 Nov. 1482
Language	lat
Bib. Refs	Goff F157; HC 7075*; Pell 4793; Lefèvre 190; Parguez 437; Aquilon 291; Polain(B) 1479; IDL(Suppl) 1814a; IBE 2435; IGI 3867; Voull(B) 2891; Hubay(Augsburg) 812; Walsh 2866, 2867; Sheppard 5103, 5104; Pr 6143; BMC VI 637; BSB-Ink F-121; GW 9881
Shelfmark	**Cg 947 z/20, 4°** (imperfect)

ISTC number	**F*165**
Heading	*Fidelis, Cassandra*
Title:	Oratio pro Bertucio Lamberto; Epistola ad Ludovicum Scledeum. Ludovicus Scledeus: Epistola ad Cassandram. Angelus Tancredus: Epistola ad Cassandram. Franciscus Niger: Carmen in Cassandram
Imprint	Modena: Dominicus Rocociolus, 1494
Language	lat
Author notes	See GW for contents
Bib. Refs	Goff F165; CR 1474; Horch(Rio) 62; IGI 3876; IBE 2441; BSB-Ink F-124; GW 9890
Shelfmark	**12 an Af 3222 z, 8°**

ISTC number	**F*190**
Heading	*Firmicus Maternus, Julius*
Title:	Mathesis (De nativitatibus libri VIII). With additions by Johannes Pompeius Cornianus, Nicolaus Amerinus, Johannes Testa Cyllenius and Christophorus Pierius Gigas. Ed: Antonius Laurus
Imprint	Venice: Simon Bevilaqua, 13 June 1497
Language	lat
Bib. Refs	Goff F190; H 7121* bis; GfT 2201; Klebs 404.1; Pell 4814; Hillard 812; IBE 2447; IGI 3975; IBP 2189; Sajó-Soltész 1331; Voull(B) 4405; Sallander 1722; Madsen 1599; Essling 1128; Sander 2783;

	Walsh 2526, 2527; Oates 2095; Sheppard 4478, 4479, 4480; Rhodes(Oxford Colleges) 776; Pr 5402; BMC V 522; BSB-Ink F-128; GW 9980
Shelfmark	**Ch 2635, 4°**

ISTC number	**F*191**
Heading	*Firmicus Maternus, Julius*
Title:	Mathesis (De nativitatibus libri VIII). Ed: Franciscus Niger. Add: Marcus Manilius: Astronomicorum libri V. Aratus: Phaenomena [Latin and Greek]. Tr & adapt: Germanicus Caesar, Marcus Tullius Cicero, Rufius Festus Avienus. Theon: Commentaria in Aratum [Greek]. Pseudo- Proclus Diadochus [i.e. Geminos]: Sphaera [Greek and Latin]. Tr: Thomas Linacrus
Imprint	Venice: Aldus Manutius, Romanus, June and [17] Oct. 1499
Imprint	Not before 17 Oct. 1499]
Language	grc
Publ'n notes	The confusion in the dates arises from the book itself; cf. BMC V 560. Woodcuts
Bib. Refs	Goff F191; HC 14559*; GfT 1341, 1369; Klebs 405.1; Aquilon 293; Hillard 813; Arnoult 614; Jammes F-2; Lefèvre 192; Péligry 355; Torchet 358; Delisle 170; Polain(B) 3475; IDL 1818; IBE 5169; IGI 8846; IBP 2190; Sajó-Soltész 1332; Mendes 525, 526, 527, 528; Coll(U) 1338; Coll(S) 968; Essling 1186; Sander 2781; Madsen 3643; Voull(Trier) 2187; Voull(B) 4505; Schmitt I 4505; Schüling 753; Ohly-Sack 1146; Sack(Freiburg) 1449; Borm 1032; Mittler-Kind 156, 157; Walsh 2678, 2679, 2680; Oates 2189, 2190; Rhodes(Oxford Colleges) 777; Sheppard 4659, 4660, 4661; Pr 5570; BMC V 560; BSB-Ink F-129; GW 9981
Shelfmark	**Cd 1026, 4°**

ISTC number	**F*215.8**
Title:	Flores legum secundum ordinem alphabeti
Imprint	Ingolstadt: Georg Wirffel and Marx Ayrer, 1497
Language	lat
Publ'n notes	Woodcut
Bib. Refs	H 7172*; GfT 1106; Schr 3981; G. Stalla, in Gb Jb 1994 p.81 VI.3; Ernst(Hildesheim) I,I 194; Voull(B) 1211; Pr 3163A; BMC III 678; BSB-Ink F-153; GW 10058
Shelfmark	**Ink A 60** (imperfect)

ISTC number	**F*247.5**
Title:	Formulare und deutsch rhetorica
Imprint	[Heidelberg: Heinrich Knoblochtzer], 1488

ISTC number	F*257

Language	ger
Bib. Refs	H 7263; Voull(B) 2602; Ohly-Sack 1155; BSB-Ink F-198; GW 10187
Shelfmark	**an Ku 3467 b, 4°** (imperfect)

ISTC number	**F*257**
Title:	Formularium instrumentorum ad usum Curiae Romanae
Imprint	[Speyer: Peter Drach, 1483-88]
Imprint	[about 1485]
Language	lat
Publ'n notes	GW dates c.1485
Bib. Refs	Goff F257; HC 7277* = H 11449*; GfT 1178; Polain(B) 1501; Sajó-Soltész 1347; IBP 2213; Borm 1073; Voull(B) 2029; Schmitt I 2009,6; Hubay(Augsburg) 822; Hubay(Eichstätt) 384; Walsh 854; Sheppard 1708; Pr 2363; BMC II 495; BSB-Ink F-211; GW 10207
Shelfmark	**Ko 4290, 8°**

ISTC number	**F*261**
Title:	Formularium instrumentorum ad usum Curiae Romanae
Imprint	Cologne: Heinrich Quentell, 11 Aug. 1495
Language	lat
Bib. Refs	Goff F261; H 7288*; Voull(K) 421; Pell 4878; Polain(B) 1503; IBE 2486; IGI 4033; IBP 2216; IDL 1843; Coll(U) 558; Ernst (Hildesheim) II,II 127; Voull(B) 967,6; Voull(Trier) 654; Ohly-Sack 1156; Hubay(Augsburg) 823; Borm 1075; Walsh 449; Oates 761.5; BSB-Ink F-216; GW 10214
Shelfmark	**Ko 4291, 8°**

ISTC number	**F*264.6**
Title:	Formularium procuratorum et advocatorum Curiae Romanae
Imprint	[Cologne: Johann Koelhoff, the Elder, about 1482]
Language	lat
Bib. Refs	HC 7291; Voull(K) 423; IDL 1845; IBP 2222; Coll(U) 559; Madsen 1617, 1618; Ernst(Hildesheim) II,II 123; Voull(B) 808,7; Voull(Trier) 458; Günt(L) 673; Nentwig 163; Hubay(Augsburg) 824; Wilhelmi 239; Oates 541; Pr 1059; BMC I 225; GW 10219
Shelfmark	**Ku 3465, 4°**

ISTC number	**F*266**
Title:	Formularium procuratorum et advocatorum Curiae Romanae
Imprint	Basel: [Michael Furter?], 12 Mar. 1489
Imprint	[Johann Amerbach],

Language	lat
Publ'n notes	Proctor assigned this book to Johann Amerbach
Bib. Refs	Goff F266; H 7296*; IGI 4040; IBP 2223; IDL 1846; Madsen 1615; Nentwig 164; Ernst(Hildesheim) II,II 124, 125; Voull(B) 448; Schmitt I 557,10; Voull(Trier) 162; Hubay(Eichstätt) 388; Ohly-Sack 1157; Sack(Freiburg) 1472; Borm 1076; Pad-Ink 255; Finger 391; Sheppard 2536; Pr 7579; BMC III 787; BSB-Ink F-222; GW 10221
Shelfmark	**Ku 3466, 4°**

ISTC number	**F*294**
Heading	*Francisci de Insulis, Michael*
Title:	Decisio de septem doloribus B.V.M.. Officium de doloribus B.V.M.
Imprint	Antwerp: Thierry Martens, [not before 1496; not after 1497]
Language	lat
Publ'n notes	Variant known with f.46 cancelled (see BMC, GW and Oates)
Bib. Refs	Goff F294; HC 7347* = H 7348; Camp 760; Inv Ant 347; Pell 4918 and 4918A; Hillard 830; Delisle 766; Polain(B) 1509; IDL 1854; IGI 6415; Günt(L) 10; Voull(Trier) 2356; Madsen 1624; Oates 3995, 3996; Sheppard 7251; Pr 9452; BMC IX 204; BSB-Ink F-236; GW 10255
Shelfmark	**3 an Ink A 7** (imperfect)

ISTC number	**F*331**
Title:	Fundamentum aeternae felicitatis. Signa electorum et damnatorum
Imprint	Cologne: [Retro Minores (Martin von Werden?), for] Heinrich Quentell, [before Sept.] 1498
Language	lat
Publ'n notes	Dating based on broken, unmended state of the woodcut. For arguments see notes in BMC (reprint) based on Voulliéme in ZfB 28 p.99
Bib. Refs	Goff F331; C 2601; GfT 342; Voull(K) 430; IBE 2526; IBP 2255; Borm 1084; Voull(B) 979; Voull(Trier) 792; Ohly-Sack 1177; Madsen 1639; Hunt 913; Schr 4071; Schramm VIII p.24; BMC I 312; BSB-Ink F-282; GW 10426
Shelfmark	**Ig 5770, 8°** (imperfect)

ISTC number	**F*332**
Title:	Fundamentum aeternae felicitatis. Signa electorum et damnatorum
Imprint	Leipzig: Melchior Lotter, 1499
Language	lat

ISTC number		G*51

Bib. Refs	Goff F332; H 7396*; GfT 639; IBP 2256; Madsen 1640; Louda 721;Ernst(Hildesheim) I,I 197, 198, II,II 129; Voull(B) 1391,3; Günt(L) 1505; Borm 1085; Wilhelmi 245; Walsh 1046; Sheppard 2148; Pr 3040; BMC III 651; BSB-Ink F-283; GW 10427
Shelfmark	**2 an Ink A 1**

ISTC number	**G*51**
Heading	*Gambilionibus, Angelus de*
Title:	Lectura super Institutionibus
Imprint	Speyer: Peter Drach, 23 Feb. 1480
Format	f°
Language	lat
Bib. Refs	Goff G51; HC 1599*; Polain(B) 4376; IBP 2276; Madsen 1657; Voull(Trier) 1199; Voull(B) 2003; Hubay(Augsburg) 847; Sack (Freiburg) 1493; Walsh 841; Pr 2336; BMC II 491; BSB-Ink G-19; GW 10505
Shelfmark	**Kb 2538, 2°** **Ha 11 III, 20**

ISTC number	**G*54.6**
Heading	*Gambilionibus, Angelus de*
Title:	Lectura super Institutionibus, cum figuratione casuum Francisci de Aretio. P. I, II
Imprint	Venice: Philippus Pincius, 3 Oct. 1499
Language	lat
Bib. Refs	H 1607*; IGI 4145; Polain(B) 1546; IBE(Suppl) 6371; IBP 2281; Madsen 1656; Voull(B) 4370; Sack(Freiburg) 1497; BSB-Ink G-25; GW 10513
Shelfmark	**Kb 2539, 2°**

ISTC number	**G*55.4**
Heading	*Gambilionibus, Angelus de*
Title:	Lectura super titulo de actionibus institutionum
Imprint	Toulouse: [Johannes Parix], 29 Apr. 1480
Language	lat
Bib. Refs	H 1614; Pell 1156; Péligry 364; GW 10494
Shelfmark	**Kb 2650, 2°**

ISTC number	**G*129.5**
Heading	*Genazano, Marianus de*
Title:	Oratio de Passione Jesu Christi
Imprint	[Rome: Eucharius Silber, after 13 Apr. 1498]

Language	lat
Bib. Refs	HC 7555; IBE 6261; IGI 6186; Coll(U) 1010; Sheppard 3074; Pr 3887; BMC IV 118, XII 11
Shelfmark	**10 an Af 3222 z, 8°**

ISTC number	**G*146.29**
Heading	*Georg, Herzog von Sachsen*
Title	Ausschreiben mit dem Verbot fremder Münzen. Dresden, 26. Jan. 1492
Imprint	[Leipzig: Martin Landsberg, after 26. Jan. 1492]
Format	Bdsde
Language	ger
Bib. Refs	GW M1062810N
Shelfmark	**Vf 2521, 4° (3)**

ISTC number	**G*148**
Heading	*Georgius Bruxellensis*
Title:	Cursus quaestionum super totam logicam. Ed: Thomas Bricot
Imprint	[Freiburg im Breisgau: Kilianus Piscator (Fisher), about 1494]
Imprint	[Basel: Johann Amerbach, about 1492-95]
Imprint	[Michael Furter],
Language	lat
Publ'n notes	Woodcuts. Date and printer from Sack(Freiburg) based on type and paper-evidence and rejecting G. Langer's attribution to Amerbach (Gb Jb 1968 pp.119-21). GW assigns to Furter
Bib. Refs	Goff G148; H 3969*; Schr 3634; Pell 2989; Hillard 871; Buffévent 210; IBE 4824; IGI 8248; IBP 2327; Sajó-Soltész 1389; Mendes 545; Voull(B) 478,3; Deckert 319; Hubay(Augsburg) 864; Ohly-Sack 1189; Sack(Freiburg) 834; Borm 2271; Walsh 1092; Rhodes(Oxford Colleges) 641; BSB-Ink G-86; GW 10644
Shelfmark	**Ink B 116**

ISTC number	**G*176**
Heading	*Gerardus de Zutphania (1367-1398)*
Title:	De spiritualibus ascensionibus. Add: David de Augusta: De exterioris et interioris hominis compositione Lib. II, 1 (De quatuor in quibus incipientes deo servire debent esse cauti). Thomas a Kempis: Meditationes de vita Christi. Bertholdus: Horologium devotionis
Imprint	[Strassburg: Johann Prüss, about 1488-93]
Language	lat

ISTC number	G*185

Publ'n notes	In three parts: I) De spiritualibus ascensionibus; II) Meditationes; III) Horologium. Found separately, or in any combination. Woodcuts
Bib. Refs	Goff G176; HC 16294* (I); H 2991* = 8929* (III); C 3954 (II); Schr 4097 (I), 3445 (III); Schramm XX p.27 (III); Torchet 646 (II); Polain(B) 1582 (I); IGI 4235; IDL 1926 (I), 799 (III); IBP 2348; Sajó-Soltész 1399; Coll(U) 297 (II-III); Sallander 2214 (III); Coll(S) 440 (I), 193 (III), 1043 (II); Voull(Trier) 1477 (III), 1489 (II); Voull(B) 2397 = 2375 (I-III), 2368 (III); Hubay(Eichstätt) 409 (I); Ohly-Sack 1199, 1200; Sack(Freiburg) 1529 (I); Borm 1109; Sheppard 431 (III); Pr 564 (I), 564A (III); BMC I 126; BSB-Ink G-126; GW 10688
Shelfmark	**Ie 715, 8°** (III)

ISTC number	**G*185**
Heading	*Gerson, Johannes*
Title:	Opera. Add: Henricus de Hassia: De contractibus; Henricus de Hoyta: De contractibus; Nicolaus Oresme: De moneta
Imprint	[Cologne]: Johann Koelhoff, the Elder, 1483-84
Language	lat
Publ'n notes	In four parts, dated: I) 24 May 1483; II) 31 Aug. 1483; III) 1483; IV) 23 Feb. 1484
Author notes	On the texts included, cf. D.G. Wayman, The Chancellor and Jeanne d'Arc, Franciscan Studies, v.17, no.2 & 3, June-Sept 1957, pp.273-305 (Goff)
Bib. Refs	Goff G185; HC 7621*; Voull(K) 458; Pell 5124; Hillard 875; Arnoult 661 (II-III); Torchet 377; Polain(B) 1589; IBE 2640; IGI VI 4237-A; IDL 1986; IBP 2352; IJL 145; Sajó-Soltész 1400; Mendes 549; Madsen 1697; Sallander 1733 (II); Coll(S) 441; Coll(U) 600 (III); Nentwig 171 (III), 172 (IV); Voull(B) 779 (I), 780 (II), 780,5 (III), 781 (IV); Schmitt I 779 (I), 780 (II), 780,5 (III), 781 (IV); Voull(Trier) 466 (I), 467 (II), 468 (III), 469 (IV); Hubay(Eichstätt) 412; Ohly-Sack 1203-1204; Sack(Freiburg) 1534; Borm 1113; Pad-Ink 265; Finger 436, 437; Oates 537, 538; Rhodes(Oxford Colleges) 824; Sheppard 806; Pr 1056; BSB-Ink G-182; GW 10713
Shelfmark	**Ib 1010, 4°** (2, imperfect)

ISTC number	**G*186**
Heading	*Gerson, Johannes*
Title:	Opera. Ed: Johannes Geiler von Kaisersberg
Imprint	[Strassburg: Johann (Reinhard) Grüninger, partly with the types of Johann Prüss and Martin Flach], 1488
Language	lat

163

Publ'n notes	In three parts dated: I) 10 Sept. 1488; II) 3 July 1488; III) 6 Sept. 1488. ometimes found with a fourth part, printed by Flach in 1502, which is also found with other editions. Woodcut
Author notes	On the editor see G. M. Roccati in Revue française d'histoire du livre 47 (1985) pp. 271-89 (Hillard). See GW for contents
Bib. Refs	Goff G186; HC 7622*; Schr 4101; Schramm XX p. 25; Pell 5125; Girard 197; Hillard 876; Aquilon 309; Péligry 371, 372; Torchet 378; Polain(B) 1590; IDL 1987; IBE 2642; IGI 4238; IBP 2353; Sajó-Soltész 1401; Coll(U) 601; Coll(S) 442; Madsen 1698; Voull(Trier) 1462, 1460, 1461; Voull(B) 2355, 2353, 2354; Schmitt I 2355, 2353, 2354; Deckert 321, 322; Hubay(Augsburg) 872; Ohly-Sack 1205, 1206, 1207; Sack(Freiburg) 1535; Hummel-Wilhelmi 240, 241; Borm 1114; Pad-Ink 266; Finger 438, 439; Wilhelmi 251; Lökkös(Cat BPU) 202; Walsh 164, 165; Sheppard 566; Pr 534-36; BMC I 170; BSB-Ink G-183; GW 10714
Shelfmark	**Ib 1011, 4°**

ISTC number	**G*187**
Heading	*Gerson, Johannes*
Title:	Opera
Imprint	Basel: Nicolaus Kesler, 1489
Language	lat
Publ'n notes	In three parts, dated: I) 12 Mar. 1489; II) 21 Mar. 1489; III) 21 Mar. 1489. Woodcut
Author notes	See GW for contents
Bib. Refs	Goff G187; HC 7624*; Schr 4102; Schramm XXI p. 28; Pell 5127; Hillard 877; Arnoult 662; Lefèvre 210; Parguez 463; Péligry 368; Torchet 379; Polain(B) 1591; IDL 1988; IBE 2643; IGI 4239; IBP 2354; Sajó-Soltész 1402; Coll(S) 443; Madsen 1699; Voull(B) 521 & 522; Schmitt I 521; Wiegrefe pp.49-51; Hubay(Augsburg) 873; Hubay(Eichstätt) 413; Ohly-Sack 1208; Sack(Freiburg) 1536; Borm 1115; Pad-Ink 267, 268; Finger 440; Wilhelmi 247; Pr 7672; BMC III 767; BSB-Ink G-184; GW 10715
Shelfmark	**Ib 1011 le, 4°** (imperfect)

ISTC number	**G*188**
Heading	*Gerson, Johannes*
Title:	Opera
Imprint	[Nuremberg: Georg Stuchs], 1489
Language	lat
Publ'n notes	In three parts, dated: I) 22 Nov. 1489; II) 1 Aug. 1489; III) 21 Oct. 1489. Woodcut
Author notes	See GW for contents

Bib. Refs	Goff G188; HC 7623*; Schr 4103; Schramm XVIII p. 20; Pell 5126; Girard 198; Hillard 878; Péligry 369; Torchet 380; Polain(B) 1592; IDL 1989; IBE 2644; IGI 4240; IBP 2355; Sajó-Soltész 1403; Coll(U) 602; Voull(B) 1906; Voull(Trier) 1153 (II); Hubay (Augsburg) 874; Ohly-Sack 1209, 1210; Sack(Freiburg) 1537; Schäfer 140; Hummel-Wilhelmi 256, 257; Born 1116; Pad-Ink 269; Finger 441, 442; Wilhelmi 248, 249; Walsh 812, 813; Sheppard 1638; Pr 2263; BSB-Ink G-185; GW 10716
Shelfmark	**Ib 1011 l, 4°** (II)

ISTC number	**G*189**
Heading	*Gerson, Johannes*
Title:	Opera
Imprint	Strassburg: Martin Flach (printer of Strassburg), 1494
Language	lat
Publ'n notes	In three parts, dated: I & II) 13 Dec. 1494; III) 11 Aug. 1494. Woodcut
Author notes	See GW for contents
Bib. Refs	Goff G189; HC 7625*; Schr 4104; Schramm XX p. 28; Pell 5128; Buffévent 211; Girard 199; Hillard 879; Arnoult 663; Lefèvre 211; Parguez 464; Péligry 370; Torchet 381; Polain(B) 1593; IDL 1990; IBE 2641; IGI 4241; IBP 2356; Sajó-Soltész 1404; Coll(S) 1242; Mendes 550, 551; Madsen 1700, T25; Voull(Trier) 1586, 1585, 1584; Voull(B) 2500 (III), 2501 (I,II); Schmitt I 2500 (III); Deckert 323, 324; Hubay(Eichstätt) 414; Ohly-Sack 1211; Sack(Freiburg) 1538, 1539; Hummel-Wilhelmi 242, 243, 244, 245; Born 1117; Pad-Ink 270; Finger 443; Wilhelmi 250; Lökkös(Cat BPU) 203; Oates 255, 256, 257; Rhodes(Oxford Colleges) 825; Sheppard 518; Pr 698; BMC I 152; BSB-Ink G-186; GW 10717
Shelfmark	**Ib 1011 n, 4°** (II)

ISTC number	**G*191**
Heading	*Gerson, Johannes*
Title:	De arte audiendi confessiones et De remediis contra recidivum peccandi
Imprint	[Nuremberg: Johann Sensenschmidt, about 1470]
Language	lat
Bib. Refs	Goff G191; HC 7659*; Pell 5132; IGI 4242; IBP 2379; IJL 146; Voull(B) 1634,5; Coll(U) 589; Coll(S) 449; Oates 974; Sheppard 1385; Pr 1952; BMC II 404; BSB-Ink G-143; GW 10722
Shelfmark	**an Ib 1501, 4°**

ISTC number	**G*196**
Heading	*Gerson, Johannes*
Title:	De cognitione castitatis et de pollutionibus diurnis; Forma absolutionis sacramentalis
Imprint	[Cologne: Ulrich Zel, about 1470-72]
Language	lat
Bib. Refs	Goff G196; H 7691*; Klebs 460.3; Voull(K) 487; Pell 5137; Delisle 818; Polain(B) 1595; IDL 1945; Coll(U) 590; Ernst (Hildesheim) I,I 203; Voull(B) 683; Voull(Trier) 336; Schüling 375; Ohly-Sack 1213; Sack(Freiburg) 1542; Pad-Ink 272, 273; Finger 415, 416; Oates 370; Pr 870; BMC I 190; BSB-Ink G-150; GW 10730
Shelfmark	**Ink A 41**

ISTC number	**G*223.6**
Heading	*Gerson, Johannes*
Title:	Donatus moralisatus
Imprint	Memmingen: Albrecht Kunne, [about 1486]
Language	lat
Bib. Refs	Goff D340; H 7729*; Saam 39; IGI 4251; Polain(B) 1610; Sheppard 2012; Pr 2783; BMC II 604; BSB-Ink G-179; GW 10863 (Pseudo-Gerson)
Shelfmark	**Ch 2518, 8°**

ISTC number	**G*229**
Heading	*Gerson, Johannes*
Title:	De examinatione doctrinarum. Add: De duplici statu in Dei ecclesia: Admonitio brevis quo modo caute legendi sunt quorundam libri; De appellatione peccatoris a divina justitia ad divinam misericordiam; De unione ecclesiae; Dubium de delectatione in servitio Dei
Imprint	[Nuremberg: Johann Sensenschmidt and Andreas Frisner, 1474-76]
Language	lat
Bib. Refs	Goff G229; H 7627; Pell 5178; Polain(B) 1613; IBP 2376; IDL(Suppl) 1955a; Coll(U) 592; Coll(S) 450; Madsen 1714; Nentwig 170; Voull(B) 1852; Borm 1134; Sheppard 1407; Pr 2196; BMC II 407; BSB-Ink G-153; GW 10763
Shelfmark	**Ib 1019 b, 4°**

ISTC number	**G*257**
Heading	*Gerson, Johannes*
Title:	De pollutione nocturna

ISTC number	G*272

Imprint	[Cologne: Printer of Dares (Johannes Solidi (Schilling)), not after 1472]
Language	lat
Bib. Refs	Goff G257; H 7693*; Klebs 459.5; Voull(K) 480; Pell 5215; Arnoult 688; IDL 1967; Sotheby's (London), 1 July 1994 (Donaueschingen) 183; Voull(B) 750; Voull(Trier) 417; Rhodes(Oxford Colleges) 839; Pr 995; BMC I 213; BSB-Ink G-162; GW 10812
Shelfmark	**Ink A 40**

ISTC number	**G*272**
Heading	*Gerson, Johannes*
Title:	De spiritualibus nuptiis, sive Opusculum super Cantica canticorum
Imprint	Nuremberg: [Johann Sensenschmidt, 14]70
Language	lat
Bib. Refs	Goff G272; H 7715*; Pell 5232; Arnoult 696; IDL 1978; IGI 4261; IBP 2382; IJL 148; Voull(B) 1627; Hubay(Augsburg) 901; Coll(U) 598; Coll(S) 454; Oates 972; Sheppard 1382; Pr 1943; BMC II 403; BSB-Ink G-195; GW 10727
Shelfmark	**Ib 1019, 4°**

ISTC number	**G*273**
Heading	*Gerson, Johannes*
Title:	De statibus ecclesiasticis; De signis ruinae ecclesiae sermo; Declaratio defectuum virorum ecclesiasticorum; De modo vivendi omnium fidelium
Imprint	[Augsburg: Johann Froschauer, about 1505]
Language	lat
Publ'n notes	Printed using Froschauer's type 6, which was not used before 1503
Bib. Refs	Goff G273; HC 7667*; Pell 5233; Arnoult 697; IGI 4262; Sajó-Soltész p. 440; Günt(L) 38; Voull(B) 271,5; Hubay(Ottobeuren) 174; Pr 1859; BMC(Ger) p. 196; BSB-Ink G-152; GW IX col 546
Shelfmark	**Ib 1019 c, 8°**

ISTC number	**G*274**
Heading	*Gerson, Johannes*
Title:	De trahendis ad Christum parvulis
Imprint	Nuremberg: [Johann Sensenschmidt, about 1470]
Language	lat
Bib. Refs	Goff G274; H 7710*; Pell 5237; IDL 1979; IGI 4266; IJL 149; Sajó-Soltész 1424; Voull(B) 1635; Coll(U) 599; Coll(S) 455; Sheppard 1386; Pr 1955; BMC II 404; BSB-Ink G-173; GW 10797
Shelfmark	**an Ib 1501, 4°**

ISTC number	**G*278.4**
Title:	Gesellschaft der Herren von Henneberg zu Vessra
Imprint	[Nuremberg: Friedrich Creussner, between 10 May 1480 and 28 Oct. 1485]
Language	ger
Publ'n notes	About the date cf GW. Woodcut
Bib. Refs	C 2906; Schr 4200; Voull(B) 1827; GW(Nachtr) 138; GW 10877
Shelfmark	**in Pon Ye 803, QK** (imperfect)

ISTC number	**G*287**
Title:	Gesta Romanorum
Imprint	[Strassburg: Printer of the 1483 'Vitas Patrum', about 1484]
Language	lat
Bib. Refs	Goff G287; C 2717; IBP 2396; Sajó-Soltész 1425; Ernst(Hildesheim) II,IV 31; Voull(Trier) 95; Schüling 389; Hubay(Würzburg) 924; Sack(Freiburg) 1567; Borm 1151; Pad-Ink 277; Sheppard 349; Pr 427; BMC I 99; GW 10892
Shelfmark	**Ink B 142** (imperfect)

ISTC number	**G*296**
Title:	Gesta Romanorum
Imprint	[Strassburg: Printer of the 1483 Jordanus de Quedlinburg (Georg Husner)], 13 Jan. 1499
Language	lat
Publ'n notes	On the interpretation of the date, 'in octava epiphaniae domini', cf GW
Bib. Refs	Goff G296; HC 7751*; Pell 5259; IGI 4274; IBP 2405; IJL 151; Sajó-Soltész 1433; Coll(S) 463; Madsen 1736, T26; Voull(Trier) 1554; Voull(B) 2467; Ohly-Sack 1237, 1238, 1239; Sack(Freiburg) 1570; Borm 1154; Walsh 265, 266; Sheppard 502; Pr 631; BMC I 146; BSB-Ink G-214; GW 10902
Shelfmark	**Cl 697,4** **1 an Ink B 143** (imperfect)

ISTC number	**G*310**
Heading	*Gobius, Johannes* (junior)
Title:	Scala coeli
Imprint	Lübeck: [Lucas Brandis], 1476
Language	lat
Bib. Refs	Goff G310; HC 9405*; Pell 5268; IDL 2019; IBP 2417; Ernst(Hannover) 201; Coll(U) 609; Sallander 609 bis; Coll(S) 1244; Madsen 2294; Voull(Trier) 871; Voull(B) 1446; Schüling

ISTC number		G*312

	390; Borm 1160; Walsh 943; Sheppard 1894; Pr 2612; BMC II 551; BSB-Ink G-222; GW 10944
Shelfmark	**1 an Ink B 48**

ISTC number	**G*312**
Heading	*Gobius, Johannes* (junior)
Title:	Scala coeli
Imprint	Strassburg: Jacob Eber, 1483
Language	lat
Publ'n notes	Woodcut
Bib. Refs	Goff G312; HC(Add) 9407; Schr 4368; Pell 5270; IBP 2419; Sajó-Soltész 1435; Voull(Trier) 1444; Voull(B) 2336; Ohly-Sack 1242; Sack(Freiburg) 1573; Pr 511A; BMC I 118; GW 10946
Shelfmark	**an Ib 898, 2°**

ISTC number	**G*360**
Heading	*Gratianus*
Title:	Decretum (cum apparatu Bartholomaei Brixiensis). With the 'apparatus' also of Johannes Semeca
Imprint	Strassburg: Heinrich Eggestein, 1471
Language	lat
Bib. Refs	Goff G360; H 7883*; Will 1; Pell 5308 (var); Hillard 904; IBP 2439; IDL 2031; IGI 4388; Voull(B) 2134; Deckert 331; Walsh 87; Sheppard 178; Pr 261; BMC I 67; BSB-Ink G-252; GW 11351
Shelfmark	**Kr 639 z/5, 2°**

ISTC number	**G*361**
Heading	*Gratianus*
Title:	Decretum (cum apparatu Bartholomaei Brixiensis). With the 'apparatus' also of Johannes Semeca
Imprint	Strassburg: Heinrich Eggestein, 1472
Language	lat
Bib. Refs	Goff G361; H 7884*; Will 2; Pell 5309; Torchet 388; IGI 4389; Sajó-Soltész 1441; IDL 2032; IBP 2440; Madsen 1754; Voull(B) 2137; Sack(Freiburg) 1584; Sheppard 180; Pr 263; BMC I 68; BSB-Ink G-253; GW 11352
Shelfmark	**Kr 640, 2°**

ISTC number	**G*362**
Heading	*Gratianus*
Title:	Decretum (cum apparatu Bartholomaei Brixiensis)
Imprint	Mainz: Peter Schoeffer, 13 Aug. 1472

Language	lat
Bib. Refs	Goff G362; H 7885*; HC 7885 (var); Will 3; Pell 5310 & 5310A (var); Buffévent 221; Torchet 389; Polain(B) 1675 & 1675A (var); IDL 2033; IGI 4390; IBP 2441; Sajó-Soltész 1442; Coll(U) 614; Coll(S) 467; Nentwig 179; Voull(B) 1525; Ohly-Sack 1252; Hubay (Augsburg) 916; Hubay(Eichstätt) 422; Borm 1169; Walsh 9, 10; Rhodes(Oxford Colleges) 853; Sheppard 53-54; Pr 99; BMC I 29 (var); BSB-Ink G-254; GW 11353
Shelfmark	**Ink C 1**

ISTC number	**G*366**
Heading	*Gratianus*
Title:	Decretum (cum apparatu Bartholomaei Brixiensis)
Imprint	Venice: Nicolaus Jenson, 1477
Language	lat
Bib. Refs	Goff G366; HC 7890 = H 8003*; GfT 1845; Will 9; Pell 5314 & 5314A (var); Hillard 906; Arnoult 703; Torchet 390; IBP 2444; IDL 2036; IBE 1782; IGI 4395; Lökkös(Cat BPU) 212; Coll(U) 616; Voull(Trier) 1818; Voull(Bonn) 473; Voull(B) 3668,7; Borm 1172; Wilhelmi 256; Walsh 1587; Rhodes(Oxford Colleges) 854; Sheppard 3281; Pr 4101; BMC V 177; BSB-Ink G-258; GW 11357
Shelfmark	**Kr 642, 2°**

ISTC number	**G*368**
Heading	*Gratianus*
Title:	Decretum (cum apparatu Bartholomaei Brixiensis). Ed: Petrus Albinianus Trecius. Add: Johannes Diaconus: Summarium, seu Flos decreti
Imprint	Venice: Johannes de Colonia, and Johannes Manthen, 3 Jan. 1479/80
Language	lat
Bib. Refs	Goff G368; HC 7894*; Will 14; Pell 5316; Polain(B) 1676 (incl. 189); IBE 1784; IGI 4397; IBP 2445; IDL 2038; Sajó-Soltész 1444; Voull(Trier) 1869; Voull(B) 3758,5; Voull(Bonn) 474; Hubay (Eichstätt) 425; Sack(Freiburg) 1586; Borm 1173; Pad-Ink 280; Wilhelmi 257; Sheppard 3503; Pr 4338; BMC V 235; BSB-Ink G-260; GW 11360
Shelfmark	**Kr 643, 2°**

ISTC number	**G*370**
Heading	*Gratianus*
Title:	Decretum (cum apparatu Bartholomaei Brixiensis)
Imprint	Basel: Michael Wenssler, 19 Aug. 1481
Language	lat

ISTC number		G*375

Bib. Refs   Goff G370; H 7895*; Will 16; IBP 2447; IDL 2040; Pell 5317; Hillard 907; Polain(B) 1677; IJL 152; Sajó-Soltész 1446; Nentwig 180; Voull(B) 366; Hubay(Eichstätt) 426; Ohly-Sack 1253; Sack (Freiburg) 1587; Borm 1174; Pad-Ink 281; Wilhelmi 258; Walsh 1128; Sheppard 2340; Pr 7494; BSB-Ink G-262; GW 11362
Shelfmark   **Kr 645, 2°**

ISTC number **G*375**
Heading   *Gratianus*
Title: Decretum (cum apparatu Bartholomaei Brixiensis)
Imprint   Strassburg: Johann (Reinhard) Grüninger, 4 Sept. 1484
Language   lat
Bib. Refs   Goff G375; HC(+Add) 7901*; Will 22; Pell 5322; Polain(B) 1680; IDL 2043; IBP 2452; Sajó-Soltész 1451; Coll(U) 619; Coll(S) 471; Madsen 1759; Ernst(Hildesheim) II,II 136, II,III 66; Voull(B) 2273; Sack(Freiburg) 1591; Borm 1175; Pad-Ink 282; Walsh 161; Pr 442; BMC I 103; BSB-Ink G-268; GW 11368
Shelfmark   **Kr 646, 2°**

ISTC number **G*380**
Heading   *Gratianus*
Title: Decretum (cum apparatu Bartholomaei Brixiensis). With the 'apparatus' also of Johannes Semeca
Imprint   Strassburg: [Johann (Reinhard) Grüninger], 4 Sept. 1489
Language   lat
Bib. Refs   Goff G380; HC 7907*; Will 29; Pell 5327; Parguez 474; IBE 1789; IDL 2047; IBP 2458; Sajó-Soltész 1455; Coll(U) 621; Voull(Trier) 1413; Voull(B) 2278,5; Deckert 335; Ohly-Sack 1261, 1262; Sack (Freiburg) 1593; Hummel-Wilhelmi 260; Borm 1177; Pad-Ink 283; Walsh 167; Sheppard 364; Pr 452; BMC I 106; BSB-Ink G-274; GW 11373
Shelfmark   **Kr 647, 2°**

ISTC number **G*386**
Heading   *Gratianus*
Title: Decretum (cum apparatu Bartholomaei Brixiensis). With the 'apparatus' also of Johannes Semeca
Imprint   Nuremberg: Anton Koberger, 30 Nov. 1493
Language   lat
Bib. Refs   Goff G386; HC 7913*; Will 35; Pell 5333; Polain(B) 1685; IGI 4412; IBP 2464; Sajó-Soltész 1458; Coll(U) 623; Madsen 1765; Ernst(Hildesheim) II,II 137; Voull(Trier) 1094; Voull(B) 1744;

Shelfmark	Sack(Freiburg) 1597, 1598; Borm 1178; Wilhelmi 259; Walsh 733; Sheppard 1522; Pr 2085; BMC II 437; BSB-Ink G-281; GW 11379 **Kr 648, 2°**

ISTC number	**G*388**
Heading	*Gratianus*
Title:	Decretum (cum apparatu Bartholomaei Brixiensis)
Imprint	Venice: Baptista de Tortis, 30 Mar. 1496
Language	lat
Bib. Refs	Goff G388; H 7915* = 7904 (?); Will 37; Pell 5336; Polain(B) 1686; IBP 2465; IDL 2050; IBE 1793; IGI 4413; Sajó-Soltész 1459; Voull(B) 3950; Ohly-Sack 1267; Coll(S) 475; Walsh 1940; Rhodes(Oxford Colleges) 855; Oates 1846; Pr 4654; BMC V 329; BSB-Ink G-282; GW 11382a
Shelfmark	**Kr 649, 2°**

ISTC number	**G*388.1**
Heading	*Gratianus*
Title:	Decretum (cum apparatu Bartholomaei Brixiensis)
Imprint	Venice: Baptista de Tortis, '30 Mar. 1496'
Language	lat
Publ'n notes	A reprint including the date in the colophon of Goff G388
Bib. Refs	Will 37a; Voull(B) 3950; IBP 2466; Borm 1179; Sack(Freiburg) 1600; Pad-Ink 286; BSB-Ink G-283; GW 11382b
Shelfmark	**Kr 649 a, 2°**

ISTC number	**G*392**
Heading	*Gratianus*
Title:	Decretum (cum apparatu Bartholomaei Brixiensis)
Imprint	Venice: Baptista de Tortis, 1 Aug. 1500
Language	lat
Bib. Refs	Goff G392; H 7919*; Will 45; Parguez 476; Polain(B) 1690; IBE 1797; IBP 2471; IDL 2053; IGI 4417; Coll(U) 627; Günt(L) 3829; Hubay(Eichstätt) 430; Sack(Freiburg) 1606; BSB-Ink G-289; GW 11390
Shelfmark	**Kr 649 a, 2°**

ISTC number	**G*395**
Heading	*Gregorius I,* Pont. Max
Title:	Commentum super Cantica canticorum
Imprint	Basel: [Michael Furter], 13 Mar. 1496
Language	lat

ISTC number		G*407

Bib. Refs Goff G395; HC 7938*; Pell 5348; Parguez 477; Polain(B) 1695; IBP 2476; IBE 2708; IGI 4433; IDL 2077; Sajó-Soltész 1468; Sallander 1740; Coll(S) 480; Madsen 1777; Lökkös(Cat BPU) 213; Voull(B) 571; Voull(Bonn) 480; Voull(Trier) 257; Hubay(Augsburg) 932; Ohly-Sack 1276, 1277, 1278; Sack(Freiburg) 1610; Borm 1180; Finger 462; Wilhelmi 260; Oates 2831; Sheppard 2518; Pr 7730; BMC III 783; BSB-Ink G-307; GW 11415
Shelfmark **1 an Ib 1033 z, 4°**
1 an Ink A 54

ISTC number **G*407**
Heading *Gregorius I,* Pont. Max
Title: Dialogorum libri quattuor
Imprint Basel: Michael Furter, 1496
Language lat
Bib. Refs Goff G407; HC 7966*; Pell 5359; Parguez 480; Péligry 384; Polain(B) 1704; IBE 2705; IGI 4423; IBP 2482; IDL 2083; Madsen 1773; Coll(S) 477; Coll(U) 631; Lökkös(Cat BPU) 214; Voull(B) 567; Voull(Bonn) 481; Voull(Trier) 254; Hubay(Augsburg) 935; Ohly-Sack 1270, 1271, 1272, 1273; Sack(Freiburg) 1616, 1617; Borm 1184; Finger 464; Rhodes(Oxford Colleges) 860; Sheppard 2521; Pr 7732; BMC III 784; BSB-Ink G-300; GW 11403
Shelfmark **2 an Ib 1033 z, 4°**
3 an Ink A 54

ISTC number **G*415**
Heading *Gregorius I,* Pont. Max
Title: Epistolae
Imprint [Augsburg: Günther Zainer, 1474-76]
Imprint [not after 1476]
Language lat
Publ'n notes A copy at München BSB has a rubricator's date of 1476
Bib. Refs Goff G415; H 7991*; Delisle 843; Polain(B) 1706; IGI 4431; IBP 2485; Sajó-Soltész 1466; IDL(Suppl) 2056a; Coll(U) 632; Madsen 1776; Nentwig 182; Ernst(Hildesheim) I,I 214; Voull(B) 28; Voull(Trier) 7; Ohly-Sack 1275; Hubay(Augsburg) 938; Hubay (Würzburg) 970; Sack(Freiburg) 1621; Borm 1186; Sheppard 1154; Pr 1553; BMC II 322; BSB-Ink G-305; GW 11439
Shelfmark **Ib 1028 x/5, 2°**

ISTC number **G*425**
Heading *Gregorius I,* Pont. Max
Title: Homiliae super Ezechielem

Imprint	[Basel: Michael Furter], 1496
Language	lat
Bib. Refs	Goff G425; HC 7946*; Pell 5375; Arnoult 713; Parguez 484; Polain(B) 1712; IBE 2713; IGI 4435; IBP 2489; IDL 2093a; Sajó-Soltész 1470; Coll(S) 481; Sallander 1743; Madsen 1779; Lökkös(Cat BPU) 215; Voull(B) 568; Voull(Bonn) 482; Voull(Trier) 255; Hubay(Augsburg) 939; Ohly-Sack 1283, 1284, 1285, 1286; Sack(Freiburg) 1625, 1626, 1627; Borm 1189; Finger 467; Wilhelmi 261; Sheppard 2522; Pr 7733; BMC III 784; BSB-Ink G-313; GW 11427
Shelfmark	**Ink A 54**

ISTC number	**G*427**
Heading	*Gregorius I*, Pont. Max
Title:	Moralia, sive Expositio in Job
Imprint	Nuremberg: [Johann Sensenschmidt], 11 Sept. 1471
Language	lat
Bib. Refs	Goff G427; H 7928* (var); HC 7928; GfT 2405; Delisle 844; IBE 2714; IGI 4440; IBP 2491; Madsen 1786; Voull(B) 1628; Ohly-Sack 1287; Borm 1190; Wilhelmi 262; Sheppard 1394; Pr 1944; BMC II 405; BSB-Ink G-315; GW 11429
Shelfmark	**Id 3308 z, 2°**

ISTC number	**G*429**
Heading	*Gregorius I*, Pont. Max
Title:	Moralia, sive Expositio in Job
Imprint	[Cologne: Conrad Winters, de Homborch, about 1476]
Language	lat
Publ'n notes	On the date, see T. Gerardy in Gb Jb 1971 p. 22 (GW). The copy in München BSB has a rubricator's date of 11 June 1478
Bib. Refs	Goff G429; HC 7927*; Voull(K) 508; Pell 5377; Torchet 396; Polain(B) 1714; IDL 2096; IBP 2492; Sajó-Soltész 1473; Madsen 1792, 1793; Nentwig 183; Voull(B) 868,3; Ohly-Sack 1289; Sack (Freiburg) 1629; Borm 1191; Pad-Ink 288; Wilhelmi 263; Walsh 396; Sheppard 891; Pr 1177; BMC I 246; BSB-Ink G-317; GW 11431
Shelfmark	**Id 3308 z/5, 2°**

ISTC number	**G*432**
Heading	*Gregorius I*, Pont. Max
Title:	Moralia, sive Expositio in Job
Imprint	Basel: Nicolaus Kesler, 1496
Language	lat

| ISTC number | G*441 |

Publ'n notes	Woodcut title
Bib. Refs	Goff G432; HC 7934*; Pell 5381; Girard 217; Polain(B) 1717; IBP 2494; IDL 2099; Sajó-Soltész 1475; IBE 2718; IGI 4444; Coll(S) 482; Coll(U) 635; Sallander 1744; Madsen 1791; Lökkös(Cat BPU) 217; Nentwig 184; Voull(B) 538; Voull(Trier) 234; Leuze(Isny) 23; Hubay(Augsburg) 940; Hubay(Ottobeuren) 183; Sack(Freiburg) 1632; Hummel-Wilhelmi 265; Pad-Ink 289; Finger 468; Wilhelmi 264; Walsh 1218; Sheppard 2490; Pr 7690; BMC III 772; BSB-Ink G-320; GW 11434
Shelfmark	Id 3309, 4°

ISTC number	G*441
Heading	*Gregorius I*, Pont. Max
Title:	Pastorale, sive Regula pastoralis
Imprint	Basel: [Michael Furter], 15 Feb. 1496
Language	lat
Bib. Refs	Goff G441; H 7988*; Pell 5392; Parguez 488; Péligry 386; Polain(B) 1724; IBP 2500; IDL 2107; Sajó-Soltész 1480; IBE 2723; IGI 4449; Coll(S) 483; Sallander 2219; Madsen 1798; Lökkös(Cat BPU) 219; Voull(B) 570; Voull(Trier) 256; Schüling 402, 403; Hubay(Augsburg) 942; Ohly-Sack 1294, 1295, 1296, 1297; Sack (Freiburg) 1635, 1636; Borm 1194; Finger 470; Wilhelmi 265; Walsh 1246; Sheppard 2516, 2517; Pr 7729; BMC III 783; BSB-Ink G-328; GW 11447
Shelfmark	2 an Ink A 54 Ib 1033 z, 4°

ISTC number	G*446
Heading	*Gregorius IX*, Pont. Max. (formerly Ugolino, Count of Segni)
Title:	Decretales cum glossa Bernardi Parmensis
Imprint	[Strassburg: Heinrich Eggestein, 1470-72]
Imprint	[about 1468-71]
Language	lat
Publ'n notes	GW dates about 1468-71. A copy in München BSB has a buyer's date of 1475
Bib. Refs	Goff G446; HC 7996*; Polain(B) 1726; IDL 2058; IGI 4451; IBP 2503; Sajó-Soltész 1482; Coll(S) 484; Madsen 1814; Nentwig 181; Voull(Trier) 1315; Voull(B) 2154; Borm 1195; Finger 472; Walsh 85; Sheppard 186; Pr 273; BMC I 70; BSB-Ink G-331; GW 11450
Shelfmaek	Kr 741, 2°

| ISTC number | G*447 |
| Heading | *Gregorius IX*, Pont. Max. (formerly Ugolino, Count of Segni) |

G*451 ISTC number

Title:	Decretales cum glossa
Imprint	Mainz: Peter Schoeffer, 23 Nov. 1473
Language	lat
Publ'n notes	305 leaves (not 405, as originally printed in BMC)
Bib. Refs	Goff G447; HC 7999*; IBP 2504; IGI VI 4451-A; IBE(Suppl) 6314; Sajó-Soltész 1483; IDL 2059; Coll(S) 1250; Madsen 1800; Voull(B) 1529; Schmitt I 1529; Voull(Trier) 890; Ohly-Sack 1299; Hubay(Augsburg) 944; Sack(Freiburg) 1639; Hummel-Wilhelmi 267; Borm 1196; Walsh 12, 13; Sheppard 59-60; Pr 103; BMC I 30; BSB-Ink G-332; GW 11451
Shelfmark	**Kr 743, 2°**

ISTC number	**G*451**
Heading	*Gregorius IX*, Pont. Max. (formerly Ugolino, Count of Segni)
Title:	Decretales cum glossa
Imprint	Mainz: Peter Schoeffer, 10 Mar. 1479
Language	lat
Publ'n notes	The copy in the Walters Art Gallery, Baltimore, is signed and dated by the illuminator and binder, Prague, 1482
Bib. Refs	Goff G451; H 8006*; AmBCat 10; Pell Ms 5403 (5403); Hillard 922; Polain(B) 1727; IDL 2062; IBP 2508; Sajó-Soltész 1488; Borm 1197; Voull(B) 1538; Finger 474; Wilhelmi 268; BSB-Ink G-336; GW 11457
Shelfmark	**Kr 743 a, 2°**

ISTC number	**G*452**
Heading	*Gregorius IX*, Pont. Max. (formerly Ugolino, Count of Segni)
Title:	Decretales cum glossa Bernardi Parmensis. Ed: Franciscus Moneliensis. Rev: Alexander de Nevo
Imprint	Venice: Nicolaus Jenson, 8 May 1479
Language	lat
Bib. Refs	Goff G452; HC 8007*; Pell Ms 5404 (5404); Hillard 923; Torchet 401; Polain(B) 1728; IBE 1801; IGI 4456; IBP 2510; Sajó-Soltész 1489; Coll(U) 636; Voull(Trier) 1832; Voull(B) 3671,7; Hubay (Augsburg) 948; Ohly-Sack 1302; Sack(Freiburg) 1641; Borm 1198; Wilhelmi 267; Sheppard 3291; Pr 4120; BMC V 180; BSB-Ink G-337; GW 11459
Shelfmark	**Kr 745, 2°**

ISTC number	**G*467**
Heading	*Gregorius IX,* Pont. Max. (formerly Ugolino, Count of Segni)
Title:	Decretales cum glossa Bernardi Parmensis. Edited with additiones by Hieronymus Clarius

ISTC number		G*470

Imprint	Venice: Baptista de Tortis, 20 Sept. 1491
Language	lat
Bib. Refs	Goff G467; H 8026*; IBP 2527; IBE 1811; IGI 4470; Sajó-Soltész 1499; Voull(Trier) 1940; Sack(Freiburg) 1655; Hummel-Wilhelmi 270; Pr 4644; BMC V 326; BSB-Ink G-353; GW 11482
Shelfmark	**Kr 747 a, 2°** (imperfect)

ISTC number	**G*470**
Heading	*Gregorius IX*, Pont. Max. (formerly Ugolino, Count of Segni)
Title:	Decretales cum glossa. Edited with a gloss by Hieronymus Clarius
Imprint	Nuremberg: Anton Koberger, 10 Mar. 1493
Language	lat
Bib. Refs	Goff G470; HC 8030*; Polain(B) 1732; IDL 2072; IBP 2528; Sajó-Soltész 1502; Coll(U) 642; Voull(Trier) 1091; Voull(B) 1741; Leuze(Isny) 48; Ohly-Sack 1310; Hubay(Augsburg) 952; Borm 1203; Pad-Ink 293, 294; Finger 478; Walsh S-724A; Pr 2082; BMC II 436; BSB-Ink G-356; GW 11487
Shelfmark	**Kr 746, 2°**

ISTC number	**G*478.5**
Heading	*Gregorius IX*, Pont. Max. (formerly Ugolino, Count of Segni)
Title:	Decretales cum glossa Bernardi Parmensis. Edited with additiones by Hieronymus Clarius
Imprint	Venice: Baptista de Tortis, 9 Apr. 1500
Language	lat
Bib. Refs	HC(Add) 8039*; Polain(B) 1739; IBE 1817; IGI 4477; Sajó-Soltész 1508; IBP 2536; Voull(B) 3966; Hubay(Augsburg) 954; Hubay(Eichstätt) 435; Sack(Freiburg) 1664; Walsh 1954; Pr 4672; BMC V 331; BSB-Ink G-365; GW 11501
Shelfmark	**Kr 747, 2°** (imperfect)

ISTC number	**G*487.5**
Heading	*Greve, Henricus, de Göttingen*
Title:	Repetitio paragraphi 'Si quis' librum L Lex Cornelia de iniuriis et famosis libellis
Imprint	Leipzig: Jacobus Thanner, 1 Sept. 1498
Language	lat
Bib. Refs	H 8051* = 3775; IDL 2111; IBP 2544; Voull(B) 1426 = 1422,7; Schmitt I 1426; Sheppard 2163; Pr 3070; BMC III 657; BSB-Ink G-373; GW 11517
Shelfmark	**an Ka 3079**

ISTC number   **G*489.8**
Heading   *Gritsch, Johannes*
Title: Quadragesimale
Imprint   [Nuremberg: Johann Sensenschmidt and Andreas Frisner, not after 1474]
Language   lat
Publ'n notes   A copy in Paris has the rubricator's date 1474
Author notes   According to Verfasserlexikon 2, Bd 3 col 291ff, the author is Conradus Gritsch (Sack(Freiburg))
Bib. Refs   HC 8057*; Polain(B) 1744; IBP 2545; Sajó-Soltész 1513; Voull (Trier) 988; Voull(B) 1854; Hubay(Augsburg) 958; Hubay(Würzburg) 992; Ohly-Sack 1317; Sack(Freiburg) 1668; Pr 2201; BMC II 407; BSB-Ink G-390; GW 11538
Shelfmark   **Ib 1143 z, 2°**

ISTC number   **G*494**
Heading   *Gritsch, Johannes*
Title: Quadragesimale
Imprint   [Nuremberg]: Anton Koberger, 27 Feb. 1479
Language   lat
Author notes   According to Verfasserlexikon 2, Bd 3 col 291ff, the author is Conradus Gritsch (Sack(Freiburg))
Bib. Refs   Goff G494; H 8066*; Polain(B) 1748; IDL 2112; IBE 2732; IGI 4489; IBP 2548; Sajó-Soltész 1515; Coll(U) 647; Coll(S) 492; Voull(B) 1658; Borm 1213; Wilhelmi 272, 273, 274, 275; Pr 1991; BMC II 417 (with erroneous date 26 Feb. 1479); BSB-Ink G-396; GW 11545
Shelfmark   **Ib 1143 z/5, 2°**

ISTC number   **G*498**
Heading   *Gritsch, Johannes*
Title: Quadragesimale
Imprint   [Cologne]: Heinrich Quentell, 11 July 1481
Language   lat
Author notes   According to Verfasserlexikon 2, Bd 3 col 291ff, the author is Conradus Gritsch (Sack(Freiburg))
Bib. Refs   Goff G498; HC 8068*; GfT 279; Voull(K) 511; Polain(B) 1750; IDL 2113; IBP 2552; Sajó-Soltész 1518; Madsen 1823; Voull(B) 922,5; Voull(Trier) 603; Borm 1214; Wilhelmi 276; Pr 1246; BMC I 263; BSB-Ink G-399; GW 11547
Shelfmark   **Ib 1144, 4°**

ISTC number   **G*504**
Heading   *Gritsch, Johannes*

ISTC number	G*555

Title: Quadragesimale
Imprint [Strassburg: Printer of the 1483 Jordanus de Quedlinburg (Georg Husner)], 31 Dec. 1490
Language lat
Author notes According to Verfasserlexikon 2, Bd 3 col 291ff, the author is Conradus Gritsch (Sack(Freiburg))
Bib. Refs Goff G504; H 8075*; IDL 2115; IBE 2739; IGI 4497; IBP 2560; Sajó-Soltész 1522; Madsen 1825; Ernst(Hildesheim) I,I 217; Voull(Trier) 1532; Voull(B) 2442; Ohly-Sack 1320; Sack(Freiburg) 1675; Borm 1218; Pad-Ink 297; Pr 659; BMC I 141; BSB-Ink G-406; GW 11556
Shelfmark **Ink B 118**

ISTC number **G*555**
Heading *Guido de Cumis*
Title: Casus longi super Institutis
Imprint [Strassburg: Johann Prüss, about 1488-93]
Language lat
Author notes On the author, Guido de Cumis, and the alternative attribution to Guillelmus Accursius see GW
Bib. Refs Goff G555; HC 4665*; Polain(B) 1765; IDL 2123; IBP 2571; Sajó-Soltész 1530; Madsen 3030; Voull(Trier) 1481; Voull(B) 2376; Schmitt I 2376; Ohly-Sack 1327, 1328; Sack(Freiburg) 14; Borm 9; Finger 2; Walsh S-195A; Pr 560; BMC I 125; BSB-Ink G-438; GW 11711
Shelfmark **Ink B 162**

ISTC number **G*556**
Heading *Guido de Cumis*
Title: Casus longi super Institutis
Imprint [Freiburg im Breisgau: Kilianus Piscator (Fischer), about 1494]
Imprint [Basel: Johann Amerbach, 1489-97]
Language lat
Publ'n notes Polain assigns to Amerbach; dated about 1494 from the type by Sack
Author notes On the author, Guido de Cumis, and the alternative attribution to Guillelmus Accursius see GW
Bib. Refs Goff G556; H 4663*; Hillard 937; Polain(B) 7; IBE 2764; IBP 2572; Coll(U) 414; Madsen 3028; Voull(B) 483; Schmitt I 483; Voull(Trier) 188; Hubay(Augsburg) 969; Hubay(Eichstätt) 442; Sack(Freiburg) 16; Borm 10; Walsh 1091; Rhodes(Oxford Colleges) 873; BSB-Ink G-440; GW 11714
Shelfmark **Kc 3101, 2°**

ISTC number	**G*565**
Heading	*Guido de Monte Rochen*
Title:	Manipulus curatorum
Imprint	[Augsburg]: Christmann Heyny, 14[8]1
Language	lat
Publ'n notes	Since Heyny is not known to have printed before 1481 the date as printed 'lxxj' is generally accepted as a misprint for 1481. GW describes four variant collations, resulting in copies in 120, 122, 128 or 130 ff. The Augsburg SStB copy bears an acquisition date 1485
Bib. Refs	Goff G565; H 8171*; GfT 468; IBE 2775; IGI 4574; IBP 2583; Madsen 1838; Günt(L) 39; Voull(B) 259; Hubay(Augsburg) 974; Sack(Freiburg) 1692; Walsh 613; Sheppard 1310; Pr 1816; BMC II 376; BSB-Ink G-445; GW 11728
Shelfmark	**Ib 1147, 4°**

ISTC number	**G*584**
Heading	*Guido de Monte Rochen*
Title:	Manipulus Curatorum
Imprint	[Cologne: Conrad Winters, de Homborch, about 1481]
Language	lat
Publ'n notes	The Halle ULB copy has a rubricator's date 1483
Bib. Refs	Goff G584; H 8163; CR 2829; Voull(K) 518; Camp 877; Polain(B) 4397; IDL 2134; IBP 2582; Ernst(Hildesheim) I,I 218; Oates 679; Pr 1199; BMC I 251; GW 11719
Shelfmark	**Ink B 129**

ISTC number	**G*593**
Heading	*Guido de Monte Rochen*
Title:	Manipulus curatorum
Imprint	Strassburg: [Martin Flach (printer of Strassburg)], 10 May 1487
Language	lat
Bib. Refs	Goff G593; HCR 8194; Buffévent 237; IBP 2587; Madsen 1842; Ernst(Hildesheim) I,I 221; Voull(Trier) 1565; Voull(B) 2478,5; Schüling 410; Hubay(Eichstätt) 445; Sack(Freiburg) 1694; Borm 1227; Pad-Ink 300; Pr 671; BMC I 147; BSB-Ink G-454; GW 11815
Shelfmark	**5 an Ink A 1** (imperfect)

ISTC number	**G*604**
Heading	*Guido de Monte Rochen*
Title:	Manipulus curatorum

Imprint	Strassburg: [Printer of the 'Casus Breves Decretalium' (Georg Husner)], 1493
Language	lat
Bib. Refs	Goff G604; C 2845; Polain(B) 1781; IBP 2592; Sajó-Soltész 1543; Voull(B) 2519; Ohly-Sack 1333; Sack(Freiburg) 1696; Oates 264; Sheppard 532; Pr 733; BMC I 160; BSB-Ink G-461; GW(Nachtr) 144; GW 11819
Shelfmark	**Ib 1148, 8°** (imperfect)

ISTC number	**G*626.6**
Heading	*Guilelmus de Gouda*
Title:	Expositio mysteriorum missae
Imprint	Antwerp: Mathias van der Goes, [1486-91]
Language	lat
Bib. Refs	C 2755; Camp 881; BBFN Inc 32; Pell Ms 5585 (5575); Polain(B) 1792; IDL 2154; Madsen 1864; Coll(S) 504; Oates 3957; GW 11880
Shelfmark	**1 an Ink A 58**

ISTC number	**G*646.5**
Heading	*Guillermus*
Title:	Postilla super epistolas et evangelia
Imprint	[Lübeck: Lucas Brandis, about 1474]
Language	lat
Bib. Refs	Wilhelmi 284; IBP 2627; GW 11932
Shelfmark	**Ink B 2**

ISTC number	**G*656**
Heading	*Guillermus*
Title:	Postilla super epistolas et evangelia
Imprint	[Strassburg: Printer of the 1481 'Legenda Aurea', not after 29 Sept. 1480]
Language	lat
Publ'n notes	A copy in München BSB has a rubricator's date of 29 Sept. 1480. The paper points to a date of about 1480/81; 'Mora' 1480 (Sack)
Bib. Refs	Goff G656; H 8238*; IBP 2632; Sajó-Soltész 1576; Ernst(Hildesheim) II,III 71; Ohly-Sack 1361; Sack(Freiburg) 1735; Hunt 231; Goff(P) 17; BSB-Ink H-142; GW 11945
Shelfmark	**Ink B 136**

ISTC number	**G*657**
Heading	*Guillermus*

181

Title:	Postilla super epistolas et evangelia
Imprint	[Strassburg: Printer of the 1483 Jordanus de Quedlinburg (Georg Husner), not before 1481]
Imprint	[not after 1483]
Language	lat
Publ'n notes	A copy in München BSB bears a rubricator's date of 1483. GW dates about 1483
Bib. Refs	Goff G657; H 8247*; GfT 843, 845; Goff(P) 18; IBP 2634; Voull (Trier) 1559; Voull(B) 2470,3; Hubay(Würzburg) 1035; Sack(Freiburg) 1738; Borm 1262; Wilhelmi 285; Hunt 388; BMC III 860; BSB-Ink H-147; GW 11952
Shelfmark	**Ie 206 r, 4°**

ISTC number	**G*662**
Heading	*Guillermus*
Title:	Postilla super epistolas et evangelia
Imprint	[Cologne: Ulrich Zel, between 1483 and 1487]
Language	lat
Publ'n notes	Copy with date of rubrication 1487 at auction Reiss & Auvermann, April 1983, lot 1270
Bib. Refs	Goff G662; H 8246*; Voull(K) 532; Polain(B) 4406; IDL 2184; Voull(B) 692; Borm 1263; Pad-Ink 309, 310; Finger 501, 502, 503, 504; Goff(P) 23; Sheppard 705; BSB-Ink H-151; GW 11981
Shelfmark	**Ie 207 b, 4°**

ISTC number	**G*663**
Heading	*Guillermus*
Title:	Postilla super epistolas et evangelia
Imprint	[Strassburg: Johann Prüss, about 1495]
Language	lat
Bib. Refs	Goff G663; H 8244*; IBP 2657; LC(Exhib 15th c) p. 42: 19; Goff(P) 29; BSB-Ink H-172; GW 11967
Shelfmark	**Ink A 11**

ISTC number	**G*664.7**
Heading	*Guillermus*
Title:	Postilla super epistolas et evangelia
Imprint	[Basel: Nicolaus Kesler, about 1506]
Imprint	[about 1502]
Imprint	[about 1497]
Language	lat
Publ'n notes	'Mora' is 1497. GW dates about 1506 on the basis of the title-page woodcut. Dated about 1502 by BSB-Ink. Dated about 1497 in Goff. Woodcuts

ISTC number		G*668

Bib. Refs   H 8234*; VD16 E4364; Schr 4156; Schramm XXI 768-92; IBP Postinc 30; Madsen 4354; BSB-Ink H-182; GW X col 504
Shelfmark   **an Ie 716, 8°** (imperfect)

ISTC number   **G*668**
Heading   *Guillermus*
Title: Postilla super epistolas et evangelia
Imprint   [Basel: Michael Furter, about 1505]
Imprint   [about 1514]
Language   lat
Publ'n notes Dated by BSB-Ink. BMC(Ger) dated about 1514. Woodcuts
Bib. Refs   Goff G668; H 8249*; VD16 E4367; Schr 4167; Schramm XXII p. 45 (no.77); Pell Ms 5657 (5646); Hillard 970; Voull(B) 585; Ohly-Sack 1371c; Sack(Freiburg) 1753c; Wilhelmi 289a; Goff(P) 34; Pr 7753; BMC(Ger) p.117; BMC III xxxviii; BSB-Ink H-183; GW X col 504
Shelfmark   **an Ie 716, 8°**

ISTC number   **G*677**
Heading   *Guillermus*
Title: Postilla super epistolas et evangelia
Imprint   [Lyons: Nicolaus Philippi and Marcus Reinhart], 1482
Language   lat
Bib. Refs   Goff G677; H 8261*; Pell Ms 5661 (5660); Hillard 968; IBE 2805; Schr 4145; Goff(P) 53; Schmitt II 4676,10; Hubay(Augsburg) 994; Sack(Freiburg) 1737; BSB-Ink H-146; GW 11984
Shelfmark   **1 an Ink B 129**

ISTC number   **G*678**
Heading   *Guillermus*
Title: Postilla super epistolas et evangelia
Imprint   Strassburg: [Printer of the 1483 Jordanus de Quedlinburg (Georg Husner)], 9 Mar. 1485
Language   lat
Bib. Refs   Goff G678; H 8262*; Goff(P) 54; IBP 2639; Borm 1265; Voull(B) 2403,6; Hubay(Würzburg) 1040; Coll(U) 671; Pr 594; BMC I 132; BSB-Ink H-152; GW 11955
Shelfmark   **Ie 206 s, 4°** (imperfect)

ISTC number   **G*686**
Heading   *Guillermus*
Title: Postilla super epistolas et evangelia

183

Imprint	Strassburg: [Printer of the 1483 Jordanus de Quedlinburg (Georg Husner)], 25 Aug. 1489
Language	lat
Bib. Refs	Goff G686; H 8269*; C 4827; Goff(P) 65; IBP 2645; Sajó-Soltész 1582; Voull(B) 2432,5; Hubay(Würzburg) 1045; Hubay(Eichstätt) 463; Ohly-Sack 1365; Sack(Freiburg) 1744; Wilhelmi 288; Cook 52; BSB-Ink H-158; GW 11962
Shelfmark	an Ink B 118

ISTC number	**G*690**
Heading	*Guillermus*
Title:	Postilla super epistolas et evangelia
Imprint	Basel: [Michael Furter], 28 July 1491
Language	lat
Publ'n notes	Woodcuts
Bib. Refs	Goff G690; HC 8273*; Schr 4146; Schramm XXII p. 42; Arnoult 753; IDL 2188; IGI 4628; Goff(P) 72; Voull(B) 558; Hubay (Augsburg) 997; Hummel-Wilhelmi 282; Sack(Freiburg) 1745; Pr 7722; BMC III 782; BSB-Ink H-162; GW 11998
Shelfmark	**Ie 206 s/10, 4°** (imperfect)

ISTC number	**G*692**
Heading	*Guillermus*
Title:	Postilla super epistolas et evangelia
Imprint	Basel: Nicolaus Kesler, 1 Oct. 1492
Language	lat
Publ'n notes	Woodcuts
Bib. Refs	Goff G692; H 8279*; Schr 4147; Schramm XXI p. 28; Buffévent 245; IBE 2811; IGI 4629; IBP 2651; Sajó-Soltész 1584; Coll(U) 675; Lökkös(Cat BPU) 229; Voull(B) 533,5; Ohly-Sack 1368; Sack(Freiburg) 1746; Goff(P) 75; Sheppard 2484; Pr 7682; BMC III 770; BSB-Ink H-164; GW 12000
Shelfmark	**2 an Ink A 6**

ISTC number	**G*696**
Heading	*Guillermus*
Title:	Postilla super epistolas et evangelia
Imprint	Augsburg: Johann Schönsperger, 25 Jan. 1494
Language	lat
Bib. Refs	Goff G696; H 8286*; Goff(P) 82; Schr 4151; Voull(B) 224; Hummel-Wilhelmi 285; Coll(U) 676; Sheppard 1295; Pr 1778; BSB-Ink H-170; GW 12004
Shelfmark	**Ink A 53** (imperfect)

ISTC number	**G*700**
Heading	*Guillermus*
Title:	Postilla super epistolas et evangelia
Imprint	Nuremberg: Caspar Hochfeder, 25 Mar. 1496
Language	lat
Bib. Refs	Goff G700; H 8291*; Van der Vekene(Hochfeder) 30; IGI 4633; IBP 2659; Goff(P) 91; Hubay(Augsburg) 999; Sack(Freiburg) 1750; Pr 2294; BMC II 476; BSB-Ink H-173; GW 11928
Shelfmark	**Ink A 77**

ISTC number	**G*707.5**
Heading	*Guillermus Altissiodorensis*
Title:	Summa aurea in IV libros Sententiarum. Ed: Guilelmus de Quercu
Imprint	Paris: Philippe Pigouchet, for Nicolas Vaultier and Durand Gerlier, 3 Apr. 1500/01
Language	lat
Publ'n notes	Dated 1501 from the state of Gerlier's device and the formulation of the date (cf Hillard)
Bib. Refs	Goff G718; HC 8324*; Polain(B) 1787; IBE 2788; IGI 4600; IBP 2614; IDL 2170; Hillard 973; Arnoult 742; Aquilon 342; Buffévent 242; Péligry 395; Torchet 417; Mendes 585, 586, 587, 588; Coll(U) 659; Madsen 1861; Lökkös(Cat BPU) 228; Voull(Trier) 2308; Voull(B) 4753; Hubay(Augsburg) 978; Ohly-Sack 1336, 1337; Sack(Freiburg) 1700; Oates 3078, 3079; Rhodes(Oxford Colleges) 885; Sheppard 6236; Pr 8206; BMC VIII 122; GW 11861; Fac: Frankfurt am Main, Minerva, 1963
Shelfmark	**Ig 76, 4°**

ISTC number	**G*708**
Heading	*Guillermus Alvernus*, Episcopus Parisiensis
Title:	Opera. Ed: Petrus Danhauser
Imprint	[Nuremberg: Georg Stuchs, after 31 Mar. 1496]
Language	lat
Author notes	Contents: De fide et legibus; Summa de virtutibus et vitiis; De immortalitate animae. With table by Johann Rosenbach
Bib. Refs	Goff G708; HC 8300*; Pell Ms 5598 (5588); Hillard 971; Arnoult 743; Jammes G-9; Parguez 510; Torchet 418; Polain(B) 1806; IDL 2175; IBP 2615; Sajó-Soltész 1545; IBE 2789; IGI 4601; Mendes 589; Coll(U) 668 (Ms date 1497); Coll(S) 499; Madsen 1883; Nentwig 190; Voull(Trier) 1159; Voull(B) 1910; Ohly-Sack 1338 (I); Hubay(Augsburg) 979; Hubay(Eichstätt) 450; Sack(Freiburg) 1701; Borm 1234; Wilhelmi 280; Walsh 815; Oates 1094, 1095; Sheppard 1645; Pr 2275; BMC II 470; BSB-Ink G-474; GW 11862
Shelfmark	**Ib 1130, 4°**

ISTC number	**G*711**
Heading	*Guillermus Alvernus*, Episcopus Parisiensis
Title:	De fide et legibus
Imprint	[Augsburg: Günther Zainer, 1475-76]
Imprint	[about 1469]
Language	lat
Publ'n notes	An Eichstätt and 2 München BSB copies have rubricator's dates of 1478, the Memmingen and a Stuttgart LB copy have the date 1477. Polain dates about 1469
Bib. Refs	Goff G711; H 8317*; Polain(B) 1807; Sajó-Soltész 1546; IBP 2616; IGI 4602; Coll(S) 500; Madsen 1882; Voull(B) 30; Voull (Trier) 8; Ohly-Sack 1339; Hubay(Augsburg) 980; Hubay(Eichstätt) 457; Sack(Freiburg) 1702; Finger 489; Walsh 520; Oates 883; Sheppard 1163, 1164; Pr 1556; BMC II 323; BSB-Ink G-471; GW 11863
Shelfmark	**Ig 3801, 4°**

ISTC number	**G*712**
Heading	*Guillermus Alvernus,* Episcopus Parisiensis
Title:	De passione Christi
Imprint	Hagenau: Heinrich Gran, 16 Feb. 1498
Language	lat
Bib. Refs	Goff G712; H 8320*; Polain(B) 1811; IGI 4603; IDL 2171; IBP 2617; Sajó-Soltész 1547; Sallander 1756; Ernst(Hildesheim) I,I 230; Voull(B) 1180; Hubay(Augsburg) 981; Ohly-Sack 1340, 1341, 1342, 1343, 1344; Sack(Freiburg) 1703; Borm 1235; Oates 1327; Sheppard 2236; Pr 3193; BMC III 685; BSB-Ink G-478; GW 11864
Shelfmark	**an Ink A 21**

ISTC number	**G*714**
Heading	*Guillermus Alvernus*, Episcopus Parisiensis
Title:	Rhetorica divina
Imprint	[Freiburg im Breisgau: Kilianus Piscator (Fischer), not after 1491]
Language	lat
Publ'n notes	Possibly issued with Goff E44. A Tübingen UB copy has a rubricator's date 1491
Bib. Refs	Goff G714; HC 8303* = 8304?; C 2873; Hillard 972; Polain(B) 1808; IBP 2620; Sajó-Soltész 1548; IBE 2790; IGI 4605; IDL 2177; Coll(U) 678; Coll(S) 503; Madsen 1884; Voull(B) 484; Voull (Trier) 193; Hubay(Eichstätt) 451; Sack(Freiburg) 1704, 1705; Borm 1236; Finger 490, 491; Rhodes(Oxford Colleges) 884; Oates 1339; Sheppard 2248; Pr 7623; BMC III 693; BSB-Ink G-476; GW 11866
Shelfmark	**Ink B 65**

ISTC number	**G*716.5**
Heading	*Guillermus Alvernus*, Episcopus Parisiensis
Title:	De sacramentis. Add: Cur deus homo; De poenitentia
Imprint	[Nuremberg: Georg Stuchs, not after 1497]
Language	lat
Bib. Refs	Goff G723; HC 8316*; Arnoult 746; Parguez 511; Aquilon 343; Péligry 398; Polain(B) 1816; IDL 2172; IBP 2623; Sajó-Soltész 1550; IBE 2793; IGI 4608; Coll(U) 666; Coll(S) 501; Madsen 1886; Nentwig 195; Voull(B) 1911; Ohly-Sack 1338 (III); Hubay(Eichstätt) 454; Sack(Freiburg) 1727; Wilhelmi 281; Sheppard 1649; Pr 2276; BMC II 470; BSB-Ink G-472; GW 11869
Shelfmark	**an Ink B 26**

ISTC number	**G*717**
Heading	*Guillermus Alvernus*, Episcopus Parisiensis
Title:	De universo
Imprint	[Nuremberg: Georg Stuchs, not after 1497]
Language	lat
Bib. Refs	Goff G717; HC 8319*; Arnoult 747; Aquilon 341; Péligry 396; Torchet 419; Sajó-Soltész 1551; IDL 2174; IBP 2621; IBE 2794; IGI 4606; Coll(U) 667; Coll(S) 502; Nentwig 197; Voull(B) 1912; Ohly-Sack 1338 (II); Hubay(Augsburg) 983; Hubay(Eichstätt) 452; Sack(Freiburg) 1707; Wilhelmi 282; Sheppard 1647, 1648; Pr 2277; BMC II 470; BSB-Ink G-473; GW 11870
Shelfmark	**Ink B 26**

ISTC number	**G*721**
Heading	*Guillermus Baufet*, Episcopus Parisiensis (d. 1319)
Title:	Dialogus de septem sacramentis
Imprint	Paris: [n.pr.] for Durand Gerlier, 3 Sept. 1493
Language	lat
Author notes	According to the Histoire littéraire de la France, the author may also be Guillermus Parisiensis, O.P. (d. 1312)
Bib. Refs	Goff G721; HC(Add) 8314; Polain(B) 1818; Pell Ms 5619 (5610); Arnoult 750; Buffévent 246; Voull(B) 4762,10 = 4747,10; Sack (Freiburg) 1725; GW 12032
Shelfmark	**3 an Ink 87**

ISTC number	**H*4**
Heading	*Haly, filius Abenragel* (Albohazen)
Title:	Liber in iudiciis astrorum (Ed: Bartholomaeus de Alten)
Imprint	Venice: Erhard Ratdolt, 4 July 1485

Language	lat
Bib. Refs	Goff H4; HC 8349*; Klebs 35.1; Redgr 51; Pell Ms 5702-5703 (5696-5697); CIBN H-2; Hillard 985; Polain(B) 1845; IDL 166; IBE 222; IGI 4643; IBP 2672; Sajó-Soltész 1609; Coll(U) 682; Sallander 682 bis; Coll(S) 509; Madsen 1898; Nentwig 199; Voull(B) 3800; Hubay(Augsburg) 1002; Ohly-Sack 1385, 1386, 1387; Sack(Freiburg) 1763; Borm 1274; Mittler-Kind 32; Walsh 1829; Oates 1763, 1764; Sheppard 3686, 3687; Pr 4403; BMC V 290; BSB-Ink A-1; GW 12117
Shelfmark	**Bd 1861, 4°**

ISTC number	**H*17**
Heading	*Hemmerlin, Felix*
Title:	Opuscula et tractatus
Imprint	[Strassburg: Printer of the 1483 Jordanus de Quedlinburg (Georg Husner), after 13 Aug. 1497]
Imprint	[Johann (Reinhard) Grüninger],
Imprint	[Printer of Hemmerlin (Wilhelm Schaffener?)],
Language	lat
Publ'n notes	Assigned to Husner by Voulliéme (ZfB, 1915, p.311). BMC and Polain, followed by Goff, assigned to an unidentified press, designated by Polain as the Printer of Hemmerlin, BMC and CIBN (A-406) identifying tentatively with Schaffener. Proctor assigned to Grüninger. Woodcut
Bib. Refs	Goff H17; HC 8424*; GfT 849; Schr 4198; Schramm XX p.24; Pell Ms 5700 (5694); CIBN H-8; Torchet 428; Polain(B) 1853; IDL 2208; IBE 2834; IGI 4651; IBP 2675; Sajó-Soltész 1615; Madsen 1903; Coll(U) 684; Coll(S) 511; Lökkös(Cat BPU) 232; Voull (Trier) 1439; Voull(B) 2322; Hubay(Augsburg) 1006; Hubay(Eichstätt) 468; Ohly-Sack 1395, 1396; Sack(Freiburg) 1771; Schäfer 149; Hummel-Wilhelmi 291; Borm 1279; Wilhelmi 295; Walsh 262, S-262A; Sheppard 568, 569; Pr 482; BMC I 172 & 102 (note); BSB-Ink H-42; GW 12187
Shelfmark	**Ib 1155, 4°**

ISTC number	**H*19**
Heading	*Henricus Ariminensis*
Title:	De quattuor virtutibus cardinalibus. Ed: Thomas Dorniberg
Imprint	Strassburg: [Printer of Henricus Ariminensis (Georg Reyser), about 1473-74]
Imprint	[Heinrich Eggestein?],
Imprint	[after 11 Nov. 1472]
Imprint	[not after 17 Sept. 1475]
Language	lat

ISTC number	H*33.4

Publ'n notes	Printed in type (1:120G) ascribed to Georg Reyser by Ohly, and tentatively to Heinrich Eggestein by Needham, Christie's, Doheny 19. Dated by P. Needham: a reprint of the Speyer editio princeps, Goff H20 (Schoyen 26). A Munich BSB copy has a rubricator's date '17 Sept. 1475'
Bib. Refs	Goff H19; H 1649*; GfT 1640; Ohly(Gb Jb 1956) 5; Pell 1168; CIBN H-11; Hillard 991; Fernillot 306; Péligry 406; Polain(B) 4414; IDL 2210; IGI 4653; IBP 2679; Sajó-Soltész 1616; Sallander 1762; Coll(S) 512; Voull(Trier) 1329; Voull(B) 2167; Deckert 351; Borm 1282; Hummel-Wilhelmi 293; Walsh 104, 105; Oates 128; Rhodes(Oxford Colleges) 892; Sheppard 236; Pr 310; BMC I 77; BSB-Ink H-47; GW 12193
Shelfmark	Ig 5830, 4°

ISTC number	H*33.4
Heading	Henricus de Hassia
Title:	Secreta sacerdotum (Corr & Ed: Michael Lochmaier)
Imprint	Leipzig: Conrad Kachelofen, 1497
Language	lat
Bib. Refs	HC 8384; IBP 2687; Sallander 2236; Madsen 1913; Louda 856; Ernst(Hildesheim) I,I 231, 232, II,II 151, 152; Voull(B) 1235; Schüling 426; Borm 1288; Pr 2873; BMC III 627; BSB-Ink H-73; GW 12250
Shelfmark	Ink A 35

ISTC number	H*33.45
Heading	Henricus de Hassia
Title:	Secreta sacerdotum (Corr & Ed: Michael Lochmaier)
Imprint	Leipzig: Conrad Kachelofen, 1497
Language	lat
Bib. Refs	IBP 2686; Schmitt I 1235,1 & Abb.3-5; GW 12249
Locations	Halle ULB (vermißt)

ISTC number	H*34
Heading	Henricus de Hassia
Title:	Secreta sacerdotum (Corr & Ed: Michael Lochmaier)
Imprint	Leipzig: Melchior Lotter, 27 Oct. 1498
Language	lat
Bib. Refs	Goff H34; HCR 8385; IBP 2689; Coll(U) 686; Madsen 1915; Ernst (Hildesheim) I,I 233; Voull(B) 1390,3; Wilhelmi 296; Pr 3030; BMC III 650; GW 12253
Shelfmark	Ink A 1

ISTC number	**H*35**
Heading	*Henricus de Hassia*
Title:	Secreta sacerdotum (Corr & Ed: Michael Lochmaier)
Imprint	Leipzig: Melchior Lotter, 27 Oct. 1499
Language	lat
Bib. Refs	Goff H35; HC 8387*; IBP 2690; Sallander 2237; Madsen 1916; Voull(B) 1394; Schüling 427; Borm 1289; Wilhelmi 297; Pr 3037; BMC III 651; BSB-Ink H-78; GW 12254
Shelfmark	**Il 1735, 8°**

ISTC number	**H*38**
Heading	*Henricus de Herpf*
Title:	Sermones de tempore et de sanctis
Imprint	[Speyer]: Peter Drach, [after 17 Jan. 1484]
Language	lat
Bib. Refs	Goff H38; HC 8527*; Polain(B) 1866; IDL 2218; IGI 4659; IBP 2692; Sajó-Soltész 1627; Madsen 1953; Nentwig 208; Voull(Trier) 1234; Voull(B) 2031; Hubay(Eichstätt) 472; Ohly-Sack 1408; Sack (Freiburg) 1788; Hummel-Wilhelmi 306; Borm 1290; Wilhelmi 299, 300; Walsh 851; Sheppard 1706; Pr 2353; BMC II 493; BSB-Ink H-217; GW 12225
Shelfmark	**If 313 b, 4°**

ISTC number	**H*39**
Heading	*Henricus de Herpf*
Title:	Speculum aureum decem praeceptorum Dei
Imprint	Mainz: Peter Schoeffer, 10 Sept. 1474
Language	lat
Publ'n notes	Variant in collation: see Polain
Bib. Refs	Goff II39; HC 8523*; Pell Ms 5733 (5725); CIBN H-21; Parguez 519; Polain(B) 1864; IDL 2219; IBP 2693; Sajó-Soltész 1628; IGI 4660; Coll(U) 701; Coll(S) 514; Madsen 1954, 4290; Lökkös(Cat BPU) 234; Voull(B) 1530; Ohly-Sack 1409; Borm 1291; Sheppard 61; Pr 104; BMC I 30; BSB-Ink H-218; GW 12226
Shelfmark	**Ink C 33**

ISTC number	**H*40**
Heading	*Henricus de Herpf*
Title:	Speculum aureum decem praeceptorum Dei
Imprint	Nuremberg: Anton Koberger, 12 Mar. 1481
Language	lat
Bib. Refs	Goff H40; H 8524*; Pell Ms 5734 (5726); CIBN H-22; Hillard 993; Arnoult 763; Girard 232; Parguez 520; Péligry 408; Polain(B)

	4416; IDL 2220; IBE 2840; IGI 4661; IBP 2694; Sajó-Soltész 1629; Mendes 593; Coll(U) 702; Madsen 1955; Nentwig 209; Ernst(Hildesheim) I,I 238, II,IV 32; Borm 1292; Voull(Trier) 1013; Voull(B) 1671; Ohly-Sack 1410; Hubay(Augsburg) 1018; Hubay (Eichstätt) 473; Sheppard 1461; Pr 1999; BMC II 419; BSB-Ink H-219; GW 12227
Shelfmark	**If 313, 4°** (3)

ISTC number	**H*44**
Heading	*Henricus de Segusio*
Title:	Summa super titulis Decretalium
Imprint	[Strassburg: Printer of Henricus Ariminensis (Georg Reyser), 1478-79
Imprint	[Heinrich Eggestein?],
Imprint	[Speyer: Georgius de Spira],
Language	lat
Publ'n notes	In two parts, dated: I) 1478; II) 18 Feb. 1479. Printed in type (1:120G) ascribed to Georg Reyser by Ohly, and tentatively to Heinrich Eggestein by Needham, Christie's, Doheny 19. Ascribed in BMC to Speyer, G. de Spira
Bib. Refs	Goff H44; HC 8962*; Pell Ms 5741 (5733); CIBN H-26; Hillard 994; Torchet 430; Polain(B) 1868; IDL 2224; IGI 4665; IBP 2698; Sajó-Soltész 1633; Coll(U) 687; Madsen 1919; Nentwig 203; Ernst(Hildesheim) I,I 248, II,II 165; Ohly(Gb Jb 1956) 45; Voull(Trier) 1318; Voull(B) 2168; Schmitt I 2168; Ohly-Sack 1415; Sack(Freiburg) 1792, 1793; Borm 1294; Pad-Ink 325, 326; Wilhelmi 651; Walsh 114, 115, 116; Oates 1108; Sheppard 260-262; Pr 336; BMC II 484; BSB-Ink H-89; GW 12233
Shelfmark	**Kr 785, 2°** (imperfect) **Kr 786, 2°**

ISTC number	**H*73.93**
Heading	*Hermannus Torrentinus*
Title:	Elucidarius carminum et historiarum vel vocabularius poeticus
Imprint	Cologne: [Cornelis de Zierikzee, not after 1503]
Language	lat
Publ'n notes	Dated about 1500 in Goff. BMC(Ger) dates about 1505, but the copy at Edinburgh has the MS date 1503
Bib. Refs	Goff H75; C 6375; VD16 T1592; GfT 429; Voull(K) 1188; Schr 5371; Schramm VIII p. 27; CIBN T-289; IGI V p. 322; IBP 2718; IDL 4459; Madsen 3973; Voull(B) 1108,7; Voull(Trier) 805; Sack(Freiburg) 1796a; Finger 517; Sheppard 1107; Pr 1512; BMC(Ger) p.900; BSB-Ink T-383; GW X col 697
Shelfmark	**7 an Il 2196 i, 8°**

ISTC number	**H*85**
Heading	*Herodianus*
Title:	Historia de imperio post Marcum (Tr: Angelus Politianus)
Imprint	Rome: [Printer of Herodianus], 20 June 1493
Language	lat
Bib. Refs	Goff H85; HC 8466 = 8465; Polain(B) 1886; Pell Ms 5782 (5776); CIBN H-51; Hillard 999; Delisle 902; IBE 2858; IGI 4689; IBP 2724; Sajó-Soltész 1642; IDL 2248; Madsen 1931; Voull(B) 3541; Voull(Trier) 1792; Hubay(Augsburg) 1028; Mittler-Kind 162; Walsh 1496; Oates 1585; Sheppard 3159; Pr 3976; BMC IV 137; BSB-Ink H-117; GW 12318
Shelfmark	**Cf 654, 4°**

ISTC number	**H*91**
Heading	*Herolt, Johannes*
Title:	Liber Discipuli de eruditione Christifidelium
Imprint	[Strassburg: Georg Husner, about 1476]
Imprint	[about 1477?]
Language	lat
Publ'n notes	Polain dates about 1477?
Bib. Refs	Goff H91; H 8517*; Aquilon 354; Arnoult 770; Polain(B) 1914; IBE 2866; IBP 2729; IDL 2250; Sajó-Soltész 1648; Sallander 2241; Nentwig 205; Voull(Trier) 1360; Voull(B) 2203,4; Hubay(Würzburg) 1086; Hubay(Eichstätt) 478; Sack(Freiburg) 1801; Borm 1301; Wilhelmi 303; Pr 357; BMC I 85; BSB-Ink H-123; GW 12326
Shelfmark	**an Ie 206 r, 4°**

ISTC number	**H*95**
Heading	*Herolt, Johannes*
Title:	Liber Discipuli de eruditione Christifidelium
Imprint	Strassburg: Johann Prüss, 1490
Language	lat
Bib. Refs	Goff H95; HC 8521*; Arnoult 772; Polain(B) 1916; IGI 4697; IBP 2733; Sajó-Soltész 1651; Voull(Trier) 1471; Voull(B) 2360; Deckert 357; Ohly-Sack 1438, 1439; Hubay(Würzburg) 1088; Hubay(Eichstätt) 479; Hummel-Wilhelmi 312; Madsen 1938; Pr 548; BMC I 123; BSB-Ink H-127; GW 12330
Shelfmark	**Ig 5432, 4°**

ISTC number	**H*140**
Heading	*Hesiodus*
Title:	Opera et dies (Tr: Nicolaus de Valle)

| ISTC number | H*143 |

Imprint	Leipzig: Jacobus Thanner, 16 Apr. 1499
Language	lat
Bib. Refs	Goff H140; H 8540*; IBP 2772; Coll(U) 703; Madsen 1959; Hubay(Würzburg) 1090; Borm 1327; Mittler-Kind 169; Pr 3073; BMC III 657; BSB-Ink H-229; GW 12403
Shelfmark	**1 an Ink A 17**

ISTC number	**H*143**
Heading	*Hesse, Johannes de*
Title:	Itinerarium per diversas mundi partes. Add: Divisiones decem nationum totius Christianitatis; Epistola Johannis Soldani ad Pium II papam cum epistola responsoria papae Pii ad Soldanum. Johannes Presbyter: De ritu et moribus Indorum
Imprint	Deventer: Richardus Pafraet, 1499
Language	lat
Author notes	The work entitled Divisiones decem nationum totius Christianitatis in Italian editions is sometimes entitled or catalogued as Tractatus de decem nationibus Christianorum in northern editions. The northern texts have small anti-papal additions
Bib. Refs	Goff H143; HC 8537; Klebs 558.2; Camp 1032; Pell Ms 5837 (5832); Hillard 1141; Borm 1324; Walsh 3894; Sheppard 6953; Pr 9024; BMC IX 60
Shelfmark	**4 an Ink A 25**

ISTC number	**H*153**
Heading	Hierocles
Title:	In aureos versus Pythagorae opusculum (Tr: Joannes Aurispa)
Imprint	Rome: Johann Besicken and Sigismundus Mayer, 19 Dec. 1493
Language	lat
Bib. Refs	Goff H153; HC 8547*; GfT 2188; Klebs 516.3; Pell Ms 5969 (5967); CIBN H-90; Sajó-Soltész 1674; IBE 2896; IGI 4728; Hubay(Augsburg) 1039; Madsen 1961; Walsh 1498; Sheppard 3163, 3164; Pr 3978; BMC IV 139; BSB-Ink H-236; GW 12411
Shelfmark	**an Ku 3467, 8°**

ISTC number	**H*154**
Heading	*Hieronymus, Sophronius Eusebius*
Title:	Aureola ex floribus S. Hieronymi contexta
Imprint	[Nuremberg: Johann Sensenschmidt, about 1470-72]
Language	lat
Author notes	The Aureola is the work elsewhere attributed to Lupus de Oliveto (or Olmeto) with title Regula monachorum ex Epistolis Hieronymi excerpta (B. Lambert, Bibliotheca Hieronymiana manuscripta, IIIb (Steenbrugis, 1970) no. 552; Sack). The 'editorship' of Thomas

Bib. Refs	Dorniberg seems to apply only to the Speyer edition, where Dorniberg states that this selection from Jerome's writings was made by an anonymous compiler (cf. BMC II 482) Goff H154; H 8585*; Pell Ms 5973 (5961); CIBN H-91; IGI 3574; Sack(Freiburg) 2294; Sajó-Soltész 1675; Coll(S) 523; Madsen 1962; Voull(B) 1637; Sack(Freiburg) 2294; Borm 1336; AmBCat 107; Walsh 662; Sheppard 1387, 1388; Pr 1956; BMC II 404; BSB-Ink L-293
Shelfmark	**an Yc 2° 16**

ISTC number	**H*162**
Heading	*Hieronymus, Sophronius Eusebius*
Title:	Epistolae
Imprint	[Strassburg: Johann Mentelin, not after 25 Sept. 1469]
Language	lat
Publ'n notes	The copy Rés.C431 at Paris BN was bound in 1469 by Johannes Richenbach at Geislingen. For the date "25 Sept." cf. Sack(Freiburg) 1832
Bib. Refs	Goff H162; HC 8549*; Schorbach 14; CIBN H-96; Hillard 1005; Polain(B) 4105; IBP 2782; IDL 2297; IGI 4735; Sallander 1767; Madsen 1965; Nentwig 210; Voull(Trier) 1276; Voull(B) 2102; Leuze(Isny) 72; Ohly-Sack 1458; Sack(Freiburg) 1832; Borm 1338; Walsh 52, 53; Sheppard 135; Rhodes(Oxford Colleges) 912; Pr 203; BMC I 53; BSB-Ink H-244; GW 12422
Shelfmark	**Ib 1221 z, 2°**

ISTC number	**H*171**
Heading	*Hieronymus, Sophronius Eusebius*
Title:	Epistolae
Imprint	Basel: Nicolaus Kesler, 8 Aug. 1489
Language	lat
Publ'n notes	Woodcut
Bib. Refs	Goff H171; H 8559*; Schr 4226; Pell Ms 5985 (5973); CIBN H-106; Aquilon 363; IGI 4741; IBP 2790; Sajó-Soltész 1681; Coll(U) 709; Coll(S) 529; Madsen 1973; Ernst(Hildesheim) II,II 158; Voull(B) 523; Schmitt I 523; Voull(Trier) 225; Ohly-Sack 1459, 1460; Sack(Freiburg) 1835; Borm 1340; Pad-Ink 342, 343; Finger 532; Wilhelmi 319; Walsh 1214; Sheppard 2479; Pr 7673; BMC III 768; BSB-Ink H-250; GW 12431
Shelfmark	**Ib 1222, 4°**

ISTC number	**H*173**
Heading	*Hieronymus, Sophronius Eusebius*
Title:	Epistolae

| ISTC number | H*176 |

Imprint	Basel: Nicolaus Kesler, 8 Aug. 1492
Language	lat
Publ'n notes	With woodcut by Albrecht Dürer. In two parts
Bib. Refs	Goff H173; H 8561*; Schr 4227; Schramm XXI p. 28, XXII p.41; Pell Ms 5987 (5975); Hillard 1008; Buffévent 267; Polain(B) 1948; IBE 3164; IDL 2302; IBP 2792; Sajó-Soltész 1683; Coll(U) 710; Voull(B) 533; Voull(Trier) 230; Ohly-Sack 1461, 1462, 1463; Sack (Freiburg) 1837; Schäfer 154; Borm 1341; Pad-Ink 344; Walsh 1216; Rhodes(Oxford Colleges) 916; Sheppard 2483; Pr 7681; BSB-Ink H-252; GW 12433
Shelfmark	**Ink B 85**

ISTC number	**H*176**
Heading	*Hieronymus, Sophronius Eusebius*
Title:	Epistolae
Imprint	Basel: Nicolaus Kesler, 1497
Language	lat
Publ'n notes	With woodcut by Albrecht Dürer. In three parts
Bib. Refs	Goff H176; HC 8565*; Schr 4228; Schramm XXI p.28; Pell Ms 5990-91 (5978); Hillard 1009; Buffévent 268; Parguez 544; Aquilon 366; Torchet 458; Polain(B) 1951; IDL 2305; IBE 3167; IGI VI 4745-A; IBP 2796; Sajó-Soltész 1686; Coll(U) 712; Madsen 1977; Nentwig 212; Voull(B) 539; Voull(Trier) 235; Ohly-Sack 1464, 1465, 1466; Hubay(Augsburg) 1045; Sack(Freiburg) 1839, 1840; Borm 1343; Hummel-Wilhelmi 326, 327; Pad-Ink 345; Wilhelmi 314; Walsh 1221; Oates 2816; Rhodes(Oxford Colleges) 917; Sheppard 2493; Pr 7692; BMC III 772; BSB-Ink H-255; GW 12436
Shelfmark	**Ib 1222 c, 4°** **Ib 1222 d, 4°**

ISTC number	**H*199**
Heading	*Hieronymus, Sophronius Eusebius*
Title:	Vitae sanctorum patrum, sive Vitas patrum
Imprint	Nuremberg: Anton Koberger, 7 May 1478
Language	lat
Bib. Refs	Goff H199; HC 8595*; Pell Ms 11712; CIBN H-122; Hillard 1012; Aquilon 369; Torchet 460; Polain(B) 3992; IDL 2314; IBE 3171; IGI 4750; IBP 2806; IJL 160; Sajó-Soltész 1690; Coll(U) 714; Madsen 4177, 4178; Nentwig 213; Voull(Trier) 1000; Voull(B) 1654; Hubay(Augsburg) 1047; Ohly-Sack 2983; Sack(Freiburg) 3686; Hummel-Wilhelmi 329; Borm 2769; Wilhelmi 317; Walsh 676; Oates 989, 990; Rhodes(Oxford Colleges) 919; Sheppard 1446, 1447; Pr 1985; BMC II 416; BSB-Ink V-250
Shelfmark	**Ii 462, 2°**

ISTC number	**H*203**
Heading	*Hieronymus, Sophronius Eusebius*
Title:	Vitae sanctorum patrum, sive Vitas patrum
Imprint	[Cologne: Conrad Winters, de Homborch, about 1481-82]
Language	lat
Bib. Refs	Goff H203; [Not H'bis']C 8589; C 2959; Voull(K) 1254; Pell Ms 11706; CIBN H-125; Torchet 461; Polain(B) 3990; IDL 2318; IBP 2808; Sajó-Soltész 1692; Madsen 4185; Voull(B) 885,5; Voull (Trier) 559; Finger 542; Oates 678; Sheppard 907, 908; Pr 1198; BMC I 251
Shelfmark	**an Ink B 70**

ISTC number	**H*217**
Heading	*Hieronymus, Sophronius Eusebius*
Title:	Vitae sanctorum patrum, sive Vitas patrum [German] Leben der heiligen Altväter
Imprint	Augsburg: Anton Sorg, 25 Sept. 1482
Language	ger
Publ'n notes	Woodcuts
Bib. Refs	Goff H217; H 8605*; Schr 4217; Schramm IV p.26 & 51; Voull(B) 129; Deckert 364; Hubay(Augsburg) 1049; Pr 1686; BMC II 350; BSB-Ink V-259
Shelfmark	**Ih 4710 d, 4°**

ISTC number	**H*220**
Heading	*Hieronymus, Sophronius Eusebius*
Title:	Vitae sanctorum patrum, sive Vitas patrum [German] Leben der heiligen Altväter
Imprint	Augsburg: Johann Schobsser and Anton Sorg, 19 Dec. 1492
Language	ger
Publ'n notes	Part of the edition signed by Schobsser (A), part of it by Sorg (B). Woodcuts
Bib. Refs	Goff H220; H 8607 (A & B); Schr 4221 (B) = 4222; Schramm IV p.52 (B); Sajó-Soltész 1698; Günt(L) 133 (B); Hubay(Augsburg) 1051 (A); Hubay(Würzburg) 1112; Madsen 4191 (B); St Gallen 740 (B); BMC II 378 (A); BSB-Ink V-263 (A), V-264 (B)
Shelfmark	**Ih 2734 y, 4°** (B)

ISTC number	**H*239**
Heading	*Hieronymus, Sophronius Eusebius*
Title:	Vita et transitus (i.e., Eusebius Cremonensis: Epistola de morte Hieronymi; Aurelius Augustinus, S: Epistola de magnificentiis Hieronymi; Cyrillus: De miraculis Hieronymi)

ISTC number	H*288

Imprint	[Blaubeuren: Conrad Mancz, about 1475]
Imprint	[about 1477]
Language	lat
Publ'n notes	Polain dates about 1477
Bib. Refs	Goff H239; H 6718*; Polain(B) 3977; IDL 1746; IGI 3727; Sajó-Soltész 1283; Sallander 2196; Voull(B) 629; Deckert 297; Hubay (Ottobeuren) 154; Sack(Freiburg) 1385; Walsh 954; Oates 1198, 1199; Sheppard 1912; Pr 2653; BMC II 564; BSB-Ink E-121; GW 9447
Shelfmark	**Kc 178, 4°**

ISTC number	**H*288**
Heading	*Holkot, Robertus*
Title:	Super sapientiam Salomonis
Imprint	[Cologne: Conrad Winters, de Homborch, not after 1476]
Imprint	[about 1479]
Language	lat
Publ'n notes	Date based on ownership note in copy at Mogila C
Bib. Refs	Goff H288; HC 8755*; Voull(K) 588; Polain(B) 1975; Pell Ms 6051 (6031); CIBN H-166; Péligry 436; IDL 2341; IBP 2830; Sajó-Soltész 1710; Madsen 1997; Voull(B) 869; Voull(Trier) 542; Schüling 447; Ohly-Sack 1471; Borm 1368; Finger 548; Sheppard 900; Pr 1188; BSB-Ink H-311
Shelfmark	**Ink B 21**

ISTC number	**H*289**
Heading	*Holkot, Robertus*
Title:	Super sapientiam Salomonis
Imprint	Speyer: Peter Drach, 26 Feb. 1483
Language	lat
Bib. Refs	Goff H289; HC 8757*; Pell Ms 6052 (6032); CIBN H-167; Polain(B) 1976; IBE 2923; IGI 4789; IBP 2831; Sajó-Soltész 1711; Coll(U) 722; Madsen 1995; Ernst(Hildesheim) II,II 161; Voull (Trier) 1205; Voull(B) 2009; Hubay(Augsburg) 1059; Hubay(Eichstätt) 497; Ohly-Sack 1472; Sack(Freiburg) 1852; Hummel-Wilhelmi 543; Borm 1369; Wilhelmi 320; Walsh 848; Oates 1113; Sheppard 1705; Pr 2352; BMC II 493; BSB-Ink H-312
Shelfmark	**Ink B 132**

ISTC number	**H*291**
Heading	*Holkot, Robertus*
Title:	Super sapientiam Salomonis
Imprint	Basel: [Johann Amerbach and Johann Petri de Langendorff?], 1489

Imprint	[Johann Amerbach},
Language	lat
Publ'n notes	BSB-Ink assigns to Amerbach alone
Bib. Refs	Goff H291; HC 8758*; GfT 887; Pell Ms 6054 (6034); Buffévent 270; Girard 248; Parguez 548; Aquilon 373; Polain(B) 1977; IDL 2342; IBE 2924; IGI 4790; IBP 2832; Mendes 608, 609; Lökkös(Cat BPU) 240; Voull(B) 444; Voull(Trier) 158; Schüling 449; Hubay(Eichstätt) 498; Ohly-Sack 1473; Sack(Freiburg) 1853; Borm 1370; Pad-Ink 347; Oates 2774; Pr 7583; BMC III 751; BSB-Ink H-313
Shelfmark	**an Ib 1285, 4°**

ISTC number	**H*298**
Heading	*Hollen, Gotschalcus*
Title:	Praeceptorium divinae legis
Imprint	Nuremberg: Anton Koberger, 11 June 1503
Language	lat
Bib. Refs	Goff H298; H 8770 ('1500'); VD16 H4470; Panzer II 228: 308
Shelfmark	**AB 181137 (1)**

ISTC number	**H*308**
Heading	*Homerus*
Title:	Iliados epitome (the Ilias Latina attributed to Pindarus Thebanus [i.e. Baebius Italicus]). Add: Epitaphium Hectoris et Epitaphium Achillis
Imprint	[Leipzig]: Martin Landsberg, [about 1497]
Language	lat
Bib. Refs	Goff H308; H 8776; Günt(L) 1462; BSB-Ink I-137
Shelfmark	**3 an Ink A 17**

ISTC number	**H*309**
Heading	*Homerus*
Title:	Iliados epitome (the Ilias Latina attributed to Pindarus Thebanus [i.e. Baebius Italicus]). Add: Epitaphium Hectoris et Epitaphium Achillis
Imprint	[Leipzig]: Martin Landsberg, [about 1497]
Language	lat
Bib. Refs	Goff H309; R 558; IBP 2842; Zehnacker 1883; Madsen 2004; Voull(B) 1337,3; Borm 1374; Mittler-Kind 174; BSB-Ink I-136; GW(Nachtr) 160
Shelfmark	**2 an Ink A 92**

ISTC number	**H*316**
Title:	Homiliarius doctorum a Paulo Diacono collectus
Imprint	Speyer: Peter Drach, 7 Sept. 1482
Language	lat
Publ'n notes	BMC implies in error that quire P is signed. In the St Andrews' copy a variant from BMC noted on a2, col.a1, l.5: p in epi. has both a macron and a line through the descender (G. Hargreaves). Drach type 6 used for one line on [P]1a and guide letters on s7a and t5a (Hargreaves)
Bib. Refs	Goff H316; HC 8790*; Pell Ms 9048 (8894 bis); CIBN H-182; Torchet 470; Polain(B) 3002; IDL 2352; IGI VI 4803-B; IBP 2844; Sajó-Soltész 1719; Coll(S) 532; Madsen 2005, T32; Nentwig 219; Ernst(Hildesheim) I,II 113, II,III 98; Voull(Trier) 1204; Voull(B) 2008; Hubay(Augsburg) 1062; Ohly-Sack 1478; Sack(Freiburg) 1858; Hummel-Wilhelmi 334; Borm 1375; Wilhelmi 323; Rhodes (Oxford Colleges) 930; Sheppard 1704; Pr 2351; BMC II 492; BSB-Ink H-324
Shelfmark	**Il 3545 l, 4°**

ISTC number	**H*317**
Title:	Homiliarius doctorum a Paulo Diacono collectus
Imprint	Basel: Nicolaus Kesler, 30 Sept. 1493
Language	lat
Publ'n notes	Woodcuts. In two parts
Bib. Refs	Goff H317; HC 8791*; GfT 1003; Schr 4898; Schramm XXI p.28; Hillard 1032; Arnoult 809; Péligry 437; Polain(B) 3003; IDL 2353; IBE 2936; IGI VI 4803-C; IBP 2845; Sajó-Soltész 1720; Madsen 2006; Ernst(Hildesheim) I,II 114; Voull(B) 534; Voull(Trier) 231; Ohly-Sack 1479, 1480; Hubay(Augsburg) 1063; Sack(Freiburg) 1859; Hummel-Wilhelmi 335; Borm1376; Pad-Ink 352; Wilhelmi 324; Pr 7685; BMC III 770; BSB-Ink H-1325
Shelfmark	**Il 3545 m, 4°** (imperfect)

ISTC number	**H*318**
Title:	Homiliarius doctorum a Paulo Diacono collectus
Imprint	Nuremberg: Anton Koberger, 30 Sept. 1494
Language	lat
Bib. Refs	Goff H318; H 8792*; Schr 4899; Arnoult 810; Péligry 438; IDL 2354; IBE 2937; IGI VI 4803-D; IBP 2846; Sajó-Soltész 1721; Mendes 612; Coll(U) 1144; Madsen 2007; Voull(Trier) 1107; Voull(B) 1753,5; Hubay(Augsburg) 1064; Hubay(Ottobeuren) 220; Ohly-Sack 1481, 1482; Sack(Freiburg) 1860; Oates 1035; Rhodes(Oxford Colleges) 931; Sheppard 1531; Pr 2095; BMC II 439; BSB-Ink H-326
Shelfmark	**Ink A 47** (imperfect)

ISTC number	**H*322**
Heading	*Honorius Augustodunensis*
Title:	Expositio in librum Salomonis qui dicitur Cantica canticorum. Add: Sigillum beatae Mariae
Imprint	[Cologne: Johann Guldenschaff, about 1490]
Language	lat
Publ'n notes	For variants see CIBN
Bib. Refs	Goff H322; HC 8802* (incl H 14728); GfT 139; Voull(K) 592; Pell Ms 6071 (6051); CIBN H-187; Hillard 1033; Polain(B) 1985; IBE 2945; IDL 2358; IBP 2850; Sajó-Soltész 1723; Madsen 2010; Voull(B) 907; Voull(Trier) 588; Borm 1377; Finger 556, 557; Oates 706, 707; Sheppard 933; Pr 1230; BMC I 258; BSB-Ink H-333
Shelfmark	**Ink A 55** (imperfect)

ISTC number	**H*396.5**
Title:	Horae: ad usum Romanum (Rome)
Imprint	Paris: [Etienne Jehannot], for Antoine Vérard, 22 Oct. 1498
Language	lat
Publ'n notes	CIBN leaves the attribution to printer undecided
Bib. Refs	Goff Suppl. H396a; C 3117; Boh(1924) 658; Macf 220--221; Pell Ms 5926 (5913); CIBN H-244; Polain(B) 1929; IDL 2363
Shelfmark	**Il 791 t/20, 4°**

ISTC number	**H*445**
Heading	*Horatius Flaccus, Quintus*
Title:	Opera
Imprint	Leipzig: Martin Landsberg, 1492
Language	lat
Publ'n notes	In nine parts, which may have been issued separately (Goff)
Author notes	Contains I) Odae I; II) Odae II; III) Odae III; IV) Odae IV; V) Liber epodon; VI) Carmen saeculare; VII) Ars poetica; VIII) Satirae. Johannes Honorius Cubitensis: Vita Horatii; IX) Epistolae. Some parts are explicitly edited by Iacobus Barinus or Johannes Honorius
Bib. Refs	Goff H445; HC 8904 (V), 8918* (VII), 8907* (VIII), 8910* (IX); C 3147 (I-IV), 3148 (VI); Pell Ms 6118 (6099); CIBN H-283; IDL 2396; IBP 2862; Voull(B) 1337,5 (I-IV); Günt(L) 1430 (I-IV), 1432 (V), 1429 (VI), 1433 (VIII), 1431 (IX); Hubay(Augsburg) 1072; Sack(Freiburg) 1886; Borm 1386; Pad-Ink 356 (VI), 357 (IX), 358 (V), 359 (VIII); Mittler-Kind 380; Sheppard 2105; Pr 2936-44; BMC III 637; BSB-Ink H-355 (VII), H-361 (IX), H-374 (VIII)
Shelmark	**1 an Ch 3216 z, 8°** (VIII)

ISTC number	**H*454**
Heading	*Horatius Flaccus, Quintus*
Title:	Opera. Comm: (Pseudo-) Acron, Pomponius Porphyrio, Christophorus Landinus. Ed: Johannes Franciscus Philomusus
Imprint	Venice: Georgius Arrivabenus, 4 Feb. 1490/91
Language	lat
Author notes	Contents: Carmina; Epodae; Carmen saeculare; De arte poetica; Sermones; Epistulae
Bib. Refs	Goff H454; HC(+Add) 8887*; Pell Ms 6094 (6074); CIBN H-281; Girard 252; Polain(B) 1987; IDL 2395; IGI 4886; IBP 2861; Sajó-Soltész 1733; Mendes 613; Sack(Freiburg) 1885; Borm 1385; Mittler-Kind 379; Walsh 2127; Oates 1930; Sheppard 4023; Pr 4917; BMC V 384; BSB-Ink H-366
Shelfmark	**Ch 2876, 4°**

ISTC number	**H*459**
Heading	*Horatius Flaccus, Quintus*
Title:	Opera. Comm: Antonius Mancinellus; (Pseudo-) Acron; Pomponius Porphyrio; Christophorus Landinus. Ed: Antonius Mancinellus
Imprint	Venice: [Philippus Pincius partly with Bevilaqua's types], 13 July 1498
Language	lat
Author notes	Contents: Carmina; Epodae; Carmen saeculare; De arte poetica; Sermones; Epistulae. Mancinellus: Vita Horatii
Bib. Refs	Goff H459; C 3145; Péligry 444; IGI 4891; IBE 2954; IBP 2865; Sajó-Soltész 1737; Coll(U) 732; Madsen 2034, T36; Voull(Bonn) 575; Voull(B) 4562 = 4409,5; Hubay(Augsburg) 1075; Horch(Rio) 80; Walsh 2466; BMC V 498; BSB-Ink H-372
Shelfmark	**Ch 2876 b, 4°** (imperfect)

ISTC number	**H*461**
Heading	*Horatius Flaccus, Quintus*
Title:	Opera. Comm: Nicolaus Perottus. Ed: Jacobus Locher
Imprint	Strassburg: Johann (Reinhard) Grüninger, 12 Mar. 1498
Language	lat
Publ'n notes	Woodcuts
Author notes	Contents: Carmina; Epodae; Carmen saeculare; De arte poetica; Sermones; Epistulae. Vita Horatii
Bib. Refs	Goff H461; HC 8898*; Schmidt I 34; Schr 4240; Schramm XX p.23; Pell Ms 6101 (6081); CIBN H-285; Hillard 1046; Parguez 554; Péligry 443; Torchet 471; Polain(B) 1989; IDL 2399; IBE 2953; IGI 4890; IBP 2864; IJL 164; Sajó-Soltész 1736; Coll(U) 731; Coll(S) 535; Madsen 2031, 2032, 2033, T35; Voull(Trier) 1429; Voull(B) 2302; Leuze(Isny) 68; Deckert 372; Hubay(Augs-

	burg) 1074; Hubay(Ottobeuren) 221; Ohly-Sack 1488; Sack(Freiburg) 1887, 1888; Schäfer 167; Borm 1387; Mittler-Kind 384; Walsh 182, 183; Oates 197; Rhodes(Oxford Colleges) 945; Sheppard 396, 397; Pr 485; BMC I 112; BSB-Ink H-370
Shelfmark	Ch 2877, 4° (imperfect)

ISTC number	H*465.3
Heading	*Horatius Flaccus, Quintus*
Title:	Ars poetica. Add: Jacobus Illuminatoris: Disticha
Imprint	[Leipzig: Martin Landsberg, about 1495]
Language	lat
Bib. Refs	H 8922; Günt(L) 1428?; Sack(Freiburg) 1890
Shelfmark	Ch 3216 z, 8°

ISTC number	H*486
Title:	Hortus sanitatis
Imprint	Mainz: Jacob Meydenbach, 23 June 1491
Language	lat
Publ'n notes	Woodcuts
Bib. Refs	Goff H486; HC 8944*; Klebs 509.1; Klebs(Hortus) 1; Early Herbals 45; Pell Ms 5764 (5754); CIBN H-294; Hillard 1048; Arnoult 818; Girard 253; Jammes H-8; Lefèvre 241; Torchet 472; Polain(B) 2003; IDL 2404; IBE 2971; IGI 4900; IBP 2873; IJL 165; Schr 4247; Schramm XV p.7; Coll(U) 810; Sallander 810 bis; Coll(S) 542; Madsen 1299, T21; Ernst(Hildesheim) II,II 170; Voull(Trier) 925; Voull(B) 1568; Hubay(Eichstätt) 505; Ohly-Sack 1492, 1493, 1494; Sack(Freiburg) 1893, 1894; Schäfer 170; Borm 1395; Walsh 34, 35, 36, 37, 38, 39, 40; Oates 55; Rhodes(Oxford Colleges) 947; Sheppard 102, 103; Pr 160; BMC I 44; BSB-Ink H-388
Shelfmark	Uf 504, 4°

ISTC number	H*489.3
Title:	Hortus sanitatis
Imprint	[Strassburg: Reinhard Beck], 1517
Language	lat
Publ'n notes	Printer from BMC(Ger). Copinger reported the imperfect copy at Lyon BM
Bib. Refs	C 3177; VD16 H5122; Pell Ms 5765 post (5756); IBP Postinc 39; BM(Ger) p.418
Shelfmark	Uf 508, 4° AB 180246 (1)

ISTC number	**H*501**
Heading	*Hugbaldus, Monachus*
Title:	Carmen mirabile de laude calvorum
Imprint	[Mainz: Peter von Friedberg, about 1496]
Language	lat
Bib. Refs	Goff H501; H 8971*; Hillard 1050; Coll(S) 1266; Voull(Trier) 945; Voull(B) 1580,5; Sack(Freiburg) 1900; Pr 191; Sheppard 122; BSB-Ink H-394
Shelfmark	**Pon Πn 5243**

ISTC number	**H*502**
Heading	*Hugo de Novo Castro*
Title:	De victoria Christi contra Antichristum. Add: Nicolaus de Cusa: De ultimis diebus mundi
Imprint	[Nuremberg: Johann Sensenschmidt], 1471
Language	lat
Bib. Refs	Goff H502; H 8993*; Pell Ms 6143 (6125); CIBN H-305; IGI 4915; Sajó-Soltész 1747; IBP 2877; Voull(B) 1627,5; Ernst(Hannover) 185; Borm 1399; Madsen 2039; Sheppard 1396, 1397; Pr 1946; BMC II 404; BSB-Ink H-409
Shelfmark	**an Ib 1501, 4°**

ISTC number	**H*505**
Heading	*Hugo de Prato Florido*
Title:	Sermones dominicales super evangelia et epistolas
Imprint	[Reutlingen: Michael Greyff, about 1478, not after 1479]
Imprint	[Louvain: Johannes de Westfalia],
Language	lat
Publ'n notes	Identified (tentatively) by Hain 8998 as a Louvain edition, without query in Copinger, Camp and Goff H512. 2 copies in München BSB bear the acquisition date '1479'
Bib. Refs	Goff H505 = H512; H 8999* = HC 8998; Camp 1005; Torchet 474; Polain(B) 2020; IDL 2411; IGI VI 4919-A; IBP 2880; Sajó-Soltész 1750; Madsen 2042; Voull(Trier) 1174; Voull(B) 1965; Leuze(Isny) 52; Schüling 459; Hubay(Ottobeuren) 223; Sack(Freiburg) 1903; Sheppard 1945; Pr 2681; BSB-Ink H-413
Shelfmark	**Il 5193 n, 2°**

ISTC number	**H*522**
Heading	*Hugo de Sancto Caro*
Title:	Expositio missae, seu Speculum ecclesiae
Imprint	[Rome: Eucharius Silber, about 1490?]
Language	lat

Bib. Refs	Goff H522; H 8985* (I); IGI VI 4936-A; Morg(B) 260; Sack(Freiburg) 1911
Shelfmark	**Ink A 104**

ISTC number	**H*529**
Heading	*Hugo de Sancto Caro*
Title:	Postilla super evangelia
Imprint	Basel: Bernhard Richel, 10 Jan. 1482
Language	lat
Bib. Refs	Goff H529; H 8975*; GfT 700; Pell Ms 6156 (6138); CIBN H-311; Hillard 1056; Buffévent 280; Torchet 479; Polain(B) 2026; IBE 2979; IGI 4926; IBP 2892; Sajó-Soltész 1761; Coll(U) 736; Madsen 2047; Nentwig 223; Voull(B) 406; Voull(Trier) 122; Deckert 377; Sack(Freiburg) 1907; Borm 1405; Oates 2758; Rhodes(Oxford Colleges) 949; Sheppard 2379; Pr 7537; BMC III 738; BSB-Ink H-430
Shelfmark	**Ie 442, 2°**

ISTC number	**H*535**
Heading	*Hugo de Sancto Victore*
Title:	De sacramentis Christianae fidei
Imprint	Strassburg: [Printer of the 1483 Jordanus de Quedlinburg (Georg Husner)], 30 July 1485
Language	lat
Bib. Refs	Goff H535; HC 9025*; Pell Ms 6187 (6163); CIBN H-326; Hillard 1061; Arnoult 832; Girard 262; Polain(B) 2034; IDL 2426; IBE 2990; IGI 4940; IBP 2896; Sajó-Soltész 1764; Coll(U) 737; Coll(S) 543; Madsen 2049, 2050; Ernst(Hildesheim) II,II 166, II,III 75; Voull(Trier) 1503; Voull(Bonn) 580; Voull(B) 2407; Ohly-Sack 1515, 1516, 1517; Hubay(Augsburg) 1089; Hubay(Eichstätt) 510; Sack(Freiburg) 1913, 1914, 1915; Hummel-Wilhelmi 345; Borm 1408; Wilhelmi 331; Walsh 228; Oates 226; Sheppard 463; Pr 597; BMC I 133; BSB-Ink H-433
Shelfmark	**Ib 1285, 4°**

ISTC number	**H*550**
Heading	*Humbertus de Romanis*
Title:	Auslegung über Sankt Augustins Regel. Tr: Johann Meyer
Imprint	[Ulm: Conrad Dinckmut, about 1488]
Language	ger
Bib. Refs	Goff H550; HC 9030*; Amelung, Frühdruck I 119; Pell Ms 6201 (6177); CIBN H-331; Coll(S) 545; Madsen 2053; Voull(B) 2658;

ISTC number	H*561

	Deckert 379; Sack(Freiburg) 1920; Walsh 918; Pr 2579; BMC II 536; BSB-Ink H-440
Shelfmark	**Ink B 97**

ISTC number	**H*561**
Heading	*Hyginus, Gaius Julius*
Title:	Poetica astronomica. Ed: Jacobus Sentinus and Johannes Lucilius Santritter
Imprint	Venice: Erhard Ratdolt, 22 Jan. 1485
Language	lat
Bib. Refs	Goff H561; HC 9063*; Klebs 527.3; Essling 286; Sander 3473; Pell Ms 6206 (6182); CIBN H-335; Arnoult 835; Lefèvre 245; Polain(B) 2040; Redgr 48; IDL 2431; IBE 2898; IGI 4960; IBP 2911; IJL 167; Sajó-Soltész 1771; Coll(U) 742; Coll(S) 547; Madsen 2057; Voull(Trier) 1886; Voull(B) 3798; Schmitt I 3798; Hubay (Augsburg) 1098; Sack(Freiburg) 1929; Mittler-Kind 388; Walsh 1825; Oates 1758; Sheppard 3683; Pr 4398; BMC V 289; BSB-Ink H-460
Shelfmark	**Ink A 64**

ISTC number	**I*14**
Title:	*Imitatio Christi*. Add: Johannes Gerson: De meditatione cordis
Imprint	Strassburg: Martin Flach (printer of Strassburg), 1487
Language	lat
Author notes	On the attribution to Thomas à Kempis see A. Ampe, L'Imitation de Jésus-Christ et son auteur (Roma, 1973) and R.R. Post, The Modern Devotion (Leiden, 1968) pp.520-536 (CIBN)
Bib. Refs	Goff I14; HC(+Add) 9092*; C(Im) 36; Girard 263; Polain(B) 2054; IBE 3008; IGI 5112; IDL 4318; Sajó-Soltész 3313; IBP 3035; Coll(U) 1443; Madsen 2063; Voull(B) 2475,15; Schüling 820; Ohly-Sack 2787; Sack(Freiburg) 3469; Borm 2627; Walsh 270; Rhodes(Oxford Colleges) 956; Sheppard 505; Pr 673; BMC I 147; BSB-Ink T-171
Shelfmark	**Ib 2394 t, 8°**

ISTC number	**I*16**
Title:	*Imitatio Christi*. Add: Johannes Gerson: De meditatione cordis
Imprint	Augsburg: Erhard Ratdolt, 1488
Language	lat
Author notes	On the attribution to Thomas à Kempis see A. Ampe, L'Imitation de Jésus-Christ et son auteur (Roma, 1973) and R.R. Post, The Modern Devotion (Leiden, 1968) pp.520-536 (CIBN)

Bib. Refs	Goff I16; HC(+Add) 9094*; C(Im) 38; Polain(B) 4452; IBE 3009; IGI 5114; IBP 3036; Sajó-Soltész 3315; Coll(S) 548; Madsen 2066, 2067; Günt(L) 50; Voull(B) 285; Voull(Trier) 39; Sack(Freiburg) 3472, 3473; Borm 2628; Walsh 620; Oates 957; Sheppard 1322; Pr 1878; BMC II 382; BSB-Ink T-174
Shelfmark	**Ib 2395, 8°** **Ink A 24** (imperfect)

ISTC number	**I*22**
Title:	*Imitatio Christi*. Add: Johannes Gerson: De meditatione cordis
Imprint	Strassburg: [Johann Prüss], 1489
Language	lat
Publ'n notes	Woodcuts
Author notes	On the attribution to Thomas à Kempis see A. Ampe, L'Imitation de Jésus-Christ et son auteur (Roma, 1973) and R.R. Post, The Modern Devotion (Leiden, 1968) pp.520-536 (CIBN)
Bib. Refs	Goff I22; HC(+Add) 9098*; C(Im) 42; Pell Ms 6235 (6213); CIBN T-240; Parguez 563; Polain(B) 2058; Schr 5345; Schramm XX p. 25; IGI 5117; IDL 4323; IBP 3038; IJL 170; Sajó-Soltész 3317; Coll(S) 549; Voull(Trier) 1467 (= 1568?); Voull(B) 2358; Ohly-Sack 2791, 2792; Borm 2629; Pad-Ink 652; Walsh 197, 198; Sheppard 480; Pr 545; BMC I 123; BSB-Ink T-177
Shelfmark	**Yc 8° 54**

ISTC number	**I*27**
Title:	*Imitatio Christi*. Add: Johannes Gerson: De meditatione cordis
Imprint	[Nuremberg: Anton Koberger], 1492
Language	lat
Author notes	On the attribution to Thomas à Kempis see A. Ampe, L'Imitation de Jésus-Christ et son auteur (Roma, 1973) and R.R. Post, The Modern Devotion (Leiden, 1968) pp.520-536 (CIBN)
Bib. Refs	Goff I27; HC(+Add) 9103*; C(Im) 46; GfT 25; Polain(B) 2061; IDL 4324; IBP 3039; Sajó-Soltész 3318; Coll(U) 1444; Madsen 2069; Voull(B) 1735; Voull(Trier) 1083; Sack(Freiburg) 3476; Borm 2630; Finger 903; Walsh 721; Oates 1023; Pr 2080; BMC II 436; BSB-Ink T-178
Shelfmark	**Ink A 26**

ISTC number	**I*95**
Heading	*Innocentius IV*, Pont. Max. (Sinibaldo Fieschi)
Title:	Apparatus super libros Decretalium. Add: Baldus de Ubaldis: Margarita (Repertorium super Innocentio IV)
Imprint	Strassburg: [Heinrich Eggestein], 1478

ISTC number	I*136.75

Language	lat
Bib. Refs	Goff I95; HC 9191* (incl H 2335*); Pell Ms 6329 (6306); CIBN I-47; Parguez 567; Torchet 491; IDL 2484; IGI 5153; IBE 3038, 5922; IBP 3054; Sajó-Soltész 1782; Coll(U) 744; Madsen 2094; Voull(B) 2141; Hubay(Augsburg) 1120; Sack(Freiburg) 2016; Finger 568, 569; Walsh 103; Sheppard 205; Pr 267; BMC I 69; BSB-Ink I-176
Shelfmarks	**Kr 775, 2°**

ISTC number	**I*136.75**
Heading	*Innocentius VIII*, Pont. Max. (Giovanni Battista Cibo)
Title:	Mandatum adversus Flamingos propter detentionem et inclusionem Maximiliani regis
Imprint	[Germany: n.pr., after 23 Mar. 1487]
Imprint	[Speyer: Johann and Conrad Hist],
Language	lat
Publ'n notes	On the printer see CIBN. Polain(B) 4460 assigns to the Hists
Bib. Refs	H 9211*; Polain(B) 2114 = 4460; CIBN I-51; Voull(Bonn) 610; BSB-Ink I-205
Shelfmark	**Pon IIn 1955, 8°**

ISTC number	**I*167.3**
Heading	*Institoris, Henricus and Jacobus Sprenger*
Title:	Malleus maleficarum
Imprint	[Speyer: Peter Drach, about 1495]
Imprint	[1492?]
Language	lat
Publ'n notes	On the date see BSB-Ink. Dated 1492? in Goff
Bib. Refs	Goff I165; HC 9240*; Klebs 926.3; Pell Ms 6338 (6315); CIBN I-55; GfT 1183; Polain(B) 2123; IBE 3055; IGI 5183; IBP 3073; Sajó-Soltész 3123; Coll(S) 992; Madsen 2101; Ernst(Hildesheim) II,II 167; Voull(Trier) 1237; Voull(B) 2035; Sack(Freiburg) 2029; Borm 1497; Finger 571; Walsh 863; Pr 2389; BMC II 498; BSB-Ink I-228
Shelfmark	**Ink A 39**

ISTC number	**I*170**
Heading	*Institoris, Henricus*
Title:	Tractatus varii cum sermonibus contra errores adversus eucharistiam exortos
Imprint	Nuremberg: Anton Koberger, 26 Jan. 1496
Language	lat

Bib. Refs	Goff I170; H 9233*; Pell Ms 6344 (6322); Hillard 1091; Buffévent 289; Polain(B) 2119; IDL 2496; IBE 3058; IGI 5186; IBP 3070; Sajó-Soltész 1790; Mendes 644; Coll(U) 749; Coll(S) 1271; Madsen 2104, T39; Voull(Trier) 1112; Voull(B) 1760; Hubay (Eichstätt) 529; Hubay(Ottobeuren) 236; Sack(Freiburg) 2032; Borm 1499; Pad-Ink 373; Wilhelmi 337; Walsh 747; Oates 1039; Sheppard 1536; Pr 2104; BMC II 441; BSB-Ink I-233
Shelfmark	**Ink A 51**

ISTC number	**I*181**
Heading	*Isidorus Hispalensis*
Title:	Etymologiae
Imprint	[Augsburg]: Günther Zainer, 19 Nov. 1472
Language	lat
Publ'n notes	Woodcuts, map
Bib. Refs	Goff I181; H 9273*; GfT 460; Klebs 536.2; Osler(IM) 13; Schr 4266; Schramm II p.10 & 24; Campbell(Maps) 77; Pell Ms 6371 (6349); CIBN I-67; Delisle 990, 990 bis; Polain(B) 2135; IDL 2507; IBE 3063; IGI 5404; IBP 3288; Sajó-Soltész 1792; Coll(U) 758; Sallander 758 bis; Coll(S) 554; Voull(B) 10; Hubay(Augsburg) 1131; Hubay(Eichstätt) 531; Ohly-Sack 1728; Sack(Freiburg) 2168; Borm 1625; Mittler-Kind 393; Walsh 500; Rhodes(Oxford Colleges) 967; Sheppard 1127; Pr 1532; BMC II 317; BSB-Ink I-627
Shelfmark	**Ch 3492, 4°**

ISTC number	**I*182**
Heading	*Isidorus Hispalensis*
Title:	Etymologiae
Imprint	[Strassburg: Johann Mentelin, about 1473]
Language	lat
Publ'n notes	Woodcuts, map
Bib. Refs	Goff I182; HC 9270*; Klebs 536.1; Schr 4267; Schramm XIX p. 13; Schorbach 24; Campbell(Maps) 78; Osler(IM) 27; Pell Ms 6369 (6347); CIBN I-68; Hillard 1095; Arnoult 853; Lefèvre 247; Torchet 493; Delisle 989; IBE 3064; IGI 5405; IBP 3289; IDL 2508; IJL 171; Polain(B) 2133; Coll(U) 757; Madsen 2111; Voull (Trier) 1278; Voull(B) 2104; Sack(Freiburg) 2169; Borm 1626; Mittler-Kind 394; Walsh 63; Oates 89; Sheppard 159, 160; Pr 227; BMC I 57; BSB-Ink I-628
Shelfmark	**Ch 3491, 2°**

ISTC number	**I*183**
Heading	*Isidorus Hispalensis*
Title:	Etymologiae
Imprint	[Cologne: Conrad Winters, de Homborch, not after 1476]
Language	lat
Publ'n notes	Woodcut map. The copy at Kraków Dom has an owner's note dated 1476
Bib. Refs	Goff I183; HC 9271*; Klebs 536.3; Osler(IM) 139; Campbell (Maps) 79; Voull(K) 706; Pell Ms 6370 (6348); CIBN I-69; Hillard 1096; Polain(B) 2134; IBE 3065; IDL 2509; IBP 3290; Madsen 2116; Voull(B) 873; Voull(Trier) 546; Sack(Freiburg) 2170; Mittler-Kind 395; Wilhelmi 338; Walsh 394; BSB-Ink I-629
Shelfmark	**Ch 3492 b, 2°**

ISTC number	**I*185**
Heading	*Isidorus Hispalensis*
Title:	Etymologiae
Imprint	Basel: [Michael Furter], 8 Aug. 1489
Imprint	[Johann Amerbach],
Language	lat
Publ'n notes	Woodcut map. BMC assigned doubtfully to Furter, and Proctor to Amerbach. The queried type 16: 165G is however found in the Schynnagel Almanac of ca. 1489-90 signed by Furter (Goff S335), confirming the attribution
Bib. Refs	Goff I185; HC 9274*; Klebs 536.5; Campbell(Maps) 81; Pell Ms 6373 (6751); Jammes I-1; Polain(B) 2137; IBE 3067; IDL 2511; IBP 3292; Sajó-Soltész 1794; Coll(U) 759; Coll(S) 556; Madsen 2113; Voull(B) 449; Voull(Trier) 163; Deckert 384; Schüling 530; Ohly-Sack 1729, 1730, 1731, 1732; Hubay(Eichstätt) 532; Mittler-Kind 398; Walsh 1239; Pr 7580; BMC III 787; BSB-Ink I-631
Shelfmark	**Ch 3492 b/5, 4°**

ISTC number	**I*192**
Heading	*Isidorus Hispalensis*
Title:	De summo bono
Imprint	Nuremberg: [Johann Sensenschmidt, not after Apr. 1470]
Language	lat
Publ'n notes	A Bamberg copy has the date Circa festum Pasce [Easter falling on 22 Apr.] (BMC reprint)
Bib. Refs	Goff I192; HC(Add) 9282*; Pell Ms 6387 (6365); CIBN I-76; Arnoult 856; Girard 270; IGI 5414; IBP 3282; IJL 173; Sajó-Soltész 1798; Voull(B) 1638; Coll(U) 754; Coll(S) 552; Madsen 2120; Mittler-Kind 390; Walsh 660; Sheppard 1391-1393; Pr 1957; BMC II 404; BSB-Ink I-636
Shelfmark	**Ib 1507, 4°**

ISTC number	**I*204**
Heading	*Isidorus Hispalensis*
Title:	Synonyma de homine et ratione, seu Soliloquia
Imprint	[Nuremberg: Johann Sensenschmidt, about 1470 - before 15 May 1471]
Language	lat
Publ'n notes	A Bamberg copy has the date 1471 Sophie [15 May] (BMC reprint)
Bib. Refs	Goff I204; H 9294*; Pell Ms 6395 (6373); CIBN I-82; Girard 273; IGI 5411; Coll(S) 557; Madsen 2118; Voull(B) 1638,2; Voull (Trier) 989; Mittler-Kind 401; Pr 1958; BMC II 404; BSB-Ink I-641
Shelfmark	**an Ib 1501, 4°**

ISTC number	**J*20**
Heading	*Jacobus de Clusa*
Title:	De animabus exutis a corporibus, sive De apparitionibus et receptaculis animarum
Imprint	Burgdorf: [Printer of Jacobus de Clusa (H 9349*)], 1475
Language	lat
Author notes	The author also recorded as Jacobus de Jüterbog or de Paradiso (Verfasserlexikon 2, Bd 4 col.478ff)
Bib. Refs	Goff J20; H 9349*; Pell Ms 6415 (6392); CIBN J-27; Hillard 1106; Polain(B) 2160; IDL 2536; IGI 4968; Sajó-Soltész 1818; Madsen 2140; Lökkös(Cat BPU) 252; Voull(B) 637; Voull(Trier) 288; Sack(Freiburg) 1954; Borm 1442; Finger 579; Walsh 1267; Sheppard 2575, 2576; Pr 7803; BMC III 801; BSB-Ink I-30
Shelfmark	**1 an Ink B 110**

ISTC number	**J*30**
Heading	*Jacobus de Clusa*
Title:	De arte curandi vitia
Imprint	[Leipzig]: Martin Landsberg, [not after 1495]
Language	lat
Publ'n notes	The copy in Augsburg SStB has an owner's inscription with the date [14]95
Author notes	The author also recorded as Jacobus de Jüterbog or de Paradiso (Verfasserlexikon 2, Bd 4 col.478ff)
Bib. Refs	Goff J30; H 9337*; IBP 2951; Günt(L) 1434; Voull(B) 1337,7; Hubay(Augsburg) 1147; Coll(S) 560; Sallander 2264; Madsen 2144; Walsh 1031; Sheppard 2111; Pr 2992; BSB-Ink I-39
Shelfmark	**4 an Ink A 7**

ISTC number	**J*39**
Heading	*Jacobus de Clusa*
Title:	Sermones de sanctis
Imprint	[Blaubeuren: Conrad Mancz, about 1475-76]
Language	lat
Publ'n notes	A copy at München BSB has a rubricator's date of 1476
Author notes	Recorded by Sheppard as Sermones de praecipuis festivitatibus. The author also recorded as Jacobus de Jüterbog or de Paradiso (Verfasserlexikon 2, Bd 4 col.478ff)
Bib. Refs	Goff J39; HC 9330*; Polain(B) 4471; IBE 3129; IGI VI 4976-B; Sajó-Soltész 1824; Voull(B) 631; Hubay(Würzburg) 1193; Ohly-Sack 1552; Sack(Freiburg) 1963; Hummel-Wilhelmi 360; Sheppard 1914; Pr 2657; BMC II 564; BSB-Ink I-46
Shelfmark	**Ih 4696 o, 4°**

ISTC number	**J*40**
Heading	*Jacobus de Clusa*
Title:	De valore et utilitate missarum pro defunctis celebratarum. Add: Johannes de Mechlinia: Determinatio utrum perfecta Dei opera possint impediri daemonis malitia
Imprint	[Heidelberg: Heinrich Knoblochtzer], 1493
Language	lat
Publ'n notes	BMC records a variant title
Author notes	The author also recorded as Jacobus de Jüterbog or de Paradiso (Verfasserlexikon 2, Bd 4 col.478ff)
Bib. Refs	Goff J40; HC 9341*; Pell Ms 6426 (6402 bis); CIBN J-40; Buffévent 295; Polain(B) 2172; IBE 3130; IGI 4975; IBP 2964; IDL 2542; Madsen 2151, 2152; Voull(B) 1203; Voull(Trier) 854; Hubay(Augsburg) 1151; Hubay(Eichstätt) 544; Ohly-Sack 1553, 1554; Sack(Freiburg) 1964, 1965, 1966; Borm 1452; Pr 3141; BMC III 671; BSB-Ink I-41
Shelfmark	**an Ink A 73**

ISTC number	**J*65.7**
Heading	*Jacobus de Theramo*
Title:	Consolatio peccatorum, seu Processus Belial
Imprint	[Erfurt: Printer of Aristeas (H 1655*), not after 1477]
Language	lat
Publ'n notes	Dated from an owner's inscription in the Nürnberg GermNM copy
Bib. Refs	Goff J69; IBP 2975; Coll(S) 568; Voull(B) 1112,20; Günt(L) 1009; Hellwig 528; Krüger JJJ.1; BSB-Ink I-53
Shelfmark	**Ig 3127 z, 4°**

ISTC number **J*66**
Heading *Jacobus de Theramo*
Title: Consolatio peccatorum, seu Processus Belial
Imprint [Lyons: Nicolaus Philippi and Marcus Reinhart, before 1478]
Imprint [Augsburg: Johann Bämler, about 1476]
Language lat
Publ'n notes Recorded by Goff in error as Augsburg, Bämler
Bib. Refs Goff J66; C 5789; GfT 2127; Pell Ms 8927-8928 (8786); CIBN J-48; Arnoult 868; Parguez 574; Voull(B) 4677,5; Walsh 3741
Shelfmark **an Kr 916, 4°**

ISTC number **J*82**
Heading *Jacobus de Voragine*
Title: Legenda aurea sanctorum, sive Lombardica historia
Imprint [Basel: Michael Wenssler, not after 1474]
Language lat
Publ'n notes The Memmingen copy has an acquisition date 1475
Bib. Refs Goff J82; C 6399; Pell(V) 78; Pell Ms 6458 (6435); CIBN J-62; Hillard 1116; Parguez 576; IBP 2978; Sajó-Soltész 1828; Voull(B) 390; Schmitt II 2154,20; Voull(Trier) 99; Hubay(Würzburg) 1205; Sheppard 2317; Pr 7460; BMC III 720; BSB-Ink I-65
Shelfmark **Ih 4696 r, 2°**

ISTC number **J*85**
Heading *Jacobus de Voragine*
Title: Legenda aurea sanctorum, sive Lombardica historia
Imprint Nuremberg: Johann Sensenschmidt and Andreas Frisner, 26 Mar. 1476
Language lat
Bib. Refs Goff J85; C 6411; Pell(V) 5; Polain(B) 2185; IBP 2981; Coll(S) 570; Madsen 2171; Lökkös(Cat BPU) 456; Borm 1459; Günt(L) 2141; Hubay(Augsburg) 1159; BSB-Ink I-67
Shelfmark **Ih 4696 r/5, 2°** (imperfect)

ISTC number **J*91**
Heading *Jacobus de Voragine*
Title: Legenda aurea sanctorum, sive Lombardica historia
Imprint Ulm: Johann Zainer, [not after 1478]
Language lat
Bib. Refs Goff J91; C 6390; Pell(V) 67; Pell Ms 6452 (6428); CIBN J-70; Polain(B) 4478; IGI 5012; Sajó-Soltész 1833; Voull(B) 2626; Sack(Freiburg) 1974; Sheppard 1812; Pr 2538; BMC II 529; BSB-Ink I-71

ISTC number	J*103

Shelfmark	**Ink B 73** **Ink B 16**

ISTC number	**J*103**
Heading	Jacobus de Voragine
Title:	Legenda aurea sanctorum, sive Lombardica historia
Imprint	Nuremberg: Anton Koberger, 1 Oct. 1482
Language	lat
Bib. Refs	Goff J103; C 6429; Pell(V) 22; Pell Ms 6484 (6461); CIBN J-82; Hillard 1117; IDL 2565; IGI 5016; IBE 3090; IBP 2993; Sajó-Soltész 1841; Lökkös(Cat BPU) 458; Voull(B) 1688; Voull(Bonn) 596; Hubay(Ottobeuren) 243; Walsh 690; Sheppard 1482; Pr 2025; BMC II 423; BSB-Ink I-83
Shelfmark	**Ink B 78**

ISTC number	**J*110**
Heading	*Jacobus de Voragine*
Title:	Legenda aurea sanctorum, sive Lombardica historia
Imprint	Strassburg: [Printer of the 1483 Jordanus de Quedlinburg (Georg Husner)], 4 May 1485
Language	lat
Publ'n notes	Title transcription and collation in CIBN
Bib. Refs	Goff J110; C 6443; Pell(V) 37 bis; Pell Ms 6493 (6469); CIBN J-88; IGI 5023; IBP 2997; Sajó-Soltész 1847; Ernst(Hildesheim) II,II 268; Voull(B) 2404 = 2408; Schmitt I 2404; Günt(L) 2659; Deckert 388; Borm 1468; Sheppard 459, 460; Pr 600; BSB-Ink I-88
Shelfmark	**Ink B 80**

ISTC number	**J*123**
Heading	*Jacobus de Voragine*
Title:	Legenda aurea sanctorum, sive Lombardica historia. Add: Usuardus: Martyrologium
Imprint	Cologne: Johann Koelhoff, the Elder, 22 July 1490
Imprint	5 Jan. 1490
	Language lat
Publ'n notes	The date in the colophon reads "in vigilia sanctissimorum trium Regum", interpreted by A. Labarre (Gb Jb 1975, pp. 77-80) as 22 July, but previously as 5 Jan. (CIBN)
Bib. Refs	Goff J123; C 6453 (Voragine only); HCR 16111 (Usuardus only); Pell(V) 47 (Voragine only); Voull(K) 625; Pell Ms 6503 (6479); CIBN J-96; Polain(B) 2202; IBP 3004; IDL 2573; Madsen 2190; Ernst(Hildesheim) II,II 270; Voull(B) 797,5 (Voragine only); Voull(Trier) 486; Hubay(Augsburg) 1170; Borm 1470; Pad-Ink

	387; Finger 595; Oates 553 (Usuardus only); Rhodes(Oxford Colleges) 985; Sheppard 819; Pr 1079; BMC I 229
Shelfmark	**Ink B 82**

ISTC number	**J*132**
Heading	*Jacobus de Voragine*
Title:	Legenda aurea sanctorum, sive Lombardica historia
Imprint	Nuremberg: [Anton Koberger], 2 Apr. 1496
Language	lat
Bib. Refs	Goff J132; C 6468; Pell(V) 61; Pell Ms 6510 (6487); CIBN J-103; Polain(B) 2209; IDL 2579; IGI 5031; IBE 3106; IBP 3009; IJL 175; Sajó-Soltész 1859; Coll(S) 575; Madsen 2193, 2194, 2195; Mendes 659; Voull(B) 1761; Deckert 390; Sack(Freiburg) 1992; Wilhelmi 347, 348; Walsh 748; Sheppard 1537; Pr 2105; BMC II 441; BSB-Ink I-101
Shelfmark	**Ih 4697 a, 4°** **Ih 4697 b, 4°**

ISTC number	**J*133**
Heading	*Jacobus de Voragine*
Title:	Legenda aurea sanctorum, sive Lombardica historia
Imprint	Strassburg: [Printer of the 1483 Jordanus de Quedlinburg (Georg Husner)], about 12 May 1496
Language	lat
Publ'n notes	The colophon reads 'circa festu ascesionis dni' (12 May)
Bib. Refs	Goff J133; C 6467; Polain(B) 2210; IDL 2580; IGI 5032; IBP 3010; IJL 176; Sajó-Soltész 1860; Coll(S) 576; Voull(B) 2463; Deckert 391; Ohly-Sack 1577; Borm 1474; Pad-Ink 390, 391; Finger 596; Wilhelmi 346; Walsh 259; Oates 238; Rhodes(Oxford Colleges) 990; Sheppard 499; Pr 630; BMC I 146; BSB-Ink I-102
Shelfmark	**Ih 4697, 4°**

ISTC number	**J*139**
Heading	*Jacobus de Voragine*
Title:	Legenda aurea sanctorum, sive Lombardica historia [Dutch] Passionael: Winterende Somerstuc
Imprint	Gouda: Gerard Leeu, 1478
Language	dut
Publ'n notes	In two parts, dated: I) 31 July 1478; II) '10' May 1478. The second colophon is dated 'pinxter auont', which, according to BMC, was 9 May
Bib. Refs	Goff J139; C 6508; Pell(V) 117; Camp 1755; Pell Ms 6515 (6492); CIBN J-119; Elliott-Loose 329; Polain(B) 2216 (I); IDL 2581;

	Madsen 2210; Oates 3384, 3385; Sheppard 6888, 6889; Pr 8914, 8913; BMC IX 31
Shelfmark	**Ih 4696 r/15, 4°** (II)

ISTC number	**J*156**
Heading	*Jacobus de Voragine*
Title:	Legenda aurea sanctorum, sive Lombardica historia [German] Leben der Heiligen: Winterteil und Sommerteil
Imprint	Augsburg: Günther Zainer, 1471-72
Language	ger
Publ'n notes	The two parts are dated: I) 25 Oct. 1471; II) 27 Apr. 1472. Woodcuts
Bib. Refs	Goff J156; HC 9968*; Schr 4298; Schramm II p. 1 & 24; Pell Ms 6539 (6512); CIBN J-105; IDL 2592; IGI 5048; IBP 3013; Voull(B) 7 (II); Deckert 392 + 393; Hubay(Augsburg) 1559; Ohly-Sack 1581; Sack(Freiburg) 1764; Schäfer 180 (II); Rosenwald 31; BMC II 317 (II); BSB-Ink H-9
Shelfmark	**Ink C 7**

ISTC number	**J*173**
Heading	Jacobus de Voragine
Title:	Legenda aurea sanctorum, sive Lombardica historia [Low German] Dat duytschen Passionael
Imprint	Lübeck: Stephanus Arndes, 23 Apr. 1499
Language	ger
Publ'n notes	Woodcuts
Bib. Refs	Goff J173; H 9992?; R 1111; GfT 812; Schr 4325; Schramm XI p. 12; Borchling & Claussen 314; IDL(Suppl) 2595a; IBP 3015; Coll(U) 782; Sallander 782 bis; Coll(S) 579; Madsen 2206, 2207; Nentwig 259; Ernst(Hildesheim) I,I 432; Borm 1481; Oates 1195
Shelfmark	**Ink B 168**

ISTC number	**J*185**
Heading	*Jacobus de Voragine*
Title:	Laudes beatae Mariae virginis
Imprint	Hamburg: Johann and Thomas Borchard, 14 Nov. 1491
Language	lat
Bib. Refs	Goff J185; HC 9940*; GfT 386, 387; Delisle 1992; IGI 5009; IBP 2977; Coll(U) 940; Madsen 2170; Voull(B) 1190; Borm 1457; Hubay(Würzburg) 1204; Pr 3206; BMC III 690; BSB-Ink I-106
Shelfmark	**2 an Ink B 119** **2 an Ink B 42**

ISTC number	**J*197**
Heading	*Jacobus de Voragine*
Title:	Sermones de tempore et de sanctis
Imprint	[Basel: Johann Amerbach, 1485]
Imprint	[Augsburg: Hermann Kästlin, about 1481]
Language	lat
Publ'n notes	Amerbach presented two copies to the Basel Carthusians in 1485 (BMC). Goff J194 is a copy of part I, De tempore, wrongly assigned to Kästlin (from Pell(V) and Copinger)
Bib. Refs	Goff J197 = J194; C 6545 = 6538; Pell(V) 137; Pell Ms 6553-6554 (6526); CIBN J-132; Péligry 462; Polain(B) 2229; IDL 2602; IGI 5064; IBE 3118; IBP 3023; Sajó-Soltész 1869; Mendes 663, 664; Coll(U) 785; Ernst(Hildesheim) I,I 434, II,II 274; Voull(B) 485; Voull(Trier) 195; Ohly-Sack 1588, 1589; Sack(Freiburg) 2004; Borm 1483; Pad-Ink 393; Rhodes(Oxford Colleges) 997; Pr 7619A; BMC III 748; BSB-Ink I-111
Shelfmark	**Ib 1289, 4°**

ISTC number	**J*203.7**
Heading	*Jacobus Magdalius de Gouda*
Title:	Textus dominicae passionis ex quattuor evanglistis accuratissime collectus [Biblia, Extract]
Imprint	Cologne: Sons of Heinrich Quentell, 1503
Language	lat
Bib. Refs	VD16 B4679; H 7497
Shelfmark	**an Il 1735, 4°**

ISTC number	**J*211**
Heading	*Jacobus Philippus de Bergamo*
Title:	Supplementum chronicarum
Imprint	Venice: Bernardinus Rizus, Novariensis, 15 May 1490
Language	lat
Bib. Refs	Goff J211; HC 2808*; Essling 343; Sander 917; Pell 2067; CIBN J-143; Aquilon 415; Lefèvre 253; Polain(B) 1495; IDL 2611; IBE 3145; IGI 5078; IBP 2969; IJL 178; Sajó-Soltész 1878; Mendes 677, 678, 679; Sallander 1785; Madsen 2135; Lökkös(Cat BPU) 255; Voull(Trier) 2073; Voull(B) 4135; Hubay(Augsburg) 1175; Sack(Freiburg) 2008; Walsh 2180, 2181; Oates 1938; Sheppard 4073; Rhodes(Oxford Colleges) 1000; Pr 4954; BMC V 402; BSB-Ink I-124
Shelfmark	**Na 996, 2°**

ISTC number	**J*216**
Heading	*Jamblichus*
Title:	De mysteriis Aegyptiorum, Chaldaeorum, Assyriorum (Tr: Marsilius Ficinus). Add: Proclus: In Platonicum Alcibiadem; De sacrificio et magia. Porphyrius: De divinis et daemonibus. Synesius: De Somniis. Psellus: De daemonibus. Priscianus et Marsilius Ficinus: In Theophrastum De sensu ... Alcinous: De doctrina Platonis. Speusippus: De Platonis definitionibus. Pythagoras: Aurea verba et symbola. Xenocrates: De morte. Marsilius Ficinus: De Voluptate
Imprint	Venice: Aldus Manutius, Romanus, Sept. 1497
Language	lat
Publ'n notes	For variants see CIBN + Add.
Author notes	On the probably erroneous attribution of Alcinous, Epitome to Albinus (cf. GW), see Alcinoos, Enseignement des doctrines de Platon, ed. John Whittaker (Paris, 1990)
Bib. Refs	Goff J216; HC 9358*; Klebs 529.1; CIBN J-147; Hillard 1125; Aquilon 417; Arnoult 889; Buffévent 303; Lefèvre 260; Delisle 1005; Polain(B) 2236; IBE 6180; IGI 5096; IDL 2615; Sajó-Soltész 1777; IBP 3028; IJL 181; Mendes 680; Coll(U) 786; Sallander 786 bis; Coll(S) 581; Madsen 2229, T44; Lökkös(Cat BPU) 256; Voull(Trier) 2186; Voull(B) 4495; Hubay(Augsburg) 1176; Ohly-Sack 1598; Sack(Freiburg) 2010; Finger 606; Mittler-Kind 175; Walsh 2648, 2649, 2650, 2651, 2652, 2653; Oates 2177, 2178, 2179; Rhodes(Oxford Colleges) 1002; Sheppard 4639, 4640, 4641; Pr 5559; BMC V 557; BSB-Ink I-127
Shelfmark	**Cd 1565, 4°**

ISTC number	**J*219**
Heading	*Jerung, Henricus*
Title:	Elucidarius scripturarum
Imprint	Nuremberg: Friedrich Creussner, 6 June 1476
Format	f°
Language	lat
Bib. Refs	Goff J219; H 9371*; Pell Ms 6581 (6547); CIBN J-153; Aquilon 418; Polain(B) 2241; IDL 2616; IBE 3178; IGI 5105; IBP 3029; Sallander 1793; Coll(S) 582; Madsen 4355; Voull(B) 1798; Hubay (Augsburg) 1177; Hubay(Eichstätt) 561; Rhodes(Oxford Colleges) 1003; Sheppard 1565; Pr 2131; BMC II 447; BSB-Ink I-135
Shelfmark	**Cb 3235, 2°**

ISTC number	**J*229.35**
Heading	*Johannes XXI*, Pont. Max. (formerly Petrus Hispanus)
Title:	Summulae logicales
Imprint	[Basel: Printer of the 'Modus legendi abbreviaturas', about 1484]

Imprint	[Cologne: Heinrich Quentell, about 1488]
Language	lat
Publ'n notes	The ascription to Quentell (Proctor, Voulliéme, BMC I) was revised in BMC III
Bib. Refs	H 8677*; Voull(K) 923; Hubay(Würzburg) 1234; Pr 1303; BMC III 761 = I 272; BSB-Ink I-585
Shelfmark	**Ink A 85**

ISTC number	**J*237.65**
Heading	*Johannes XXI*, Pont. Max. (formerly Petrus Hispanus)
Title:	Copulata tractatuum Petri Hispani et parvorum logicalium secundum doctrinam Thomae Aquinatis
Imprint	[Cologne: Heinrich Quentell], 1487
Language	lat
Author notes	The authorship is ascribed to Lambertus de Monte
Bib. Refs	[C?]R 2993; IBP 3209 (incl. 3214); Voull(B) 935,2; Hubay(Eichstätt) 566; Ohly-Sack 2284, 2285, 2286; Sack(Freiburg) 2776; GW(Nachtr) 277
Shelfmark	**an Ink A 85**

ISTC number	**J*250.1**
Heading	*Johannes de Anania*
Title:	Consilia, cum additionibus et tabula Ludovici Bolognini
Imprint	Venice: Reynaldus de Novimagio, 14 Sept. 1496
Language	lat
Bib. Refs	H 937; IGI 5244; IBE 3192; Hubay(Augsburg) 1188; Sack(Freiburg) 2038; Rhodes(Oxford Colleges) 1004; BSB-Ink I-364
Shelfmark	**Ka 4766, 2°**

ISTC number	**J*260**
Heading	*Johannes de Bromyard*
Title:	Summa praedicantium
Imprint	[Basel: Johann Amerbach, not after 1484]
Language	lat
Bib. Refs	Goff J260; HC 3993*; Pell 3025; Buffévent 306; Girard 281; Parguez 604; Polain(B) 2246; IDL 2645; IBE 3201; IGI VI 5252-A; IBP 3083; Sajó-Soltész 1883; Mendes 699; Coll(U) 793; Madsen 917; Lökkös(Cat BPU) 258; Voull(B) 486; Voull(Trier) 187; Hubay(Eichstätt) 569; Sack(Freiburg) 2040; Hummel-Wilhelmi 373; Borm 1511; Walsh 1159; Oates 2794; Rhodes(Oxford Colleges) 1005; Pr 7615; BMC III 747; BSB-Ink I-373
Shelfmark	**Il 3513, 2°**

ISTC number	**J*261**
Heading	*Johannes de Bromyard*
Title:	Summa praedicantium
Imprint	Nuremberg: Anton Koberger, 29 June 1485
Language	lat
Bib. Refs	Goff J261; H 3994*; Pell 3026; CIBN J-167; Lefèvre 261; Torchet 523; Polain(B) 2247; IDL 2646; IBE 3202; IGI 5253; IBP 3084; Sajó-Soltész 1884; Coll(U) 792; Coll(S) 588; Madsen 918; Ernst (Hildesheim) II,II 93; Voull(Trier) 1046; Voull(B) 1707; Schmitt I 1707; Hubay(Augsburg) 1189; Wilhelmi 354; Oates 1006; Rhodes(Oxford Colleges) 1006; Sheppard 1495; Pr 2043; BMC II 427; BSB-Ink I-374
Shelfmark	**Il 3513 c, 2°**

ISTC number	**J*268**
Heading	*Johannes de Capua*
Title:	Directorium humanae vitae
Imprint	[Strassburg: Johann Prüss, about 1489]
Language	lat
Publ'n notes	On the four issues of this edition (i.e. the two states of H 4411* (A and B), H 4411a (C) and its later re-issue (D)), see F. Geissler: Die Inkunabeln des Directorium vitae humanae, Beiträge zur Inkunabelkunde, Dritte Folge, 1 (1965) pp. 7-47. According to P. Needham, H 4411a is a separable, later edition while Geissler's second state of H 4411 has 'only scattered in-press forme corrections. They do not distinguish a separate issue' (Sotheby's NY, 17 Dec. 1992, lot 13). Woodcuts
Author notes	A translation of the Fables of Bidpai; also known as the Fables of Kalila and Dimna (Goff)
Bib. Refs	Goff J268; H(+Add)C 4411* (A & B); H 4411a (C); Schr 3489 (A & B), 3489a (C); Schramm XX p. 26 & IX 280-406; Klebs 344.1 (A & B), 344.2 (C); Pell Ms 6948 (6899) (B), 6949 (6900) (C); CIBN J-171 (B), J-172 (C); Hillard 1133 (B); Delisle 366; Polain(B) 2408 (C), 2408a (A); IBE 1380; IGI VI 3494-B (B); IDL 1562 (C); IBP 3087 (A), 3088 (C); Coll(S) 1275 (C); Coll(U) 795 (C); Madsen 2240 (C); Ernst(Hildesheim) II,III 40; Voull(Trier) 1482 (B); Voull(B) 2381 (B), 2382 (D); Schmitt I 2381; Günt(L) 2933 (B), 2934 (C); Deckert 396 (B); Hubay(Augsburg) 1190 (B); Hubay(Eichstätt) 570 (C); Sack(Freiburg) 2041 (B), 2042 (D); Borm 1513 (C); Pad-Ink 400 (C); Wilhelmi 355; Rosenwald 119 (B), 119A (C); Walsh 199 (B); Oates 213 (C); Sheppard 423, 424 (B); Pr 558; BMC I 125 (C); BSB-Ink I-375 (B); GW(Nachtr) 184 (C); F. Geissler, in: Beiträge zur Inkunabelkunde, Dritte Folge 1 (1965), p.7-47; Fac: Klagenfurt, Verlag Armarium, 1981
Shelfmark	**Bd 3262, 4°** (B & C) **2 an Ink B 143**

ISTC number	**J*277**
Heading	*Johannes Chrysostomus*
Title:	Commentarius in epistolam ad Hebraeos
Imprint	[Urach: Conrad Fyner, not after July 1485]
Imprint	[Esslingen]: ,
Language	lat
Publ'n notes	Ascribed by Proctor to Esslingen, by BMC to Urach. The Olmütz copy has the rubricator's date July 1485. Woodcut
Bib. Refs	Goff J277; H 5029*; GfT 1313; Schr 4330; Schramm IX p. 19; Pell Ms 6603 (6568); CIBN J-177; IGI 5193; IBP 3090; Sajó-Soltész 1886; Coll(U) 803; Madsen 2246; Voull(B) 1146; Voull(Trier) 821; Hubay(Augsburg) 1192; Ohly-Sack 1632, 1633; Sack(Freiburg) 2045; Borm 1517; Walsh 994; Oates 1244; Sheppard 2040; Pr 2484; BMC II 612; BSB-Ink I-340
Shelfmark	**1 an Ib 1393, 4°**

ISTC number	**J*278**
Heading	*Johannes Chrysostomus*
Title:	De compunctione cordis
Imprint	[Urach: Conrad Fyner, 1483-85?]
Imprint	[Esslingen]: ,
Language	lat
Publ'n notes	Ascribed by Proctor to Esslingen, by BMC to Urach
Bib. Refs	Goff J278; H 5045*; IGI 5195; IBP 3091; Coll(U) 799, 800; Madsen 2247; Voull(B) 1147; Voull(Trier) 822; Hubay(Augsburg) 119; Ohly-Sack 1623, 1624; Sack(Freiburg) 2046; Borm 1518; Oates 1247; Sheppard 2041, 2042; Pr 2486; BMC II 612; BSB-Ink I-341
Shelfmark	**3 an Ib 1393, 4°**

ISTC number	**J*282**
Heading	*Johannes Chrysostomus*
Title:	Dialogi de dignitate sacerdotii
Imprint	[Cologne: Ulrich Zel, not after 1472]
Language	lat
Bib. Refs	Goff J282; HC 5048*; Voull(K) 645; Pell Ms 6599 (6564); CIBN J-180; Polain(B) 2253; IDL 2625; IGI 5197; IBP 3093; Sajó-Soltész 1888; Coll(U) 804; Madsen 2249; Borm 1519; Voull(B) 694; Voull(Trier) 349; Ohly-Sack 1626, 1627; Hubay(Augsburg) 1195; Hummel-Wilhelmi 376; Walsh 332, 333; Oates 349, 350, 351; Sheppard 643, 644; Pr 857; BMC I 187; BSB-Ink I-344
Shelfmark	**Ib 1416, 8°**

ISTC number	**J*283**
Heading	*Johannes Chrysostomus*
Title:	Dialogi de dignitate sacerdotii
Imprint	[Urach: Conrad Fyner, 1483-85?]
Imprint	[Esslingen]: ,
Language	lat
Publ'n notes	Ascribed by Proctor to Esslingen, by BMC to Urach
Bib. Refs	Goff J283; H 5050*; IGI 5198; IBP 3094; Coll(U) 805; Madsen 2250; Voull(B) 1148; Voull(Trier) 823; Hubay(Augsburg) 1196; Ohly-Sack 1628, 1629; Sack(Freiburg) 2048; Hummel-Wilhelmi 377; Borm 1520; Walsh 993; Oates 1248; Sheppard 2043; Pr 2487; BMC II 613; BSB-Ink I-345
Shelfmark	**2 an Ib 1393, 4°**

ISTC number	**J*287**
Heading	*Johannes Chrysostomus*
Title:	Homiliae super Johannem. Tr: Franciscus Griffolinus (Aretinus)
Imprint	Cologne: 'apud sanctum Laurentium' [Johann Koelhoff, the Elder], 1486
Language	lat
Bib. Refs	Goff J287; H 5037*; GfT 191; Voull(K) 644; Pell Ms 6605 (6570); CIBN J-183; Polain(B) 2255; IDL 2628; IBE 3334; IGI VI 5201-A; IBP 3097; Sajó-Soltész 1891; Coll(S) 593; Voull(B) 785,7; Voull (Trier) 472; Hubay(Augsburg) 1197; Ohly-Sack 1634; Sack(Freiburg) 2050; Borm 1521; Finger 609, 610; Walsh 381; Oates 549; Sheppard 812; Pr 1068; BMC I 227; BSB-Ink I-348
Shelfmark	**an Ib 1410, 4°**

ISTC number	**J*288**
Heading	*Johannes Chrysostomus*
Title:	Homiliae super Matthaeum. (Tr: Georgius Trapezuntius)
Imprint	[Strassburg: Johann Mentelin, not after 1466]
Language	lat
Bib. Refs	Goff J288; HC 5034*; GfT 729; Schorbach 8; Pell Ms 6606 (6571); CIBN J-184; Delisle 1010 bis; IGI 5200; IBP 3098; Sajó-Soltész 1892; Coll(S) 594; Madsen 2253; Voull(Trier) 1277; Voull(B) 2103; Leuze(Isny) 70; Deckert 397; Sack(Freiburg) 2051; Sheppard 128, 129; Oates 70, 71, 72; Pr 197; BMC I 51; BSB-Ink I-349
Shelfmark	**Ib 1409 z, 4°**

ISTC number	**J*289**
Heading	*Johannes Chrysostomus*
Title:	Homiliae super Matthaeum

Imprint	Cologne: Johann Koelhoff, the Elder, 1487
Language	lat
Bib. Refs	Goff J289; H 5035*; Voull(K) 647; Pell Ms 6607 (6572); CIBN J-185; Parguez 606; IBE 3335; IDL 2629; IBP 3099; Sajó-Soltész 1893; Coll(U) 802; Coll(S) 595; Madsen 2254; Voull(B) 788; Voull (Trier) 476; Wiegrefe pp.54-55; Hubay(Augsburg) 1198; Hubay (Eichstätt) 572; Ohly-Sack 1635, 1636; Sack(Freiburg) 2053; Pad-Ink 401; Finger 611; Oates 550; Rhodes(Oxford Colleges) 1010; Sheppard 814; Pr 1071; BMC I 228; BSB-Ink I-357
Shelfmark	**Ib 1410, 4°**

ISTC number	**J*290**
Heading	*Johannes Chrysostomus*
Title:	Homiliae super psalmum L: Miserere mei Deus et Epistolas S. Pauli
Imprint	[Urach: Conrad Fyner, 1483-85?]
Imprint	[Esslingen]: ,
Language	lat
Publ'n notes	Ascribed by Proctor to Esslingen, by BMC to Urach. Woodcut
Bib. Refs	Goff J290; H 5028*; Schr 4331; Schramm IX p.19; Polain(B) 2268; IGI 5202; IBP 3101; Sajó-Soltész 1894; Coll(U) 801; Madsen 2252; Voull(B) 1149; Voull(Trier) 824; Hubay(Augsburg) 1200; Ohly-Sack 1637, 1638; Sack(Freiburg) 2049; Borm 1524; Oates 1249, 1250; Sheppard 2044; Pr 2488; BMC II 613; BSB-Ink I-346
Shelfmark	**Ib 1393, 4°**

ISTC number	**J*303**
Heading	*Johannes Chrysostomus*
Title:	Sermones morales XXV
Imprint	[Urach: Conrad Fyner, 1483-85]
Imprint	[Esslingen]: ,
Language	lat
Publ'n notes	Ascribed by Proctor to Esslingen, by BMC to Urach
Bib. Refs	Goff J303; H 5042*; TFS 1905b; IGI 5212; IBP 3105; Coll(U) 807; Voull(B) 1150; Hubay(Augsburg) 1201; Ohly-Sack 1640; Sack (Freiburg) 2054; Borm 1527; Oates 1245, 1246; Sheppard 2045, 2046; Pr 2485; BMC II 613; BSB-Ink I-355
Shelfmark	**4 an Ib 1393, 4°**

ISTC number	**J*314**
Heading	*Johannes de Fonte*
Title:	Compendium librorum Sententiarum
Imprint	[Augsburg: Günther Zainer, 1475-76]

ISTC number		J*316

Language	lat
Bib. Refs	Goff J314; HC(Add) 7225*; Pell Ms 6634 (6599); CIBN J-209; Lefèvre 263; Polain(B) 2274; IBE 2474; IGI 5261; IBP 3115; Sajó-Soltész 1902; Madsen 2261; Voull(B) 36; Voull(Trier) 10; Hubay (Augsburg) 1206; Sack(Freiburg) 2061; Borm 1536; Sheppard 1165; Pr 1557; BMC II 324; BSB-Ink I-391
Shelfmark	**Ig 186 i, 4°**

ISTC number	**J*316**
Heading	*Johannes Friburgensis*
Title:	Summa confessorum
Imprint	[Augsburg: Günther Zainer], 1476 [not after 1 Feb.]
Language	lat
Publ'n notes	A variant state B is known with date printed above colophon. A copy at München BSB has a buyer's inscription with the date '1 Feb. 1476'
Bib. Refs	Goff J316; H 7365*; Pell Ms 6637 (6602); CIBN J-212; IGI 5263; IBP 3119; Sajó-Soltész 1903; Coll(S) 598; Nentwig 349; Ernst(Hildesheim) I,I 196; Voull(B) 18; Hubay(Augsburg) 1208; Hubay (Eichstätt) 573; Sack(Freiburg) 2062, 2063; Borm 1538; Finger 630; Sheppard 1168; Pr 1547; BMC II 322; BSB-Ink I-565
Shelfmark	**Ink C 31** **Kr 2580, 2°**

ISTC number	**J*322**
Heading	*Johannes Friburgensis*
Title:	Summa confessorum [German] (Tr: Berchtold, O.P.)
Imprint	Augsburg: Johann Schönsperger, 27 Nov. 1489
Language	ger
Bib. Refs	Goff J322; HC 7374*; Schr 4350; Pell Ms 6642 (6607); CIBN J-217; IBP 3125; Günt(L) 74; Voull(B) 218; Schmitt I 218; Hubay (Augsburg) 1213; Sack(Freiburg) 2068; Finger 631; Pr 1774; BMC II 367; BSB-Ink I-571
Shelfmark	**Ink B 126**

ISTC number	**J*323**
Heading	*Johannes Friburgensis*
Title:	Summa confessorum [Low German] (Tr: Berchtold, O.P.)
Imprint	Magdeburg: Moritz Brandis, 21 Sept. 1491
Language	ger
Bib. Refs	Goff J323; H 7375; Borchling & Claussen 188; Nentwig 350; Voull(B) 1496,15; Borm 1541 (& Abb. 15); Christie's (NY) Apr. 8 1981 (Sexton), 88
Shelfmark	**Ig 5769 u, 4°**

ISTC number	**J*330**
Heading	*Johannes Gallensis*
Title:	Summa collationum, sive Communiloquium
Imprint	Augsburg: Anton Sorg, 1475
Language	lat
Bib. Refs	Goff J330; H 7442*; Pell Ms 6645 (6610); CIBN J-222; Polain(B) 2281; IGI 5267; IBP 3130; Sajó-Soltész 1909; Sallander 2281; Nentwig 239; Günt(L) 102; Voull(B) 101; Hubay(Augsburg) 1216; Hubay(Eichstätt) 578; Borm 1561; Walsh 558, 559; Sheppard 1222, 1223; Pr 1644; BMC II 342; BSB-Ink I-575
Shelfmark	**Fc 1223, 4°**

ISTC number	**J*342.5**
Heading	*Johannes de Imola*
Title:	In Clementinas opus
Imprint	Rome: Johannes Gensberg, 22 Aug. 1474
Language	lat
Bib. Refs	H 9142; IBE 3222; IGI 5278; Sack(Freiburg) 2089; BMC IV 49
Shelfmark	**Kr 1028, 2°**

ISTC number	**J*343**
Heading	*Johannes de Imola*
Title:	In Clementinas opus
Imprint	Venice: Jacobus Rubeus, 1475
Language	lat
Bib. Refs	Goff J343; HC 9143*; TFS 19071; Pell Ms 6657 (6622); CIBN J-240; IDL 2683; IBE 3223; IGI 5279; Sajó-Soltész 1921; Coll(U) 822; Voull(Trier) 1843; Borm 1565; Wilhelmi 358; Rhodes(Oxford Colleges) 1018; Sheppard 3418; Pr 4241; BMC V 215; BSB-Ink I-452
Shelfmark	**Kr 1029, 2°**

ISTC number	**J*344**
Heading	*Johannes de Imola*
Title:	In Clementinas opus. Ed: Franciscus Brevius
Imprint	Venice: Johannes de Colonia, and Johannes Manthen, 26 Apr. 1480
Language	lat
Bib. Refs	Goff J344; HC 9144*; IBE 3224; IGI 5280; Voull(B) 3759; Sack(Freiburg) 2090; Rhodes(Oxford Colleges) 1019; Pr 4340; BMC V 236; BSB-Ink I-454
Shelfmark	**Kr 1030, 2°**

ISTC number	**J*347.7**
Heading	*Johannes de Imola*
Title:	Lectura in primam et secundam partem Digesti novi
Imprint	Venice: Andreas Torresanus, de Asula, 1497-98
Language	lat
Publ'n notes	The parts are dated: I) 31 May 1497; II) 18 Mar. 1498
Bib. Refs	HR 9149; IBE 3233; IGI 5287; Coll(U) 820
Shelfmark	**Kb 3138, 2°**

ISTC number	**J*367**
Heading	*Johannes (Heynlin) de Lapide*
Title:	Resolutorium dubiorum circa celebrationem missarum occurrentium
Imprint	Leipzig: [Arnoldus de Colonia], 1496
Language	lat
Publ'n notes	Woodcut
Bib. Refs	Goff J367; H 9912; Schr 4474; IBP 3181; Voull(B) 1363; Borm 1332; Wilhelmi 311; Thach 193
Shelfmark	**an Ib 503, 8°**

ISTC number	**J*384.5**
Heading	*Johannes de Paltz*
Title:	Die himmlische Fundgrube
Imprint	[Leipzig: Conrad Kachelofen, 1491]
Language	ger
Bib. Refs	F. Juntke in Gb Jb 1973 pp.203-12 and Gb Jb 1974 p.96 (F II) & Abb.1 (sic! Corr.); Voull(B) 1266,5; Günt(L) 1317?
Shelfmark	**an Ib 503, 8°** (imperfect)

ISTC number	**J*389**
Heading	*Johannes de Paltz*
Title:	Septem fores, seu Festa Beatae Virginis Mariae
Imprint	[Leipzig]: Martin Landsberg, [about 1491-92]
Language	lat
Bib. Refs	Goff J389; C 4581; IBP 3196; F. Juntke in Gb Jb 1973 p.209ff (P I); Voull(B) 1339; Voull(Bonn) 633; Borm 1576; Günt(L) 1437; Madsen 3006, T82
Shelfmark	**Ig 5222, 8°**

ISTC number	**J*419**
Heading	*Johannes de Sacro Bosco*

Title:	Sphaera mundi. Comm: Cecco d'Ascoli, Franciscus Capuanus, Jacobus Faber Stapulensis. Add: Georgius Purbachius: Theoricae novae planetarum. Comm: Franciscus Capuanus
Imprint	Venice: Simon Bevilaqua, 23 Oct. 1499
Language	lat
Publ'n notes	For variants see CIBN and Hillard. Copinger mentions a copy from a Hoepli catalogue (1893), apparently with 146 instead of 150 leaves. Woodcut, woodcut diagrams
Bib. Refs	Goff J419; H 14125*; [not H]C 14125 (var); GfT 2201; Klebs 874.26 & .27 (var); Pell Ms 6717 (6682); CIBN J-278; Hillard 1152; Jammes J-6; Péligry 478; Polain(B) 2306; Essling 263; Sander 6666; IDL 2706; IBE 3281; IGI 5351; IBP 3234; Sajó-Soltész 1949; Mendes 716, 717, 718, 719, 720; Coll(U) 847; Coll(S) 613; Madsen 2315; Voull(Trier) 2171; Voull(B) 4414; Ernst(Hannover) 203; Hubay(Augsburg) 1246; Sack(Freiburg) 2125; Borm 1589; Mittler-Kind 39, 40, 41; Walsh 2538, 2539; Rhodes(Oxford Colleges) 1034; Sheppard 4495; Pr 5414; BMC V 524; BSB-Ink I-512, I-513
Shelfmark	**Ink B 144**

ISTC number	**J*436**
Heading	*Johannes de Tambaco*
Title:	Consolatio theologiae
Imprint	[Strassburg: Printer of Henricus Ariminensis (Georg Reyser), about 1478]
Imprint	[Speyer: Georgius de Spira],
Imprint	[about 1477]
Language	lat
Publ'n notes	Printed in type 4:88G of the editions ascribed by Ohly to Georg Reyser; BMC and Polain assigned this edition to Speyer. A copy was presented to the Kreuzherren at Düsseldorf in 1479 (BMC); Sack dates about 1477
Bib. Refs	Goff J436; HC(+Add) 15236*; Pell Ms 6731 (6695); CIBN J-288; Hillard 1157; Arnoult 921; Girard 287; Lefèvre 268; Péligry 482; Polain(B) 2316; IDL 2714; IBE 3288; IGI 5359; IBP 3241; Sajó-Soltész 1956; Coll(U) 853; Madsen 2322, 2323, 4356, T45; Nentwig 241; Voull(B) 2171; Voull(Trier) 1339; Hubay(Eichstätt) 597; Ohly-Sack 1693, 1694; Sack(Freiburg) 2133; Borm 1597; Pad-Ink 407; Finger 625, 626; Ohly(Gb Jb 1956) 38; Walsh 117; Sheppard 263, 264; Pr 338; BMC II 484; BSB-Ink I-524
Shelfmark	**Ink B 144** **Ib 2175, 4°**

ISTC number	**J*442**
Heading	*Johannes Vercellensis*
Title:	Sermones vademecum
Imprint	[Strassburg: Johann Prüss, about 1487-92]
Language	lat
Publ'n notes	A copy at Schlägl Präm has a buyer's date of 1492
Bib. Refs	Goff J442; HC 9432*; Pell Ms 6738 (6702); CIBN J-294; Arnoult 924; Polain(B) 2321; IBE 3300; IGI 5377; Madsen 2327; Sallander 2285; Voull(B) 2385; Ohly-Sack 1697, 1698; Sack(Freiburg) 2136; Borm 1598; Pr 577; BMC I 128; BSB-Ink I-608
Shelfmark	**Ink A 61** (imperfect)

ISTC number	**J*461**
Heading	*Johannes de Verdena*
Title:	Sermones "Dormi secure" de tempore et de sanctis
Imprint	Basel: [Printer of Meffret, 'Sermones' (Berthold Ruppel)], 28 June 1489
Language	lat
Bib. Refs	Goff J461; HC 15961*; GfT 1014; Polain(B) 3511; IDL 2723; IBE 3305; IGI 5363; IBP 3264; Coll(U) 867; Madsen 2328; Voull(B) 555,15; Ohly-Sack 1703, 1704; Sack(Freiburg) 2146; Hummel-Wilhelmi 389; Borm 1609; Wilhelmi 369; Sheppard 2306; Pr 7714; BMC III 779; BSB-Ink I-553
Shelfmark	**Ink A 52**

ISTC number	**J*462**
Heading	*Johannes de Verdena*
Title:	Sermones "Dormi secure" de tempore et de sanctis
Imprint	Strassburg: [Printer of the 1483 Jordanus de Quedlinburg (Georg Husner) and Johann Prüss], 1489
Language	lat
Publ'n notes	All of the Sermones de Sanctis but the last quire is printed in the types of Prüss (E. Voulliéme, in ZfB 32 (1916) p.316). In two parts, dated I) 14 Aug. 1489 II) 30 Mar. 1489
Bib. Refs	Goff J462; HC 15960*; GfT 853; IGI 5369 (II); IBP 3263; Ernst(Hildesheim) I,II 140; Voull(Trier) 1523; Voull(B) 2432 + 2383,5; Deckert 408 (II); Hubay(Augsburg) 1254; Hubay(Würzburg) 1297; Hubay(Eichstätt) 602; Sack(Freiburg) 2145; Borm 1608; Pad-Ink 411; Hunt 403; Pr 651 + (565 + 648); BMC I 139 + (I 126 + I 138); BSB-Ink I-537 (II), I-549 (I)
Shelfmark	**Il 5249, 4°** **Il 5249 a. 4°**

ISTC number	**J*477**
Heading	*Jordanus de Quedlinburg*
Title:	Postillae de tempore et sermones
Imprint	Strassburg: [Printer of the 1483 Jordanus de Quedlinburg (Georg Husner)], 1483
Language	lat
Bib. Refs	Goff J477; HC 9438*; Pell Ms 6744 (6708); CIBN J-304; Hillard 1160; Polain(B) 2328; IDL 2744; IBE 3316; IGI 5381; IBP 3275; Coll(U) 875; Madsen 2341; Voull(Trier) 1494; Voull(B) 2398; Hubay(Augsburg) 1259; Hubay(Eichstätt) 608; Ohly-Sack 1713; Sack(Freiburg) 2156; Borm 1617; Wilhelmi 374, 375; Oates 222; Sheppard 453; Pr 584; BMC I 131; BSB-Ink I-610
Shelfmark	**Ink C 41**

ISTC number	**J*478**
Heading	*Jordanus de Quedlinburg*
Title:	Sermones Dan de sanctis
Imprint	[Strassburg: Heinrich Knoblochtzer?, not after 1479]
Imprint	[Printer of Henricus Ariminensis (Georg Reyser)],
Imprint	[about 1476]
Imprint	[not after 1481]
Language	lat
Publ'n notes	A copy in München BSB has a buyer's inscription dated 1479. P. Needham (Sotheby's NY, 17-18 June 1992, 24) dates the edition about 1476; dated not after 1481 by BMC and others. Ascribed by Proctor to the Printer of Henricus Ariminensis
Bib. Refs	Goff J478; HC 5919*; Pell Ms 6745 (6709); CIBN J-305; Arnoult 927; Polain(B) 2329; IBP 3276; Sajó-Soltész 1972; Voull(Trier) 1332; Voull(B) 2170; Hubay(Augsburg) 1260; Hubay(Würzburg) 1307; Ohly-Sack 1710; Sack(Freiburg) 2157; Oates 154; Pr 334; BMC I 87; BSB-Ink I-611
Shelfmark	**Il 5256, 2°**

ISTC number	**J*481**
Heading	*Josephus, Flavius*
Title:	De antiquitate Judaica. De bello Judaico (Tr: Rufinus Aquileiensis)
Imprint	[Augsburg]: Johann Schüssler, 28 June 1470; 23 Aug. 1470
Language	lat
Bib. Refs	Goff J481; HC 9451*; Pell Ms 6751 (6714); CIBN J-306; Delisle 1019; IDL 1820; IBE 3317; IGI 5385; Sajó-Soltész 1974; Madsen 2346; Günt(L) 90; Voull(B) 52; Hubay(Augsburg) 1261; Sack(Freiburg) 2160; Borm 1619; Walsh 527; Oates 890; Sheppard 1174; Pr 1589; BMC II 327; BSB-Ink I-615
Shelfmark	**Cf 2736, 2°**

ISTC number	**J*506**
Heading	*Justinianus*
Title:	Institutiones (with the Glossa ordinaria of Accursius)
Imprint	Mainz: Peter Schoeffer, 24 May 1468
Language	lat
Publ'n notes	Found with and without the printer's mark
Bib. Refs	Goff J506; H 9489*; Pell Ms 6835 (6793); Torchet 543; Polain(B) 2340; IDL 2782; IGI 5486; Madsen 2369; Voull(Trier) 883; Voull(B) 1520; Schmitt I 1520; Ohly-Sack 956; Sack(Freiburg) 1144; Borm 843; Sheppard 44; Pr 85; BMC I 25; BSB-Ink C-627; GW 7580
Shelfmark	**Kb 1293, 2°** (vellum)

ISTC number	**J*508**
Heading	*Justinianus*
Title:	Institutiones (with the Glossa ordinaria of Accursius)
Imprint	Mainz: Peter Schoeffer, 29 Oct. 1472
Language	lat
Bib. Refs	Goff J508; HC 9490*; Pell Ms 6836 (6794); Torchet 544; Delisle 1025; Polain(B) 4499; IGI 5488; IBP 1718; Madsen 2370; Voull(B) 1526; Voull(Trier) 888; Sack(Freiburg) 1146; Rhodes(Oxford Colleges) 618; Sheppard 55; Pr 100; BMC I 29; BSB-Ink C-629; GW 7582
Shelfmark	**Kb 1296, 2°**

ISTC number	**J*512**
Heading	*Justinianus*
Title:	Institutiones (with the Glossa ordinaria of Accursius)
Imprint	Mainz: Peter Schoeffer, 23 May 1476
Language	lat
Bib. Refs	Goff J512; HC 9498*; Pell Ms 6846 (6803); Aquilon 242; Lefèvre 271; Torchet 545; Polain(B) 2342; IDL 2785; IGI 5495; IBP 1719; Sajó-Soltész 1084; Coll(U) 896; Ernst(Hildesheim) II,IV 34; Walsh 16; Sheppard 73; Pr 110; BMC I 33; BSB-Ink C-633; GW 7590
Shelfmark	**an Ka 4787, 2°**

ISTC number	**J*517**
Heading	*Justinianus*
Title:	Institutiones (with the Glossa ordinaria of Accursius)
Imprint	Venice: Jacobus Rubeus, 20 July 1478
Language	lat
Bib. Refs	Goff J517; HC 9505*; Polain(B) 2347; IDL 2787; IGI 5499; Sajó-Soltész 1086; Nentwig 253; Sack(Freiburg) 1148; Pad-Ink 206;

229

	Walsh 1658; Sheppard 3432; Pr 4253; BMC V 217; BSB-Ink C-638; GW 7596
Shelfmark	**Kb 1301, 2°**

ISTC number	**J*519**
Heading	*Justinianus*
Title:	Institutiones (with the Glossa ordinaria of Accursius)
Imprint	[Venice]: Nicolaus Jenson, [about 1478-80]
Language	lat
Bib. Refs	Goff J519; HC 9488*; Pell Ms 6833 (6791); IGI 5502; IBP 1721; IJL 188; Coll(S) 629; Voull(B) 3679; Deckert 248; Walsh 1592; BSB-Ink C-641; GW 7595
Shelfmark	**Kb 1290, 2°**

ISTC number	**J*520.5**
Heading	*Justinianus*
Title:	Institutiones (with the Glossa ordinaria of Accursius)
Imprint	Basel: Michael Wenssler, 30 Nov. 1481
Language	lat
Bib. Refs	Goff Suppl. J520a; HC 9509*; Polain(B) 2348; IBE 1860; IDL 2789; IBP 1722; Schüling 531; Sack(Freiburg) 1150; Borm 845; Pr 7495; BMC III 728; BSB-Ink C-643; GW 7605
Shelfmark	**Kb 1303, 2°**

ISTC number	**J*527.5**
Heading	*Justinianus*
Title:	Institutiones (with the Glossa ordinaria of Accursius)
Imprint	Venice: Andreas de Bonetis, 17 Oct. 1486
Language	lat
Bib. Refs	H 9518*; IBE 1866; IGI 5509; IBP 1727; Voull(Trier) 2009; Deckert 249; Sack(Freiburg) 1154; BSB-Ink C-650; GW 7613
Shelfmark	**Kb 1308, 4°**

ISTC number	**J*528**
Heading	*Justinianus*
Title:	Institutiones (with the Glossa ordinaria of Accursius)
Imprint	Basel: Michael Wenssler, 1486
Language	lat
Bib. Refs	Goff J528; H 9517*; Pell Ms 6853 (6810); Polain(B) 2351; IDL 2791; IBP 1726; Madsen 2372; Voull(B) 381; Ohly-Sack 960; Sack(Freiburg) 1156; Hummel-Wilhelmi 212; Walsh 1135; Pr 7513; BMC III 730; BSB-Ink C-649; GW 7612
Shelfmark	**Kb 1306, 4°**

ISTC number	**J*530**
Heading	*Justinianus*
Title:	Institutiones (with the Glossa ordinaria of Accursius)
Imprint	[Basel: Nicolaus Kesler, about 1487-88]
Imprint	[not after 1491]
Language	lat
Publ'n notes	Copy known with Rubricator's date of 1491 (BMC reprint)
Bib. Refs	Goff J530; H 9487* = 9486?; GfT 1004; IBP 1729; Sajó-Soltész 1090; Coll(U) 903; Coll(S) 631; Madsen 2380, 2381; Voull(B) 548; Ohly-Sack 961, 962; Sack(Freiburg) 1157, 1158; Pad-Ink 207, 208; Finger 323; Walsh 1208, 1209; Pr 7699; BMC III 774; BSB-Ink C-652; GW 7615
Shelfmark	**Kb 1288, 2°** **2 an Kr 944, 2°**

ISTC number	**J*537**
Heading	*Justinianus*
Title:	Institutiones (with the Glossa ordinaria of Accursius and Summaria of Hieronymus Clarius)
Imprint	Venice: Bernardinus Stagninus, de Tridino, 5 Dec. 1494
Language	lat
Bib. Refs	Goff J537; H 9533*; Pell 6824; IDL 2797; IBE 1873; IGI 5521; IBP 1736; Sajó-Soltész 1091; Schmitt I 4055,3; Ohly-Sack 964; Pad-Ink 209; Walsh 2080; BSB-Ink C-662; GW 7636
Shelfmark	**Kb 1311, 2°**

ISTC number	**J*541.5**
Heading	*Justinianus*
Title:	Institutiones with the Glossa ordinaria of Accursius (and the Summaria of Hieronymus Clarius)
Imprint	Venice: Baptista de Tortis, 1 Mar. 1497
Language	lat
Publ'n notes	It is unclear whether this edition precedes Goff J541 or not (GW)
Bib. Refs	HC 9536*; IDL 2801; Deckert 252; Hubay(Eichstätt) 305; Pr 4660; BMC V 329; BSB-Ink C-665; GW 7644
Shelfmark	**Kb 1313, 2°** (mixed copy)

ISTC number	**J*547**
Heading	*Justinianus*
Title:	Digestum vetus (with the Glossa ordinaria of Accursius)
Imprint	Venice: Jacobus Rubeus, 21 Nov. 1477
Language	lat

Bib. Refs	Goff J547; H 9546*; Hillard 677a; Lefèvre 270; Polain(B) 2362; IDL 2776; IBE 1899; IGI 5463; IBP 1742; Voull(Trier) 1848; Ernst(Hildesheim) II,IV 35; Deckert 241; Sack(Freiburg) 1123; Sheppard 3430; Pr 4250; BMC V 216; BSB-Ink C-597; GW 7657
Shelfmark	**Kb 1183, 2°**

ISTC number	**J*548**
Heading	*Justinianus*
Title:	Digestum vetus (with the Glossa ordinaria of Accursius)
Imprint	[Venice]: Nicolaus Jenson, [about 1478-80]
Imprint	[not after 1482]
Language	lat
Publ'n notes	The Göttingen copy bound 1482
Bib. Refs	Goff J548; HC 9544*; Pell Ms 6800 (6762); Arnoult 931; Polain(B) 2361; IDL 2777; IBE 1900; IGI VI 5463-A; Voull(B) 3678,5; Ohly-Sack 944; Borm 838; Wilhelmi 658; Walsh 1591; Sheppard 3297; Pr 4129; BMC V 182; BSB-Ink C-598; GW 7658
Shelfmark	**Kb 1420, 2°**

ISTC number	**J*550**
Heading	*Justinianus*
Title:	Digestum vetus (with the Glossa ordinaria of Accursius)
Imprint	Venice: Baptista de Tortis, 4 Aug. 1488
Language	lat
Bib. Refs	Goff J550; H 9553*; IBE 1902; IGI 5468; IBP 1748; Voull(B) 3935,6; Sack(Freiburg) 1129; Walsh 1928; Sheppard 3851; Pr 4636; BMC V 325; BSB-Ink C-604; GW 7667
Shelfmark	**Kb 1423, 2°**

ISTC number	**J*554**
Heading	*Justinianus*
Title:	Digestum vetus (with the Glossa ordinaria of Accursius and Summaria of Petrus Fossanus)
Imprint	Venice: Andreas Torresanus, de Asula, 26 Mar. 1491
Language	lat
Bib. Refs	Goff J554; H 9556*; IGI 5471; IDL 2780; IBP 1752; Sajó-Soltész 1093; Voull(B) 4003,3; Leuze(Isny) 123; Sack(Freiburg) 1131; Borm 839; Rhodes(Oxford Colleges) 621; Sheppard 3793, 3794; Pr 4725; BMC V 309; BSB-Ink C-607; GW 7675
Shelfmark	**Ink C 34** (imperfect)

ISTC number	**J*555.5**
Heading	*Justinianus*
Title:	Infortiatum (with the Glossa ordinaria of Accursius)
Imprint	Venice: Jacobus Rubeus, 31 May 1477
Language	lat
Publ'n notes	The date in the colophon reads: primas kalendas Junias, interpreted in BMC as 1 June, elsewhere as 31 May
Bib. Refs	H 9564*; Polain(B) 2367; IDL 2763; IGI 5474; Voull(Trier) 1847; Voull(B) 3725; Schmitt I 3725; Ohly-Sack 951; Sack(Freiburg) 1134; Rhodes(Oxford Colleges) 623; Sheppard 3429; Pr 4249; BMC V 216; BSB-Ink C-613; GW 7679
Shelfmark	**Kb 1183, 2°** **Kb 1463, 2°**

ISTC number	**J*560**
Heading	*Justinianus*
Title:	Infortiatum (with the Glossa ordinaria of Accursius and Summaria of Hieronymus Clarius)
Imprint	Venice: Bernardinus Stagninus, de Tridino, 4 Mar. 1495 [1496?]
Language	lat
Bib. Refs	Goff J560; H 9573* = 9575; Polain(B) 2370; IBE 1914; IGI 5484; IBP 1759; Sajó-Soltész 1095; Borm 841; Ohly-Sack 954; Madsen 2359; Pr 4837; BMC V 367; BSB-Ink C-623; GW 7693
Shelfmark	**Kb 1465, 2°** (imperfect)

ISTC number	**J*563**
Heading	*Justinianus*
Title:	Infortiatum (with the Glossa ordinaria of Accursius and Summaria of Hieronymus Clarius)
Imprint	Venice: Baptista de Tortis, 17 Mar. 1500
Language	lat
Bib. Refs	Goff J563; H 9578*; IDL 2768; IBE 1917; IGI 5485; Hubay(Augsburg) 640; Deckert 245; Ohly-Sack 955; Sack(Freiburg) 1143; Walsh 1953; Pr 4671; BMC V 331; BSB-Ink C-626; GW 7696
Shelfmark	**Kb 1469, 2°**

ISTC number	**J*564.6**
Heading	*Justinianus*
Title:	Infortiatum (with Summaria after Bartolus de Saxoferrato and others)
Imprint	Lyons: Johannes Siber, 15 May 1500
Language	lat
Bib. Refs	C 3399b; GW 7700
Shelfmark	**Kb 1466, 2°**

ISTC number	**J*566**
Heading	*Justinianus*
Title:	Digestum novum (with the Glossa ordinaria of Accursius)
Imprint	Venice: Nicolaus Jenson, 1477
Language	lat
Bib. Refs	Goff J566; H 9581*; Pell Ms 6820 (6780); Arnoult 932; Polain(B) 2372; IGI 5450; Madsen 2362; Voull(Trier) 1819; Deckert 238; Ohly-Sack 938; Sheppard 3282; Pr 4104; BSB-Ink C-580; GW 7702
Shelfmark	**Kb 1506, 2°**

ISTC number	**J*567**
Heading	*Justinianus*
Title:	Digestum novum (with the Glossa ordinaria of Accursius)
Imprint	[Basel: Berthold Ruppel, about 1478-79]
Imprint	[not after 1482]
Language	lat
Publ'n notes	The Göttingen copy bound 1482
Bib. Refs	Goff J567; H 9579*; Pell Ms 6817 (6777); IDL 2770; IBP 1761; Voull(B) 346; Schmitt I 342,8; Sack(Freiburg) 1116; Borm 835; Pr 7451; BMC III 715; BSB-Ink C-581; GW 7703
Shelfmark	**Kb 1500, 2°**

ISTC number	**J*568.5**
Heading	*Justinianus*
Title:	Digestum novum (with the Glossa ordinaria of Accursius)
Imprint	Lyons: Johannes Siber, 1482
Language	lat
Bib. Refs	H 9542 (III); Pell Ms 6798 (6760); IGI VI 5451-A; IBP 5845; Madsen 2357; Deckert 239; Pr 8539A; BMC VIII 251; BSB-Ink C-583; GW 7705
Shelfmark	**Kb 1512, 2°**

ISTC number	**J*568.7**
Heading	*Justinianus*
Title:	Digestum novum (with the Glossa ordinaria of Accursius). Ed: Matthaeus Barlasina
Imprint	Milan: Johannes Antonius de Honate, for Petrus Antonius de Castelliono and Ambrosius de Caymis, 25 July 1482
Language	lat
Bib. Refs	H 9583*; Ohly-Sack 939; Madsen 2363; BSB-Ink C-584; Walsh 3093; GW 7706
Shelfmark	**Kb 1509, 2°**

ISTC number	**J*569**
Heading	*Justinianus*
Title:	Digestum novum (with the Glossa ordinaria of Accursius)
Imprint	Nuremberg: Anton Koberger, 20 Apr. 1483
Language	lat
Bib. Refs	Goff J569; HC 9585*; Pell Ms 6822 (6782); Hillard 682; Aquilon 243; Polain(B) 2373; IBP 1763; Sajó-Soltész 1097; Coll(U) 889; Ernst(Hildesheim) I,I 265; Voull(Trier) 1035; Voull(B) 1696; Schmitt I 1696; Hubay(Eichstätt) 309; Ohly-Sack 940; Sack(Freiburg) 1117; Hummel-Wilhelmi 210; Walsh 695; Sheppard 1488; Pr 2033; BMC II 425; BSB-Ink C-586; GW 7708
Shelfmark	**Kb 1516, 2°**

ISTC number	**J*570**
Heading	*Justinianus*
Title:	Digestum novum (with the Glossa ordinaria of Accursius and Summaria according to Bartolus de Saxoferrato and Paulus de Castro)
Imprint	Venice: Andreas Calabrensis, Papiensis, 30 Apr. 1491
Language	lat
Bib. Refs	Goff J570; H 9590*; Pell Ms 6825 (6785); Polain(B) 2375; IDL 2772; IBE 1921; IGI 5456; IBP 1766; Ohly-Sack 941; Walsh 2168; Sheppard 4057; Pr 4981; BMC V 397; BSB-Ink C-590; GW 7713
Shelfmark	**Ink C 44**

ISTC number	**J*573**
Heading	*Justinianus*
Title:	Digestum novum (with the Glossa ordinaria of Accursius) (and Summaria according to Bartolus de Saxoferrato and Paulus de Castro). Second, expanded edition (Ed: Hieronymus Clarius?)
Imprint	Venice: Baptista de Tortis, 8 July 1499
Language	lat
Bib. Refs	Goff J573; H 9596*; Polain(B) 2376; IDL 2775; IBE 1925; IGI 5461; IBP 1769; Voull(B) 3964; Schmitt I 3964; Hubay(Augsburg) 643; Hubay(Eichstätt) 311; Sack(Freiburg) 1122; Pr 4668; BMC V 331; BSB-Ink C-595; GW 7721
Shelfmark	**Kb 1519, 2°**

ISTC number	**J*574**
Heading	*Justinianus*
Title:	Codex Justinianus (with the Glossa ordinaria of Accursius)
Imprint	Mainz: Peter Schoeffer, 26 Jan. 1475
Language	lat

Bib. Refs	Goff J574; HC 9598*; Polain(B) 2378; IDL 2750; IGI 5429; IBP 1770; Sajó-Soltész 1100; Madsen 2351; Coll(S) 623; Voull(B) 1531; Sack(Freiburg) 1104; Borm 830; Wilhelmi 377; Walsh 14; Sheppard 64; Pr 106; BMC I 31; BSB-Ink C-560; GW 7722
Shelfmark	**Kb 1666, 2°**

ISTC number	**J*575**
Heading	*Justinianus*
Title:	Codex Justinianus (with the Glossa ordinaria of Accursius). Ed: Andreas Rommel
Imprint	Nuremberg: Johann Sensenschmidt and Andreas Frisner, 24 June 1475
Language	lat
Publ'n notes	Woodcuts
Bib. Refs	Goff J575; H 9599*; GfT 2406; Schr 4406; Schramm XVIII p. 14; Pell Ms 6789 (6751); Polain(B) 2379 & 2379A; IDL 2751; IBE 1879; IGI 5430; IBP 1771; Sallander 1691; Madsen 2352; Voull(B) 1844; Schmitt I 1844; Schäfer 111; Sheppard 1405; Pr 2198; BMC II 406; BSB-Ink C-561; GW 7723
Shelfmark	**Kb 1669, 2°**

ISTC number	**J*580.8**
Heading	*Justinianus*
Title:	Codex Justinianus (with the Glossa ordinaria of Accursius
Imprint	Basel: Michael Wenssler, for Andreas Helmut, 7 July 1487
Language	lat
Bib. Refs	HC 9608; Hillard 686; Polain(B) 2380; IDL 2754; IGI VI 5437-A; Coll(S) 624; Voull(Trier) 90; Deckert 236; Sack(Freiburg) 1107; BMC III 731; GW 7734
Shelfmark	**Kb 1675, 2°**

ISTC number	**J*581**
Heading	*Justinianus*
Title:	Codex Justinianus (with the Glossa ordinaria of Accursius)
Imprint	Nuremberg: Anton Koberger, 30 Jan. 1488
Language	lat
Publ'n notes	Woodcuts
Bib. Refs	Goff J581; HC 9609*; Schr 4407; Schramm XVII p. 8; Polain(B) 2381; IDL 2755; IGI 5438; IBP 1773; IJL 192; Sajó-Soltész 1101; Coll(U) 879; Coll(S) 625; Madsen 2354; Voull(Trier) 1077; Voull(B) 1729; Sack(Freiburg) 1108, 1109; Hummel-Wilhelmi 209; Finger 319; Walsh 710, 711; Sheppard 1507; Pr 2061; BMC II 432; BSB-Ink C-568; GW 7735
Shelfmark	**Kb 1678, 2°**

ISTC number	**J*588**
Heading	*Justinianus*
Title:	Codex Justinianus (with the Glossa ordinaria of Accursius and the Summaria of Hieronymus Clarius)
Imprint	Venice: Baptista de Tortis, 14 Jan. 1500
Language	lat
Bib. Refs	Goff J588; H 9621*; IDL 2759; IGI 5448; IBP 1779; Voull(Trier) 1948; Voull(B) 3965; Hubay(Eichstätt) 313; Hubay(Ottobeuren) 137; Pr 4670; BMC V 332; BSB-Ink C-578; GW 7746
Shelfmark	**Kb 1687, 2°**

ISTC number	**J*588.2**
Heading	*Justinianus*
Title:	Codex Justinianus (with the Glossa ordinaria of Accursius and the Summaria of Hieronymus Clarius)
Imprint	[Lyons: Johannes Siber, after 1500?]
Language	lat
Bib. Refs	IDL 2760; Schmitt II 4684,60 = 4694,6; Walsh 3761; Oates 3191; GW 7750/10
Shelfmark	**Kb 1663, 2°**

ISTC number	**J*589**
Heading	*Justinianus*
Title:	Novellae constitutiones; Libri feudorum; Codicis libri X-XII
Imprint	Mainz: Peter Schoeffer, 21 Aug. 1477
Language	lat
Publ'n notes	Variants noted in Bodleian copy
Bib. Refs	Goff J589; H 9623*; Torchet 547; Polain(B) 2384; IDL 2807; IBP 1781; Sajó-Soltész 1104; Voull(B) 1535; Schmitt I 1535; Voull (Trier) 894; Borm 851; Sheppard 75; Pr 113; BMC I 33; BSB-Ink C-544; GW 7751
Shelmark	**an Ka 4787, 2°**

ISTC number	**J*590**
Heading	*Justinianus*
Title:	Novellae constitutiones; Libri feudorum; Codicis libri X-XII
Imprint	Basel: Michael Wenssler, 29 Nov. 1478
Language	lat
Publ'n notes	Often found with the Institutiones (Goff J518). Two settings of the Libri feudorum are known (II and IIa)
Bib. Refs	Goff J590; H 9625* + 9507* (II, describing var. IIa); Polain(B) 2386; IDL 2808; IBP 1782; Sajó-Soltész 1105; Voull(B) 363; Schmitt I 363; Voull(Trier) 71; Hubay(Augsburg) 646; Hubay

	(Eichstätt) 314; Ohly-Sack 970; Sack(Freiburg) 1172, 1173; Borm 852; Krüger CCC.3; Pr 7488; BMC III 725 (IIa alone), 726; BSB-Ink C-546; GW 7752
Shelfmark	**Kb 1851, 2°**

ISTC number	**J*592**
Heading	*Justinianus*
Title:	Novellae constitutiones; Codicis libri X-XII; Libri feudorum (with the Glossa ordinaria of Accursius)
Imprint	Venice: Jacobus Rubeus, 16 Jan. 1477
Language	lat
Publ'n notes	Probably not to be dated 1477/78, as GW: cf. BMC V p.xv
Bib. Refs	Goff J592; HC 9624*; Polain(B) 2385; IBE 1891; IGI 5527; IBP 1783; Coll(U) 904; Deckert 253; Voull(Trier) 1846; Sack(Freiburg) 1171; Walsh 1657; Sheppard 3428; Pr 4248; BMC V 216; BSB-Ink C-545; GW 7754
Shelfmark	**an Kb 1301, 2°** **Kb 1847, 2°**

ISTC number	**J*596**
Heading	*Justinianus*
Title:	Novellae constitutiones; Codicis libri X-XII; Libri feudorum; Extravagantes (Comm: Bartolus de Saxoferrato) (with the Glossa ordinaria of Accursius)
Imprint	Venice: Baptista de Tortis, 7 May 1489
Language	lat
Bib. Refs	Goff J596; H 9631*; Polain(B) 2387; IBE 1893; IGI 5533; Coll(U) 905; Deckert 256; Sheppard 3852; Pr 4638; BMC V 325; BSB-Ink C-552; GW 7762
Shelfmark	**Kb 1844 a, 2°**

ISTC number	**J*598.4**
Heading	*Justinianus*
Title:	Novellae constitutiones; Codicis libri X-XII; Libri feudorum; Extravagantes (Comm: Bartolus de Saxoferrato) (with the Glossa ordinaria of Accursius and Summaria of Hieronymus Confortus)
Imprint	Venice: Bernardinus Stagninus, de Tridino, [18 July] 1494
Language	lat
Bib. Refs	H 9634*; GfT 1999; IDL 2811; IBE 1895; IGI 5536; IBP 1787; Sajó-Soltész 1106; Coll(U) 906; Ernst(Hildesheim) I,II 91; Voull(Bonn) 701; Ohly-Sack 973; Borm 853; Rhodes(Oxford Colleges) 632; BSB-Ink C-555; GW 7765
Shelfmark	**an Kb 1311, 2°**

ISTC number	**J*599**
Heading	*Justinianus*
Title:	Novellae constitutiones; Codicis libri X-XII; Libri feudorum; Extravagantes (Comm: Bartolus de Saxoferrato) (with the Glossa ordinaria of Accursius and Summaria of Hieronymus Confortus). Add: Acta de pace Constantiae (Comm: Baldus de Ubaldis)
Imprint	Venice: Baptista de Tortis, 3 Nov. 1497
Language	lat
Bib. Refs	Goff J599; H 9635*; Polain(B) 2388; IBE 1897; Voull(B) 3958,5; Hubay(Eichstätt) 315; Sack(Freiburg) 1177; Walsh 1945, 1946; Oates 1848; Rhodes(Oxford Colleges) 633; Pr 4661; BMC V 330; BSB-Ink C-557; GW 7767
Shelfmark	**an Kb 1313, 2°**

ISTC number	**J*600.4**
Heading	*Justinianus*
Title:	Novellae constitutiones; Codicis libri X-XII; Libri feudorum; Extravagantes (Comm: Bartolus de Saxoferrato) (with the Glossa ordinaria of Accursius and a collection of Summaria)
Imprint	[Lyons]: Nicolaus de Benedictis, 8 Aug. 1500
Language	lat
Bib. Refs	C 3402a; Sheppard 6719; GW 7773
Shelfmark	**Kb 1854, 2°**

ISTC number	**J*600.5**
Heading	*Justinianus*
Title:	Novellae constitutiones; Codicis libri X-XII; Libri feudorum; Extravagantes (Comm: Bartolus de Saxoferrato) (with the Glossa ordinaria of Accursius and Summaria of Hieronymus Confortus). Add: Acta de pace Constantiae (Comm: Baldus de Ubaldis)
Imprint	Venice: Baptista de Tortis, 7 Oct. 1500
Language	lat
Bib. Refs	H 9637*; IBP 1790; IDL 2812; Ernst(Hildesheim) I,I 267; Hubay(Augsburg) 648; Sack(Freiburg) 1179; Sheppard 3863; Pr 4674; BSB-Ink C-559; GW 7769
Shelfmark	**an Kb 1687 a, 2°**

ISTC number	**J*655**
Heading	*Juvenalis, Decimus Junius*
Title:	Satyrae (Comm: Georgius Valla)
Imprint	Venice: Antonius de Strata, de Cremona, 8 Nov. 1486
Language	lat

Bib. Refs	Goff J655; HC 9703*; IGI 5590; IBP 3316; Sajó-Soltész 1995; Coll(S) 637; Madsen 2404; Voull(B) 3915; Mittler-Kind 411; Lökkös(Cat BPU) 262; Oates 1831; Sheppard 3708; Pr 4591; BMC V 294; BSB-Ink I-685
Shelfmark	Ch 3594, 4°

ISTC number	J*664
Heading	*Juvenalis, Decimus Junius*
Title:	Satyrae (Comm: Antonius Mancinellus; Domitius Calderinus; Georgius Valla). Add: Domitius Calderinus: Defensio adversus Brotheum
Imprint	Nuremberg: Anton Koberger, 6 Dec. 1497
Language	lat
Bib. Refs	Goff J664; HC 9711*; Pell Ms 6928 (6880); CIBN J-368; Arnoult 938a; Polain(B) 2402; IDL 2835; IGI 5601; IBE 3397; IBP 3322; Sajó-Soltész 2004; Mendes 745; Coll(U) 918; Coll(S) 1283; Madsen 2409; Leuze(Isny) 51; Schüling 533; Deckert 411; Sack (Freiburg) 2189; Borm 1637; Finger 635; Mittler-Kind 415; Walsh 755; Oates 1048; Sheppard 1548; Pr 2116; BMC II 443; BSB-Ink I-693
Shelfmark	2 an Ink B 172

ISTC number	K*8
Heading	*Kannemann, Johannes*
Title:	Passio Jesu Christi necnon alius tractatus de Christi passione, sive Collectura. Add: Rabanus Maurus: Historia S. Catherinae
Imprint	[Nuremberg: Peter Wagner, not after 15 June 1491]
Language	lat
Publ'n notes	Woodcut
Bib. Refs	Goff K8; HC 9759*; Schr 4434; Schramm XVIII p. 20; Pell Ms 6953 (6905); CIBN K-4; Polain(B) 4506; IBP 3327; IGI VI 5614-A; Sajó-Soltész 2008; Coll(U) 929; Madsen 2418; Voull(B) 1892; Borm 1641; Hubay(Augsburg) 1271; Hubay(Eichstätt) 611; Walsh 806; Oates 1084, 1085; Sheppard 1629; Pr 2258; BMC II 464; BSB-Ink K-13
Shelfmark	4 an Ink A 6

ISTC number	K*26
Title:	Klagen, Antworten und Urteile, gezogen aus geistlichen und weltlichen Rechten
Imprint	Augsburg: Johann Schönsperger, 1500
Language	ger

Bib. Refs	Goff K26; H 3730*; Voull(B) 249,5; Pr 1808; BMC II 375; BSB-Ink K-34
Shelfmark	**Ko 18, 4°**

ISTC number	**K*31**
Heading	*Koelner de Vanckel, Johannes*
Title:	Summarium textuale et conclusiones super Sextum, Clementinas et Decretales extravagantes Johannis XXII
Imprint	[Cologne]: Johann Koelhoff, the Elder, 1488
Language	lat
Publ'n notes	In two parts, dated: I) 1 July 1488; II) 7 Sept. 1488
Bib. Refs	Goff K31; H 9787*; Voull(K) 694; IBE 3212; IBP 2157; Sajó-Soltész 1300; Sallander 2201; Coll(S) 615; Madsen 4085; Ernst (Hildesheim) II,Ia 14; Voull(B) 792, 793; Voull(Trier) 481; Hubay (Augsburg) 792; Hubay(Eichstätt) 370; Sack(Freiburg) 1406, 1407; Wilhelmi 383; Hunt 655; BSB-Ink K-42; GW 9713
Shelfmark	**Kr 920, 4°**

ISTC number	**L*25**
Heading	*Laetus, Pomponius*
Title:	Romanae historiae compendium. Add: Marcus Antonius Sabellicus: Vita Pomponii
Imprint	Venice: Bernardinus Venetus, de Vitalibus, 12 Dec. 1500
Language	lat
Bib. Refs	Goff L25; HC 9831* = H 4848 (II); Pell Ms 7001 (6954); CIBN P-562; Péligry 500; Delisle 1050; Polain(B) 4513; IBE 3428; IGI 7988; IBP 3346; Voull(B) 4476; Coll(U) 1252; Madsen 3351; Walsh 2624A; Oates 2156, 2157; Sheppard 4598; Pr 5537; BMC V 549; BSB-Ink P-684
Shelfmark	**an Ko 4293, 8°**

ISTC number	**L*46**
Heading	Landrecht
Title:	Schwabenspiegel: Summarie von kunglichen und keyserlichen darzu landt und lehen rechten
Imprint	[Augsburg: Günther Zainer, about 1475]
Language	ger
Publ'n notes	Woodcuts
Bib. Refs	Goff L46; HC 9868*; Schr 4465; Schramm II p. 9 & 24; IBP 3360; Sajó-Soltész 3047; Voull(B) 47; Voull(Bonn) 720; Günt(L) 184; Walsh 518; BSB-Ink S-213
Shelfmark	**Kg 952, 2°**

ISTC number	**L*55**
Heading	*Lanfrancus de Oriano*
Title:	Repetitiones
Imprint	Cologne: Johann Koelhoff, the Elder, 1488
Language	lat
Publ'n notes	Collation in Walsh
Bib. Refs	Goff L55; H 9882*; Voull(K) 733; IGI VI 5674-A; IDL 2885; IBP 3366; Nentwig 257; Günt(L) 659; Ernst(Hildesheim) I,I 273; Schmitt I 790,10; Voull(Trier) 479; Hubay(Augsburg) 1292; Hubay (Eichstätt) 616; Sack(Freiburg) 2217; Walsh 382A; Rhodes(Oxford Colleges) 1076; BSB-Ink L-55
Shelfmark	**Kc 1838, 4°**

ISTC number	**L*58**
Heading	*Langer, Johannes*
Title:	De censibus
Imprint	[Mainz: Peter Schoeffer, after 25 Aug. 1489]
Language	lat
Bib. Refs	Goff L58; HC 9892* = H 9893; Pell Ms 7038 (6992); CIBN L-40; Polain(B) 2439; IDL 2886; IBP 3368; Sajó-Soltész 2034; Nentwig 258; Ernst(Hildesheim) I,I 274; Ernst(Hannover) 218; Voull(B) 1552; Borm 1659; Sheppard 86; Pr 128; BMC I 36; BSB-Ink L-59
Shelfmark	**an Ka 3079, 8°**

ISTC number	**L*62**
Heading	*Lantzberger, Johannes*
Title:	Dialogus recommendationis exprobrationisque poetices
Imprint	[Leipzig: Martin Landsberg, after 4 July 1494]
Language	lat
Bib. Refs	Goff L62; HR 9897; C 910; Günt(L) 1443; Madsen 2449; Sallander 1821; IBP 3362; Schmitt II 1340,1; BSB-Ink L-47
Shelfmark	**2 an Ch 3216 z, 8°**

ISTC number	**L*96**
Title:	Lavacrum conscientiae
Imprint	[Nuremberg: Friedrich Creussner, 1487-93]
Language	lat
Author notes	BMC assigns authorship to Jacobus de Gruytrode
Bib. Refs	Goff L96; H[not C] 9956*; IDL 2901; IBP 3380; Sajó-Soltész 1812; Coll(U) 770; Coll(S) 566; Madsen 2158; Ernst(Hildesheim) I,I 279, I,II 94; Voull(B) 1834; Ohly-Sack 1541; Borm 1666; Walsh 784; Sheppard 1596; Pr 2185; BMC II 455; BSB-Ink L-69
Shelfmark	**Im 2741, 8°**

ISTC number	**L*102**
Title:	Lavacrum conscientiae
Imprint	Leipzig: Conrad Kachelofen, 1497
Language	lat
Author notes	BMC assigns authorship to Jacobus de Gruytrode
Bib. Refs	Goff L102; H 9960*; GfT 508; IBP 3384; Coll(U) 771; Madsen 2156; Louda 1139; Ernst(Hildesheim) II,II 175; Voull(B) 1237; Borm 1668; Ohly-Sack 1542; Sheppard 2081; Pr 2871; BMC III 628; BSB-Ink L-72
Shelfmark	**2 an Ib 503** **Ink A 38**

ISTC number	**L*140.5**
Heading	*Leonardus de Utino*
Title:	Quadragesimale: Sertum fidei
Imprint	[Delft: Jacob Jacobszoon van der Meer, between 26 Sept. 1480 and 14 Feb. 1483]
Language	lat
Bib. Refs	Goff L141a; Camp-Kron (I) 1698a; Christie's (New York) 17 Apr. 2000 (Nakles) lot 171; Polain(B) 2473; IBP 3396; IDL 2911; Schab Cat 30, no 12
Shelfmark	**an Ie 207 b, 4°**

ISTC number	**L*141**
Heading	*Leonardus de Utino*
Title:	Quadragesimale: Sertum fidei
Imprint	[Deventer: Richardus Pafraet, 1479-80]
Imprint	[before 1480]
Language	lat
Publ'n notes	Dated in HPT
Author notes	BMC attributes to Leonardus Italicus
Bib. Refs	Goff L141; HC 16125; Camp-Kron 1698; Pell Ms 7138 (7081); Elliott-Loose 370; CIBN L-120; Polain(B) 2472; IDL 2910; Madsen 2466; Günt(L) 979; Voull(Bonn) 727; Voull(Trier) 2418; Finger 647; Oates 3452; Pr 8966; BMC IX 42
Shelfmark	**an Ie 207 b, 4°**

ISTC number	**L*144**
Heading	*Leonardus de Utino*
Title:	Sermones quadragesimales de legibus dicti
Imprint	[Cologne: Conrad Winters, de Homborch, not after 1475]
Language	lat
Publ'n notes	Rubricator's date appears in the Munich copy

Bib. Refs	Goff L144; H 16116*; Voull(K) 744; Pell Ms 7130 (7073); CIBN L-136; Hillard 1219; Buffévent 328; Parguez 650; Polain(B) 2474; IDL 2922; IBP 3398; IBE 3478; Coll(U) 955; Sallander 955 bis; Madsen 2470; Voull(B) 874; Voull(Trier) 547; Pad-Ink 432; AmBCat 65; Pr 1179; Sheppard 884; BSB-Ink L-121
Shelfmark	Il 7240 l, 2° (imperfect)

ISTC number	**L*146**
Heading	*Leonardus de Utino*
Title:	Sermones quadragesimales de legibus dicti
Imprint	Ulm: Johann Zainer, 9 Mar. 1478
Language	lat
Bib. Refs	Goff L146; HC 16119*; Pell Ms 7132 (7075); CIBN L-138; Polain(B) 4519; IDL 2924; IBE 3480; IGI 5733; IBP 3399; Sajó-Soltész 2060; Sallander 1824; Madsen 2468; Ernst(Hildesheim) II,II 260; Voull(Trier) 1625; Voull(B) 2594; Leuze(Isny) 82; Schüling 547; Hubay(Augsburg) 1300; Hubay(Ottobeuren) 267; Sack(Freiburg) 2233; Walsh 894; Sheppard 1810; Pr 2518; BMC II 525; BSB-Ink L-122
Shelfmark	**Il 7241, 2°**

ISTC number	**L*147**
Heading	*Leonardus de Utino*
Title:	Sermones quadragesimales de legibus dicti
Imprint	Speyer: Peter Drach, 23 June 1479
Language	lat
Bib. Refs	Goff L147; H 16120*; Harr(PIBâl) 75; Pell Ms 7134 (7077); CIBN L-139; Polain(B) 2475; IBP 3400; Sajó-Soltész 2061; IBE 3481; Coll(U) 956; Coll(S) 658; Nentwig 261; Ernst(Hildesheim) II,VI 7; Voull(Trier) 1196; Voull(B) 2001; Schmitt 1 2001; Ohly-Sack 1800, 1801; Sack(Freiburg) 2234; Borm 1679; Wilhelmi 396, 397, 398; Walsh 838, 839; Sheppard 1694; Pr 2333; BMC II 490; BSB-Ink L-123
Shelfmark	**Ink C 6**

ISTC number	**L*151**
Heading	*Leonardus de Utino*
Title:	Sermones de sanctis
Imprint	[Cologne: Ulrich Zel], 1473
Language	lat
Bib. Refs	Goff L151; HC 16128*; Voull(K) 741; Pell Ms 7143 (7086); CIBN L-123; Hillard 1217; Girard 299; Polain(B) 2479; IDL 2914; IBP 3406; Sajó-Soltész 2051; IBE 3484; Coll(U) 950; Voull(B) 640;

	Schüling 550; Pad-Ink 431; Finger 649; Sheppard 676; Pr 881; BSB-Ink L-106
Shelfmark	**Il 7242, 4°**

ISTC number	**L*153**
Heading	*Leonardus de Utino*
Title:	Sermones de sanctis
Imprint	Cologne: Johann Koelhoff, the Elder, 1473
Language	lat
Bib. Refs	Goff L153; C 5916; Voull(K) 742; Pell Ms 7144 (7087); CIBN L-121; IDL 2912; IBP 3404; Madsen 2471; Voull(B) 759; Hubay(Würzburg) 1342; Borm 1680; Oates 519; Pr 1021; BMC I 218
Shelfmark	**Il 7241 m, 4°**

ISTC number	**L*154**
Heading	*Leonardus de Utino*
Title:	Sermones de sanctis
Imprint	[Augsburg: Monastery of SS. Ulrich and Afra], 1474
Language	lat
Bib. Refs	Goff L154; HC(Add) 16130*; Pell Ms 7146 (7089); CIBN L-126; IDL 2915; IGI 5738; IBP 3408; Sajó-Soltész 2053; Coll(S) 657; Voull(B) 96; Hubay(Augsburg) 1302; Hubay(Ottobeuren) 268; Rhodes(Oxford Colleges) 1085; Sheppard 1211, 1212; Pr 1632; BMC II 339; BSB-Ink L-110
Shelfmark	**Ink B 71**

ISTC number	**L*160**
Heading	*Leonardus de Utino*
Title:	Sermones de sanctis
Imprint	Speyer: Peter Drach, 9 Feb. 1478
Language	lat
Bib. Refs	Goff L160; H 16135*; GfT 1170, 1172; Torchet 573; Polain(B) 2482; IGI 5742; IBP 3413; Sajó-Soltész 2057; Voull(Trier) 1195; Voull(B) 2000,5; Schüling 551; Hubay(Würzburg) 1345; Sack (Freiburg) 2241; Borm 1683; Sheppard 1692; Pr 2330; BMC II 489; BSB-Ink L-115
Shelfmark	**Bened. B BB 1, 4°**

ISTC number	**L*173**
Heading	*Leonicenus, Omnibonus*
Title:	De octo partibus orationis

245

L*228   ISTC number

Imprint	[Venice]: Jacobus Rubeus, [not before Aug.] 1473
Language	lat
Bib. Refs	Goff L173; HCR 10022; Pell Ms 8696 (8570); CIBN L-148; IGI 7001; Sheppard 3408; Pr 4234; BMC V 213
Shelfmark	**11 an Ch 3216 z, 8°**

ISTC number	**L*228**
Heading	*Lirer, Thomas*
Title:	Chronik von allen Königen und Kaisern [German]
Imprint	Strassburg: [Bartholomaeus Kistler, after 22 July 1499]
Language	ger
Publ'n notes	Woodcut
Bib. Refs	Goff L228; HC(+Add) 4993*; Schmidt IV.5 9; Schr 4510; Schramm XX p. 29; Madsen 2490; Voull(B) 2553; Deckert 433; Schüling 554; Hubay(Augsburg) 1314; Sack(Freiburg) 2253; Pr 759; BMC I 164; BSB-Ink L-183
Shelfmark	**Pon Πc 126, 4°**

ISTC number	**L*244**
Heading	*Livius, Titus*
Title:	Historiae Romanae decades. Ed: Lucas Porrus
Imprint	Treviso: Johannes Rubeus Vercellensis, 1485
Language	lat
Bib. Refs	Goff L244; HC 10136*; Pell Ms 7213 (7154); CIBN L-183; Arnoult 966; Parguez 656; Polain(B) 2499; IDL 2975; IGI 5777; IBE 3529; IBP 3429; Sajó-Soltész 2077; Mendes 768; Sallander 1830; Madsen 2497; Voull(B) 3616; Deckert 434; Hubay(Augsburg) 1316; Sack(Freiburg) 2254; Mittler-Kind 420; Walsh 3326, 3327; Rhodes(Oxford Colleges) 1099; Sheppard 5541; Pr 6499; BMC VI 897; BSB-Ink L-192
Shelfmark	**Ch 3698, 2°**

ISTC number	**L*255.5**
Heading	*Livius, Titus, de Frulovisiis*
Title:	De orthographia. Add: Antonius Liber: Carmen in laudem auctoris
Imprint	[Cologne: Johann Koelhoff, the Elder, about 1479]
Language	lat
Bib. Refs	C 3618; Polain(B) 2502; Voull(K) 753; Schüling 555; Borm 1083; Finger 392; Wilhelmi 244; Pr 1045; BMC I 223; GW 10415
Shelfmark	**Ink B 134**

ISTC number	**L*261**
Heading	*Locher, Jacobus*
Title:	Epitoma rhetorices
Imprint	[Freiburg im Breisgau: Friedrich Riedrer, after 24 Feb. 1496]
Language	lat
Bib. Refs	Goff L261; HC 10156*; Pell Ms 7234 (7175); CIBN L-200; IGI 5788; IBE 3536; Madsen 2504; Voull(B) 1164; Ohly-Sack 1817; Sack(Freiburg) 2260; Pr 3220; BMC III 697; BSB-Ink L-202
Shelfmark	**Da 882, 8°**

ISTC number	**L*264**
Heading	*Locher, Jacobus*
Title:	Panegyricus ad Maximilianum. Tragoedia de Turcis et Soldano. Dialogus de heresiarchis
Imprint	Strassburg: Johann (Reinhard) Grüninger, 1497
Language	lat
Publ'n notes	CIBN describes a variant. Woodcuts
Bib. Refs	Goff L264; HC 10153*; GfT 1361; Schmidt I 32; Schr 4513; Schramm XX p. 23; Pell Ms 7237 (7178); CIBN L-202; Hillard 1237; Girard 301; Parguez 658; Polain(B) 2505; IGI 5789; IDL 2980; IBE 3538; IBP 3436; Sajó-Soltész 2085; Coll(U) 967; Coll(S) 668; Madsen 2505; Ernst(Hildesheim) I,I 281, II,II 177; Voull(B) 2298; Leuze(Isny) 67; Hubay(Augsburg) 1319; Hubay (Eichstätt) 627; Sack(Freiburg) 2264, 2265; Schäfer 212; Borm 1702; Pad-Ink 433; Walsh 179; Oates 195; Sheppard 391, 392; Pr 483; BMC I 112; BSB-Ink L-206
Shelfmark	**an Il 2097, 8°** **Pon IIc 1720, 8°**

ISTC number	**L*267.5**
Heading	*Lochmaier, Michael*
Title:	Parochiale curatorum
Imprint	Leipzig: Conrad Kachelofen, 1497
Language	lat
Bib. Refs	H 10168*; Schramm XIII 9; IBP 3438; Madsen 2506; Louda 1154; Ernst(Hildesheim) I,I 282; Borm 1703; BSB-Ink L-211
Shelfmark	**Ink A 79**

ISTC number	**L*288**
Heading	*Lossow, Clemens*
Title:	Sermones: Rosarius B. V. M
Imprint	[Leipzig: Moritz Brandis, after 16 Feb. 1486]
Language	lat

247

L*302

Publ'n notes	For collation and transcriptions see IBP
Bib. Refs	Goff L288; Hunt 1705; Goldschmidt Cat. 11: 228; IBP 3449; Dokoupil 765; Voull(B) 1291,7; BSB-Ink L-226
Shelfmark	3 an Ink A 61

ISTC number	L*302
Heading	*Lucanus, Marcus Annaeus*
Title:	Pharsalia. Comm: Omnibonus Leonicenus
Imprint	Venice: Nicolaus Battibovis, 13 May 1486
Language	lat
Bib. Refs	Goff L302; HC 10238*; Pell Ms 7283 (7225); CIBN L-237; Péligry 505; Torchet 590; Polain(B) 2515; IDL 2988; IBE 3567; IGI 5819; IBP 3453; Sajó-Soltész 2097; Mendes 772; Madsen 2517; Voull(B) 4214; Mittler-Kind 424; Rhodes(Oxford Colleges) 1108; Sheppard 4086; Pr 5106; BMC V 405; BSB-Ink L-232
Shelfmark	Ch 3977, 4°

ISTC number	L*315
Heading	*Lucas de Burgo S. Sepulchri*
Title:	Somma di arithmetica, geometria, proporzioni e proporzionalità. Prelim: Fa. Pompilius: Epigramma ad lectorem. Giorgio Sommariva: Epigramma ad auctorem (I, II)
Imprint	Venice: Paganinus de Paganinis, 10-20 Nov. 14[9]4
Language	ita
Publ'n notes	Two re-issues exist with some sheets reprinted (IGI 7133, 7134; cf. BMC). D.A. Clarke (Gb Jb 1974 pp. 90-92) dates IGI 7133 after 1509, and 7134 after 13 Aug. 1502. Pell 3060 (CIBN II p.355) belongs to the edition printed by the same printer, Toscolano, 1523, which also retained the 1494 imprint
Author notes	The author's name in IGI: Luca Pacioli
Bib. Refs	Goff L315; HC(+Add) 4105; Klebs 718.1; Smith(RaraAr) p.54; [not Pell 3060; CIBN II p.355]; Polain(B) 4532; IBP 3457; IDL 2992; IBE 3578; IGI 7132, 7133, 7134; IJL 201; Mendes 773; Madsen 2527; Lökkös(Cat BPU) 333; Essling 779; Sander 5367; Voull(B) 4269; Schmitt I 4269; Borm 1714; Hellwig 610; Walsh 2358; Oates 2026, 2027; Sheppard 4264, 4265-4266; Pr 5168; BMC V 457; BSB-Ink P-2; Fac: Budapest, 1994
Shelfmark	Ink B 153

ISTC number	L*327
Heading	*Lucianus Samosatensis*
Title:	De praecedentia Alexandri, Hannibalis et Scipionis [Latin] (Tr: Johannes Aurispa). Prelim: Pseudo- Lucianus: Palinurus. Add: In

248

	amorem. Brutus: Epistolae [Latin] (Tr: Rinucius Aretinus). Diogenes Cynicus: Epistolae [Latin] (Tr: Franciscus Griffolinus (Aretinus)). Ed: Gellius Bernardinus Marmita
Imprint	Avignon: [Pierre Rohault] for Nicolaus Tepe, 15 Oct. 1497
Language	lat
Author notes	De praecedentia (Dial. mortuorum 12) is here entitled Scipio Romanus. The Palinurus attributed to Lucianus is in fact the De felicitate et miseria of Maphaeus Vegius. The Carmina heroica in amorem are a free translation of the second idyll of Moschus (BMC)
Bib. Refs	Goff L327; HC 10268; Pell Ms 7298 (7239); CIBN L-248; Arnoult 971; Polain(B) 2525; IGI 5837; Hubay(Würzburg) 1367; Borm 1722; Mittler-Kind 184; AmBCat 460; BMC VIII 412
Shelfmark	**an Cb 3494, 8°**

ISTC number	**L*332.24**
Title:	*Lucidarius* [German]
Imprint	[Strassburg: Heinrich Knoblochtzer, about 1481]
Language	ger
Publ'n notes	Woodcuts
Author notes	The text is derived from the Elucidarium of Honorius Augustodunensis (Verfasserlexikon 2, Bd 5 col 939ff)
Bib. Refs	Goff H327; [Not H]C 8803; Schorbach and Spirgatis 17; Klebs 621.5; Schr 4532; Schramm XIX p.14; Walsh 132; Pr 374; BMC I 91
Shelfmark	**Af 2018, 4°**

ISTC number	**L*335**
Heading	*Lucretius Carus, Titus*
Title:	De rerum natura. Ed: Hieronymus Avantius
Imprint	Venice: Aldus Manutius, Romanus, Dec. 1500
Language	lat
Bib. Refs	Goff L335; HC 10285*; Klebs 623.5; Pell Ms 7310 (7249); CIBN L-258; Hillard 1246; Delisle 1134; IBE 3588; IGI 5868; IDL(Suppl) 3008a; IBP 3469; Voull(B) 4510; Schmitt I 4510; Mittler-Kind 430; Walsh 2691, 2692; Rhodes(Oxford Colleges) 1116; Sheppard 4671, 4672; Pr 5576; BMC V 562; BSB-Ink L-254
Shelfmark	**Ch 4080, 8°**

ISTC number	**L*336**
Heading	*Ludolphus de Saxonia*
Title:	Expositio in Psalterium. Add: Francesco Petrarca: Psalmi poenitentiales

L*339 ISTC number

Imprint	[Speyer: Peter Drach, after 1 Jan. 1491]
Language	lat
Bib. Refs	Goff L336; HC 10304*; Pell Ms 7337 (7277); CIBN L-262; Arnoult 974; Torchet 595; Polain(B) 2530; IDL 3009; IBE 3589; IGI 5870; IBP 3471; Coll(U) 974; Madsen 2540; Nentwig 272; Voull(Trier) 1240; Voull(B) 2037; Deckert 437; Hubay(Augsburg) 1327; Hubay(Eichstätt) 634; Sack(Freiburg) 2279; Hummel-Wilhelmi 406, 407; Finger 655, 656; Sheppard 1729; Pr 2381; BMC II 497; BSB-Ink L-258
Shelfmark	**Id 3643, 4°**

ISTC number	**L*339**
Heading	*Ludolphus de Saxonia*
Title:	Vita Christi
Imprint	Nuremberg: Anton Koberger, 20 Dec. 1478
Language	lat
Bib. Refs	Goff L339; H 10292*; Pell Ms 7318 (7258); CIBN L-265; Aquilon 449; Torchet 597; IBE 3590; IGI 5872; IDL(Suppl) 3012a; IBP 3474; Sajó-Soltész 2107; Coll(S) 678; Madsen 2545; Nentwig 275; Ernst(Hildesheim) II,II 179; Voull(Trier) 1004; Voull(B) 1650; Voull(B) 1663,5 (proofsheet); Hellwig 614; Borm 1727; Pad-Ink 438; Finger 658; Wilhelmi 403; Sheppard 1454; Pr 1990; BMC II 417; BSB-Ink L-261
Shelfmark	**Ie 716 r, 2°**

ISTC number	**L*343**
Heading	*Ludolphus de Saxonia*
Title:	Vita Christi
Imprint	Strassburg: [Printer of the 1483 'Vitas Patrum'], 18 Oct. 1483
Imprint	[Johann (Reinhard) Grüninger],
Language	lat
Publ'n notes	Voulliéme, Polain and Oates assign to Grüninger
Bib. Refs	Goff L343; HC 10293*; Pell Ms 7235 (7265); Hillard 1249; Arnoult 977; Polain(B) 2534; IBE 3592; IBP 3477; Sajó-Soltész 2109; IDL 3013; Coll(U) 975; Ernst(Hildesheim) II,IV 40; Voull(Trier) 1399; Voull(B) 2267; Wiegrefe pp.59-60; Schüling 563; Ohly-Sack 1833-1834; Sack(Freiburg) 2284; Borm 1730; Finger 660; Hunt 234; Oates 178; Rhodes(Oxford Colleges) 1117; BSB-Ink L-263
Shelfmark	**Il 716 s, 2°**

ISTC number	**L*344**
Heading	*Ludolphus de Saxonia*

ISTC number	L*361

Title:	Vita Christi
Imprint	Cologne: [Ludwig von Renchen], 1487
Language	lat
Bib. Refs	Goff L344; HC 10295*; Voull(K) 762; Polain(B) 2535; IDL 3015; Sajó-Soltész 2111; Voull(B) 1065,1; Voull(Trier) 751; Schüling 564; Finger 661; Oates 734; Rhodes(Oxford Colleges) 1118; Pr 1280; BMC I 267; BSB-Ink L-264
Shelfmark	Ie 717, 4°

ISTC number	L*361
Heading	*Ludolphus de Saxonia*
Title:	Vita Christi in compendium redacta
Imprint	[Nuremberg: Johann Sensenschmidt and Andreas Frisner, 1474-78]
Language	lat
Bib. Refs	Goff L361; HC 10302*; Polain(B) 2541; IBP 3480; Sajó-Soltész 2115; Voull(Trier) 990; Voull(B) 1638,5; Oates 1069; Rhodes(Oxford Colleges) 1121; BSB-Ink M-374
Shelfmark	1 an Ih 4696 r/5, 2°

ISTC number	L*373
Heading	*Ludovicus Imolensis*
Title:	Oratio ad populum Bononiensem
Imprint	[Bologna: Franciscus (Plato) de Benedictis, 1494]
Language	lat
Bib. Refs	Goff L373; HCR 9165; Pell Ms 7351 (7291); CIBN L-286; IDL 3025; IBE 3625; IGI 5894; Sallander 2304; Madsen 2555; Sack (Freiburg) 2290; Pr 6605; BMC VI 827; BSB-Ink L-277
Shelfmark	9 an Af 3222 z, 8°

ISTC number	M*38
Heading	*Magni, Jacobus*
Title:	Sophologium
Imprint	[Strassburg: The 'R-printer' (Adolf Rusch), about 1470]
Imprint	[not after 1474]
Language	lat
Publ'n notes	Polain dates not after 1474
Author notes	The author is also known as Jacques Legrand
Bib. Refs	Goff M38; HC 10472*; GfT 1197; Klebs 595.2; Pell Ms 7094 (7045); CIBN L-97; Polain(B) 2458; IDL 3038; IBP 3511; Madsen 2579; Ernst(Hildesheim) I,I 291, II,Ia 7; Voull(Trier) 1293; Voull(B) 2121; Deckert 444; Borm 1672; Oates 100; Rhodes (Oxford Colleges) 1142; Pr 241; BMC I 61; BSB-Ink M-21
Shelfmark	2 an Di 3493 c

ISTC number	**M*54**
Heading	*Magninus Mediolanensis*
Title:	Regimen sanitatis
Imprint	Basel: Nicolaus Kesler, [not before 8 Nov. 1493]
Language	lat
Publ'n notes	Copies known with and without a dated letter (Goff)
Bib. Refs	Goff M54; H 10486; CR 3756; Klebs 640.4; Pell Ms 7403 (7340); CIBN M-22; Hillard 1285; IDL 3045; IGI 5953; IBP 3514; Coll(U) 994; Sallander 994 bis; Madsen 2584; Lökkös(Cat BPU) 280; Voull(B) 548,5; Hubay(Augsburg) 1337; Sack(Freiburg) 2307; Borm 1738; Sheppard 2486; Pr 7701A; BMC III 771; BSB-Ink M-295
Shelfmark	**Ue 2405, 8°**

ISTC number	**M*82.6**
Heading	*Mainerius, Accursius*
Title:	Oratio in Senatu Veneto habita, 29 June 1499
Imprint	Venice: [Otinus de Luna]?, for Carolus Pontanus, [after 1500]
Language	lat
Publ'n notes	The colophon reads "Impressum Venetiis per Carotam Pontanum", regularized to Carolus Pontanus in Copinger and IGI. Hillard assigns doubtfully to Otinus de Luna
Bib. Refs	C 3776; IGI IV, p.13; Hillard 1291
Shelfmark	**7 an Af 3222 z, 8°**

ISTC number	**M*91**
Heading	*Maioranis, Franciscus de*
Title:	Super primo libro Sententiarum
Imprint	Basel: Nicolaus Kesler, 15 Oct. 1489
Language	lat
Bib. Refs	Goff M91; H 10535*; Pell 4914; Parguez 689; IDL 3181; IBE 2505; IGI 6315; IBP 3674; Sajó-Soltész 2237; Coll(U) 570; Madsen 1632; Nentwig 165; Voull(B) 525; Voull(Trier) 226; Hubay(Augsburg) 1401; Hubay(Eichstätt) 675; Sack(Freiburg) 2408; Borm 1817; Pad-Ink 462; Pr 7675; BMC III 768; BSB-Ink F-245
Shelfmark	**Ig 67, 4°**

ISTC number	**M*94**
Heading	*Maioranis, Franciscus de*
Title:	Sermones de sanctis. Add: Tractatus super Pater Noster; De poenitentia; De articulis fidei; Super Magnificat; De corpore Christi; De donis spiritus sancti; De ultimo judicio; Super Missa est
Imprint	Basel: Jacobus Wolff, de Pforzheim, 1498

ISTC number	M*96

Language	lat
Bib. Refs	Goff M94; H 10532*; GfT 1009; Pell 4910; Polain(B) 1515; IDL 3179; IBE 2503; IGI 6312; IBP 3672; Sajó-Soltész 2235; Coll(U) 571; Ernst(Hildesheim) I,I 299, I,II 101, 102, 103; Voull(B) 551,15; Voull(Trier) 246; Hubay(Eichstätt) 674; Ohly-Sack 1944, 1945; Sack(Freiburg) 2409; Hummel-Wilhelmi 235; Borm 1820; Finger 679; Wilhelmi 242; Sheppard 2498, 2499; Pr 7706; BMC III 777; BSB-Ink F-247
Shelfmark	**Ink A 50**

ISTC number	**M*96**
Heading	*Maius, Junianus*
Title:	De priscorum proprietate verborum
Imprint	Treviso: Bernardus de Colonia, 1477
Language	lat
Bib. Refs	Goff M96; H 10540*; GfT 1977; Pell Ms 7487 (7402); CIBN M-38; Polain(B) 2575; IDL 3050; IBE 3726; IGI 6037; IBP 3527; IJL 207; Sajó-Soltész 2136; Sallander 1835; Coll(S) 683; Madsen 2599; Borm 1740; Voull(Trier) 1803; Voull(B) 3605; Ohly-Sack 1852; Hubay(Eichstätt) 643; Rhodes(Oxford Colleges) 1153; Walsh 3310; Sheppard 5516; Pr 6483; BMC VI 892; BSB-Ink M-66
Shelfmark	**Cb 3236, 2°** **Ink B 67**

ISTC number	**M*160**
Heading	*Mandeville, Jean de*
Title:	Itinerarius
Imprint	[Gouda: Gerard Leeu, between 1483 and 11 June 1484]
Imprint	[1483-85]
Language	lat
Publ'n notes	Dated from HPT. Goff dated 1483-85. Often found with Ludolphus de Suchen (Goff L364) and Marco Polo (Goff P902)
Bib. Refs	Goff M160; HC 10644*; Camp-Kron 1198; Brussels exhib.1973, cat. 129c; Klebs 652.3; Pell Ms 7547 (7457); CIBN M-70; Hillard 1305; Elliott-Loose 385; Polain(B) 2584; IGI 6098; IBP 3555; IDL 3063; IJL 209; Amelung, Hellinga Festschrift 43; Madsen 2614; Pad-Ink 442; Abbott 361; Oates 3411; Rhodes(Oxford Colleges) 1160; Sheppard 6909, 6910; Pr 8938; BMC IX 37; BSB-Ink M-103
Shelfmark	**Ink A 66**

ISTC number	**M*177**
Heading	*Maneken, Carolus*

Title:	Formulae epistolarum
Imprint	Reutlingen: Johann Otmar, 1482
Language	lat
Bib. Refs	Goff M177; H 10665*; Pell Ms 7589 (7498); CIBN M-98; Polain(B) 2594; IGI 6358; IBP 3563; Voull(B) 1974; Coll(U) 1000; Oates 1216; Pr 2702; BMC II 584; BSB-Ink M-105
Shelfmark	**2 an Ink A 28**

ISTC number	**M*178**
Heading	*Maneken, Carolus*
Title:	Formulae epistolarum
Imprint	[Strassburg: Johann (Reinhard) Grüninger], 1485
Language	lat
Bib. Refs	Goff M178; H 10667; Pell Ms 7591 (7500); CIBN M-100; Voull (Trier) 1404; Sack(Freiburg) 2322; Sheppard 359; Pr 444; BMC I 104
Shelfmark	**1 an Ung I B 117**

ISTC number	**M*183**
Heading	*Maneken, Carolus*
Title:	Formulae epistolarum
Imprint	[Heidelberg: Friedrich Misch], 1488
Language	lat
Bib. Refs	Goff M183; H 10672*; Polain(B) 4548; IGI 6360; IBP 3566; Sajó-Soltész 2161; Madsen 2621; Voull(B) 1196; Borm 1754; Walsh 1065; Pr 3137; BMC III 668; BSB-Ink M-111
Shelfmark	**Ha 6735 z, 8°**

ISTC number	**M*186**
Heading	*Maneken, Carolus*
Title:	Formulae epistolarum
Imprint	Cologne: Heinrich Quentell, 17 Sept. 1493
Language	lat
Bib. Refs	Goff M186; H 10680*; Voull(K) 770; IGI 6366; IBP 3571; Madsen 2622; Voull(B) 959; Voull(Trier) 647; Hubay(Augsburg) 1353; Sack(Freiburg) 2326; Borm 1757; Oates 750; Pr 1316; BMC I 278; BSB-Ink M-115
Shelfmark	**Ha 6736, 8°**

ISTC number	**M*216**
Title:	Manuale parochialium sacerdotum
Imprint	[Cologne: Heinrich Quentell, between 1484 and Mar. 1489]

ISTC number	M*234

Imprint	[about 1486]
Language	lat
Publ'n notes	Dated about 1486 by Ohly-Sack
Bib. Refs	Goff M216; HC 10726*; Voull(K) 774; IBP 3575; Voull(B) 1032; Voull(Trier) 718; Ohly-Sack 1868; Sack(Freiburg) 2331; Pr 1378; BMC I 273; BSB-Ink M-137
Shelfmark	**2 an Ink A 58**

ISTC number	**M*234**
Heading	*Marchesinus, Johannes*
Title:	Mammotrectus super Bibliam
Imprint	[Strassburg: Printer of Henricus Ariminensis (Georg Reyser), about 1472]
Imprint	[Heinrich Eggestein?, about 1474]
Language	lat
Publ'n notes	Printed in type (1:120G) ascribed to Georg Reyser by Ohly, and tentatively to Heinrich Eggestein by Needham, Christie's, Doheny 19. On the date, see Sotheby's (London) 1 July 1994 (Donaueschingen) 205
Bib. Refs	Goff M234; HC 10552*; Pell Ms 7627 (7532); CIBN M-119; IDL 3090; IBP 3585; Coll(S) 693; Madsen 2650; Lökkös(Cat BPU) 291; Nentwig 278; Ernst(Hildesheim) II,III 80; Voull(Trier) 1333; Voull(B) 2173; Sack(Freiburg) 2335; Borm 1767; Ohly(Gb Jb 1956) 14; Pr 320; BMC I 78; BSB-Ink M-155
Shelfmark	**Id 22 a/5, 2°**

ISTC number	**M*235**
Heading	*Marchesinus, Johannes*
Title:	Mammotrectus super Bibliam
Imprint	[Cologne: Conrad Winters, de Homborch], 24 Dec. 1476
Language	lat
Publ'n notes	For variants see CIBN and Hillard
Bib. Refs	Goff M235; HC 10556; Voull(K) 781; Pell Ms 7631-7632 (7535-7536); CIBN M-120; Hillard 1318; Polain(B) 2604; IDL 3092; IBP 3588; Coll(S) 694; Voull(Bonn) 764; Voull(B) 860; Voull(Trier) 534; Ohly-Sack 1874, 1875; Borm 1769; Finger 667; Wilhelmi 411; Sheppard 889; Pr 1162; BMC I 245
Shelfmark	**Id 22 a/8, 4°** (imperfect)

ISTC number	**M*244**
Heading	*Marchesinus, Johannes*
Title:	Mammotrectus super Bibliam
Imprint	[Basel: Peter Kollicker, about 1484]

M*246	ISTC number

Imprint	[Johann Amerbach, about 1478]
Language	lat
Publ'n notes	Polain assigns to Amerbach, about 1478
Bib. Refs	Goff M244; C 3785; R 612; Pell Ms 7624 (7530); Péligry 533; Polain(B) 2602; IBP 3592; Coll(S) 697; Voull(B) 507,5 = 488; Voull(Trier) 215; Sack(Freiburg) 2338; Hummel-Wilhelmi 416; Borm 1772; A. Schmidt in Gb Jb 1927 pp.9-11; Hunt 4400
Shelfmark	**Ink A 43**

ISTC number	**M*246**
Heading	*Marchesinus, Johannes*
Title:	Mammotrectus super Bibliam
Imprint	[Strassburg: Printer of 1483 'Vitas Patrum', not after 3 Aug. 1485]
Imprint	[Printer of Paludanus],
Language	lat
Publ'n notes	Printed in the types often attributed to the Printer of Paludanus (GfT 2154). Dated by Sack from an inscription in the copy in Brno
Bib. Refs	Goff M246; HC 10553*; Pell Ms 7626 (7531); CIBN M-127; Hillard 1321; Polain(B) 2603; IBE 3814; IBP 3593; Sajó-Soltész 2174; Mendes 832; Coll(U) 1008; Madsen 2651; Voull(Trier) 1397; Voull(B) 2265; Schüling 574; Ohly-Sack 1878, 1879; Sack (Freiburg) 2339; Borm 1773; Pad-Ink 446; Hunt 250; BMC III 860; BSB-Ink M-162
Shelfmark	**Id 22, 4°** **Ink B 69**

ISTC number	**M*285**
Heading	*Marsus, Petrus*
Title:	Oratio dicta in funere illustrissimi Hieronymi Forocomeliensis et Foroliviensis comitis
Imprint	[Bologna: Franciscus (Plato) de Benedictis, about 1488]
Language	lat
Bib. Refs	Goff M285; HR 10793; Madsen 2662; IDL 3103; IBE 3845; IGI 6209
Shelfmark	**8 an Af 3222 z, 8°**

ISTC number	**M*289.5**
Heading	*Marsus, Petrus*
Title:	Oratio in obitu Pomponii Laeti
Imprint	[Rome: Petrus de Turre, not before 10 June 1498]
Imprint	[Johann Besicken, not before 21 May 1497]
Language	lat

ISTC number	

Publ'n notes	Assigned to Petrus de Turre and dated after 10 June 1498 by BAV (following unpublished notes by Accurti). BSB-Ink assigns to Besicken, after 21 May 1497. Unassigned in IGI and CIBN
Bib. Refs	HR 10792; Pell Ms 7673 (7578); CIBN M-145; IBE 3846; IGI 6210; Sallander 2323; BSB-Ink M-187
Shelfmark	**an Ku 3467, 8°**

ISTC number	**M*319**
Heading	*Martinus Polonus*
Title:	Margarita decreti seu Tabula Martiniana
Imprint	[Speyer: Peter Drach, about 1482-89]
Imprint	[about 1485]
Language	lat
Publ'n notes	Polain dates about 1485
Bib. Refs	Goff M319; HC 10834*; Pell Ms 7711 (7616); CIBN M-178; Polain(B) 2621; IDL 3124; IBE 3860; IGI 6237; IBP 3618; Sajó-Soltész 2198; Coll(U) 1014; Coll(S) 701; Ernst(Hildesheim) I,I 300; Voull(B) 2038; Schmitt I 2038; Deckert 451; Schüling 577; Hubay(Augsburg) 1370; Hubay(Eichstätt) 655; Sack(Freiburg) 2361; Pad-Ink 449; Walsh 849, 850; Pr 2357; BMC II 494; BSB-Ink M-228
Shelfmark	**an Id 22, 4°**

ISTC number	**M*325**
Heading	*Martinus Polonus*
Title:	Margarita decreti seu Tabula Martiniana
Imprint	Strassburg: [Printer of the 1483 Jordanus de Quedlinburg (Georg Husner)], 13 June 1489
Language	lat
Bib. Refs	Goff M325; HC 10845*; Pell Ms 7717 (7622); CIBN M-182; Hillard 1331; Polain(B) 2625; IDL 3126; IBE 3863; IGI 6241; IBP 3624; Sajó-Soltész 2202; Madsen 2683; Ernst(Hildesheim) II,III 82; Voull(Trier) 1522; Voull(B) 2430; Hubay(Ottobeuren) 284; Ohly-Sack 1890; Sack(Freiburg) 2364; Walsh 239; Pr 650; BMC I 139; BSB-Ink M-234
Shelfmark	**1 an Kb 2145 a, 4°**

ISTC number	**M*339**
Heading	*Martyrologium*
Title:	Viola sanctorum
Imprint	[Strassburg: Johann Prüss], 8 Feb. 1499
Language	lat
Publ'n notes	Woodcuts

M*364.7	ISTC number

Bib. Refs   Goff M339; HC 10873*; Schr 4594; Schramm XX p.66; Pell Ms 7739 (7649); CIBN M-199; Hillard 1340; Arnoult 1031; Parguez 706; Polain(B) 2635; IBP 3638; Sajó-Soltész 2216; IDL 4661; IBE 3877; IGI 6261; Coll(S) 704; Ernst(Hildesheim) I,I 301; Voull(B) 2363; Schüling 580; Hubay(Augsburg) 1377; Hubay(Eichstätt) 668; Ohly-Sack 1899; Sack(Freiburg) 2378; Wilhelmi 417; Walsh 215; Oates 212; Rhodes(Oxford Colleges) 1176; Sheppard 441; Pr 552; BMC I 124; BSB-Ink V-227
Shelfmark   **an Il 1735, 8°**

ISTC number   **M*364.7**
Heading   *Mattaselanus, Matthaeus*
Title: De successionibus ab intestato. Add: Petrus de Ubaldis: De beneficiorum permutatione. Cataldinus de Boncompagnis: De translatione Concilii Basileae ad civitatem Ferrariae. Signorellus de Homodeis: De praecedentia doctoris et militis. Guido de Suzaria: De materia tormentorum. Ed: (with additions) Ludovicus Bologninus
Imprint   Turin: Nicolaus de Benedictis and Jacobinus Suigus, 22 Apr. 1490
Language   lat
Publ'n notes   The dedicatory letter is dated 30 Apr.
Bib. Refs   HC 10904; GfT 1843; Pell Ms 7770 (7717); Hillard 1346; IGI 9701; IBE(Suppl) 6341; Coll(U) 1020; Voull(B) 3593; Hubay (Augsburg) 1382; Sack(Freiburg) 2389; Sheppard 5957; BMC VII 1057; BSB-Ink M-253
Shelfmark   **an Kb 3631, 2°**

ISTC number   **M*371.8**
Heading   *Matthaeus de Cracovia*
Title: De modo confitendi et puritate conscientiae
Imprint   [Cologne: Ulrich Zel, about 1470]
Imprint   [about 1470]
Language   lat
Publ'n notes   Dated about 1470 by Voull(K); Sheppard dates not before 1470; BSB-Ink dates about 1467
Author notes   Often attributed to Thomas Aquinas or Bonaventura (cf. P. Michaud-Quantin, Sommes des casuistique et manuels de confession au moyen-age, Louvain, 1962; CIBN)
Bib. Refs   Goff T300; H[not C] 1342*; C 537; Mich 294 = 360; Voull(K) 1137; Pell 944; IBP 3645; IDL 3141; Voull(B) 718,2; Voull(Trier) 374; Oates 386, 387; Rhodes(Oxford Colleges) 1717; Sheppard 664; BSB-Ink M-260
Shelfmark   **3 an Ink A 29**

ISTC number	**M*384**
Heading	*Maximilian I, Imperator*
Title:	Coronatio Maximiliani
Imprint	[Mainz: Peter Schoeffer, after 27 Apr. 1486]
Imprint	[after 28 Mar. 1486]
Language	lat
Publ'n notes	Polain dates after 28 Mar. 1486
Bib. Refs	Goff M384; H 10926* (II) (with variant title); R 482 (10 ff); Polain(B) 1195; IBP 3657; Lehmann-Haupt 99 (14 ff); Voull(B) 1542,5; Hubay(Augsburg) 1384 (II); Sack(Freiburg) 2394; Pr 124; BMC I 36 (14 ff); BSB-Ink C-542; GW(Nachtr) 82
Shelfmark	**Pon IIn 1954, 4°**

ISTC number	**M*401**
Heading	*Mayer, Adam*
Title:	Sermo capitularis sive refectorialis de sancto Benedicto abbate
Imprint	[Cologne: Arnold Ther Hoernen, about 1475]
Imprint	[about 1480]
Language	lat
Publ'n notes	Sack dates about 1480
Bib. Refs	Goff M401; CR 5397; Voull(K) 785; Pell Ms 7784 (7729); CIBN M-255; Torchet 644; IDL 3173; Madsen 2703; Ernst(Hildesheim) I, I 370; Sack(Freiburg) 2397; Voull(Trier) 407; Finger 678; Pr 968A; BMC I 209; BSB-Ink M-290
Shelfmark	**4 an Ig 3738z, 8°**

ISTC number	**M*401.9**
Heading	*Mayno, Jason de*
Title:	Epithalamion in nuptiis Maximiliani et Blancae Mariae. Add: Sebastian Brant: Epithalamion
Imprint	[Basel: Johann Bergmann, de Olpe, not before 17 Apr. 1494]
Language	lat
Bib. Refs	Goff M413; H 10972*; IDL 3176; IGI 6025; IBP 3668; Sajó-Soltész 2233; Sallander 2331; Madsen 2597; Voull(B) 621; Schmitt I 604,8; Hubay(Würzburg) 1432; Ohly-Sack 1941, 1942; Sack (Freiburg) 2404; Oates 2845; Pr 7768; BMC III 794; BSB-Ink M-52
Shelfmark	**an Cb 3494, 8°** **Pon IIn 1956, QK**

ISTC number	**M*409**
Heading	*Mayno, Jason de*
Title:	Oratio apud Alexandrum VI habita pro Mediolanensium principe

Imprint	Leipzig: [Gregorius Böttiger (Werman), after 13 Dec. 1492]
Language	lat
Bib. Refs	Goff M409; H 10977*; IBP 3667; Günt(L) 1202; Hubay(Würzburg) 1431; Borm 1815; Sheppard 2137; Pr 3009; BMC III 646; BSB-Ink M-57
Shelfmark	**11 an Ink A 74**

ISTC number	**M*413.35**
Heading	*Mayno, Jason de*
Title:	Commentaria in primam partem Digesti veteris
Imprint	Pavia: Johannes Andreas de Boscho, 22 July 1500
Language	lat
Bib. Refs	H 10940* (I); IBE 3691; BSB-Ink M-43
Shelfmark	**Kb 2932, 2°**

ISTC number	**M*413.6**
Heading	*Mayno, Jason de*
Title:	Commentaria in secundam partem Digesti veteris
Imprint	Venice: [Bernardinus Benalius], 1499
Imprint	[Bernardinus Stagninus, de Tridino],
Language	lat
Publ'n notes	Printer from IGI. BSB-Ink assigns to Stagninus
Bib. Refs	H 10939* (II); IGI 6001; IBP 3662; BSB-Ink M-48
Shelfmark	**an Kb 2932, 2°**

ISTC number	**M*414.1**
Heading	*Mayno, Jason de*
Title:	Commentaria in primam partem Codicis
Imprint	Venice: Bernardinus Benalius, 1 May 1498
Language	lat
Bib. Refs	H 10954* (I); R(Suppl) p. 78; IBE 3685; IGI 5990
Shelfmark	**Kb 3487, 2°**

ISTC number	**M*414.25**
Heading	*Mayno, Jason de*
Title:	Commentaria in secundam partem Codicis
Imprint	Venice: Bernardinus Benalius, 30 Nov. 1498
Language	lat
Bib. Refs	C 3938?; Ferrarini 765; IGI 5994; Sack(Freiburg) 2399
Shelfmark	**an Kb 3487, 2°**

ISTC number	**M*416.3**
Heading	*Mayno, Jason de*
Title:	Super leges: "Admonendi" De iure iurando, "Frater a fratre" De condictione indebiti, "Si arrogator" De adoptionibus, "Autem novissima" De inofficioso testamento, "Quotiens" De rei vindicatione, "Si quando" Unde vi. Prelim: Tabula. Add: Ambrosius Terzagus, Nicolaus de Tudeschis: Carmina ad laudem auctoris operis
Imprint	Pavia: Christophorus de Canibus, Stefanino Giorgi, for Battista Scarabelli, 9 June 1485
Language	lat
Bib. Refs	H 10969*; IBE 3719; IGI 6019; Hubay(Augsburg) 1398; BSB-Ink M-32
Shelfmark	**an Kn 3078, 2°**

ISTC number	**M*422**
Heading	*Meder, Johannes*
Title:	Quadragesimale de filio prodigo
Imprint	Basel: Michael Furter, 1497
Language	lat
Publ'n notes	Woodcuts
Bib. Refs	Goff M422; HC 13629; Schr 4605; Schramm XXII p. 43; Pell Ms 7788 (7733); CIBN M-265; Polain(B) 2651; IGI 6320; IBP 3677; Sajó-Soltész 2240; Coll(U) 1024; Coll(S) 707; Ernst(Hildesheim) II,II 188; Voull(B) 575; Hubay(Augsburg) 1403; Ohly-Sack 1951; Sack(Freiburg) 2413; Borm 1823; Oates 2832; Sheppard 2525, 2526; Pr 7736; BMC III 785; BSB-Ink M-301
Shelfmark	**Il 5758 l, 8°**

ISTC number	**M*444.5**
Heading	*Meffret*
Title:	Sermones de tempore et de sanctis, sive Hortulus reginae
Imprint	Basel: Nicolaus Kesler, 24 May 1488
Language	lat
Bib. Refs	Goff M446 + M439; H 11000* (I-II) + 11006*; Parguez 711 (III); Polain(B) 2658; IGI 6335; IDL 3190; IBP 3687; Sajó-Soltész 2248, 2250; Madsen 2713; Voull(Bonn) 785 (I); Voull(B) 550 + 518,5; Voull(Trier) 42 (II); Hubay(Eichstätt) 682; Ohly-Sack 1961; Sack (Freiburg) 2423; Borm 1830; Finger 685; Oates 2819 (II); BMC III 766 (II-III); BSB-Ink S-307
Shelfmark	**Ink B 72** (II-III, imperfect)

ISTC number	**M*465.5**
Heading	*Melber, Johannes*

Title:	Vocabularius praedicantium, sive Variloquus. Compiled with the assistance of Jodocus Eichmann [Latin and German]
Imprint	Strassburg: Johann Prüss, 1488
Language	ger
Bib. Refs	HC 11041*; IBP 3698; Voull(B) 2348; Voull(Trier) 1457; Ohly-Sack 1972, 1973; Pr 539; BMC I 122; BSB-Ink M-315
Shelfmark	**Ink A 62**

ISTC number	**M*466**
Heading	*Melber, Johannes*
Title:	Vocabularius praedicantium, sive Variloquus. Compiled with the assistance of Jodocus Eichmann [Latin and German]
Imprint	[Strassburg: Printer of the 1483 Jordanus de Quedlinburg (Georg Husner), about 1488-90]
Language	ger
Bib. Refs	Goff M466; HC 11031*; IDL 3193; IBP 3699; Sajó-Soltész 2253; Coll(U) 1027; Madsen 2723; Voull(Trier) 1562; Voull(B) 2472; Ohly-Sack 1974, 1975; Pr 670; BMC I 141; BSB-Ink M-316
Shelfmark	**1 an Ink A 63** (imperfect)

ISTC number	**M*472.2**
Heading	*Melber, Johannes*
Title:	Vocabularius praedicantium, sive Variloquus. Compiled with the assistance of Jodocus Eichmann [Latin and German]
Imprint	[Strassburg]: Johann Knoblouch, [not before 1504]
Language	ger
Bib. Refs	C 3967; VD16 M4439, M4440; Claes 163; IBP Postinc 53; Günt(L) 2868; Voull(B) 2556; BSB-Ink M-324
Shelfmark	**79 L 1046**

ISTC number	**M*516**
Heading	*Mesue, Johannes*
Title:	Opera medicinalia. Add: Mundinus: Expositio super canones universales. Christophorus de Honestis: Expositio super Antidotarium Mesue. Petrus de Abano: Additiones ad Practicam. Franciscus Pedemontanus: Complementum. Nicolaus Salernitanus: Antidotarium (with commentary), Quid pro quo, Synonyma. Abulcasis: Liber servitoris de praeparatione medicinarum simplicium (Tr: Abraham Tortuosiensis. Ed: Simon a Cordo). Johannes de Sancto Amando: Super Antidotarium Nicolai. Saladinus de Asculo: Compendium aromatariorum
Imprint	Venice: Bonetus Locatellus, for Octavianus Scotus, 31 Mar. 1495
Language	lat

ISTC number	**M*524**

Bib. Refs   Goff M516; H 11111*; Klebs 680.14; IBE 3929; IGI 6392; IBP 3715; Sajó-Soltész 2265; Ernst(Hildesheim) I,I 303; Finger 689; Rhodes(Oxford Colleges) 1196; Pr 5059; BMC V 444; BSB-Ink M-348
Shelfmark   **Bd 2752, 4°**

ISTC number   **M*524**
Heading   *Methodius, S*
Title: Revelationes divinae a sanctis angelis factae. Add: Wolfgangus Aytinger: Tractatus super Methodium. (Ed: Sebastian Brant)
Imprint   Basel: Michael Furter, 5 Jan. 1498
Language   lat
Publ'n notes   Woodcuts
Author notes   On the text of (Pseudo-) Methodius see M. Kmosko in Byzantion 6 (1931) pp.273-96 (Sack(Freiburg))
Bib. Refs   Goff M524; HC 11121*; Schr 4648; Schramm XXII p. 43; Pell Ms 7878 (7817); CIBN M-331; Aquilon 469; Torchet 655; Polain(B) 2682; IGI 6399; IDL 3201; IBP 3718; Sajó-Soltész 2267; Madsen 2738; Coll(U) 1033; Voull(B) 577; Ohly-Sack 1983, 1984; Sack (Freiburg) 2443; Schäfer 236; Borm 1841; Pad-Ink 470; Walsh 1247, 1248, 1249; Oates 2833; Sheppard 2527; Pr 7738; BMC III 785; BSB-Ink M-352
Shelfmark   **1 an Ink A 1**

ISTC number   **M*532**
Heading   *Michael de Dalen*
Title: Casus summarii Decretalium Sexti et Clementinarum
Imprint   Basel: Michael Wenssler, 25 Aug. 1479
Language   lat
Bib. Refs   Goff M532; H 4658*; Pell Ms 7891 (7828); CIBN M-336; Torchet 656; Polain(B) 2686; IBP 3723; Coll(U) 1039; Madsen 2740; Nentwig 129; Voull(Trier) 968; Voull(B) 365 = 365,5 = 1591; Hubay(Augsburg) 1419; Hubay(Eichstätt) 690; Ohly-Sack 1989; Sack(Freiburg) 2444; Walsh 1124; Pr 2768; BMC III 727; BSB-Ink M-363
Shelfmark   **Kr 914, 4°**

ISTC number   **M*533**
Heading   *Michael de Dalen*
Title: Casus summarii Decretalium Sexti et Clementinarum. With title Casus breves Decretalium
Imprint   Strassburg: [Printer of the 1483 Jordanus de Quedlinburg (Georg Husner)], 15 June 1485

M*572.5   ISTC number

Language	lat
Bib. Refs	Goff M533; HC 4660*; Polain(B) 2689; IBP 3724; Sajó-Soltész 2271; IBE 3935; Mendes 869; Madsen 2741; Coll(U) 1036; Coll(S) 714; Nentwig 128; Voull(Trier) 1501; Voull(B) 2405; Schmitt I 2405; Hubay(Eichstätt) 691; Sack(Freiburg) 2445; Borm 1845; Wilhelmi 427; Walsh 225, 226; Pr 595; BMC I 133; BSB-Ink M-365
Shelfmark	**Kr 916, 4°**

ISTC number	**M*572.5**
Heading	*Milis, Johannes Nicolaus De*
Title:	Repertorium juris
Imprint	Cologne: Nicolaus Götz, 1475
Language	lat
Bib. Refs	HC 11153; Voull(K) 800; Pell Ms 7941 (7878); CIBN M-361; Polain(B) 2706; IDL 3221; IBP 3735; Nentwig 285; Voull(Trier) 504; Voull(B) 831; Schmitt I 831; Bradshaw (Collected papers) p.238; Oates 595; Pr 1109A; BMC I 238
Shelfmark	**Kc 188, 4°**

ISTC number	**M*573**
Heading	*Milis, Johannes Nicolaus De*
Title:	Repertorium juris
Imprint	Basel: Nicolaus Kesler, 15 Mar. 1488
Language	lat
Bib. Refs	Goff M573; H 11156*; Pell Ms 7943 (7880); CIBN M-363; Polain(B) 2708; IBE 3946; IGI 6432; IBP 3737; Madsen 2755; Ernst(Hildesheim) II,II 193; Voull(B) 518; Voull(Trier) 222; Schüling 601; Hubay(Eichstätt) 693; Sack(Freiburg) 2452; Borm 1854; Pad-Ink 478; Finger 697; Walsh 1210; Pr 7667; BMC III 766; BSB-Ink M-389
Shelfmark	**an Kc 1838, 4°**

ISTC number	**M*630.5**
Title:	Missale Ordinis Eremitarum S. Augustini
Imprint	Nuremberg: Fratres Ordinis Eremitarum S. Augustini, 1491
Language	lat
Bib. Refs	HC 11262*; Weale-Boh 918; Schr 4754; IBP 3791; Coll(S) 720; Schäfer 242 & Abb; Borm 1858; Oates 1076; BMC III 860; BSB-Ink M-441
Shelfmark	**Il 791 ta, 2°**

ISTC number	**M*632**
Title:	Missale Benedictinum Bursfeldense. Ed: Johannes Tritheim
Imprint	[Speyer]: Peter Drach, 30 July 1498
Language	lat
Publ'n notes	Two forms of colophon recorded (Reichling / Polain, BMC). Woodcuts
Bib. Refs	Goff M632; HCR 11274; GfT 1186; Weale p. 222; Weale-Boh 1681; Schr 4679; Schramm XVI p. 14; Polain(B) 2717, 2717A; Meyer-Baer 208; IGI 6557; IBP 3792; Madsen 2765; Ernst(Hildesheim) I,I 305; Voull(Trier) 1223; Voull(B) 2024; Ernst(Hannover) 240; Ohly-Sack 3074; Sack(Freiburg) 2463; Borm 1860; Pad-Ink 481, 482, 483; Pr 2397; BMC II 500; BSB-Ink M-422
Shelfmark	**Il 832 m, 2°**

ISTC number	**M*651**
Title:	Missale Basiliense (Basel)
Imprint	[Basel: Michael Wenssler, between 1486 and 1490]
Imprint	[about 1494]
Language	lat
Publ'n notes	Undated in Goff, CIBN dates between 1486 and 1490. Dated about 1494 in Weale-Boh. Woodcut
Bib. Refs	Goff M651; C 4088 = 4077; Weale-Boh 159; Boh(Parma) 41; Schr 4674; Schramm XXI p.25; Meyer-Baer p.11; Pell Ms 7985 (7920); CIBN M-409; IBP 3768; Lökkös(Cat BPU) 307; Voull(Trier) 103; Sack(Freiburg) 2476; Embach 111
Shelfmark	**Ink B 93**

ISTC number	**M*652.5**
Title:	Missale Brandenburgense (Brandenburg)
Imprint	Nuremberg: Georg Stuchs, 14 July 1494
Language	lat
Publ'n notes	Woodcuts
Bib. Refs	HC 11272; Schr 4677; Weale-Boh 199; Coll(S) 721; Voull(B) 1909; Krüger MMM.2
Shelfmark	**Il 831, 2°**

ISTC number	**M*663**
Title:	Missale Halberstadense (Halberstadt)
Imprint	[Strassburg: Johann (Reinhard) Grüninger for Peter Drach, about 1498]
Imprint	[Mainz: Peter Schoeffer],
Imprint	[about 1493-1500]
Imprint	[after 1500]

265

Language	lat
Publ'n notes	Preface and Canon printed by Peter Schoeffer at Mainz (see K. Haebler, Johann Grüninger der Drucker der Missale mit dem Kanon Peter Schoeffers (GfT: Beiträge zur Inkunabelkunde 4, Uppsala, 1911). BSB-Ink ascribes to Grüninger for Drach, using for the Preface and the Canon the type of Schoeffer and the canon woodcut of Drach. Excluded from BMC, but Goff dates about 1493-1500; BSB-Ink dates about 1498
Bib. Refs	Goff M663; Weale-Boh 418; Schr 4703; VD16 M5576; DeR(M) p.70; A. Tronnier, in Veröffentlichungen der Gutenberg-Gesellschaft 5-7 (1908) pp.148ff, 195; Meyer-Baer 74; Voull(B) 2322,10; Borm 1863; More Books, May 1936, p. 17079; Pr 145; BMC(Ger) p.513; BSB-Ink M-434; GW M24400
Shelfmark	**Il 834, 2°** (imperfect) **Pon Yb 2434, 2°** **Ink C 11** **Ink C 12** **Ink C 13**

ISTC number	**M*672**
Title:	Missale Magdeburgense (Magdeburg)
Imprint	Magdeburg: Simon Koch (Mentzer), 1486
Language	lat
Publ'n notes	Contains also Missals for Halberstadt, Brandenburg, Verden, etc. Woodcut
Bib. Refs	Goff M672; HC 11322; C 4158; GfT 647; Weale p. 93; Weale-Boh 570; Schr 4721; Schramm XII p.12; Meyer-Baer p. 16; Pell Ms 8026 (7957); CIBN M-432; Borm 1868; Walsh 976 & pl. XIII; Rhodes(Oxford Colleges) 1206; Pr 2756; BMC II 597
Shelfmark	**Ink C 27** (imperfect) **Ink C 9** (imperfect) **Ink C 5**

ISTC number	**M*673**
Title:	Missale Magdeburgense (Magdeburg)
Imprint	Magdeburg: Moritz Brandis, 14 Apr. 1497
Language	lat
Publ'n notes	Woodcut
Bib. Refs	Goff M673; C 4160; Weale p. 93; Weale-Boh 573; Schr 4724; Schramm XII p.13; Meyer-Baer p.17; Voull(B) 1500,5 (I); Hubay (Würzburg) 1479; Madsen 2774; Pr 2762; BMC II 599
Shelfmark	**Ink C 26**

ISTC number	**M*673.45**
Title:	Missale Misnense (Meissen)
Imprint	Leipzig: Conrad Kachelofen and Melchior Lotter, 1 Sept. 1500
Language	lat
Publ'n notes	Woodcut
Bib. Refs	H 11329 = 11330; GfT 2032; Schr 4728; Weale-Boh 613; Günt(L) 1286; H. Deckert, in Beiträge zur Inkunabelkunde, Dritte Folge 3 (1967) p.72, no.51
Shelfmark	**Pon Vk 2642, 2°** (Tresor)

ISTC number	**M*675**
Title:	Missale Moguntinum (Mainz)
Imprint	[Speyer]: Peter Drach, 4 Sept. 1497
Language	lat
Publ'n notes	Woodcut
Bib. Refs	Goff M675; HC 11334; Weale p. 101; Weale-Boh 627; Meyer-Baer 90; Schr 4734; Schramm XVI p. 14; Ernst(Hannover) 243; Schmitt I 2023,5; Schüling 602; Ohly-Sack 2023; Pad-Ink 486
Shelfmark	**Ink C 36** (imperfect)

ISTC number	**M*683**
Title:	Missale Pataviense (Passau)
Imprint	Augsburg: Erhard Ratdolt, 21 Jan. 1494
Language	lat
Publ'n notes	Woodcuts
Bib. Refs	Goff M683; HC 11349*; Weale p. 120; Weale-Boh 763; Schr 4741; Schramm XXIII p. 26; Meyer-Baer 106; Pell Ms 8043 (7974); CIBN M-439; Sajó-Soltész 2301; Günt(L) 61; Voull(B) 306; Schäfer 244 & Abb; Walsh 639; BSB-Ink M-448
Shelfmark	**Ink C 15**

ISTC number	**M*700.8**
Title:	Missale Romanum
Imprint	Basel: [Michael Wenssler], 1487
Language	lat
Bib. Refs	H 11390*; Weale-Boh 901; Martimort 22; Schr 4753; Borm 1872; Embach 115; BSB-Ink M-468
Shelfmark	**Ink B 166**

ISTC number	**M*721.8**
Title:	Missale Slesvicense (Schleswig)

Imprint	Schleswig: Stephanus Arndes, 1486
	Language lat
Bib. Refs	H 11425; C 4230a; GfT 76, 77, 78, 79; Schr 4757a; Weale-Boh 1466; D. Lohmeier and G.W. Trube (Ed.); Missale Slevicense. Kiel 2001; Madsen 2781, 2782; Ernst(Hildesheim) II,V 19; Oates 1323
Shelfmark	Il 852 z, 2° (imperfect)

ISTC number	**M*732.9**
Title:	Missale speciale
Imprint	[Strassburg: Johann (Reinhard) Grüninger], 15 Oct. 1498
Language	lat
Publ'n notes	Canon woodcut by Albrecht Dürer. Reprinted from the 1493 edition, with two different settings of the Canon, cf. Ohly-Sack 2025 and Juntke in Gb Jb 1970 and 1981
Bib. Refs	HC 11252 = H 14896*; Weale-Boh 1470; IBP 3803; Madsen 2784; Schr 4760; Ohly-Sack 2025 (var), 2026; Hubay(Würzburg) 1488; Borm 1875; Juntke 299; F. Juntke, in Gb Jb 1970, pp.128-42 & Abb.1-2; F. Juntke, in Gb Jb 1981, pp.154-60 & Abb. 1-2; BSB-Ink M-490; GW(Nachtr) 235
Shelfmark	**Il 791 t/30, 4°**

ISTC number	**M*732.95**
Title:	Missale speciale
Imprint	[Strassburg: Johann Prüss, not after 1498]
Language	lat
Publ'n notes	Canon woodcut. The Gandersheim copy bears a ms dedication date '1498'
Bib. Refs	Weale-Boh 1469?; Pr 9970; F. Juntke, in Gb Jb 1970, pp.128-42 & Abb.3-6; F. Juntke, in Gb Jb 1981, pp.154-60 & Abb.3-4; GW M24885
Shelfmark	**Ink B 154**
	Pon Пi 2548, 4° (imperfect)

ISTC number	**M*749**
Title:	Modus legendi abbreviaturas
Imprint	Nuremberg: Friedrich Creussner, 10 Mar. 1492
Language	lat
Author notes	Werner von Schussenried is named as author in an acrostic in the text
Bib. Refs	Goff M749; HC 11471*; Polain(B) 4575; IBP 3811; Sajó-Soltész 2327; Voull(B) 1817; Sack(Freiburg) 2483; Sheppard 1594; Pr 2158; BMC II 454; BSB-Ink M-510
Shelfmark	**6 an Cl 3237, 4°**

ISTC number	**M*753.5**
Title:	Modus legendi abbreviaturas. Add: Johannes Auerbach: Processus iudiciarius. Tractatus praesumptionum. Dominicus de Visentina: Summa qualiter notarii ... debeant officium exercere. Tractatus notariatus. Johannes Monachus: Defensorium iuris. Innocentius IV: Tractatus exceptionum. Dinus de Mugello: Tractatus praescriptionum. Petrus Jacobus de Montepessulano: De arbitris et arbitratoribus. Galvanus Salvianus de Bononia: Differentiae legum et canonum
Imprint	[Strassburg: The R-Printer (Adolf Rusch), not after 1477]
Imprint	[about 1475]
Language	lat
Publ'n notes	A close reprint of Schilling's edition, Goff M753. The paper suits the date around 1478 (Sack(Freiburg)) who dated not after 1 Nov. 1478; two copies in Munich BSB have inscriptions dated 1477
Author notes	Werner von Schussenried is named as author of the Modus legendi in an acrostic in the text. The true author of the Defensorium iuris is Gerardus (or Gebhardus) de Rheinau (BSB-Ink)
Bib. Refs	Goff M752; H 11480*; GfT 1098; IDL 3261; Pell Ms 8138 (8066); CIBN M-494; Hillard 1398; IGI 6662; IBP 3814; Nentwig 288; Voull(Trier) 1294; Voull(B) 2122; Schmitt I 2122; Hubay(Augsburg) 1439; Hubay(Eichstätt) 701; Ohly-Sack 2027; Sack(Freiburg) 2478, 2479; Hummel-Wilhelmi 442; Walsh 80; Pr 250; BMC I 64; BSB-Ink M-499
Shelfmark	**Ink B 113** **an Ye 2° 68** (imperfect)

ISTC number	**M*755**
Title:	Modus legendi abbreviaturas. Add: Johannes Auerbach: Processus iudiciarius. Tractatus praesumptionum. Dominicus de Visentina: Summa qualiter notarii ... debeant officium exercere. Tractatus notariatus. Johannes Monachus: Defensorium iuris. Innocentius IV: Tractatus exceptionum. Dinus de Mugello: Tractatus praescriptionum. Petrus Jacobus de Montepessulano: De arbitris et arbitratoribus. Galvanus Salvianus de Bononia: Differentiae legum et canonum. Bartolus de Saxoferrato: De tabellionibus
Imprint	[Speyer]: Peter Drach, [not after 1484]
Language	lat
Publ'n notes	The BL copy is in folio throughout; that described by Hain was mainly in large quarto. The Sankt Peter copy has MS notes dated 1484, cf. Sack(Freiburg)
Author notes	Werner von Schussenried is named as author of the Modus legendi in an acrostic in the text. The true author of the Defensorium iuris is Gerardus (or Gebhardus) de Rheinau (BSB-Ink)

Bib. Refs	Goff M755; H 11482*; Polain(B) 2748; IBE 3992; IBP 3817; Sajó-Soltész 3335; Coll(U) 1056; Voull(B) 2043; Schmitt I 2043; Hubay(Augsburg) 1440; Hubay(Würzburg) 1493; Sack(Freiburg) 2481; Borm 1880; Walsh 852; Sheppard 1709; Pr 2361 = 2362; BMC II 494; BSB-Ink M-505
Shelfmark	**Kb 2145, 4°** **Kb 2145 a, 4°** (imperfect)

ISTC number	**M*756**
Title:	Modus legendi abbreviaturas. Add: Johannes Auerbach: Processus iudiciarius. Tractatus praesumptionum. Dominicus de Visentina: Summa qualiter notarii ... debeant officium exercere. Tractatus notariatus. Johannes Monachus: Defensorium iuris. Innocentius IV: Tractatus exceptionum. Dinus de Mugello: Tractatus praescriptionum. Petrus Jacobus de Montepessulano: De arbitris et arbitratoribus. Galvanus Salvianus de Bononia: Differentiae legum et canonum. Bartolus de Saxoferrato: De tabellionibus
Imprint	Strassburg: [Printer of the 1483 Jordanus de Quedlinburg (Georg Husner)], 1487; 26 Feb. 1488
Language	lat
Author notes	Werner von Schussenried is named as author of the Modus legendi in an acrostic in the text. The true author of the Defensorium iuris is Gerardus (or Gebhardus) de Rheinau (BSB-Ink)
Bib. Refs	Goff M756; HC 11484 (incl. H 11468?); C 4323; Polain(B) 2752; IDL 3265; IBP 3818; IBE 3993; Sajó-Soltész 3336; Coll(U) 1058; Madsen 2794, 2795; Voull(Bonn) 804; Voull(B) 2421; Schmitt I 2421; Hubay(Augsburg) 1441; Ohly-Sack 2034; Sack(Freiburg) 2482; Borm 1881; Pad-Ink 493; Finger 708; Walsh 235; Pr 615; BMC I 137; BSB-Ink M-507
Shelfmark	**Kb 2147, 4°**

ISTC number	**M*758**
Title:	Modus legendi abbreviaturas. Add: Johannes Auerbach: Processus iudiciarius. Tractatus praesumptionum. Dominicus de Visentina: Summa qualiter notarii ... debeant officium exercere. Tractatus notariatus. Johannes Monachus: Defensorium iuris. Innocentius IV: Tractatus exceptionum. Dinus de Mugello: Tractatus praescriptionum. Petrus Jacobus de Montepessulano: De arbitris et arbitratoribus. Galvanus Salvianus de Bononia: Differentiae legum et canonum. Bartolus de Saxoferrato: De tabellionibus
Imprint	Nuremberg: Anton Koberger, 23 June 1494
Language	lat

ISTC number	M*782

Author notes	Werner von Schussenried is named as author of the Modus legendi in an acrostic in the text. The true author of the Defensorium iuris is Gerardus (or Gebhardus) de Rheinau (BSB-Ink)
Bib. Refs	Goff M758; HC 11486*; Polain(B) 2754; IDL 3269; IGI 6667; IBP 3820; Coll(U) 1061; Madsen 2798; Voull(Trier) 1105; Voull(B) 1752; Hubay(Augsburg) 1443; Sack(Freiburg) 2484; Wilhelmi 434; Walsh 742, 743; Sheppard 1529; Pr 2093; BMC II 439; BSB-Ink M-512
Shelfmark	**an Kc 185, 8°**

ISTC number	**M*782**
Title:	Modus servandus in executione sive Prosecutione gratiae expectativae
Imprint	[Rome: Johann Besicken, about 1500]
Imprint	[after 1500?]
Language	lat
Publ'n notes	Collates: 4 leaves. Sig: [a4]. 35 lines. Types: 87Ga, b. IBP dates after 1500
Bib. Refs	Goff M782; LC(Exhib 15th c) p. 16: 33; [not Isaac 12063A]; F.R. Goff in GB Jb 1971 pp.76-79; IBP 3828; GW M25026
Shelfmark	**5 an Ku 3467, 8°**

ISTC number	**M*788.2**
Title:	Modus vacandi et acceptandi beneficiorum
Imprint	[Rome: Eucharius Silber, about 1495]
Language	lat
Publ'n notes	4ff, 34ll. Type: 6
Bib. Refs	Karl und Faber, Auktion 126, 11-13 May 1971, 166; GW M25102
Shelfmark	**6 an Ku 3467, 8°**

ISTC number	**M*793**
Heading	*Moesch, Johannes*
Title:	De horis canonicis dicendis
Imprint	Augsburg: Anton Sorg, 7 Nov. 1489
Language	lat
Bib. Refs	Goff M793; H 11534*; Polain(B) 2760; IDL 3290; IGI 6684; IBP 3834; Sajó-Soltész 2333; Sallander 2342; Coll(S) 739; Voull(B) 149; Deckert 469; Hubay(Augsburg) 1448; Hubay(Eichstätt) 708; Sack(Freiburg) 2491; Hummel-Wilhelmi 446; Oates 929; Sheppard 1257; Pr 1712; BMC II 354; BSB-Ink M-546
Shelfmark	**Il 1814, 8°** (imperfect)

ISTC number	**M*801**
Heading	*Molitoris, Ulricus*
Title:	De lamiis et phitonicis mulieribus
Imprint	[Cologne: Cornelis de Zierikzee, about 1498]
Language	lat
Publ'n notes	Woodcuts
Bib. Refs	Goff M801; Klebs 686.8; Voull(K) 821; Schr 4791; Schramm VIII p. 28; IBP 3839; Hunt 928; BMC I 307
Shelfmark	**1 an Ink A 68**

ISTC number	**M*807**
Heading	*Mollenbecke, Petrus*
Title:	Tabula in libros Veteris ac Novi Testamenti Nicolai de Lyra
Imprint	[Cologne: Johann Koelhoff, the Elder, not before 1480]
Language	lat
Bib. Refs	Goff M807; HC 11541*; Voull(K) 824; Pell Ms 8175 (8103); CIBN M-519; Hillard 1406; Polain(B) 2768; IDL 3293; IBP 3840; IBE 4007; Sajó-Soltész 2336; Coll(U) 1067; Madsen 2817; Nentwig 292; Voull(B) 770; Voull(Trier) 446; Schüling 607; Finger 711; Borm 1893; Pr 1046; BMC I 223; BSB-Ink M-554
Shelfmark	**Ink B 57**

ISTC number	**M*809**
Heading	*Mombritius, Boninus*
Title:	De dominica Passione
Imprint	Leipzig: Jacobus Thanner, [after 3 Jan.] 1499
Language	lat
Bib. Refs	Goff M809; HC 11543*; Madsen 2818; Pell Ms 8177-8178 (8105); CIBN M-521; IBP 3841; Deckert 470; Hubay(Augsburg) 1451; Voull(B) 1427,5; Borm 1894; Sheppard 2167; Pr 3077; BMC III 657; BSB-Ink M-555
Shelfmark	**Cl 3026, 8°** (imperfect)

ISTC number	**M*832**
Heading	*Monte, Lambertus de*
Title:	Copulata super octo libros Physicorum Aristotelis iuxta doctrinam doctoris Thomae de Aquino
Imprint	[Cologne: Heinrich Quentell, between Mar. 1489 and May 1494]
Imprint	[about 1491]
Imprint	[about 1495]
Language	lat
Publ'n notes	IGI dates this edition about 1495, Polain about 1491 and Goff March 1489-May 1494

Bib. Refs	Goff M832; HC 1685*; Klebs 583.4; Voull(K) 729; Fernillot 363; Polain(B) 2433; IGI VI 839-C; IBP 3355; Sajó-Soltész 2028; Kotvan 751; Feigelmanas 264; Coll(U) 936; Madsen 2443; Voull(B) 1028; Voull(Trier) 716; Deckert 419; Hubay(Augsburg) 1458; Wilhelmi 439, 440; Pr 1391; BMC I 280; BSB-Ink L-28
Shelfmark	**1 an Ink B 152**

ISTC number	**M*843**
Heading	*Monte, Petrus de*
Title:	Repertorium utriusque iuris
Imprint	Nuremberg: Johann Sensenschmidt and Andreas Frisner, 7 Oct. 1476
Language	lat
Bib. Refs	Goff M843; H 11588*; GfT 2406; Pell Ms 8199 (8126); CIBN M-535; Hillard 1411; Polain(B) 2785; IDL 3300; IGI 6722; IBP 3850; Sajó-Soltész 2340; Coll(U) 1196; Coll(S) 742; Madsen 3181, 3182; Voull(Trier) 984; Voull(B) 1848; Hubay(Eichstätt) 713; Ohly-Sack 2051; Sack(Freiburg) 2501; Wilhelmi 444; Walsh 665; Rhodes(Oxford Colleges) 1220; Sheppard 1413; Pr 2200; BMC II 408; BSB-Ink M-567
Shelfmark	**Kc 162, 2°**

ISTC number	**M*844**
Heading	*Monte, Petrus de*
Title:	Repertorium utriusque iuris (Ed: Comes de Alvarotis)
Imprint	Padua: Johannes Herbort, de Seligenstadt, 16 Nov. 1480
Language	lat
Bib. Refs	Goff M844; HC 11589*; GfT 1947; TFS 1908r; Pell Ms 8202 (8128); Aquilon 478; Torchet 681; Polain(B) 2786; IDL 3301; IBE 4555; IGI 6724; IBP 3851; Sajó-Soltész 2341; Coll(U) 1197; Voull(Trier) 1707; Voull(B) 3205; Deckert 509; Sack(Freiburg) 2503; Borm 1896; Walsh 2813; Oates 2554; Sheppard 5590; Rhodes(Oxford Colleges) 1221; Pr 6802; BMC VII 917; BSB-Ink M-568
Shelfmark	**Kc 163, 2°**

ISTC number	**M*846**
Heading	*Montemagno, Bonaccursius de*
Title:	Controversia de nobilitate
Imprint	[Leipzig: Conrad Kachelofen, about 1494]
Imprint	[Moritz Brandis, about 1488]
Language	lat
Publ'n notes	Sheppard assigns to Moritz Brandis

Bib. Refs	Goff M846; HR 3459; IDL 3303; Voull(B) 1250 = 1291,6; Sack (Freiburg) 2504; Pr 2882; Oates 1274; Sheppard 2098; BSB-Ink M-571; GW(Nachtr) 203
Shelfmark	**9 an Cb 3494, 8°**

ISTC number	**N*15**
Heading	*Nestor, Dionysius*
Title:	Vocabularius. Add: Johannes Sulpitius Verulanus: De quantitate syllabarum
Imprint	Venice: Philippus Pincius, 1496
Language	lat
Bib. Refs	Goff N15; HC 6255*; Pell 4336; CIBN N-13; Hillard 1423; Aquilon 480; Jammes N-1; Péligry 561; Polain(B) 446; IBE 4053; IGI 6781; IBP 3873; Sajó-Soltész 2357; Coll(U) 495; Coll(S) 374; Voull(Trier) 2151; Voull(B) 4354; Hubay(Augsburg) 1470; Sack (Freiburg) 2517; Borm 1903; Madsen 2840; Sheppard 4403; Pr 5314; BMC V 497; BSB-Ink N-21
Shelfmark	**Cb 3241, 4°**

ISTC number	**N*17**
Heading	*Niavis, Paulus*
Title:	Colores rhetoricae disciplinae
Imprint	[Leipzig: Martin Landsberg, about 1495]
Language	lat
Bib. Refs	Goff N17; H 11725*; Zehnacker 161; Polain(B) 2798; IBP 3874; IBE 4056; Hubay(Würzburg) 1510; Coll(U) 1074; Coll(S) 746; BMC III 640; BSB-Ink N-31
Shelfmark	**3 an Il 2196, 4°**

ISTC number	**N*21**
Heading	*Niavis, Paulus*
Title:	Epistolae breves
Imprint	[Leipzig: Conrad Kachelofen, not before 1488]
Language	lat
Publ'n notes	IBP dates about 1488, Goff dated about 1487-95; BSB-Ink refers to a letter of 1488 in the collection
Bib. Refs	Goff N21; HC 11726*; IBP 3881; Sajó-Soltész 2359; Borm 1907; Pr 2887; BMC III 630; BSB-Ink N-37
Shelfmark	**Pon Πc 1752, 8°**

ISTC number	**N*25**
Heading	*Niavis, Paulus*

Title:	Epistolae longiores
Imprint	[Leipzig: Conrad Kachelofen, about 1487-95]
Language	lat
Bib. Refs	Goff N25; H 11734*; IBP 3885; Madsen 2847; Borm 1909; Hubay (Würzburg) 1514; BSB-Ink N-41
Shelfmark	**an Pon IIc 1752, 8°**

ISTC number	**N*26**
Heading	*Niavis, Paulus*
Title:	Epistolae mediocres
Imprint	Leipzig: Conrad Kachelofen, 1494
Language	lat
Bib. Refs	Goff N26; HC 11733*; IGI 6787; IBP 3889; Sajó-Soltész 2363; Coll(U) 1075; Hubay(Eichstätt) 724; Sack(Freiburg) 2521; Pr 2866; BMC III 626; BSB-Ink N-43
Shelfmark	**an Pon IIc 1752, 8°**

ISTC number	**N*42**
Heading	*Nicasius de Voerda*
Title:	Lectura libri Institutionum, cum tractatibus de successionibus, de arboribus consanguinitatis, affinitatis, spiritualis cognationis et actionum. Ed: Gerardus de Harderwyck
Imprint	Cologne: Johann Koelhoff, the Elder, 6 Apr. 1493
Language	lat
Publ'n notes	Woodcut
Bib. Refs	Goff N42; HC 11746*; Schr 4835; Voull(K) 830; IBE 4058; IGI 10370; IDL 3319; IBP 3903; Sajó-Soltész 2365; Sallander 2348; Madsen 4219; Voull(B) 1075; Schmitt I 1075; Voull(Trier) 767; Ohly-Sack 2073; Hubay(Augsburg) 1471; Hubay(Eichstätt) 725; Sack(Freiburg) 2529; Borm 1916; Finger 714, 715; Oates 561, 562; Rhodes(Oxford Colleges) 1225; Pr 1087; BMC I 231; BSB-Ink V-338
Shelfmark	**Kb 2555, 4°** **Kb 2555 a, 4°**

ISTC number	**N*62**
Heading	*Nicolaus de Ausmo*
Title:	Supplementum Summae Pisanellae et Canones poenitentiales fratris Astensis
Imprint	Nuremberg: Johann Sensenschmidt and Andreas Frisner, 20 Jan. 1475
Language	lat

N*83

Bib. Refs	Goff N62; HC 2154; Pell 1628; IBP 3911; Coll(U) 1079; Coll(S) 751; Nentwig 295; Ernst(Hildesheim) I,I 58; Voull(B) 1843; Hubay(Würzburg) 1520; Hubay(Eichstätt) 727; Oates 1065; Sheppard 1404; Pr 2195; BMC II 406; BSB-Ink N-71
Shelfmark	**Kr 599, 4°**

ISTC number	**N*83**
Heading	*Nicolaus de Blony*
Title:	De sacramentis
Imprint	Strassburg: [Martin Flach (printer of Strassburg)], 1 Oct. 1488
Language	lat
Bib. Refs	Goff N83; HC 3253*; Polain(B) 4592; IBP 3927; Sajó-Soltész 2386; Voull(Trier) 1567; Voull(B) 2482; Hubay(Augsburg) 1481; Hubay(Eichstätt) 732; Ohly-Sack 2085, 2086; Sack(Freiburg) 2544; Borm 1924; Pad-Ink 498; Rhodes(Oxford Colleges) 1230; Sheppard 507; Pr 676; BMC I 148; BSB-Ink N-87
Shelfmark	**Ib 1763, 8°** (imperfect)

ISTC number	**N*95.8**
Heading	*Nicolaus de Cusa*
Title:	Opuscula theologica et mathematica
Imprint	[Strassburg: Martin Flach (printer of Strassburg), not after 2 Jan. 1489 and 13 Oct. 1488]
Imprint	[about 1500]
Language	lat
Publ'n notes	The copy in Tübingen UB bears ms acquisition dates '2 Jan. 1489' (Pt.I) and '13 Oct. 1488' (Pt.II). Goff dates about 1500. Woodcut diagrams
Author notes	In two parts, containing: I) De docta ignorantia; Apologia doctae ignorantiae; De conjecturis; De filiatione Dei; De Genesi; Ydiota de vera sapientia. II) De visione Dei; De pace fidei; Reparatio calendarii; De mathematicis complementis; Cribratio Alchorani; De venatione sapientiae; De ludo globi; Compendium; Trialogus de possest; Contra Bohemos; De mathematica perfectione; De beryllo; De dato patris luminum; De quaerendo Deum; De apice theoriae
Bib. Refs	Goff N97; HC 5893*; Klebs 700.1; Schr 4838; Schramm XX p.28; Pell Ms 8316 (8242); CIBN N-48; Hillard 1436; Parguez 735; Polain(B) 2814; IBP 3936; Sajó-Soltész 2392 + 2393; IDL 3343; IBE 4086; IGI 6803 + 6804; Voull(B) 2514 + 2515; Voull(Trier) 1599, 1600; Ohly-Sack 2094; Hubay(Eichstätt) 739; Hummel-Wilhelmi 452; Borm 1930; Pad-Ink 500; Finger 726, 727, 728; Walsh 272, 273; Oates 262 + 263; Rhodes(Oxford Colleges) 1232; Sheppard 529, 530; Pr 727 + 728; BMC I 157, 158; BSB-Ink N-95
Shelfmark	**Ib 1769, 4°**

ISTC number	**N*102**
Heading	*Nicolaus de Dinkelsbuel*
Title:	Postilla cum sermonibus evangeliorum dominicalium
Imprint	Strassburg: [Johann (Reinhard) Grüninger], 1496
Imprint	[Printer of the 1483 Jordanus de Quedlinburg (Georg Husner)],
Language	lat
Publ'n notes	Sheppard notes that this is attributed to Husner by E. Voulliéme, also Sack(Freiburg) assigns to Husner
Bib. Refs	Goff N102; HC 11760*; IBE 4087; IBP 3937; Sajó-Soltész 2395; Madsen 2864; Ernst(Hildesheim) I,I 179; Voull(Trier) 1422; Voull(B) 2527,30; Hubay(Augsburg) 1486; Hubay(Eichstätt) 741; Ohly-Sack 2095, 2096; Sack(Freiburg) 2550; Wilhelmi 459; Sheppard 382; Pr 476; BMC I 110; BSB-Ink N-97
Shelfmark	**an Il 1735, 8°**

ISTC number	**N*103.6**
Heading	*Nicolaus de Hanapis*
Title:	Biblia pauperum
Imprint	[Strassburg: Johann Prüss], 1490
Language	lat
Author notes	The Biblia pauperum here attributed to Bonaventura is a shortened version of de Hanapis's Virtutum vitiorumque exempla, more generally called Exempla sacrae Scripturae (V. Scholderer in Gb Jb pp.61-62 = 50 Essays pp.140-41: Version E)
Bib. Refs	Goff B851; HC 3502*; Pell 2582; CIBN N-60; Hillard 1439; Polain(B) 757; IBE 4094; IGI VI 6809-A; IBP 3941; Sajó-Soltész 2397; Coll(U) 352; Coll(S) 244; Voull(Trier) 1414; Voull(Bonn) 261; Voull(B) 2279; Schüling 618; Juntke 314; Ohly-Sack 2100, 2101; Sack(Freiburg) 2551; Walsh 204; BSB-Ink N-105
Shelfmark	**Ib 502, 8°**

ISTC number	**N*112**
Heading	*Nicolaus de Lyra*
Title:	Moralia super totam Bibliam
Imprint	[Strassburg: Georg Husner, about 1479]
Language	lat
Publ'n notes	A copy in Munich BSB has a rubricator's inscription dated 1481
Bib. Refs	Goff N112; H 10372*; Pell Ms 8330 (8255); CIBN N-63; Arnoult 1073; Polain(B) 2822; IBP 3946; Sajó-Soltész 2399; Coll(S) 754; Voull(Trier) 1367; Voull(B) 2206; Hubay(Augsburg) 1488; Hubay (Eichstätt) 743; Ohly-Sack 2104; Sack(Freiburg) 2562; Hummel-Wilhelmi 453; Borm 1936; Oates 151; Sheppard 302; Pr 365; BMC I 86; BSB-Ink N-121
Shelfmark	**Ink C 2**

ISTC number **N*122.5**
Heading   *Nicolaus de Lyra*
Title: Postilla super Novum Testamentum cum additionibus Pauli Burgensis et replicationibus Matthiae Doering
Imprint   [Strassburg: Printer of Henricus Ariminensis (Georg Reyser), about 1474-77]
Language   lat
Publ'n notes Printed in type 2:93G of the editions ascribed by Ohly to Georg Reyser; the ascription is disputed by Needham, Christie's, Doheny 19. Dated 1482 by Hain
Bib. Refs   Pell Ms 8347 (8270); CIBN N-75; Sajó-Soltész 2405 (IV); Voull (Trier) 1335; Sack(Freiburg) 2557; Pad-Ink 503, 504; BSB-Ink N-113; GW M26582
Shelfmark   **Ie 205, 2°**

ISTC number **N*129**
Heading   *Nicolaus de Lyra*
Title: Postilla super quattuor Evangelistas
Imprint   [Marienthal: Fratres Vitae Communis, about 1474]
Imprint   [before 1493]
Language   lat
Publ'n notes Polain dates before 1493. Proof of leaf d1 recto in Frankfurt(Main) StUB, Ohly-Sack 2110
Bib. Refs   Goff N129; H 10385; GfT 435; CIBN N-67; Polain(B) 2826; IDL 3357; IGI 6834; IBP 3957; Sallander 1865; Ernst(Hildesheim) II,VII 7; Voull(Trier) 966; Voull(B) 1590,8; Schüling 622, 623 (var); Ohly-Sack 2109, 2110; Hubay(Ottobeuren) 309; Walsh 941; GW(Nachtr) 250
Shelfmark   **Ie 426, 4°**

ISTC number **N*133**
Heading   *Nicolaus de Lyra*
Title: Postilla super totam Bibliam (cum expositionibus Guillelmi Britonis et additionibus Pauli Burgensis et correctoriis editis a Matthia Doering)
Imprint   [Strassburg: Johann Mentelin, not after 20 July 1472]
Language   lat
Publ'n notes A copy in Rottenburg PriesterSem has a buyer's date '20 July 1472'. Copies in Freiburg UB and Eichstätt UB also bear ms notes with the date 1472. Copies are also known with the printed date 1472 (see Polain(B) 2820)
Bib. Refs   Goff N133; H 10366*; Pell Ms 8326 (8251); CIBN N-74; Buffévent 375; Polain(B) 2820; IDL 3360; IGI 6819; IBP 3949; Sajó-Soltész 2403; Schorbach 20; Coll(U) 1086; Coll(S) 756;

ISTC number	N*134

Shelfmark	Madsen 2870; Ernst(Hildesheim) II,II 181; Voull(Trier) 1279; Voull(B) 2105; Leuze(Isny) 73, 74; Hubay(Augsburg) 1489; Hubay (Eichstätt) 744; Ohly-Sack 2105; Sack(Freiburg) 2553; Hummel-Wilhelmi 455, 456; Borm 1937; Rhodes(Oxford Colleges) 1235; Sheppard 152, 153; Pr 223; BMC I 56; BSB-Ink N-111 **Id 20, 2°**

ISTC number	**N*134**
Heading	*Nicolaus de Lyra*
Title:	Postilla super totam Bibliam (cum expositionibus Guillelmi Britonis et additionibus Pauli Burgensis et correctoriis editis a Matthia Doering)
Imprint	[Strassburg: Printer of Henricus Ariminensis (Georg Reyser), between 1474 and 14 Apr. 1477]
Language	lat
Publ'n notes	In four volumes. Printed in type 2:93G of the editions ascribed by Ohly to Georg Reyser; the ascription is disputed by Needham, Christie's, Doheny 19. A copy in Sélestat has a buyer's inscription dated 'XVIII. Kal Maji', 1477 (Zehnacker)
Bib. Refs	Goff N134; H 10367* (I-III) + H 10377* (IV); IDL 3361; IBE 4101; IGI 6820; IBP 3950; Sajó-Soltész 2404; Coll(U) 1087 (I); Sallander 2355 (IV); Coll(S) 757; Madsen 2871; Ohly(Gb Jb 1956) 28; Nentwig 79; Voull(Trier) 1335 + 1336; Voull(B) 2174 + 2175; Hubay(Augsburg) 1490; Hubay(Eichstätt) 745; Ohly-Sack 2106; Sack(Freiburg) 2554, 2555, 2556; Hummel-Wilhelmi 457; Borm 1938; Pad-Ink 502; Finger 734; Oates 134, 135; Rhodes(Oxford Colleges) 1236; Pr 325 + 326; BMC I 80; BSB-Ink N-112
Shelfmark	**Id 19, 2°** **Id 19 a, 2°** (imperfect) **Id 19 d, 2°** (imperfect) **Id 20 e, 2°** (imperfect) **Id 3667, 2°** **Ink C 3**

ISTC number	**N*135**
Heading	*Nicolaus de Lyra*
Title:	Postilla super totam Bibliam (cum expositionibus Guillelmi Britonis et additionibus Pauli Burgensis et correctoriis editis a Matthia Doering)
Imprint	Nuremberg: Anton Koberger, 22 Jan. 1481
Language	lat
Publ'n notes	In two parts, although described as three by Hain in error. Variant settings on 2a in vol.I and 226a in vol.II are described in Sajó-Soltész. Woodcuts

| N*144.4 | ISTC number |

| Bib. Refs | Goff N135; HC 10369*; Schr 4843; Schramm XVII p.8; CIBN N-76; Arnoult 1075; Sajó-Soltész 2406; IBP 3951 & Tab. XXII; IDL 3362; IBE 4102; IGI 6821; Coll(U) 1088; Lökkös(Cat BPU) 314; Nentwig 80 (var); Ernst(Hildesheim) I,I 290; Voull(B) 1670; Voull(Trier) 1012; Hubay(Augsburg) 1491 (var); Ohly-Sack 2107; Sack(Freiburg) 2558; Borm 1939; Pad-Ink 505; Wilhelmi 452; Oates 994; Rhodes(Oxford Colleges) 1237; Sheppard 1460; Pr 1998; BMC II 419; BSB-Ink N-114 |
| Shelfmark | **Id 20 c, 2°** (imperfect) |

ISTC number	**N*144.4**
Heading	*Nicolaus de Lyra*
Title:	Praeceptorium divinae legis et alii tractatus. Add: Antonius Liber: Epigramma in laudem urbis Coloniae
Imprint	Cologne: Johann Landen, '1477' [i.e., 1497?]
Language	lat
Publ'n notes	The colophon reads: 1477, which is an impossible date for this printer (BMC)
Author notes	The author is Henricus de Vrimaria; traditionally often attributed to Nicolaus de Lyra. See A. Zumkeller, Manuskripte von Werken der Autoren des Augustiner-Eremitenordens, 1966, p.325
Bib. Refs	Goff N139; HC 10401; IBP 2702; Voull(K) 837; Ernst(Hildesheim) II,V 17; Voull(B) 1086; Oates 846; BMC I 303; GW 12210
Shelfmark	**2 an Ink A 87**

ISTC number	**N*150**
Heading	*Nicolaus de Lyra*
Title:	Repertorium in postillam Nicolai de Lyra super Vetus et Novum Testamentum
Imprint	Nuremberg: Anton Koberger, 19 Apr. 1494
Language	lat
Bib. Refs	Goff N150; HC 10399*; Polain(B) 2830 bis; IDL 3366; IBE 4114; IGI 6849; IBP 3959; Sajó-Soltész 2410; Coll(U) 1090; Madsen 2881; Ernst(Hildesheim) II,III 79; Voull(Trier) 1103; Voull(B) 1749; Hubay(Augsburg) 1494; Ohly-Sack 2112, 2113, 2114, 2115; Sack(Freiburg) 2565; Wilhelmi 453; Walsh 741; Sheppard 1528; Pr 2091; BMC II 438; BSB-Ink R-136
Shelfmark	**Id 20 f, 8°**

ISTC number	**N*172**
Heading	*Nider, Johannes*
Title:	De contractibus mercatorum
Imprint	[Cologne]: Conrad Winters, de Homborch, [about 1479]

ISTC number	N*172.5

Language	lat
Bib. Refs	Goff N172; H 11826*; Voull(K) 865; Pell Ms 8482 (8390); CIBN N-101; Polain(B) 2886; IDL 3373; Voull(B) 876,2; Voull(Trier) 550; Ohly-Sack 2120-2122; Borm 1943; Finger 745; Pr 1180; Sheppard 901; BSB-Ink N-144
Shelfmark	1 an Ig 3738 z, 8°

ISTC number	N*172.5
Heading	*Nider, Johannes*
Title:	Dispositorium moriendi
Imprint	[Augsburg: Günther Zainer, not after 1470]
Imprint	[before 1473]
Language	lat
Publ'n notes	Often found with Goff A1225, A1333 (incl. A1337), E106, G221, H179, H192, I4 and P1001, in any combination. Some copies of the set (e.g. Windsor RL) have a separate small leaf with a collective title of the ten tracts (see BMC, reprint). The collection has H192 with rubricator's date of '72' in a private collection in USA (Roland Folter); previously dated before 5 June 1473 from the rubrication date ('1473 vigil pentec') of the Sammelband in Munich. GW, recording the 9 parts as one edition, dates not after 1470 because of a copy in Klosterneuburg with the ms date '1470'
Author notes	This edition often recorded under the title: Ars moriendi
Bib. Refs	Goff A1089; H 8589* (XI, f.214-234); R 38; Pell 1333; Pell Ms 6000 (5986); CIBN H-118; Aquilon 46; Torchet 74; Delisle 941 (XI); Polain(B) 4437 (XI); IGI VI 880-A; IBP 2801 (XI); Sajó-Soltész 320; IDL 2290; IJL 226; Voull(B) 31 (XI); Schäfer 251; Hummel-Wilhelmi 68; Walsh 514; Sheppard 1139; Pr 1570; BMC II 319; BSB-Ink N-151; GW 12451 (IX)
Shelfmark	an Yc 2° 16

ISTC number	N*174
Heading	*Nider, Johannes*
Title:	Formicarius
Imprint	[Cologne: Ulrich Zel, not after Sept. 1473]
Language	lat
Publ'n notes	A copy in Paris BN has a ms note dating the printing as at the time of the meeting between the Emperor Frederick and Duke Charles the Bold in Trier which took place in September 1473
Bib. Refs	Goff N174; HC 11831; Voull(K) 848; Polain(B) 2849; Pell Ms 8488 (8397); CIBN N-103; Hillard 1450; IBE 4125; IDL 3383; Sajó-Soltész 2419; Madsen 2892, 2893; Voull(Bonn) 837; Voull(B) 703; Voull(Trier) 359; Hubay(Augsburg) 1497; Finger 748; Walsh

Shelfmark	341; Sheppard 684; Rhodes(Oxford Colleges) 1244; Pr 897; BMC I 194 **an Ib 52 m, 4°**

ISTC number	**N*177**
Heading	*Nider, Johannes*
Title:	Manuale confessorum. Add: Dispositorium moriendi (H 11828*)
Imprint	[Cologne: Ulrich Zel, about 1467-72]
Imprint	[about 1470]
Language	lat
Publ'n notes	For variants see V. Scholderer, Variant settings-up in Zel quartos, in Fifty Essays (1966) pp.248-49. Polain dates about 1470
Bib. Refs	Goff N177; HC 11835* + H 11828*; C 4424 (var); Voull(K) 850 (var); Polain(B) 2852A & 2852 (var); Pell Ms 8491 (8399); CIBN N-106; Hillard 1452; IBE 4126; IDL 3384; IBP 3977; Madsen 2898; Voull(B) 704; Voull(Trier) 360; Ohly-Sack 2131; Finger 749; Oates 333; Sheppard 637; Pr 846; BMC I 185; BSB-Ink N-154
Shelfmark	**Ig 4357 l, 8°**

ISTC number	**N*178.5**
Heading	*Nider, Johannes*
Title:	Manuale confessorum. Add: Innocentius III: De poenitentia et remissione
Imprint	[Cologne: Printer of the 'Historia S. Albani' (Johann Guldenschaff or Conrad Winters, de Homborch?), about 1472-74]
Language	lat
Bib. Refs	Polain(B) 2851; Pell Ms 8492 (8400); CIBN N-109; IBP 3978; Voull(B) 756; Schüling 629; Ohly-Sack 2133, 2134; Borm 1949; GW(Nachtr) 251
Shelfmark	**2 an Ink A 29**

ISTC number	**N*186.5**
Heading	*Nider, Johannes*
Title:	Manuale confessorum
Imprint	[Louvain: Johannes de Westfalia, between 1484/85 and 1487]
Language	lat
Bib. Refs	HC 11840?; C 4421; Camp 1283; Pell Ms 8497 (8404); CIBN N-116; Elliott-Loose 409; Polain(B) 2857; IDL 3390; Finger 751; Pr 9281; BMC IX 156
Shelfmark	**4 an Ink A 58**

ISTC number	**N*191**
Heading	*Nider, Johannes*
Title:	De morali lepra
Imprint	[Cologne]: Conrad Winters, de Homborch, [between 17 Mar. and 20 Sept. 1479]
Language	lat
Publ'n notes	Some copies have the impression of a fallen type on fol. 2r: see J.P.A. Madden, Lettres d'un bibliographe, tom iv, p.230 (BMC)
Bib. Refs	Goff N191; H 11817*; Voull(K) 867; Pell Ms 8530 (8416); CIBN N-120; Sajó-Soltész 2427; Polain(B) 2864; IDL 3378; IBP 5918; Voull(B) 876,4; Voull(Trier) 551; Ohly-Sack 2129; Finger 746; Oates 671; Sheppard 902; Pr 1189; BMC I 246; BSB-Ink N-149
Shelfmark	**2 an Ig 3738 z, 8°**

ISTC number	**N*194**
Heading	*Nider, Johannes*
Title:	De morali lepra
Imprint	[Louvain]: Johannes de Westfalia, [between 1484/85 and 1487]
Imprint	[about 1485]
Language	lat
Publ'n notes	Dated from HPT. Dated about 1485 in Goff
Bib. Refs	Goff N194; C 4419; Camp 1288; Pell Ms 8531 (8417); CIBN N-122; Polain(B) 2867; IDL 3380; Borm 1948; Pad-Ink 510; Finger 747; Schullian 337; Oates 3790
Shelfmark	**3 an Ink A 58**

ISTC number	**N*196.6**
Heading	*Nider, Johannes*
Title:	Praeceptorium divinae legis, sive Expositio decalogi
Imprint	[Cologne: Ulrich Zel, before 20 Aug. 1472]
Language	lat
Publ'n notes	Dated by CIBN from the rubricator's date in a BN copy. Goff dates about 1480
Bib. Refs	Goff N206; H[not C] 11780*; Voull(K) 856; Pell Ms 8534 (8420); CIBN N-124; Hillard 1459; Polain(B) 2869; IBP 3985; IDL 3393; IGI 6898; Nentwig 299; Voull(B) 705; Ohly-Sack 2138; Hubay (Augsburg) 1510; Finger 753, 754; Oates 398; Pr 898; BMC I 194; BSB-Ink N-160
Shelfmark	**Id 2143 a/5, 4°**

ISTC number	**N*200**
Heading	*Nider, Johannes*
Title:	Praeceptorium divinae legis, sive Expositio decalogi

| N*204 | ISTC number |

Imprint Strassburg: Georg Husner, 13 Feb. 1476
Language lat
Bib. Refs Goff N200; H 11790*; Pell Ms 8545 (8431); CIBN N-128; Polain(B) 2876; IDL 3395; IGI 6894; IBP 3986; Coll(U) 1113; Coll(S) 765; Madsen 2900; Voull(B) 2194; Schmitt I 2194; Hubay (Augsburg) 1506; Ohly-Sack 2139; Sack(Freiburg) 2586; Borm 1958; Oates 145; Rhodes(Oxford Colleges) 1247; Sheppard 291; Pr 347; BMC I 84; BSB-Ink N-163
Shelfmark **Id 2143 b, 4°**

ISTC number **N*204**
Heading *Nider, Johannes*
Title: Praeceptorium divinae legis, sive Expositio decalogi
Imprint [Reutlingen: Michael Greyff, not after 1479]
Language lat
Publ'n notes A copy in Munich BSB has a rubricator's inscription dated 1479
Bib. Refs Goff N204; HC 11783*; Pell Ms 8539 (8425); CIBN N-130; Parguez 751; Sajó-Soltész 2430; IDL 3399; IBP 3988; Madsen 2901; Voull(Trier) 1187; Voull(B) 1987; Hubay(Augsburg) 1508; Hubay(Eichstätt) 752; Sack(Freiburg) 2589; Finger 752; Wilhelmi 461; Pr 2692; BMC II 576; BSB-Ink N-166
Shelfmark **Id 2143, 4°**

ISTC number **N*208**
Heading *Nider, Johannes*
Title: Praeceptorium divinae legis, sive Expositio decalogi
Imprint Basel: [Johann Amerbach], 1481
Language lat
Bib. Refs Goff N208; HC 11793*; Pell Ms 8548 (8434); CIBN N-132; Parguez 752; Sajó-Soltész 2432; Polain(B) 2878; IBE 4133; IGI 6899; IBP 3991; Madsen 2904; Lökkös(Cat BPU) 322; Voull(B) 428; Voull(Trier) 142; Hubay(Eichstätt) 753; Sack(Freiburg) 2591; Borm 1961; Pad-Ink 515, 516; Hummel-Wilhelmi 469, 470; Oates 2768; Pr 7561; BMC III 746; BSB-Ink N-168
Shelfmark **Id 2144 a, 4°**

ISTC number **N*212**
Heading *Nider, Johannes*
Title: Praeceptorium divinae legis, sive Expositio decalogi
Imprint Strassburg: [Printer of the 1483 Jordanus de Quedlinburg (Georg Husner)], 1483
Language lat

ISTC number	N*224

Bib. Refs   Goff N212; H 11795*; Pell Ms 8550 (8436); CIBN N-134; Arnoult 1099; Polain(B) 4607; IBE 4135; IGI VI 6900-A; IBP 3993; Sajó-Soltész 2434; Coll(S) 766; Madsen 2906; Voull(Trier) 1496; Voull(B) 2400; Ohly-Sack 2141; Sack(Freiburg) 2592; Borm 1962; Pad-Ink 521; Wilhelmi 670; Walsh 217; Rhodes(Oxford Colleges) 1249; Pr 585; BMC I 131; BSB-Ink N-169
Shelfmark   **an Ie 206 s, 4°**

ISTC number **N*224**
Heading   *Nider, Johannes*
Title: Die vierundzwanzig goldenen Harfen
Imprint   [Ulm: Johann Zainer, 14]76
Language   ger
Author notes A revision and German translation of Johannes Cassianus: Collationes patrum
Bib. Refs   Goff N224; H 11849*; IGI VI 2547-B; IBP 3974; Sallander 2359; Voull(B) 2592; Hubay(Würzburg) 1559; Ohly-Sack 2124, 2125; Sack(Freiburg) 2572; BSB-Ink N-179
Shelfmark   **Ink B 150** (imperfect)

ISTC number **N*256**
Heading   *Niger, Petrus*
Title: Clypeus Thomistarum sive Quaestiones super arte veteri Aristotelis
Imprint   Venice: Reynaldus de Novimagio, 1481
Language   lat
Bib. Refs   Goff N256; HC 11888*; Pell Ms 8579 (8468); Hillard 1469; Péligry 585; Polain(B) 2893 and 2893A (var); IBE 4146; IGI 8836; Sajó-Soltész 2447; IBP 4011; Riedl 741; Louda 1352; Badalic-(Croatia) 807; Voull(B) 3825; Schüling 636; Ohly-Sack 2151, 2152; Sack(Freiburg) 2603; Borm 1973; Walsh 1757; Oates 1781; Rhodes(Oxford Colleges) 1252; Pr 4440; BMC V 257; BSB-Ink N-203; Fac: Frankfurt a.M., 1967
Shelfmark   **Ink B 140** (var)

ISTC number **N*260.33**
Heading   *Nixstein, Johannes*, commissary
Title: Indulgentia, 1482. For promoting the war against the Turks
Imprint   [Northern Germany: Printer of Nixstein, before 18 Mar. 1482]
Language   lat
Publ'n notes 21 ll. Text begins: "Pateat vniuersis presentes litteras inspecturis qualiter Deuot // ad opus sacte cruciate cotra ipiissimos Thurcos crucis xpi z fidei xpiane iimicos p sactissmu doim nost doim Sixtu // diuia prouidetia..." L.20 "...plenaria remissione z // mdulgentiam

Bib. Refs	(!) tibi eadem auctoritate in mortis articulo conferendam reseruo ." The Halle ULB copy was issued on 18 Mar. 1482 F. Juntke, in ZfB 51 (1934) pp.547-55, no.4
Shelfmark	**Yla 237 (4)** (vellum)

ISTC number	**O*1**
Title:	Obsequiale Augustense (Rituale, Augsburg)
Imprint	Augsburg: Erhard Ratdolt, 1 Feb. 1487
Language	lat
Publ'n notes	Woodcut
Bib. Refs	Goff O1; HC 11925*; Boh(LB) 743; Spital(Ritualien) 59; Schr 4861; Schramm XXIII p.25; Meyer-Baer 222; Pell Ms 8611 (8503); CIBN O-4; F. Zoepfl in ZfB 59 (1942) p.504-07; Coll(S) 774; Borm 1980; Hubay(Augsburg) 1526; Hummel-Wilhelmi 540; Pr 1870; BMC II 380; BSB-Ink R-199
Shelfmark	**Ink A 75** (vellum)

ISTC number	**O*9**
Heading	*Ockam, Guilielmus*
Title:	Dialogorum libri septem adversos haereticos; Tractatus de dogmatibus Johannis XXII. Ed: Jodocus Badius Ascensius. Add: Compendium errorum Johannis papae XXII
Imprint	[Lyons]: Johannes Trechsel, [not before 12 Sept. 1494]
Language	lat
Publ'n notes	Sometimes found with the 'Opus nonaginta dierum et dialogi' (Goff O13). See BMC and Polain
Bib. Refs	Goff O9; HC 11938* (Dialogorum libri); HC 11946* = H 11947 (Compendium errorum); Pell Ms 8620 (8512) + Ms 8621 (8513); Hillard 950; Arnoult 1108; Buffévent 388; Lefèvre 341; Parguez 757; Aquilon 346; Péligry 589; Torchet 717; Polain(B) 2909 (I-II); IDL 3428; IBE 4161; IGI 6947; IBP 4034; Sajó-Soltész 1560, 1559; Mendes 902; Madsen 1873, 1874, 1875 (I), 1876 (I), T30, T31; Voull(Trier) 2253 (I), 2245 (II); Voull(B) 4709; Borm 1248; Ohly-Sack 1353; Sack(Freiburg) 1713, 1714; Wilhelmi 463; Walsh 3791, 3792; Oates 3213, 3213.5; Rhodes(Oxford Colleges) 1256; Sheppard 6664; Pr 8603; BMC VIII 296; BSB-Ink G-502; GW 11908 + 11905; Fac: London, Gregg Press, 1962
Shelfmark	**Ink B 14**

ISTC number	**O*13**
Heading	*Ockam, Guilielmus*
Title:	Opus nonaginta dierum et dialogi. Ed: Augustinus de Ratisbona, Jodocus Badius Ascensius. Add: Michael de Cesena: Litterae

ISTC number	O*14

Imprint	Lyons: Johannes Trechsel, 16 July 1495
Language	lat
Publ'n notes	Sometimes found with the Dialogi and Compendium errorum Johannis XXII (Goff O9)
Bib. Refs	Goff O13; HC 11935*; Pell Ms 8622 (8514); Hillard 955; Aquilon 348; Arnoult 1110; Buffévent 390; Lefèvre 342; Parguez 758; Péligry 591; Torchet 719; Polain(B) 2909 (III); IDL 3429; IBE 4163; IGI 6948; IBP 4035; Sajó-Soltész 1563; Mendes 903; Madsen 1875 (II), 1876 (II), T31; Voull(Trier) 2245 (I); Voull(B) 4701; Sack(Freiburg) 1716, 1717; Borm 1249; Wilhelmi 464; Walsh 3794, 3795; Oates 3214; Rhodes(Oxford Colleges) 1258; Sheppard 6665; Pr 8605; BMC VIII 297; BSB-Ink G-504; GW 11910; Fac: London, Gregg Press, 1962
Shelfmark	**1 an Ink B 14**

ISTC number	**O*14**
Heading	*Ockam, Guilielmus*
Title:	In primum librum Sententiarum
Imprint	[Urach: Conrad Fyner], 1483
Imprint	[Esslingen]: ,
Language	lat
Publ'n notes	Ascribed by Proctor to Esslingen, by BMC to Urach. The printer introduced a system of textual reference by printing capitals at the top of columns, see C.F. Bühler, in Gb Jb 1936 pp.63-8
Bib. Refs	Goff O14; HC 11945*; GfT 1314; Pell Ms 8643 (8517); Hillard 952; Polain(B) 2905; IDL 3432; IGI 6957; IBP 4038; Sajó-Soltész 1562; Madsen 1881; Nentwig 189; Voull(B) 1139; Voull(Trier) 817; Schüling 638; Sack(Freiburg) 1722; Ohly-Sack 1356; Walsh 992; Pr 2483; BMC II 612; BSB-Ink G-506; GW 11917
Shelfmark	**Ig 155, 4°**

ISTC number	**O*15**
Heading	*Ockam, Guilielmus*
Title:	Quaestiones et decisiones in IV libros Sententiarum. Centilogium theologicum. Ed: Augustinus de Ratisbona, Jodocus Badius Ascensius
Imprint	Lyons: Johannes Trechsel, 9-10 Nov. 1495
Language	lat
Bib. Refs	Goff O15; HC 11942* = 11953; Pell Ms 8623 (8515); Hillard 956; Arnoult 1111; Buffévent 391; Lefèvre 343; Péligry 592; Torchet 720; Polain(B) 2909 (IV); IDL 3433; IBE 4164; IGI 6956; IBP 4037; Sajó-Soltész 1564; Mendes 904, 905, 906, 907, 908, 909; Coll(U) 665; Madsen 1880; Lökkös(Cat BPU) 324; Nentwig 188; Voull(B) 4702; Voull(Trier) 2246; Ohly-Sack 1355; Hubay(Augs-

	burg) 987; Hubay(Eichstätt) 456; Sack(Freiburg) 1721; Hummel-Wilhelmi 478; Borm 1250a; Finger 496; Walsh 3796, 3797; Oates 3216, 3217; Rhodes(Oxford Colleges) 1259; Sheppard 6666, 6667; Pr 8606; BMC VIII 297; BSB-Ink G-508; GW 11916. Fac: London, Gregg Press, 1962
Shelfmark	**Ig 152, 4°** (imperfect)

ISTC number	**O*27.5**
Heading	*Odofredus Beneventanus*
Title:	Super utraque censura et iure pontificio cum quaestionibus sabbatinis (I-II)
Imprint	[Speyer: Peter Drach?, about 1500]
Language	lat
Author notes	Author's name also recorded as Roffredus Beneventanus
Bib. Refs	HC 11966; IBP 4778; Schmitt I 2025,1; Voull(Bonn) 855; Sack (Freiburg) 3086
Shelfmark	**Ko 2408, 2°**

ISTC number	**O*62.39**
Heading	*Oldradus de Ponte de Laude*
Title:	Consilia et quaestiones (Ed: Alphonsus de Soto)
Imprint	[Vienne]: Eberhard Frommolt, 19 Nov. 1481
Language	lat
Bib. Refs	Goff L81; HC(+Add) 9935*; GfT 1789; Dal-Droz 17; Pr(T) II 14; Pell Ms 8687 (8562); CIBN O-25; Arnoult 953; Polain(B) 2916; Sajó-Soltész 2821; Voull(B) 4788; Hubay(Würzburg) 1766; Ohly-Sack 2171; Sack(Freiburg) 2949; Borm 2212; Walsh 3853; Oates 3265; Sheppard 6786; Pr 8737; BMC VIII 375; BSB-Ink O-41
Shelfmark	**Ka 5118, 4°** an **Kc 3508, 4°**

ISTC number	**O*64**
Heading	*Onsshusen, Werner de*
Title:	Tractatus trium quaestionum
Imprint	[Tübingen: Johann Otmar, not before 1500]
Language	lat
Bib. Refs	Goff O64; H 12011*; C 927; GfT 1303, 1546; Pell Ms 11804; CIBN W-10; Polain(B) 4042; IBE(Suppl) 6348; Voull(B) 2570; Ohly-Sack 3018, 3019, 3020, 3021, 3022, 3023, 3024; Hubay (Augsburg) 2140; Hubay(Eichstätt) 1079; Madsen 4229; Pr 3237; BMC III 704; BSB-Ink W-28
Shelfmark	**Il 284, 8°** (imperfect)

ISTC number	**O*86**
Title:	Ordinarius Praemonstratensis
Imprint	[Lübeck: Matthaeus Brandis, not after 1483]
Language	lat
Publ'n notes	A Teplá copy has an ownership note dated 1483
Bib. Refs	Goff O86; H 12060*; Boh(LB) 770; IBP 4053; Borm 1995; Sallander 2363; BMC II 555; BSB-Ink L-149
Shelfmark	**1 an Il 791 s, 4°**

ISTC number	**O*87**
Title:	Ordinarius Praemonstratensis
Imprint	[Lübeck: Matthaeus Brandis, about 1485]
Language	lat
Bib. Refs	Goff O87; Boh(LB) 769?; Meyer-Baer 228a & b; IBP 4052; Borm 1996; GW(Nachtr) 259
Shelfmark	**Il 791 s, 4°**

ISTC number	**O*95**
Heading	*Origenes*
Title:	Contra Celsum et in fidei Christianae defensionem libri (Tr: Christophorus Persona)
Imprint	Rome: Georgius Herolt, Jan. 1481
Language	lat
Publ'n notes	Copies are known with a dedicatory letter to Sixtus IV in place of that to Giovanni Mocenigo (Oxford Bodley (3rd copy), Paris BN, Kraków, Torun, two Vaticano copies)
Bib. Refs	Goff O95; HC(+Add) 12078*; Pell Ms 8782 (8647); CIBN O-57; Hillard 1495; IBP 4054; IGI 7032; Sajó-Soltész 2476; IBE 4219; IDL 3449; Mendes 928; Voull(B) 3521; Ernst(Hannover) 257; Madsen 2961; Coll(U) 1124; Oates 1572; Sheppard 3118, 3119, 3120; Pr 3921; BMC IV 126; BSB-Ink O-80
Shelfmark	**Ib 1820, 2°**

ISTC number	**O*96**
Heading	*Orosius, Paulus*
Title:	Historiae adversus paganos
Imprint	Augsburg: Johann Schüssler, 7 June 1471
Language	lat
Bib. Refs	Goff O96; H 12101*; GfT 463; Polain(B) 4619; IDL 3450; Pell Ms 8787 (8652); CIBN O-58; Hillard 1496; Delisle 1366; IGI 7033; IBP 4055; Coll(U) 1126; Madsen 2962; Günt(L) 92; Voull(B) 54; Hubay(Augsburg) 1534; Hubay(Eichstätt) 767; Sack(Freiburg)

	2619; Hummel-Wilhelmi 480; Borm 2000; Walsh 529, 530; Sheppard 1177; Pr 1591; BMC II 328; BSB-Ink O-81
Shelfmark	Ci 220, 4°

ISTC number	O*109
Heading	Ortolff von Ba(e)yrlandt
Title:	Arzneibuch [German]
Imprint	[Augsburg: Günther Zainer, about 1477]
Language	ger
Bib. Refs	Goff O109; H 12111*; Klebs 715.1; Polain(B) 2937; Sajó-Soltész 2481; Osler(IM) 120; Voull(B) 40; Borm 2002; Sallander 1872; Pr 1583; BMC II 326; BSB-Ink O-92
Shelfmark	Ug 16, 4° (imperfect)

ISTC number	O*111
Heading	Ortolff von Ba(e)yrlandt
Title:	Arzneibuch [German]
Imprint	Augsburg: Anton Sorg, 11 Aug. 1479
Language	ger
Bib. Refs	Goff O111; H 12113*; Klebs 715.3; Osler(IM) 168; Polain(B) 4620; Voull(B) 114; Hubay(Augsburg) 1538; BMC II 347; BSB-Ink O-93
Shelfmark	Ug 15, 4° (imperfect)

ISTC number	O*134
Heading	Ovidius Naso, Publius
Title:	Opera. Ed: Barnabas Celsanus and Bonus Accursius. Con: Heroides; Amores; Ars amandi; De remedio amoris; Ibis; Fasti; Tristia; Epistolae ex Ponto; De pulice; De Philomena; De medicamine faciei; De nuce; Consolatio ad Liviam; Metamorphoses; Bonus Accursius: Vita Ovidii
Imprint	Venice: Bernardinus Rizus, Novariensis, 1486-87
Language	lat
Publ'n notes	According to BMC, a reprint of the 1480 edition. Consisting of: I) Opera; II) Metamorphoses (Ed: Bonus Accursius), sometimes found in reverse order. Dated: I) 27 Nov. 1486; II) 13 Jan. 1486/87
Bib. Refs	Goff O134; HC(+Add) 12143*; Pell Ms 8826 (8691); CIBN O-85; Arnoult 1130; Jammes O-2; Polain(B) 2945; IDL 3481; IGI 7048; IBP 4072; Sajó-Soltész 2488; Mendes 932; Madsen 2982; Voull(B) 4130, 4131; Schmitt I 4130, 4131; Voull(Trier) 2071, 2072; Walsh 2173, 2174; Rhodes(Oxford Colleges) 1285; Sheppard 4066, 4067; Pr 4944, 4945; BMC V 400; BSB-Ink O-145
Shelfmark	Ci 208, 4° (imperfect)

ISTC number	**O*138.3**
Heading	*Ovidius Naso, Publius*
Title:	De arte amandi. Ed: Jacobus Illuminatoris. Add: Gaius Valerius Catullus: Epithalamium (Carmen LXII)
Imprint	[Leipzig: Martin Landsberg], 2 Nov. 1492
Language	lat
Bib. Refs	GW(Nachtr) 261; Günt(L) 1359; Hubay(Augsburg) 1547
Shelfmark	**5 an Ink A 92**

ISTC number	**O*142.1**
Heading	*Ovidius Naso, Publius*
Title:	De arte amandi et De remedio amoris. (Comm: Bartholomaeus Merula)
Imprint	Venice: Johannes Tacuinus, de Tridino, 5 May 1494
Language	lat
Publ'n notes	One of two editions bearing the same date; cf Goff O142. 56ff. Title: "OVIDIVS DE ARTE AMANDI ET DE REMEDIO // AMORIS CUM COMMENTO." Kolophon: "Enarrationes in ouidiu de Arte Amandi. & de Remedio amoris diligenter : & accu//rate copositas a Bartholomaeo Merula Mantuano. Impressit Venetiis Vir solers & Industrius Joannes de Tridino alias Tacuinus. Anno salutis. M.cccc.lxxxxiiii : Ter//tio nonas Maias : Augustino Barbadico Duce Inclyto af foelicissimo."
Bib. Refs	GW M2863810
Shelfmark	**Ci 239, 4°**

ISTC number	**O*143**
Heading	*Ovidius Naso, Publius*
Title:	De arte amandi et De remedio amoris (Comm: Bartholomaeus Merula)
Imprint	Venice: Johannes Tacuinus, de Tridino, 5 July 1494
Language	lat
Publ'n notes	One of three editions bearing the same date; cf Goff O144 and Goff O145
Bib. Refs	Goff O143; H 12220*; IGI 7056; IBE 4234; IBP 4078; Sajó-Soltész 2491; Madsen 2986; Voull(B) 4421; Schmitt I 4421; Borm 2010; Mittler-Kind 462, 463; Walsh 2552; BSB-Ink O-110
Shelfmark	**2 an Ci 463, 4°**

ISTC number	**O*149**
Heading	*Ovidius Naso, Publius*
Title:	Epistola amatoria a Sappho ad Phaonem missa
Imprint	[Leipzig: Martin Landsberg, about 1492]

O*165

Language	lat
Bib. Refs	Goff O149; C 4562; Polain(B) 2948; IBP 4081; Borm 2024; Pad-Ink 531
Shelfmark	7 an Ink A 92

ISTC number	O*165
Heading	Ovidius Naso, Publius
Title:	Epistolae Heroides (Comm: Antonius Volscus et Ubertinus Clericus) et Sappho et Ibis (Comm: Domitius Calderinus)
Imprint	Venice: Johannes Tacuinus, de Tridino, 24 Jan. 1497/98
Language	lat
Bib. Refs	Goff O165; H 12200*; Essling 1134; Sander 5261; Pell Ms 8868 (8733); CIBN O-101; Sajó-Soltész 2499; Borm 2017; Mittler-Kind 471; Oates 2118
Shelfmark	1 an Ci 463, 4°

ISTC number	O*188
Heading	Ovidius Naso, Publius
Title:	Metamorphoses (Comm: Raphael Regius)
Imprint	Venice: Bonetus Locatellus, for Octavianus Scotus, 4 - 5 June 1493
Language	lat
Publ'n notes	An unauthorized edition issued in breach of S. Bevilaqua's privilege: cf. his edition of 7 Sept. 1493, H 12171* (BMC V 518) (Sheppard). Two colophons
Bib. Refs	Goff O188; HC 12172; IDL 3473; IGI 7120; IBP 4075; Madsen 2995; Lökkös(Cat BPU) 331; Voull(B) 4180; Schmitt I 4180; Voull(Bonn) 869; Sack(Freiburg) 2639; Walsh 2298; Oates 1970; Sheppard 4200; Rhodes(Oxford Colleges) 1294; Pr 5044; BSB-Ink O-135
Shelfmark	Ink B 109

ISTC number	O*193
Heading	Ovidius Naso, Publius
Title:	Metamorphoses (Comm: Raphael Regius)
Imprint	Venice: Simon Bevilaqua, 8 July 1497
Language	lat
Bib. Refs	Goff O193; HC(+Add) 12176*; Polain(B) 2954; Sander 5310; IBE 4250; IGI 7126; IBP 4102; Sajó-Soltész 2502; Sallander 2369; Voull(B) 4406; Schmitt I 4406; Schilling 84 (var); Schüling 644; Mittler-Kind 476; Walsh 2528; Sheppard 4481, 4482; Pr 5403; BMC V 522, XII 37; BSB-Ink O-138
Shelfmark	Ci 463, 4° Ci 463 a, 4°

ISTC number	O*198.4
Heading	*Ovidius Naso, Publius*
Title:	De remedio amoris
Imprint	[Leipzig: Martin Landsberg, about 1490-96]
Language	lat
Publ'n notes	26ff. Sign: A8,B6-D6. 17ll. Types: 1:88G, 2:156G
Bib. Refs	Borm 2022; GW M28985
Shelfmark	**6 an Ink A 92**

ISTC number	O*200
Heading	*Ovidius Naso, Publius*
Title:	Tristia (Comm: Bartholomaeus Merula)
Imprint	Venice: Johannes Tacuinus, de Tridino, '26 Mar. 1499'
Imprint	[about 1507]
Language	lat
Publ'n notes	A reprint, with unaltered date, of the edition of 26 Mar. 1499 (Goff O201)
Bib. Refs	Goff O200; HC 12248*; GfT 2212; Polain(B) 2958; Pell Ms 8910 (8770); CIBN II p.354; IGI IV, p.180; Mendes 936; Coll(U) 1133; Coll(S) 788; Voull(B) 4438; Mittler-Kind 479a; Pr 5456; BSB-Ink O-149
Shelfmark	**2 an Ci 463 a, 4°**

ISTC number	P*29
Heading	*Panormitanus de Tudeschis, Nicolaus*
Title:	Consilia (cum Ludovici Bolognini tabula)
Imprint	Ferrara: Andreas Belfortis, Gallus, 22 Feb. 1475
Language	lat
Bib. Refs	Goff P29; HC 12344; C 4592; IBE 5731; IGI 9730; Parguez 772
Shelfmark	**an Ka 4393, 2°**

ISTC number	P*29.4
Heading	*Panormitanus de Tudeschis, Nicolaus*
Title:	Consilia (cum Ludovici Bolognini tabula). Ed: Ludovicus Bologninus
Imprint	Cologne: Johann Koelhoff, the Elder, 1 Oct. 1477
Language	lat
Bib. Refs	HC 12346*; Pell Ms 8406 (8328); CIBN T-341; Voull(K) 839; IGI 9732; IDL 4488; IBP 4111; Günt(L) 631; Borm 2668; Sheppard 793; Pr 1030; BMC I 220; BSB-Ink T-496
Shelfmark	**Ka 5239, 2°**

ISTC number	**P*34**
Heading	*Panormitanus de Tudeschis, Nicolaus*
Title:	Disceptationes (seu Disputationes) et allegationes
Imprint	Cologne: Johann Koelhoff, the Elder, 1477
Language	lat
Bib. Refs	Goff P34; H 12355*; Pell Ms 8408 (8330); CIBN T-343; Voull(K) 840; IDL 4490; IBP 4116; Borm 2669; Finger 951; Walsh 370; Pr 1032A; BMC I 221; BSB-Ink T-500
Shelfmark	**an Ka 5239, 2°**

ISTC number	**P*38**
Heading	*Panormitanus de Tudeschis, Nicolaus*
Title:	Flores juris utriusque
Imprint	Cologne: Petrus in Altis (Bergmann?), de Olpe, 19 Aug. 1477
Language	lat
Bib. Refs	Goff P38; HC 12371; Voull(K) 841; Pell Ms 8411 (8333); CIBN T-345; Polain(B) 3842; IGI 9741; IBP 4120; Coll(U) 1094; Madsen 4007; Voull(Trier) 560; Schüling 826; Ohly-Sack 2836; Borm 2670; Pr 1200A; BMC I 252
Shelfmark	**an Ye 2° 68**

ISTC number	**P*40**
Heading	*Panormitanus de Tudeschis, Nicolaus*
Title:	Glossae Clementinae
Imprint	Cologne: Johann Koelhoff, the Elder, 27 Oct. 1474
Language	lat
Bib. Refs	Goff P40; HC(Add) 12336; Pell Ms 8412 (8334); CIBN T-346; Voull(K) 842; IDL 4491; IBP 4121; Sajó-Soltész 3364; Nentwig 374; Voull(B) 761; Voull(Trier) 435; Schmitt I 761; Günt(L) 625; Pad-Ink 673
Shelfmark	**an Kc 178 a, 4°**

ISTC number	**P*41**
Heading	*Panormitanus de Tudeschis, Nicolaus*
Title:	Glossae Clementinae
Imprint	Cologne: Johann Koelhoff, the Elder, 16 Mar. 1477
Language	lat
Bib. Refs	Goff P41; HC 12338; Voull(K) 843; IGI 9744; Coll(U) 1095; IBP 4122; Sajó-Soltész 3365; Madsen 4008; Günt(L) 630; Ernst(Hildesheim) I,I 322; Voull(B) 767,5; Borm 2671; Finger 952; Walsh S-369A; BSB-Ink T-506
Shelfmark	**Kr 1033, 4°**

ISTC number	**P*45**
Heading	*Panormitanus de Tudeschis, Nicolaus*
Title:	Lectura super V libris Decretalium
Imprint	Basel: [Michael Wenssler, Berthold Ruppel and Bernard Richel, 1477
Language	lat
Publ'n notes	In five volumes. Woodcuts
Bib. Refs	Goff P45; HC 12309*; Schr 4888; Schramm XXI p. 25; Pell Ms 8417 (8338); CIBN T-349; Girard 351; Polain(B) 3843; IBE 5767 (II), 5783 (III.1), 5795 (III.2), 5807 (IV); IGI 9751 (I), 9773 (II), 9791 (III pt.1), 9808 (III pt.2), 9823 (IV), 9839 (V); Sajó-Soltész 3366; IBP 4127; Coll(U) 1097 (I-III); Sallander 1985 (V); Madsen 4010; Lökkös(Cat BPU) 432 (III); Nentwig 375; Ernst(Hildesheim) II,II 215; Voull(B) 359; Voull(Trier) 66; Hubay(Eichstätt) 1024; Ohly-Sack 2838; Sack(Freiburg) 3514, 3515, 3516; Borm 2672; Pad-Ink 675; Finger 953; Walsh 1119; Rhodes(Oxford Colleges) 1301; Pr 7482; BMC III 723 & III 738; BSB-Ink T-511
Shelfmark	**Kr 821, 2°** (imperfect) **Kr 823, 2°** (imperfect)

ISTC number	**P*48**
Heading	*Panormitanus de Tudeschis, Nicolaus*
Title:	Lectura super V libris Decretalium
Imprint	Basel: [Johann Besicken], 1480-81
Imprint	[Bernhard Richel],
Imprint	[Johann Amerbach],
Language	lat
Publ'n notes	In six volumes, vols.I and III dated 1481. For the types, cf. GfT 997 and 998. Assigned to Richel in Goff, and to Amerbach by Polain
Bib. Refs	Goff P48; HC 12312*; GfT 998; Pell Ms 8419 (8340); CIBN T-351; Polain(B) 3845 (I); IBP 4130; IDL 4492; IBE 5746 (I), 5770 (II), 5785 (III), 5797 (IV), 5811 (V), 5826 (VI); Sajó-Soltész 3367; Coll(U) 1099 (V); Madsen 4017 (V); Lökkös(Cat BPU) 433 (III); Ernst(Hildesheim) II,III 95, II,IV 46; Voull(B) 426 = 506,8; Voull (Bonn) 830 (V); Voull(Trier) 140, 141, 137; Hubay(Augsburg) 2039; Ohly-Sack 2839; Sack(Freiburg) 3517; Borm 2673; Walsh 1200; BSB-Ink T-514
Shelfmark	**Ink C 42** (I-V)

ISTC number	**P*49**
Heading	*Panormitanus de Tudeschis, Nicolaus*
Title:	Lectura super V libris Decretalium
Imprint	Venice: Andreas Torresanus, de Asula, 1482-83
Language	lat

P*50

Publ'n notes	In six volumes, dated: I) 3 Feb. 1482; II) 24 July 1483; III) 13 Mar. 1483; IV) 24 July 1483; V) 13 May 1483; VI) 27 May 1483
Bib. Refs	Goff P49; HC 12313*; Polain(B) 3846 (II-VI), 3763 (V); IBE 5747 (I), 5771 (II), 5798 (IV), 5812 (V), 5827 (VI); IGI 9753 (I), 9780 (II), 9797 (III), 9812 (IV), 9829 (V), 9846 (VI); IBP 4131 (V); Sajó-Soltész 3369 (VI); IDL 4493 (II-IV); Voull(B) 3988,5 (II-VI); Hubay(Augsburg) 2040; Walsh 1882; Rhodes(Oxford Colleges) 1303 (III,IV); Sheppard 3762 (I); Pr 4695 (I); BSB-Ink T-515
Shelfmark	**Kr 822, 2°** (II-IV)

ISTC number	**P*50**
Heading	*Panormitanus de Tudeschis, Nicolaus*
Title:	Lectura super V libris Decretalium
Imprint	Nuremberg: Anton Koberger, 1485-86
Language	lat
Publ'n notes	In six volumes, dated: I) 2 Dec. 1485; II) 12 Jan. 1486; III) 11 Feb. 1486; IV) 11 Mar. 1486; V) 6 Dec. 1485; VI) 8 Apr. 1486
Bib. Refs	Goff P50; H 12314*; Pell Ms 8421 (8342); CIBN T-352; Hillard 1995; Arnoult 1140; Girard 352; Polain(B) 3847 (I-V); IBP 4132; Sajó-Soltész 3370; IDL 4494; IBE 5749 (I), 5774 (II); Coll(U) 1100; Coll(S) 761; Madsen 4013 (II-IV); Voull(Trier) 1049, 1042, 1052, 1053, 1056; Voull(B) 1709,5, 1711, 1713, 1714, 1710, 1717; Schmitt I 1709,5, 1711, 1713, 1714, 1710, 1717; Schmitt II 1713 (III), 1714 (IV); Schüling 826; Hubay(Würzburg) 2104; Ohly-Sack 2840; Borm 2674; Finger 956; Wilhelmi 475, 672; Rhodes(Oxford Colleges) 1304 (I,V); Pr 2047 (V,VI); BMC II 428 (V,VI); BSB-Ink T-516
Shelfmark	**Kr 821, 2°** (II)

ISTC number	**P*51**
Heading	*Panormitanus de Tudeschis, Nicolaus*
Title:	Lectura super V libris Decretalium
Imprint	Basel: Johann Amerbach, 1487-88
Language	lat
Publ'n notes	In six volumes dated: I) 1488; II-III) 1487; IV-VI) 1488. Sometimes found with Díaz de Montalvo, Repertorium (Goff D176)
Bib. Refs	Goff P51; HC 12315*; Polain(B) 3848; IBE 5775 (II), 5788 (III); IGI 9757 (I), 9782 (II), 9799 (III), 9814 (IV), 9831 (V), 9853 & 9855 (VI); IDL 4495; IBP 4133; Sajó-Soltész 3371; Coll(U) 1101 (I-V); Coll(S) 760 (V-VI); Madsen 4011; Ernst(Hildesheim) I,I 323, I,II 112; Voull(B) 438 (I), 436 (II), 437 (III), 439 (IV), 440 (V), 441 (VI), 440,1 (IV); Voull(Trier) 154 (I), 153 (II), 155 (VI); Leuze(Isny) 11,12,13,14,15,16,17; Hubay(Augsburg) 2041; Hubay

ISTC number	**P*54**

Shelfmark	(Würzburg) 2105; Ohly-Sack 2841, 2842; Sack(Freiburg) 3518, 3519; Hummel-Wilhelmi 462; Borm 2675; Finger 957; Wilhelmi 473, 474; Walsh 1163; Rhodes(Oxford Colleges) 1305; Pr 7573 (II), 7574 (III), 7575 (I), 7576 (VI); BMC III 749; BSB-Ink T-517 **Kr 825, 2°** (imperfect) **Kr 826, 2°** (imperfect) **Kr 827, 2°** (imperfect)

ISTC number	**P*54**
Heading	*Panormitanus de Tudeschis, Nicolaus*
Title:	Lectura super V libris Decretalium
Imprint	Venice: Baptista de Tortis, 1496-97
Language	lat
Publ'n notes	In seven volumes, dated: I) 10 July 1497; II) 26 Oct. 1496; III) 18 Dec. 1496; IV) 8 June 1497; V) 28 Jan. 1497; VI) 13 Mar. 1497; VII) 21 Mar. & 29 Apr. 1497. For collation see Walsh
Bib. Refs	Goff P54; H 12318*; Polain(B) 3850 (VII); Sajó-Soltész 3373; IBP 4136; IBE 5754 (I), 5763 (II), 5778 (III), 5790 (IV), 5803 (V), 5818 (VI), 5831 (VII); IGI 9762 (I), 9768 (II), 9786 (III), 9803 (IV), 9818 (V), 9835 (VI), 9851 (VII); Mendes 1297; Coll(U) 1102 (VII); Voull(B) 3957,8 (I), 3956,2 (II), 3956,4 (III), 3957,6 (IV), 3956,8 (V), 3957,2 (VI), 3957,4 (VII); Deckert 649; Hubay(Augsburg) 2044; Hubay(Eichstätt) 1025; Sack(Freiburg) 3520; Walsh 1942; Rhodes(Oxford Colleges) 1307; BSB-Ink T-521
Shelfmark	**Kr 828, 2°** (VI-VII)

ISTC number	**P*55**
Heading	*Panormitanus de Tudeschis, Nicolaus*
Title:	Lectura super V libris Decretalium
Imprint	Milan: Johannes Angelus Scinzenzeler, for Johannes de Legnano, 1500
Language	lat
Publ'n notes	In seven volumes, dated: I) 23 Oct. 1500; II) 20 June 1500; III) 27 June 1500; IV) 12 Nov. 1500; V) 27 Oct. 1500; VI) 20 Oct. 1500; VII) 26 June & 14 Oct. 1500
Bib. Refs	Goff P55; CR 4589; IBP 4139; IBE 5757 (I), 5766 (II), 5781 (III), 5793 (IV), 5806 (V), 5821 (VI), 5834 (VII); IGI 9763 (I), 9769 (II), 9787 (III), 9804 (IV), 9819 (V), 9836 (VI), 9852 (VII); Walsh 3166
Shelfmark	**Kr 829, 2°**

ISTC number	**P*79**
Heading	*Papias*
Title:	Vocabularium

Imprint	Venice: Philippus Pincius, 19 Apr. 1496
Language	lat
Bib. Refs	Goff P79; HC 12381*; Polain(B) 2986; IDL 3489; Pell Ms 8999 (8852); CIBN P-25; Lefèvre 349; Parguez 784; IBE 4290; IGI 7207; Sajó-Soltész 2506; Voull(Trier) 2152; Voull(B) 4356; Hubay(Augsburg) 1554; Sack(Freiburg) 2645; Sheppard 4400; Pr 5310; BMC V 497; BSB-Ink P-13
Shelfmark	**Cb 3242, 4°**

ISTC number	**P*83**
Heading	*Paraldus, Guilielmus*
Title:	Summa de virtutibus
Imprint	[Basel: Michael Wenssler, about 1475]
Language	lat
Bib. Refs	Goff P83; H 12383*; Parguez 786; Polain(B) 3034; IGI 7209; IBP 4227; Sajó-Soltész 1596; Coll(S) 795; Madsen 3036; Nentwig 308; Ernst(Hildesheim) II,III 97; Voull(B) 393; Voull(Trier) 108; Hubay (Augsburg) 989; Hubay(Eichstätt) 459; Ohly-Sack 1374, 1375; Sack(Freiburg) 1755; Walsh 1114, S-1114A; Pr 7464; BMC III 722; BSB-Ink G-522; GW 12049
Shelfmark	**Ig 6436 e, 4°**

ISTC number	**P*89**
Heading	*Paraldus, Guilielmus*
Title:	Summa de vitiis
Imprint	[Basel: Berthold Ruppel, not after 1474]
Imprint	[not after 1476]
Language	lat
Publ'n notes	Polain dates not after 1476
Bib. Refs	Goff P89; H 12385*; Péligry 609; Polain(B) 3036; IGI 7217; IBP 4232; Sajó-Soltész 1601; Coll(U) 1135; Coll(S) 794; Madsen 3037; Nentwig 307; Ernst(Hildesheim) I,I 89, II,IV 47; Voull(B) 350; Ohly-Sack 1377; Borm 1254; Wilhelmi 294; Hunt 4239; Pr 7449; BMC III 715; BSB-Ink G-528; GW 12051
Shelfmark	**Ig 6437, 4°**

ISTC number	**P*94**
Heading	*Paratus*
Title:	Sermones "Parati" de tempore et de sanctis
Imprint	[Strassburg: Printer of the 1483 'Vitas Patrum', not after 1485]
Imprint	[Printer of Paludanus],
Language	lat

ISTC number	P*129

Publ'n notes	Printed in the types often attributed to the Printer of Paludanus (GfT 2154)
Bib. Refs	Goff P94; H 12406*; IBP 4151; Sajó-Soltész 2507; Madsen 3041; Voull(B) 394,5 = 2265,9; Schmitt I 2265,9; Ohly-Sack 2186; Sack(Freiburg) 3224; Borm 2459; Hunt 241-242; Thach 23; BSB-Ink S-312
Shelfmark	**Ink B 148**

ISTC number	**P*129**
Title:	Passio Domini Jesu Christi secundum quattuor Evangelia. Add: Guillelmus de Sancto Amore: Defensorium ecclesiae
Imprint	[Lübeck: Printer of Calderinus (Johann Snel or Lucas Brandis?), about 1480]
Language	lat
Publ'n notes	70 ff. (ff.1-52 Passio, ff.53-70 Defensorium). Sig: [a10,b-e8, f10,g8,h10]. 2 col, 38 ll. Type 1:104G. A variant is known with different setting on double-leaf 53/60, e.g. fol.53a l.2 "ierachie ecclesiastice fascicul9" for "ierarchie eccastice fasciculus" (Jena, Stockholm and 2nd copy Copenhagen)
Bib. Refs	Goff P129; H 12440; R 496 (Defensorium only); IDL 3504; IBP 4168; Coll(S) 797 (Passio), 357 (Defensorium, var); Sallander 1878; Madsen 3047 (Passio), 1365 (Defensorium), 1366 (Defensorium, var); Voull(B) 1454 (Passio), 1453 (Defensorium); Ohly-Sack 1379; Borm 2031; Hunt 1572; Walsh S-945A; GW M29625
Shelfmark	**Kr 1794, 4°** (Defensorium only)

ISTC number	**P*130**
Title:	Passio Domini Jesu Christi secundum quattuor Evangelia. Add: Bernardus: De planctu B. Mariae Virginis
Imprint	[Basel: Nicolaus Kesler, about 1500]
Language	lat
Publ'n notes	Woodcut
Bib. Refs	IBP 4170; Lökkös(Cat BPU) 339; Pr 7795; BMC III 774; BSB-Ink P-30
Shelfmark	**Ie 716, 8°**

ISTC number	**P*131**
Title:	Passio Domini Jesu Christi secundum quattuor Evangelia. Add: Bernardus: De planctu B. Mariae Virginis
Imprint	[Basel: Nicolaus Kesler, about 1500]
Language	lat
Publ'n notes	Woodcut

Bib. Refs	Goff P131; H 12439*; VD16 P877; Schr 3734; Schramm XXII p. 21 & 28; Rosenwald 319; IBP 4169; Borm 2032; BSB-Ink P-31
Shelfmark	**82 L 1109**

ISTC number	**P*157.2**
Heading	*Paulus II,* Pont. Max. (formerly Pietro Barbo)
Title:	Bulla 19 Apr. 1470 "Ineffabilis providentia" de publicatione anni Jubilaei
Imprint	[Cologne: Printer of Dares (Johannes Solidi (Schilling)), after 19 Apr. 1470]
Language	lat
Bib. Refs	Sotheby's (London), 1 July 1994 (Donaueschingen) 183; Sajó-Soltész 2518; IGI 7265; Schüling 649; Hummel-Wilhelmi 490; Sheppard 762, 763; Pr 991; GW M29905
Shelfmark	**Ink A 92**

ISTC number	**P*166**
Heading	*Paulus de Castro*
Title:	Consilia et allegationes
Imprint	Nuremberg: Anton Koberger, Oct. 1485
Language	lat
Bib. Refs	Goff P166; HC 4641*; IBE 4320; IGI 7273; IDL 3512; IBP 4176; Sajó-Soltész 2521; Sallander 2371; Coll(S) 798; Ernst(Hildesheim) II,II 97; Voull(B) 1708; Voull(Trier) 1047; Sack(Freiburg) 2659; Borm 2038; Oates 1007; Rhodes(Oxford Colleges) 1317; BMC II 428; BSB-Ink P-50
Shelfmark	**Ka 4889, 2°** **Ink C 35**

ISTC number	**P*168**
Heading	*Paulus de Castro*
Title:	Super prima et secunda parte Digesti novi
Imprint	Venice: Andreas Torresanus, de Asula, 13 Mar. 1494
Language	lat
Bib. Refs	Goff P168; H 4632*; Pell 3363; Polain(B) 2996; IBE 4341; IGI 7287; Sack(Freiburg) 2668; Rhodes(Oxford Colleges) 1319; BMC XII 23; BSB-Ink P-62
Shelfmark	**Kb 3129, 2°**

ISTC number	**P*170.5**
Heading	*Paulus de Castro*
Title:	Super prima et secunda parte Digesti veteris

ISTC number	P*174.5

Imprint	Venice: Andreas Torresanus, de Asula, 19 Jan. 1495
Language	lat
Bib. Refs	Goff Suppl. P170a; H 4614*; Polain(B) 2998; IBE 4332; IGI 7291; Coll(S) 800; Hubay(Würzburg) 1612; Sack(Freiburg) 2672; Rhodes (Oxford Colleges) 1320; Pr 4735; BMC V 311; BSB-Ink P-68
Shelfmark	**Kb 2844, 2°**

ISTC number	**P*174.5**
Heading	*Paulus de Castro*
Title:	Super prima et secunda parte Infortiati
Imprint	Venice: Andreas Torresanus, de Asula, 22 Aug. 1494
Language	lat
Bib. Refs	Goff Suppl. P174a; H 4625*; Pell 3360; Hillard 1522; Polain(B) 2997; IBE 4337; IGI 7297; Sack(Freiburg) 2678; Rhodes(Oxford Colleges) 1321; Pr 4734; BMC V 311; BSB-Ink P-72
Shelfmark	**Kb 2983, 2°**

ISTC number	**P*200**
Heading	*Paulus de Roma*
Title:	Tractatus in favorem religionis Hierosolimitanae
Imprint	[Mainz: Printer of the 'Darmstadt' Prognostication, after Aug. 1480]
Language	lat
Bib. Refs	Goff P200; H 12492*; GfT 1115; TFS 1900b; Pell Ms 9085 (8926); CIBN P-69; Hillard 1526; Voull(B) 1562; Finger 767; Pr 3254; BMC I 42; BSB-Ink P-81
Shelfmark	**5 an Ink A 2**

ISTC number	**P*208**
Heading	*Paulus Soncinas*
Title:	Quaestiones in libros metaphysicae Aristotelis
Imprint	Venice: Simon Bevilaqua, 28 Sept. 1498
Language	lat
Bib. Refs	Goff P208; HC 12495*; Klebs 731.1; Polain(B) 3014; Pell Ms 9083 (8934); CIBN P-75; Hillard 1531; IBE 4368; IGI 7332; IBP 4198; Sajó-Soltész 2535; Mendes 962; Coll(S) 807; Louda 1385; Ohly-Sack 2209; Sack(Freiburg) 2686; Rhodes(Oxford Colleges) 1326; BSB-Ink P-83
Shelfmark	**Ce 2094, 4°**

ISTC number	**P*214**
Heading	*Paulus Venetus*

Title:	Expositio in libros Posteriorum Aristotelis
Imprint	Venice: Guilelmus Anima Mia, Tridinensis, 11 Aug. 1486
Language	lat
Bib. Refs	Goff P214; HCR 12512; Arnoult 1155; Polain(B) 4633; IBE 4371; IGI 7336; IBP 4201; Sajó-Soltész 2537; Voull(Trier) 2110; Voull(B) 4216; Walsh 2193, 2194; Pr 5108; BMC V 410
Shelfmark	**1 an Ce 2454, 4°**

ISTC number	**P*235**
Heading	*Paulus Venetus*
Title:	Scriptum super librum Aristotelis De anima
Imprint	Venice: Filippo di Pietro, 17 Apr. 1481
Language	lat
Bib. Refs	Goff P235; HC 12519*; TFS 19060; Klebs 733.1; IGI 7338; IBP 4204; Madsen 3065; Pr 4280; BMC V 222; BSB-Ink P-101
Shelfmark	**Ce 2454, 4°**

ISTC number	**P*245**
Heading	*Pavinis, Johannes Franciscus de*
Title:	Relatio circa canonizationem Bonaventurae. Add: Octavianus de Martinis: Oratio in vitam et merita S. Bonaventurae. Robertus [Caracciolus?]: Sermo de laudibus Bonaventurae. Sixtus IV: Bulla canonizationis
Imprint	[Cologne: Johann Koelhoff, the Elder, 1486-94]
Imprint	[about 1490]
Language	lat
Publ'n notes	Polain dates about 1490
Bib. Refs	Goff P245; HC 12531*; Voull(K) 703; Polain(B) 3022; Pell Ms 9113 (8953); CIBN P-91; Buffévent 401; IDL 3523; IBP 4215; Sajó-Soltész 2549; Voull(B) 817; Borm 2044; Finger 768; Oates 563; Pr 1089; BMC I 231; BSB-Ink P-120
Shelfmark	**Ii 1589, 8°**

ISTC number	**P*249**
Heading	*Pelagius, Alvarus*
Title:	De planctu ecclesiae
Imprint	Ulm: Johann Zainer, 26 Oct. 1474
Language	lat
Publ'n notes	Woodcut
Bib. Refs	Goff P249; H 891*; Schr 4904; Schramm V p. 18; Pell 574; CIBN P-95; IGI 7386; IDL 3525; IBE 4256; IBP 4217; Sajó-Soltész 2551; Coll(U) 87; Coll(S) 810; Madsen 3074; Voull(Trier) 1624; Voull(B) 2586; Ernst(Hannover) 66; Hubay(Augsburg) 1576;

ISTC number	P*250

	Ohly-Sack 2214; Sack(Freiburg) 2695; Hummel-Wilhelmi 38; Sheppard 1794, 1795; Pr 2504; BMC II 523; BSB-Ink A-461
Shelfmark	**Kr 1414 z/10, 2°**

ISTC number	**P*250**
Heading	*Pelbartus de Themeswar*
Title:	Sermones Pomerii de sanctis
Imprint	Hagenau: Heinrich Gran, for Johannes Rynman, 20 Feb. 1499
Format	4°
Language	lat
Bib. Refs	Goff P250; HC 12555*; Polain(B) 3027; IBE 4406; IGI 7389; IBP 4222; Sajó-Soltész 2554; Ernst(Hildesheim) I,II 115; Voull(B) 1181,10; Voull(Trier) 836; Hubay(Augsburg) 1578; Hubay(Eichstätt) 792; Ohly-Sack 2218, 2219; Sack(Freiburg) 2698; Wilhelmi 479; Sheppard 2240; Pr 3197; BMC III 686; BSB-Ink P-127
Shelfmark	**an Ung I D 10**

ISTC number	**P*254**
Heading	*Pelbartus de Themeswar*
Title:	Sermones Pomerii de tempore
Imprint	Hagenau: Heinrich Gran, for Johannes Rynman, 27 July 1498
Format	4°
Language	lat
Bib. Refs	Goff P254; HC 12551*; Parguez 795; Polain(B) 3025; IDL 3526; IBP 4220; Sajó-Soltész 2556; Sallander 2376; Voull(B) 1180,5; Voull(Trier) 834; Hubay(Augsburg) 1579; Ohly-Sack 2221; Sack(Freiburg) 2700; Hummel-Wilhelmi 492; Oates 1328, 1328.1; Sheppard 2238; Pr 3195; BMC III 686; BSB-Ink P-130
Shelfmark	**Ung I D 10**

ISTC number	**P*258**
Heading	*Pelbartus de Themeswar*
Title:	Stellarium coronae beatae Mariae virginis
Imprint	Hagenau: Heinrich Gran, for Johannes Rynman, 2 May 1498
Language	lat
Bib. Refs	Goff P258; HC 12563* = H 12566; Pell Ms 9139 (8976); CIBN P-97; Arnoult 1159; Buffévent 402; Polain(B) 3032; IGI 7391; IDL 3530; IBP 4225; Sajó-Soltész 2558; Madsen 3077; Günt(L) 1112; Voull(B) 1181; Voull(Trier) 833; Hubay(Ottobeuren) 331; Sack-(Freiburg) 2702; Borm 2050; Finger 772; Wilhelmi 482; Rhodes (Oxford Colleges) 1339; Sheppard 2237; Pr 3194; BMC III 686; BSB-Ink P-137
Shelfmark	**Ink B 7** **Ink B 63**

ISTC number	**P*261.718**
Heading	*Peraudi, Raimundus*, commissary
Title:	Indulgentia [1489 or 1490]. For promoting the war against the Turks
Imprint	[Mainz: Peter Schoeffer, about 1489-90]
Format	Bdsde
Language	lat
Bib. Refs	VE 15 P-148; Lehmann-Haupt 238; Juntke(Ablassbriefe) 6
Shelfmark	**Yl a 237, Nr. 5** (vellum, imperfect)

ISTC number	**P*268**
Heading	*Peregrinus*
Title:	Sermones de tempore et de Sanctis
Imprint	[Strassburg: Johann Prüss], 1493
Language	lat
Bib. Refs	Goff P268; HC 12585*; Polain(B) 3043; IBP 4242; Sajó-Soltész 2561; IBE 4410; Madsen 3084; Voull(Trier) 1475; Voull(B) 2362,7; Schüling 661; Ohly-Sack 2238, 2239; Sack(Freiburg) 2711; Borm 2060; Pr 550; BMC I 124; BSB-Ink P-186
Shelfmark	**2 an Ig 4357 c, 4°**

ISTC number	**P*269**
Heading	*Peregrinus*
Title:	Sermones de tempore et de Sanctis
Imprint	[Strassburg: Johann (Reinhard) Grüninger], 4 Sept. 1495
Language	lat
Publ'n notes	For variant issues see Walsh: the Harvard copy differs from the descriptions of both Polain and Oates
Bib. Refs	Goff P269; H 12586*; Buffévent 404; Polain(B) 3044; IBP 4243; Sajó-Soltész 2562; Madsen 3085; Voull(B) 2289,10; Hubay (Eichstätt) 795; Ohly-Sack 2240; Sack(Freiburg) 2712, 2713; Hummel-Wilhelmi 496; Borm 2061; Walsh 172; Oates 188; Sheppard 371; Pr 466; BSB-Ink P-187
Shelfmark	**Ink A 56**

ISTC number	**P*272**
Heading	*Pereriis, Guillermus de*
Title:	Oratio super electione Innocentii VIII, habita 26 Aug. 1484
Imprint	[Rome: Bartholomaeus Guldinbeck, after 26 Aug. 1484]
Imprint	[Stephan Plannck],
Imprint	[Johann Besicken],
Language	lat

ISTC number	P*284.1

Publ'n notes	CIBN assigns to Guldinbeck, Goff and Sajó-Soltész to Plannck and IGI and IBP to Besicken
Bib. Refs	Goff P272; H 12589*; Pell Ms 9168 (8996); CIBN P-102; IGI 7405; Feigelmanas 334; IBP 4245; Sajó-Soltész 2564; Mendes 985; BSB-Ink P-191
Shelfmark	**17 an Ku 3467, 8°**

ISTC number	**P*284.1**
Heading	*Perger, Bernardus*
Title:	Oratio in funere Friderici III imperatoris Viennae habita, repetita per Jacobum Barinum
Imprint	[Leipzig: Martin Landsberg, about 1494]
Language	lat
Publ'n notes	The funeral took place on 7 Dec. 1493
Bib. Refs	GW(Nachtr) 274; Günt(L) 1394; Voull(B) 1324
Shelfmark	**4 an Ch 3216 z, 8°**

ISTC number	**P*336**
Heading	*Persius Flaccus, Aulus*
Title:	Satyrae
Imprint	[Leipzig]: Martin Landsberg, [not before 1495]
Language	lat
Bib. Refs	Goff P336; H[not C] 12716; Polain(B) 3056; Sajó-Soltész 2582; Borm 2070; Hunt 1726
Shelfmark	**8 an Ce 2048, 4°**

ISTC number	**P*361**
Heading	*Persius Flaccus, Aulus*
Title:	Satyrae (Comm: Joannes Britannicus and Jodocus Badius Ascensius)
Imprint	Lyons: Jean de Vingle, 7 Aug. 1500
Language	lat
Bib. Refs	Goff P361; HC 12734; Mor(P) 61; Lefèvre 362; IBE 4456; IGI 7514; IBP 4274; Madsen 3112; Sack(Freiburg) 2737; Mittler-Kind 487; Walsh 3818; Pr 8653; BMC VIII 315; BSB-Ink P-255
Shelfmark	**1 an Ink 23**

ISTC number	**P*385**
Heading	*Petrarca, Francesco*
Title:	Trionfi (comm: Bernardo Lapini da Siena) e Canzoniere (comm: Franciscus Philelphus and Hieronymus Squarzaficus)
Imprint	Venice: Bernardinus Rizus, Novariensis, 1488

Language	ita
Publ'n notes	In two parts, dated: I) 18 Apr. 1488; II) 12 June 1488
Bib. Refs	Goff P385; HC(+Add)R 12770 (incl H 12787); Fiske p.79; Essling 76; Sander 5599; Parguez 803; IBE 4473; IGI 7552 & 7533; IBP 4286; Voull(B) 4132 & 4133; Walsh 2176, 2177, 2178; Sheppard 4068 & 4069; Pr 4948 & 4949; BMC V 401
Shelfmark	**Di 3503, 4°**

ISTC number	**P*399**
Heading	*Petrarca, Francesco*
Title:	Epistolae familiares. Ed: Sebastianus Manilius
Imprint	Venice: Johannes and Gregorius de Gregoriis, de Forlivio, 13 Sept. 1492
Language	lat
Bib. Refs	Goff P399; HC 12811*; Fiske p. 34; Pell Ms 9286 (9111); CIBN P-152; Hillard 1555; Buffévent 406; Parguez 802; IBE 4465; IGI 7569; IDL 3576; IBP 4280; Sajó-Soltész 2590; Sallander 1890; Coll(S) 819; Madsen 3124; Voull(B) 3868; Schüling 667; Hubay (Augsburg) 1598; Sack(Freiburg) 2741; Walsh 1981; Sheppard 3890, 3891, 3892; Pr 4526; BMC V 342; BSB-Ink P-266
Shelfmark	**Di 3478, 8°**

ISTC number	**P*412**
Heading	*Petrarca, Francesco*
Title:	Secretum de contemptu mundi
Imprint	[Strassburg: The R-Printer (Adolf Rusch), not after 1473]
Language	lat
Publ'n notes	Often found with De vita solitaria (Goff P417)
Bib. Refs	Goff P412; H 12800*; Fiske p. 61; Pell Ms 9309 (9133); CIBN P-165 (I); Polain(B) 3067 (I); IBE 4469; IGI 7580; IDL 3581; IBP 4285; Sajó-Soltész 2596; Madsen 3133; Nentwig 313; Voull(B) 2123; Deckert 496; Sack(Freiburg) 2744; Walsh 72; Rhodes(Oxford Colleges) 1362; Sheppard 217; Pr 231; BMC I 61; BSB-Ink P-277
Shelfmark	**Di 3493 c, 4°**

ISTC number	**P*417**
Heading	*Petrarca, Francesco*
Title:	De vita solitaria
Imprint	[Strassburg: The R-Printer (Adolf Rusch), not after 1473]
Language	lat
Publ'n notes	Often found with Secretum de contemptu mundi (Goff P412); a copy in Munich BSB was rubricated in 1473

ISTC number		P*447

Bib. Refs   Goff P417; HC(+Add) 12796; Fiske p.30 & 31; Polain(B) 3067 (II); Pell Ms 9307 (9131); CIBN P-165 (II); IGI 7586; IDL 3575; IBP 4288; Madsen 3136; Nentwig 314; Voull(B) 2124; Deckert 497; Sack(Freiburg) 2746; Walsh 73; Sheppard 216; Pr 232; BMC I 61; BSB-Ink P-265
Shelfmark   **1 an Di 3493 c, 4°**

ISTC number   **P*447**
Heading   *Petrus de Aquila*
Title: Quaestiones super libros Sententiarum
Imprint   [Speyer]: Peter Drach, [not after 17 Oct. 1486]
Language   lat
Publ'n notes   A copy in Wroclaw U has a ms index dated 'anno domini millesimoquadringentsimooctuagesimosexto. In profesto sancti Luce evangeliste' (i.e. 17 Oct. 1486) (Kocowski)
Bib. Refs   Goff P447; HC 1324*; Pell 927 = Pell Ms 9321 (9145); CIBN P-212; Girard 361; Polain(B) 3081; IDL 3617; IGI 7609; IBE 4523; IBP 4309; Kocowski 2196; Sajó-Soltész 2607; Coll(U) 1172; Madsen 3151; Ernst(Hildesheim) II,III 12; Voull(Trier) 1243; Voull(B) 2025,4; Deckert 500, 501; Hubay(Eichstätt) 807; Sack (Freiburg) 2762; Oates 1115; Rhodes(Oxford Colleges) 1369; Pr 2359; BMC II 494; BSB-Ink P-342
Shelfmark   **Ig 167, 8°**

ISTC number   **P*448**
Heading   *Petrus de Bergamo*
Title: Etymologiae, seu Concordantiae conclusionum Thomae Aquinatis in quibus videtur sibi contradicere
Imprint   Venice: Gabriele di Pietro, 1476
Language   lat
Bib. Refs   Goff P448; H 2821*; IGI 7612; Hubay(Eichstätt) 808; Oates 1682; Sheppard 3375; Pr 4197; BMC V 202; BSB-Ink P-343
Shelfmark   **1 an Ink A 87**

ISTC number   **P*452**
Heading   *Petrus de Bergamo*
Title: Tabula operum Thomae Aquinatis
Imprint   Basel: Bernhard Richel, 4 Dec. 1478
Language   lat
Bib. Refs   Goff P452; H 2818*; GfT 989; Pell 2074; CIBN P-215; Hillard 1562; Lefèvre 367; Polain(B) 3084; IBE 4527; IDL 3619; IBP 4312; IJL 231; Sajó-Soltész 2609; Coll(U) 1175; Madsen 3153; Ernst(Hildesheim) II,Ia 4; Voull(B) 403; Voull(Trier) 121; Deckert

Shelfmark	502; Ohly-Sack 2266; Sack(Freiburg) 2763; Borm 2089; Oates 2757; Sheppard 2374; Pr 7533; BMC III 738; BSB-Ink P-345 **Ib 2336, 4°**

ISTC number	**P*453**
Heading	*Petrus de Bergamo*
Title:	Tabula operum Thomae Aquinatis
Imprint	Basel: Nicolaus Kesler, 1495
Language	lat
Publ'n notes	For variant see CIBN
Bib. Refs	Goff P453; H 2819*; Pell 2075; CIBN P-216; Polain(B) 3085; IBE 4528; IGI 7614; IDL 3620; IBP 4313; IJL 232; Mendes 1008; Coll(U) 1176; Coll(S) 827; Madsen 3154; Nentwig 316; Voull(B) 537; Voull(Trier) 233; Hubay(Ottobeuren) 338; Ohly-Sack 2267, 2268, 2269, 2270, 2271, 2272; Sack(Freiburg) 2764; Borm 2090; Pad-Ink 540; Wilhelmi 489; Walsh 1217; Sheppard 2489; Pr 7688; BMC III 771; BSB-Ink P-346
Shelfmark	**Ib 2337, 8°**

ISTC number	**P*458**
Heading	*Petrus Comestor*
Title:	Historia scholastica
Imprint	[Augsburg]: Günther Zainer, 1473
Language	lat
Bib. Refs	Goff P458; H 5531*; Pell 3880; CIBN P-223; Delisle 515; IGI 7622; IDL 3592; IBP 4316; Sajó-Soltész 2613; Coll(U) 1180; Voull(B) 13; Deckert 503; Ohly-Sack 2275, 2276; Hubay(Augsburg) 1609; Hubay(Eichstätt) 810; Borm 2091; Sheppard 1145; Pr 1539; BMC II 319; BSB-Ink P-301
Shelfmark	**Ink C 30**

ISTC number	**P*460**
Heading	*Petrus Comestor*
Title:	Historia scholastica
Imprint	[Strassburg: Printer of Henricus Ariminensis (Georg Reyser), not after 6 Feb. 1473]
Imprint	[Heinrich Eggestein?],
Language	lat
Publ'n notes	Printed in type (1:120G) ascribed to Georg Reyser by Ohly, and tentatively to Heinrich Eggestein by Needham, Christie's, Doheny 19; Sack dates about 1472/73, not after 6 Feb. 1473
Bib. Refs	Goff P460; H 5529*; Polain(B) 3090; IDL 3594; IGI 7623; IBP 4317; Sajó-Soltész 2614; Nentwig 317; Voull(B) 2176; Sack(Frei-

	burg) 2766; Borm 2092; Ohly(Gb Jb 1956) 20; Oates 133; Rhodes (Oxford Colleges) 1373; Sheppard 237; Pr 321; BMC I 79; BSB-Ink P-302
Shelfmark	**Ic 1577 a, 2°**

ISTC number	**P*463**
Heading	*Petrus Comestor*
Title:	Historia scholastica
Imprint	Strassburg: [Printer of the 1483 Jordanus de Quedlinburg (Georg Husner)], 'post' 24 Feb. 1485
Language	lat
Bib. Refs	Goff P463; H 5533*; Pell 3881; CIBN P-225; Arnoult 1174; Polain(B) 3092; IGI 7626; IDL 3596; IBP 4320; Sajó-Soltész 2617; Coll(U) 1181; Coll(S) 828; Madsen 3158; Ernst(Hildesheim) I,I 155; Voull(B) 2474 = 2403,5; Deckert 505; Hubay(Augsburg) 1611; Hubay(Eichstätt) 811; Sack(Freiburg) 2768; Borm 2094; Walsh 224; Sheppard 458; Pr 593; BMC I 132; BSB-Ink P-305
Shelfmark	**Ic 1577, 4°** **Ink B 69**

ISTC number	**P*476**
Heading	*Petrus Lombardus*
Title:	Glossa magistralis Psalterii
Imprint	[Nuremberg: Johann Sensenschmidt and Andreas Frisner, 1475-76]
Language	lat
Bib. Refs	Goff P476; H 10202*; Polain(B) 3110; IGI 8127; IBP 4329; Sajó-Soltész 2633; Coll(U) 1190; Voull(Trier) 991; Voull(B) 1854,5; Schmitt I 1854,5; Hubay(Augsburg) 1619; Hubay(Eichstätt) 816; Ohly-Sack 2302; Sack(Freiburg) 2786; Oates 1067; Sheppard 1409, 1410; Pr 2202; BMC II 408; BSB-Ink P-374
Shelfmark	**Id 3641 z, 4°**

ISTC number	**P*477**
Heading	*Petrus Lombardus*
Title:	Glossa magistralis Psalterii
Imprint	Nuremberg: Johann Sensenschmidt and Andreas Frisner, 12 Feb. 1478
Language	lat
Bib. Refs	Goff P477; H 10203*; Pell Ms 9357 (9185); CIBN P-236; Polain(B) 3111; IDL 3658; IBP 4330; Coll(U) 1191; Coll(S) 831; Madsen 3168; Nentwig 320; Voull(Trier) 985; Voull(B) 1850; Sack(Freiburg) 2787; Borm 2106; Pad-Ink 547; Finger 796; Wil-

Shelfmark	helmi 502; Oates 1071; Sheppard 1417; Pr 2207; BMC II 409; BSB-Ink P-375 **Id 3642, 2°** **Bened. B. BB 91, 2°**

ISTC number	**P*479**
Heading	*Petrus Lombardus*
Title:	Sententiarum libri IV
Imprint	[Strassburg: Heinrich Eggestein, before 1471]
Imprint	[1471-72]
Imprint	[about 1466]
Language	lat
Publ'n notes	CIBN dates before 1471, Goff 1471-72 and IGI 1466
Bib. Refs	Goff P479; H 10183*; Pell Ms 9341 (9169); CIBN P-237; Delisle 1114; IGI 7633; Sajó-Soltész 2635; Hubay(Augsburg) 1621; Sack (Freiburg) 2788; Sheppard 175; Pr 259; BMC I 67; BSB-Ink P-376
Shelfmark	**Ig 169 z, 2°**

ISTC number	**P*479.1**
Heading	*Petrus Lombardus*
Title:	Sententiarum libri IV
Imprint	[Strassburg: Printer of Henricus Ariminensis (Georg Reyser), about 1475-76]
Imprint	[not after 1477]
Imprint	[Heinrich Eggestein?],
Language	lat
Publ'n notes	Printed in type (1:120G) ascribed to Georg Reyser by Ohly, and tentatively to Heinrich Eggestein by Needham, Christie's, Doheny 19. Dated about 1475-76 in Amelung, Sack and CIBN, not after 1468 in Goff. The Toronto UL copy has a rubricator's date of 1468 but the paper is to be dated about 1475-76 (Piccard for Amelung; also P. Needham in BSA 76 (1982) pp. 406-408); Amelung suggests that the rubricator intended 1478
Bib. Refs	Goff P478; H 10184*; Pell Ms 9343 (9171); CIBN P-238; IGI 7634; IBP 4331; Sajó-Soltész 2634; Ohly(Gb Jb 1956) 1; Nentwig 322; Günt(L) 2651; Voull(Trier) 1337; Voull(B) 2177; Hubay (Augsburg) 1620; Sack(Freiburg) 2789; Amelung(Reutlingen) 77; Borm 2107; Walsh 113; Sheppard 230; Pr 309; BMC I 76; BSB-Ink P-377
Shelfmark	**Ink C 53**

ISTC number	**P*483**
Heading	*Petrus Lombardus*

ISTC number   P*486

Title: Sententiarum libri IV
Imprint   [Basel: Printer of the 'Modus legendi abbreviaturas'], 13 Aug. 1484
Imprint   [Cologne: Heinrich Quentell],
Language   lat
Publ'n notes   This press re-assigned from Cologne to Basel (cf. BMC III)
Bib. Refs   Goff P483; HC 10189*; Voull(K) 935; Polain(B) 3116; IGI VI
                 7636-A; IDL 3661; IBP 4335; Sajó-Soltész 2639; Coll(S) 833;
                 Madsen 3171; Lökkös(Cat BPU) 353; Ernst(Hildesheim) I,I 284;
                 Voull(B) 927; Ohly-Sack 2307; Sack(Freiburg) 2792; Sheppard
                 2465; Pr 1285; BMC III 761 = I 270; BSB-Ink P-380
Shelfmark   **Ig 170, 4°**
                 Ig 170 a, 4°

ISTC number   **P*486**
Heading   *Petrus Lombardus*
Title: Sententiarum libri IV (Comm: Bonaventura). Add: Johannes
                 Beckenhaub: Tabula
Imprint   [Nuremberg]: Anton Koberger, [after 2 Mar. 1491]
Language   lat
Publ'n notes   The printer is named in the dedicatory letter of Volume I. Pellechet
                 2714 includes the table from the Freiburg edition of Kilianus
                 Piscator (Fischer), Goff P487 (Hillard). For variants (Tabula A, B)
                 cf. BSB-Ink
Bib. Refs   Goff P486; HC 3540* (I-IV); Pell 2714, 2715 (V, Var.A), 2718 (V,
                 Var.B); CIBN B-622; Girard 366; Hillard 1572; Polain(B) 795; IBE
                 4544; IGI 7643; IDL 3666; IBP 4338; Sajó-Soltész 2646; Mendes
                 980; Coll(U) 359; Madsen 3176, T56; Ernst(Hildesheim) I,I 111,
                 I,II 39, 41, II,II 80, II,III 36; Voull(Trier) 1127; Voull(B) 1782;
                 Schmitt I 1734,3; Hubay(Augsburg) 1623; Hubay(Eichstätt) 823;
                 Ohly-Sack 2313, 2314, 2315, 2316, 2317; Sack(Freiburg) 2799;
                 Hummel-Wilhelmi 509, 510; Borm 2111; Pad-Ink 550, 551, 552;
                 Finger 799; Wilhelmi 507; Lökkös(Cat BPU) 116; Walsh 714;
                 Rhodes(Oxford Colleges) 1380; Oates 1017; Pr 2068; BMC II 433;
                 BSB-Ink P-387
Shelfmark   **an Ig 185, 4° (I)**
                 Ink B 128 (III)

ISTC number   **P*487**
Heading   *Petrus Lombardus*
Title: Sententiarum libri IV (Comm: Bonaventura). Add: Johannes
                 Beckenhaub: Tabula
Imprint   Freiburg im Breisgau: Kilianus Piscator (Fischer), [not before 2
                 May 1493]
Imprint   Kilianus Piscator (Fischer) [for Wolfgang Lachner,

Language	lat
Publ'n notes	On Wolfgang Lachner see BSB-Ink
Bib. Refs	Goff P487; H 3541*; H 3540* (V, table only); C 930; Pell 2716; CIBN B-623; Arnoult 1178; Buffévent 411; Girard 367; Hillard 1573; Parguez 812; Péligry 630; Polain(B) 796; IBE 4546; IGI 7645; IDL 3667; IBP 4339; Sajó-Soltész 2649; Mendes 982; Coll(U) 360; Coll(S) 249; Madsen 3178; Ernst(Hildesheim) I,I 112; Voull(Trier) 1128 (V); Voull(B) 1158, 1783; Hubay(Eichstätt) 824; Ohly-Sack 2318, 2319, 2320, 2321, 2322; Sack(Freiburg) 2802, 2803, 2804, 2805, 2805/1; Hummel-Wilhelmi 511; Borm 2113; Pad-Ink 553; Finger 801, 802; Wilhelmi 508; Lökkös(Cat BPU) 117; Oates 1334, 1335; Sheppard 2254, 2255-2256; Pr 3213; BMC III 694; BSB-Ink P-390
Shelfmark	**an Ig 186, 4°** (I,V)

ISTC number	**P*488**
Heading	*Petrus Lombardus*
Title:	Sententiarum libri IV (Comm: Bonaventura). Add: Johannes Beckenhaub: Tabula
Imprint	Nuremberg: Anton Koberger, 1500
Language	lat
Publ'n notes	For collation of the Tabula and the types, see CIBN. In five parts (Tabula, lib. I-IV), the last dated 1500
Author notes	The Tabula includes the Articuli in Anglia et Parisius condemnati
Bib. Refs	Goff P488; HC 3543*; Pell 2717; CIBN B-624; Arnoult 1179; Polain(B) 797; IBE 4549; IGI 7648; IDL 3668; IBP 4340; Sajó-Soltész 2651; Mendes 983; Sallander 2387; Madsen 3179; Ernst (Hildesheim) I,II 40; Voull(Trier) 1123; Voull(B) 1777,5; Hubay (Augsburg) 1624; Ohly-Sack 2326; Sack(Freiburg) 2807, 2808; Borm 2115; Lökkös(Cat BPU) 118; Walsh 764; Sheppard 1556; BSB-Ink P-392
Shelfmark	**Ib 512, 2°** (I-II)

ISTC number	**P*490**
Heading	*Petrus Lombardus*
Title:	Sententiarum libri IV (cum conclusionibus Henrici de Gorichem et problematibus S. Thomae articulisque Parisiensibus)
Imprint	Basel: Nicolaus Kesler, 23 May 1487
Language	lat
Bib. Refs	Goff P490; HC 10194*; Pell 9177; Arnoult 1177; Polain(B) 3119; IDL 3663; IBP 4341; IBE 4539; Sajó-Soltész 2642; Mendes 979; Coll(U) 1193; Madsen 3174; Voull(B) 514; Schmitt I 514; Voull (Trier) 218; Hubay(Eichstätt) 819; Ohly-Sack 2308, 2309, 2310, 2311; Sack(Freiburg) 2794, 2795; Pad-Ink 549; Walsh 1205, 1206;

ISTC number   P*492

            Oates 2813; Rhodes(Oxford Colleges) 1381; Pr 7660; BMC III
            764; BSB-Ink P-383
Shelfmark   **Ig 188 x, 4°**

ISTC number **P*492**
Heading   *Petrus Lombardus*
Title: Sententiarum libri IV (cum conclusionibus Henrici de Gorichem et
             problematibus S. Thomae articulisque Parisiensibus)
Imprint   Basel: Nicolaus Kesler, 29 Nov. 1489
Language   lat
Bib. Refs   Goff P492; H 10196*; Pell Ms 9179; Polain(B) 3121; IDL 3665;
             IBP 4343; Sajó-Soltész 2644; IBE 4541; IGI 7640; Coll(U) 1194;
             Nentwig 323; Ernst(Hildesheim) I,I 286, 287, I,II 96, II,IV 39;
             Voull(B) 526; Schmitt I 526; Voull(Trier) 227; Leuze(Isny) 22;
             Wiegrefe pp.61-62; Hubay(Augsburg) 1626; Hubay(Eichstätt) 820;
             Sack(Freiburg) 2798; Hummel-Wilhelmi 508; Borm 2110; Finger
             798; Oates 2815; Pr 7676; BMC III 768; BSB-Ink P-385
Shelfmark   **Ig 172, 4°**

ISTC number **P*498**
Heading   *Petrus Lombardus*
Title: Thesaurus Magistri Sententiarum
Imprint   [Speyer: Peter Drach], 1495
Language   lat
Bib. Refs   Goff P498; HC 10201*; Parguez 814; Polain(B) 3122; IBE 5529;
             IGI 9511; IDL 3669; IBP 4348; Sajó-Soltész 2652; Voull(Trier)
             1221; Voull(B) 2023; Schmitt I 2023; Hubay(Würzburg) 1684;
             Hubay(Augsburg) 1628; Hubay(Eichstätt) 825; Sack(Freiburg)
             2809; Borm 2116; Pad-Ink 554; Oates 1125; Rhodes(Oxford
             Colleges) 1384; Sheppard 1733; Pr 2393; BMC II 499; BSB-Ink
             T-160
Shelfmark   **Ink A 71**

ISTC number **P*502**
Heading   *Petrus de Palude*
Title: In quartum sententiarum. Ed: Paulus Soncinas
Imprint   Venice: Bonetus Locatellus, for Octavianus Scotus, 20 Sept. 1493
Language   lat
Bib. Refs   Goff P502; HC 12286*; Pell Ms 8975 (8829); CIBN P-251; Hillard
             1577; Arnoult 1180; Buffévent 413; Péligry 632; Torchet 749;
             Polain(B) 2963; IBE 4265; IGI 7654; IDL 3626; IBP 4350; Sajó-
             Soltész 2653; Mendes 1012, 1013, 1014, 1015; Coll(U) 1198;
             Voull(Trier) 2100; Voull(B) 4183; Ohly-Sack 2328, 2329; Sack

313

	(Freiburg) 2811; Walsh 2303; Pr 5047; BMC V 442; BSB-Ink P-361
Shelfmark	**Ink B 121**

ISTC number	**P*511**
Heading	*Petrus de Palude*
Title:	Sermones thesauri novi de sanctis
Imprint	Basel: [Johann Amerbach], 1485
Imprint	[Berthold Ruppel],
Language	lat
Publ'n notes	Assigned to Ruppel by IGI
Bib. Refs	Goff P511; CR 5423; IGI 7160; IBP 4368; Ernst(Hildesheim) II,II 206; Voull(B) 433,5; Hubay(Augsburg) 1640; Ohly-Sack 2337; Sack(Freiburg) 2818; Finger 790; Walsh 1107; BSB-Ink S-329
Shelfmark	**Ib 1856 b, 4°**

ISTC number	**P*520**
Heading	*Petrus de Palude*
Title:	Sermones thesauri novi de tempore
Imprint	Strassburg: [Printer of the 1483 'Vitas Patrum'], 1484
Imprint	[Printer of Paludanus],
Language	lat
Publ'n notes	Printed in the types often attributed to the Printer of Paludanus (GfT 2154)
Bib. Refs	Goff P520; CR 5411; Polain(B) 2965; IBP 4358; Sajó-Soltész 2667; Coll(U) 1205; Madsen 3017; IDL 3633; Ernst(Hildesheim) II,II 204; Voull(B) 2254; Schmitt I 2254; Deckert 621; Ohly-Sack 2343; Sack(Freiburg) 2829; Borm 2126; Pad-Ink 560, 561; Wilhelmi 497; Pr 421; Sheppard 344; BSB-Ink S-339
Shelfmark	**Ib 1856, 4°** **Ink B 61**

ISTC number	**P*525**
Heading	*Petrus de Palude*
Title:	Sermones thesauri novi de tempore
Imprint	Strassburg: Martin Flach (printer of Strassburg), 1493
Language	lat
Bib. Refs	Goff P525; CR 5418; Pell Ms 8954 (8812); Hillard 1585; IBE 4278; IGI 7171; IDL 3638; IBP 4364; Sajó-Soltész 2673; Madsen 3019; Lökkös(Cat BPU) 335; Günt(L) 2760; Voull(Trier) 1581; Voull(B) 2497; Leuze(Isny) 64; Hubay(Würzburg) 1697; Ohly-Sack 2345; Sack(Freiburg) 2836; Borm 2129; Pad-Ink 563; Walsh 282; Rhodes(Oxford Colleges) 1390; BSB-Ink S-346
Shelfmark	**Ink B 130** (imperfect)

ISTC number	**P*533.5**
Heading	*Petrus Ravennas* (d. 1478)
Title:	Repetitio C. inter alia de immunitate ecclesiae
Imprint	Lübeck: Lucas Brandis, 1499
Language	lat
Author notes	The author is also known as Pietro Tomai or Tomasi; see P. Ginanni, Memorie storico-critiche degli scittori ravennati (Faenza, 1769), II 419-36
Bib. Refs	H 13699; GfT 42, 767; Coll(S) 1348; Madsen 3185; IDL(Suppl) 3669a; Wilhelmi 509, 673
Shelfmark	**an Ke 4919, 2°**

ISTC number	**P*538.3**
Heading	*Petrus de Vicentia*
Title:	Relatio super falsis brevibus apostolicis
Imprint	Rome: Eucharius Silber, 9 Nov. 1497
Language	lat
Publ'n notes	For variants, see CIBN
Bib. Refs	C 4727; Pell Ms 9366 (9195); CIBN P-276; IGI 7675; IBP 4383; Sajó-Soltész 2680; IBE 4562; Madsen 3187; Voull(Trier) 1783; Walsh 1471A; Pr 3884; BMC IV 118; BSB-Ink M-336
Shelfmark	**12 an Ku 3467, 8°**

ISTC number	**P*538.6**
Heading	*Petrus de Vicentia*
Title:	De veritate conceptionis Beatae Mariae Virginis capitula quattuor. Add: De beatae virginis conceptione sententiae ducentorum et sexdecim doctorum
Imprint	[Venice: Johannes Rubeus Vercellensis, about 1494]
Language	lat
Publ'n notes	Sometimes found with Thomas Aquinas, Catena aurea (Goff T224; cf. BMC V 418)
Bib. Refs	Hillard 1593; Beltrami 223; IGI 7677 (& Tav. LII); IBE 5223; IBP 4384; Sajó-Soltész 2679; Voull(B) 4241,5; BSB-Ink P-369
Shelfmark	**an Il 1853, 8°**

ISTC number	**P*549**
Heading	*Phalaris*
Title:	Epistolae [Latin]. Tr: Franciscus Griffolinus (Aretinus)
Imprint	[Venice: Printer of Duns Scotus, 'Quaestiones', about 1472]
Language	lat

Bib. Refs	Goff P549; HC 12877*; Pell Ms 9375 (9204); CIBN P-287; Delisle 1453; IGI 7687; IDL 3673; Walsh 1643; Sheppard 3406; Pr 6790; BMC V 212; BSB-Ink P-412
Shelfmark	**10 an Ch 3216 z, 8°**

ISTC number	**P*571**
Title:	Pharetra doctorum et philosophorum
Imprint	[Strassburg: Johann Mentelin, not after 1472]
Language	lat
Publ'n notes	A München BSB copy has rubricator's date 1472
Bib. Refs	Goff P571; HC 12908; Klebs 759.1; Schorbach 23; Pell Ms 9398; CIBN P-300; Girard 370; IDL 3676; Voull(B) 2107; Hubay(Augsburg) 1654; Hubay(Eichstätt) 837; Sack(Freiburg) 2851; Borm 2140; Oates 88; Walsh 56, 57, 58; Rhodes(Oxford Colleges) 1395; Sheppard 154; Pr 225; BMC I 56; BSB-Ink P-420
Shelfmark	**Dc 1123 z, 2°** **Ink C 25**

ISTC number	**P*574**
Title:	Pharetra fidei Catholicae contra Judaeos
Imprint	Leipzig: Conrad Kachelofen, 1494
Language	lat
Author notes	Author: Theobaldus, Sub-prior O.P. in villa Parisiensi (Sheppard), also named as Theobaldus de Saxonia
Bib. Refs	Goff P574; H 12914*; IBP 4399; Nentwig 329; Voull(B) 1231; Günt(L) 1265; Hubay(Würzburg) 1713; Ohly-Sack 2655; Wilhelmi 513; Thach 189; BSB-Ink T-142
Shelfmark	**an Ib 503, 8°**

ISTC number	**P*577**
Title:	Pharetra fidei Catholicae contra Judaeos
Imprint	Leipzig: Conrad Kachelofen, 1495
Language	lat
Author notes	Author: Theobaldus, Sub-prior O.P. in villa Parisiensi (Sheppard), also named as Theobaldus de Saxonia
Bib. Refs	Goff P577; HC 12915*; Pell Ms 11055; CIBN P-305; IBP 4401; Madsen 3200; Günt(L) 1270; Voull(B) 1233,5; Ohly-Sack 2656; Hubay(Eichstätt) 839; Borm 2577; Wilhelmi 514; Walsh 1017; Sheppard 2079; Pr 2870; BMC III 627; BSB-Ink T-145
Shelfmark	**1 an Ink A 6**

ISTC number	**P*578**
Title:	Pharetra fidei Catholicae contra Judaeos
Imprint	Leipzig: Melchior Lotter, 1499
Language	lat
Author notes	Author: Theobaldus, Sub-prior O.P. in villa Parisiensi (Sheppard), also named as Theobaldus de Saxonia
Bib. Refs	Goff P578; HC 12916*; Pell Ms 11056; CIBN P-306; Hillard 1598; IBP 4404; Coll(S) 1350; Borm 2578; Wilhelmi 515; Sheppard 2149; Pr 3041; BMC III 651; BSB-Ink T-146
Shelfmark	**Ink A 34**

ISTC number	**P*591**
Heading	*Philelphus, Franciscus*
Title:	Epistolae
Imprint	Venice: Philippus Pincius, 5 Sept. 1492
Language	lat
Bib. Refs	Goff P591; HC 12941; Parguez 818; IBE 4572; IGI 3891; IBP 4411; Sajó-Soltész 2694; Madsen 3206; Voull(Bonn) 940; Voull(B) 4345; Sack(Freiburg) 2854; Oates 2067; Sheppard 4388; Pr 5294; BMC V 494; BSB-Ink P-431
Shelfmark	**Cl 3237, 4°**

ISTC number	**P*593**
Heading	*Philelphus, Franciscus*
Title:	Epistolae
Imprint	[Basel : Johann Amerbach, 1492-94]
Language	lat
Bib. Refs	Goff P593; HC 12927*; Pell Ms 9408 = 9411 (9235); CIBN P-315; IBE 4574; IGI 3894; IBP 4412; Sajó-Soltész 2695; Coll (U) 1214; Coll (S) 843; Madsen 3208; Voull (B) 493; Voull (Trier) 201; Ohly-Sack 2352, 2353; Sack(Freiburg) 2855; Borm 2142; Rhodes (Oxford Colleges) 1399; Pr 7639; BMC III 757; BSB-Ink P-432
Shelfmark	**Cl 3236, 8°**

ISTC number	**P*599.4**
Heading	*Philelphus, Franciscus*
Title:	Epistolae
Imprint	Basel: Nicolaus Kesler, 1500
Language	lat
Bib. Refs	H 12948*; GfT 1006; Pell Ms 9421 (9248); CIBN P-317; IGI 3898; IDL 3685; IBP 4415; Sajó-Soltész 2698; Coll(U) 1215; Voull(B) 541; Hubay(Augsburg) 1658; Ohly-Sack 2356; Sack(Freiburg)

	2858; Hummel-Wilhelmi 517; Borm 2145; Sheppard 2494; Pr 7695; BMC III 773; BSB-Ink P-438
Shelfmark	**an Ink A 96**

ISTC number	**P*608**
Heading	*Philelphus, Franciscus*
Title:	Orationes cum quibusdam aliis eiusdem operibus. Add: (Pseudo-) Aristoteles: Rhetorica ad Alexandrum (Tr: Franciscus Philelphus). Plutarchus: Apophthegmata (Tr: Franciscus Philelphus). Galenus: Introductorium ad medicinam principiis (Tr: Georgius Valla)
Imprint	Brescia: Jacobus Britannicus, 18 June 1488
Language	lat
Bib. Refs	Goff P608; H 12922*; Klebs 403.2; Pell Ms 9431 (9261); CIBN P-324; Girard 372; Polain(B) 4654; IBE 4581; IBP 4418; IGI 3906; IDL 3686; Veneziani(Brescia) 103; Sajó-Soltész 2701; Voull(B) 2824; Sallander 1902; Madsen 3216; Sheppard 5782; Pr 6985; BMC VII 975; BSB-Ink P-446
Shelfmark	**1 an Di 3478, 8°**

ISTC number	**P*659**
Heading	*Pius II*, Pont. Max. (formerly Aeneas Sylvius Piccolomini)
Title:	De captione urbis Constantinopolitanae
Imprint	Rome: Stephan Plannck, 1488-90]
Language	lat
Bib. Refs	Goff P659; H 251*; Pell 174; CIBN P-366; Buffévent 419; Madsen 3248; IBP 4441; IBE 4607; IGI 7755; Mendes 1033; Walsh 1414; Oates 1518; Sheppard 2954; Pr 3762; BMC IV 94; BSB-Ink P-499
Shelfmark	**16 an Ku 3467, 8°**

ISTC number	**P*668**
Heading	*Pius II, Pont. Max.* (formerly Aeneas Sylvius Piccolomini)
Title:	Dialogus contra Bohemos atque Thaboritas de sacra communione corporis Christi
Imprint	[Cologne: Ulrich Zel, not after 1472]
Language	lat
Bib. Refs	Goff P668; HC 209*; Voull(K) 956; Pell 143; CIBN P-367; Polain(B) 3154; IDL 48; IGI 7756; IBE 4608; IBP 4442; Coll(U) 10; Coll(S) 855; Madsen 3249; Günt(L) 933; Voull(B) 712,5; Voull(Bonn) 9; Voull(Trier) 366; Borm 2162; Ohly-Sack 2370; Oates 344; Walsh 336; Rhodes(Oxford Colleges) 1405; Sheppard 665; Pr 853; BMC I 188; BSB-Ink P-501
Shelfmark	**2 an Ink A 14**

ISTC number	P*717
ISTC number	P*717
Heading	Pius II, Pont. Max. (formerly Aeneas Sylvius Piccolomini)
Title:	Epistolae familiares
Imprint	Nuremberg: Anton Koberger, 16 Sept. 1481
Language	lat
Publ'n notes	Sometimes found (as in Pellechet 89) without the two quires containing De educatione puerorum etc. and colophon, and a last quire with a table. K. Haebler in Gb Jb 1939 pp.146-47 suggests that these quires may have been added to a reissue, but contrary to Haebler the fuller edition appears to be much commoner
Author notes	Includes Pius II: De duobus amantibus Euryalo et Lucretia; Descriptio urbis Viennensis; De curialium miseria; De educatione puerorum. Poggius Florentinus: Epistola de balneis; Epistola de morte Hieronymi Pragensis. Leonardus Brunus Aretinus: De duobus amantibus Guiscardo et Sigismunda (a Latin version of Boccaccio, Decameron IV.1). With a preface by Nikolaus von Wyle
Bib. Refs	Goff P717; HC 151* = H 147; Pell 89 = 92; CIBN P-412; Hillard 1632; Aquilon 537; Polain(B) 3168; IDL 63; IGI 7775; IBP 4454; Sajó-Soltész 2742; Coll(U) 14; Coll(S) 859; Madsen 3261, T57; Voull(Trier) 1020; Voull(B) 1678; Schmitt I 1678; Voull(Bonn) 13; Hubay(Augsburg) 1675; Ohly-Sack 2373; Sack(Freiburg) 2886; Borm 2164; Sheppard 1469; Pr 2008; BMC II 421; BSB-Ink P-520
Shelfmark	**Ih 1630, 4°**

ISTC number	**P*718**
Heading	Pius II, Pont. Max. (formerly Aeneas Sylvius Piccolomini)
Title:	Epistolae familiares
Imprint	Louvain: Johannes de Westfalia, 1483
Language	lat
Author notes	Includes tracts and bulls of Pius, and Poggius Florentinus: Epistola de balneis; see BMC
Bib. Refs	Goff P718; HC 152*; Camp 23; Pell 93; CIBN P-413; Elliott-Loose 441; Arnoult 1195; Hillard 1633; Lefèvre 376; Parguez 830; Torchet 762; Pell(Lyon) 479; Polain(B) 3167; IGI 7776; Sajó-Soltész 2743; IDL 64; Ohly-Sack 2374; Günt(L) 1631; Voull(B) 4912; Madsen 3262; Coll(S) 860; Walsh 3922; Oates 3713; Rhodes (Oxford Colleges) 1416; Sheppard 7092; Pr 9233; BMC IX 141; BSB-Ink P-521
Shelfmark	**Ih 1630 a/5, 4°**

ISTC number	**P*719**
Heading	Pius II, Pont. Max. (formerly Aeneas Sylvius Piccolomini)
Title:	Epistolae familiares

Imprint	Nuremberg: Anton Koberger, 17 July 1486
Language	lat
Publ'n notes	The day, 'xvj. Kal.' (augusti), is no doubt taken over from Koberger's 1481 edition
Author notes	Includes Pius II: De duobus amantibus Euryalo et Lucretia; Descriptio urbis Viennensis; De curialium miseria. Poggius Florentinus: Epistola de balneis; Epistola de morte Hieronymi Pragensis. Leonardus Brunus Aretinus: De duobus amantibus Guiscardo et Sigismunda (a Latin version of Boccaccio, Decameron IV.1). With a preface by Nikolaus von Wyle
Bib. Refs	Goff P719; HC 154*; Pell 94; CIBN P-414; Hillard 1634; Aquilon 538; Arnoult 1196; Péligry 643; Polain(B) 3169; IDL 65; IGI 7777; IBE 4613; IBP 4455; Sajó-Soltész 2744; Coll(U) 15; Sallander 15 bis; Madsen 3263; Voull(Trier) 1064; Voull(B) 1721; Voull(Bonn) 14; Hubay(Augsburg) 1676; Ohly-Sack 2375, 2376; Sack(Freiburg) 2887; Hummel-Wilhelmi 520; Wilhelmi 516; Walsh 706; Rhodes (Oxford Colleges) 1417; Sheppard 1501; Pr 2051; BMC II 430; BSB-Ink P-522
Shelfmark	**Ih 1630 b, 8°**

ISTC number	**P*759.5**
Heading	*Platea, Johannes de*
Title:	Lectura super libros X, XI, XII Codicis
Imprint	[Lyons: Johannes Siber, about 1498-1500]
Language	lat
Publ'n notes	Dated by Hillard
Bib. Refs	HC 13043*; Pell Ms 9501 (9323); Hillard 1645; Arnoult 1205; Polain(B) 4659; IGI 7845; IBP 3222; IDL 3709; IBE 4650; Coll(U) 834; Voull(B) 4695; Schmitt I 4695; Sack(Freiburg) 2906; Pr 8552; BMC VIII 255; BSB-Ink P-559
Shelfmark	**Kb 3631, 2°**

ISTC number	**P*769**
Heading	*Platina, Bartholomaeus*
Title:	Vitae pontificum
Imprint	Nuremberg: Anton Koberger, 11 Aug. 1481
Language	lat
Publ'n notes	Collation of first 16 leaves in Cambridge and Bodley copies [a10b6] differs from BMC
Bib. Refs	Goff P769; HC 13047*; GfT 1152; Pell Ms 9503 (9325); CIBN P-444; Hillard 1648; Aquilon 542; Arnoult 1208; Buffévent 423; Torchet 768; Polain(B) 3187; IDL 3713; IBE 4657; IGI 7858; IBP 4469; Sajó-Soltész 2772; Mendes 1049; Coll(U) 1233; Coll(S) 162; Madsen 3289; Nentwig 351; Ernst(Hildesheim) I,I 335, II,II 226;

ISTC number		P*770

Shelfmark Voull(Trier) 1018; Voull(B) 1669; Leuze(Isny) 40; Ohly-Sack 2383; Hubay(Augsburg) 1688; Hubay(Eichstätt) 850; Borm 2172; Wilhelmi 517; Walsh 683; Oates 996; Sheppard 1466, 1467; Rhodes(Oxford Colleges) 1427; Pr 2005; BMC II 420; BSB-Ink P-566
Ih 1115, 2°

ISTC number **P*770**
Heading *Platina, Bartholomaeus*
Title: Vitae pontificum
Imprint [Treviso]: Johannes Rubeus Vercellensis, 10 Feb. 1485
Language lat
Bib. Refs Goff P770; HC 13048*; GfT 2328; Pell Ms 9504 (9326); CIBN P-445; Hillard 1649; Buffévent 424; Girard 376; Parguez 841; Aquilon 543; Torchet 769; Polain(B) 3188; IBE 4658; IGI 7859; IDL 3714; IBP 4470; Sajó-Soltész 2773; Mendes 1050, 1051; Coll(U) 1234; Coll(S) 163; Madsen 3290, 3291; Voull(B) 3617; Hubay(Ottobeuren) 365; Ohly-Sack 2384; Sack(Freiburg) 2907, 2908; Wilhelmi 518; Walsh 3325; Oates 2465, 2466, 2467; Sheppard 5540; Rhodes(Oxford Colleges) 1428; Pr 6498; BMC VI 897; BSB-Ink P-567
Shelfmark **Ih 1115 d, 4°**

ISTC number **P*771**
Heading *Plato*
Title: Opera [Latin]. Tr: Marsilius Ficinus
Imprint Florence: Laurentius (Francisci) de Alopa, Venetus, [1484-85]
Language lat
Publ'n notes In two parts, printed: I) [May 1484]; II) [before Apr. 1485]; cf. BMC
Author notes Contents: Part I: Hipparchus; De philosophia; Theages; Meno; Alcibiades I-II; Minos; Euthyphro; Parmenides; Philebus; Hippias maior; Lysis; Theaetetum; Ion; Sophista; Civilis de regno; Protagoras; Euthydemus; Hippias minor; Charmides; Laches; Clitophon; Cratylus; Gorgias. Ficinus: Vita Platonis; Epitoma in Theaetetum. Part II: Convivium; Phaedrus; Apologia Socratis; Crito; Phaedo; Menexenus; De republica; Timaeus; Critias; De legibus; Epinomis; Epistolae. Ficinus: Commentarium in Convivium; Compendium in Timaeum. Naldus Naldius: Disticha in laudem operis
Bib. Refs Goff P771; HC 13062* = H 13068? = H 7077; Klebs 785.1; Pell Ms 9514 (9337); CIBN P-446; Hillard 1650; Aquilon 544; Arnoult 1209; IBP 4472; Sajó-Soltész 2774; Polain(B) 3189; IBE 4659; IGI 7860; IDL(Suppl) 3714a; Mendes 1043, 1044; Coll(U) 1235; Madsen 3292; Voull(B) 2994; Deckert 520, 521; Sack(Freiburg) 2910; Walsh 2960, 2961; Oates 2436; Rhodes(Oxford Colleges)

	1429; Sheppard 5185, 5186-5187, 5188, 5189, 5190, 5191, 5192; Pr 6405; BMC VI 666; BSB-Ink P-568
Shelfmark	**Cg 947 z/10, 4°** (imperfect)

ISTC number	**P*772**
Heading	*Plato*
Title:	Opera [Latin]. Tr: Marsilius Ficinus
Imprint	Venice: Bernardinus de Choris, de Cremona and Simon de Luere, for Andreas Torresanus, de Asula, 13 Aug. 1491
Language	lat
Author notes	Contents: Hipparchus; De philosophia; Theages; Meno; Alcibiades I-II; Minos; Euthyphro; Parmenides; Philebus; Hippias maior; Lysis; Theaetetum; Ion; Sophista; Civilis de regno; Protagoras; Euthydemus; Hippias minor; Charmides; Laches; Clitophon; Cratylus; Gorgias; Convivium; Phaedrus; Apologia Socratis; Crito; Phaedo; Menexenus; De republica; Timaeus; Critias; De legibus; Epinomis; Epistolae. Ficinus: Vita Platonis; Epitoma in Theaetetum; Commentarium in Convivium; Compendium in Timaeum; Theologia platonica. Naldus Naldius: Disticha in laudem operis
Bib. Refs	Goff P772; HC 13063*; Klebs 785.2; Pell Ms 9513 (9335-9336); CIBN P-447; Hillard 1651; Arnoult 1210; Buffévent 425; Parguez 842; Aquilon 545; Torchet 770; Polain(B) 3190; IBE 4660; IGI 7861; IDL 3715; IBP 4473; Sajó-Soltész 2775; Mendes 1045; Sallander 1907; Coll(S) 867; Madsen 3293, T60; Voull(Trier) 2140; Voull(B) 4293; Schüling 703; Sack(Freiburg) 2911; Mittler-Kind 190; Walsh 2373, 2374; Oates 2051; Sheppard 4297; Rhodes (Oxford Colleges) 1430; Pr 5216; BMC V 465; BSB-Ink P-569
Shelfmark	**Cg 948, 4°**

ISTC number	**P*776**
Heading	*Platus, Platinus*
Title:	Libellus de carcere et alia carmina
Imprint	[Milan: Antonius Zarotus, about 1485]
Language	lat
Bib. Refs	Goff P776; H 13070*; Hunt 3420; IGI 7866; BSB-Ink P-571
Shelfmark	**5 an Af 3222 z, 8°**

ISTC number	**P*798**
Heading	*Plinius Secundus, Gaius* (Pliny, the Elder)
Title:	Historia naturalis
Imprint	Venice: Bartholomaeus de Zanis, 12 Dec. 1496
Language	lat

ISTC number		P*800

Publ'n notes	Reprinted from the Britannicus edition of 20 Apr. 1496, Goff P797 (BMC)
Bib. Refs	Goff P798; HC 13100*; Klebs 786.13; Pell Ms 9544 (9366-9367); Arnoult 1213; Girard 378; Parguez 847; Aquilon 548; Polain(B) 3202; Sander 5759; IBE 4682; IGI 7890; IDL 3733; IJL 240; Sajó-Soltész 2787; Sallander 1910; Madsen 3313; Lökkös(Cat BPU) 365; Voull(Trier) 2123; Voull(B) 4254; Mittler-Kind 499; Walsh 2260; Sheppard 4172; Rhodes(Oxford Colleges) 1442; Pr 5336; BMC V 433; BSB-Ink P-608
Shelfmark	**Ci 1305, 4°**

ISTC number	**P*800**
Heading	*Plinius Secundus, Gaius* (Pliny, the Elder)
Title:	Historia naturalis. Ed: Johannes Baptista Palmarius
Imprint	Venice: Johannes Alvisius, 18 May 1499
Language	lat
Publ'n notes	Reprinted from the Benalius edition of 1497/8, Goff P799 (BMC)
Author notes	Incorporates textual readings taken from the Castigationes Plinianae of Hermolaus Barbarus
Bib. Refs	Goff P800; HC 13104; Klebs 786.15; Pell Ms 9545 (9368); Hillard 1660; Aquilon 550; Jammes P-14; Lefèvre 382; Polain(B) 3203; IBE 4684; IGI 7892; IBP 4491; IJL 241; Sajó-Soltész 2789; Coll(U) 1242; Coll(S) 1120; Madsen 3315, T62; Voull(Trier) 2196; Voull(B) 4536; Ohly-Sack 2393, 2394; Sack(Freiburg) 2927; Borm 2185; Mittler-Kind 501; Walsh 2721, 2722; Sheppard 4695; Pr 5636; BMC V 572; BSB-Ink P-610
Shelfmark	**Ci 1306, 4°**

ISTC number	**P*854**
Heading	*Poggius Florentinus*
Title:	Epistola de morte Hieronymi Pragensis. Add: Leonardus Brunus Aretinus: De duobus amantibus Guiscardo et Sigismunda
Imprint	[Leipzig: Conrad Kachelofen, 1490-95]
Imprint	[1487-95]
Language	lat
Publ'n notes	Dated by BSB-Ink. Goff dates 1487-95. Hain 1589 (Leonardus Aretinus: De duobus amantibus, 1489) is probably a part of this edition (GW V col 600)
Author notes	De duobus amantibus is a translation by Leonardus Brunus Aretinus of Boccaccio, Decameron IV.1
Bib. Refs	Goff P854; HC 13210* (incl. H 1589?); Pell Ms 9610 (9432); CIBN P-517; IBP 4514; Voull(B) 1270; Madsen 3339; Oates 1275; Pr 2893; BMC III 630; BSB-Ink B-777
Shelfmark	**Ii 2141, 8°**

ISTC number	**P*854.2**
Heading	*Poggius Florentinus*
Title:	Epistola de morte Hieronymi Pragensis. With title: De condemnatione Hieronymi in concilio Constantiensi
Imprint	[Italy?: n.pr., after 1500]
Language	lat
Publ'n notes	According to GW the types appear to be 16th century (Polain)
Bib. Refs	C 4798; Polain(B) 4666
Shelfmark	**5 an Pon IIi 1939, 8°**

ISTC number	**P*856**
Heading	*Poggius Florentinus*
Title:	Facetiae
Imprint	[Nuremberg: Anton Koberger, 1472?]
Language	lat
Bib. Refs	Goff P856; HC 13183; Pell Ms 9619 (9440); CIBN P-519; IBP 4516; Voull(B) 1793; Pr 1975; BMC II 412; BSB-Ink B-779
Shelfmark	**Cl 3306 d, 4°**

ISTC number	**P*865.8**
Heading	*Poggius Florentinus*
Title:	Facetiae
Imprint	[Speyer: Johann and Conrad Hist, about 1483]
Imprint	[Georgius de Spira (Georg Reyser?), about 1480]
Format	4°
Language	lat
Publ'n notes	31-33 ll. Assigned to the brothers Hist about 1483 by CIBN, to de Spira (= Georg Reyser?) about 1480 by Goff, IGI and IBP
Bib. Refs	Goff P864; H 13184; Pell Ms 9615 (9436b-c); CIBN P-525; Hillard 1672; IGI 7935; IBP 4519 (tabula only, 32 ll); Voull(B) 2058,5; Schüling 707; Hunt 1395
Shelfmark	**an Ka 3079, 8°** (tabula only, 32 ll)

ISTC number	**P*884.54**
Heading	*Polichius, Martinus, de Mellerstadt*
Title:	Laconismos tumultuarius
Imprint	[Leipzig: Jacobus Thanner, after 3 Jan. 1503]
Language	lat
Bib. Refs	C 3970; VD16 ZV12642; Günt(L) 1622; Borm 2201; BSB-Ink P-656; GW M34677
Shelfmark	**an Il 2097, 8°**

ISTC number	**P*884.56**
Heading	*Polichius, Martinus, de Mellerstadt*
Title:	Poema natale cuiusdam electorum principis septentrionalis
Imprint	[Leipzig: Martin Landsberg?, 1501?]
Language	lat
Publ'n notes	Tentatively assigned to Landsberg by Pennink
Author notes	The author of the anonymous poem is identified as Polichius by Pennink
Bib. Refs	Goff P838; IDL 3757; Pennink 1847; Marston p. 70; VD16 P3974
Shelfmark	**Pon Пc 1778, QK 13 an Cb 3494, 4°**

ISTC number	**P*922**
Heading	*Pontanus, Ludovicus*
Title:	Consilia et allegationes. With table by Bernardinus ex Capitaneis de Landriano
Imprint	Venice: Johannes and Gregorius de Gregoriis, de Forlivio, 20 Sept. 1493
Language	lat
Bib. Refs	Goff P922; HC 13277*; Pell Ms 9680 (9500); Hillard 1680; IBE 4724; IGI 8000; Voull(B) 3876; Rhodes(Oxford Colleges) 1458; Pr 4532; BMC V 344; BSB-Ink P-696
Shelfmark	**Ka 5152, 2°**

ISTC number	**P*929**
Heading	*Pontanus, Ludovicus*
Title:	Singularia iuris
Imprint	[Strassburg: Heinrich Eggestein, about 1475-80]
Language	lat
Publ'n notes	Dated in Sack and BSB-Ink about 1475
Bib. Refs	Goff P929; HC 13267*; Pell Ms 9673 (9493); CIBN P-575; IBP 4548; Madsen 3360; Voull(B) 2159,2; Schüling 710; Hubay(Würzburg) 1765; Sack(Freiburg) 2947; Walsh 100, 101; Pr 293; BMC I 74; BSB-Ink P-704
Shelfmark	**an Kp 167, 2°**

ISTC number	**P*938**
Heading	*Porchus, Johannes Christophorus*
Title:	Lectura super primo, secondo et tertio libro Institutionum cum additionibus Jasonis de Mayno
Imprint	Venice: Andreas de Soziis, Parmensis, 24 Dec. 1484
Language	lat

Bib. Refs	Goff P938; H 13293*; IBE 4747; IGI 8026; Sajó-Soltész 2823; Voull(Trier) 2070; Sack(Freiburg) 2950; Pr 4939; BMC V 398; BSB-Ink P-722
Shelfmark	**an Kb 2517, 2°**

ISTC number	**P*941.6**
Heading	*Porphyrius*
Title:	Isagoge in Aristotelis praedicamenta
Imprint	Leipzig: Martin Landsberg, [not before 1499]
Language	lat
Publ'n notes	Four editions by Martin Landsberg can be distinguished. Collates: 12 ff, Sign: A6,B6. 23 ll. Types 1:88G, 5:172G. Device c. Title: "Isagoge Porphirij ad ka=//thegorias Aristotelis." Fol.2a, Aij: "Incipiunt Isagoge Porphirij//ad predicamenta Aristotelis.//[ ]Um sit necessariu grisarori. et ad ea que est apd Ari//stotelis...". Fol.12a l.6 ".. ad discretione eo4 communitatisqz traditionem//Explicit liber quinqz vniuersalium.//[device]", fol.12b blank. Dated from the use of the types an the printer's device.
Bib. Refs	Günt(L) 1465; BSB-Ink P-726; GW M35091 = M3509220
Shelfmark	**Ce 2048, 4°**

ISTC number	**P*951**
Title:	Praeceptorium perutile de decalogo
Imprint	Leipzig: Conrad Kachelofen, 1494
Language	lat
Bib. Refs	Goff P951; H 13317*; Arnoult 1223; IBP 4566; Coll(U) 1255; Madsen 3365; Louda 1529; Ernst(Hildesheim) I,I 338, 339, II,III 101; Günt(L) 1266; Voull(B) 1232; Schüling 711; Borm 2216; Sheppard 2078; Pr 2867; BMC III 626; BSB-Ink P-731
Shelfmark	**Ink A 6**

ISTC number	**P*968**
Heading	*Priscianus*
Title:	Opera. Ed: Benedictus Brognolus
Imprint	Venice: Georgius Arrivabenus, 4 Dec. 1488
Language	lat
Author notes	Contents: De octo partibus orationis (Comm: Johannes de Aingre); De constructione; De duodecim carminibus; De numeris; De ponderibus et mensuris; De versibus comicis; De declinationibus. Add: (Pseudo-) Priscianus: De accentibus. (Pseudo-) Hermogenes: De praeexercitamentis rhetorices. Rufinus Antiochensis: De metris comicis; De litteraturis; De compositione et metris oratorum. Dionysius Periegetes: De situ orbis. Tr: Priscianus

ISTC number	P*979

Bib. Refs Goff P968; HCR 13361; Klebs 806.9; Pell Ms 9745 (9562); CIBN P-599; IBE 4763; IGI 8053; IBP 4572; Sajó-Soltész 2831; IDL 3788; Hubay(Augsburg) 1716; Borm 2220; Mittler-Kind 511; Walsh 2123; Rhodes(Oxford Colleges) 1469; Sheppard 4019, 4020; Pr 4914; BMC V 383; BSB-Ink P-765
Shelfmark **Ci 1603, 4°**

ISTC number **P*979**
Title: Privilegia et indulgentiae Fratrum Minorum Ordinis S. Francisci
Imprint Leipzig: Conrad Kachelofen, 1495
Language lat
Publ'n notes Woodcut
Bib. Refs Goff P979; H 13372*; Polain(B) 3255; IDL 3790; IBP 4584; Sajó-Soltész 2836; Ernst(Hildesheim) I,I 341, II 122; Voull(B) 1234; Günt(L) 1271; Schr 5018; Schramm XIII p.1 (2nd pagination); BMC III 627; BSB-Ink P-772
Shelfmark **9 an Pon IIi 1939, 4°**

ISTC number **P*983.55**
Title: Privilegia, exemptiones et libertates Ordinis Sancti Antonii
Imprint [Leipzig: Martin Landsberg, about 1497]
Language lat
Bib. Refs IBP 4578; Kocowski 2357
Shelfmark **8 an Pon IIi 1939, 4°**

ISTC number **P*1017**
Heading *Propertius, Sextus Aurelius*
Title: Elegiae. Comm: & Ed: Philippus Beroaldus
Imprint Bologna: Franciscus (Plato) de Benedictis, for Benedictus Hectoris, 1487
Language lat
Bib. Refs Goff P1017; HCR 13406; GfT 1817; Pell Ms 9773 (9590); CIBN P-631; IGI 8089; IDL 3803; Coll(U) 1261; IBP 4599; Madsen 3385; Voull(B) 2748; Deckert 536; Hubay(Augsburg) 1721; Hubay (Eichstätt) 865; Borm 2235; Rhodes(Oxford Colleges) 1472; Sheppard 5336; Pr 6582; BMC VI 822; BSB-Ink P-804
Shelfmark **Ink B 138**

ISTC number **P*1045**
Title: Psalterium
Imprint Leipzig: Conrad Kachelofen, 'citra' 24 Aug. 1485

Language	lat
Bib. Refs	Goff P1045; H 13487; Boh(LB) 911; Morg 548; Meyer-Baer p. 41; Borm 2244; GW M36133
Shelfmark	**Id 3642 e, 4°** (imperfect)

ISTC number	**P*1076**
Title:	Psalterium [German] Der Psalter zu Deutsch
Imprint	Ulm: Conrad Dinckmut, 1492
Language	ger
Publ'n notes	Woodcut
Bib. Refs	Goff P1076; H 13517*; Schr 5024; Boh(LB) 1000; Madsen 3411; Voull(B) 2654; Sack(Freiburg) 2982; Pr 2574; BMC II 536; BSB-Ink P-847
Shelfmark	**Ink A 78** (imperfect)

ISTC number	**P*1081**
Heading	*Ptolemaeus, Claudius*
Title:	Cosmographia (Tr: Jacobus Angelus. Ed: Angelus Vadius and Barnabas Picardus)
Imprint	Vicenza: Hermannus Liechtenstein, 13 Sept. 1475
Language	lat
Publ'n notes	For variants see Polain
Bib. Refs	Goff P1081; HC 13536*; GfT 2008; Eames-Sab(Ptol) 66469; Klebs 812.1; Sander 5973; Pell Ms 9850 (9663); CIBN P-681; Hillard 1698; Delisle 1613; Polain(B) 3281; IBE 5548; IGI 8180; IDL 3839; IBP 4623; Coll(U) 1273; Coll(S) 913; Madsen 3415; Voull(B) 4586; Schmitt I 4586; Sack(Freiburg) 2985; Mittler-Kind 198; Walsh 3490, 3491; Sheppard 5900; Rhodes(Oxford Colleges) 1478; Pr 7139; BMC VII 1035; BSB-Ink P-856
Shelfmark	**Cg 2500, 4°**

ISTC number	**Q*7.5**
Title:	Quaestiones super Donatum minorem
Imprint	[Leipzig: Conrad Kachelofen, about 1493]
Imprint	[about 1497]
Language	lat
Publ'n notes	Woodcut. Dated in BSB-Ink about 1497
Bib. Refs	H 13636*; C 2112; Schr 5043; Schramm XIII 103; IBP 4646; Nentwig 336; Pr 2923; BMC III 633; BSB-Ink Q-11; GW 11112
Shelfmark	**5 an Il 2196, 4°**

ISTC number	Q*11.4
ISTC number	Q*11.4
Title:	Quaestiones quotidie occurrentes in guerris et bellis
Imprint	[Leipzig: Wolfgang Stöckel, about 1500]
Language	lat
Bib. Refs	C 5005; IBP 4647; Voull(B) 1419,5; Günt(L) 1559; Walsh 1056
Shelfmark	**7 an Ka 3079, 8°**

ISTC number	**Q*26**
Heading	*Quintilianus, Marcus Fabius*
Title:	Institutiones oratoriae. Ed: Omnibonus Leonicenus
Imprint	[Venice]: Nicolaus Jenson, 21 May 1471
Language	lat
Bib. Refs	Goff Q26; HC 13647*; Essling 130; Pell Ms 9942 (9740); CIBN Q-16; Arnoult 1236; Delisle 1629; Polain(B) 3292; IBP 4653; IGI 8260; Madsen 3434; Voull(B) 3655; Schmitt I 3655; Ohly-Sack 2436; Mittler-Kind 521; Walsh 1556; Rhodes(Oxford Colleges) 1491; Sheppard 3243; Pr 4073; BMC V 168; BSB-Ink Q-13
Shelfmark	**Ci 1802, 4°**

ISTC number	**Q*29**
Heading	*Quintilianus, Marcus Fabius*
Title:	Institutiones oratoriae. Comm: Raphael Regius
Imprint	Venice: Bonetus Locatellus, for Octavianus Scotus, 17 July 14[93]
Language	lat
Publ'n notes	This edition has Scotus Device A. There is also a line-for-line reprint by Locatellus (with Scotus Device B and penultimate quire signed [us] instead of [con]) not distinguished in bibliographies, which some copies recorded here will doubtless prove to be
Bib. Refs	Goff Q29; HC(+Add) 13652*; Pell Ms 9947 (9743); CIBN Q-20; Hillard 1709; Girard 380; Lefèvre 397; Parguez 860; Aquilon 564; Polain(B) 4679; IDL 3858; IBE 4833; IGI 8264; IBP 4655; Sajó-Soltész 2884; Mendes 1084; Coll(U) 1282; Sallander 1282 bis; Coll(S) 919; Madsen 3436; Voull(B) 4181; Ohly-Sack 2437; Sack(Freiburg) 3005; Borm 2276; Mittler-Kind 524; Walsh 2300 & pl. XI, 2301, 2302; Oates 1971; Sheppard 4201; Rhodes(Oxford Colleges) 1494; Pr 5045; BMC V 441; BSB-Ink Q-16
Shelfmark	**Ci 1803, 4°**

ISTC number	**R*1**
Heading	*Rabanus Maurus*
Title:	De sermonum proprietate, sive Opus de universo
Imprint	[Strassburg: The R-Printer (Adolf Rusch), before 20 July 1467]
Imprint	[Johannes Mentelin and/or Adolf Rusch, about 1473-75]

Language	lat
Publ'n notes	Dating is based on a MS. note in a copy at Paris BN (cf. CIBN). P. Needham in Christie's, Doheny 16, disputes the date, placing the types 1473-75 and regarding Mentelin in association with Rusch as responsible for the work of the R-printer
Bib. Refs	Goff R1; HC 13669*; Klebs 524.1; Osler(IM) 1; Pell Ms 9957 (9753); CIBN R-2; Hillard 1711; IDL 3860; IBE 4835; IGI 8266; IBP 4657; Sajó-Soltész 2889; Coll(U) 1284; Sallander 1284 bis; Madsen 3442; Voull(B) 2118; Voull(Trier) 1296; Leuze(Isny) 79; Schüling 715; Sack(Freiburg) 1899; Borm 1398; Walsh 67; Oates 98; Rhodes(Oxford Colleges) 1496; Sheppard 209; Pr 239 (+ 2nd Suppl p.14); BMC I 60; BSB-Ink H-393
Shelfmark	**1 an Ch 3492 b, 2°**

ISTC number	**R*5**
Heading	*Rainerius de Pisis*
Title:	Pantheologia, sive Summa universae theologiae
Imprint	Nuremberg: Johann Sensenschmidt and Heinrich Kefer, 8 Apr. 1473
Language	lat
Publ'n notes	The Koblenz copy bears a rubricator's date 1474
Bib. Refs	Goff R5; H 13015*; GfT 2405; Pell Ms 10005-10006 (9795); CIBN R-4; Polain(B) 3313; IDL 3863; IGI 8267; IBP 4658; Sajó-Soltész 2894; Coll(U) 1297; Madsen 3477; Ernst(Hildesheim) II,III 104, II,IV 49; Voull(Trier) 982; Voull(B) 1631; Deckert 543; Borm 2280; Finger 823; Oates 976; Sheppard 1401; Pr 1959; BMC II 405; BSB-Ink R-1
Shelfmark	**Ig 210 a, 2°** **Ig 210 a/1, 2°**

ISTC number	**R*9**
Heading	*Rainerius de Pisis*
Title:	Pantheologia, sive Summa universae theologiae
Imprint	[Basel: Berthold Ruppel, not after 1476]
Language	lat
Publ'n notes	The Erfurt copy has owner's notes with the date 1477. A copy in München BSB has an owner's date 1476.
Bib. Refs	Goff R9; H 13014*; Pell Ms 10003-10004 (9794); CIBN R-7; Péligry 663; IBE 4850; IGI 8270; IBP 4661; Sajó-Soltész 2898; Coll(U) 1296; Coll(S) 920; Madsen 3480; Nentwig 341; Voull(B) 351; Schmitt I 351; Voull(Trier) 59; Leuze(Isny) 27; Hubay(Augsburg) 1745; Ohly-Sack 2440; Sack(Freiburg) 3008; Borm 2282; Wilhelmi 530; Walsh 1105; Rhodes(Oxford Colleges) 1498; Pr 7457; BMC III 716; BSB-Ink R-4

ISTC number	R*17

Shelfmark	**Ig 210, 2°** (imperfect) **Ig 210 b, 2°** (imperfect)

ISTC number	**R*17**
Heading	*Rampigollis, Antonius and Bindo de Senis*
Title:	Aurea Biblia, sive Repertorium aureum Bibliorum
Imprint	[Cologne: Conrad Winters, de Homborch, about 1481]
Language	lat
Author notes	Prologue only by Antonius Rampigollis, text by Bindo of Siena (Goff)
Bib. Refs	Goff R17; HC 13677*; Voull(K) 1000; Pell Ms 9970 (9761); CIBN R-13; Hillard 1714; Polain(B) 3301; IDL 3869; IBP 4668; Voull(B) 881; Voull(Trier) 555; Deckert 544; Schüling 716; Ohly-Sack 2444; Borm 2285; Oates 676, 677; Pr 1197; BMC I 251; BSB-Ink B-524
Shelfmark	**Ic 685 z/20, 4°**

ISTC number	**R*18**
Heading	*Rampigollis, Antonius and Bindo de Senis*
Title:	Aurea Biblia, sive Repertorium aureum Bibliorum
Imprint	[Cologne: Ludwig von Renchen, about 1487]
Language	lat
Publ'n notes	The Würzburg copy was rubricated in 1489
Author notes	Prologue only by Antonius Rampigollis, text by Bindo of Siena (Goff)
Bib. Refs	Goff R18; HC 13679*; IBP 4671; Sajó-Soltész 2903; IDL 3870; Ernst(Hildesheim) II,III 103; Günt(L) 823; Voull(B) 1066,5; Schüling 718, 719; Sack(Freiburg) 3014; Pad-Ink 584; Finger 827; Rhodes(Oxford Colleges) 1499; Pr 1281; BMC I 268; BSB-Ink B-526
Shelfmark	**Ink A 2**

ISTC number	**R*19**
Heading	*Rampigollis, Antonius and Bindo de Senis*
Title:	Aurea Biblia, sive Repertorium aureum Bibliorum
Imprint	[Strassburg]: Johann (Reinhard) Grüninger, 6 Aug. 1495
Language	lat
Author notes	Prologue only by Antonius Rampigollis, text by Bindo of Siena (Goff)
Bib. Refs	Goff R19; HC 13685*; Pell Ms 9974 (9765); CIBN R-15; Polain(B) 3303; IGI VI 1736-D; IBP 4672; Madsen 3445; Voull(B) 2289,5; Hubay(Augsburg) 1747; Hubay(Eichstätt) 879; Ohly-Sack

Shelfmark	2445, 2446; Sack(Freiburg) 3015; Hummel-Wilhelmi 63; Borm 2287; Finger 828; Pr 465; BMC I 109; BSB-Ink B-527 **Ic 686, 8°**

ISTC number	**R*20**
Heading	*Rampigollis, Antonius and Bindo de Senis*
Title:	Aurea Biblia, sive Repertorium aureum Bibliorum
Imprint	[Strassburg]: Johann (Reinhard) Grüninger, 6 Dec. 14[9]6
Language	lat
Author notes	Prologue only by Antonius Rampigollis, text by Bindo of Siena (Goff)
Bib. Refs	Goff R20; HC 13687*; Pell Ms 9976 (9767); CIBN R-16; Polain(B) 3305; IBE 1071; IGI VI 1736-E; IDL 3872; IBP 4673; Sallander 1925; Madsen 3448; Ernst(Hildesheim) I,I 344; Voull (Trier) 1425; Voull(B) 2297; Hubay(Augsburg) 1748; Ohly-Sack 2447; Sack(Freiburg) 3016; Borm 2288; Pad-Ink 585; Finger 829; Wilhelmi 532; Walsh 175; Oates 192, 193; Sheppard 380; Pr 474; BMC I 110; BSB-Ink B-528
Shelfmark	**Ic 686 a, 8°** **Ink A 42**

ISTC number	**R*33**
Heading	*Raymundus de Sabunde*
Title:	Theologia naturalis, sive liber creaturarum
Imprint	Strassburg: Martin Flach (printer of Strassburg), 21 Jan. 1496
Language	lat
Bib. Refs	Goff R33; HC 14069*; Klebs 824.2; Pell Ms 9999 (9790); CIBN R-25; Hillard 1717; Polain(B) 4681; IDL 3862; IBE 4986; IGI VI 8289-A; IBP 4681; Sajó-Soltész 2893; Madsen 3567; Ernst(Hildesheim) II,VII 8; Voull(Trier) 1587; Voull(B) 2503; Hubay(Augsburg) 1752; Hubay(Eichstätt) 873; Sack(Freiburg) 3006; Hummel-Wilhelmi 531; Borm 2279; Pad-Ink 581, 582; Walsh 283, 284; Oates 259; Rhodes(Oxford Colleges) 1501; Sheppard 522; Pr 703; BMC I 154; BSB-Ink R-21
Shelfmark	**an Ib 480, 4°**

ISTC number	**R*41**
Title:	Reformatorium vitae morum et honestatis clericorum
Imprint	Basel: Michael Furter, 22 Feb. 14[9]4
Language	lat
Publ'n notes	The colophon reads: 'M.cccc.xliiij'
Author notes	By Jacobus Philippi (see Sack(Freiburg) p.1621)

ISTC number	R*73

Bib. Refs	Goff R41; HC 13720; GfT 1025; Pell Ms 9448 (9276) I; CIBN P-339; Hillard 1607; Buffévent 417; Polain(B) 3142; IBE 4872; IGI 7723; IDL 3876; Madsen 3453; Lökkös(Cat BPU) 358; Voull (Bonn) 949; Voull(B) 562; Voull(Trier) 252; Hubay(Augsburg) 1662; Hubay(Eichstätt) 883; Ohly-Sack 2365, 2366; Sack(Freiburg) 2870; Oates 2828; Sheppard 2512; Pr 7724; BMC III 782; BSB-Ink P-464
Shelfmark	**Ink A 81**

ISTC number	**R*73**
Title:	Regimen sanitatis Salernitanum (Comm: (Pseudo-) Arnaldo de Villa Nova. Corr: Doctores Montispessulani regentes, 1480)
Imprint	Strassburg: [Printer of the 1483 Jordanus de Quedlinburg (Georg Husner)], 29 Dec. 1491
Imprint	[Martin Flach (printer of Strassburg)],
Language	lat
Publ'n notes	Assigned by Pellechet to Martin Flach
Author notes	The Regimen sanitatis Salernitatum and accompanying commentary are often wrongly ascribed to Arnoldus de Villa Nova; cf. E. Wickersheimer in Comptes rendus du XIIIe Congrès international d'histoire de la médecine, 1954, pp. 226-34 (Aquilon 570)
Bib. Refs	Goff R73; HC 13758*; Klebs 830.10; Pell 1293; CIBN R-42; IBE 4878; IGI 8299; IBP 4687; Coll(S) 924; Lökkös(Cat BPU) 374; Voull(B) 2446; Hubay(Augsburg) 1759; Ohly-Sack 2453; Sack (Freiburg) 3024; Walsh 250; Sheppard 484; Pr 666; BMC I 142; BSB-Ink R-41
Shelfmark	**Ue 2403, 4°**
	Ink A 68 (imperfect)

ISTC number	**R*81.6**
Title:	Regimen sanitatis Salernitanum (Comm: (Pseudo-) Arnoldus de Villa Nova. Corr: Doctores Montispessulani regentes, 1480)
Imprint	Venice: Bernardinus Venetus, de Vitalibus, [1505?]
Imprint	[1500]
Language	lat
Publ'n notes	Dated after 1500 by BMC and IGI, Goff dates 1500
Author notes	The Regimen sanitatis Salernitatum and accompanying commentary are often wrongly ascribed to Arnoldus de Villa Nova; cf. E. Wickersheimer in Comptes rendus du XIIIe Congrès international d'histoire de la médecine, 1954, pp. 226-34 (Aquilon 570)
Bib. Refs	Goff R77; CR 5053; Klebs 830.12; Pell 1289; IGI IV p.356; CIBN II p. 495; IBE 4881 = IBE Post-incunables 224; Sajó-Soltész 2911; Sander 6391; BMC(It) p.598; BSB-Ink R-50
Shelfmark	**Ue 2404, 4°**

ISTC number	**R*91**
Heading	*Reginaldetus, Petrus*
Title:	Speculum finalis retributionis (Ed: Guilhermus Totani)
Imprint	Basel: Jacobus Wolff, de Pforzheim, 1499
Language	lat
Bib. Refs	Goff R91; H 13774*; GfT 1008; Pell Ms 10037 (9821); CIBN R-52; Arnoult 1253; Polain(B) 3329; IBE 4888; IBP 4692; Coll(U) 1293; Madsen 3468; Ernst(Hildesheim) II,III 105; Voull(B) 552; Voull(Trier) 247; Schüling 720; Hubay(Augsburg) 1760; Hubay (Ottobeuren) 378; Sack(Freiburg) 3027; Borm 2295; Pad-Ink 586; Walsh 1237; Pr 7709; BMC III 778; BSB-Ink R-57
Shelfmark	**Ig 4740, 8°** **an Ink A 90**

ISTC number	**R*100**
Heading	*Regiomontanus, Johannes* (Müller, Johann, of Königsberg)
Title:	Kalendarium
Imprint	Augsburg: Erhard Ratdolt, 1499
Language	lat
Bib. Refs	Goff R100; H 13783*; Klebs 836.9; Schr 4380; Pell Ms 8240 (8166); CIBN R-66; Jammes R-2; IBP 4697; Voull(B) 312; Hubay (Augsburg) 1770; Coll(U) 841; Pr 1912; BMC II 389; BSB-Ink R-76
Shelfmark	**Mb 620, 8°** (imperfect)

ISTC number	**R*104.5**
Heading	*Regiomontanus, Johannes* (Müller, Johann, of Königsberg)
Title:	Ephemerides, 1475-1506
Imprint	[Nuremberg: Johann Müller of Königsberg (Regiomontanus)], 1474
Language	lat
Bib. Refs	H 13790*; Klebs 839.1; Pell Ms 8244 (8170); CIBN R-54; IDL 3890; IBE 3265; IGI 5318; IBP 4700; Sajó-Soltész 2919; Schr 4375; Hubay(Würzburg) 1814; Pr 2211; BMC II 457; BSB-Ink R-60; Fac: Joannis Regiomontani Opera Collectanea (Osnabrück, 1972)
Shelfmark	**Pd 1897, 8°**

ISTC number	**R*111**
Heading	*Regiomontanus, Johannes* (Müller, Johann, of Königsberg)
Title:	Epitoma in Almagestum Ptolemaei
Imprint	Venice: Johannes Hamman, 31 Aug. 1496
Language	lat

ISTC number	R*112

Publ'n notes	Begun by Georgius Purbachius. Some copies contain the text of a 2-leaf letter of Johannes Baptista Abiosus, dated 15 Aug 1496, and inserted between a1 and a2
Bib. Refs	Goff R111; HC 13806*; GfT 2432, 2433; Klebs 841.1; Essling 895; Sander 6399; Pell Ms 8253 (8179); CIBN R-60; Hillard 1724; Torchet 801; Polain(B) 2793 bis; IDL 3893; IBE 3269; IGI 5326; IBP 4707; IJL 255; Sajó-Soltész 2924; Mendes 1106; Coll(U) 843; Coll(S) 608; Madsen 2309; Lökkös(Cat BPU) 376; Voull(Trier) 2138; Voull(B) 4284; Schüling 512; Sack(Freiburg) 2118, 2119; Borm 2300; Mittler-Kind 198; Walsh 2237, 2238, 2239; Oates 2048; Rhodes(Oxford Colleges) 1506; Sheppard 4154, 4155; Pr 5197; BMC V 427, XII 30; BSB-Ink R-67; Fac: Joannis Regiomontani Opera Collectanea (Osnabrück, 1972)
Shelfmark	**an Pc 2263, 4°**

ISTC number	**R*112**
Heading	*Regiomontanus, Johannes* (Müller, Johann, of Königsberg)
Title:	Tabulae directionum et profectionum. Tabella sinus recti (Ed: Joannes Angelus)
Imprint	Augsburg: Erhard Ratdolt, 2 Jan. 1490
Language	lat
Bib. Refs	Goff R112; HC 13801* (incl H 15206*); Klebs 834.1; Pell Ms 8251 (8177); CIBN R-70; Hillard 1725; Polain(B) 2793; IBE 3270; IGI 5328; IBP 4708; IJL 256; Sajó-Soltész 2925; Mendes 1107; Coll(U) 844; Coll(S) 609; Madsen 2310; Günt(L) 55; Voull(B) 294; Voull(Trier) 44; Ohly-Sack 1684, 1685; Hubay(Augsburg) 1773; Schüling 513; Schäfer 195; Borm 2305; Oates 961; Sheppard 1334; Pr 1885; BMC II 383; BSB-Ink R-82
Shelfmark	**Pd 2382, 4°**

ISTC number	**R*117**
Heading	*Regnierus, Helias*
Title:	Casus longi super sextum librum Decretalium; Casus longi Clementinarum
Imprint	[Strassburg: Johann Prüss], 1488
Language	lat
Bib. Refs	Goff R117; HC 13812*; Polain(B) 3331; IGI 8318; IDL 3895; IBP 4710; Sajó-Soltész 2927; Mendes 1108; Madsen 3469, 3470; Ernst(Hildesheim) I,I 346, II,III 106; Voull(Trier) 1458; Voull(B) 2349; Hubay(Augsburg) 1775; Hubay(Würzburg) 1820; Hubay (Eichstätt) 884; Ohly-Sack 2456, 2457, 2458; Sack(Freiburg) 3028; Borm 2307; Pr 540; BMC I 122; BSB-Ink R-88
Shelfmark	**an Kr 782 a, 4°**

ISTC number	**R*118**
Heading	*Regnierus, Helias*
Title:	Casus longi super sextum librum Decretalium; Casus longi Clementinarum
Imprint	Strassburg: [Printer of the 1483 Jordanus de Quedlinburg (Georg Husner)], 18 Aug. 1496
Language	lat
Bib. Refs	Goff R118; HC 13816*; Pell Ms 10052 (9836); Polain(B) 3332; IBE 4894; IGI 8320; IDL 3896; IBP 4711; Madsen 3471; Nentwig 339; Voull(B) 2464; Schmitt I 2464; Hubay(Eichstätt) 885; Hubay (Ottobeuren) 380; Sack(Freiburg) 3029; Wilhelmi 534, 535; Walsh 260, 261; Pr 669; BMC I 146; BSB-Ink R-89
Shelfmark	**Kr 782 c, 4°**

ISTC number	**R*119**
Title:	Regula falsi seu Augmenti et decrementi
Imprint	[Leipzig: Martin Landsberg, about 1495]
Language	lat
Bib. Refs	Goff R119; C 5085; Klebs 843.1; Günt(L) 1468; Hubay(Würzburg) 1821; Borm 2308; Pr 2973; BMC III 640; BSB-Ink W-31
Shelfmark	**8 an Ink A 9**

ISTC number	**R*145.5**
Heading	*Remus, Favinus*
Title:	De ponderum deque mensurarum carmina. Prelim: Petrus Eolicus: Epistola
Imprint	Leipzig: Martin Landsberg, after 7 Mar. 1494]
Language	lat
Author notes	Author also recorded as Flavianus Remmius, and by IGI as Quintus Rhemmius Fannius Palaemon
Bib. Refs	HR(Suppl) 13870; Klebs 846.1; IBP 4733; IGI 7144; Günt(L) 1469; Hubay(Würzburg) 1823; Borm 2314
Shelfmark	**5 an Ch 3216 z, 8°** **1 an Ink A 9**

ISTC number	**R*148.5**
Title:	Repetitiones. Con: I) Angelus de Ubaldis: Repetitio legis "Si vacantia". II) Angelus de Ubaldis: Repetitio legis "Si insulam"; Repetitio legis "Civitas mutui". Petrus de Ubaldis: Repetitio legis "Si duobus vehiculum". Angelus de Ubaldis: Repetitio legis "Si certis annis". III) Angelus de Ubaldis: Repetitio legis "Falsus procurator". Baldus de Ubaldis: Repetitio legis "Edicto divi"; Repetitio legis "Emilius". Arsendinus Arsendus: Repetitio legis "Si

ISTC number	R*150

	filius". Albericus de Rosate: Repetitio legis "In eos"
Imprint	Brescia: Boninus de Boninis, de Ragusia, 11 Mar. 1491
Language	lat
Publ'n notes	In three parts, often found separately, signed I) A-B6; II) C-D6; III) E-F6. The colophon appears in part II
Bib. Refs	HC 15882 = 15883; C 3488; GfT 2298; Veneziani(Brescia) 87; Pell Ms 11301 (II), 11302, 11303 (II-III); IGI 8327; Voull(B) 2816 (II), 2817 (III); Günt(L) 525 (II); Hubay(Augsburg) 2065 (I-II); Coll(U) 115 (II); Caronti 836 (II-III); Rhodes(Oxford Colleges) 1755 (II), 1752 (III)
Shelfmark	**an Kb 2517, 2°** (II-III) **an Kr 853, 2°**

ISTC number	**R*150**
Heading	*Retza, Franciscus de*
Title:	Comestorium vitiorum
Imprint	Nuremberg: [Johann Sensenschmidt and Heinrich Kefer, 14]70
Language	lat
Publ'n notes	The copy at Bamberg SB has the date of rubrication 1 Feb 1471
Bib. Refs	Goff R150; HC 13884*; Pell 4923 bis; Torchet 806; IDL 1858; IGI 8330; IBP 2245; Coll(S) 426; Madsen 4405; Nentwig 340; Voull(B) 1626; Hubay(Augsburg) 833; Sack(Freiburg) 1478; Borm 1080; AmBCat 105; Walsh 661; Oates 971; Sheppard 1380, 1381; Pr 1942; BMC II 403; BSB-Ink F-250; GW 10270
Shelfmark	**Ig 5423, 2°**

ISTC number	**R*154**
Heading	*Reuchlin, Johannes*
Title:	De verbo mirifico
Imprint	[Basel]: Johann Amerbach, [after 21 Apr. 1494]
Imprint	[after 19 Nov. 1494]
Language	lat
Publ'n notes	Sack(Freiburg) dates after 19 Nov. 1494
Bib. Refs	Goff R154; HC 13880*; Benzing(Reuchlin) 23; Pell Ms 10094 (9885); CIBN R-100; Buffévent 439; Polain(B) 3337; IDL 3899; IGI 8331; IBP 4735; Sajó-Soltész 2932; Sallander 1932; Coll(S) 926; Madsen 3487; Günt(L) 267; Voull(B) 497; Sack(Freiburg) 3049; Finger 834; Oates 2785, 2786; Pr 7600; BMC III 755; BSB-Ink R-140; Fac: Stuttgart-Bad Cannstatt, Frommann, 1964
Shelfmark	**2 an Ink B 165**

ISTC number	**R*166**
Heading	*Reuchlin, Johannes*

Title:	Vocabularius breviloquus. Add: Guarinus: Ars diphthongandi. Johannes de Lapide: De arte punctandi; De accentu
Imprint	Strassburg: [Printer of the 1483 Jordanus de Quedlinburg (Georg Husner)], 14 June 1488
Language	lat
Author notes	For the attribution of the De arte punctandi to Guillaume Fichet rather than to Johannes de Lapide, see E. Beltran in Scriptorium, 39 (1985) 284-91 (Hillard 1733)
Bib. Refs	Goff R166; CR 6293; Benzing(Reuchlin) 13; IBE 4907; IGI 8336; IDL 3901; IBP 4743; Sajó-Soltész 2940; Voull(Trier) 1515; Voull(B) 2419; Hubay(Würzburg) 1833; Sack(Freiburg) 3056; Pad-Ink 587; Pr 647; BMC I 137; BSB-Ink R-152
Shelfmark	**Cb 3239, 4°**

ISTC number	**R*197**
Heading	*Riedrer, Friedrich*
Title:	Spiegel der wahren Rhetorik
Imprint	Freiburg im Breisgau: Friedrich Riedrer, 11 Dec. 1493
Language	ger
Publ'n notes	Woodcuts
Author notes	Based upon the rhetoric of Cicero and others
Bib. Refs	Goff R197; HC 13914; GfT 1048; Schr 5096; Pell Ms 10140 (9926); CIBN R-128; IBP 4768; Madsen 3506; Lökkös(Cat BPU) 381; Voull(B) 1159; Hubay(Augsburg) 1795; Sack(Freiburg) 3075, 3076, 3077, 3078; Borm 2331; Bücherschätze in Regensburg 4.4; Walsh 1095; Oates 1340; Pr 3216; BMC III 696; BSB-Ink R-183
Shelfmark	**Da 812, 4°**

ISTC number	**R*215**
Heading	*Rodericus Zamorensis*
Title:	Speculum vitae humanae
Imprint	Augsburg: Günther Zainer, 11 Jan. 1471
Language	lat
Bib. Refs	Goff R215; HC 13940*; GfT 458; Klebs 857.3; Pell Ms 10425 (10185); CIBN R-137; Torchet 811; Delisle 1700; IDL 4027; IBE 6271; IGI 8394; IBP 4775; Sajó-Soltész 2958; Coll(S) 956; Voull(B) 6; Voull(Trier) 1; Ohly-Sack 2476; Hubay(Augsburg) 1796; Sack(Freiburg) 3081; Hummel-Wilhelmi 541; Walsh 496, 497; Oates 874, 875, 876; Rhodes(Oxford Colleges) 1515; Sheppard 1120, 1121, 1122; Pr 1525; BMC II 316; BSB-Ink S-59
Shelfmark	**Ha 583, 4°**

ISTC number	**R*274**
Heading	*Rolewinck, Werner*
Title:	Fasciculus temporum
Imprint	Strassburg: Johann Prüss, 1488
Language	lat
Publ'n notes	Woodcuts
Bib. Refs	off R274; HC(Add) 6937*; Schr 5118; Schramm XX p. 25; Polain(B) 3378; IDL 3946; IBE 4957; IGI 8423; IBP 4798; Sajó-Soltész 2974; Coll(S) 938; Madsen 3528; Günt(L) 2909; Voull(B) 2350; Hubay(Augsburg) 1813; Sack(Freiburg) 3100; Hummel-Wilhelmi 542; Borm 2354; Wilhelmi 542; Mittler-Kind 792; Sheppard 415; Pr 533; BMC I 121; BSB-Ink R-249
Shelfmark	**Na 1268, 4°** **Na 1468, 4°**

ISTC number	**R*275**
Heading	*Rolewinck, Werner*
Title:	Fasciculus temporum
Imprint	[Strassburg: Johann Prüss, not before 6 Apr. 1490]
Language	lat
Publ'n notes	Woodcuts. The copy in Osnabrück has a ms date 1494
Bib. Refs	Goff R275; HC 6915*; Pell Ms 10173-74, 10176 (9952); CIBN R-179; Péligry 685; Polain(B) 3363; Schr 5120; Schramm XX p. 27; IBE 4958; IGI 8424; IDL 3947; IBP 4799; Sajó-Soltész 2975; Coll(U) 1313; Coll(S) 939, 1376; Madsen 3529, T64, T65; Ernst (Hildesheim) I,I 189, I,II 61, II,III 63; Voull(Trier) 1491; Voull(B) 2391; Deckert 557; Hubay(Augsburg) 1814; Ohly-Sack 2484, 2485, 2486; Sack(Freiburg) 3101; Pad-Ink 595, 596, 597; Oates 215; Rhodes(Oxford Colleges) 1526; Sheppard 435, 436, 437; Pr 571; BMC I 127; BSB-Ink R-250
Shelfmark	**an Ib 871 h, 4°** **Na 997 a, 4°** **1 an Ink B 142** (imperfect) **Ink B 143**

ISTC number	**R*276**
Heading	*Rolewinck, Werner*
Title:	Fasciculus temporum
Imprint	[Strassburg: Johann Prüss, not before 6 Apr. 1490]
Language	lat
Publ'n notes	Woodcuts
Bib. Refs	Goff R276; HC 6916*; Schr 5119; Schramm XX p. 26 ('H 6935'); Pell Ms 10175, 10177 (9953); CIBN R-180; Polain(B) 3362; IDL 3948; IBE 4959; IGI 8425; IJL 260; Sajó-Soltész 2976; Sallander

	1937; Madsen 3530; Ernst(Hildesheim) I,I 190; Voull(B) 2390; Schmitt I 2390; Voull(Trier) 1490; Hubay(Augsburg) 1815; Hubay (Eichstätt) 899; Ohly-Sack 2487, 2488, 2489, 2490; Sack(Freiburg) 3102, 3103; Borm 2355; Pad-Ink 598, 599, 600; Wilhelmi 675; Walsh 201, 202; Pr 563; Sheppard 427, 428; BSB-Ink R-251
Shelfmark	**an Cl 3301 a, 4°**

ISTC number	**R*282**
Heading	*Rolewinck, Werner*
Title	Fasciculus temporum [German] Eyn burdlin der zeyt
Imprint	[Strasssburg: Johann Prüss, after 7 Nov. 1492]
Imprint	[after 27 Oct. 1492]
Language	ger
Publ'n notes	Dated by Hubay: the Chronicle ends with an event in Alsace dated 'S. Florenzen tag', i.e. 7 Nov. In the diocese of Strassburg. Goff dates after 27 Oct. 1492
Bibl. Refs	Goff R282; HC 6940*; Schr 5122; Schramm XX p. 26; Pell Ms 10201 (9978); CIBN R-183; IDL 3951; IBP 4803; Sajó-Soltész 2978; Coll(S) 941; Ernst(Hildesheim) II,V 13; Günt(L) 2943; Voull(B) 2392; Schmitt I 2392; Decker 559; Hubay(Augsburg) 1816; Borm 2357; Mittler-Kind 798; Rhodes(Oxford Colleges) 1528; Pr 549; BMC I 123; BSB-Ink R-254
Shelfmark	**Ink B 108**

ISTC number	**R*283.3**
Heading	*Rolewinck, Werner*
Title:	Formula vivendi canonicorum. Add: Modus Formandi meditationes singulis diebus per hebdomadam; Dialogus super libertate ecclesiastica inter Hugonem, Oliverium et Catonem
Imprint	[Leipzig: Marcus Brandis, about 1485]
Language	lat
Bib. Refs	Polain(B) 3384; Sajó-Soltész 2980; Madsen 3538; Günt(L) 1218; Hubay(Würzburg) 1860; Voull(B) 1222; Borm 2360; GW(Nachtr) 307
Shelfmark	**1 an Ink A 2** **2 an Ink A 2** **3 an Ink A 1** **4 an Ink A 1**

ISTC number	**R*294.6**
Heading	*Rolewinck, Werner*
Title:	De regimine rusticorum
Imprint	Louvain: Johannes de Westfalia, [between 1484/85 and 1487]

| ISTC number | R*324.5 |

Language	lat
Bib. Refs	HC 13729; Klebs 862.4; Camp 1480; Pell Ms 10218 (9995); CIBN R-204; Polain(B) 3391; IDL 3929; Sack(Freiburg) 3107; Finger 861; Oates 3747; Sheppard 7141; Pr 9274; BMC IX 157
Shelfmark	**5 an Ink A 58**

ISTC number	**R*324.5**
Heading	*Rosellis, Antonius de*
Title:	De ieiuniis
Imprint	[Rome: Eucharius Silber, about 1490]
Language	lat
Bib. Refs	R 1368; IGI 8445; IBE 4970; Hubay(Würzburg) 1863
Shelfmark	**11 an Ku 3467, 8°**

ISTC number	**R*327**
Heading	*Rosellis, Antonius de*
Title:	Monarchia, sive De potestate Imperatoris ac Papae
Imprint	Venice: Hermannus Liechtenstein, 23 June 1487
Language	lat
Bib. Refs	Goff R327; HC 13974*; Pell Ms 10251 (10026); CIBN R-217; Hillard 1770; Péligry 689; Polain(B) 3400; IBE 4964; IGI 8441; IBP 4814; IJL 261; Coll(U) 138; Coll(S) 945; Madsen 3546, 3547; Voull(B) 4018; Schmitt I 4018; Hubay(Augsburg) 1817; Hubay (Eichstätt) 900; Ohly-Sack 2500, 2501; Sack(Freiburg) 3109; Borm 2366; Walsh 2050; Oates 1886, 1887, 1888; Sheppard 3937, 3938; Pr 4789; BMC V 357; BSB-Ink R-268
Shelfmark	**an Kb 3881, 4°**

ISTC number	**R*336**
Heading	*Rosenhaym, Petrus de*
Title:	Roseum memoriale divinorum eloquiorum
Imprint	[Southern Germany: n.pr., about 1480-90?]
Imprint	[Cologne?: n.pr., about 1483]
Imprint	[Ludwig von Renchen?],
Language	lat
Publ'n notes	Assigned in Proctor to Ludwig von Renchen, in BMC to Cologne, in BSB-Ink to Southern Germany. Dated in Goff and IGI about 1483
Bib. Refs	Goff R336; HC(+Add) 13988*; GfT 1554; TFS 1900f; Voull(K) p.415; Torchet 752; Polain(B) 3128; IBE 4559; IGI 7668; IBP 4380; Sajó-Soltész 2676; Madsen 3549; Borm 2134; Hubay (Würzburg) 1704; Voull(B) 2706; Ohly-Sack 2349; AmBCat 199; Walsh 492; Oates 867; Pr 1517; BMC I 312; BSB-Ink P-362
Shelfmark	**2 an Ung I B 117, 4°**

ISTC number	**R*345**
Title:	Rudimentum novitiorum
Imprint	Lübeck: Lucas Brandis, 5 Aug. 1475
Format	f°
Language	lat
Publ'n notes	Woodcuts, including two woodcut maps. For variants see CIBN
Bib. Refs	Goff R345; H 4996*; Klebs 867.1; Schr 5159; Schramm X 8; Campbell(Maps) 213-214; Pell Ms 10278 (10053); CIBN R-220; Hillard 1773; Polain(B) 3404; Sajó-Soltész 2986; IDL 3970; IBE(Suppl) 6385; IBP 4817; Coll(U) 1315; Madsen 3553, 3554, 3555; Nentwig 348; Ernst(Hildesheim) I,I 141, 142, II,II 237; Voull(B) 1444; Borm 2368; Ohly-Sack 2505; Schäfer 293; Walsh 942; Oates 1180; Rhodes(Oxford Colleges) 1534; Sheppard 1890-1892; Pr 2610; BMC II 550; BSB-Ink R-283
Shelfmake	**Na 995 l, 2°**

ISTC number	**R*349**
Heading	Rudolphus de Novimagio
Title:	Legenda Alberti Magni. Add: Jacobus de Gouda: Legenda compendiosa et metrica
Imprint	Cologne: Johann Koelhoff, the Elder, 11 Sept. 1490
Language	lat
Publ'n notes	Woodcuts
Bib. Refs	Goff R349; H 11915*; GfT 330; Voull(K) 1056; Schr 5160; Schramm VIII p.18; Pell Ms 10280 (10055); CIBN R-223; Polain(B) 3405; IDL 3920; IGI 8405; IBP 4818; Sajó-Soltész 2960; Madsen 3556; Voull(B) 798; Ohly-Sack 2477; Sack(Freiburg) 3085; Borm 2342; Pad-Ink 592; Walsh 384; Oates 554; Pr 1080; BMC I 229; BSB-Ink R-284
Shelfmake	**Ink A 68**

ISTC number	**S*5**
Heading	*Sabellicus, Marcus Antonius*
Title:	Decades rerum Venetarum
Imprint	Venice: Andreas Torresanus, de Asula, 21 May 1487
Language	lat
Publ'n notes	Two leaves of errata can be found either at beginning or end
Bib. Refs	Goff S5; HC 14053*; Pell Ms 10293 (10066); CIBN S-1; Hillard 1778; Arnoult 1288; Buffévent 450; Jammes S-1; Parguez 894; Polain(B) 3414; IDL 3976; IBE 4981; IGI 8487; IBP 4824; Sajó-Soltész 2995; Coll(U) 442; Madsen 3561; Voull(B) 3997; Schmitt I 3997; Sack(Freiburg) 3116; Walsh 1887, 1888, 1889; Oates 1864, 1865; Rhodes(Oxford Colleges) 1537; Sheppard 3782; Pr 4713; BMC V 308, XII 22; BSB-Ink S-4
Shelfmark	**Nq 1086, 2°**

ISTC number	**S*7**
Heading	*Sabellicus, Marcus Antonius*
Title:	Enneades ab orbe condito
Imprint	Venice: Bernardinus Venetus, de Vitalibus and Matthaeus Venetus, 31 Mar. 1498
Language	lat
Bib. Refs	Goff S7; HC 14055*; Pell Ms 10297 (10070); CIBN S-4; Hillard 1779; Aquilon 588; Péligry 692; Torchet 828; Polain(B) 3412; Sander 6651; IDL 3981; IBE 4982; IGI 8489; IBP 4826; Sajó-Soltész 2994; Voull(B) 4469; Deckert 563; Schüling 739; Hubay (Augsburg) 1822; Oates 2146; Rhodes(Oxford Colleges) 1538; Pr 5524; BMC V 547; BSB-Ink S-6
Shelfmarke	**Nq 1084, 2°**

ISTC number	**S*21**
Heading	*Salemo (Ramschwag)*, Episcopus Constantiensis
Title:	Glossae ex illustrissimis auctoribus collecta
Imprint	[Augsburg: Monastery of SS. Ulrich and Afra, about 1474]
Language	lat
Author notes	Pseudo- Salemo. Extracts from the Liber glossarum and the Abavus maior (cf CIBN)
Bib. Refs	Goff S21; HC 14134*; C 5231; Klebs 877.1; Pell Ms 10397 (10161); CIBN S-52; Arnoult 1289; Polain(B) 3433; IBE 5001; IGI 8566; IBP 4862; Sajó-Soltész 3019; Madsen 3597; Nentwig 352; Voull(B) 100; Schmitt I 100; Voull(Trier) 16; Hubay(Augsburg) 1834; Hubay(Eichstätt) 911; Ohly-Sack 2514; Sack(Freiburg) 3141; Hummel-Wilhelmi 549; Borm 2390; Walsh 554; Oates 902; Sheppard 1214, 1215, 1216; Pr 1636 (incl 1638); BMC II 340; BSB-Ink S-54; GW M39747
Shelfmark	**Cb 3233, 2°**

ISTC number	**S*22.1**
Heading	*Saliceto, Bartholomaeus de*
Title:	Lectura super IX libris Codicis
Imprint	[Lyons: Johannes Siber, about 1488-90]
Imprint	[about 1496-1500]
Language	lat
Publ'n notes	Dated from Sack. Collijn dated about 1496-1500
Bib. Refs	R(Suppl) 172; Pell Ms 10099 g-h; IBE 4991; Coll(U) 253 (I-III, V-VI); Sack(Freiburg) 3122; Rhodes(Oxford Colleges) 1541 (V,VI); BSB-Ink B-113
Shelfmark	**Kb 3450, 2°** (I-VI)

ISTC number	**S*41.8**
Heading	*Salicetus, Nicolaus*
Title:	Antidotarius animae
Imprint	Nuremberg: Caspar Hochfeder, 31 Aug. 1494
Language	lat
Publ'n notes	Variant setting of last quire transcribed in BMC
Bib. Refs	H 14166; GfT 2286; Van der Vekene(Hochfeder) 15, 15bis; IBP 4846; Voull(B) 1920,5; Borm 2384; Pr 2290; BMC II 475; BSB-Ink S-21
Shelmarke	**Im 1353, 8°** (imperfect)

ISTC number	**S*44.05**
Heading	*Salicetus, Nicolaus*
Title:	Antidotarius animae
Imprint	[Metz: Caspar Hochfeder, about 1499-1500]
Language	lat
Bib. Refs	HC 14154; Van der Vekene(Hochfeder) 58; IBE 4999; IBP 5953; Sajó-Soltész 3002; Sack(Freiburg) 3131; BSB-Ink S-23
Shelfmark	**Ink A 14** (2 Exemplare, imperfect)

ISTC number	**S*46**
Heading	*Salis, Baptista de* (Trovamala)
Title:	Summa casuum conscientiae. Add: Sixtus IV: Bulla "Etsi dominici gregis" 30 Dec. 1479. Rubricae iuris civilis et canonici
Imprint	Nuremberg: Anton Koberger, 14 Apr. 1488
Language	lat
Bib. Refs	Goff S46; HC 14181* = H 14177; Pell Ms 11211; CIBN B-66; Hillard 272; Arnoult 1292; Girard 394; Péligry 694; Torchet 830; Polain(B) 3837; IDL 626; IBE 705; IGI 1204; IBP 782; Sajó-Soltész 487; Coll(U) 238; Madsen 527, 528; Ernst(Hildesheim) I,I 352, 353; Voull(Trier) 1078; Voull(B) 1730; Schmitt I 1730; Ohly-Sack 375, 376; Hubay(Augsburg) 273; Hubay(Eichstätt) 127; Sack(Freiburg) 442; Borm 332; Pad-Ink 86, 87; Finger 130, 131, 132, 133, 134; Walsh 712; Oates 1013; Sheppard 1508, 1509; Pr 2063; BMC II 432; BSB-Ink T-475; GW 3322
Shelfmark	**Kr 602, 4°**

ISTC number	**S*47**
Heading	*Salis, Baptista de* (Trovamala)
Title:	Summa casuum conscientiae. Add: Sixtus IV: Bulla "Etsi dominici gregis" 30 Dec. 1479. Rubricae iuris civilis et canonici
Imprint	Speyer: [Peter Drach, after 14 Apr.] 1488
Language	lat

ISTC number		S*68

Bib. Refs Goff S47; HC 14180*; Pell Ms 11210; CIBN B-67; Hillard 273; Polain(B) 3836; IDL 627; IBP 783; IBE 706; Sajó-Soltész 488; Coll(U) 237; Madsen 529; Nentwig 372; Ernst(Hildesheim) I,I 354; Voull(Trier) 1211; Voull(B) 2016,5; Ohly-Sack 377, 378, 379; Hubay(Augsburg) 274; Hubay(Eichstätt) 128; Sack(Freiburg) 443, 444; Finger 129; Wilhelmi 632; Oates 1122; Sheppard 1716; Pr 2374; BMC II 496; BSB-Ink T-476; GW 3323
Shelfmark **Kr 603, 4°**

ISTC number **S*68**
Heading *Sallustius Crispus, Gaius*
Title: Opera. Con: De coniuratione Catilinae; De bello Jugurthino. Add: Vita Sallustii. (Pseudo-) Sallustius: Invectiva in Ciceronem. (Pseudo-) Cicero: Responsio in Sallustium
Imprint Venice: Baptista de Tortis, 23 Dec. 1481
Language lat
Bib. Refs Goff S68; HC 14211*; Pell Ms 10358 (10123); CIBN S-35; Polain(B) 3426; IDL 4008; IBE 5004; IGI 8543; Sajó-Soltész 3006; Voull(B) 3924; Mittler-Kind 534; Sheppard 3822; Pr 4609; BMC V 321; BSB-Ink S-39
Shelfmark **Ci 1976, 4°**

ISTC number **S*84**
Heading *Sallustius Crispus, Gaius*
Title: Opera. Ed: Pomponius Laetus and Johannes Britannicus. Con: De coniuratione Catilinae (Comm: Laurentius Valla); De bello Jugurthino (Comm: Johannes Chrysostomus Soldus); Orationes et epistolae ex libris Historiarum excerptae. Add: Sallustii vita. (Pseudo-) Sallustius: Invectiva in Ciceronem. (Pseudo-) Cicero: Responsio in Sallustium. (Pseudo-) Catilina: Oratio responsiva in Ciceronem
Imprint [Venice: Christophorus de Pensis, de Mandello, about 1497]
Imprint [after 14 Nov. 1495]
Language lat
Publ'n notes Proctor confuses Goff S81 and S84. Printed "after 14 Nov. 1495", cf. L. Donati, in La Bibliofilia 57 (1955), p.19
Bib. Refs Goff S84; HC 14228*; Sander 6676; Voull(B) 4316; IBE 5016; IGI 8558; IDL 3998; IBP 4857; Sajó-Soltész 3015; Mendes 1133; Sallander 2424; Madsen 3591; Günt(L) 3424 = 3520; Deckert 567; Walsh 2399; Sheppard 4335, 4336; Pr 5058, 5255; BMC V 474; BSB-Ink S-50
Shelfmark **Ink B 48**

345

ISTC number	**S*101.3**
Heading	*Salomon et Marcolphus*
Title:	Dialogus Salomonis et Marcolphi
Imprint	Deventer: [Richardus Pafraet], 1496
Language	lat
Bib. Refs	C 5247; Camp(III) 459a; Pad-Ink 603; Pr 9014; BMC IX 58; GW 12776
Shelfmark	**an Kr 913, 8°**

ISTC number	**S*110**
Heading	*Samuel, Rabbi*
Title:	Epistola contra Judaeorum errores (Tr: Alphonsus Boni Hominis)
Imprint	Cologne: Heinrich Quentell, 1493
Language	lat
Publ'n notes	Woodcut
Author notes	Alphonsus Boni Hominis claims only to translate the Epistola of Rabbi Samuel but 'it seems he himself was the author, drawing largely from another tract in Arabic' (Encyclopaedia Judaica)
Bib. Refs	Goff S110; HC 14268*; GfT 332; Schr 5194; Voull(K) 1062; Polain(B) 3437; IGI 8581; IBP 4878; Madsen 3598; Ernst(Hildesheim) I,I 357; Voull(B) 956; Voull(Trier) 645; Ohly-Sack 2517; Sack(Freiburg) 3144; Borm 2393; Wilhelmi 545; Oates 752; Sheppard 993; Pr 1321; BMC I 279; BSB-Ink A-444
Shelfmark	**Ha 4608 x, 8°**

ISTC number	**S*112**
Heading	*Samuel, Rabbi*
Title:	Epistola contra Judaeorum errores (Tr: Alphonsus Boni Hominis). Add: Fredericus de Manfredis: Epistola ad Galeottum. De Sacerdotio Christi (Tr: Ambrosius Traversarius)
Imprint	Bologna: Ugo Rugerius, 13 May 1496
Language	lat
Author notes	Alphonsus Boni Hominis claims only to translate the Epistola of Rabbi Samuel but 'it seems he himself was the author, drawing largely from another tract in Arabic' (Encyclopaedia Judaica). The De Sacerdotio Christi is given as a work of Traversarius but is in fact an extract from the Suda doubtfully translated by him (G. Mercati, Traversariana (Vatican City, 1939) 70-80)
Bib. Refs	Goff S112; HC 14269*; Pell Ms 10407 (10170); CIBN S-58; Hillard 1793; IBE 5029; IGI 8582; Walsh 3182; Sheppard 5314; Oates 2504; Pr 6655; BMC VI 809; BSB-Ink A-445
Shelfmark	**11 an Af 3222 z, 8°**

ISTC number	**S*113**
Heading	*Samuel, Rabbi*
Title:	Epistola contra Judaeorum errores (Tr: Alphonsus Boni Hominis). Add: Prophetiae de venturo Christo Patriarcharum, Sibyllae, Prophetarum. Pseudo- Pontius Pilatus: Epistola ad Tiberium
Imprint	[Nuremberg]: Caspar Hochfeder, 19 Mar. 1498
Language	lat
Author notes	Alphonsus Boni Hominis claims only to translate the Epistola of Rabbi Samuel but 'it seems he himself was the author, drawing largely from another tract in Arabic' (Encyclopaedia Judaica)
Bib. Refs	Goff S113; HC 14270*; GfT 1224; Van der Vekene(Hochfeder) 47; Pell Ms 10409 (10171); CIBN S-59; Polain(B) 3438; IGI 8584; IDL 4022; IBP 4879; Coll(U) 1323; Voull(Trier) 1162; Voull(B) 1923; Hubay(Augsburg) 1838; Hubay(Eichstätt) 914; Ohly-Sack 2518, 2519; Sack(Freiburg) 3145; Hummel-Wilhelmi 550, 551; Borm 2394; AmBCat 165; Walsh 830; Oates 1101; Sheppard 1668; Pr 2298; BMC II 478; BSB-Ink A-446
Shelfmark	**Ha 4609, 8°**

ISTC number	**S*131**
Heading	*Sancto Georgio, Johannes Antonius de*
Title:	Lectura super usibus feudorum
Imprint	Pavia: Antonius de Carcano, 1 Nov. 1490
Language	lat
Bib. Refs	Goff S131; HC 7590*; Parguez 900; IBE 5043; IGI 8606; Voull(Trier) 1712; Voull(B) 3242; Deckert 575; Hubay(Würzburg) 1883; Sack(Freiburg) 3155; Walsh 3448; Oates 2643; Pr 7062; BMC VII 998; BSB-Ink S-80
Shelfmark	**an Kr 852, 2°**

ISTC number	**S*134**
Heading	*Sancto Georgio, Johannes Antonius de*
Title:	Oratio funebris in exsequiis Cardinalis Tornacensis
Imprint	[Rome: Stephan Plannck, after 16 Oct. 1483]
Language	lat
Bib. Refs	Goff S134; H 7597*; Pell Ms 10210 = 10211; CIBN S-66; Polain(B) 4705; IBP 4887; IBE 5047; IGI 8609; Madsen 3607; Voull(B) 3468; Sack(Freiburg) 3158; Hunt 2023; Sheppard 2892; BMC XII 7; BSB-Ink S-83
Shelfmark	**23 an Ku 3467, 8°**

ISTC number	**S*137**
Heading	*Sancto Georgio, Johannes Antonius de*

Title:	Super quarto libro Decretalium
Imprint	Pavia: Antonius de Carcano, for Johannes Franciscus de Nebiis, 24 June 1490
Language	lat
Bib. Refs	Goff S137; HC 7587*; Pell Ms 10205; Aquilon 593; IBE 5039; IGI 8597; IBP 4885; Ohly-Sack 2524; Madsen 3605; Rhodes(Oxford Colleges) 1556; Pr 7061; BMC VII 998; BSB-Ink S-75
Shelfmark	**Kr 852, 2°**

ISTC number	**S*138**
Heading	*Sancto Georgio, Johannes Antonius de*
Title:	Super quarto libro Decretalium
Imprint	Venice: Bernardinus Stagninus, de Tridino, 12 Mar. 1493
Language	lat
Bib. Refs	Goff S138; HC 7588*; Polain(B) 3448; IBE 5040; IGI 8598; Sajó-Soltész 3026; Voull(Trier) 2031; Voull(B) 4054; Deckert 574; Hubay(Würzburg) 1884; Sack(Freiburg) 3152; Rhodes(Oxford Colleges) 1557; Pr 4836; BMC V 367; BSB-Ink S-76
Shelfmark	**Kr 853, 2°**

ISTC number	**S*141**
Heading	*Sancto Georgio, Johannes Antonius de*
Title:	Tractatus appellationum
Imprint	Pavia: Antonius de Carcano, 24 Dec. 1488
Language	lat
Bib. Refs	Goff S141; HC 7594*; Pell Ms 10209; Aquilon 594; IBE 5041; IGI 8604; Voull(B) 3240; Deckert 576; Hubay(Würzburg) 1882; Sack (Freiburg) 3160; Oates 2642; Sheppard 5828; Rhodes(Oxford Colleges) 1553; Pr 7060; BMC VII 998; BSB-Ink S-78
Shelfmark	**an Kr 961, 2°** (imperfect)

ISTC number	**S*206.5**
Heading	*Savonarola, Hieronymus*
Title:	Expositio in Psalmum XXX (31) "In te Domine speravi"
Imprint	[Magdeburg: Moritz Brandis, not before 1500]
Language	lat
Bib. Refs	Goff Suppl. S206a; HC 14412; R 1384; GW(Nachtr) 315; GfT 925; Polain(B) 3460; IGI 8717; IBP 4911; Madsen 3615; Ernst(Hildesheim) I,I 359; Voull(B) 1506; Borm 2402; Pr 2766; BMC II 601
Shelfmark	**an Ink A 36**

ISTC number	**S*214.5**
Heading	*Savonarola, Hieronymus*
Title:	Expositio in Psalmum L (51) "Miserere mei Deus"
Imprint	Magdeburg: [Moritz Brandis, not before 1500]
Language	lat
Bib. Refs	Goff Suppl. S214a; HCR 14422; Polain(B) 4712; IGI 8731; IBP 4914; Madsen 3617; Nentwig 354; Ernst(Hildesheim) I,I 358; Voull(B) 1507; Borm 2404; Sheppard 2002; Pr 2767; BMC II 601
Shelfmark	**Ink A 36** **5 an Ink A 61**

ISTC number	**S*275**
Heading	*Savonarola, Hieronymus*
Title:	Triumphus crucis seu de veritate fidei [Italian] Della verità della fede cristiana sopra el glorioso triompho della croce
Imprint	[Florence: Bartolommeo di Libri, after Aug. 1497]
Imprint	[1497?]
Language	ita
Publ'n notes	Dated after Aug. 1497 in CIBN, 1497? by Goff
Bib. Refs	Goff S275; HC 14345*; Pell Ms 10320; CIBN S-145; Audin 20; Giovannozzi 255; Lefèvre 431; IGI 8803; IDL 4056; Sajó-Soltész 3034; Voull(B) 2940; Sallander 2434; Walsh 2937, 2938; Oates 2367; Rhodes(Oxford Colleges) 1592; Sheppard 5140; Pr 6224; BMC VI 652; BSB-Ink S-175
Shelfmark	**Ib 2075 s, 8°**

ISTC number	**S*306**
Title:	Schatzbehalter der wahren Reichtümer des Heils
Imprint	Nuremberg: Anton Koberger, 8 Nov. 1491
Language	ger
Publ'n notes	GW records the date as 18 Nov. 1492 in error. 96 woodcuts (by Michael Wohlgemut)
Author notes	By Stephan Fridolin, O.F.M. (GW)
Bib. Refs	Goff S306; HC 14507* = H 6236; Schr 5202; Schramm XVII p. 9; Torchet 838; Polain(B) 1521; IDL 1868; IBE 2517; IGI 9165; IBP 2253; Sajó-Soltész 1364; Sallander 1723; Coll(S) 1001; Madsen 3786; Voull(B) 1734; Ernst(Hannover) 299; Hubay(Augsburg) 1858; Ohly-Sack 1162, 1163, 1164; Sack(Freiburg) 1485, 1486; Schäfer 134; Borm 1082; Walsh 715, 716; Oates 1018, 1019; Sheppard 1512, 1513; Pr 2070; BMC II 434; BSB-Ink F-263; GW 10329 (cf VII col 448); Fac: Wiesbaden, G. Pressler, 1962
Shelfmark	**Im 1826, 4°**

ISTC number	**S*307**
Heading	*Schedel, Hartmann*
Title:	Liber chronicarum
Imprint	Nuremberg: Anton Koberger, 12 July 1493
Language	lat
Publ'n notes	Woodcuts by Wohlgemut, Pleydenwurff and Albrecht Dürer. Variants listed by W.B. Todd, The Book Collector, 1964, pp.497-498. See A. Wilson, The making of the Nuremberg Chronicle, 1976. 2 woodcut maps
Bib. Refs	Goff S307; HC 14508*; GfT 1158; Klebs 889.1; Schr 5203; Schramm XVII p. 9; Campbell(Maps) 219-220; C. Reske, Die Produktion der Schedelschen Weltchronik in Nürnberg. Wiesbaden 2000; Pell Ms 10351 = 10352; CIBN S-161; Hillard 1814; Arnoult 1307; Buffévent 466; Girard 395; Jammes S-6; Lefèvre 436; Parguez 904; Aquilon 606; Péligry 709; Torchet 839; Polain(B) 3469; IDL 4060; IGI 8828; IBP 4941; Sajó-Soltész 3039; IBE 5179; IJL 263; Mendes 1147; Coll(U) 1335; Coll(S) 964; Madsen 3632, 3633, 3634, T66, T67, T68, T69; Lökkös(Cat BPU) 392; Voull(Trier) 1093; Voull(B) 1743; Schmitt I 1743; Ernst(Hildesheim) I,I 360, 361, 362, II,II 240, 241, II,III 110, II,V 28, II,VII 9; Ernst(Hannover) 300; Hubay(Augsburg) 1859; Ohly-Sack 2528, 2529; Sack(Freiburg) 3181, 3182; Schäfer 309; Borm 2412; Finger 869; Wilhelmi 548, 549; Walsh 726, 727, 728, 729, 730, 731, 732; Oates 1026, 1027, 1028, 1029; Rhodes(Oxford Colleges) 1595; Sheppard 1520-1521; Pr 2084; BMC II 437; BSB-Ink S-195
Shelfmark	**Na 999, 2°**

ISTC number	**S*309**
Heading	*Schedel, Hartmann*
Title:	Liber chronicarum [German] Das Buch der Croniken und Geschichten (Tr: Georg Alt)
Imprint	Nuremberg: Anton Koberger, 23 Dec. 1493
Language	ger
Publ'n notes	With woodcuts by Wohlgemut, Pleydenwurff and Albrecht Dürer. 2 woodcut maps
Bib. Refs	Goff S309; H 14510*; Schr 5205; Schramm XVII p.9; Campbell(Maps) 219-220; GfT 1165; Klebs 890.1; C. Reske, Die Produktion der Schedelschen Weltchronik in Nürnberg. Wiesbaden 2000; Pell Ms 10354; CIBN S-163; Polain(B) 3471; IDL 4062; IBE 5181; IGI 8830; IBP 4943; IJL 264; Sajó-Soltész 3041; Coll(U) 1337; Sallander 1337 bis; Coll(S) 966; Madsen 3637; Voull(Trier) 1096; Voull(B) 1746; Schmitt I 1746; Ernst(Hannover) 301; Leuze(Isny) 49; Hubay(Augsburg) 1861; Hubay(Eichstätt) 926; Ohly-Sack 2530, 2531, 2532; Sack(Freiburg) 3184, 3185, 3186; Schäfer 310; Borm 2414; Finger 871, 870; Wilhelmi 547; Walsh

	734, 735; Sheppard 1523; Pr 2086; BMC II 437; BSB-Ink S-197; Fac: Leipzig: Hendel, 1933; Munich: Kölbl, 1965; New York: Landmark Press, 1979; Lindau,[1988]; Leipzig, 1990; Ludwigsburg, 1991
Shelfmark	**Na 1000, 2°**

ISTC number	**S*321**
Heading	*Schottus, Petrus*
Title:	Lucubratiunculae (Ed: Jacob Wimpheling)
Imprint	Strassburg: Martin Schott, 2 Oct. 1498
Language	lat
Bib. Refs	Goff S321; HC(+Add) 14524*; GfT 1259; Pell Ms 10360; CIBN S-166; Hillard 1817; Jammes S-7; IBE 5184; IGI 8834; IBP 4949; Sajó-Soltész 3045; Coll(S) 967; Madsen 3640; Ernst(Hildesheim) I,I 363, 364; Voull(Trier) 1377; Voull(B) 2239; Ohly-Sack 2537; Hubay(Augsburg) 1868; Hubay(Eichstätt) 927; Borm 2417; Oates 171; Sheppard 335; Pr 409; BMC I 96; BSB-Ink S-210
Shelfmark	**Af 5172, 8°**

ISTC number	**S*344**
Title:	Scriptores rei militaris, sive Scriptores veteres de re militari. Ed: Johannes Sulpitius Verulanus
Imprint	Rome: Eucharius Silber, 1494
Language	lat
Publ'n notes	In five parts, dated: I) 24 Oct. 1494; II) 3 Nov. 1494; III-V) [undated]
Author notes	Con: Flavius Vegetius Renatus: De re militari; Sextus Julius Frontinus: Strategematicon liber; Modestus: De vocabulis rei militaris [an extract from Vegetius]; Aelianus Tacticus: De instruendis aciebus (Tr: Theodorus Gaza); Onosander: De optimo imperatore (Tr: Nicolaus Sagundinus)
Bib. Refs	Goff S344; HC 15915*; GfT 1975, 2324; Klebs 903.2; Pell Ms 11436; CIBN S-172; Polain(B) 4715; IGI 8851; IBP 4956; Sajó-Soltész 3053; IDL 4069; Madsen 3648; Coll(U) 1340; Sander 7502; Voull(B) 3493; Borm 2423; Finger 875; Wilhelmi 554; Walsh 1464, 1465; Oates 1539; Sheppard 3069, 3070; Pr 3878; BMC IV 116; BSB-Ink V-63
Shelfmark	**Ink A 69**

ISTC number	**S*345**
Title:	Scriptores rei militaris, sive Scriptores veteres de re militari. Ed: Johannes Sulpitius Verulanus and Philippus Beroaldus
Imprint	Bologna: Franciscus Plato de Benedictis, 1495-96

S*349

Language   lat
Publ'n notes   In four parts, dated: I) 10 July 1495; II) 16 Nov. 1495; III) [n.d.];
               IV) [n.d.]; (general colophon) 17 Jan. 1496
Author notes   Con: Sextus Julius Frontinus: Strategematicon liber; Flavius Vegetius Renatus
De re militari; Aelianus Tacticus: De instruendis aciebus (Tr: Theodorus Gaza);
               Modestus: De vocabulis rei militaris [an extract from Vegetius]
Bib. Refs   Goff S345; C 5330 = 2594; Klebs 903.3; Pell 4933 = Pell Ms
               10377; CIBN S-173; Lefèvre 438; Polain(B) 3477; IBE 5171; IGI
               8852; IBP 4957; IDL 1870; Sajó-Soltész 3054; Madsen 3649;
               Voull(B) 2759; Schmitt I 2759; Ohly-Sack 1176; Sack(Freiburg)
               1488; Mittler-Kind 368; Walsh 3215; Oates 2495.5; Rhodes(Oxford Colleges) 1598; Sheppard 5351, 5352, 5353; Pr 6607; BMC
               VI 828; BSB-Ink D-48; GW 10410
Shelfmark   **Cd 2121, 4°**
               1 an Ink B 144

ISTC number   **S*349**
Title: Scriptores rei rusticae. (Ed: Philippus Beroaldus, after Merula and Colucia)
Imprint   Reggio Emilia: Dionysius Bertochus, 18 Sept. 1496
Language   lat
Author notes   Contains: Marcus Porcius Cato: De re rustica. Marcus Terentius
               Varro: De re rustica. L. Junius Moderatus Columella: De re rustica
               (comm: Pomponius Laetus). Rutilius Taurus Palladius: De re rustica (comm: Urceus Codrus)
Bib. Refs   Goff S349; HC 14569*; GfT 1960; Klebs 902.4; Pell Ms 10383;
               CIBN S-177; Hillard 1821; Jammes S-9; Parguez 907; Péligry 710;
               Polain(B) 3479; IBE 5175; IGI 8856; IBP 4960; IDL 4072; Coll(S)
               970; Madsen 3652; Voull(B) 3299; Sack(Freiburg) 3196; Mittler-Kind 550; Walsh 3546, 3547, 3548; Oates 2705; Rhodes(Oxford
               Colleges) 1601; Sheppard 6019; Pr 7259; BMC VII 1090, XII 77
Shelfmark   **Cd 2191, 4°**

ISTC number   **S*366.3**
Title: Seelen-Wurzgarten
Imprint   Augsburg: Johann Schönsperger, 8 June 1496
Language   ger
Bib. Refs   H 14587*; Schr 5234; IBP 4966; Deckert 698; BSB-Ink S-245
Shelfmark   **Im 1867, 4°**

ISTC number   **S*376.5**
Heading   *Seneca, Lucius Annaeus*

ISTC number		S*380

Title:	De clementia
Imprint	[Leipzig: Arnoldus de Colonia, about 1493]
Language	lat
Publ'n notes	Collates: 12ff, 28ll, Sig: IK6. Probably issued with H 14603
Bib. Refs	Günt(L) 1168
Shelfmark	**2 an Cl 3237, 4°**

ISTC number	S*380
Heading	*Seneca, Lucius Annaeus*
Title:	Epistolae ad Lucilium
Imprint	Leipzig: Arnoldus de Colonia, 26 June 1493
Language	lat
Bib. Refs	Goff S380; HC 14603; IBP 4973; Voull(B) 1357; Günt(L) 1143; Oates 1297; BMC III 644; BSB-Ink S-261
Shelfmark	**1 an Cl 3237, 4°**

ISTC number	S*411
Heading	*Seneca, Lucius Annaeus*
Title:	De quattuor virtutibus cardinalibus, sive De formula honestae vitae
Imprint	[Blaubeuren: Conrad Mancz, before 1477]
Language	lat
Author notes	In fact by Martinus Dumiensis, Archbishop of Braga (Bracara)
Bib. Refs	Goff S411; HC 14620; Pell Ms 10429c; CIBN S-211; Polain(B) 4719; IDL 3118; IGI 8890; Madsen 3686; Günt(L) 435; Hubay (Augsburg) 1885; Sack(Freiburg) 3209; Mittler-Kind 573; Sheppard 1913; Pr 2658; BMC II 564; BSB-Ink M-211
Shelfmark	**Ink A 5**

ISTC number	S*415
Heading	*Seneca, Lucius Annaeus*
Title:	De quattuor virtutibus cardinalibus, sive De formula honestae vitae, cum commento [Latin and German verse translation]. Preceded by: Vita Senecae
Imprint	[Leipzig: Conrad Kachelofen, about 1490]
Language	ger
Author notes	In fact by Martinus Dumiensis, Archbishop of Braga (Bracara)
Bib. Refs	Goff S415; H 14629*; C 5358; IBP 5003; Coll(S) 975; Madsen 3690; Sheppard 2092; Pr 2906; BMC III 631; BSB-Ink M-213
Shelfmark	**Ink A 65**

ISTC number	S*436
Heading	*Seneca, Lucius Annaeus*

Title:	Tragoediae. Comm: Gellius Bernardinus Marmita. Prelim: G.B. Marmita: Epistolae Guillelmo de Rupeforti
Imprint	Venice: Lazarus de Suardis, de Saviliano, 12 Dec. 1492
Language	lat
Bib. Refs	Goff S436; HC 14666; Pell Ms 10445; CIBN S-203; Arnoult 1320; Lefèvre 444; Polain(B) 3486; IDL 4087; IBE 5199; IGI 8908; IBP 4992; IJL 268; Sajó-Soltész 3069; Coll(S) 977; Madsen 3682; Nentwig 357; Voull(Bonn) 1059; Voull(B) 4337; Hubay(Augsburg) 1884; Borm 2438; Mittler-Kind 564; Walsh 2441; Oates 2066; Sheppard 4379; Pr 5283; BMC V 491; BSB-Ink S-272
Shelfmark	**Ci 2341, 4°** **Ink B 124 (1)**

ISTC number	**S*457**
Heading	Sequentiae
Title:	Textus sequentiarum, cum optimo commento
Imprint	[Cologne: Heinrich Quentell, about 1492]
Language	lat
Publ'n notes	Woodcut
Bib. Refs	Goff S457; HC 14682*; Voull(K) 1079; Boh(LB) 1074; Schr 5240; Schramm VIII p.21; Pell 4682 (II); Polain(B) 3499; IDL 4099; IGI 8915; IBP 5009; Sajó-Soltész 3076; Madsen 3693; Voull(B) 1042,3; Schmitt II 1042,3; Voull(Trier) 724; Sack(Freiburg) 3218; Hummel-Wilhelmi 556; Borm 2450; Wilhelmi 555; Pr 1414; BMC I 278; BSB-Ink S-288
Shelfmark	**1 an Ink A 27**

ISTC number	**S*461**
Heading	Sequentiae
Title:	Textus sequentiarum, cum optimo commento
Imprint	Basel: Michael Furter, 3 Mar. 1497
Language	lat
Publ'n notes	Woodcut
Bib. Refs	Goff S461; C 5380; GfT 1023; Schr 5243; Schramm XXII p. 43; Boh(LB) 1085; CIBN S-222; IBE 5227; IGI 8917; IBP 5013; Sajó-Soltész 3078; Coll(S) 979; Voull(B) 576; Günt(L) 325; Hubay (Würzburg) 1917; Sack(Freiburg) 3220; Hummel-Wilhelmi 557; Borm 2454; BSB-Ink S-291
Shelfmark	**Ink A 37**

ISTC number	**S*496**
Heading	*Sifridus Teutonicus de Arena*
Title:	Expositiones sive Declarationes titulorum utriusque juris

| ISTC number | S*514 |

Imprint	Cologne: Johann Koelhoff, the Elder, 3 Dec. 1491
Language	lat
Publ'n notes	Ascribed also to Haryngus Sifridi Sinnama. Woodcut
Bib. Refs	Goff S496; HC 14725*; Schr 5261; Voull(K) 1087; Pell Ms 10566; CIBN S-254; IDL 4133; IBP 5027; Sallander 1951; Coll(S) 1391; Madsen 3716; Nentwig 360; Voull(Trier) 488; Sack(Freiburg) 3241; Borm 2471; Finger 884; Wilhelmi 560; Hunt 662; Walsh 388, 389; Oates 560; BSB-Ink S-408
Shelfmark	**Kc 3403, 4°**

ISTC number	**S*514**
Heading	*Silvaticus, Matthaeus*
Title:	Liber pandectarum medicinae. Ed: Matthaeus Moretus
Imprint	[Strassburg: The R-Printer (Adolf Rusch), about 1480]
Language	lat
Bib. Refs	Goff S514; HC 15192*; Klebs 919.6; Osler(IM) 188; Pell Ms 10537 = 10545; CIBN S-266; Polain(B) 3539; IDL 4125; IGI 8982; IBP 5034; Coll(U) 1379; Voull(B) 2128; Hubay(Augsburg) 1897; Sack(Freiburg) 3236; Hunt 116; Walsh 82; Pr 251; BMC I 64; BSB-Ink S-392
Shelfmark	**Uf 501, 2°**

ISTC number	**S*534**
Heading	*Simoneta, Johannes*
Title:	Commentarii rerum gestarum Francisci Sfortiae [Italian] La Sforziada. With additions by Franciscus Puteolanus and Franciscus Philelphus. Tr: Christophorus Landinus
Imprint	Milan: Antonius Zarotus, 1490
Language	ita
Publ'n notes	The vellum copies at Paris BN and Warsaw N have, as does the BL's Grenville copy, frontispieces illuminated by Giovan Pietro Birago. Fragments from the frontispiece of a fourth copy (perhaps the imperfect copy in the Vatican) are at Florence, Uffizi. The Paris copy belonged to Giangaleazzo Sforza, Duke of Milan, and the Warsaw copy probably to Galeazzo de Sanseverino, son-in-law of Lodovico il Moro. See T. Kren, ed., Renaissance Painting in Manuscripts: Treasures from the British Library (New York and London, 1983) no.14, and M.L. Evans in the British Library Journal 13 (1987), pp.232-247
Bib. Refs	Goff S534; HC 14756; Pell Ms 10560; CIBN S-280; Hillard 1857; IDL 4131; IBE 5268; IGI 9015; IBP 5044 & Tab. I; Voull(B) 3046; Sheppard 4874; Pr 5828; BMC VI 721
Shelfmark	**Ng 602, 2°**

ISTC number	**S*580**
Heading	*Sixtus IV*, Pont. Max. (formerly Franciscus, Cardinalis de Rovere)
Title:	De sanguine Christi et De potentia Dei. Prelim: Joannes Philippus de Lignamine: Epistola ad Sixtum IV
Imprint	Nuremberg: Friedrich Creussner, 1473
Language	lat
Publ'n notes	Two issues are known, one (Goff S580) with the printed date 1473 and the other (Goff S581) 1474
Bib. Refs	Goff S580 = S581; HC 14797* (1473) = 14798* (1474); Pell Ms 10579, 10580; CIBN S-296; Hillard 1861; Parguez 918 (1474); Polain(B) 3552 (1473); IBP 5051, 5052; Sajó-Soltész 3101; Coll(U) 1355, 1356; Madsen 3721 (1474); Nentwig 347; Günt(L) 1939 (1474); Voull(B) 1797; Ernst(Hannover) 325; Hubay(Augsburg) 1906; Borm 2488; Sheppard 1559 (1473); Pr 2128 (1473); BMC II 446; BSB-Ink S-443 (1473), S-444 (1474)
Shelfmark	**Ink B 23** **1 an Ink B 31**

ISTC number	**S*583.535**
Heading	*Sixtus IV*, Pont. Max. (formerly Franciscus, Cardinalis de Rovere)
Title:	Summarium bullae de indulgentiis ecclesiae Misnensis concessis (Meissen)
Imprint	[Leipzig: Marcus Brandis, not before 20 May 1480]
Imprint	[Merseburg: Printer of Isidorus, 'Soliloquia' (Marcus Brandis)],
Format	Bdsde
Language	lat
Bib. Refs	VE 15 S-112; GfT 404; Juntke(Ablassbriefe) 2; Nickel(Zwickau) 397; GW(Einbl) 1412
Shelfmark	**Yla 237 (2)**

ISTC number	**S*589**
Heading	*Soccus, Frater Ord. Cisterciensis*
Title:	Sermones de tempore
Imprint	Strassburg: Johann (Reinhard) Grüninger, 12 Feb. 1484
Language	lat
Author notes	The author of the Sermones Socci may be Conradus de Brundelsheim (cf GW) or the Cistercian Johannes Bott (or Bottis) of the convent of Marienrode (R.Brauerreis, Studien und Mitteilungen zur Geschichte des Benedektinerordens 65 (1953-54) p. 75-80 (CIBN))
Bib. Refs	Goff S589; HC 14826* (I); Pell 3931 (I); CIBN S-235; Hillard 1842; Arnoult 1338; Buffévent 469; Polain(B) 1147 (I); IDL 1375; IBE 1735; IGI VI 3169-A; IBP 1686; Sallander 2165; Coll(S) 334; Ernst(Hildesheim) II,II 246; Voull(Trier) 1401; Voull(B) 2269; Schüling 304; Hubay(Ottobeuren) 131; Ohly-Sack 919, 920; Sack

| ISTC number | S*601.4 |

| Shelfmark | (Freiburg) 1087; Borm 814; Pad-Ink 419; Finger 311; Walsh 160; Oates 180; Sheppard 357; Pr 438; BSB-Ink C-520; GW 7410
Il 4257, 4° |

ISTC number S*601.4
Heading   *Socinus, Bartholomaeus*
Title: Repetitio paragraphi "Item si reipublicae". Add: Philippus Beroaldus junior: Senarioli ad Socinum
Imprint   Bologna: Benedictus Hectoris, 13 Aug. 1498
Language   lat
Bib. Refs   H 14868; Pell Ms 10616; CIBN S-323; IGI 9055; Voull(B) 2783; BSB-Ink S-462
Shelfmark   **an Kc 813, 2°**

ISTC number S*621
Heading   *Solinus, Gaius Julius*
Title: Polyhistor, sive De mirabilibus mundi
Imprint   Venice: [Guilelmus Anima Mia, Tridinensis], 13 Jan. 1493/94
Language   lat
Publ'n notes This book is perhaps the work of some other printer using type discarded by Anima Mia (BMC)
Bib. Refs   Goff S621; HC 14881*; Klebs 922.8; Pell Ms 10594; CIBN S-307; Lefèvre 455; Parguez 920; IBE 5307; IGI 9090; IBP 5059; Sajó-Soltész 3106; Madsen 3727; Lökkös(Cat BPU) 400; Voull(B) 4223; Borm 2493; Walsh 2204; Rhodes(Oxford Colleges) 1629; Sheppard 4106; Pr 5116; BMC V 412; BSB-Ink S-484
Shelfmark   **Ci 2571, 8°**

ISTC number S*637.4
Heading   *Spechtshart, Hugo*, Reutlingensis
Title: Flores musicae
Imprint   [Strassburg: Johann Prüss, about 1492]
Language   lat
Publ'n notes Woodcuts
Bib. Refs   Goff F219; HC 7173*; Klebs 525.3; Schr 5271a; Schramm XX p.27; Pell Ms 10631; CIBN H-310; IDL 4155; IBE 2978; IGI 4925; IBP 2888; Voull(B) 2393; Oates 214; Pr 569; BMC I 126; BSB-Ink S-503
Shelfmark   **Ink A 9**

ISTC number S*645
Title: Speculum animae peccatricis

Imprint	[Cologne: Heinrich Quentell, about 1493]
Language	lat
Publ'n notes	Woodcut
Author notes	Sometimes falsely attributed to Dionysius Carthusiensis, the Speculum is now attributed either to Jacobus de Gruytrode (cf. Bloomfield) or to Jacobus de Clusa (cf. L. Meier, Die Werke des Erfurter Karthäusers Jakob von Jüterbog, Münster, 1955) (CIBN). Jacobus de Clusa also recorded as Jacobus de Jüterbog or de Paradiso (Verfasserlexikon 2, Bd 4 col.478ff)
Bib. Refs	Goff S645; HC 14900*; Voull(K) 373; Polain(B) 3572; Schr 3827; Schramm VIII p.21; IBE 5313; IGI 5006; IDL 2533; IBP 5064; Madsen 1414; Sallander 1786; Voull(B) 1015 = 1039,6; Voull(Trier) 727; Ohly-Sack 1546; Hubay(Augsburg) 1142; Hubay (Eichstätt) 539; Borm 1438; Finger 578; Oates 806; Pr 1417; BMC I 282; BSB-Ink I-24
Shelfmark	**1 an Ig 4357 c, 4°**

ISTC number	**S*654**
Title:	Speculum exemplorum
Imprint	Strassburg: [Printer of the 1483 Jordanus de Quedlinburg (Georg Husner)], 1 Mar. 1490
Language	lat
Author notes	Sometimes erroneously attributed to Aegidius Aurifaber. The author is probably Johannes Busch (CIBN)
Bib. Refs	Goff S654; HC 14918*; Pell 1618; Girard 404; CIBN S-346; Arnoult 1348; Buffévent 473; Parguez 923; Polain(B) 3575; IDL 4159; IBE 5316; IGI 1095 = 9123; IBP 5068; Sajó-Soltész 3113; Sallander 2443; Madsen 3736; Voull(Trier) 1526; Voull(B) 2435; Deckert 598; Schüling 766; Hubay(Augsburg) 1918; Sack(Freiburg) 3261; Borm 2499; Wilhelmi 568, 746; Sheppard 478; Pr 653; BMC I 139; BSB-Ink S-506
Shelfmark	**Ib 332 d, 4°**

ISTC number	**S*741**
Heading	*Statuta Herbipolensia* (Würzburg)
Title:	Synodalia [Latin and German]. Add: Thomas Aquinas: De periculis contingentibus circa sacramentum eucharistiae
Imprint	[Würzburg: Georg Reyser, about 1486]
Language	ger
Bib. Refs	Goff S741 (incl T320a); HC 15036* (incl 1381); C 6593 (incl C 548); GfT 89; Schr 5303; Pell Ms 10729 + 984 (Aquinas); CIBN S-426; Polain(B) 3601; IDL 4207; IGI 9246; Coll(U) 1365 + 1418; Madsen 3769; Voull(B) 2690; Schmitt I 2690; Hubay(Würzburg) 1953; Hubay(Eichstätt) 955; Ohly-Sack 2588; Sack(Freiburg)

Shelfmark	3284; Borm 2516; Walsh 958, 959, 960; Rhodes(Oxford Colleges) 1840; Oates 1206, 1207; Sheppard 1936-1938; Pr 2675 (incl 2676); BMC II 572; BSB-Ink S-560 **Kr 4717, 4°**

ISTC number	**S*747**
Heading	*Statuta Magdeburgensia* (Magdeburg)
Title:	Statuta provincialia Magdeburgensia (Magdeburg)
Imprint	Leipzig: [Moritz Brandis, 14]89
Language	lat
Bib. Refs	Goff S747; HR 15038; IBP 5096; Voull(B) 1288; Borm 2514; Günt(L) 1221; Ohly-Sack 2582; Hunt 1708
Shelfmark	**1 an Pon Xa 2562, 8°**

ISTC number	**S*747.1**
Heading	*Statuta Magdeburgensia* (Magdeburg)
Title:	Statuta synodalia Magdeburgensia (Magdeburg)
Imprint	[Magdeburg: Moritz Brandis, about 1498]
Language	lat
Bib. Refs	Voull(B) 1508; Borm 2517; GW(Nachtr) 334
Shelfmark	**Pon Xa 2562, 8°**

ISTC number	**S*767.05**
Title:	Stella clericorum
Imprint	[Antwerp: Mathias van der Goes, between 14 Feb. 1487 and 21 May 1490]
Language	lat
Bib. Refs	C 5636; Camp 1605; Polain(B) 3609; IDL 4216; IBP 5103; Oates 3953; Pr 9425A; BMC IX 183
Shelfmark	**Ink A 58**

ISTC number	**S*784**
Title:	Stella clericorum
Imprint	Deventer: Jacobus de Breda, 17 Jan. 1498
Language	lat
Bib. Refs	Goff S784; HC 15080; Camp 1614; Polain(B) 3624; IDL 4231; Madsen 3774; Oates 3574, 3575; Sheppard 6987; Pr 9095; BMC IX 73
Shelfmark	**4 an Ink A 13**

ISTC number	**S*796**
Heading	*Strabo*
Title:	Geographia, libri XVI (Tr: Guarinus Veronensis and Gregorius Tiphernas). Ed: Johannes Andreas, bishop of Aleria
Imprint	[Treviso]: Johannes Rubeus Vercellensis, 26 Aug. 1480
Language	lat
Bib. Refs	Goff S796; HC 15089*; Klebs 935.4; Pell Ms 10794; CIBN S-473; Arnoult 1 364; Polain(B) 3625; IBE 2329; IGI 9173; IBP 5125; IJL 271; Sajó-Soltész 3148; Sallander 1961; Madsen 3791; Voull(Trier) 1806; Voull(B) 3612; Sack(Freiburg) 3296; Mittler-Kind 206; Walsh 3319; Sheppard 5535, 5536; Oates 2464; Rhodes (Oxford Colleges) 1644; Pr 6493; BMC VI 896; BSB-Ink S-597
Shelfmark	**Cg 3453, 4°** (imperfect)

ISTC number	**S*797**
Heading	*Strabo*
Title:	Geographia, libri XVI (Tr: Guarinus Veronensis and Gregorius Tiphernas). Ed: Antonius Mancinellus
Imprint	[Venice]: Johannes Rubeus Vercellensis, 24 Apr. 1494
Language	lat
Bib. Refs	Goff S797; HC 15090*; Klebs 935.5; Pell Ms 10796; CIBN S-474; Aquilon 627; Arnoult 1365; Torchet 868; Polain(B) 3626; IDL 4235; IBE 2330; IGI 9175; IBP 5126; Sajó-Soltész 3149; Sallander 1962; Madsen 3792; Lökkös(Cat BPU) 409; Voull(Trier) 2117; Voull(B) 4236; Hubay(Augsburg) 1947; Hubay(Eichstätt) 959; Sack(Freiburg) 3297; Walsh 2222; Sheppard 4124; Rhodes(Oxford Colleges) 1645; Pr 5135; BMC V 418; BSB-Ink S-598
Shelfmark	**Cg 3454, 4°**

ISTC number	**S*825**
Heading	*Suetonius Tranquillus, Gaius*
Title:	Vitae XII Caesarum. Comm: Philippus Beroaldus. Add: Philippus Beroaldus: Epistola ad Hannibalem Bentivolum; Vita Suetonii; Appendix annotamentorum; Breviarium rerum memorabilium quae in commentario insunt. Aurelius Victor: Elogium de Julio Caesare. Johannes Baptista Pius: Ad librum. Ugerius Pontremulensis: Tetrastichon. Tabula vocabulorum et historiarum et locorum
Imprint	Bologna: Benedictus Hectoris, 5 Apr. 1493
Language	lat
Publ'n notes	In Bodley's copy the preliminary quire A is of four leaves, followed by an unsigned sheet of two leaves containing 'Breviarium rerum aliquot memorabilium' (Sheppard)
Bib. Refs	Goff S825; HC 15126*; Pell Ms 10810; CIBN S-493; Polain(B) 4736; IBP 5131; Sajó-Soltész 3158; IBE 5364; IGI 9238; Mendes

ISTC number	S*829

	1194; Coll(S) 1009; Madsen 3801, T70, T71; Sallander 1963; Voull(B) 2769; Deckert 605; Walsh 3226, 3227; Sheppard 5379; Oates 2498; Pr 6623; BMC VI 840; BSB-Ink S-617
Shelfmark	**Ci 2752, 4°**

ISTC number	**S*829**
Heading	Suidas
Title:	Lexicon graecum [Greek]. Ed: Demetrius Chalcondylas
Imprint	Milan: Johannes Bissolus and Benedictus Mangius, for Demetrius Chalcondylas, 15 Nov. 1499
Language	grc
Author notes	Includes on fol. 1 a Greek dialogue of Stephanus Niger between the bookseller and a student, mentioning the price of three ducats (Pollard and Ehrman p.6)
Bib. Refs	Goff S829; HC 15135*; Klebs 939.1; Pr(G) p. 112; Pell Ms 10817; CIBN S-495; Hillard 1907; Arnoult 1368; Lefèvre 465; Parguez 940; Aquilon 630; Péligry 735; Delisle 1846; Polain(B) 3631; IBP 5134; IDL 4247; IBE 5368; IGI 9189; Sajó-Soltész 3161; Coll(U) 1376; Coll(S) 1002; Madsen 3805, T72; Voull(B) 3141; Schmitt I 3141; Ohly-Sack 2604; Borm 2530; Mittler-Kind 207; Walsh 3163, 3164, 3165; Oates 2324, 2325, 2326; Rhodes(Oxford Colleges) 1651; Sheppard 5040, 5041; Pr 6077; BMC VI 792; BSB-Ink S-606
Shelfmark	**Cg 3493, 4°**

ISTC number	**S*862**
Title:	Summa rudium
Imprint	Reutlingen: Johann Otmar, 1487
Language	lat
Publ'n notes	One of three closely related editions (cf. HC 15170 and Goff S861)
Bib. Refs	Goff S862; HC 15172*; GfT 1242; Polain(B) 3634; IDL 4253; IGI 9213; IBP 5146; Sajó-Soltész 3164; Sallander 2451; Voull(B) 1978; Schüling 778; Hubay(Würzburg) 1967; Sack(Freiburg) 3308; Borm 2536; Walsh 970; Sheppard 1978; Pr 2712; BMC II 586; BSB-Ink S-637
Shelfmark	**Ink A 45** (imperfect)

ISTC number	**S*863**
Heading	*Summenhart, Conradus*
Title:	Opus septipartitum de contractibus
Imprint	Hagenau: Heinrich Gran, for Johannes Rynman, 13 Oct. 1500
Language	lat
Bib. Refs	Goff S863; HC 15179*; Pell Ms 10835; Polain(B) 3637; IDL 4254; IBE 5379; IGI 9217; IBP 5147; Sajó-Soltész 3166; Mendes 1199;

	Sallander 1965; Voull(B) 1187; Voull(Trier) 843; Hubay(Eichstätt) 964; Sack(Freiburg) 3310; Pad-Ink 622; Hummel-Wilhelmi 574; Wilhelmi 570; Walsh 1085; Pr 3204A; BMC III 688; BSB-Ink S-648
Shelfmark	**Kr 2581, 4°** **Ink B 117**

ISTC number	**T*13.5**
Heading	*Talmud*
Title:	Objectiones in dicta Talmud
Imprint	[Nuremberg: Friedrich Creussner, about 1497]
Language	lat
Publ'n notes	4 Woodcuts, similar to Schr 5329 and 5328
Author notes	Text ascribed to Theobaldus O.P., subprior in villa Parisiensi, also named as Theobaldus de Saxonia. See H. Denifle, Chartularium universitatis Parisiensis I (1889) p.211 (Sheppard). The first part of the text corresponds closely with that of the Errores Judaeorum ex Talmud extracti (Goff E106), with which it is sometimes confused (CIBN)
Bib. Refs	[Not H 15230]; Gilhofer & Ranschburg Cat 215 (1929) no. 99; Voull(B) 1 841,5; Sack(Freiburg) 3376; GW M45816
Shelfmark	**Pon IIb 140, QK**

ISTC number	**T*19.8**
Heading	*Tartagnus, Alexander*
Title:	Super prima et secunda parte Codicis, cum apostillis
Imprint	Venice: Bernardinus Stagninus, de Tridino, 1489-90
Language	lat
Publ'n notes	In four parts, dated: I) undated; II) 19 Apr. 1490; III) 31 (sic) Apr. 1489; 27 Apr. 1490
Bib. Refs	HCR 15313; IGI 9322; IBP 5166; Voull(Trier) 2025; Deckert 607; Hubay(Augsburg) 1961; Ohly-Sack 2627; Sack(Freiburg) 3327; Rhodes(Oxford Colleges) 1665
Shelfmark	**an Kb 3138, 2°** (I,III, imperfect) **an Kb 3450**

ISTC number	**T*20.8**
Heading	*Tartagnus, Alexander*
Title:	Super sexto libro Codicis
Imprint	Venice: Johannes de Colonia, and Johannes Manthen, 1476
Language	lat
Bib. Refs	Goff T29; HC 15325*; IBE 5439; IGI 9329; Günt(L) 3319; Hubay (Ottobeuren) 416; Pr 4307; BMC V 232; BSB-Ink T-33
Shelfmark	**Ink C 43**

ISTC number	**T*23**
Heading	*Tartagnus, Alexander*
Title:	Consiliorum volumina primum et secundum
Imprint	Venice: Bernardinus Stagninus, de Tridino, [1488]
Language	lat
Publ'n notes	In two parts. Often found with Ludovicus Bologninus, Repertorium aureum (Goff B840)
Bib. Refs	Goff T23; HC 15257* (Ff.37-298 = I-II); Pell Ms 10900; Hillard 1920, 1921; IBE 5426 (I), 5429 (II); IGI 9306, 9309; Sajó-Soltész 3181 (I); Hubay(Ottobeuren) 410 (I-II); Sack(Freiburg) 3324; BSB-Ink T-25 (I-II)
Shelfmark	**Ka 5218, 2°** (I, II)

ISTC number	**T*23.3**
Heading	*Tartagnus, Alexander*
Title:	Consiliorum volumina tertium et quartum
Imprint	Venice: Bernardinus Stagninus, de Tridino, 23 July, 28 Oct. 1488
Language	lat
Publ'n notes	Part IV dated 23 July, Part III dated 28 Oct
Bib. Refs	H 15259*; Pell Ms 10905; Hillard 1922 (IV); IBE 5431 (III), 5433 (IV); IGI 9312, 9315; IBP 5163; Sajó-Soltész 3182; Hubay(Ottobeuren) 410 (III-IV); BSB-Ink T-25 (III-IV)
Shelfmark	**an Ka 5218, 2°** (III, IV)

ISTC number	**T*23.8**
Heading	*Tartagnus, Alexander*
Title:	Super prima et secunda parte Digesti novi cum apostillis
Imprint	Venice: Bernardinus Stagninus, de Tridino, 1489-90
Language	lat
Publ'n notes	In four parts, dated: I) 13 May 1490; II) 12 Dec. 1489; 15 Sept. 1489; III) 15 Nov. 1489; IV) 8 Jan. 1490
Bib. Refs	HC 15277* + 15271 + 15289; Pell Ms 10917; Hillard 1923, 1924; IBE 5468 (III, IV); IGI 9346, 9352; IBP 5167; IDL 4271, 4272; Deckert 608; Voull(B) 4046 (III-IV); Voull(Trier) 2027, 2023, 2021, 2024; Hubay(Augsburg) 1962; Ohly-Sack 2628; Sack(Freiburg) 3329; Rhodes(Oxford Colleges) 1667, 1668; BSB-Ink T-39
Shelfmark	**an Kb 3138, 2°** (IV)

ISTC number	**T*27**
Heading	*Tartagnus, Alexander*
Title:	Super prima et secunda parte Infortiati cum apostillis
Imprint	Venice: Bernardinus Stagninus, de Tridino, 1489-90
Language	lat

Publ'n notes	In two parts, dated: I) 18 Mar. 1489; II) 28 Jan. 1490 and (Apostillae) 7 May 1490. Hain 15306, following Panzer, erroneously recorded part I as 1478 (cf. BMC V p.xxx)
Bib. Refs	Goff T27; HC 15301; H 15306; IGI 9356, 9361; IBP 5174; Voull(Trier) 2017, 2026; Deckert 614; Hubay(Augsburg) 1964; Ohly-Sack 2630; Sack(Freiburg) 3333; Rhodes(Oxford Colleges) 1669
Shelfmark	**an Kb 3138, 2°** (II, imperfect)

ISTC number	**T*48**
Heading	*Tauler, Johannes*
Title:	Sermonen und Historia [German]
Imprint	Leipzig: Conrad Kachelofen, 17 Mar. 1498
Language	ger
Author notes	The author of the Historia (falsely thought to be either Johannes Tauler or Nicolaus de Basilea) is Rulman Merswin according to A. Chiquot, Jean Tauler et le "Meisters-Buoch" (Strasbourg, 1922) p. 27-28; cf also Die deutsche Literatur des Mittelalters, Verfasserlexikon, IV, 1953, col. 376 (CIBN)
Bib. Refs	Goff T48; HC 15346*; Pell Ms 10960; CIBN T-38; Polain(B) 3657; IDL(Suppl) 4272a; IBP 5180; Sajó-Soltész 3190; Coll(U) 1395; Coll(S) 1020; Madsen 3828; Voull(B) 1240; Voull(Trier) 860; Hubay(Eichstätt) 976; Hummel-Wilhelmi 578; Ohly-Sack 2631; Sack(Freiburg) 3346; Borm 2552; Louda 1725; Walsh S-1018A; Rhodes(Oxford Colleges) 1670; Pr 2874; BMC III 628; BSB-Ink T-62
Shelfmark	**Il 7062, 4°**

ISTC number	**T*51**
Title:	Taxae cancellariae apostolicae. Add: Taxae poenitentiariae apostolicae
Imprint	[Cologne: Cornelis de Zierikzee, about 1500]
Imprint	[Tübingen: Johann Otmar?],
Language	lat
Publ'n notes	The printer is identified by CIBN and Sack. Assigned to Otmar in Goff. C 5720 erroneously gives a colophon: Rom, Guldinbeck 1499
Bib. Refs	Goff T51; C 5720; IDL 4274; Pell Ms 10962; CIBN T-40; Sack(Freiburg) 3347; BSB-Ink T-71; GW M45269, M45272, M45261
Shelfmark	**an Ko 4291, 8°** (imperfect)

ISTC number	**T*55.6**
Title:	Taxae poenitentiariae apostolicae

Imprint	[Rome: Johann Besicken, 1506]
Imprint	[Eucharius Silber?, about 1495]
Language	lat
Publ'n notes	Assigned doubtfully to Silber in Goff, IGI assigns to Besicken
Bib. Refs	Goff T53; H 15358*; R 1082; Walt p. 390; IGI V p. 156; IBP 5183; Voull(Trier) 1798; BSB-Ink T-77
Shelfmark	**7 an Ku 3467, 8°**

ISTC number	**T*115.6**
Title:	Termini causarum in Romana curia servari soliti in causa beneficiali
Imprint	[Rome: Eucharius Silber, about 1492-98]
Language	lat
Bib. Refs	GW M45638
Shelfmark	**2 an Ku 3467, 8°**

ISTC number	**T*121**
Heading	*Textoris, Guilermus*
Title:	Sermo de passione Christi. Add: Anselmus: Dialogus de passione Christi. Bernardus: De planctu B.V.M.
Imprint	Strassburg: [Martin Flach (printer of Strassburg)], 18 Oct. 1490
Language	lat
Bib. Refs	Goff T121; H 1139* (Anselmus, Bernardus); C 987 = 5777 = 5774; Polain(B) 3675; IDL 4111; IGI 9489; IBE 5520; IBP 5208; Sajó-Soltész 3204; Sallander 2454; Coll(S) 1390; Madsen 3699; Voull(B) 2492 = 2439,5; Schmitt I & II 2439,5; Voull(Bonn) 1065; Hubay(Ottobeuren) 418; Ohly-Sack 2649; Sack(Freiburg) 3369; Borm 2568; Oates 251; Pr 686; Sheppard 480; BSB-Ink B-512
Shelfmark	**Ie 718, 8°** **1 an Ink A 55** (imperfect)

ISTC number	**T*144**
Heading	*Theocritus*
Title:	Idyllia [Greek]. Add: Theognis; Dionysius Cato: Disticha (Tr: Maximus Planudes); Sententiae Septem sapientium; De invidia; Hesiodus: Opera et dies, Theogonia [Greek]. With table and colophon in Latin
Imprint	Venice: Aldus Manutius, Romanus, Feb. 1495/96
Language	grc
Bib. Refs	Goff T144; HC 15477*; GfT 1340; Essling 888; Sander 7235; Pell Ms 11059 = 11060; CIBN T-101; Hillard 1936; Aquilon 636; Lefèvre 475; Péligry 747; Delisle 1877; IDL 4302; IBE 5492; IGI 9497; IBP 5220; Sajó-Soltész 3215; Coll(U) 1402; Coll(S) 1024;

Shelfmark	Madsen 3867, 3868; Voull(B) 4484; Schmitt I 4484; Mittler-Kind 209, 210; Walsh 2635, 2636, 2637; Oates 2167; Sheppard 4617, 4618, 4619; Rhodes(Oxford Colleges) 1685; Pr 5549; BMC V 554 & 555; BSB-Ink T-148 **Cd 557, 4°**

ISTC number	**T*145**
Heading	*Theocritus*
Title:	Bucolica (Tr: Martinus Phileticus). Add: Hesiodus: Opera et dies (Tr: Nicolaus de Valle). Theogonia (Tr: Boninus Mombritius)
Imprint	[Venice: Bernardinus Venetus, de Vitalibus, about 1500]
Imprint	Cremona: Rafainus Ungaronus and Caesar Parmensis, 4 Apr. 1495
Language	lat
Publ'n notes	Reichling's notice assigns to Ungaronus and C. Parmensis on the basis of an earlier confusion of this edition with the Petrarca, Bucolicum Carmen printed at Cremona in 1495 (A. Foresti in La Bibliofilia, 20 (1918-19), pp.351-52)
Bib. Refs	Goff T145; HC 15479*; R 1881; Arnoult 1394; IBE 5494; IGI 9500; IBP 5221; Coll(U) 1403; Madsen 3866; Walsh 2625, 2626; Sheppard 4603, 4604, 4605; Pr 5541; BMC V 550; BSB-Ink T-150
Shelfmark	**an Il 2097, 8°**

ISTC number	**T*154**
Heading	*Theophilus Brixianus*
Title:	Carmina de vita solitaria et civili
Imprint	Brescia: Bernardinus de Misintis, [not before Oct.] 1496
Language	lat
Bib. Refs	Goff T154; HC 15489* = HC(Add) 3991*; GfT 2043; Pell Ms 11069; Polain(B) 4743; IBE 5526; IGI 9507; Sajó-Soltész 3219; Voull(B) 2846; Coll(U) 351; Coll(S) 241; Rhodes(Oxford Colleges) 1687; Pr 7037; BMC VII 990; BSB-Ink B-648
Shelfmark	**6 an Af 3222 z, 8°** (imperfect)

ISTC number	**T*158**
Title:	Thesaurus Cornu copiae et Horti Adonidis [Greek and Latin]. Ed: Aldus Manutius and Urbanus Bolzanius Bellunensis
Imprint	Venice: Aldus Manutius, Romanus, Aug. 1496
Language	grc
Publ'n notes	For variants see CIBN
Bib. Refs	Goff T158; HC 15493*; Pell Ms 11072; CIBN T-109; Hillard 1940; Jammes T-4; Lefèvre 476; Parguez 958; Péligry 748; Torchet 884; Delisle 1881 bis; Polain(B) 3687; IDL 4311; IBE 5528; IGI 9510; IBP 1713; Sajó-Soltész 1081; Coll(U) 1408; Coll(S) 1408;

ISTC number		T*158.4

		Madsen 3874; Voull(B) 4486; Schmitt I 4486; Schüling 793; Mittler-Kind 129; Walsh 2638, 2639, 2640; Oates 2168, 2169; Sheppard 4620, 4621, 4622; Rhodes(Oxford Colleges) 1688; Pr 5551; BMC V 555; BSB-Ink T-159; GW 7571
Shelfmark		**Cd 1172, 4°**

ISTC number	**T*158.4**
Title:	Thesaurus veteris et novae logicae Aristotelis
Imprint	[Cologne: Heinrich Quentell, about 1497]
Language	lat
Publ'n notes	Woodcuts
Bib. Refs	Goff T158a; H 1678*; Schr 3359; IBP 5229; Sack(Freiburg) 3381; BSB-Ink T-162
Shelfmark	**3 an Ink A 94**

ISTC number	**T*163**
Heading	Thomas Aquinas
Title:	Super secundo libro Sententiarum
Imprint	Cologne: Heinrich Quentell, 8 Sept. 1481
Language	lat
Publ'n notes	Woodcut
Bib. Refs	Goff T163; HC 1476*; Schr 5341; Schramm VIII p. 20; Mich 153; Voull(K) 1150; IDL 4414; IBE 5609; IBP 5281; Nentwig 35; Günt(L) 699; Voull(B) 923; Voull(Trier) 605; Ohly-Sack 2719, 2720; Sack(Freiburg) 3428; Borm 2603; Pad-Ink 635; Finger 934; Pr 1248; BMC I 263; BSB-Ink T-258
Shelfmark	**Ink B 53**

ISTC number	**T*166**
Heading	*Thomas Aquinas*
Title:	Super tertio libro Sententiarum
Imprint	Cologne: Johann Koelhoff, the Elder, 1476
Language	lat
Bib. Refs	Goff T166; HC 1479*; GfT 132; Mich 156; Voull(K) 1151; Pell 1066; Arnoult 1415; IDL 4416; IGI 9626; IBE 5612; IBP 5284; Coll(U) 1427; Madsen 3945; Nentwig 36; Schüling 812; Voull(B) 764; Voull(Trier) 439; Sack(Freiburg) 3432; Finger 936; Sheppard 791; Pr 1029; BMC I 220; BSB-Ink T-261
Shelfmark	**Ib 2386 n, 4°**

ISTC number	**T*168**
Heading	*Thomas Aquinas*

Title: Super quarto libro Sententiarum
Imprint Mainz: Peter Schoeffer, 13 June 1469
Language lat
Publ'n notes For collation see Pell
Bib. Refs Goff T168; H 1481*; Mich 158; Pell 1068; CIBN T-159; Aquilon 643; Arnoult 1416; Delisle 1886; IDL 4418; IGI 9627; IBP 5286; Sajó-Soltész 3286; Madsen 3947; Nentwig 37; Voull(B) 1521; Ohly-Sack 2724; Borm 2604; Sheppard 45; Pr 87; BMC I 25; BSB-Ink T-263
Shelfmark **Ib 2387, 2°**

ISTC number **T*170**
Heading *Thomas Aquinas*
Title: Super quarto libro Sententiarum
Imprint Cologne: Heinrich Quentell, 2 Feb. 1480
Language lat
Publ'n notes Woodcut
Bib. Refs Goff T170; HC 1483*; Schr 5342; Schramm VIII p. 19; Mich 160; Voull(K) 1152; Pell 1070; CIBN T-160; Polain(B) 3734; IDL 4419; IBP 5288; Nentwig 38; Ernst(Hildesheim) II,II 19; Voull(B) 921; Voull(Trier) 599; Finger 937, 938; Oates 716; Pr 1241; BMC I 262; BSB-Ink T-265
Shelfmark **Ib 2387 c, 2°**

ISTC number **T*171**
Heading *Thomas Aquinas*
Title: Super quarto libro Sententiarum
Imprint Venice: [Johannes Herbort, de Seligenstadt], for Johannes de Colonia, Nicolaus Jenson et Socii, 24 June 1481
Language lat
Publ'n notes For variants see CIBN
Bib. Refs Goff T171; HC 1484*; GfT 315; Mich 161; Pell 1071; CIBN T-161; Hillard 1956; Arnoult 1417; Polain(B) 3735; IDL 4420; IGI 9629; IBE 5615; IBP 5289; Sajó-Soltész 3287; Mendes 1255; Coll(U) 1428; Madsen 3949; Günt(L) 3274; Voull(B) 3975; Hubay(Augsburg) 1983; Hubay(Eichstätt) 985; Ohly-Sack 2725; Sack(Freiburg) 3435; Pad-Ink 639; Walsh 1865; Sheppard 3741; Pr 4680; BMC V 301; BSB-Ink T-266
Shelfmark **Ib 2387 d, 4°**
 Ink B 111

ISTC number **T*175**
Heading *Thomas Aquinas*

Title:	De potentia dei
Imprint	[Cologne: Johann Koelhoff, the Elder, about 1476]
Language	lat
Bib. Refs	Goff T175; HC 1414*; Mich 89; Voull(K) 1144; IDL 4379; IGI 9557; IBP 5266; Madsen 3911; Nentwig 32; Voull(B) 820; Voull (Trier) 440; Hubay(Eichstätt) 986; Ohly-Sack 2686; Sack(Freiburg) 3413; Walsh 369; Sheppard 790; Pr 1028; BMC I 219; BSB-Ink T-241
Shelfmark	**2 an Ink B 122**

ISTC number	**T*178**
Heading	*Thomas Aquinas*
Title:	De potentia dei. Add: De malo; De spiritualibus creaturis; De anima; De unione verbi; De virtutibus. Ed: Theodericus de Susteren
Imprint	Cologne: Heinrich Quentell, 7 May 1500
Language	lat
Bib. Refs	Goff T178; HC 1418*; GfT 411; Mich 93; Voull(K) 1145; Pell 1017; CIBN T-149; Polain(B) 4756; IDL 4381; IGI 9559; IBE 5596; IBP 5269; Sajó-Soltész 3249; Madsen 3909, T74; Voull(B) 994; Hubay(Ottobeuren) 421; Ohly-Sack 2689, 2690, 2691, 2692, 2693; Sack(Freiburg) 3416; Pad-Ink 632; Finger 927; Pr 1365; BMC I 292; BSB-Ink T-244
Shelfmark	**Ib 2345 r, 4°** (2, 1 imperfect)

ISTC number	**T*179**
Heading	*Thomas Aquinas*
Title:	De veritate
Imprint	Cologne: Johann Koelhoff, the Elder, 1475
Language	lat
Bib. Refs	Goff T179; H 1419*; Mich 94; Voull(K) 1148; Pell 1018; CIBN T-150; Buffévent 497; Polain(B) 3724; IDL 4386; IGI 9560; IBP 5276; Voull(B) 763; Schmitt I 763; Voull(Trier) 437; Ohly-Sack 2694; Sack(Freiburg) 3417; Hummel-Wilhelmi 591; Borm 2600; Finger 928; Walsh 368; Oates 523; Sheppard 789; Pr 1027; BMC I 219; BSB-Ink T-245
Shelfmark	**Ib 2350 z, 4°**

ISTC number	**T*181**
Heading	*Thomas Aquinas*
Title:	De veritate. Ed: Theodoricus de Susteren
Imprint	Cologne: Heinrich Quentell, 7 Mar. 1499
Language	lat

369

Bib. Refs	Goff T181; H 1421*; C 564?; Mich 96; Voull(K) 1160; Pell 1020; CIBN T-152; Aquilon 642; IGI 9562; IDL 4387; IBE 5603; IBP 5277; Polain(B) 3763; Mendes 1246; Coll(U) 1435; Madsen 3938; Ernst(Hildesheim) I,I 39; Voull(B) 987; Voull(Trier) 670; Hubay (Eichstätt) 988; Hubay(Ottobeuren) 422; Ohly-Sack 2695-2701; Sack(Freiburg) 3419; Borm 2601; Pad-Ink 649; Finger 929; Rhodes(Oxford Colleges) 1694; Pr 1353B; BMC I 289; BSB-Ink T-247
Shelfmark	**an Ib 2352, 4°**

ISTC number	**T*183**
Heading	*Thomas Aquinas*
Title:	Quaestiones de duodecim quodlibet
Imprint	Cologne: Arnold Ther Hoernen, 1471
Language	lat
Bib. Refs	Goff T183; HC 1401*; Mich 76; Voull(K) 1146; Pell 1005; CIBN T-139; Hillard 1952; Polain(B) 3717; IDL 4374; IJL 274; Ohly-Sack 2702; Madsen 3912; Oates 422; Sheppard 718, 719; Pr 928; BMC I 203; BSB-Ink T-249
Shelfmark	**Ib 2345 w/30, 2°**

ISTC number	**T*184**
Heading	*Thomas Aquinas*
Title:	Quaestiones de duodecim quodlibet
Imprint	Nuremberg: Johann Sensenschmidt and Andreas Frisner, 15 Apr. 1474
Language	lat
Bib. Refs	Goff T184; HC(Add) 1402*; Mich 77; Pell 1006; CIBN T-140; Arnoult 1407; Polain(B) 3718; IBP 5270; Sajó-Soltész 3251; Coll(S) 1033; Madsen 3913; Nentwig 33; Voull(Trier) 983; Voull(B) 1842; Schmitt I 1842; Deckert 625; Finger 924; Walsh 664; Sheppard 1403; Pr 2194; BMC II 406; BSB-Ink T-250
Shelfmark	**Ib 2345 x, 2°** **an Id 22 a/5, 2°**

ISTC number	**T*187**
Heading	*Thomas Aquinas*
Title:	Quaestiones de duodecim quodlibet
Imprint	Cologne: Johann Koelhoff, the Elder, 24 Nov. 1485
Language	lat
Bib. Refs	Goff T187; HC 1405*; GfT 189; Mich 80; Voull(K) 1147; Pell 1009; CIBN T-144; Polain(B) 3720; IDL 4376; IBP 5273; Voull(B) 785,3; Ohly-Sack 2703; Sack(Freiburg) 3421; Borm 2599; Finger

925; Oates 547; Rhodes(Oxford Colleges) 1696; Pr 1066; BMC I 226; BSB-Ink T-253
Shelfmark **Ib 2346, 4°**
1 an Ink B 122

ISTC number **T*194**
Heading   *Thomas Aquinas*
Title: Summa theologiae (I-III)
Imprint   Basel: [Michael Wenssler], 1485
Language   lat
Publ'n notes In three parts with part II in two parts, dated: I) 1485; II) 20, 16 Aug. 1485; III) [undated]
Bib. Refs   Goff T194; HC 1434*; Mich 110; Pell 1033; CIBN T-166; Hillard 1958; Aquilon 645; Arnoult 1414 (I); Péligry 754; Polain(B) 3742; IDL 4388; IBE 5620; IBP 5295; Sajó-Soltész 3259; Coll(U) 1433; Coll(S) 1038; Nentwig 43; Ernst(Hildesheim) II,II 21, 22; Voull(B) 370, 371, 377, 378; Voull(Trier) 82, 84, 83, 85; Wiegrefe pp.69-71; Hubay(Augsburg) 1984; Hubay(Eichstätt) 989; Ohly-Sack 2734, 2735; Sack(Freiburg) 3439; Borm 2608; Pad-Ink 642, 643; Finger 940, 941; Pr 7506-08; BMC III 729; BSB-Ink T-278
Shelfmark   **Ib 2364, 2°** (I, II.1)

ISTC number **T*195**
Heading   *Thomas Aquinas*
Title: Summa theologiae (I-III)
Imprint   Venice: Bonetus Locatellus, for Octavianus Scotus, 1493-95
Language   lat
Publ'n notes In three parts, with part II in two parts, dated: I) 1 Sept. 1495; II) 1 July, 28 June 1495; III) 10 July 1493
Bib. Refs   Goff T195; HC 1435*; Mich 111; Pell 1034; CIBN T-167; Parguez 966; Aquilon 646 (II,2); Polain(B) 3743; IGI 9577, 9584, 9597, 9603; IBE 5621; IBP 5296; Sajó-Soltész 3260; IDL 4389; Mendes 1259, 1260; Madsen 3928; Schüling 808; Voull(Trier) 2104 (I), 2103 (II.1); Voull(B) 4188,5 (II.1), 4188,4 (II.2); Ohly-Sack 2736, 2737, 2738; Sack(Freiburg) 3440, 3441; Walsh 2319, 2320, 2299; Rhodes(Oxford Colleges) 1699; Pr 5061, 5062; BMC V 445; BSB-Ink T-279
Shelfmark   **Ib 2366, 4°** (II.2)

ISTC number **T*196**
Heading   *Thomas Aquinas*
Title: Summa theologiae (I-III)
Imprint   Nuremberg: Anton Koberger, 1496

| T*198 | ISTC number |

Language	lat
Publ'n notes	In three parts dated: I-II) [undated]; III) 15 Jan. 1496
Bib. Refs	Goff T196; HC 1436*; (H 1436*, II.2 = H 1457*); C 566; Mich 112; Pell 1035; CIBN T-168; Parguez 967; Péligry 755; Polain(B) 3744; IDL 4390; IGI 9578, 9585, 9598, 9605; IBE 5622; IBP 5297; IJL 275; Sajó-Soltész 3261; Coll(U) 1434; Madsen 3924, 3925, T75; Nentwig 40 (II.1); Ernst(Hildesheim) II,III 15, 16, II,IV 3, 4; Voull(Trier) 1110; Voull(B) 1758; Ohly-Sack 2739, 2740, 2741, 2742; Sack(Freiburg) 3442, 3443; Hummel-Wilhelmi 592, 593; Borm 2609; Wilhelmi 588, 589, 590, 591; Pr 2102; BMC II 441; BSB-Ink T-280
Shelfmark	**Ib 2366 b, 4°** (imperfect) **Ink B 34**

ISTC number	**T*198**
Heading	*Thomas Aquinas*
Title:	Summa theologiae: Pars prima. Ed: Franciscus de Neritono, Petrus Cantianus, and Joannes Franciscus
Imprint	Venice: [Nicolaus Jenson], 1477
Language	lat
Bib. Refs	Goff T198; HC 1442*; Mich 118; Pell 1038; CIBN T-170; IGI 9573; Polain(B) 4759; Sajó-Soltész 3263; IBE 5623; IBP 5300; IDL 4392; Coll(U) 1431; Madsen 4397; Voull(Trier) 1820; Voull(B) 3669; Ohly-Sack 2743; Sack(Freiburg) 3444; Borm 2610; Sheppard 3283; Pr 4103; BMC V 177; BSB-Ink T-273
Shelfmark	**Ib 2362 l, 4°**

ISTC number	**T*199**
Heading	*Thomas Aquinas*
Title:	Summa theologiae: Pars prima
Imprint	Venice: Antonius de Strata, de Cremona, 11 Aug. 1482
Language	lat
Bib. Refs	Goff T199; H 1443*; Mich 119; Polain(B) 3745; IGI 9574; IBE 5624; IBP 5301; IJL 276; Sajó-Soltész 3264; Voull(B) 3909; Hubay(Würzburg) 2009; Ohly-Sack 2744; BSB-Ink T-274
Shelfmark	**an Ch 3492 b/5, 4°**

ISTC number	**T*200**
Heading	*Thomas Aquinas*
Title:	Summa theologiae: Pars prima
Imprint	Venice: Antonius de Strata, de Cremona, (4?) Dec. 1484
Language	lat
Publ'n notes	The colophon reads: "decimo idus Decembris"

Bib. Refs	Goff T200; HC 1444*; Mich 120; IDL 4393; IGI 9575; IBE 5625; IBP 5302; Sajó-Soltész 3265; Coll(U) 1432; Sallander 1432 bis; Voull(Trier) 1930; Voull(B) 3912; Ohly-Sack 2745, 2746, 2747; Sack(Freiburg) 3445; Oates 1830; Pr 4585; BMC V 293; BSB-Ink T-275
Shelfmark	**Ib 2363, 4°**

ISTC number	**T*208**
Heading	Thomas Aquinas
Title:	Summa theologiae: Pars secunda: secunda pars
Imprint	[Strassburg: Johann Mentelin, not after 1463]
Language	lat
Publ'n notes	The Sélestat copy (Walter 474) was bought from Mentelin in 1463
Bib. Refs	Goff T208; HC 1454*; Schorbach 5; Mich 130; Christie's (NY) 17 Apr. 2000 lot 5; Pell 1045; CIBN T-174; IDL 4401; IGI 9587; IBP 5309; Günt(L) 2895; Voull(B) 2107,5; Ohly-Sack 2762; Sack(Freiburg) 3452; Hummel-Wilhelmi 640; Walsh 49; Sheppard 127; Pr 199; BMC I 51; BSB-Ink T-286
Shelfmark	**Ink B 59**

ISTC number	**T*209**
Heading	*Thomas Aquinas*
Title:	Summa theologiae: Pars secunda: secunda pars
Imprint	Mainz: Peter Schoeffer, 6 Mar. 1467
Language	lat
Bib. Refs	Goff T209; H 1459*; Mich 136; Pell 1049 (+ var); CIBN T-175; Aquilon 647; Delisle 1885; IDL 4402; IGI 9588; IBE 5633; IBP 5310; Coll(U) 1429; Madsen 3931, 3932; Nentwig 42; Ernst(Hannover) 338; Ohly-Sack 2763; Hubay(Augsburg) 1986; Oates 30; Sheppard 40; Pr 83; BMC I 24; BSB-Ink T-287
Shelfmark	**Ib 2361, 2°**

ISTC number	**T*210**
Heading	*Thomas Aquinas*
Title:	Summa theologiae: Pars secunda: secunda pars
Imprint	[Strassburg: Printer of the 1472 Aquinas 'Summa'], 1472
Imprint	[Esslingen: Conrad Fyner],
Imprint	[Heinrich Eggestein],
Language	lat
Publ'n notes	Assigned by Proctor and BMC to Esslingen. The printer was first distinguished by V. Scholderer in Gb Jb 1950, p.168, reprinted Fifty Essays, pp.224-28; Kurt Ohly, in Gb Jb 1962, pp.122-35,

Bib. Refs	argues for Heinrich Eggestein as printer. CIBN also assigns doubtfully to Eggestein Goff T210; H 1460*; Mich 137; Pell 1050; CIBN T-176; Polain(B) 3753; IDL 4403; IGI 9589; IBP 5311; Sajó-Soltész 3271; Mendes 1263; Coll(S) 1037; Voull(B) 1134; Leuze(Isny) 34; Borm 2613; Rhodes(Oxford Colleges) 1701; Sheppard 268; Pr 2455; BMC II 511; BSB-Ink T-288
Shelfmark	**Ib 2362 b, 2°**

ISTC number	**T*214**
Heading	*Thomas Aquinas*
Title:	Summa theologiae: Pars secunda: secunda pars
Imprint	[Basel: Berthold Ruppel, not after 1474]
Language	lat
Bib. Refs	Goff T214; H 1456*; Mich 133; Pell 1047; CIBN T-177; IDL 4404; IGI 9592; IBP 5312; Sajó-Soltész 3272; Voull(B) 352; Schmitt I 352; Ohly-Sack 2764; Pr 7450; BMC III 715; BSB-Ink T-289
Shelfmark	**Ink C 37**

ISTC number	**T*219**
Heading	*Thomas Aquinas*
Title:	Summa theologiae: Pars tertia
Imprint	[Basel: Michael Wenssler, not after 1474]
Language	lat
Bib. Refs	Goff T219; H 1468* = H 13641; Mich 145; Pell 1057; CIBN T-185; Polain(B) 4760; IBP 5319; Sajó-Soltész 3277; IDL 4409; Madsen 3937; Voull(B) 395,7; Voull(Trier) 114; Nentwig 337; Hubay(Augsburg) 1989; Sack(Freiburg) 3457; Pr 7474; BMC III 720; BSB-Ink T-296
Shelfmark	**Ib 2362, 2°**

ISTC number	**T*221**
Heading	*Thomas Aquinas*
Title:	Summa theologiae: Pars tertia, cum additionibus
Imprint	[Venice]: Johannes de Colonia, and Johannes Manthen, 14 May 1478
Language	lat
Author notes	The 'Additiones' are said to be by Albertus de Brixia by a contemporary hand in the Brescia C copy (Baroncelli Inc. Quer. 925)
Bib. Refs	Goff T221; HC 1469*; Mich 146; Pell 1058; CIBN T-187; Girard 418; Parguez 971; Aquilon 648; Torchet 891; Polain(B) 3758; IGI 9601; IBE 5643; IBP 5320; Sajó-Soltész 3278; Voull(Trier) 1868;

	Voull(B) 3754; Hubay(Ottobeuren) 425; Pr 4331; Sheppard 3497; BSB-Ink T-297
Shelfmark	**Ib 2362 m, 4°**

ISTC number	**T*224**
Heading	*Thomas Aquinas*
Title:	Catena aurea super evangelia dominicalia et ferialia. Arranged by Petrus de Vincentia
Imprint	Venice: Johannes Rubeus Vercellensis, for Benedetto Fontana, 29 Apr. 1494
Language	lat
Publ'n notes	Sometimes found with a further sixteen leaves (AA-BB8) of Petrus de Vicentia, De veritate conceptionis B.M.V. (IGI 7677). See BMC and H.M. Fletcher Cat. 121 (1994) 18
Bib. Refs	Goff T224; HC 1337*; GfT 2439; Mich 10; Pell 940; CIBN T-196; Arnoult 1399; Polain(B) 4748; IGI 9520; IBE 5568; Sajó-Soltész 3235; Sallander 2457; Madsen 3888; Voull(Trier) 2118; Voull(B) 4236,5; Ohly-Sack 2667; Sack(Freiburg) 3397; Hummel-Wilhelmi 583 (I); Sheppard 4125; Pr 5136; BMC V 418; BSB-Ink T-204
Shelfmark	**Il 1853, 8°**

ISTC number	**T*236**
Heading	*Thomas Aquinas*
Title:	Expositio (Postilla) in Job
Imprint	[Esslingen]: Conrad Fyner, 1474
Language	lat
Bib. Refs	Goff T236; H 1397*; GfT 707; Mich 72; Pell 1001; CIBN T-137; Polain(B) 3716; IDL 4371; IGI 9555; Coll(S) 1031; Madsen 3907; Voull(B) 1136; Schmitt I 1136; Voull(Trier) 816; Ernst(Hannover) 341; Hubay(Augsburg) 1981; Sack(Freiburg) 3406; Hummel-Wilhelmi 587, 588, 589; Borm 2598; Oates 1141; Sheppard 1769; Pr 2461; BMC II 513; BSB-Ink T-238
Shelfmark	**Id 3308 z/3, 4°** (imperfect)

ISTC number	**T*258**
Heading	*Thomas Aquinas*
Title:	Opuscula (71). Ed: Antonius Pizamanus, with a life of St. Thomas
Imprint	Venice: Hermannus Liechtenstein, 7 Sept. 1490
Language	lat
Author notes	Con: Contra errores Graecorum. De rationibus fidei contra Saracenos, sive De declaratione articulorum contra Graecos, Armenos et Saracenos. Compendium theologiae. De praeceptis caritatis. De articulis fidei et ecclesiae sacramentis. Expositio super Symbolum

apostolorum. Expositio orationis Dominicae. Expositio super Ave Maria, sive salutationis angelicae. Articuli CVIII ex Petro de Tarentasia. Articuli XLII ad Johannem Vercellensem. Articuli XXXVI ad lectorem Venetum. Articuli VI ad lectorem Bisuntinum. De differentia verbi. De natura verbi intellectus. De angelis. De unitate intellectus contra Averroem. Contra retrahentes, sive De perfectione christianae religionis. De perfectione vitae spiritualis. Contra impugnantes Dei. De regimine principum. De regimine Judaeorum, sive De Iudeis ad petitionem. De forma absolutionis. Expositio primae Decretalis. Expositio secundae Decretalis. De sortibus ad Jacobum de Burgo. De astrorum iudiciis. De aeternitate mundi. De fato²De principio individuationis. De ente et essentia. De principiis rerum naturalium. De natura materiae. De mixtione elementorum. De occultis operibus naturae, sive Libellus occultorum naturae effectuum. De motu cordis. De instantibus. De quattuor oppositis. De demonstratione. De fallaciis. De propositionibus modalibus. De natura accidentis. De natura generis. De potentiis animae. De tempore. De pluralitate formarum. De dimensionibus interminatis. De natura syllogismorum. De sensu respectu. De inventione medii. De natura luminis. De natura loci. De intellectu et intelligibili, sive De modo intelligendi. De eo quo est et quod est. De universalibus. De corpore Christi. De venerabili sacramento sermones XXXII, sive Modus procedendi in sermones de sacramento eucharistiae. De eucharistia ad modum decem praedicamentorum, sive De corpore Christi. De humanitate Christi. De dilectione Dei et proximi. De divinis moribus. De beatitudine²De modo confitendi et puritate conscientiae. De officio sacerdotis. Expositio missae, sive De officio missae. De emptione et venditione ad tempus. Epistola de modo studendi, sive Epistola exhortatoria. In Boethium de hebdomadibus. In Boethium de Trinitate. De vitiis et virtutibus, sive Quaternarius. De concordantiis in seipsum

Bib. Refs Goff T258; HC 1541*; Mich 216; Pell 1093; CIBN T-112; Parguez 960; Aquilon 637; Polain(B) 3712; IDL 4369; IGI 9552; IBE 5558; IBP 5232; Sajó-Soltész 3223; Mendes 1210, 1211; Sallander 1978; Madsen 3879; Ernst(Hildesheim) II,II 25; Voull(Trier) 1996; Voull(B) 4021; Schmitt I 4021; Hubay(Augsburg) 1971; Hubay (Eichstätt) 996; Ohly-Sack 2657, 2658, 2659, 2660, 2661; Sack (Freiburg) 3382; Finger 923; Walsh 2051, 2052; Sheppard 3941, 3942; Pr 4793; BMC V 358; BSB-Ink T-236

Shelfmark **Ib 2334 t, 4°**

ISTC number **T*273**
Heading *Thomas Aquinas*
Title: De articulis fidei et ecclesiae sacramentis
Imprint [Mainz: Printer of the 'Catholicon', about 1469]

ISTC number		T*283

Imprint	[Johann Gutenberg?, 1460]
Language	lat
Publ'n notes	34-line issue, printed at approximately the same date as the 36-line issue on paper manufactured later. On this, and on the printer, see the articles "zur Catholicon-Forschung" in Wolfenbütteler Notizen zur Buchgeschichte 13 (1988) pp.105-232, and L. Hellinga in Gb Jb 1989 pp.47-96 and in the Book Collector (Spring 1992) pp. 28-54
Bib. Refs	Goff T273; HC 1425; Mich 100; DeR(M) 92; Pell 1028; IDL 4358; IBP 5235; Voull(Trier) 921; Voull(B) 1560; Schüling 807; Ernst (Hannover) 342; Schäfer 329; Borm 2588; Finger 915; Walsh 30; Oates 49; Sheppard 92; Pr 148; BMC I 40
Shelfmark	**5 an Ig 3738 z, 8°** **Ung I B 117**

ISTC number	**T*283**
Heading	*Thomas Aquinas*
Title:	De articulis fidei et ecclesiae sacramentis. De periculis contingentibus circum sacramentum eucharistiae. De regimine Judaeorum
Imprint	[Basel: Martin Flach (printer of Basel), about 1474]
Language	lat
Author notes	De periculis contingentibus is by Bernardus de Parentinis (CIBN)
Bib. Refs	Goff T283; H 1430*; Mich 105; Pell 1026; CIBN T-120; Hillard 1942; IGI 9527; Voull(B) 422; Deckert 628; Sack(Freiburg) 3389; Walsh 1150; Oates 2763; Sheppard 2391; Pr 7550; BMC III 741; BSB-Ink T-214
Shelfmark	**an Ib 898, 2°**

ISTC number	**T*290.6**
Heading	*Thomas Aquinas*
Title:	De ente et essentia
Imprint	Leipzig: Jacobus Thanner, 1499
Language	lat
Bib. Refs	H 1503; IBP 5261; Günt(L) 1589
Shelfmark	**7 an Ce 2048, 4°**

ISTC number	**T*317**
Heading	*Thomas Aquinas*
Title:	De periculis contingentibus circa sacramentum eucharistiae. De regimine Judaeorum
Imprint	[Ulm: Johann Zainer, 1474]
Language	lat
Publ'n notes	De periculis contingentibus is the last part with variants of the Expositio missae Officii by Bernardus de Parentinis (CIBN)

T*343	ISTC number

Bib. Refs Goff T317; HC 1378; Mich 53; Pell 985; CIBN T-207; Polain(B) 4754; IDL 4435; Hubay(Augsburg) 1994; BMC II 521; BSB-Ink T-419
Shelfmark **Ib 2344, 4°**

ISTC number **T*343**
Heading *Thomas de Argentina*
Title: Scripta super quattuor libros sententiarum. Ed: Pallas Spangel
Imprint Strassburg: Martin Flach (printer of Strassburg), 1490
Language lat
Publ'n notes For variants see CIBN
Bib. Refs Goff T343; C 603; Pell 1164; CIBN T-215; Hillard 1969; Arnoult 1418; Girard 419; Parguez 983; Péligry 762; Torchet 893; Polain(B) 3766; IDL 4442; IBE 5531; IGI 9631; IBP 5351; Sajó-Soltész 3305; Mendes 1207; Coll(U) 1437; Coll(S) 1415; Madsen 3954; Ernst(Hildesheim) II,III 111; Voull(Trier) 1575; Voull(B) 2489; Hubay(Augsburg) 2002; Hubay(Eichstätt) 1003; Ohly-Sack 2775, 2776, 2777, 2778; Sack(Freiburg) 3462; Hummel-Wilhelmi 595; Borm 2619; Pad-Ink 650; Finger 944, 945; Wilhelmi 600, 601, 602; Walsh 275; Oates 252; Pr 690; BMC I 151; BSB-Ink T-332; Fac: Frankfurt am Main, Minerva, 1966
Shelfmark **Ink B 147 (I,II)**

ISTC number **T*346**
Heading *Thomas Cantipratensis*
Title: Bonum universale de proprietatibus apum
Imprint [Cologne: Printer of Augustinus, 'De fide', about 1473]
Format f°
Language lat
Publ'n notes The printer has been identified with Goiswin Gops and with Johann Schilling (cf. Corsten(Anfänge) pp.44-45 and Needham(Corsten Festschrift) pp.126-28). For variants see CIBN
Bib. Refs Goff T346; C 1218 = 5828; Klebs 969.1; Voull(K) 1177; Pell 3211; CIBN T-216; Hillard 1970; Polain(B) 3767; IDL 4346; IBP 5352; Madsen 3956; Ernst(Hildesheim) I,I 391; Günt(L) 578; Voull(B) 829; Schmitt I 829; Voull(Bonn) 1151; Voull(Trier) 500; Ohly-Sack 2779, 2780; Borm 2620; Finger 907, 908; Walsh 403; Oates 623; Sheppard 843
Shelfmark **Ink B 110**

ISTC number **T*361**
Heading *Thwrocz, Johannes de*

ISTC number	T*365.9

Title:	Chronica Hungarorum. Add: Rogerius: Carmen miserabile super destrucione regni Hungariae per Tartaros facta
Imprint	Augsburg: Erhard Ratdolt, for Theobaldus Feger, 3 June 1488
Language	lat
Bib. Refs	Goff T361; HC 15518* = H 15516; Schr 4395; Schramm XXIII p. 25; Polain(B) 2319; IBE 3292; IGI 9643; IBP 3244; Sajó-Soltész 3324; Lőkkös(Cat BPU) 429; Madsen 3961; Voull(B) 287; Schmitt I 287; Deckert 637; Hubay(Augsburg) 2009; Schäfer 197; Mittler-Kind 851; Oates 955; Bod-inc T-204; She,ppard 1317; Pr 1874; BMC II 381; BSB-Ink T-342
Reproductions	Microfiche: Primary Source Microfilm (an imprint of Cengage Learning), 1994. Incunabula: the Printing Revolution in Europe 1455-1500. Unit 5 - Chronicles and Historiography Part II, CH 84.
Shelfmark	**Ung II 22,4°**

ISTC number	**T*365.9**
Heading	*Tibullus, Albius*
Title:	Elegiae de amoribus et laudibus Messalae
Imprint	[Leipzig: Conrad Kachelofen, not after 1487]
Language	lat
Bib. Refs	H 15521?; IBP 5366; Madsen 3968; Voull(Bonn) 1158; Sack(Freiburg) 3482; Oates 1269; Sheppard 2070; Pr 2857; BMC III 623; GW(Nachtr) 348
Shelfmark	**42 an Fa 1388**

ISTC number	**T*367**
Heading	*Tibullus, Albius*
Title:	Elegiae. Add: Catullus: Carmina. Propertius: Elegiae
Imprint	Reggio Emilia: Albertus de Mazalibus and Prosper Odoardus, [13 Sept.?] 1481
Language	lat
Publ'n notes	The colophon reads 'i9 Kl'. octo.', standing either for 19 Oct. or 13 Sept. (= Ides)
Bib. Refs	Goff T367; HC(Add) 4757; GfT 1962; Pell Ms 11109; CIBN T-275; IDL 4449; IGI 9661; IBE 5536; Voull(B) 3293; Schmitt I 3293; Madsen 3965; Walsh 3538; Rhodes(Oxford Colleges) 1723; Sheppard 6011, 6012; Pr 7252; BMC VII 1087; BSB-Ink T-346
Shelfmark	**3 an Ink B 133**

ISTC number	**T*400**
Heading	*Tortellius, Johannes*
Title:	Orthographia (Ed: Hieronymus Bononius)
Imprint	Venice: Andreas de Paltasichis, 15 Dec. 1488

T*417	ISTC number

Language lat
Bib. Refs Goff T400; HC 15571*; Pell Ms 11133; CIBN T-296; Hillard 1981; Péligry 765; Polain(B) 3795; IDL 4462; IBE 5701; IGI 9687; IBP 5382; Coll(U) 1448; Hubay(Augsburg) 2015; Hubay(Würzburg) 2067; Borm 2642; Walsh 2045; Sheppard 3925, 3926; Pr 4780; BMC V 355; BSB-Ink T-389
Shelfmark **an Cb 1385, 4°**

ISTC number **T*417**
Title: Tractatus proportionum plusquam aureus
Imprint [Leipzig: Martin Landsberg, about 1495]
Language lat
Bib. Refs Goff T417; Klebs 988.1; IBP 5392; Günt(L) 1478; Borm 2652; BSB-Ink W-31a; GW(Nachtr) 351
Shelfmark **7 an Ink A 9**

ISTC number **T*421.5**
Title: Tractatus contra vicia
Imprint Strassburg: Georg Husner, 5 Dec. 1498
Language lat
Bib. Refs Goff T421a; H 15594*; Pell Ms 11148; CIBN T-303; Hillard 1984; Arnoult 1433; Péligry 766; IBE 5719; IGI 9698; IBP 5396; Sajó-Soltész 3333; Sallander 2471; Coll(S) 1047; Madsen 3983; Voull (Trier) 1349; Voull(B) 2529; Sack(Freiburg) 3494; Oates 268; Sheppard 537; Pr 744; BMC I 162; BSB-Ink T-408
Shelfmark **an Ic 686 a, 8°**

ISTC number **T*432**
Heading *Tritheim, Johann*
Title: Abbreviatura recessuum capitularium patrum ordinis divi Benedicti
Imprint Nuremberg: Georg Stuchs, 20 Sept. 1493
Language lat
Bib. Refs Goff T432; H 20*; GfT 1220; IGI 1 = 9710; Sallander 2475; Ernst(Hildesheim) I,I 1, 2; Voull(Trier) 1157; Voull(B) 1908; Hubay(Würzburg) 2073; Hubay(Ottobeuren) 430; Pad-Ink 672; Walsh 814; Sheppard 1644; Pr 2274; BMC II 470; BSB-Ink T-442
Shelfmark **Ih 2882, 8°**

ISTC number **T*433**
Heading *Tritheim, Johann*
Title: Catalogus illustrium virorum
Imprint [Mainz: Peter von Friedberg, after 14 Aug. 1495]

ISTC number	T*446

Language	lat
Bib. Refs	Goff T433; H 15615*; Klebs 991.1; Pell Ms 11181; CIBN T-321; Polain(B) 3807; IDL 4470; IBE 3293; IGI 9711; Sajó-Soltész 3346; Voull(Trier) 949; Voull(B) 1583; Hubay(Augsburg) 2021; Ohly-Sack 2802, 2803, 2804; Sack(Freiburg) 3497; Borm 2655; Walsh 45; Sheppard 117; Pr 179; BMC I 47; BSB-Ink T-443
Shelfmark	**Nv 409, 8°**

ISTC number	**T*446**
Heading	*Tritheim, Johann*
Title:	De laudibus sanctissimae Annae
Imprint	Leipzig: Melchior Lotter, [about 1500]
Language	lat
Publ'n notes	Proctor did not distinguish this edition from H 15631
Bib. Refs	Goff T446; [Not H 15631*]; Polain(B) 3813; IGI 9714; IBP 5403; Hubay(Würzburg) 2082; Voull(B) 1401; Pr 3048; BMC III 652; BSB-Ink T-451; GW(Nachtr) 353
Shelfmark	**an Ib 503, 8°**

ISTC number	**T*446.1**
Heading	*Tritheim, Johann*
Title:	De laudibus sanctissimae Annae
Imprint	Leipzig: Melchior Lotter, [about 1500]
Language	lat
Publ'n notes	Proctor did not distinguish this edition from GW(Nachtr) 353
Bib. Refs	H 15631*; Pell Ms 11185; Hillard 1989; IBP 5402; Sajó-Soltész 3349; Coll(U) 1454; Ernst(Hildesheim) I,I 401, 402; Voull(B) 1400; Ohly-Sack 2817, 2818; Wilhelmi 605; Louda 1811; Pr 3048; Sheppard 2150; BSB-Ink T-450
Shelfmark	**an Pon IIi 1939, 8°**

ISTC number	**T*456**
Heading	*Tritheim, Johann*
Title:	De triplici regione claustralium et spirituali exercitio monachorum. Add: Compendium quotidiani spiritualis exercitii
Imprint	Mainz: Peter von Friedberg, 6 Aug. 1498
Language	lat
Publ'n notes	For variant colophons see Oates 65
Author notes	Ascribed also to Joannes Bursfeldensis with emendations by Tritheim
Bib. Refs	Goff T456; HC 15618*; Pell Ms 6588 (6554), Ms 6589 (6555) (var); CIBN T-329, T-330 (var); Polain(B) 2248, 2249 (var); IDL 2620; IBE 3203; IGI 9719; Sajó-Soltész 1885; Madsen 2237, 2238;

Shelfmark	Ernst(Hildesheim) I,I 403, 404, 405, II,III 112; Voull(Trier) 939, 940 (var); Voull(B) 1577, 1578 (var); Schmitt I 1577; Schüling 493 (var); Ohly-Sack 2826; Hubay(Augsburg) 1184; Hubay(Eichstätt) 1018; Sack(Freiburg) 3501; Borm 2659, 2660 (var); Pad-Ink 662, 663, 664, 665, 666, 667, 668; Finger 950; Walsh 48; Oates 65, 66; Sheppard 124; Pr 188; BMC I 49; BSB-Ink T-463 **Ih 2764 k, 8°**

ISTC number	**T*477**
Heading	*Trottus, Albertus*
Title:	De ieiunio
Imprint	Nuremberg: Friedrich Creussner, 1477
Language	lat
Bib. Refs	Goff T477; H 589*; Pell 398 (with errors); CIBN T-335; Sajó-Soltész 3360; IBP 5411; IJL 287; Hubay(Würzburg) 2091; Borm 2664; Walsh 773; Pr 2140; BMC II 449; BSB-Ink T-471
Shelfmark	**an Ig 5432, 4°** **an Kr 1033, 4°**

ISTC number	**T*503**
Heading	*Turci*
Title:	Tractatus quidam de Turcis
Imprint	Nuremberg: Conrad Zeninger, 1481
Language	lat
Bib. Refs	Goff T503; HC 15681* = H 7020 (II); Pell Ms 11154; CIBN T-307; Buffévent 503; Polain(B) 3801; IBE 5717; IGI 9859; IBP 5413; Sajó-Soltész 3342; Coll(U) 1453; Coll(S) 1050; Voull(B) 1867; Ohly-Sack 2847; Sack(Freiburg) 3531; Walsh 794; Oates 1077; Sheppard 1615; Pr 2229; BMC II 460; BSB-Ink T-437
Shelfmark	**an Ink A 42** (imperfect)

ISTC number	**T*506**
Heading	*Turnhout, Johannes de*
Title:	Casus breves super totum corpus legum
Imprint	[Basel: Michael Wenssler, about 1480]
Imprint	[Memmingen: Albrecht Kunne],
Language	lat
Publ'n notes	Proctor assigned to Memmingen
Author notes	The author is named as Johannes Noyens in CIBN N-165
Bib. Refs	Goff T506; H 15686*; GfT 696; Polain(B) 2899 bis; IDL 4499; IBP 5416; Sajó-Soltész 3382; Coll(U) 855; Voull(Trier) 976; Voull(B) 1619 = 365,9; Schmitt I 365,9; Ohly-Sack 1696; Sack

	(Freiburg) 3533; Walsh 1127; Pr 2770; BMC III 727; BSB-Ink I-528
Shelfmark	**Kb 2441 a, 4°**

ISTC number	**T*511**
Heading	Turrecremata, Johannes de
Title:	De efficacia aquae benedictae
Imprint	[Rome: Stephan Plannck, about 1481-87]
Language	lat
Bib. Refs	Goff T511; H 15741*; Pell Ms 11237; CIBN T-371; IGI 9864; IBE 5658; Coll(S) 1418; Sack(Freiburg) 3537; Pr 3790; BMC IV 91; BSB-Ink T-540
Shelfmark	**Ink B 10**
	Ink B 20

ISTC number	**T*542**
Heading	Turrecremata, Johannes de
Title:	De potestate Papae et concilii generalis
Imprint	Cologne: Heinrich Quentell, 9 Sept 1480
Language	lat
Publ'n notes	For a variant without the woodcut on f.1 see CIBN
Author notes	The true author is Raphael de Pornaxio. See Archivum Fratrum Praedicatorum 13 (1943) pp.108-37 (CIBN)
Bib. Refs	Goff T542; HC 15729*; Schr 5397; Schramm VIII p. 19; Voull(K) 690; Pell Ms 11268; CIBN T-405; Hillard 2005; Girard 424; IDL 4523; IGI 9884; IBP 4678; Sajó-Soltész 3407; Günt(L) 697; Voull(B) 920,5; Voull(Trier) 601; Ohly-Sack 2857, 2858; Hubay (Augsburg) 2058; Borm 2686; Mittler-Kind 1355; Pr 1244; BMC I 262; BSB-Ink R-12
Shelfmark	**1 an Ink B 42**

ISTC number	**T*546**
Heading	*Turrecremata, Johannes de*
Title:	Quaestiones Evangeliorum de tempore et de sanctis
Imprint	Nuremberg: Friedrich Creussner, 1478
Language	lat
Publ'n notes	In two parts, both dated 1478
Bib. Refs	Goff T546; H 15711* (incl HCR 15712); Pell Ms 11273; CIBN T-397; Péligry 772; Polain(B) 3870; IBE 5677; IGI 9888; IBP 5435; Sajó-Soltész 3400; Nentwig 246 (I); Voull(B) 1805, 1806; Hubay(Augsburg) 2054; Hubay(Eichstätt) 1034; Walsh 776; Oates 1055; Sheppard 1577; Pr 2144; BMC II 450; BSB-Ink T-565
Shelfmark	**Ie 206, 4° (II)**

ISTC number   **T*557.9**
Heading   *Tuscus, Vivianus*
Title: Casus in terminis super Codice
Imprint   [Strassburg: Printer of 1483 'Vitas Patrum', not after 1485]
Language   lat
Publ'n notes A Stuttgart copy has a rubricator's date 1485
Author notes Attributed erroneously to Franciscus Accursius in the text; cf. F.C. von Savigny, Geschichte des Romischen Rechts (Heidelberg, 1850), v.5, pp.339-40 & 348-49 (J. Walsh)
Bib. Refs   Goff A36; HC 69*; Pell 41; CIBN A-15; Zehnacker 4; IBE 5842; IBP 15; Sajó-Soltész 10; Nentwig 1; Voull(B) 2261; Schmitt I 2257,5; Hubay(Würzburg) 4; Hubay(Eichstätt) 7; Sack(Freiburg) 12; Walsh 158; Rhodes(Oxford College) 10; Pr 430; BMC I 100; BSB-Ink V-272; GW 188
Shelfmark   **Kc 3508, 4°**

ISTC number   **T*558**
Heading   *Tuscus, Vivianus*
Title: Casus longi super Codice
Imprint   [Freiburg im Breisgau: Kilianus Piscator (Fischer), about 1494]
Imprint   [Basel: Johann Amerbach, about 1489-97]
Language   lat
Publ'n notes Goff and Sack assign to Fischer. Polain and Voulliéme assign to Amerbach
Bib. Refs   Goff T558; C 1485; Hillard 2007; Arnoult 1455; Polain(B) 4009; IBE 5843; IGI(rev) 9896-A; IBP 5447; Coll(U) 1498; Madsen 4199; Voull(B) 503; Schmitt I 503; Voull(Trier) 209; Sack(Freiburg) 3553; Hubay(Augsburg) 2059; Hubay(Eichstätt) 1035; Sack (Freiburg) 3553; Borm 2688; Hunt 4344; Walsh S-1094A; Rhodes (Oxford Colleges) 1747; BSB-Ink V-274
Shelfmark   **an Kc 3101, 2°**

ISTC number   **T*560**
Heading   *Tuscus, Vivianus*
Title: Casus longi super Digesto vetere
Imprint   [Freiburg im Breisgau: Kilianus Piscator (Fischer), about 1494]
Imprint   [Basel: Johann Amerbach, 1489-97]
Language   lat
Publ'n notes Polain assigned to Amerbach
Bib. Refs   Goff T560; C 6276 (I) = 1486; Hillard 2008; Arnoult 1456; Polain(B) 4010; IBE 5844; IGI 9898; IBP 5449; Madsen 4200; Voull(B) 505; Schmitt I 505; Voull(Trier) 210; Hubay(Würzburg) 2130; Hubay(Eichstätt) 1036; Sack(Freiburg) 3555; Borm 2689; Hunt 4345 (I); Rhodes(Oxford Colleges) 1748; BSB-Ink V-276
Shelfmark   **an Kc 3101, 2°**

ISTC number	**T*562**
Heading	*Tuscus, Vivianus*
Title:	Casus longi super Infortiato
Imprint	[Freiburg im Breisgau: Kilianus Piscator (Fischer), about 1494]
Imprint	[Basel: Johann Amerbach, 1489-97]
Language	lat
Publ'n notes	Polain assigned to Amerbach
Bib. Refs	Goff T562; C 6276 (II); C 1487; Hillard 2009; Arnoult 1457; Polain(B) 4011; IBE 5845; IGI 9900; IBP 5451; Madsen 4201; Voull(B) 506; Schmitt I 506; Voull(Trier) 211; Hubay(Würzburg) 2132; Hubay(Eichstätt) 1037; Sack(Freiburg) 3557; Borm 2690; Hunt 4345 (II); Rhodes(Oxford Colleges) 1749; BSB-Ink V-278
Shelfmark	**an Kc 3101, 2°**

ISTC number	**U*7**
Heading	*Ubaldis, Angelus de*
Title:	Super Authenticis
Imprint	Venice: Johannes and Gregorius de Gregoriis, de Forlivio, 15 Mar. 1485
Language	lat
Bib. Refs	Goff U9; HC 15877*; Pell Ms 11297; IBE 5852; Deckert 661; Ohly-Sack 2867; Hubay(Augsburg) 2064; Walsh 1964; Sheppard 3881; Rhodes(Oxford Colleges) 1754; Pr 4508; BMC V 340; BSB-Ink U-8
Shelfmark	**an Kb 2517, 2°**

ISTC number	**U*14.7**
Heading	*Ubaldis, Baldus de*
Title:	Super I-IX Codicis cum additionibus Alexandri Tartagni et Felini Sandei
Imprint	[Milan: Uldericus Scinzenzeler?], 1490
Imprint	'Venice': ,
Language	lat
Publ'n notes	In four parts, dated: I) [undated]; II) 9 Aug. 1490; III) 15 Mar. 1490; IV) [undated]. For the types, cf. IBP
Bib. Refs	H 2280*; Voull(B) 4555; IBP 5461 (III-IV); IGI V p.252 (IV); IBE 5890 (III), 5896 (IV); BSB-Ink U-25
Shelfmark	**Kb 3427, 2°**

ISTC number	**U*22**
Heading	*Ubaldis, Baldus de*
Title:	Consiliorum partes V. Ed: Joannes Antonius de Zanetis
Imprint	Brescia: Boninus de Boninis, de Ragusia, 1490-91

Language	lat
Publ'n notes	In five parts, dated: I) 1 Sept. 1490 (prefatory letter: 24 Feb. 1491); II) 15 July 1490; III) 12 Feb. 1491; IV) 31 Oct. 1490; V) 17 Dec. 1491
Bib. Refs	Goff U22; HC 2330*; Pell 1746; Parguez 1001; IGI 9931-35; IBE 5863 (I), 5864 (II), 5865 (III), 5866 (IV); Sajó-Soltész 3411; Coll(U) 227; Ernst(Hildesheim) II,II 47; Voull(B) 2813,5 (I), 2813,4 (II), 2815 (III), 2814 (IV); Sack(Freiburg) 3574; Wilhelmi 94; Walsh 3404; BMC VII 971; BSB-Ink U-18
Shelfmark	**Ka 4788, 2°**

ISTC number	**U*27**
Heading	*Ubaldis, Baldus de*
Title:	Super IV libros Institutionum Justiniani. Add: Consilium qualiter probetur vel praesumatur contractus simulatus. Bartholomaeus de Saliceto: Repetitio Authenticae "Ad haec" Codicis "De usuris". Angelus de Ubaldis: Qaestio disputata "Renovata guerra"; Repetitio paragraphi "Qui provocavit" posito in lege "Tale pactum" Digesti "De pactis." Baldis de Ubaldus: Consilium vulnerante
Imprint	Cologne: Johann Koelhoff, the Elder, 1477
Language	lat
Bib. Refs	Goff U27; HC 2271* (incl C 819); Voull(K) 216; Polain(B) 465; IDL 4532; IBP 5467; Ernst(Hildesheim) I,I 60; Voull(B) 765; Sack (Freiburg) 3584; Pr 1032; BMC I 220; BSB-Ink U-38
Shelfmark	**Ka 4787, 2°** (imperfect)

ISTC number	**U*30.3**
Heading	*Ubaldis, Baldus de*
Title:	Lectura super Institutionibus. Consilium qualiter probetur vel praesumatur contractus simulatus. Quaestio an ille qui alicui vulneravit teneatur ab occiso an de vulnerato. Bartholomaeus de Saliceto: Repetitio 'In Auth. Ad haec', Cod. De usuris. Angelus de Ubaldis: Quaestio in materia belli de dubiis ex renovata guerra inter Franciscum de Cararia, dominum Paduanum, et Antonium de Scala, dominum Veronensem. Repetitio parag. 'Qui provocavit' Dig. De pactis
Imprint	Venice: Johannes and Gregorius de Gregoriis, de Forlivio, 23 Dec. 1496
Language	lat
Bib. Refs	H 2276; IGI 9990; IBE 5873; IBP 5470; Deckert 669; Hubay (Eichstätt) 1042; Sack(Freiburg) 3587; Rhodes(Oxford Colleges) 1771
Shelfmark	**Kb 2517, 2°**

ISTC number	**U*30.5**
Heading	*Ubaldis, Baldus de*
Title:	Lectura super Institutionibus. Consilium qualiter probetur vel praesumatur contractus simulatus. Quaestio an ille qui alicui vulneravit teneatur ab occiso an de vulnerato. Bartholomaeus de Saliceto: Repetitio 'In Auth. Ad haec', Cod. De usuris. Angelus de Ubaldis: Quaestio in materia belli de dubiis ex renovata guerra inter Franciscum de Cararia, dominum Paduanum, et Antonium de Scala, dominum Veronensem. Repetitio parag. 'Qui provocavit' Dig. De pactis
Imprint	Venice: Philippus Pincius, 25 June 1500
Language	lat
Bib. Refs	H 2277*; IBE 5874; Sack(Freiburg) 3588; Voull(Trier) 2156; BSB-Ink U-41
Shelfmark	**Kb 2515, 2°**

ISTC number	**U*32**
Heading	*Ubaldis, Baldus de*
Title:	Margarita (Repertorium super Innocentio IV)
Imprint	[Milan]: Uldericus Scinzenzeler, for Petrus Antonius de Castelliono, 30 Sept. 1491
Language	lat
Bib. Refs	Goff U32; H 2341*; Pell 1748; Hillard 2020; IGI 6176; IBE 5924; Voull(B) 3111,5; Günt(L) 1766; Sack(Freiburg) 3589; BSB-Ink U-48
Shelfmark	**an Kr 852, 2°**

ISTC number	**U*32.6**
Heading	*Ubaldis, Baldus de*
Title:	Margarita (Repertorium super Innocentio IV). Add: Singularia, seu Repertorium. Angelus de Ubaldis: Singularia
Imprint	Venice: Bernardinus Venetus, de Vitalibus, 8 Nov. 1499
Language	lat
Bib. Refs	H 2343; IGI 6177; IBE 6260; Hubay(Augsburg) 2068; Hubay (Eichstätt) 1043; Sack(Freiburg) 3590; Rhodes(Oxford Colleges) 1772
Shelfmark	**Kr 156, 2°**

ISTC number	**U*33**
Heading	*Ubaldis, Baldus de*
Title:	Circa materiam statutorum. With the 'Contradictiones' of Bartolus de Saxoferrato
Imprint	[Perugia: Petrus Petri de Colonia, about 1475]

Imprint	[Petrus Petri de Colonia and Johannes Nicolai de Bamberga, 1471-76]
Imprint	[Johannes Vydenast],
Language	lat
Publ'n notes	For variants see BMC. BMC had assigned to Johannes Nicolai as well as Petrus Petri; Veneziani assigns to Petrus Petri alone. Voull (Trier) assigned to Vydenast
Bib. Refs	Goff U33; H 2331*; C 816 (I,II)?; IBE 5926; IGI 9937; Veneziani(Perugia) 18; Voull(Trier) 1731; Hubay(Würzburg) 2139; BMC VI 876; BSB-Ink U-20; GW M48665
Shelfmark	an Ka 4770, 2° (var)

ISTC number	U*40
Heading	*Ubaldis, Baldus de*
Title:	Super usibus feudorum et commentum super pace Constantiae. With table by Ambrosius Tersagus
Imprint	Pavia: Leonardus Gerla, 18 Nov. 1495
Language	lat
Bib. Refs	Goff U40; HR 2323; Torchet 916; IDL 4538; IGI 9998; IBE 5920; IBP 5473; Voull(B) 3276; Rhodes(Oxford Colleges) 1776
Shelfmark	an Kc 816, 2°

ISTC number	U*46
Heading	*Ubaldis, Nicolaus de*
Title:	De successionibus ab intestato
Imprint	Pavia: Christophorus de Canibus, 22 Oct. 1488
Language	lat
Publ'n notes	Sheppard describes the first leaf containing the dedication
Bib. Refs	Goff U46; HC 15895*; IGI 10005; Voull(Trier) 1726; Voull(Bonn) 834; Ohly-Sack 2878; Sack(Freiburg) 3597; Walsh 3462; Rhodes (Oxford Colleges) 1778; Sheppard 5856; Pr 7085A; BSB-Ink U-60
Shelfmark	an Kb 3621, 2°

ISTC number	V*23
Heading	*Valerius Maximus, Gaius*
Title:	Facta et dicta memorabilia
Imprint	Mainz: Peter Schoeffer, 14 June 1471
Language	lat
Publ'n notes	For variants, see CIBN
Bib. Refs	Goff V23; HC 15774*; Pell Ms 11351; CIBN V-15; Delisle 1921; Polain(B) 3892; IDL 4555; IGI 10056; IBP 5503; Sajó-Soltész 3425; Mendes 1307; Madsen 4056; Nentwig 377; Voull(B) 1523;

ISTC number	V*66

Ernst(Hannover) 352; Ohly-Sack 2882; Mittler-Kind 619, 620; Walsh 7, 8; Sheppard 49; Pr 95; BMC I 27; BSB-Ink V-12
Shelfmark **an Id 22 a/8, 4°** (imperfect)

ISTC number	**V*66**
Heading	*Valla, Laurentius*
Title:	Elegantiae linguae latinae. Add: De pronomine sui. Antonius Mancinellus: Lima quaedam Laurentii Vallensis
Imprint	Venice: Christophorus de Pensis, de Mandello, 15 June 1496
Language	lat
Bib. Refs	Goff V66; HC 15820*; Polain(B) 3906; IDL 4570; IBE 5988; IGI 10096; IBP 5517; Sajó-Soltész 3439; Mendes 1312; Ernst(Hildesheim) II,II 262; Borm 2710; Pr 5237; BMC V 470; BSB-Ink V-37
Shelfmark	**2 an Ink B 145**

ISTC number	**V*68**
Heading	*Valla, Laurentius*
Title:	Elegantiae linguae latinae. Add: De pronomine sui. Antonius Mancinellus: Lima quaedam Laurentii Vallensis
Imprint	Venice: Manfredus de Bonellis, de Monteferrato, and Georgius de Rusconibus, 1 Oct. 1500
Language	lat
Bib. Refs	Goff V68; HC 15823; GfT 2425; Polain(B) 3907; IGI 10098; IBP 5519; Voull(Bonn) 1182; Voull(B) 4383; Walsh 2484; BMC V 506; BSB-Ink V-39
Shelfmark	**an Cd 1917 a, 4°**

ISTC number	**V*96**
Heading	*Varro, Marcus Terentius*
Title:	De lingua latina. Add: Analogia. Ed: Pomponius Laetus. Prelim: Pomponius Laetus: Epistola Bartholomaeo Platinae
Imprint	[Venice: Johannes de Colonia, and Johannes Manthen, about Dec. 1474]
Imprint	[about 1475]
Language	lat
Publ'n notes	Reprinted from edition: [Rome: Georgius Lauer, about 1471], Goff V94 (BMC). Dated about Dec. 1474 in CIBN, about 1475 by Goff
Bib. Refs	Goff V96; H 15858 (I); C 5953; Pell Ms 11429 = 11431 (I); CIBN V-64; Hillard 2045; Delisle 1934; IBE 5998; IGI 10120; IDL 4579; Coll(S) 1085; Voull(B) 3763; Hubay(Augsburg) 2086; Mittler-Kind 632; Walsh 1675; Rhodes(Oxford Colleges) 1794; Sheppard 3466; Pr 4295A; BMC V 230; BSB-Ink V-57
Shelfmark	**Ci 3976, 8°**

ISTC number	**V*131**
Heading	*Vergerius, Petrus Paulus*
Title:	De ingenuis moribus ac liberalibus studiis. Add: Basilius Magnus: De legendis antiquorum libris (Tr: Leonardus Brunus Aretinus). Leonardus Brunus Aretinus: Isagogicon moralis disciplinae
Imprint	[Louvain]: Johannes de Westfalia, [between 8 Apr. 1476 and Nov. 1477]
Imprint	[about 1475]
Language	lat
Publ'n notes	Dated by IDL. Goff dated about 1475
Bib. Refs	Goff V131; HC 15984; Camp 1724; Pell Ms 11466; CIBN V-97; Elliott-Loose 542; Arnoult 1480; IDL 4594; Voull(B) 4932; Amelung, Hellinga Festschrift 67; Hunt 4991; Oates 3697, 3698; Sheppard 7077; Pr 9211; BMC IX 138
Shelfmark	**6 an Ink A 58**

ISTC number	**V*187**
Heading	*Vergilius Maro, Publius*
Title:	Opera [Bucolica and Georgica, with argumenta (comm. Servius and Landinus); Aeneis, with argumenta (comm. Servius, Donatus and Landinus)]. Add: Maphaeus Vegius: Liber XIII Aeneidos. Additional texts
Imprint	Venice: Lazarus de Suardis, de Saviliano, 3 Jan. 1491/92
Language	lat
Author notes	Includes: Hortulus. De vino et Venere. De livore. De cantu Sirenarum. De die natali. De fortuna. De Orpheo. De se ipso. De aetatibus animalium. De ludo. De aerumnis Herculis. De Musarum inventis. De speculo. Mira Vergilii versus experientia. Mira Vergilii experientia. De quattuor temporibus anni. De ortu solis. De Herculis laboribus. De littera Y. De signis caelestibus. Priapea. Elegia in Maecenatis obitu; Copa; Est et non; Vir bonus; Rosae; Culex; Dirae; Aetna; Ciris (all with commentaries of Domitius Calderinus). Catalecton. Moretum. Christophorus Landinus: Proemia. Donatus: Vita Vergilii. Alcimus: Versus de Vergilio. Cornelius Gallus: Versus de Aeneide. Epitaphia Vergilii. Ovidius: Versus. Summa Vergilianae narrationis
Bib. Refs	Goff V187; C 6069; C(IVir) 76; Kallendorf 28; Mambelli 66; Pell Ms 11641; Girard 435; Lefèvre 501; Aquilon 681; IGI 10217; IBP 5552; Badalic(Croatia) 1106; IDL 4619; IBE 6123; Ohly-Sack 2899, 2900; Günt(L) 3688; Madsen 4109; Oates 2065; Rhodes(Oxford Colleges) 1828; Sheppard 4377; BMC V 490; BSB-Ink V-125
Shelfmark	**Ink B 149**

ISTC number	**V*188**
Heading	*Vergilius Maro, Publius*
Title:	Opera [Bucolica and Georgica, with argumenta (comm. Servius and Landinus); Aeneis, with argumenta (comm. Servius, Donatus and Landinus)]. Add: Maphaeus Vegius: Liber XIII Aeneidos. Additional texts
Imprint	Nuremberg: Anton Koberger, 1492
Language	lat
Author notes	Includes: Hortulus. De vino et Venere. De livore. De cantu Sirenarum. De die natali. De fortuna. De Orpheo. De se ipso. De aetatibus animalium. De ludo. De aerumnis Herculis. De Musarum inventis. De speculo. Mira Vergilii versus experientia. Mira Vergilii experientia. De quattuor temporibus anni. De ortu solis. De Herculis laboribus. De littera Y. De signis caelestibus. Priapea. Elegia in Maecenatis obitu; Copa; Est et non; Vir bonus; Rosae; Culex; Dirae; Aetna; Ciris (all with commentaries of Domitius Calderinus). Catalecton. Moretum. Christophorus Landinus: Proemia. Donatus: Vita Vergilii. Alcimus: Versus de Vergilio. Cornelius Gallus: Versus de Aeneide. Epitaphia Vergilii. Ovidius: Versus. Summa Vergilianae narrationis
Bib. Refs	Goff V188; C 6070; Davies & Goldfinch 74; C(IVir) 77; GfT 1163; Mambelli 68; Pell Ms 11642; CIBN V-136; Arnoult 1487; Péligry 793; IGI 10221; Polain(B) 3963; IBP 5554; IBE 6124; Feigelmanas 443; Badalic(Croatia) 1107; Gspan-Badalic 847; Sajó-Soltész 3458; IDL 4621; Coll(U) 1474; Madsen 4110, 4111, T79; Günt(L) 206; Ernst(Hildesheim) II,IV 57; Voull(B) 1736; Voull(Bonn) 1187; Voull(Trier) 1084; Deckert 682; Hubay(Augsburg) 2094; Sack (Freiburg) 3640, 3641; Borm 2726; Mittler-Kind 646; Schubert, Olmütz 1625; Walsh 722, 723; Oates 1024; Rhodes(Oxford Colleges) 1829; Sheppard 1516, 1517; Pr 2081; BMC II 436; BSB-Ink V-126
Shelfmark	**Ci 4142, 4°**
	Ci 4142 a, 4° (imperfect)

ISTC number	**V*196.8**
Heading	*Vergilius Maro, Publius*
Title:	Aeneis
Imprint	Deventer: Richardus Pafraet, [1491-97]
Language	lat
Publ'n notes	For dating see HPT
Bib. Refs	C 6153; Davies & Goldfinch 86; C(IVir) 157; Mambelli 82; Camp 1729; Borm 2728 (& Abb. 26)
Shelfmark	**Ink A 16**

ISTC number	**V*203.6**
Heading	*Vergilius Maro, Publius*
Title:	Bucolica
Imprint	[Deventer: Richardus Pafraet, 1483-85]
Language	lat
Bib. Refs	C 6105; Davies & Goldfinch 107; C(IVir) 111; GfT 1388; Mambelli 686; Camp 1736; GW(Nachtr) 359; Voull(B) 4874,7; Pr 8959; BMC IX 47
Shelfmark	**2 an Ink A 16**

ISTC number	**V*221.8**
Heading	*Vergilius Maro, Publius*
Title:	Georgica
Imprint	[Deventer]: Richardus Pafraet, [1477-85]
Language	lat
Publ'n notes	Dating based on HPT
Bib. Refs	Davies & Goldfinch 151; Camp <1743a>; BSB-Ink V-103; GW(Nachtr) 360
Shelfmark	**1 an Ink A 16**

ISTC number	**V*238**
Heading	*Versoris, Johannes*
Title:	Dicta super septem tractatus Petri Hispani (cum textu)
Imprint	Cologne: [Heinrich Quentell, about 1485]
Language	lat
Publ'n notes	One of the Breslau copies (Kocowski 2928) has rubricator's date of 1487. Only a partial text of Petrus Hispanus is included
Bib. Refs	Goff V238; H 16035*; Voull(K) 1239; Polain(B) 3921; IBP 5577; Voull(B) 1056; Ohly-Sack 2907, 2908; Sack(Freiburg) 3661; BSB-Ink V-153
Shelfmark	**Fb 342, 4°**

ISTC number	**V*248.1**
Heading	*Versoris, Johannes*
Title:	Quaestiones super omnes libros novae logicae. Add: Quaestiones super tractatu De ente et essentia Thomae de Aquino
Imprint	[Cologne: Heinrich Quentell, about 1487]
Language	lat
Bib. Refs	H 16030*; Voull(K) 1215; IBP 5595; Sajó-Soltész 3478; Coll(U) 1483; Voull(B) 1052; Voull(Trier) 738; Ohly-Sack 2933, 2934; Borm 2741; Rhodes(Oxford Colleges) 1799; BSB-Ink V-168
Shelfmark	**Ce 1824, 4°**

ISTC number	**V*253**
Heading	*Versoris, Johannes*
Title:	Quaestiones super libros Aristotelis
Imprint	[Cologne: Heinrich Quentell], 1489
Language	lat
Publ'n notes	In four parts. I-III are undated and IV is dated 30 May 1489. The work consists of: I) De caelo et mundo; II) Liber metheororum; III) De parva naturalia; IV) De generatione et corruptione. Issued with and Thomas Aquinas, De ente et essentia (Goff T289) and Gerardus de Monte, Concordantiae (Goff G170); cf. BSB-Ink
Bib. Refs	Goff V253; HC 16047*; Klebs 1030.3; Voull(K) 1228, 1235, 1231; Jammes V-3; IDL 4635; IBE 6035; IGI VI 807-A; IBP 5587; Sajó-Soltész 3471 (I-II); Kotvan 1206; Coll(U) 1482, 1480, 1485; Madsen 4130, 4136, 4142; Voull(B) 1054, 1055, 944; Voull(Trier) 740, 741, 621; Hubay(Ottobeuren) 443; Ohly-Sack 2923, 2924; Sack(Freiburg) 3650; Mittler-Kind 91 (I-II), 100 (IV), 112 (III); Wilhelmi 612; Walsh 434; Sheppard 969, 970, 973; Pr 1295; BSB-Ink V-165 (I-III)
Shelfmark	**2 an Ink B 152**

ISTC number	**V*255**
Heading	*Versoris, Johannes*
Title:	Quaestiones super libros Ethicorum Aristotelis (cum textu)
Imprint	[Cologne]: Heinrich Quentell, 1491
Language	lat
Bib. Refs	Goff V255; H 16053*; Voull(K) 1221; Polain(B) 3927; IDL 4632; IBE 6037; IGI VI 821-A; IBP 5589; Sajó-Soltész 3474; Kotvan 1207; Feigelmanas 447; Coll(S) 1095; Madsen 4132, 4133; Nentwig 48; Günt(L) 715; Voull(B) 948; Voull(Trier) 628; Hubay (Augsburg) 2101; Hubay(Eichstätt) 1053; Ohly-Sack 2928, 2929, 2930, 2931; Sack(Freiburg) 3654; Sheppard 980; Rhodes(Oxford Colleges) 1802; Pr 1305; BMC I 276; BSB-Ink V-166
Shelfmark	**1 an Ink B 164**

ISTC number	**V*271**
Heading	*Viana, Martinus de*
Title:	Oratio in festo S. Thomae Aquinatis
Imprint	[Rome: Eucharius Silber, after 7 Mar. 1496]
Language	lat
Bib. Refs	Goff V271; CR 6199 = C 3900; Polain(B) 3934; Pell Ms 7724 (7631); CIBN V-171; Hillard 2058; Parguez 1022; IGI 6250; IBE 3853; Ohly-Sack 2949; Sack(Freiburg) 2371; Sheppard 3073; Pr 3881; BMC IV 117; BSB-Ink V-190
Shelfmark	**21 an Ku 3467, 8°**

ISTC number	**V*277**
Heading	*Vincentius Bellovacensis*
Title:	Opuscula. Con: Liber gratiae; Laudes Virginis Mariae; De Sancto Johanne evangelista; De eruditione filiorum regalium; Consolatio pro morte amici
Imprint	Basel: Johann Amerbach, 13 Dec. 1481
Language	lat
Bib. Refs	Goff V277; C 6259; Pell Ms 11553; CIBN V-183; Hillard 2061; Buffévent 523; Girard 438; Parguez 1025; Polain(B) 3936; IDL 4643; IBE 6092; IGI 10308; IBP 5641; IJL 290; Sajó-Soltész 3486; Coll(U) 1488; Madsen 4152; Lökkös(Cat BPU) 448; Nentwig 382; Ernst(Hildesheim) I,I 419; Voull(B) 430; Schmitt I 430; Voull(Bonn) 1199; Voull(Trier) 144; Deckert 687; Hubay(Eichstätt) 1061; Ohly-Sack 2955, 2956, 2957; Sack(Freiburg) 3668; Hummel-Wilhelmi 602, 603; Borm 2743; Pad-Ink 702; Finger 976; Walsh 1156, 1157; Oates 2769; Rhodes(Oxford Colleges) 1807; Sheppard 2411, 2412, 2413; Pr 7562; BMC III 746; BSB-Ink V-197
Shelfmark	**Ink B 137**

ISTC number	**V*281**
Heading	*Vincentius Bellovacensis*
Title:	Speculum doctrinale
Imprint	Venice: Hermannus Liechtenstein, 13 Jan. 1494
Language	lat
Bib. Refs	Goff V281; C 6241 (II); Klebs 1037.3; Pell Ms 11568 (II); CIBN V-196 (II); Hillard 2064; Girard 439; Polain(B) 3937 (II); IDL 4646; IBE 6095; IGI 10312; IBP 5645; Sajó-Soltész 3489; Mendes 1326, 1327; Sallander 1999; Coll(S) 1098; Madsen 4154; Voull(Trier) 1998; Voull(B) 4024; Schmitt I 4024; Hubay(Augsburg) 2110; Ohly-Sack 2961; Sack(Freiburg) 3671; Borm 2747; Pad-Ink 704; Walsh 2054, 2055; Oates 1891, 1892; Rhodes(Oxford Colleges) 1811; Sheppard 3945; Pr 4796; BMC V 358; BSB-Ink V-200
Shelfmark	**Ig 239, 2°**

ISTC number	**V*284**
Heading	*Vincentius Bellovacensis*
Title:	Speculum historiale
Imprint	[Augsburg: Monastery of SS. Ulrich and Afra], 1474
Language	lat
Publ'n notes	In three parts dated: I & II) undated; III) 1474
Bib. Refs	Goff V284; C 6247; Pell Ms 11558; CIBN V-188; Arnoult 1504; Polain(B) 3942; IDL 4649; IGI 10314; IBP 5648; Sajó-Soltész

ISTC number		V*286

	3492; Sallander 2000; Coll(S) 1099; Madsen 4159; Ernst(Hildesheim) II,III 116; Voull(B) 97; Leuze(Isny) 3,4,5; Hubay (Augsburg) 2112; Hubay(Eichstätt) 1064; Ohly-Sack 2964, 2965; Sack(Freiburg) 3673; Wilhelmi 614; S. Gaselee, in The Library 4th ser., 2 (1921) p.115; Walsh 553; Oates 904, 905, 906 & 907; Rhodes(Oxford Colleges) 1814; Sheppard 1210; Pr 1639; BMC II 339; BSB-Ink V-203
Shelfmark	Ig 238, 2°

ISTC number	V*286
Heading	*Vincentius Bellovacensis*
Title:	Speculum historiale
Imprint	Venice: Hermannus Liechtenstein, 5 Sept. 1494
Language	lat
Bib. Refs	Goff V286; C 6241 (IV); Pell Ms 11562 = 11568 (IV); CIBN V-196 (IV); Hillard 2066; Buffévent 525; Girard 441; Péligry 801; Polain(B) 3937 (IV); IDL 4651; IBE 6098; IGI 10317; IBP 5650; Sajó-Soltész 3494; Mendes 1328, 1329, 1330, 1331; Voull(Trier) 2000; Voull(B) 4026; Schmitt I 4026; Hubay(Augsburg) 2114; Ohly-Sack 2967; Sack(Freiburg) 3675; Walsh 2057; Oates 1896; Sheppard 3946; Rhodes(Oxford Colleges) 1816; Pr 4798; BMC V 359; BSB-Ink V-205
Shelfmark	Ig 239, 2°

ISTC number	V*288
Heading	*Vincentius Bellovacensis*
Title:	Speculum morale
Imprint	Strassburg: Johann Mentelin, 9 Nov. 1476
Language	lat
Publ'n notes	Known with and without colophon (Schorbach 36 & 37). BMC mistranscribes Van Praet's report of it, hence dating the edition 6 November. A few copies (eg WillCL, München BSB) have following the colophon the words 'VALE LEONARDE. TIBI OPTO // SVCCESSVS SECVNDOS'
Author notes	Pseudo- Vincentius
Bib. Refs	Goff V288; C 6252 (without); Schorbach 36, 37; Pell Ms 11564; CIBN V-193 (with and without); Aquilon 687; Arnoult 1507; Girard 442; Jammes V-7; Péligry 802; Torchet 936; Polain(B) 3946 (without); IDL 4652 (without); IGI 10319; IBP 5651; IJL 293; Sajó-Soltész 3498; Coll(S) 1101; Madsen 4162; Lökkös(Cat BPU) 451; Ernst(Hildesheim) II,III 120; Voull(Trier) 1282; Voull(B) 2109; Voull(Bonn) 1204; Hubay(Augsburg) 2115; Hubay(Eichstätt) 1065; Sack(Freiburg) 3676; Hummel-Wilhelmi 607; Borm 2751; Pad-Ink 707; Finger 983, 984; Oates 80 (without); Rhodes

	(Oxford Colleges) 1817; Sheppard 165; Pr 214; BMC I 58 (without); BSB-Ink V-209
Shelfmark	**Ig 238 b, 2°**

ISTC number	**V*290**
Heading	*Vincentius Bellovacensis*
Title:	Speculum morale
Imprint	Nuremberg: Anton Koberger, 6 Feb. 1485
Language	lat
Author notes	Pseudo- Vincentius
Bib. Refs	Goff V290; C 6254; Pell Ms 11565; CIBN V-195; IDL 4654; IBE 6100; IGI 10321; IBP 5653; Coll(U) 1491; Voull(B) 1705; Voull(Bonn) 1205; Voull(Trier) 1043; Ohly-Sack 2969; Sack(Freiburg) 3677, 3678; Borm 2753; Walsh 702; Rhodes(Oxford Colleges) 1818; BSB-Ink V-211
Shelfmark	**Ig 238 b/5, 2°**

ISTC number	**V*291**
Heading	*Vincentius Bellovacensis*
Title:	Speculum morale
Imprint	Venice: Hermannus Liechtenstein, 30 Sept. 1493
Language	lat
Author notes	Pseudo- Vincentius
Bib. Refs	Goff V291; C 6255 = 6241 (III); Pell Ms 11568 (III); CIBN V-196 (I); Hillard 2070; Arnoult 1508; Buffévent 527; Girard 443; Aquilon 688; Torchet 937; Polain(B) 3937 (I); IDL 4655; IGI 10322; IBP 5654; IBE 6101; Sajó-Soltész 3500; Coll(S) 1428; Madsen 4163; Voull(Trier) 1997; Voull(B) 4023; Schmitt I 4023; Hubay(Augsburg) 2116; Ohly-Sack 2970; Sack(Freiburg) 3679; Pad-Ink 708; Finger 985; Walsh 2053; Oates 1890; Rhodes(Oxford Colleges) 1819; Sheppard 3944; Pr 4795; BMC V 358; BSB-Ink V-212
Shelfmark	**Ig 239, 2°**

ISTC number	**V*294**
Heading	*Vincentius Bellovacensis*
Title:	Speculum naturale
Imprint	Venice: Hermannus Liechtenstein, 15 May 1494
Language	lat
Bib. Refs	Goff V294; C 6241 (I); Klebs 1036.3; Pell Ms 11568 (I); CIBN V-196 (III); Hillard 2069; Girard 444; Aquilon 686; Péligry 805; Polain(B) 3937 (III); IDL 4658; IBE 6104; IGI 10325; IBP 5657; Sajó-Soltész 3497; Mendes 1332, 1333, 1334; Madsen 4165; Lök-

| ISTC number | V*320.1 |

kös(Cat BPU) 453; Voull(Trier) 1999; Voull(B) 4025; Schmitt I 4025; Hubay(Augsburg) 2118; Ohly-Sack 2976; Sack(Freiburg) 3684; Pad-Ink 709; Hummel-Wilhelmi 641; Wilhelmi 617; Walsh 2056; Oates 1893, 1894, 1895; Rhodes(Oxford Colleges) 1822; Pr 4797; BMC V 359; BSB-Ink V-208
Shelfmark   **Ig 239, 2°**

ISTC number **V*320.1**
Title: Vocabularius incipiens teutonicum ante latinum [German and Latin]
Imprint   [Strassburg: Johann (Reinhard) Grüninger, about 1495]
Language   ger
Bib. Refs   Claes 120; Voull(B) 2330; BSB-Ink V-334; GW(Nachtr) 379
Shelfmark   **Pon IIc 79, 8°**
             Ink A 16

ISTC number **V*324**
Title: Vocabularius [Latin and German]
Imprint   Augsburg: Johann Keller, 1478
Language   ger
Author notes Text begins, F.1a: Registru vocabularij sequentis. Erroneously identified by Hain as the Vocabularius rerum of Wenceslaus Brack (cf BMC III 858)
Bib. Refs   Goff V324; HC 3699; GfT 591; Klebs(Add) 1044.02; Osler(IM) 142; Pell 2805; Jammes V-11; Madsen 4275; Voull(B) 194; Günt(L) 43; Ernst(Hannover) 121; Hubay(Augsburg) 2126; Borm 2780; Oates 942; Sheppard 1283; Pr 1743; BMC II 360; BSB-Ink V-291
Shelfmark   **Cb 3239 v, 4°**

ISTC number **V*327.8**
Title: Vocabularius: Curia palatium [Latin and Low German]
Imprint   [Cologne: Heinrich Quentell, about 1499]
Language   ger
Publ'n notes Woodcuts
Bib. Refs   C 1849 (?); Schr 3797; Voull(K) 351; Claes 138; Borchling & Claussen 318; BSB-Ink V-297
Shelfmake   **3 an Pon IIc 79**

ISTC number **V*334**
Title: Vocabularius juris utriusque
Imprint   [Basel: Michael Wenssler, not after 1473]

Language	lat
Publ'n notes	Dated not after 1473 in CIBN from a dated ex-libris in a copy of the Abbot of Füssen (cf. J.M. Helmschrott, Verzeichniss alter Druckdenkmale der Bibliothek des uralten Benediktiner-Stifts zum H. Mang in Füessen (Ulm, 1790) II p.22, no. 43)
Author notes	Compiled by Jodocus Erfordensis (E. Seckel, Beiträge zur Geschichte beider Rechte im Mittelalter, Tübingen, 1898, pp. 16-69)
Bib. Refs	Goff V334; R 1920; Pell Ms 11762; CIBN V-276; Ernst(Hildesheim) II,III 122; Voull(B) 397,5; Hubay(Würzburg) 2197; Hubay(Eichstätt) 1068; Sack(Freiburg) 3709; BSB-Ink I-255
Shelfmark	**Kc 177 a, 2°** **an Cb 3233, 2°** **an Cl 3235, 2°**

ISTC number	**V*335**
Title:	Vocabularius juris utriusque
Imprint	[Basel: Michael Wenssler, not after 1474]
Language	lat
Publ'n notes	A copy at München BSB has a buyer's date of 1474. BMC describes a variant
Author notes	Compiled by Jodocus Erfordensis (E. Seckel, Beiträge zur Geschichte beider Rechte im Mittelalter, Tübingen, 1898, pp. 16-69)
Bib. Refs	Goff V335; C 6354; Pell Ms 11758; CIBN V-277; Hillard 2087; Torchet 939; Polain(B) 4797; IDL 4691; IGI 10354; IBP 5695; Coll(U) 1501; Madsen 4202; Nentwig 397; Voull(B) 397; Deckert 691; Hubay(Augsburg) 2128; Ohly-Sack 3004; Sack(Freiburg) 3710; Borm 1501; Walsh 1113; Rhodes(Oxford Colleges) 1836; Sheppard 2324; Pr 7477; BMC III 722; BSB-Ink I-256
Shelfmark	**Kc 177, 4°**

ISTC number	**V*336**
Title:	Vocabularius juris utriusque
Imprint	Speyer: Peter Drach, 18 May 1477
Language	lat
Author notes	Compiled by Jodocus Erfordensis (E. Seckel, Beiträge zur Geschichte beider Rechte im Mittelalter, Tübingen, 1898, pp. 16-69)
Bib. Refs	Goff V336; CR 6359; Pell Ms 11766; CIBN V-280; Polain(B) 4025; IBE 6157; IDL 4693; IBP 5697; Lökkös(Cat BPU) 455; Voull(Trier) 1193; Voull(B) 1999; Hubay(Würzburg) 2199; Hubay (Eichstätt) 1069; Hummel-Wilhelmi 611; Borm 1502; Sheppard 1690; Pr 2328; BMC II 488; BSB-Ink I-258
Shelfmark	**Kc 178, 4°** **Kc 178 a, 4°**

ISTC number	**V*338**
Title:	Vocabularius juris utriusque
Imprint	Speyer: Peter Drach, Sept. 1478
Language	lat
Author notes	Compiled by Jodocus Erfordensis (E. Seckel, Beiträge zur Geschichte beider Rechte im Mittelalter, Tübingen, 1898, pp. 16-69)
Bib. Refs	Goff V338; C 6360; Polain(B) 4026; Van der Vekene 131; IGI 10355; IBP 5699; Madsen 4203; Voull(Bonn) 1223; Voull(B) 2000,7; Hubay(Augsburg) 2129; Hubay(Würzburg) 2201; Ohly-Sack 3005; Borm 1503; Pad-Ink 719; Walsh 837; Sheppard 1693; Pr 2331; BMC II 489; BSB-Ink I-260
Shelfmark	**Kc 178 b, 4°**

ISTC number	**V*342**
Title:	Vocabularius juris utriusque
Imprint	Basel: [Michael Wenssler], 20 Aug. 1483
Language	lat
Author notes	Compiled by Jodocus Erfordensis (E. Seckel, Beiträge zur Geschichte beider Rechte im Mittelalter, Tübingen, 1898, pp. 16-69)
Bib. Refs	Goff V342; CR(Suppl) 6363; GfT 2029; Polain(B) 4028; IDL 4695; IBP 5702; Sajó-Soltész 3511; Madsen 4205; Voull(B) 368; Schmitt I 368; Hubay(Würzburg) 2203; Sack(Freiburg) 3714; Borm 1504; Pad-Ink 720; Finger 990; Walsh 1131; Sheppard 2343; Pr 7498; BSB-Ink I-263
Shelfmark	**an Kb 2145, 4°**

ISTC number	**V*346**
Title:	Vocabularius juris utriusque
Imprint	Strassburg: [Printer of the 1483 Jordanus de Quedlinburg (Georg Husner)], 16 Sept. 1486
Language	lat
Author notes	Compiled by Jodocus Erfordensis (E. Seckel, Beiträge zur Geschichte beider Rechte im Mittelalter, Tübingen, 1898, pp. 16-69)
Bib. Refs	Goff V346; C 6366; Pell Ms 11771; CIBN V-283; IBE 6295; IBP 5705; Voull(Trier) 1506; Voull(Bonn) 1225, 1226; Voull(B) 2412; Hubay(Würzburg) 2204; Ohly-Sack 3008, 3009; Hummel-Wilhelmi 613, 614; Borm 1505; Walsh 231, 232; Pr 604; BMC I 134; BSB-Ink I-267
Shelfmark	**an Kb 2147, 4°**

ISTC number	**V*355**
Title:	Vocabularius juris utriusque
Imprint	Nuremberg: Anton Koberger, 1 July 1496

Language	lat
Author notes	Compiled by Jodocus Erfordensis (E. Seckel, Beiträge zur Geschichte beider Rechte im Mittelalter, Tübingen, 1898, pp. 16-69)
Bib. Refs	Goff V355; R 1896; Polain(B) 4032; IGI 10366; IDL 4700; IBP 5711; IJL 297; Sajó-Soltész 3517; Sallander 2494; Madsen 4211; Ernst(Hildesheim) II,VI 8; Voull(Trier) 1115; Voull(B) 1764; Hubay(Würzburg) 2206; Walsh 749, 750; BSB-Ink I-273
Shelfmark	**Kc 185, 8°**

ISTC number	**V*361**
Title:	Vocabularius de partibus indeclinabilibus
Imprint	[Speyer]: Conrad Hist, 1499
Language	lat
Bib. Refs	Goff V361; CR(Suppl) 6379; Engel-Stalla col. 1669; Pell Ms 11785; CIBN V-262; Polain(B) 4014; IGI 10369; IBP 5716; Sallander 2004; Voull(Trier) 1265; Voull(B) 2066,5; Sack(Freiburg) 3721; Walsh 875, 876; Pr 2440; Sheppard 1763; BSB-Ink V-304
Shelfmark	**2 an Il 2196, 4°**

ISTC number	**V*363.3**
Title:	Vocabularius ex quo [Latin and German]
Imprint	Nuremberg: Conrad Zeninger, 23 Dec. 1480
Language	ger
Publ'n notes	A page-for-page reprint of Drach's Speyer edition of 1479 (BMC)
Bib. Refs	C 6307 = 6318; Claes 25; IBP 5684; Voull(B) 1865; Sheppard 1614; Pr 2228 = 2242; BMC II 460
Shelfmark	**1 an Ink A 62**

ISTC number	**W*4.1**
Heading	*Wann, Paulus*
Title:	Sermones de septem vitiis sive criminibus capitalibus
Imprint	Hagenau: Heinrich Gran, for Johannes Rynman, 11 Apr. 1514
Language	lat
Bib. Refs	VD16 W1185; Pell Ms 11800; Péligry 813; Adams W14
Shelfmark	**AB 22 17/h, 9**

ISTC number	**W*39**
Heading	*Wimpheling, Jacobus*
Title:	Laudes ecclesiae Spirensis (Ed: Jodocus Gallicus)
Imprint	[Basel: Michael Wenssler, after 10 Jan. 1486]
Language	lat
Publ'n notes	Type-assignment by GW

Bib. Refs	Goff W39; HR(Suppl) 16189 (10 ff); Sélestat 526 (17 ff); Sack (Freiburg) 3743 (18 ff)
Shelfmark	**Cl 4185, 8°**

ISTC number	**W*50**
Heading	*Wimpheling, Jacobus*
Title:	De triplici candore Mariae. Ed: Sebastian Brant
Imprint	Basel: Johann Bergmann, de Olpe, [after 11 Feb.] 1494
Language	lat
Publ'n notes	Dated after 11 Feb. in CIBN. Woodcuts
Bib. Refs	Goff W50; HC 16171* (I); Schr 5473; Schramm XXII p. 47; Pell Ms 11831 = 11832; CIBN W-29; IDL 4715; IBP 5618; Sajó-Soltész 3532; Madsen 4233, 4234; Voull(B) 603; Voull(Trier) 274; Deckert 694; Hubay(Augsburg) 2142; Hubay(Würzburg) 2222; Ohly-Sack 3031; Sack(Freiburg) 3738; Schäfer 352; Pr 7771; BMC III 794; BSB-Ink W-48
Shelfmark	**an Il 2097, 8°**

ISTC number	**W*50.8**
Heading	*Wimpina, Conradus*
Title:	Almae universitatis studii et urbis Lipsiensis descriptio
Imprint	[Leipzig: Printer of Capotius (Martin Landsberg or Andreas Frisner), about 1486-89]
Language	lat
Publ'n notes	For the 'printer of Capotius', cf. Altmann(Frisner), pp.203-217.
Bib. Refs	H 16204*; Günt(L) 1245; Sheppard 2103; BSB-Ink W-82
Shelfmark	**8 an Ink A 92**

ISTC number	**W*51.5**
Heading	*Wimpina, Conradus*
Title:	Apologeticus in sacrae theologiae defensionem
Imprint	[Leipzig: Martin Landsberg, about 1500]
Language	lat
Bib. Refs	H 16208; IBP 5631; Günt(L) 1483; Voull(B) 1352,8; Hubay(Würzburg) 2223; Oates 1293; BSB-Ink W-77
Shelfmark	**Il 2097, 8°**

ISTC number	**W*55**
Heading	*Wimpina, Conradus*
Title:	Oratio invocatoria in missa quodlibet Lipsiensi
Imprint	[Leipzig: Martin Landsberg, not before 1497]
Language	lat

W*68 ISTC number

Bib. Refs   Goff W55; H 16197*; Günt(L) 1485; Hubay(Würzburg) 2226; Polain(B) 4801; IBP 5633; Pr 2950; Sheppard 2125; BSB-Ink W-84
Shelfmark   **8 an Cb 3494, 8**

ISTC number   **W*68**
Heading   *Wolfgangus*, Episcopus Ratisbonensis
Title: Legenda Sancti Wolfgangi
Imprint   Burgdorf: [Printer of Jacobus de Clusa (H 9349*)], 1475
Language   lat
Author notes   The author is Othloh, cf. Bibliotheca hagiographica latina, 8990 (BSB-Ink)
Bib. Refs   Goff W68; H 16221*; GfT 1079; Pell Ms 7083 (7034); CIBN L-91; Voull(B) 638; Sheppard 2577; Pr 7804; BMC III 801; BSB-Ink O-101
Shelfmark   **Ih 5145, 4°**

ISTC number   **Z*4**
Heading   *Zabarellis, Franciscus de*
Title: Lectura super Clementinis. Ed: Franciscus Moneliensis
Imprint   Venice: Johannes Herbort, de Seligenstadt, 28 Jan. 1481
Language   lat
Publ'n notes   For variant with the preface of Moneliensis on a1 verso see Hillard
Bib. Refs   Goff Z4; HC 16252*; Pell Ms 11857; Hillard 2104; Arnoult 1526; IBE 6185; IGI 10421; IBP 5727; Voull(B) 3972; Hubay(Augsburg) 2157; Hubay(Würzburg) 2232; Sack(Freiburg) 3759; Borm 2822; Walsh 1862; Oates 1853; Pr 4676; BMC V 300; BSB-Ink Z-3
Shelfmark   **Kr 1025 z, 2°**

ISTC number   **Z*8.5**
Heading   *Zabarellis, Franciscus de*
Title: Super Clementinis, cum annotationibus et additionibus Philippi de' Franchis et Nicolai Superantii. Add: Bernardinus Benalius, Nicolaus Superantius, Epistolae ad Hieronymum Trivisanum abbatem
Imprint   Venice: Bernardinus Benalius, 31 Oct. 1499
Language   lat
Bib. Refs   H 16257*; IBE 6188; IGI 10426; IBP 5731; Coll(U) 573; Sack (Freiburg) 3762; BSB-Ink Z-8
Shelfmark   **Kr 1026, 2°**

Abbildungen

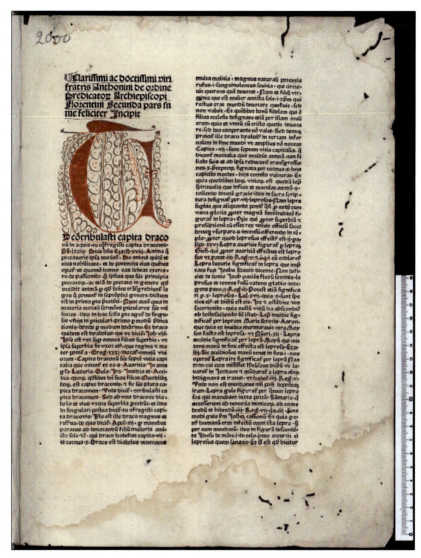

Abb. 1 A*869; *Antoninus Florentinus* / Summa theologica (Pars II); **Ig 23 x, 2°**, fol. 1r

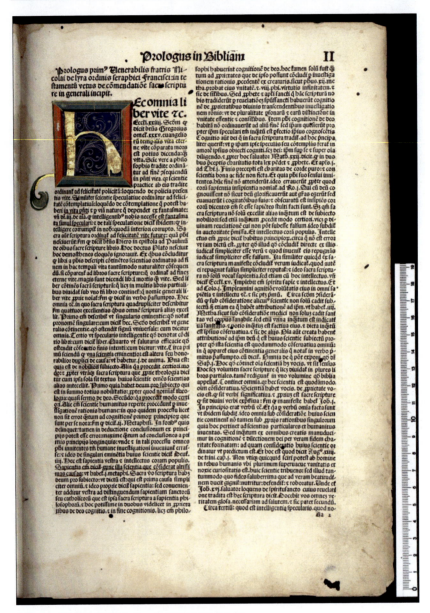

Abb. 2   **B*598**; Biblia latina; **Ic 5983 l, 8°**; fol. ii[r]

Abb. 3   **B*632**; Biblia [German]; **Ic 6194, 2°**; fol. vii^v

Abb. 4   **B*845**; *Bonatus, Guido* / Decem tractatus astronomiae; **PD 600 8°**, fol. n 5[r]

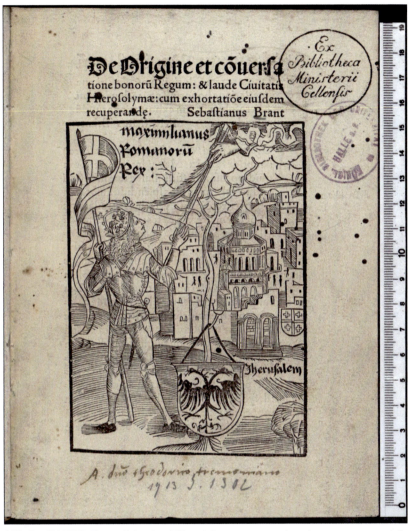

Abb. 5   **B*1097**; *Brant, Sebastian* / De origine et conversatione bonorum regum et de laude civitatis Hierosolymae; **Nc 1181, 8°**; fol. 1ʳ

Abb. 6   C*767; *Columna, Franciscus* / Hypnerotomachia Poliphili; **Di 2203, 4°**; fol. g vi^r

spirante diceua, chel risonauano per sotto quella uirdura gli amorosi sospiri, iformati dentro il riseruabile & acceso core. Ne piu præsto in questa angonia agitato, & per questo modo absorto essendo, che inaduertente al fine di quella floribonda copertura perueni, & riguardando una innume rosa turba di iuuentude promiscua celebremente festigiante mi apparue, Cum sonore uoce, & cum melodie di uarii soni, Cum uenusti & ludibon di tripudii & plausi, Et cum molta & iocundissima lætitia, In una amplissima planitie agminatamente solatiantise. Dique per questa tale & grata nouitate inuaso sopra sedendo admiratiuo, di piu oltra procedere, trapensoso io steti.

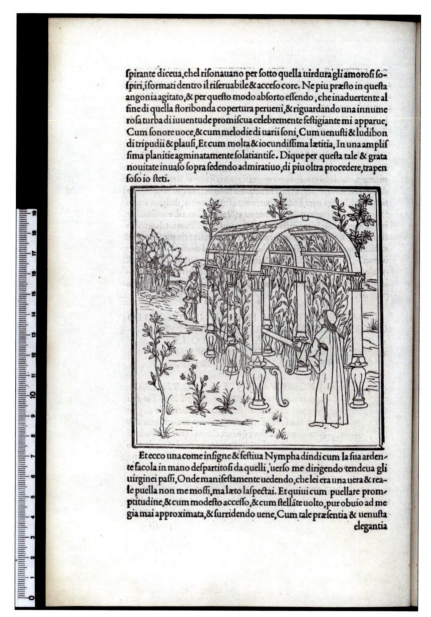

Et ecco una come insigne & festiua Nympha dindi cum la sua ardente facola in mano despartitosi da quelli, 'uerso me dirigendo tendeua gli uirginei passi, Onde manifestamente uedendo, che lei era una uera & reale puella non me mossi, ma læto la spectai. Et quiui cum puellare promptitudine, & cum modesto accesso, & cum stelláte uolto, pur obuio ad me gia mai approximata, & surridendo uene, Cum tale præsentia & uenusta elegantia

Abb. 7   **C*767**; *Columna, Franciscus* / Hypnerotomachia Poliphili; **Di 2203, 4°**; fol. i iii^v

Abbildungen

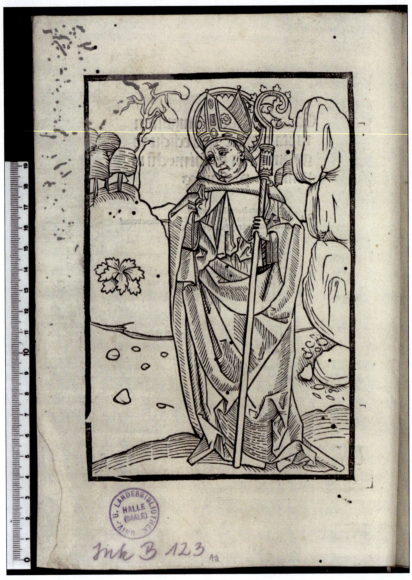

Abb. 8 **C*881.6**; *Cora, Ambrosius de* / Vita S. Augustini. Orationes de laudibus S. Augustini; **Ink B 123**; fol. 1ᵛ

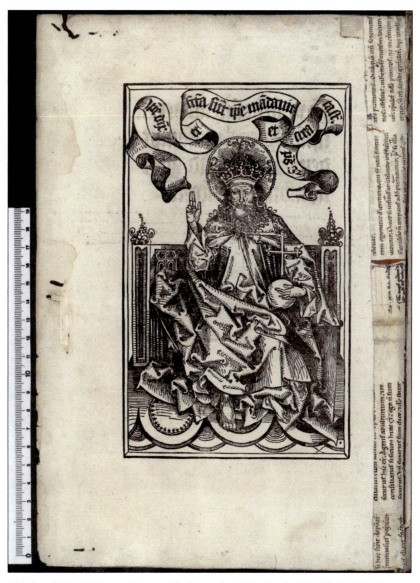

Abb. 9 **E*24.6**; *Eike von Repgow* / Sachsenspiegel: Landrecht; **Kg 629, 4°**; fol. 1ᵛ

Abbildungen

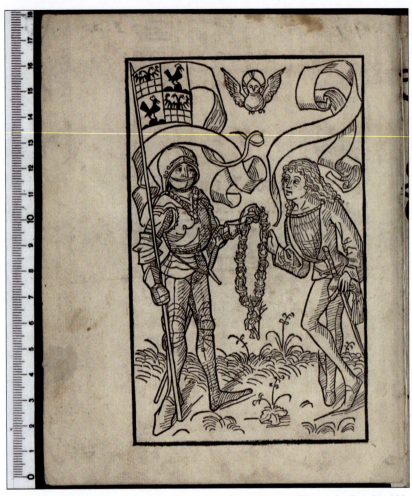

Abb. 10 **G*278.4**; Gesellschaft der Herren von Henneberg zu Vessra; **in Pon Ye 803**; fol. 1ᵛ

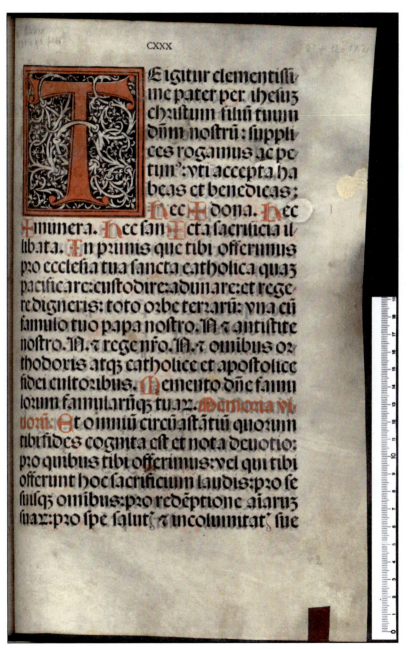

Abb. 11 **M*683**; Missale Pataviense (Passau); **Ink C 15**; fol. 142

Abbildungen

Abb. 12 **O*1**; Obsequiale Augustense (Rituale, Augsburg); **Ink A 75**; fol. 1ʳ

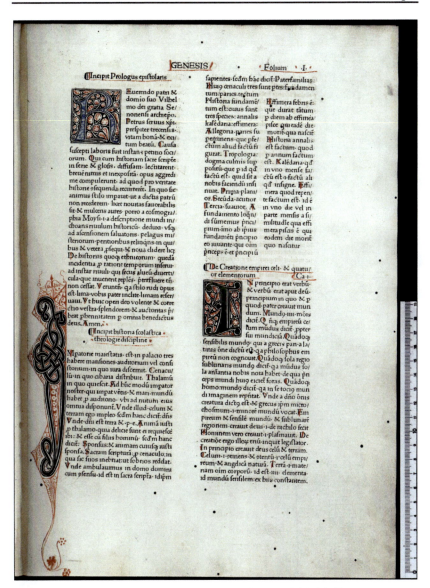

Abb. 13   **P*458**; *Petrus Comestor* / Historia scholastica; **Ink C 30**; fol. 1ʳ

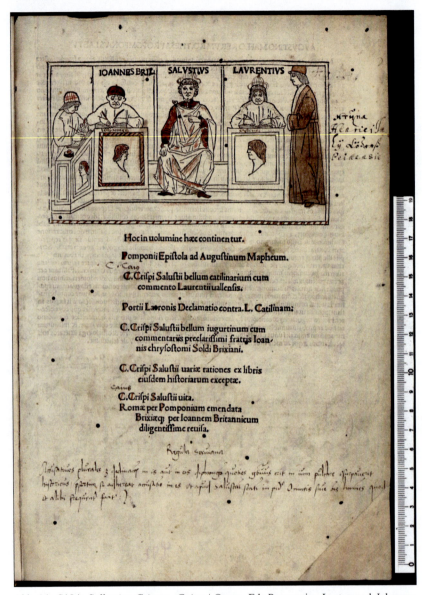

Abb. 14 **S*84**; *Sallustius Crispus, Gaius* / Opera. Ed: Pomponius Laetus and Johannes Britannicus; **Ink C 48**; fol. 1ʳ

Abb. 15 **S*306**; Schatzbehalter der wahren Reichtümer des Heils; **Im 1826, 4°**; fol. 3ᵛ

Abbildungen

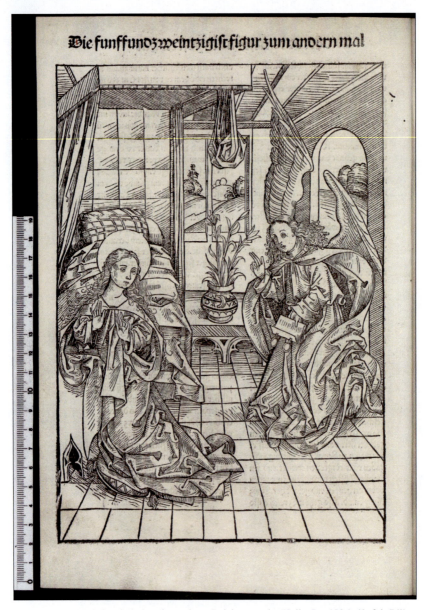

Abb. 16 **S*306**; Schatzbehalter der wahren Reichtümer des Heils; **Im 1826, 4°**; fol. 74ᵛ

Abbildungen

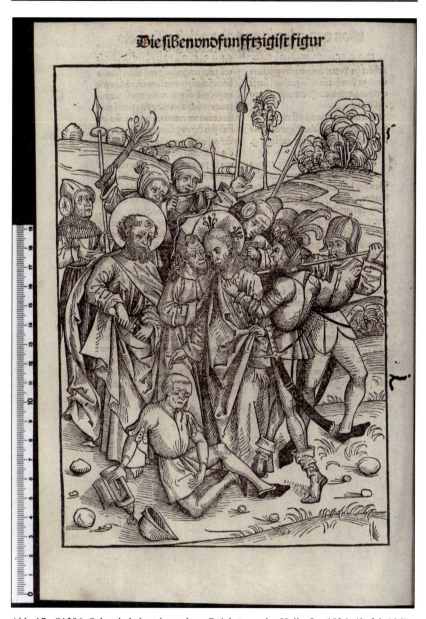

Abb. 17 **S*306**; Schatzbehalter der wahren Reichtümer des Heils; **Im 1826, 4°**; fol. 106ᵛ

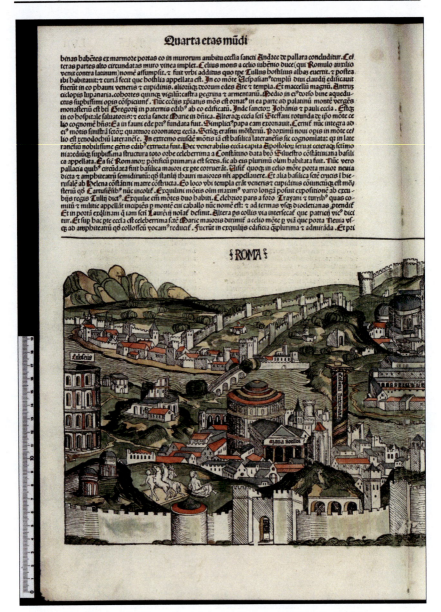

Abb. 18 **S*307**; *Schedel, Hartmann* / Liber chronicarum; **Na 999, 2°**; fol. 77ᵛ

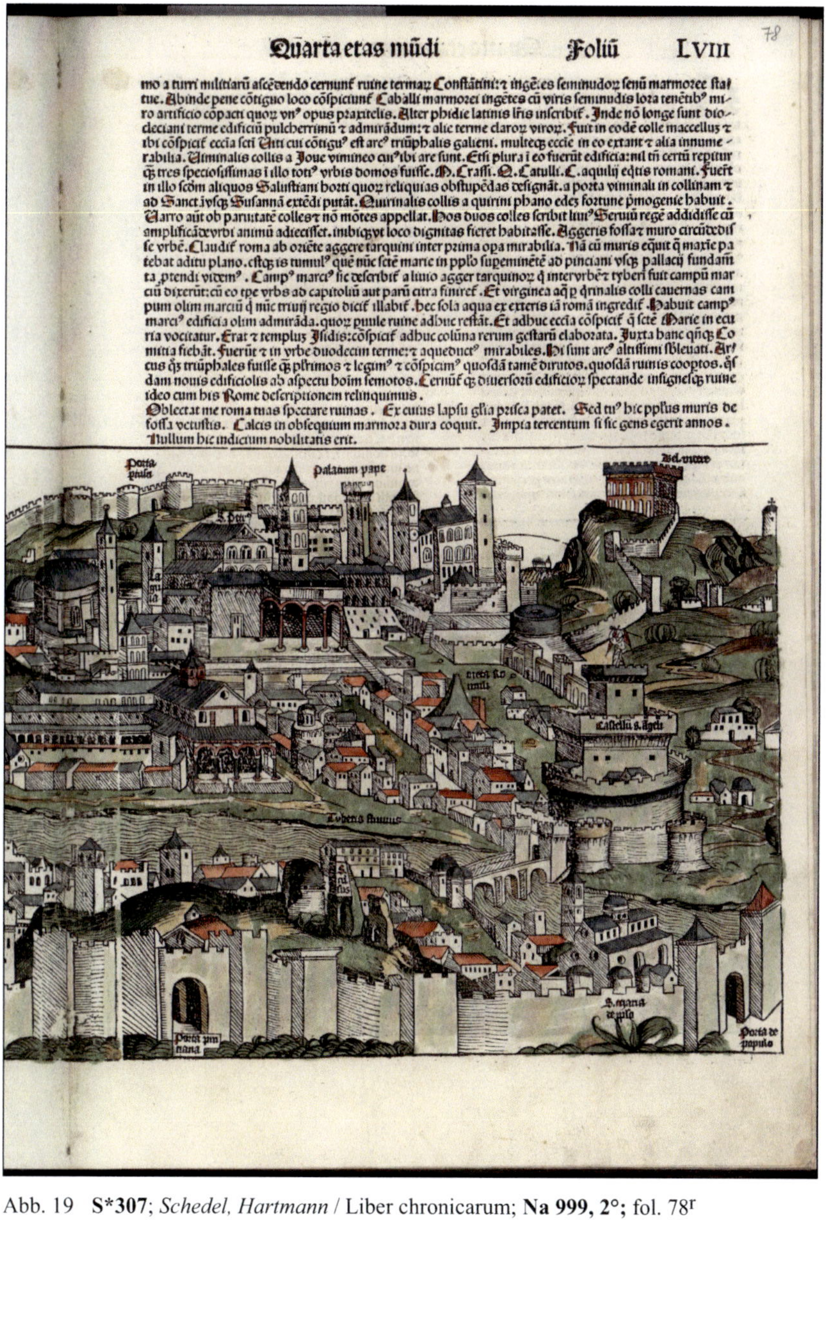

Quarta etas mūdi Foliū LVIII

mo a turri militiarū ascēdendo cernunt ruine termaꝝ Cōstātini: ⁊ ingē:es seminudoꝝ senū marmoree statue. Abinde pene cōtiguo loco cōspiciunt Caballi marmorei ingētes cū viris seminudis lora tenētib⁹ miro artificio cōpacti quoꝝ vn⁹ opus praxitelis. Alter phidie latinis lrīs inscribit. Inde nō longe sunt diocleciani terme edificiū pulcherrimū ⁊ admirādum: ⁊ alie terme claroꝝ viroꝝ. Fuit in eodē colle macellus ⁊ ibi cōspicit eccla scti Viti cui cōtigu⁹ est arc⁹ triūphalis galieni. multeqꝫ eccle in eo extant ⁊ alia innumerabilia. Viminalis collis a Joue vimineo cui⁹ ibi are sunt. Etsi plura i eo fuerūt edificia: nil tn̄ certū reperitur qꝫ tres speciosissimas i illo toti⁹ vrbis domos fuisse. M. Crassi. Q. Catulli. C. aquilij eqtis romani. Fuerit in illo scōm aliquos Salustiani horti quoꝝ reliquias obstupēdas designāt. a porta viminali in collinam ⁊ ad Sanct. ivsqꝫ Susannā extēdi putāt. Quirinalis collis a quirini phano edes fortune pmogenie habuit. Varro aūt ob paruitatē colles ⁊ nō mōtes appellat. Hos duos colles scribit liui⁹ Seruiū regē addidisse cū amplificādevrbi animū adiecisset. imbiqꝫ vt loco dignitas fieret habitasse. Aggeris fossa ⁊ muro circūdedisse vrbē. Claudit roma ab oriēte aggere tarquini inter prima opa mirabilia. Nā cū muris equit q̄ maxie patebat aditu plano. estqꝫ is tumul⁹ quē nūc sctē marie in pplo supeminētē ad pinciani vsqꝫ pallacij fundamta ꝓtendi videm⁹. Camp⁹ marci⁹ sic describit a liuio agger tarquinoꝝ q̄ inter vrbē ⁊ tyberi fuit campū marciū dixerūt: cū eo tpe vrbs ad capitoliū aut parū citra finiret. Et virginea aq̄ p q̄rinalis colli cauernas campum olim marciū q̄ nūc triuij regio dicit illabit. hec sola aqua ex exteris iā romā ingredit. Habuit camp⁹ marci⁹ edificia olim admirāda. quoꝝ puule ruine adhuc restāt. Et adhuc eccla cōspicit q̄ sctē Marie in ecuria vocitatur. Erat ⁊ templuꝫ Isidis: cōspicit adhuc colūna rerum gestarū elaborata. Juxta banc qñqꝫ Comitia fiebāt. Fuerūt ⁊ in vrbe duodecim terme: ⁊ aqueduct⁹ mirabiles. Hi sunt arc⁹ altissimi sblevati. Arcus qꝫ triūphales fuisse qꝫ plrimos ⁊ legim⁹ ⁊ cōspicim⁹ quosdā tamē dirutos. quosdā ruinis cooptos. q̄sdam nouis edificiolis ab aspectu hoim̄ semotos. Cernūt qꝫ diuersorū edificioꝝ spectande insignesqꝫ ruine ideo cum his Rome descriptionem relinquimus.

Oblectat me roma tuas spectare ruinas. Ex cuius lapsu glia prisca patet. Sed tu⁹ hic pplus muris de fossa vetustis. Calcis in obsequium marmora dura coquit. Impia tercentum si sic gens egerit annos. Nullum hic indicium nobilitatis erit.

Abb. 19 **S*307**; *Schedel, Hartmann* / Liber chronicarum; **Na 999, 2°**; fol. 78r

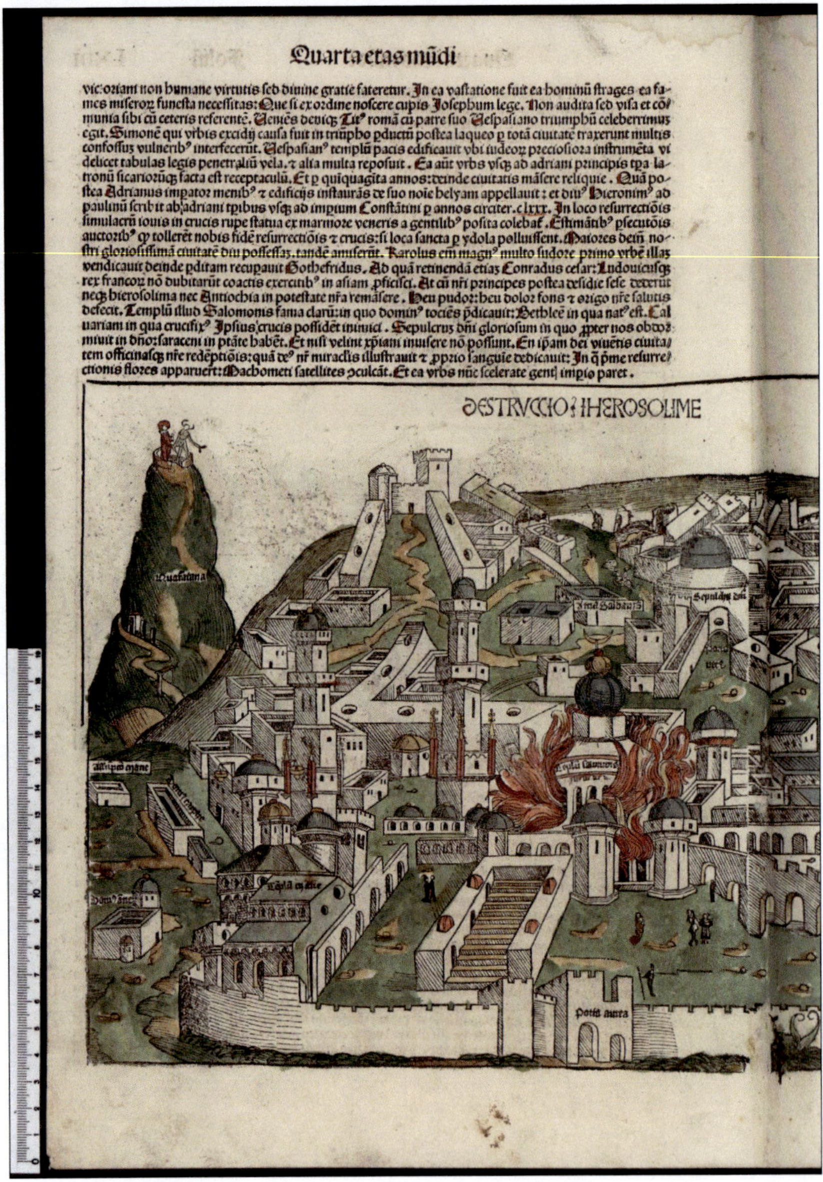

Abb. 20 **S*307**; *Schedel, Hartmann* / Liber chronicarum; **Na 999, 2°**; fol. 83ᵛ

Abb. 21 **S*307**; *Schedel, Hartmann* / Liber chronicarum; **Na 999, 2°**; fol. 84ʳ

Sexta etas mundi

Erfordia magna ac memorabilis vrbs, puincie thuringie caput, a pascis erphesfurt appellata. Mon tem habet excelsum, qui nunc sancti petri vocatur, cum a temporibus Theodosij impatoris sub archadio z honorio inclinatio imperij originem habuit. Franci romanoz presides, a rheno ytaliam versus abiecerunt. Et se regi pzio subiecerunt. Quibus intellectis thuringi ab altera parte rheni orientem versus Ex consilio regis francoz merwigij eius cognatum in regem elegerunt. Is arcem construxit in eo monte, z castrum pze Erffozdiam vbi nunc ecclesia sancti Dyonisij extat. qd vulgares Merwsburg nominat. Post eius obitum basinus in thuringia regnum sucepit. Cuius vxorem postea bildericus rex francie duxit i coniugem. Per ea tempa in loco vbi nunc basilica diui andree frequentatur. villa Schildinozde extabat. in bu leto quoqz pze fluuij Gera (qui nunc ciuitatem illabitur. z mediam ferme perfluit. Cuius commoditate to ta ciuitas purgatur. z plurimum vocatur) Molitor sagax sua diuerticula habebat. cui nome Erpff fuerat apud eius molendinum transitus siue passagium olim exibit. at cum temporibus clodouei regis francoz ad annum salutis trigesimii octauuz z quadringetesimii Erffordia ortum habuit. a molitore dicto atqz transitu Erphesfurt venominata fuit. Regnante postea apud francos tagoberto inclito rege. Is post castrum in monte desolatum monasterium celeberrimum sancto petro dicatum ordinis diui benedicti construxit. Inde mons sancti petri appellatus fuit. Ecclesiam quoqz sancti Gangolfi dotauit. Bonifacius postea archiepus ma guntinus sub pipino francoz rege. cum thuringiam ad fidem conuertisset ecclesiam gloriose semper virginis Marie edificauit. ac ibi episcopatum ordinauit , qui illico maguntine sedi cessit. Huius vrbis ager optimus est z herba fullonu que sandix ac saponaria dicitur pro tingendis pannis feracissimus. Per cui arua gera fluuius z alia flumina perfluunt. regionem vbertim irrigantes. pter quod z pecoz pascuis ha bundat. Post annu deinde sexagesimusextum supra millesimu muro circundata ac turribus munita fuit. Et cum sedibus ac monasterioz ac ecclesiaz ornamentis munifice creuit. thuringozuqz celeberrima sedes fuit. eo cp totius regionis ferme media sit. z bladis alijsqz necessarijs copiosissima habeatur. Et cum hec regio ac vrbs a soluendis decimis libera fuerit. Eam ob rem multas calamitates a finitimis principibus passa fuit. pzecipue temporibus heinrici tercij imperatoris. Is cum a seuerissimo suo preceptore archiepiscopo Colaniensi liber euasisset. In omia genera flagitioz rupis tpantie frenis papiem se cedit. Montes oes
Ecclesia virginis Marie   Sanctus Seuerus

ERFORD[?]

Abb. 22   **S*307**; *Schedel, Hartmann* / Liber chronicarum; **Na 999, 2°**; fol. 174ᵛ

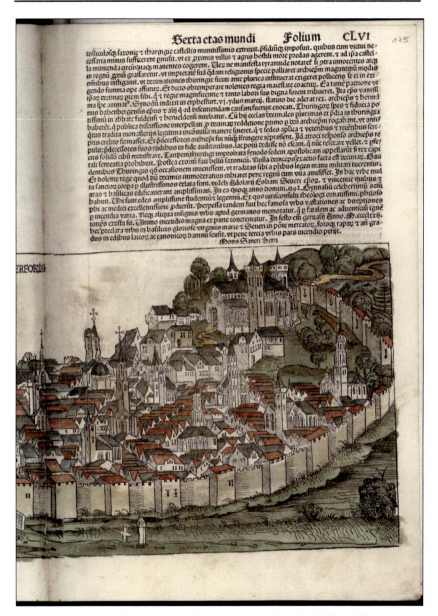

Abb. 23 **S*307**; *Schedel, Hartmann* / Liber chronicarum; **Na 999, 2°**; fol. 175ʳ

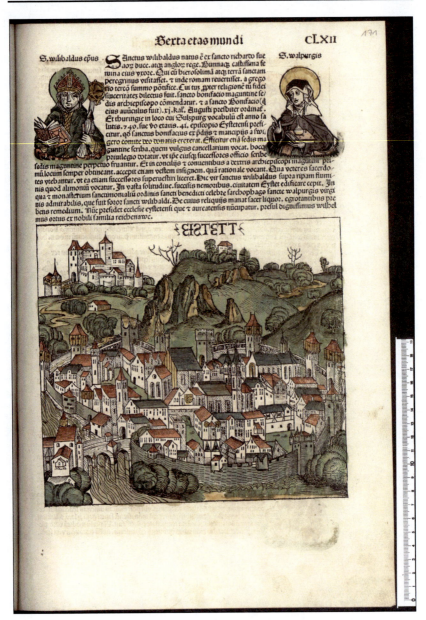

Abb. 24 **S*307**; *Schedel, Hartmann* / Liber chronicarum; **Na 999, 2°;** fol. 181r

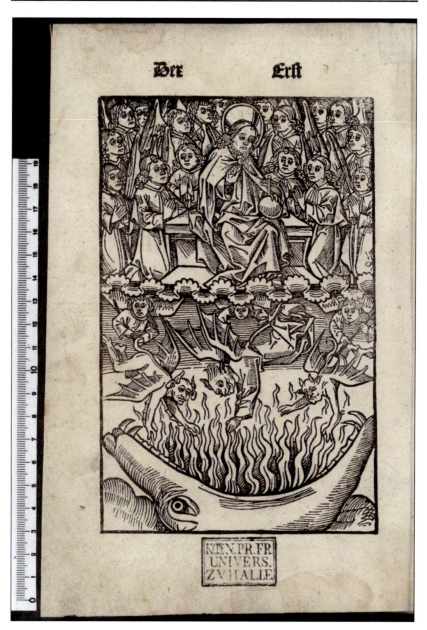

Abb. 25 **S*366.3**; Seelen-Wurzgarten; **Im 1867, 4°**; fol. 1ᵛ

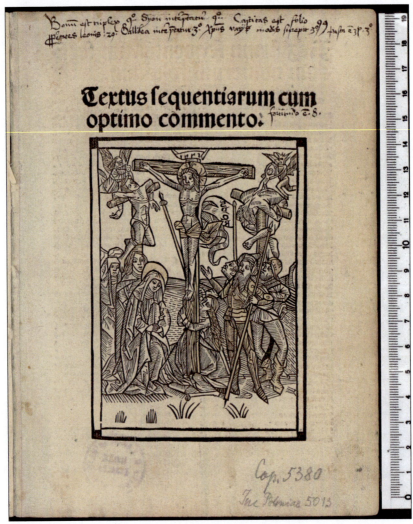

Abb. 26 **S*461**; Sequentiae. Textus sequentiarum, cum optimo commento; **Ink A 37**; fol. 1ʳ

Abb. 27 **T*361**; *Thwrocz, Johannes de* / Chronica Hungarorum; **Ung II 22,4°**; fol. 2ᵛ

Abb. 28   **T*361**; *Thwrocz, Johannes de* / Chronica Hungarorum; **Ung II 22, 4°**; fol. 8ᵛ

Abb. 29   **V*334**; Vocabularius juris utriusque; **Kc 177 a, 2°**; fol. 1ʳ

INDEX DER DRUCKER, VERLEGER UND DRUCKORTE

Alexandre, Jean, *Verleger*
Paris
F*-9.9.

Alopa, Laurentius (Francisci) de, Venetus
Florence
A*-924; P*-771.

Alvarotus, Jacobus – BMC sic. GW: Alvarottus, Jacbus. H: Alvarotis, Jacobus de.
Venice
A*-545.

Alvisius, Johannes
Venice
P*-800.

Amerbach, Johann
Basel
A*-34; A*-551; A*-1244; A*-1268; A*-1274; A*-1308; A*-1343; A*-1345; B*-571; B*-573; B*-581; B*-607; B*-610; C*-233; C*-235; C*236; C*793; D*-176; F*-266; G*-148; G*-556; H*-291; I*-185; J*-197; J*-260; M*-244; N*-208; P*-48; P*-51; P*-511; P*-593; R*-154; T*-558; T*-560;; T*-562; V*-277.

Anima Mia, Guilelmus
Venice
P*-214; S*-621.

Apud praedicatores. *Cf.* Zierikzee, Cornelius de.

Arndes, Stephanus (= Steffen)
Lübeck
A*-764.4; B*-638; J*-173; M*-721.8.

Arrivabenus, Georgius
Venice
H*-454; P*-968.

Ayer, Marx
Ingolstadt
F*-215.8.

Bac, Govaert
Antwerp
B*-524.

Battibovis, Nicolaus
Venice
L-302*.

Bazaleriis, Bazalerius de or Bazaleriis, Caligula
Bologna
B*-84.4.

Beck, Reinhard
Strassburg
H*-489.3.

Beckenhub, Johann
Strassburg
D*-445.

Belfortis, Andreas, Gallus
Ferrara
P*-29.

Benalius, Bernardinus
Venice
Z*-8.5.

Benedictis, Franciscus (Plato) de
Bologna
A*-1173.9; B*-464; B*-839.5; B*-1047; L*-373; M*-285; P*-1017.

Benalius, Bernardinus
Venice
E*-122; M*-413.6; M*-414.1; M*-414.25.

Benedictis, Franciscus Plato de
Bologna
S*-345.

Benedictis, Nicolaus de
  Lyons
  J*-600.4.
  Turin
  M*-364.7.

Bergmann, de Olpe, Johann
  Basel
  B*-1086; B*-1090; B*-1097;
  M*-401.9; W*-50.

Bertochus, Dionysius, Bononiensis
  Reggio Emilia
  S*-349.
  Modena
  C*-961.

Besicken, Johann
  Basel
  P*-48.
  Rome
  C*-753; H*-153; M*-289.5; M*-782; P*-272; T*-55.6.

Bevilaqua, Simon, de Gabis
  Venice
  B*-697; C*-572; C*-742; F*-190; J*-419; O*-193; P*208.

Birreta, Jo(h)annes Antonius
  Pavia
  C*-996.4.

Bissolus, Johannes
  Milan
  S*-829

Blavis, Bartholomaeus, de Alexandria
  Venice
  A*-962; B*-1118.5; C*-524.

Bocard, André
  Paris
  F*-9.9.

Böttiger, Gregorius (Wermann)
  Leipzig
  A*-1010.5; B*-247; B*-254; B*-1107; B*1108; M*-409.

Bonellis, Manfredus de, de Monteferrato
  Venice
  V*-68.

Bonetis, Andreas de
  Venice
  A*-1217; J*-527.5.

Boninis, Boninus de, de Ragusia
  Brescia
  R*-148.5; U*-22.

Borchard, Johann and Thomas
  Hamburg
  J*-185.

Boscho, Johannes Andreas de
  Pavia
  M*-413.35.

Brandis, Lucas
  Lübeck
  B*-931.95; G*-310; G*-646.5; P*-129; P*-533.5; R*-345.
  Cf also: Printer of Johannes Calderinus

Brandis, Marcus
  Leipzig
  A*-351; A*-751; R*-283.3; S*-583.535.

Brandis, Matthaeus
  Lübeck
  O*-86; O*-87.

Brandis, Moritz
  Leipzig
  A*-352.785; A*-1209; B*-398; D*-122; L*-288; M*-846; S*-747.
  Magdeburg
  J*-323; M*-673; S*-206.5; S*-214.5; S*-747.1.

Breda, Jacobus de
  Deventer
  A*-141; A*-445.59; B*-165.55; S*-784.

Britanicus, Jacobus
  Brescia
  P*-608.

Index der Drucker, Verleger und Druckorte

Bumgart, Hermann
Cologne
C*-984.5

Buyer, Barthélemy (Bartholomieu),
Verleger
Lyons
B*-184.

C. W., Civis Argentinensis
Strassburg
B*-337; B*-341.8.

Calabrensis, Andreas, Papiensis
Venice
J*-570.

Calcedonius, Alexander, *Verleger*
Venice
A*-86; D*-306;

Camos, Johannes Antonius, *Verleger*
Naples
C*-68.

Canibus, Christophorus de
Pavia
D*-112.4; M*-416.3; U*-46.

Carcano, Antonius de
Pavia
S*-131; S*-137; S*-141.

Castelliono, Petrus Ambrosius de,
Verleger
Milan
J*-568.7.

Caymis, Ambrosius de, *Verleger*
Milan
J*-568.7.

Chalcondylas, Demetrius, *Verleger*
Milan
S*-829.

Choris, Bernardinus de, de Cremona
Venice
P*-772.

Celerius, Bernardinus
Treviso

D*-250;

Clein, Johannes
Lyons
A*-1428.

Colonia, Arnoldus de
Leipzig
C*-763.4; J*-367; S*-376.5; S*-380.

Colonia, Bernardus, de
Treviso
M*-96.

Colonia, Johannes de
Venice
B*-193; B*-201; B*-206; B*-225; F*-143; G*-368; J*-344; T*20.8; T*-221; V*-96.

---------, *Verleger*
A*-962.; T*-171.

Crantz, Martin
Paris
B*-519; F*-147.

Creussner, Friedrich
Nuremberg
A*-602; G*-278.4; G*-278.4; J*-219; L*96; M*749; S*-580; T*-13.5; T*-477; T*-546.

Darleriis, Carolus de
Cremona
B*-102.

Dauvone, Johannes Persan
Venice
D*-388.

Dinckmut, , Conrad
Ulm
E*-102; H*-550; P*-1076.

Drach, Peter
Speyer
A*-328; A*-869; A*-1435; B*-173; B*-587; B*992; B*-1170.6; D*-311; D*-412; F*-257: G*-51; H*-38; H*-289; H*-316; I*-

Index der Drucker, Verleger und Druckorte

167.3; L*-147; L*-160; L*-336; M*-319; M*-632; M*-675; M*-755; O*-27.5; P*-447; P*-498; S*-47; V*-336; V*-338.

Eber, Jacob
Strassburg
G*-312.

Eggestein, Heinrich
Strassburg
A*-635; B*-293; B*-625; B*-977; C*-697; C*-714; E*-125; F*-107.5; F*-110; G*-360; G*-361; G*-446; I*-95; P*-479; P*-929; T*-210.

Faelli, Benedictus Hectoris
Bologna
S*-601.4; S*-825.

Flach, Martin (namesake of Martin Flach of Strassburg)
Basel
T*-283.

Flach, Martin
Strassburg
A*-248; A*-293; A*-1218; A*-1221; B*-430; B*-1334; G*-189; G*-593; I*-14; N*-83; N*-95.8; P*-103.5; P*-525; R*-33; T*-121; T*-343.

Frankfordia, Nicolaus de
Venice
B*-580.5;

Fratres (Ordinis) Eremitarum S. Augustini
Nuremberg
M*-630.5.

Fratres Vitae Communis
Brussels
A*-1063.

Fratres Vitae Communis
Marienthal
N*-129.

Freitag, Andreas
Rome
C*-199.

Friedberg, Peter von
Mainz
H*-501; T*-433; T*-456.

Frigurger, Michael
Paris
B*-519; F*-147.

Frisner, Andreas
Nuremberg
B*-546; B*-628; G*-229; G*-489.8; J*-85; J*-575; L*-361; M*-843; N*-62; P*-476; P*-477; T*-184.

Froben, Johann
Basel
B*-598; B*-609.

Frommolt, Eberhard
Vienne
O*-62.39.

Froschauer, Johann
Augsburg
G*-273.

Furter, Michael
Basel
B*-1078; F*-266 (?); G*-148; G*-395; G*-407; G*-425; G*-441; G*-668; G*-690; I*-185; M*-422; M*-524; R*-41; S*-461.

Fyner, Conrad
Esslingen
A*-799; T*-210; T*-236.
Urach
J*-277; J*-278; J*-283; J*-290; J*-303; O*-14.

Garaldis, Bernhardinus de
Pavia
A*-189.

Garaldis, Michael de
Pavia
A*-189.

Gensberg, Johannes
Rome
J*-342.5.

Georgiis, Stephanus de
Pavia
D*-112.4.

Gering, Ulrich
Paris
B*-519; F*-147.

Gerla, Leonardus
Pavia
U*-40.

Gerlier, Durand, *Verleger*
Paris
G*-707.5; G*-721.

Giorgi, Stefanino
Pavia
M*-416.3.

Girardengus, Franciscus
Pavia
A*-568.4; A*-631; C*-994.5; C*-996.4.

Girardengus, Nicolaus, de Novis
Pavia
A*-638.

Goes, Mathis van der
Antwerp
G*-626.6; S*-767.05.

Götz, Nicolaus
Cologne
B*-569; M*-572.5.

Gran, Heinrich
Hagenau
C*-802; G*-712; P*-250; P*-254; P*-258; S*-863; W*-4.1.

Gregorius, Joannes, de Forlivio
Venice
C*-648.

Gregorius, Joannes and Gregorius, de Forlivio
Venice
A*-228; A*-225; A*-245; A*-281; A*-300; A*-966; B*-768; P*-399; P*-922; U*-7; U*-30.3.

Greyff, Michael
Reutlingen
E*-148; H*-505; N*-204.

Grüninger, Johannes (Reinhard)
Strassburg
A*-878; A*-1210; B*-600; B*-617; B*-633; B*-897; B*-1058.5; B*-1170.6; G*-186; G*-375; G*-380; H*-17; H*-461; L*-264; L*-343; M*-178; M*-663; M*-732.9; N*-102; P*-269; R*-19; R*-20; S*-589; V*-320.1.

Guldenschaff, Johann
Cologne
A*-244, A*-557; H*-322.

Guldinbeck, Bartholomaeus
Rome
P*-272.

Gutenberg, Johann
Mainz
Cf: Printer of the ‚Catholicon', 1460

Hamman, Johannes
Venice
R*-111.

Hectoris, Benedictus
Bologna
A*-938; S*-601.4; S*-825.

----------, *Verleger*
Bologna
B*-464; P*-1017.

Helmut, Andreas, *Verleger*
Basel
B*-1078; J*-580.8.

Herbort, Johannes , de Seligenstadt
Padua
D*-448;M*-844.
Venice
A*-1044.4; B*-288; B*-579; T*-171; Z*-4.

Herolt,, Georgius
Rome
O*-95.

Heyny, Christmann
Augsburg
G*-565

Hist, Conrad
Speyer
B*-655; C*-620.5; C*-625.7; V*-361.

Hist, Johann and Conrad
Speyer
I*-136.75; P*-865.8.

Hochfeder, Caspar
Metz
S*-44.05.

Hochfeder, Caspar
Nuremberg
A*-759; G*-700; S*-41.8; S*-113.

Honate, Johannes Antonius de
Milan
B*-186; J*-568.7.

Husner, Georg
Strassburg
A*-595; A*-1253; D*-445; E*-129; H*-91; N*-112; N*-200; T*-421.5.

Huss, Mathias
Lyons
F*-138.

Jacobszoon van der Meer, Jacob
Delft
E*-28.25; L*-140.5

Jehannot, Étienne
Paris
H*-396.5.

Jenson, Nicolaus
Venice
B*-192; B*-200; B*-205; B*-216; B*-217; B*-221.1; B*-229; B*-233; B*-238; B*-984; C*-728; G*-363; G*-366; G*-452; J*-519; J*-548; J*-566; Q*-26; T*-198.

-----------, et Socii, *Verleger*
Venice
B*-288; T*-171.

Kachelofen, Conrad
Leipzig
A*-80; A*-82; A*-478; A*-618.5; B*-42; B*-360; B*-866; B*-1066; C*-941.1; H*-33.4; H*-33.45; J*-384.5; L*-102; L*-267.2; M*-673.45; M*-846; N*-21; N*-25; N*-26; P*-574; P*-577; P*-854; P*-951; P*-979; P*-1045; Q*-7.5; S*-415; T*-48; T*-365.9.

Kefer, Heinrich
Nuremberg
R*-5; R*-150.

Keller, Ambrosius
Augsburg
A*-960.

Keller, Johann
Augsburg
V*-324.

Kesler, Nicolaus
Basel
A*-780; B*-439; B*-585; B*-1002;C*-148; C*-734; G*-187; G*-432; G*-664.7; G*-692; H*-171; H*-173; H*-176; H*-317; J*-530; M*-54; M*-91; M*-444.5; M*-573; P*-130; P*-131;

Index der Drucker, Verleger und Druckorte

P*-453; P*-490; P*-492; P*-599.4.

Kistler, Bartholomaeus
Strassburg
L*-228.

Knoblochtzer, Heinrich
Heidelberg
F*-247.5; J*-40; L*-332.24.
Strassburg
J*-478?

Knoblouch, Johann
Strassburg
A*-143; M*-472.2.

Koberger, Anton
Nuremberg
A*-383; A*-393; A*-543; A*-778; A*-779;A*-871; A*-875; A*-1170; B*-186.5; B*-292; B*-340; B*-498; B*-564; B*-568; B*-575; B*-613; B*-614; B*-618; B*-619; B*-632; B*-688; B*-993; B*-1001; B*-1343; C*-206; C*-665; C*-725; C*-727; D*-380; D*-422; D*-438; D*-450; F*-113; G*-386; G*-470; G*-494; H*-40; H*-199; H*-298; H*-318; I*-27; I*-170; J*-103; J*-132;; J*-261; J*-569; J*-581; J*-664; L*-339; M*-758; N*-135; N*-150; P*-50; P*-166; P*-486; P*-488; P*-717; P*-719; P*-769; P*-856; S*-46; S*-306; S*-307; S*-309; T*-196; V*-188; V*-290; V*-355.

----------, *Verleger*
Basel
B*-610.
Strassburg
B*-607.

Koch, Simon (Mentzer)
Magdeburg
672.

Koelhoff, Johann, the Elder
Cologne
B*-133; B*-389; B*-924; B*-925; B*-1127; C*-31; C*-1018; F*-264.4; G*-185; J*-123; J*-287; J*-289; K*-31; L*-55; L*-153; L*-255.5; M*-807; N*-42; P*-29.4; P*-34; P*-40; P*-41; P*-245; R*-349; S*-496; T*-166; T*-175; T*-179; T*-187; U*-27.

Kollicker, Peter
Basel
M*-244.

Kunne, Albrecht
Memmingen
E*-38; G*-223.6; T*-506.

Landsberg, Martin
Leipzig
A*-352.788; A*-461; A*-461.5; A*-462; A*-464; A*-465; A*-620; A*-622; A*-623; A*-997.5; A*-1006; A*-1006.8; A*-1010.7; A*-1020.2; B*-124.5; B*-274.9; C*-326; C*-453.5; C*553; C*-561; C*-592.7; C*-625.2; C*-629.5; C*-742.6; C*-982; D*-43; D*-359.6; G*-146.29; H*-308; H*-309; H*-445; H*-465.3; J*-30; J*-389; J*-416; L*-62; N*-17; O*-138.3; O*-149; O*-198.4; P*-284.1; P*-336; P*-884.56; P*-941.6; P*-983.55; R*-119; R*-145:5; T*-417; W*-51,5; W*-55.

Landen, Johann
Cologne
N*-144.4.

Lapsis, Dominicus de
Bologna
A*-85.

Laurentii, Nicolaus, Alemanus
Florence
A*-215.

Leeu, Gerard
Antwerp

B*-1144.45.
Gouda
J*-139; M*-160.

Legnano, Johannes de, *Verleger*
Milan
C*-190; P*-55.

Le Roy, Guillaume
Lyons
B*-184.

Libri, Bartolommeo di
Florence
S*-275.

Liechtenstein, Hermann(us)
Venice
R*-327; T*-258; V*-281; V*-286; V*-291; V*294.
Vicenza
P*-1081.

Locatellus, Bonetus
Venice
B*-1305; B*-1314; M*-516; P*-502; Q*-29; T*-195.

Lotter, Melchior
Leipzig
A*-177; A*-745; A*-1079; A*-1082.09; A*-1361.7; B*-1103; B*-1106; C*-941.1; F*-332; H*-34; H*-35; M*-673.45; P*-578; T*-446; T*-446.1.

Luere, Simon de
Venice
B*-1301; P*-772.

Luna, Otinus de
Venice
M*-82.6?

Mancz, Conrad
Blaubeuren
H*-239; J*-39; S*-411.

Mangius, Benedictus
Milan
S*-829

Manutius, Aldus, Romanus
Venice
A*-958; C*-767; E*-64; F*-191; J*-216; L*-335; T*-144; T*-158.

Manthen, Johannes
Venice
B*-193; B*-201; B*-206; B*-225; F*-143; G*-368; J*-344; T*-20.8; T*-221; V*-96.

Manutius, Aldus, Romanus
Venice
T*-144.

Martens, Thierry
Antwerp
B*-1144.45; F*-294.

Mayer, Sigismundus
Rome
C*-753; H*-153.

Mazalibus, Albertus de
Reggio Emilia
T*-367.

Mentelin, Johann
Strassburg
A*-1160; A*-1239; A*-1267; B*-285; B*-624; H*-162; I*-182; J*-288; N*-133; P*-571; T*-208; V*-288.

Meydenbach, Jacob
Mainz
H*-486.

Meynberger, Friedrich, *Verleger*
Tübingen
B*-660; B*-662.

Misch, Friedrich
Heidelberg
M*-183.

Miscomini, Antonio di Bartolommeo
Florence
F*-157.

Misintis, Bernardinus de
Brescia

B*-56; T*-154.
Moravus, Mathias
Naples
C*-68.

Müller, Johann (Regiomontanus) of Königsberg
Nuremberg
R*-104.5.

n.pr.
Cologne?
R*-336.
Italy?
P*-854.2.
Southern Germany
R*-366.

Nicolai, Johannes, de Bamberga
Perugia
U*-33.

Novimago, Reynaldus de
Venice
J*-250.1; N*-256.

Odoardus, Prosper
Reggio Emilia
T*-367.

Os, P(i)eter van
Zwolle
E*-29.2.

Otmar, Johann
Reutlingen
B*-262.5; B*-659; B*-951; M*-177; S*-862.
Tübingen
B*-290.3; B*-660; B*-662; O*-64; T*-51?

Pafraet, Richardes
Deventer
A*-665; B*-78; B*-88; B*-97.3; C*-899; H*-143; L*-141; S*-101.3; V*-196.8; V*-203.6; V*-221.8.

Paganinis, Paganinus de
Venice
A*-192?; A*-915.4; A*-1315; L*-315.

Palatasichis, Andreas de
Venice
T*-400.

Parix, Johannes
Toulouse
G*-554.

Parmensis, Caesar
Cremona
T*-145.

Pasqualibus, Peregrinus, de, Bononiensis
Venice
D*-223.

Pensis, Christopherus de, de Mandello
Venice
S*-84; V*-66.

Petit, Jean, *Verleger*
Paris
F*-9.9.

Petri, Johann de Langendorff
Basel
B*-609; H*-291?

Petri, Petrus de Cologna
Perugia
U*-33.

Petrus in Altis (Bergmann?), de Olpe
Cologne
C*-44; P*-38.

Philippi, Nicolaus
Lyons
G*-667; J*-66.

Pietro, Filippo di
Venice
P*-235.

Pietro, Gabriele di
Venice
P*-448

Pigouchet, Philippe
Paris
G*-707.5.

Pincius, Philippus
Venice
G*-54.6; H*-459; N*-15; P*-79; P*-591; U*-30.5.

Piscator (Fischer), Kilianus
Freiburg im Breisgau
E*-44; G*-714; P*-487.

Plannck, Stephan
Rome
B*-765; C*-76; C*-223; P*-272; P*-659; S*-134; T*-511.

Plasiis, Petrus de, Cremonesis, dictus Veronensis
Venice
B*-1118.5.

Pontanus, Carolus, *Verleger*
Venice
M*-82.6?

EPONYMOUS PRESSES
DRUCKER VON:

Aristeas
Erfurt
C*794.49; C*-794.5. J*-65.7.

Augustinus, ‚Explanation psalmorum'
Netherlands?
A*1271.

Augustinus, ‚De fide', about 1473
Cologne
T*-346.

Barbatia, ‚Johannina'
Bolonga
B*-107.

Bartholomaeus de S. Concordio, ‚Summa' (GW 3450)
Milan (?)
B*-170.

Bentevoglio
Northern Italy
B*-84.4.

Bollanus
Erfurt
A*-687.95.

Butigella
Pavia
C*-994.5.

Capotius (Martin Landsberg or Andreas Frisner)
Leipzig
W*-50.8.

Caracciolus, ‚Quadragesimales' (H *4443) (Kilianus Piscator)
Offenburg
C*-164.

‚Casus Breves Decretalium' (Georg Husner?)
Strassburg
A*-1318; G*-604.

Dares (Johannes Solidi (Schilling))
Cologne
G*-257; P*-157.2.

‚Dictys' (Arnold Ther Hoernen)
Cologne
A*-395.

Duns Scotus, ‚Quaestiones', 1472
Venice
P*-549.

Henricus Ariminensis (Georg Reyser?)
Strassburg
A*-1342; H*-19; J*-436; J*-478; M*-234; N*-122.5; N*-134; P*-460; P*-479.1.

Herodianus
Rome
C*-243; H*-85.

‚Historia S. Albini' (Johann Guldenschaff or Conrad Winters, Homborch?)

Cologne
A*-1304; N*-178.5.

Jacobus de Clusa (H 93409*)
Burgdorf
J*-20; W*-68.

Johannes Calderinus (Lucas Brandis?)
Lübeck
P*-129.

Meffreth, ‚Sermones' (Berthold Ruppel)
Basel
J*-461.

‚Modus legendi abbreviaturas'
Basel
A*-880; P*-483.

Nixstein
Northern Germany
N*-260.33.

the ‚Catholicon', 1460 (Johann Gutenberg?)
Mainz
T*-273.

the ‚Darmstadt' Prognostication
Mainz
P*-200.

the ‚Erwählung Maximilians'
Stuttgart
C*-1014.

the 31-line indulgence and of the 36-line Bible
Mainz
C*-422.6.

the 1472 Aquinas ‚Summa'
Strassburg
T*-210.

the 1480 Martiales
Venice
C*-521.

the 1481 ‚Legenda Aurea'
Strassburg
B*-341.7; G*-656.

the 1483 Jordanus de Quedlinburg (Georg Husner)
Strassburg
A*-397; A*-398; A*-400; A*-481; B*-24; B*-138; B*-140; B*-461; B*928; B*-1065; C*-773; C*-774; C*-923; D*-427; D*-434; D*-436; G*-296; G*-504; G*-604; G*-657; G*-678; G*-686; H*-17; H*-535; J*-110; J*-133; J*-462; J*-477; M*-325; M*-466; M*-533; M*-756; N*-102; N*-212; P*-463; R*-73; R*-118; R*-166; S*-654; V*-346.

the 1483 ‚Vitas Patrum'
Strassburg
G*-287; M*-246; P*-94; P*-520; T*-557.9.

Valascus de Tarenta, ‚De epidemia' (H 15245)
Southern France
A*-1075.

Prüss, Johann
Strassburg
A*-1314; B*-334; B*-583; B*-793; B*-1144.3; D*-431; E*-12; E*-148; G*-176; G*-186; G*-555; G*-663; H*-95; I*-22; J*268; J*-442; J*-462; M*-339; M*465.5; M*-732.95; N*103.6; P*-268; R*-117; R*-274; R*-275; R*-276; R*-282; S*-637.4.

Quarengiis, Petrus de, Bergomensis
Venice
A*-86; C*-572; D*-306.

Quentell, Heinrich
Cologne
A*-286; A*-143?; A*-1040; A*-1098; C*-307; C*-311; E*-149; F*-129; F*-130; F*-261; G*-498; J*-203.7; J*-229.35; J*-

237.65; M*-186; M*-216; M*-832; P*-483; S*-110; S*-457; S*-645; T*-158.4; T*-163; T*-170; T*-178; T*-181; T*-542; V*-248.1; V*-238; V*-253; V*-255; V*-327.8.
----------, *Verleger*
Cologne
A*-48; F*-331.

The R-Printer. *Cf:* Rusch, Adolf

Ratdolt, Erhard
Augsburg
A*-711; B*-845; I*-16; M*-683; O*-1; R*-100; R*-112; T*-361
Venice
A*-363; H*-4; H*561.

Reinhart, Marcus
Lyons
G*-677; J*-66.

Renchen, Ludwig von
Cologne
L*-344; R*-18; R*-366?

Renner, Franciscus, de Heilbronn
Venice
B*-566; B*-578; B*-612.

Retro Minores (Martin von Werden?)
Cologne
A*-48; F*-331.

Reyser, Georg
Speier or Strassburg
Cf also: Printer of Henricus Arimenensis; Spira, Georgius de

Reyser, Georg
Würzburg
S*-741.

Richel, Bernhard
Basel
A*-540; A*-1164; A*-1241; B*-537; B*-540; D*-109; E*-28?; H*-529; P*-45; P*-48; P*-452.

Riedrer, Friedrich
Freiburg im Breisgau
L*-261; R*-197.

Rizus, Bernadinus, Novariensis
Venice
J*-211; J*-569.4; O*-134; P*-385.

Rocociolus, Dominicus
Modena
F*-165.

Rohault, Pierre
Avignon
L*-327.

Rubeus, Jacobus
Venice
J*-343; J*-517; J*-547; J*-555.5; J*-592; L*-173.

Rubeus, Johannes. *Cf:* Vercellensis, Johannes Rubeus

Rugerius, Ugo
Bologna
S*-112.

Ruppel, Berthold
Basel
D*-109; J*-567; P*-45; P*-89; P*-511; R*-9; T*-214.
Cf also: Printer of Meffreth, 'Sermones'.

Rusch, Adolf
Strassburg
B*-23; B*-607;D*-242; D*-358; M*-38; M*-753.5; P*-412; P*-417; R*-1; S*-514.

Rusconibus, Georgius de
Venice
U*-68.

Rynman, Johann(es), *Verleger*
Hagenau
P*-250; P*-254; P*-258; S*-863; W*-4.1.

Sancto Nazario, Jacobus de, de Ripa
Milan
F*-118.

Scarabelli, Battista, *publisher*
Pavia
M*-416.3.

Schaffener, Wilhelm
Straßburg
H*-17 (?).

Schallus, Johannes
Matua
E*-127.

Schenck, Wolfgang
Erfurt
A*-108.4; B*-175.25; B*-175.4.

Schobsser, Johann
Augsburg
H*-220.

Schöffer, Peter
Mainz
B*-436; B*-985; C*-713; C*-721; D*-90; D*-108; G*362; G*-447; G*-451; H*-39; J*-506; J*-508; J*-512; J*-574; J*-589; L*-58; M*-384; M*-663; P*261.718; T*-168; T*-209; V*-23.

Schönsperger, Johann
Augsburg
B*-1068; C*-846; E*-24.6; G*-696; J*-322; K*-26; S*-366.3.

Schott, Johann
Strassburg
E*-135.

Schott, Martin
Strassburg
A*-237; A*-274; C*-881.6; S*-321.

Schüssler, Johann
Augsburg
C*-237; C*-965; J*-481; O*-96.

Scinzenzeler, Johannes Angelus
Milan
P*-55.

Scinzenzeler, Uldericus
Milan
C*-190; U*-14.7?; U*-32.

Scotus, Octavianus
Venice
C*-129.

----------, *Verleger*
B*-1305; B*-1314; M*-516; P*-502: Q*-29; T*-195.

Sensenschmidt, Johann
Bamberg
B*-523.3.
Nuremberg
A*-229; B*-546; B*-628; E*-170; G*-191; G*-272; G*-274; G*-427; G*-489.8; H*-154; H*-502; I*-192; I*-204; J*-85; J*-575; L*-361; M*-843; N*-62; P*-476; P*-477; R*-5; R*-150; T*-184.

Siber, Johannes
Lyons
B*-196.5; B*-204.2; B*-498.5; B*-501; B*1008.4; J*-564.6; J*-568.5; J*-588.2; P*-759.5; S:22.1.

Silber, Eucharius
Rome
A*-371.5; A*-748; A*-1131.3; B*-332; C*-72; G*-129.5; H*-522; M*-788.2; P*-538.3; R*-324.5; S*-344; T*-55.6; T*-115.6; V*-271.

Snel, Johann
Lübeck
P*-129.
Cf also: Printer of Johannes Calderinus

Snellaert, Christian
Delft
E*-28.25.

447

Solidi (Schilling), Johann(es)
Cologne
Cf also: Printer of Dares

Sorg, Anton
Augsburg
B*-9; B*341.4; B*-631; B*-960; B*-1328; C*-292; D*243; E*-26.5; (F*-53]; H*-217; H*-220; J*-330; M*-793; O*-111.

Soziis, Andreas de, Parmensis
Venice
P*-938.

Spira, Georgius de (George Reyser?)
Speier or Strassburg
H*-44; J*-436; P*-865.8.

Stagninus, Bernardinus, de Tridino
Venice
A*-568; C*-937.2; D*-449; J*-537; J*-560; J*-598.4; M*-413.6; S*-138; T*-19.8; T*-23; T*-23.3; T*-23.8; T*-27.

Stanchis, Antonius de
Venice
J*-569.4.

Stöckel, Wolfgang
Leipzig
B*-152; B*-1104; B*-1328; Q*-11.4.

Strata, Antonius de, de Cremona
Venice
C*-638; J*-665; T*-199; T*-200.

Stuchs, Georg
Nuremberg
B*-1166; B*-1162.47; D*-287.2; G*-188; G*-708; G*-716.5; G*-717; M*-652.5; T*-432.

Suardis, Lazarus de, de Saviliano
Venice
S*-436; V*-187.

Suigus, Jacobinus, de Suico
Turin
A*-568.4; M*-364.7.

Tacuinus, Johannes, de Tridino
Venice
A*-1402; O*-142.1; O*-143; O*-165; O*-200.

Tepe, Nicolaus, *Verleger*
Avignon
L*-327.

Thanner, Jacobus
Leipzig
A*-648; B*-487.1; C*-562.1; F*-22.7; G*.487.5; H*-140; M*-809; P*-884.54; T*-290.6.

Ther Hoernen, Arnold
Cologne
A*-479; B*-1317; D*-268; M*-401; T*-183.

Torresanus, Andreas de, de Asula
Venice
A*-962; B*-289; C*-524; J*-347.7; J*-554; P*-49; P*-168; P*-170.5; P*-174.5; S*-5.

----------, *Verleger*
B*-1301; P*-772.

Tortis, Baptista de
Venice
B*-197.7; B*-204.3; B*-225.8; B*-228.5; B*-237.3; C*-647; C*-933; D*-313; D*-314; G*-388; G*-388.1; G*-392; G*-467; G*-478.5; J*-541.5; J*-550; J*-563; J*-573; J*-582; J*-588; J*-596; J*-599; J*-600.5; P*-54; S*-68.

Trechsel, Johannes
Lyons
A*-1428; B*3; B*-492; O*-9; O*-13; O*-15.

Turre, Petrus de
Rome

M*-289.5.
Ugoletus, Angelus
Parma
C*-702.

Ulrich and Afra, SS., Monastery of
Augsburg
F*-53; S*-21; V*-284.

Ungaronus, Rafainus
Cremona
T*-145.

Unkel, Bartholomaeus de
Cologne
B*-924.

Vaultier, Nicolas, *Verleger*
Paris
G*-707.5.

Vérard, Antoine, *Verleger*
Paris
H*-396.5.

Venetus, Bernardinus, de Vitalibus
Venice
L*-25; R*-81.6; S*-7; T*-145; U*-32.6.

Vercellensis, Johannes Rubeus
Treviso
L*-244; P*-770; S*-796; S*-797; T*-224.

Vingle, Jean de
Lyons
P*-361.

Wagner, Peter
Nuremberg
A*-755; A*-1158; K*-8.

Wenssler, Michael
Basel
A*-1164; A*-1241; B*-455; B*-986; B*-987; B*-999.5; C*-51; C*-195; C*-718; C*-719; C*732.5; C*-1017; D*-109; G*-370; J*-82; J*-520.5; J*-528; J*-580.8; J*-590; M*-532; M*-651. M*-700.8; P*-45; P*-83; T*-194; T*-219; T*-506; V*-334; V*-335; V*-342; W*-39.

Werden, Martin von
Cologne
A*-1205; F*-331?
Cf also: Retro Minores.

Westfalia, Johannes de
Louvain
N*-186.5; N*-194;* 718; R*-294.6; V*-131.

Wild, Leonardus
Venice
B*-1307.

Winters, Conrad, de Homborch
Cologne
A*-627; G*-429; G*-584; H*-203; H*-288; I*-183; L*-144; M*-235; N*-172; N*-191; R*-17.

Wirffel, Georg
Ingolstadt
F*-215.8.

Wolff, Jacobus, de Pforzheim
Basel
B*-1142; M*-94; R*-91.

Zainer, Günther,
Augsburg
A*-87; A*-1381; B*-627; B*-629; E*-106; G*-415; G*-711; I*-181; J*-156; J*-314; J*-316; L*-146; N*-172.5; O*-109; P*-458; R*-215.

Zainer, Johann
Ulm
A*-217; A*-218; A*-331; B*-336; B*-949; C*-320; J*-91; L*-146; N*-224; P*-249; T*-317.

Zanis, Bartholomaeus
Venice
P*-798.

Zarotus, Antonius
Milan
P*-776; S*-534.

Zel, Ulrich
Cologne
A*-271; A*-788; A*-1279; A*-1353; A*-1355; B*-1315; C*-171; D*-108.5; G*-196; G*-662; J*-282; L*-151; M*-371.8; N*-174; N*-177; N*-196.6. P*-668.

Zeninger, Conrad
Nuremberg
T*-503; V*-363.3.

Zierikzee, Cornelius
Cologne
B*-51; H*-73.93; *-1022.3; M*-801; T*-51.

KONKORDANZEN

I) *Gesamtkatalog der Wiegendrucke, einschließlich Manuskript (M).*

GW	ISTC
186	A*-34
216	A*-48
307(Nachtr)	R*-283.3
332	A*-108.4
416	A*-143
417	A*-141
505	A*-177
525	A*-189
530	A*-192
579	A*-215
581	A*-217
582	A*-218
589	A*-225
595	A*-228
596	A*-229
600	A*-235
602	A*-237
612	A*-244
613	A*-245
616/10	A*-248
678	A*-271
681	A*-274
688	A*-281
699	A*-286
706	A*-293
717	A*-300
772	A*-328
775	A*-331
804	A*-351
844	A*-363
867	A*-393
871	A*-383
873	A*-395
876	A*-397
877	A*-398
879	A*-400
902	A*-371.5
1173	A*-449.59
1269	A*-462
1272	A*-461
1273	A*-461.5
1274	A*-465
1275	A*-464
1575	A*-540
1578	A*-543
1589	A*-545
1599	A*-551
1604	A*-557
1622	A*-568
1623	A*-568.4
1675	A*-595
1682	A*-602
1704	A*-618.5
1710	A*-620
1712	A*-622
1713	A*-623
1726	A*-627
1731	A*-631
1735	A*-635
1738	A*-638
1755	A*-648
1834	A*-665
1900	A*-711
2003	A*-745
2015	A*-748
2018	A*-751
2022	A*-755
2032	A*-759
2044	A*-764.4
2072	A*-778
2073	A*-779
2074	A*-780
2082	A*-788
2092	A*-799
2180	A*-864
2186	A*-871
2189	A*-875
2190	A*-876
2192	A*-878
2197	A*-869
2199	A*-880

2253	A*-915.4	2997	A*-1304
2271	A*-924	3002	A*-1314
2305	A*-938	3003	A*-1315
2333	A*-958	3006	A*-1318
2335	A*-960	3038	A*-1355
2337	A*-962	3048	A*-1361.7
2341	A*-966	3092	A*-1402
2413	A*-997.5	3127	A*-1428
2418	A*-1006	3144	A*-1435
2420	A*-1006.8	3154	B*-3
2437	A*-1010.5	3164	B*-9
2438	A*-1010.7	3185	B*-23
2441	A*-1020.2	3186	B*-24
2471	A*-1040	3222	B*-42
2512	A*-1063	3243	B*-51
2532	A*-1075	3261	B*-88
2536	A*-1079	3267	B*-84.4
2551	A*-1082.09	3275	B*-56
2610	A*-1098	3306	B*-78
2653	A*-1131.3	3320	B*-97.3
2747	A*-1158	3322	S*-46
2749	A*-1160	3323	S*-47
2753	A*-1164	3342	B*-102
2758	A*-1170	3379	B*-107
2762	A*-1173.9	3395	B*-124.5
2845	A*-1210	3405	B*-133
2851	A*-1209	3410	B*-138
2852	A*-1318	3412	B*-140
2864	A*-1217	3427	B*-152
2865	A*-1218	3441	B*-165.55
2868	A*-1221	3450	B*-170
2883	A*-1239	3455	B*-173
2885	A*-1241	3474	B*-184
2888	A*-1244	3477	B*-186
2905	A*-1267	3478	B*-186.5
2906	A*-1268	3491	B*-192
2908	A*-1271	3493	B*-193
2911	A*-1274	3504	B*-196.5
2920	A*-1308	3505	B*-197.7
2925	A*-1342	3509	B*-200
2926	A*-1343	3510	B*-201
2928	A*-1345	3521	B*-204.2
2932	A*-1353	3522	B*-204.3
2937	C*-881.6	3525	B*-205
2939	A*-1253	3527	B*-206
2955	A*-1279	3549	B*-216

3550	B*-217	4239	B*-564
3562	B*-220.4	4241	B*-566
3569	B*-221.2	4243	B*-568
3580	B*-223.4	4244	B*-569
3584	B*-225	4246	B*-571
3592	B*-225.8	4248	B*-573
3604	B*-228.5	4250	B*-575
3605	B*-229	4253	B*-578
3616	B*-233	4254	B*-579
3628	B*-237.3	4256	B*-580.5
3631	B*-238	4258	B*-581
3653	B*-247	4260	B*-583
3664	B*-254	4262	B*-585
3679	B*-262.5	4264	B*-587
3708	B*-274.9	4275	B*-598
3744	B*-285	4277	B*-600
3747	B*-288	4282	B*-607
3748	B*-289	4284	B*-609
3756	B*-293	4285	B*-610
3854	B*-332	4287	B*-612
3858	B*-334	4288	B*-613
3862	B*-336	4289	B*-614
3863	B*-337	4292	B*-617
3866	B*-340	4293	B*-618
3902	B*-360	4294	B*-619
3923	B*-383	4295	B*-624
3929	B*-389	4296	B*-625
3931	B*-398	4298	B*-627
3937	B*-430	4299	B*-628
3940	B*-436	4300	B*-629
3944	B*-439	4302	B*-631
4093	B*-455	4303	B*-632
4102	B*-461	4304	B*-633
4113	B*-464	4309	B*-638
4139	B*-487.1	4332	B*-659
4145	B*-492	4333	B*-660
4153	B*-498	4335	B*-655
4157	B*-498.5	4340	B*-662
4159	B*-501	4392	B*-688
4176	B*-507	4410	B*-697
4184	B*-519	4505	B*-765
4192	B*-523.3	4512	B*-768
4194	B*-524	4551	B*-793
4212	B*-537	4626	B*-839.5
4215	B*-540	4643	B*-845
4221	B*-546	4644	B*-924

4646	B*-925	5783	B*-1317
4648	B*-928	5793	B*-1328
4667	B*-931.95	5805	B*-1334
4716	B*-866	5823	B*-1343
4754	B*-897	5881	C*-31
4812	B*-949	5895	C*-44
4814	B*-951	5904	C*-51
4818	B*-960	5931	C*-68
4849	B*-977	5936	C*-72
4856	B*-984	5941	C*-76
4857	B*-985	6032	C*-129
4858	B*-986	6057	C*-148
4859	B*-987	6085	C*-164
4867	B*-992	6120	C*-190
4868	B*-993	6130	C*-195
4877	B*-999.5	6134	C*-199
4879	B*-1001	6147	C*-223
4882	B*-1002	6160	C*-233
4892	B*-1008.4	6162	C*-235
4960	B*-1047	6163	C*-236
4986	B*-1058.5	6164	C*-237
4991	B*-1065	6168	C*-243
4992	B*-1066	6277	C*-292
4994	B*-1068	6307	C*-307
5054	B*-1086	6314	C*-311
5061	B*-1090	6318	C*-320
5070	B*-1078	6393	C*-326
5072	B*-1097	6556	C*-422.6
5087	B*-1103	6625	C*-453.5
5088	B*-1107	6688	C*-476
5089	B*-1108	6736	C*-647
5090	B*-1104	6737	C*-648
5093	B*-1106	6753	C*-665
5129	B*-1118.5	6798	C*-553
5178	B*-1127	6834	C*-521
5224	B*-1142	6838	C*-524
5238	B*-1144.3	6896	C*-638
5241	B*-1144.45	6905	C*-572
5362	B*-1162.47	6918	C*-592.7
5381	B*-1166	6987	C*-625.2
5397	B*-1170.6	6988	C*-625.7
5766	B*-1307	7002	C*-561
5777	B*-1305	7006	C*-562.1
5779	B*-1301	7019	C*-620.5
5780	B*-1314	7023	C*-629.5
5781	B*-1315	7045	C*-697

7060	C*-702	7702	J*-566
7080	C*-713	7703	J*-567
7081	C*-714	7705	J*-568
7087	C*-718	7706	J*-568.7
7088	C*-719	7708	J*-569
7090	C*-721	7709	J*-569.4
7095	C*-725	7713	J*-570
7097	C*-727	7721	J*-573
7098	C*-728	7722	J*-574
7104	C*-732.5	7723	J*-575
7105	C*-734	7734	J*-580.8
7123	C*-742	7735	J*-581
7125	C*-742.6	7739	J*-582
7166	C*-753	7746	J*-588
7184	C*-763.4	7750/10	J*-588.2
7205	A*-86	7751	J*-589
7211	A*-80	7752	J*-590
7214	A*-82	7754	J*-592
7216	A*-85	7762	J*-596
7217	A*-87	7765	J*-598.4
7223	C*-767	7767	J*-599
7230	C*-773	7769	J*-600.5
7231	C*-774	7773	J*-600.4
7288	C*-802	7784	C*-933
7410	S*-589	7789	C*-937.2
7512	C*-899	7800	C*-941.1
7573	C*-923	7815	C*-961
7580	J*-506	7820	C*-965
7582	J*-508	7845	C*-982
7590	J*-512	7849	C*-984.5
7595	J*-519	7862	C*-994.5
7596	J*-517	7869	C*-996.4
7605	J*-520.5	7887	C*-1014
7612	J*-528	7890	C*-1017
7613	J*-527.5	7891	C*-1018
7615	J*-530	7894	C*-1022.3
7636	J*-537	7991	D*-43
7644	J*-541.5	8127	D*-90
7657	J*-547	8198	D*-108.5
7658	J*-548	8201	D*-108
7667	J*-550	8202	D*-109
7675	J*-554	8204	D*-112.4
7679	J*-555.5	8226	D*-122
7693	J*-560	8308	D*-176
7696	J*-563	8382	D*-223
7700	J*-564.6	8411	D*-242

8423	D*-250	9829	F*-118
8479	D*-268	9835	F*-129
8551	D*-287.2	9836	F*-130
8640	D*-306	9845	F*-138
8648	D*-311	9865	F*-143
8655	D*-313	9870	F*-147
8656	D*-314	9881	F*-157
9042	D*-358	9890	F*-165
9045	D*-359.6	9980	F*-190
9047	D*-380	9981	F*-191
9088	D*-388	10058	F*-215.8
9109	D*-412	10187	F*-247.5
9121	D*-422	10207	F*-257
9125	D*-424	10214	F*-261
9131	D*-431	10219	F*-264.6
9135	D*-434	10221	F*-266
9137	D*-436	10255	F*-294
9140	D*-438	10329	S*-306
9148	D*-445	10410	S*-345
9154	D*-448	10415	L*-255.5
9156	D*-449	10426	F*-331
9157	D*-450	10427	F*-332
9217	E*-12	10494	G*-55.4
9260	E*-24.6	10505	G*-51
9265	E*-28	10513	G*-54.6
9266	E*-26.5	10644	G*-148
9270	E*-28.25	10688	G*-176
9279/10	E*-29.2	10713	G*-185
9287	E*-38	10714	G*-186
9334	E*-44	10715	G*-187
9367	E*-64	10716	G*-188
9379	E*-102	10717	G*-189
9435	E*-125	10722	G*-191
9437	E*-127	10727	G*-272
9439	E*-129	10730	G*-196
9444	E*-122	10763	G*-229
9447	H*-239	10797	G*-274
9493	E*-135	10812	G*-257
9529	E*-170	10863	G*-223.6
9632	F*-9.9	10877	G*-278.4
9658	F*-22.7	10892	G*-287
9713	K*-31	10902	G*-296
9731	F*-53	10944	G*-310
9806	F*-107.5	10946	G*-312
9808	F*-110	10998	C*-739
9815	F*-113	11112	Q*-7.5

11330	H*-95	11870	G*-717
11351	G*-360	11880	G*-626.6
11352	G*-361	11905	O*-9
11353	G*-362	11908	O*-9
11354	G*-363	11910	O*-13
11357	G*-366	11916	O*-15
11360	G*-368	11917	O*-14
11362	G*-370	11928	G*-700
11368	G*-375	11932	G*-646.5
11373	G*-380	11945	G*-656
11379	G*-386	11952	G*-657
11382a	G*-388	11955	G*-678
11382b	G*-388.1	11962	G*-686
11390	G*-392	11967	G*-663
11403	G*-407	11981	G*-662
11415	G*-395	11984	G*-677
11427	G*-425	11998	G*-690
11429	G*-427	12000	G*-692
11431	G*-429	12004	G*-696
11434	G*-432	12032	G*-721
11439	G*-415	12049	P*-83
11447	G*-441	12051	P*-89
11450	G*-446	12117	H*-4
11451	G*-447	12187	H*-17
11457	G*-451	12193	H*-19
11459	G*-452	12225	H*-38
11482	G*-467	12226	H*-39
11487	G*-470	12227	H*-40
11501	G*-478.5	12233	H*-44
11517	G*-487.5	12250	H*-33.4
11538	G*-489.8	12253	H*-34
11545	G*-494	12254	H*-35
11547	G*-498	12318	H*-85
11555	G*-504	12326	H*-91
11711	G*-555	12403	H*-140
11714	G*-556	12411	H*-153
11719	G*-584	12422	H*-162
11728	G*-565	12431	H*-171
11815	G*-593	12433	H*-173
11819	G*-604	12436	H*-176
11861	G*-707.5	12451 (VI)	E*-106
11862	G*-708	12451 (IX)	N*-172.5
11863	G*-711	12776	S*-101.3
11864	G*-712	M0082720N	A*-352.788
11866	G*-714	M1062810N	G*-146.29
11869	G*-716.5	M24400	M*-663

M24885	M*-732.95	M35091	P*-941.6
M25026	M*-782	M3509120	P*-941.6
M25102	M*-788.2	M36133	P*-1045
M26582	N*-122.5	M39747	S*-21
M2863810	O*-142.1	M45816	T*-13.7
M28985	O*-198.4	M45261	T*-51
M29625	P*-129	M45269	T*-51
M29905	P*-157.2	M45272	T*-51
M31311	P*-336	M45638	T*-115.6
M32774	P*-538.6	M48665	U*-33
M34677	P*-884.54		

II) *Hain's Repertorium bibliographicum.*

Hain	ISTC		
17	A*-1044.4	472	A*-331
20	T*-432	481	A*-293
68	A*-34	484	A*-217
69	T*-557.9	512	A*-228
107	A*-87	517	A*-245
113	A*-85	519	A*-300
115	A*-82	522	A*-281
116	A*-82	547	A*-225
120	A*-80	589	T*-477
143	A*-86	603	A*-351
147	P*-717	604	A*-351
151	P*-717	605	A*-351
152	P*-718	617	A*-363
154	P*-719	643	A*-383
209	P*-668	652	A*-393
251	P*-659	779	A*-397
319	A*-141	780	A*-398
323	A*-108.4	783	A*-400
388	A*-177	841	A*-481
419	A*-215	846	A*-478
429	A*-218	871	A*-540
432	A*-229	875	A*-543
435	A*-237	886	A*-545
437	A*-235	891	P*-249
459	A*-244	896	A*-551
460	A*-271	901	A*-557
463	A*-274	937	J*-250.1
465	A*-286	946	A*-568
466	A*-286	947	A*-568.4
469	A*-328	1013	A*-687.95
		1016	A*-665

1025	A*-602	1434	T*-194
1039	A*-618.5	1435	T*-195
1042	A*-620	1436	T*-196
1044	A*-623	1442	T*-198
1045	A*-622	1443	T*-199
1056	A*-633	1444	T*-200
1059	A*-638	1454	T*-208
1078	A*-631	1456	T*-214
1082	A*-627	1457	T*-196
1083	A*-595	1459	T*-209
1100	A*-711	1460	T*-210
1106	D*-388	1468	T*-219
1113	A*-745	1469	T*-221
1123	A*-755	1476	T*-163
1127	A*-751	1479	T*-166
1130	A*-748	1481	T*-168
1134	A*-759	1483	T*-170
1139	T*-121	1484	T*-171
1159	A*-778	1503	T*290.6
1160	A*-779	1541	T*-258
1161	A*-780	1589?	P*-854
1162	A*-788	1599	G*-51
1171	A*-799	1607	G*-54.6
1242	A*-871	1614	G*-55.4
1246	A*-875	1649	H*-19
1247	A*-876	1656	A*-958
1249	A*878	1658	A*-960
1256	A*-869	1659	A*-966
1258 (IV)	A*-876	1660	A*-962
1262	A*-880	1667?	A*-997.5
1292	A*-924	1678	T*-158.4
1319	A*-938	1684	A*-1020.2
1324	P*-447	1685	M*-832
1337	T*-224	1694	A*-1006.8
1342	M*-371.8	1740	A*-1006
1378	T*-317	1775	A*-1010.7
1397	T*-236	1808	A*-1079
1401	T*-183	1817	A*-1075
1402	T*-184	1888	A*-1160
1405	T*-187	1892	A*-1164
1414	T*-175	1897	A*-1170
1418	T*-178	1947	A*-1217
1419	T*-179	1948	A*-1218
1421	T*-181	1950	A*-1221
1425	T*-273	1960	A*-1353
1430	T*-283	1962	A*-1279

1966	A*-1267	2501	B*-133
1969	A*-1268	2505	B*-138
1975	A*-1274	2509	B*-140
1990	A*-1304	2524	B*-173
1997	A*-1314	2526	B*-170
1998	A*-1318	2539 (II)	B*-204.2
2002	A*-1315	2539	B*-196.5
2008	A*-1308	2543	B*-192
2034	A*-1342	2543	B*-200
2037	A*-1343	2544 (II)	B*-201
2039	A*-1345	2544	B*-193
2056	A*-1239	2551 (I)	B*-197.7
2058	A*-1241	2551 (II)	B*-204.3
2066	A*-1244	2558	B*-205
2076	C*-881.6	2559	B*-206
2085	A*-1253	2570	B*-229
2094	A*-1355	2571 (I)	B*-225
2124	A*-1381	2578 (I)	B*-225.8
2126	A*-1209	2578 (II)	B*-228.5
2127	D*-122	2590 (I)	B*-233
2154	N*-62	2590 (II)	B*-238
2178	A*-1402	2596 (I)	B*-237.3
2214	A*-1428	2608 (I)	B*-217
2231	A*-1435	2608 (II)	B*-221.2
2251	B*-23	2613 (I)	B*-220.4
2252	B*-24	2613 (II)	B*-223.4
2271	U*-27	2623	B*-186
2276	U*-30.3	2627	B*-186.5
2277	U*-30.5	2636	B*-254
2280	U*-14.7	2644	B*-247
2323	U*-40	2662	B*-124.5
2330	U*-22	2673	B*-262.5
2331	U*-33	2713	B*-285
2341	U*-32	2717	B*-288
2343	U*-32.6	2718	B*-289
2360	B*-51	2732	B*-293
2389	B*-88	2790	B*-332
2391	B*-97.3	2793	B*-334
2405	B*-78	2794	B*-336
2415	B*-56	2795	B*-337
2423	B*-102	2798	B*-340
2429	B*-107	2801	B*-340
2430	B*-107	2808	J*-211
2471a	B*-152	2818	P*-452
2473 (I)	B*-152	2819	P*-453
2495	B*-165.55	2821	P*-448

2840	B*-360	3136	B*-631
2844	B*-436	3137	B*-632
2847	B*-439	3138	B*-633
2848	B*-439	3143	B*-638
2858a	B*-430	3165	B*-612
2859	B*-430	3166	B*-613
2869	B*-398	3167	B*-614
2870	B*-383	3169	B*-617
2926	B*-389	3170	B*-618
2929	B*-455	3171	B*-619
2936	B*-461	3172	B*-609
2943	B*-464	3173	B*-607
2951	B*-492	3175	V*-610
2952	B*-492	3178	B*-659
2975	B*-487.1	3179	B*-660
2980	B*-498.5	3182	B*-655
2982	B*-498	3184 (I-III)	B*-662
2991	G*-176	3185 (IV)	B*-662
2994	B*-507	3205	B*-688
3005	B*-519	3233	B*-697
3026	B*-524	3352	B*-768
3041	B*-537	3382	B*793
3043	B*-537	3438	B*-839.5
3053	B*-540	3459	M*-846
3062	B*-546	3461	B*-845
3072	B*-564	3463	B*-924
3076	B*-568	3464	B*-925
3078	B*-566	3468	B*-928
3081	B*-571	3502	N*-103.6
3083	B*-571	3504	B*-866
3084	B*-575	3515	B*-949
3086	B*-573	3517	B*-951
3089	B*-578	3540	P*-486
3090	B*-579	3541	P*-487
3094	B*-581	3543	P*-488
3095	B*-583	3545	B*-931.95
3100	B*-585	3550	B*-897
3103	B*-587	3567	B*-960
3105	B*-587	3583	B*-977
3118	B*-598	3584	B*-986
3122	B*-600	3585 (I)	B*-1002
3129	B*-625	3585 (II)	C*-734
3130	B*-624	3592	B*-984
3132	B*-628	3593	B*-985
3133	B*-627	3594	B*-986
3134	B*-629	3595	B*-987

3600	B*-992	4340	A*-1158
3603	B*-993	4410	C*-129
3612	B*-999.5	4411a	J*-268
3613	B*-1001	4411	J*-268
3678	B*-1047	4443	C*-164
3697	B*-1058.5	4485	C*-148
3699	V*-324	4500	C*-190
3706	B*-1066	4509	C*-195
3707	B*-1065	4510?	C*-195
3709	B*-1068	4511	C*-199
3725	B*-1078	4546	C*-223
3730	K*-26	4562	C*-233
3735	B*-1097	4564	C*-235
3746	B*-1086	4573	C*-237
3747	B*-1086	4574	C*-236
3750	B*-1090	4614	P*-170.5
3770	B*-1107	4625	P*-174.5
3771	B*-1106	4632	P*-168
3772	B*-1104	4641	P*-166
3773	B*-1108	4658	M*-532
3775	G*-487.5	4660	M*-533
3880	B*-1142	4663	G*-556
3969	G*-148	4665	G*-555
3991	T*-154	4710	C*-320
3993	J*-260	4711	C*-292
3994	J*-261	4735	C*-311
4046	C*-846	4757	T*-367
4076	C*-206	4769	C*-326
4103	D*-242	4848 (II)	L*-25
4104	D*-243	4880	B*-1106
4105	L*-315	4989	C*-476
4115	B*-1315	4993	L*-228
4122	B*-1317	4996	R*-345
4125	B*-1328	5028	J*-290
4126	B*-1307	5029	J*-277
4139	B*-1305	5034	J*-288
4141	B*-1314	5035	J*-289
4144	B*-1301	5037	J*-287
4161	B*-1334	5042	J*-303
4173	B*-1343	5045	J*-278
4231	C*-31	5048	J*-282
4246	C*-44	5050	J*-283
4248	C*-51	5076	C*-647
4277	C*-68	5078	C*-648
4282	C*-72	5111	C*-665
4289	C*-76	5135	C*-553

5141	C*-553	6047	D*-108
5187	C*-521	6048	D*-108.5
5190	C*-524	6050	D*-122.4
5232 (II-IV)	C*-572	6118	H*-239
5289	C*-620.5	6200	D*-223
5300	C*-561	6203	D*-223
5318	C*-638	6236	S*-306
5371	C*-702	6239b	D*-250
5408	C*-734	6239	D*-250
5412	C*-713	6255	N*-15
5413	C*-714	6278	D*-268
5417	C*-728	6297	D*-287.2
5418	C*-719	6395	D*-358
5419	C*-718	6398	D*-359.6
5421	C*-721	6417	D*-380
5427	C*-725	6440	D*-388
5435	C*-727	6442	D*-388
5437	C*-732.5	6443 (I)	D*-388
5451	C*-742	6467	D*-412
5459	C*-742.6	6469	D*-427
5499	C*-763.4	6470	D*-427
5501	C*-767	6483	D*-422
5509	C*-773	6488	D*-427
5510	C*-774	6491	D*431
5529	P*-460	6494	D*-434
5531	P*-458	6496	D*-436
5533	P*-463	6497	D*-438
5564	C*-793	6506	D*-445
5613	C*-802	6511	D*-448
5708	C*-899	6512	D*-450
5746	C*-923	6514	D*449
5753	B*-537	6526	E*-12
5764	C*-937.2	6581	E*-38
5772	C*-933	6597	E*-44
5814	C*-961	6598	E*-44
5828	C*-965	6659	E*-64
5848	C*-982	6667	E*-102
5853	C*-984.5	6668	E*-102
5873	C*-994.5	6678?	E*-106
5893	N*-95.8	6706	E*-122
5895	C*-1014	6708	E*-125
5903	C*-1017	6711	E*-127
5905	C*-1018	6714	E*-129
5919	J*-478	6759	E*-135
5962	D*-43	6779 (I)	E*-148
6042	D*-109	6784	E*-149

6804	B*-42	7623	G*-188
6818	E*-170	7624	G*-187
6847	F*-9.9	7625	G*-189
6859	F*-22.7	7627	G*-229
6915	R*-275	7659	G*-191
6916	R*-276	7667	G*-273
6937	R*-274	7691	G*-196
6940	R*-282	7693	G*-257
6950	F*-53	7710	G*-274
6984	F*-107.5	7715	G*-272
6985	F*-110	7729	G*-223.6
6990	F*-113	7751	G*-296
7001	F*-129	7839	F*-118
7002	F*-130	7840	F*-118
7011 (I & II)	F*-138	7883	G*-360
7020 (II)	T*503	7884	G*-361
7075	F*-157	7885	G*-362
7077	P*-771	7886	G*-363
7121	F*-190	7890	G*-366
7125	D*-306	7894	G*-368
7172	F*-215.8	7895	G*-370
7173	S*-637.4	7901	G*-375
7225	J*-314	7904?	G*-388
7263	F*-247.5	7907	G*-380
7277	F*-257	7913	G*-386
7288	F*-261	7915	G*-388
7291	F*-264.6	7919	G*-392
7296	F*-266	7927	G*-429
7347	F*-294	7928	G*-427
7348	F*-294	7934	G*-432
7365	J*-316	7938	G*-395
7374	J*-322	7946	G*-425
7375	J*-323	7966	G*-407
7396	F*-332	7988	G*-441
7442	J*-330	7991	G*-415
7514	A*-1063	7996	G*-446
7530	D*-311	7999	G*-447
7536	D*-313	8003	G*-366
7555	G*-129.5	8006	G*-451
7587	S*-137	8007	G*-452
7588	S*-138	8026	G*-467
7590	S*-131	8030	G*-470
7594	S*-141	8039	G*-478.5
7597	S*-134	8051	G*-487.5
7621	G*-185	8057	G*-489.8
7622	G*-186	8066	G*-494

8068	G*-498	8589 (VIII)	E*-106
8075	G*-504	8589 (XI)	N*-172.5
8163	G*-585	8595	H*-199
8171	G*-565	8605	H*-217
8194	G*-593	8607	H*-220
8234	G*-664.1	8677	J*-229.35
8238	G*-656	8755	H*-288
8244	G*-663	8757	H*-289
8246	G*-662	8758	H*-291
8247	G*-657	8770	H*-298
8249	G*-668	8776	H*-308
8261	G*-677	8790	H*-316
8262	G*-678	8791	H*-317
8269	G*-686	8792	H*-318
8273	G*-690	8802	H*-322
8279	G*-692	8898	H*-461
8286	G*-696	8904	H*-445
8291	G*-700	8922	H*-465.3
8300	G*-708	8929 (III)	G*-176
8303	G*-714	8944	H*-486
8304?	G*-714	8962	H*-44
8314	G*-721	8971	H*-501
8316	G*-716.5	8975	H*-529
8317	G*-711	8985 (I)	H*-522
8319	G*-717	8993	H*-502
8320	G*-712	8999	H*-505
8324	G*-707.5	9025	H*-535
8349	H*-4	9030	H*-550
8384	H*-33.4	9063	H*-561
8387	H*-35	9092	I*-14
8424	H*-17	9094	I*-16
8465	H*-17	9098	I*-22
8466	H*-85	9103	I*-27
8517	H*-91	9142	J*-342.5
8521	H*-95	9143	J*-343
8523	H*-39	9144	J*-344
8524	H*-40	9149	J*-347.7
8527	H*-38	9191	I*-95
8537	H*-143	9211	I*-136.75
8540	H*-140	9223	I*-170
8547	H*-153	9240	I*-167.3
8549	H*-162	9270	I*-182
8559	H*-171	9271	I*-183
8561	H*-173	9273	I*-181
8565	H*-176	9274	I*-185
8585	H*-154	9282	I*-192

9294	I*-204	9625	J*-590
9330	J*-39	9631	J*-596
9337	J*-30	9634	J*-598.4
9341	J*-40	9635	J*-599
9349	J*-20	9637	J*-600.5
9358	J*-216	9703	J*-655
9371	J*-219	9711	J*-664
9405	G*-310	9759	K*-8
9407	G*-312	9787	K*-31
9432	J*-442	9793	B*-9
9438	J*-477	9831	L*-25
9487	J*-530	9882	L*-46
9488	J*-519	9882	L*-55
9489	J*-506	9892	L*-58
9490	J*-508	9893	L*-58
9498	J*-512	9897	L*-62
9505	J*-517	9912	J*-367
9507(II)	J*-590	9940	J*-185
9509	J*-520.5	9956	L*-96
9517	J*-528	9960	L*-102
9518	J*-527.5	9968	J*-156
9533	J*-537	9992?	J*-173
9536	J*-541.5	10136	L*-228
9542	J*-568.5	10153	L*-264
9544	J*-548	10156	L*-261
9546	J*-547	10168	L*-267.5
9553	J*-550	10183	P*-479
9556	J*-554	10184	P*-479.1
9564	J*-555.5	10189	P*-483
9573	J*-560	10194	P*-490
9578	J*-563	10196	P*-492
9579	J*-567	10201	P*-498
9581	J*-566	10202	P*-476
9583	J*-568.7	10203	P*-477
9585	J*-569	10238	L*-302
9587	J*-569.4	10268	L*-327
9590	J*-570	10285	L*-335
9596	J*-573	10292	L*-339
9598	J*-574	10293	L*-343
9599	J*-575	10295	L*-344
9608	J*-580.8	10302	L*-361
9609	J*-581	10304	L*-336
9613	J*-582	10329	B*-341.4
9621	J*-588	10333	B*-341.4
9623	J*-589	10366	N*-133
9624	J*-592	10367	N*-134

10369	N*-135	11274	M*-632
10372	N*-112	11322	M*-672
10385	N*-129	11329	M*-673.45
10399	N*-150	11330	M*-673.45
10401	N*-144.4	11334	M*-675
10472	M*-38	11349	M*-683
10486	M*-54	11390	M*-700.8
10532	M*-94	11425	M*-721.8
10535	M*-91	11449	F*-257
10540	M*-96	11471	M*-749
10552	M*-234	11480	M*-753.5
10553	M*-246	11482	M*-755
10556	M*-235	11484	M*-756
10644	M*-160	11486	M*-758
10665	M*-177	11534	M*-793
10667	M*-178	11541	M*-807
10672	M*-183	11543	M*-809
10680	M*-186	11566	D*-176
10726	M*-216	11570	D*-176
10767	A*-248	11588	M*-843
10768	A*-248	11589	M*-844
10792	M*-289.5	11632	D*-243
10793	M*-285	11641	B*-866
10834	M*-319	11725	N*-17
10845	M*-325	11726	N*-21
10873	M*-339	11733	N*-26
10904	M*-364.7	11734	N*-25
10926	M*-384	11746	N*-42
10939	M*-413.6	11753	C*-422.6
10940 (I)	M*-413.35	11754	C*-422.6
10954 (I)	M*-414.1	11760	N*-102
10969	M*-416.3	11780	N*-196.6
10972	M*-401.9	11783	N*-204
10977	M*-409	11790	N*-200
11000 (I,II)	M*-444.5	11793	N*-208
11006	M*-444.5	11795	N*-212
11009	A*-665	11817	N*-191
11031	M*-466	11826	N*-172
11041	M*-465.5	11828	N*-177
11111	M*-516	11831	N*-174
11121	M*-524	11835	N*-177
11153	M*-572.5	11840?	N*-186.5
11156	M*-573	11849	N*-224
11252	M*-732.9	11888	N*-256
11262	M*-630.5	11915	R*-349
11272	M*-652.5	11925	O*-1

11935	O*-13	12555	P*-250
11938	O*-9	12563	P*-258
11942	O*-15	12566	P*-258
11945	O*-14	12585	P*-268
11953	O*-15	12586	P*-269
11966	O*-27.5	12589	P*-272
12011	O*-64	12734	P*-361
12060	O*-86	12770	P*-385
12078	O*-95	12787	P*-385
12101	O*-96	12796	P*-417
12111	O-109	12800	P*-412
12113	O*-111	12811	P*-399
12143	O*-134	12877	P*-549
12172	O*-188	12908	P*-571
12176	O*-193	12914	P*-574
12200	O*-165	12915	P*-577
12220	O*-143	12916	P*-578
12248	O*-200	12922	P*-608
12286	P*-502	12927	P*-593
12309	P*-45	12941	P*-591
12312	P*-48	12948	P*-599.4
12313	P*-49	13014	R*-9
12314	P*-50	13015	R*-5
12315	P*-51	13022	C*-697
12318	P*-54	13043	P*-759.5
12336	P*-40	13047	P*-769
12338	P*-41	13048	P*-770
12344	P*-29	13062	P*-771
12346	P*-29.4	13063	P*-772
12355	P*-34	13068?	P*-771
12360	A*-1210	13070	P*-776
12366?	A*-1210	13100	P*-798
12371	P*-38	13104	P*-800
12381	P*-79	13183	P*-856
12383	P*-83	13210	P*-854
12385	P*-89	13253	N*-83
12402	P*-103.5	13267	P*-929
12406	P*-94	13277	P*-922
12439	P*-131	13293	P*-938
12440	P*-129	13317	P*-951
12492	P*-200	13328	A*-915.4
12495	P*-208	13361	P*-968
12512	P*-214	13372	P*-979
12519	P*-235	13406	P*-1017
12531	P*-245	13437	B*-341.8
12551	P*-254	13487	P*-1045

13517	P*-1076	14166	S*-41.8
13536	P*-1081	14177	S*-46
13629	M*-422	14180	S*-47
13636	Q*-7.5	14181	S*-46
13641	T*-219	14211	S*-68
13647	Q*-26	14228	S*-84
13652	Q*-29	14268	S*-110
13669	R*-1	14269	S*-112
13677	R*-17	14270	S*-113
13679	R*-18	14345	S*-275
13685	R*-19	14412	S*-206.5
13687	R*-20	14422	S*-214.5
13699	P*-533.5	14507	S*-306
13710	A*-48	14508	S*-307
13720	R*-41	14510	S*-309
13729	R*-294.6	14524	S*-321
13758	R*-73	14559	F*-191
13774	R*-91	14569	S*-349
13783	R*-100	14587	S*-366.3
13790	R*-104.5	14603	S*-380
13801	R*-112	14620	S*-411
13806	R*-111	14629	S*-415
13812	R*-117	14666	S*-436
13816	R*-118	14682	S*-457
13865	E*-28	14725	S*-496
13866	E*-26.5	14756	S*-534
13870	R*-145.5	14797	S*-580
13880	R*-154	14798	S*-580
13884	R*-150	14826 (I)	S*-589
13914	R*-197	14868	S*-601.4
13940	R*-215	14881	S*-621
13974	R*-327	14896	M*-732.9
13988	R*-336	14900	S*-645
14000	A*-189	14911	A*-1098
14005	A*-192	14918	S*-654
14053	S*-5	15036	S*-741
14055	S*-7	15038	S*-747
14069	R*-33	15080	S*-784
14080	E*-24.6	15089	S*-796
14085	E*-28.25	15090	S*-797
14123	J*-416	15112	B*-1108
14123	J*-416	15126	S*-825
14125	J*-419	15135	S*-829
14125	J*-419	15172	S*-862
14134	S*-21	15179	S*-863
14154	S*-44.05	15191	B*-3

15192	S*-514	15858 (I)	V*-96
15211	C*-802	15858 (II)	F*-143
15257	T*-23	15877	U*-7
15259	T*.23.3	15882	R*-148.5
15277	T*-23.8	15883	R*-148.5
15301	T*-27	15895	U*-46
15325	T*-20.8	15915	S*-344
15326	J*-436	15960	J*-462
15326	J*-436	15960	J*-462
15346	T*-48	15961	J*-461
15358	T*-55.6	15961	J*-461
15445	A*-11445	15984	V*-131
15477	T*-144	16030	V*-248.1
15479	T*-145	16035	V*-238
15489	T*-154	16047	V*-253
15493	T*-158	16053	V*-255
15518	T*-361	16116	L*-144
15521?	T*-365.9	16119	L*-146
15571	T*-400	16120	L*-147
15594	T*-421.5	16125	L*-141
15615	T*-433	16128	L*-151
15618	T*-456	16130	L*-154
15631	T*-446.1	16135	L*-160
15681	T*-503	16171	W*-50
15686	T*-506	16189	W*-39
15711	T*-546	16197	W*-55
15712	T*-546	16204	W*-50.8
15729	T*-542	16208	W*-51.5
15741	T*-511	16221	W*-68
15774	V*-23	16252	Z*-4
15820	V*-66	16257	Z*-8.5
15823	V*-68	16294 (I)	G*-176

III) Proctor's *Index*.

Proctor	**ISTC**		
59	C*-422.6	104	H*-39
83	T*-209	106	J*-574
85	J*-506	107	B*-436
87	T*-168	109	B*-985
95	V*-23	110	J*-512
96	C*-713	111	C*-721
99	G*-362	112	D*-108
100	J*-508	113	J*-589
103	G*-447	124	M*-384
		128	L*-58

145	M*-663	309	P*-479.1
148	T*-273	310	H*-19
160	H*-486	319	A*-1342
177	N*-177	320	M*-234
179	T*-433	321	P*-460
188	T*-456	325	N*-134
191	H*-501	326	N*-134
197	J*-288	334	J*-478
198	B*-624	336	H*-44
199	T*-208	338	J*-436
201	A*-1239	341	B*-337
202	A*-1239	346	D*-445
203	H*-162	347	N*-200
207	A*-1160	350	A*-1253
208	A*-1267	357	H*-91
213	B*-285	365	N*-112
214	V*-288	374	L*-332.24
223	N*-133	403	C*-881.6
225	P*-571	404	A*-274
227	I*-182	409	S*-321
231	P*-412	413	B*-341.7
232	P*-417	421	P*-520
237	D*-242	427	G*-287
239	R*-1	430	T*-557.9
241	M*-38	435	B*-152
246	B*-23	438	S*-589
248	D*-358	442	G*-375
250	M*-753.5	443	B*-633
251	S*-514	444	M*-178
259	P*-259	448	B*-1058.5
260	C*-714	452	G*-380
261	G*-360	462	B*-617
263	G*-361	465	R*-19
264A	F*-107.5	466	P*-269
266	A*-635	469	A*-878
267	I*-95	470	A*-878
271	B*-977	471	A*-878
273	G*-446	472	A*-878
279	C*-697	474	R*-20
280	F*-110	476	N*-102
284	B*-292	479	B*-600
285	B*-383	482	H*-17
286	B*-625	483	L*-264
289	E*-125	485	H*-461
293	P*-929	500	A*-1210
299	B*-607	505	B*-897

511A	G*-312	650	M*-325
518	B*-583	651	J*-462
532	E*-12	653	S*-654
533	R*-274	654	A*-481
534-36	G*-186	659	G*-504
539	M*-465.5	663	B*-1065
540	R*-117	665	B*-140
545	I*-22	666	R*-73
548	H*-95	669	R*-118
549	R*-282	670	M*-466
550	P*-268	671	G*-593
552	M*-339	673	I*-14
558	J*-268	676	N*-83
560	G*-555	681	A*-1218
564 (I)	G*-176	686	T*-121
564A (III)	G*-176	690	T*-343
565	J*-462	691	A*-1221
569	S*-645	697	A*-248
563	R*-276	698	G*-189
571	R*-275	703	R*-33
577	J*-442	704	B*1334
584	J*-477	707	B*-430
585	N*-212	709	A*-293
592	B*-138	721	P*-103.5
593	P*-463	724	A*-1318
594	G*-678	726	P*-941.6
595	M*-533	727	N*-95.8
597	H*-535	728	N*-95.5
600	J*-110	733	G*-604
604	V*-346	741	A*-1314
605	C*-773	744	T*-421.5
606	A*-397	747	E*-129
615	M*-758	759	L*-228
616	D*-434	764	E*-135
619	A*-398	802	A*-1355
620	C*-774	819	A*-788
626	D*-436	821	A*-788
628	A*-400	853	P*-668
630	J*-133	857	J*-282
631	G*-296	861	A*-1279
632A	C*-923	863	A*-1353
632	B*-24	864	B*-1315
633	D*-427	870	G*-196
639	B*-928	881	L*-151
647	R*-166	887	A*-271
648	J*-462	897	N*-174

898	N*-196.6	1241	T*-170
928	T*-183	1244	T*-542
931	B*-1317	1246	G*-498
966	D*-268	1248	T*-163
968A	M*-401	1280	L*-344
991	P*-157.2	1281	R*-18
995	G*-257	1285	P*-483
1009	A*-1304	1289	F*-130
1021	L*-153	1295	V*-253
1027	T*-179	1303	J*-229.35
1028	T*-175	1305	V*-255
1029	T*-166	1309	E*-149
1030	P*-29.4	1316	M*-186
1032A	P*-34	1321	S*-110
1032	U*-27	1338	C*-311
1033	C*-1018	1353B	T*-181
1045	L*-255.5	1355	A*-286
1046	M*-807	1365	T*-178
1048	B*-133	1366	A*-48
1056	G*-185	1378	M*-216
1058	B*-389	1391	M*-832
1059	F*-264.6	1393	A*-1040
1066	T*-187	1414	S*-457
1068	J*-287	1417	S*-645
1071	J*-289	1464	C*-476
1079	J*-123	1486	A*-1205
1080	R*-349	1493	B*-51
1087	N*-42	1512	H*.73.93
1109A	M*-572.5	1517	R*-336
1113	B*-569	1522	A*-1381
1143	B*-924	1525	R*-215
1162	M*-235	1532	I*-181
1171	A*-627	1539	P*-458
1177	G*-429	1547	J*-316
1179	L*-144	1550	B*-629
1180	N*-172	1553	G*-415
1188	H*-288	1556	G*-711
1189	N*-191	1557	J*-314
1197	R*-17	1570	N*-172.5
1198	H*-203	1577	B*-627
1199	G*-584	1583	O*-1583
1200A	P*-38	1589	J*-481
1200	C*-44	1590	C*-982
1215	A*-244	1591	O*-96
1216A	A*-557	1594	C*-237
1230	H*-322	1632	L*-154

1636	S*-21	1983	A*-871
1638	S*-21	1985	H*-199
1639	V*-284	1988	A*-871
1640	F*-22.7	1990	L*-339
1643	C*-292	1991	G*-494
1644	J*-330	1992	A*-871
1650	B*-341.4	1993	B*-564
1651	B*-960	1995	B*-568
1670	B*-631	1996	D*-422
1673	B*-9	1998	N*-135
1686	H*-217	1999	H*-40
1709	D*-243	2001	D*-380
1712	M*-793	2003 (I)	D*-380
1716	B*-1329	2005	P*-769
1743	V*-324	2008	P*-717
1747-50	A*-960	2010	A*-383
1774	J*-322	2011	D*-380
1778	G*-696	2012	D*-380
1783	B*-1068	2015	C*-725
1784	E*-24.6	2016	A*-383
1804	C*-846	2017	F*-113
1808	K*-26	2018	B*-993
1816	G*-565	2019	A*-383
1859	G*-273	2020	A*-1170
1870	O*-1	2024	A*-383
1876	A*-711	2025	J*-103
1878	I*-16	2027	B*-575
1885	R*112	2028	B*-632
1891	B*-845	2033	J*-569
1912	R*-100	2040	A*-778
1942	R*-150	2040	F*-332
1943	G*-272	2041	B*-613
1944	G*-425	2043	J*-261
1946	H*-502	2046	C*-727
1948	E*-170	2047	P*-50
1951	A*-229	2048	D*-450
1952	G*-191	2049	B*-1001
1955	G*-274	2051	P*-719
1956	H*-154	2060	B*-614
1957	I*-192	2061	J*-581
1958	I*-204	2063	S*-46
1959	R*-5	2066	B*-340
1963	B*-341.8	2067	A*-779
1975	P*-856	2068	P*-486
1979	C*-206	2070	S*-306
1981	A*-871	2080	I*-27

2081	V*-188	2276	G*-716.5
2082	G*-470	2277	G*-717
2083	B*-618	2285	A*-759
2084	S*-307	2294	G*-700
2085	G*-386	2298	S*-113
2086	S*-309	2328	V*-336
2088	A*-543	2330	L*-173
2091	N*-150	2331	V*-338
2093	M*-758	2333	L*-147
2094	D*-438	2336	G*-51
2095	H*-318	2338	B*-992
2102	T*-196	2342	D*-311
2104	I*-170	2345	A*-328
2105	J*-132	2346	A*-412
2111	A*-393	2346	B*-173
2114	C*-665	2350	A*-1435
2115	B*-619	2351	H*-316
2116	J*-664	2352	H*-289
2124	B*-688	2353	H*-38
2128	S*-580	2357	M*-319
2131	J*-219	2359	P*-447
2140	T*-477	2361	M*-755
2144	T*-546	2362	M*-755
2158	M*-749	2363	F*-257
2163	A*-602	2367	A*-876
2185	L*-96	2369	A*-876
2194	T*-184	2370	A*-876
2195	N*-62	2374	S*-47
2196	G*-229	2378	B*-587
2198	J*-575	2381	L*-336
2200	M*-843	2389	I*-167.3
2201	G*-489.8	2393	P*-498
2202	P*-476	2397	M*-632
2203	B*-546	2440	V*-361
2204	B*-628	2452	B*-655
2207	P*-477	2455	T*-210
2211	R*-104.5	2461	T*-236
2227	A*-755	2468	A*-799
2228	V*-363.3	2483	O*-14
2229	T*-503	2484	J*-277
2242	V*-363.3	2485	J*-303
2255A	A*-1158	2486	J*-278
2258	K*-8	2487	J*-283
2268	B*-1166	2488	J*-290
2274	T*-432	2501	A*-218
2275	G*-708	2502	B*-336

2504	P*-249	2893	P*-854
2505	C*-320	2906	S*-415
2518	L*-146	2918	A*-478
2527	A*-217	2923	Q*-7.5
2531	A*-331	2928	A*-1209
2532	A*-235	2936-44	H*-445
2538	J*-91	2945	A*-620
2566	E*-102	2950	W*-55
2574	P*-1076	2951	D*-43
2579	H*-550	2952	A*-623
2610	R*-345	2953	A*-1006
2612	G*-310	2957	A*-997.5
2645	B*-638	2959A	A*-461.5
2653	H*-239	2962	A*-465
2657	J*-39	2963A	C*-982
2658	S*-411	2964	D*-359.6
2675	S*-741	2973	R*-119
2681	H*-505	2974	J*-416
2692	N*-204	2992	J*-30
2702	M*-177	3004A	S*-863
2707	B*-951	3009	M*-409
2712	S*-862	3014	B*-1108
2714	B*-659	3020	B*-247
2750	C*-1014	3021	A*-1010.5
2756	M*-672	3022	B*-1107
2762	M*-673	3028	A*-745
2766	S*-206.5	3030	H*-34
2767	S*-214.5	3037	H*-35
2768	M*-532	3038	B*-1106
2770	T*-506	3041	P*-578
2783	G*-188	3043	B*-1103
2795	E*-38	3048	T*-446
2852	A*-751	3048	T*-446.1
2853	A*-351	3059	B*-1104
2857	T*-365.9	3070	G*-487.5
2862	A*-80	3073	H*-140
2863	B*-360	3075	B*-487.1
2866	N*-26	3077	M*-809
2868	B*-42	3137	M*-183
2870	P*-577	3141	J*-40
2871	L*-102	3163	A*-215.8
2873	H*-33.4	3171	C*-802
2874	T*-48	3193	G*-712
2876	B*-866	3194	P*-258
2882	M*-846	3195	P*-254
2887	N*-21	3197	P*-250

3204A	S*-863	4241	J*-343
3206	J*-185	4248	J*-592
3213	P*-487	4249	J*-555.5
3216	R*-197	4250	J*-547
3220	L*-264	4253	J*-517
3225	C*-164	4280	P*-245
3231	B*-660	4295A	V*-96
3234	B*-662	4295	F*-143
3237	O*-664	4307	T*-20.8
3254	P*-200	4331	T*-221
3265	B*-580.5	4333	B*-206
3270	B*1144.3	4337	B*-225
3271	C*-625.7	4338	G*-368
3639	C*-223	4340	J*-344
3666	B*-765	4343	B*-193
3731	C*-76	4345	B*-201
3762	P*-659	4398	H*-561
3790	T*-511	4400	A*-363
3864	B*-332	4404	H*-4
3878	S*-344	4440	N*-256
3881	V*-271	4501	C*-648
3884	P*-538.3	4508	U*-7
3887	G*-129.5	4526	P*-399
3888	A*-748	4532	P*-922
3921	O*-95	4534	A*-300
3972	C*-199	4541	A*-225
3976	H*-85	4543	A*-281
3978	H*-153	4544	A*-228
3994	C*-753	4552	A*-966
4073	Q*-26	4555	B*-768
4091	G*-363	4559	B*-768
4101	G*-366	4580 (II)	C*-129
4103	T*-198	4585	T*-200
4104	J*-566	4591	J*-655
4112	B*-205	4605	C*-647
4114 (I)	B*-192	4609	S*-68
4114 (II)	B*-200	4636	J*-550
4116	B*-217	4638	J*-596
4117	B*-216	4644	G*-467
4120	G*-452	4652	D*-313
4129	J*-548	4653	D*-313
4177	B*-566	4654	G*-388
4180	B*-612	4660	J*-541.5
4181	B*-612	4661	J*-599
4182	B*-578	4667	C*-933
4197	P*-448	4668	J*-573

4669	B*-223.4	5059	M*-516
4670	J*-588	5061	T*-195
4671	J*-563	5062	T*-195
4672	G*-478.5	5073	B*-1314
4674	J*-600.5	5106	L*302
4676	Z*4	5108	P*-214
4677	B*-288	5116	S*-621
4680	T*-171	5135	S*-797
4686	A*-1044.4	5136	T*-224
4691	B*-579	5160	A*-1315
4695 (I)	P*-49	5168	L*-315
4699	C*-524	5174	A*-192
4701	A*-962	5197	R*-111
4713	S*-5	5216	P*-772
4725	J*-554	5237	V*-66
4734	P*-174.5	5283	S*-436
4735	P*-170.5	5294	P*-591
4737	B*-289	5310	P*-79
4780	T*-400	5314	N*-15
4789	R*-327	5336	P*-798
4793	T*-258	5391	B*-597
4795	V*-291	5399	C*-572
4796	V*-281	5402	F*-190
4797	V*-294	5403	O*-193
4798	V*-286	5404	C*-742
4813	A*-1217	5414	J*-419
4832	C*-937.2	5434	A*-1402
4836	S*-138	5456	O*-200
4837	J*-560	5486	D*-306
4893	E*-122	5488A	A*-86
4905	D*-388	5524	S*-7
4906	D*-388	5537	L*-25
4914	P*-968	5541	T*-145
4917	H*-454	5549	T*-144
4939	P*-938	5551	T*-158
4944	O*-134	5559	J*-216
4945	O*-134	5569	E*-64
4948	P*-385	5570	F*-191
4949	P*-385	5574	C*-767
4954	J*-211	5576	L*-335
4981	J*-570	5629	B*-1301
5028	B*-1305	5636	P*-800
5044	O*-188	5662	C*-521
5045	P*-29	5677	A*-545
5047	P*-502	5695	C*-638
5058	S*-84	5776	B*-793

5828	S*-534	7450	T*-214
5902	B*-186	7451	J*-567
6077	S*-829	7457	R*-9
6131	A*-215	7460	J*-82
6143	F*-157	7461	C*-51
6224	S*-275	7464	P*-83
6405	P*-771	7468	C*-1017
6483	M*-96	7474	T*-219
6490	D*-250	7477	V*-335
6493	S*-796	7478	C*-718
6498	P*-770	7480	B*-986
6499	L*-244	7482	P*-45
6537	A*-85	7483	B*-987
6582	P*-1017	7488	J*-590
6584	B*-464	7489	A*-1241
6605	L*-373	7490	C*-195
6607	S*-345	7491	B*-455
6610	B*-1047	7494	G*-370
6623	S*-825	7495	J*-520.5
6647	A*-938	7498	V*-342
6655	S*-112	7506-08	T*-194
6669	B*-107	7511	B*-999.5
6799	D*-448	7512	C*-732.5
6802	M*-844	7513	J*-528
6868	C*-702	7522	A*-540
6908	E*-127	7526	B*-537
6929	B*-102	7528	A*-1164
6985	P*-608	7533	P*-452
7037	T*-154	7534	A*-1241
7038	B*-56	7537	H*-529
7060	S*-141	7550	T*-283
7061	S*-134	7560	B*-571
7062	S*-131	7561	N*-208
7071A	A*-631	7562	V*-277
7074	C*.996.4	7563	B*-573
7082	A*-638	7571	B*-581
7085A	U*-46	7573 (II)	P*-51
7109	A*-189	7574 (III)	P*-51
7114	C*-994.5	7575 (I)	P*-51
7139	P*-1081	7579	F*-266
7214	C*-961	7580	I*-185
7224	B*-540	7581	A*-1343
7252	T*-367	7583	H*-291
7259	S*-349	7585	A*-1244
7389	B*-170	7586	A*-1345
7449	P*-89	7591	C*-236

7592	A*-551	7738	M*-524
7599	A*-1268	7753	G*-668
7600	R*-154	7760	B*-598
7605	A*-1308	7763	B*-609
7611	C*-235	7768	M*-401.9
7613	B*-610	7772	B*-1097
7615	J*-260	7776	B*-1086
7619A	J*-197	7795	P*-130
7623	G*-714	7803	J*-20
7627	C*-793	7804	W*-68
7628	D*-176	7827	F*-147
7639	P*-593	8206	G*-707.5
7660	P*-490	8507 (I)	B*-184
7664	B*-585	8539A	J*-568.5
7667	C*-233	8547	B*-1009.4
7667	M*-573	8552	P*-759.5
7672	G*-187	8600	B*-492
7673	H*-171	8601	B*-3
7675	M*-91	8603	O*-9
7676	P*-492	8605	O*-13
7678	C*-148	8606	O*-15
7680	A*-780	8616	A*-1428
7681	H*-173	8653	P*-361
7682	G*-692	8737	O*-62.39
7685	H*-317	8807	A*-1279
7687	B*-439	8914	J*-149
7688	P*-453	8938	M*-160
7690	G*-432	8959	V*-203.6
7692	H*-176	8966	L*-141
7695	P*-599.4	8988	A*-665
7697	B*-1002	9005	C*-899
7698	C*-734	9014	S*-101.3
7699	J*-530	9024	H*-143
7701A	M*-54	9095	S*-784
7706	M*-94	9211	V*-131
7709	R*-91	9233	P*-718
7711	E*-44	9274	R*-294.6
7714	J*-461	9281	N*-186.5
7721	B*-1078	9327	A*-1063
7722	G*-690	9378	B*-1144.45
7724	R*-41	9425A	S*-767.05
7729	G*-441	9443	B*524
7730	G*-395	9452	F*-294
7732	G*-407	10062	A*-143
7733	G*-425	10546	C*1022.3
7736	M*-422		

IV) Goff *Census* (nur Abweichungen vom *ISTC*).

Goff	ISTC			
A36	T*-557.9		L393	B*-341.4
A1089	N*-172.5		L396	B*-341.7
A1229	C*-881.6		M413	M*-401.9
B851	N*-103.6		M446+M439	M*-444.5
B580a	B*-580.5		M752	M*-753.5
B1060	B*-1058.5		N48	C*-422.6
C572+C567	C*-572		N97	N*-95.8
D106	D*-108.5		N139	N*-144.4
D107	D*-112.4		N206	N*-196.6
D340	G*-223.6		P101	P*-103.5
E18	E*-26.5		P150a	P*-150.5
E27	E*-24.6		P174a	P*-174.5
F109	F*-107.5		P478	P*-479.1
F219	S*-637.4		P864	P*-865.8
G718	G*-707.5		P838	P*-884.56
G723	G*-716.5		P1031	B*-341.8
H75	H*-73.93		R77	R*-81.6
H327	L*-332.24		S206a	S*-206.5
H396a	H*-396.5		S214a	S*-214.5
I165	I*-167.3		T29	T*-20.8
J69	J*-65.7		T53	T*-55.6
J520a	J*-520.5		T158a	T*-158.4
L81	O*-62.39		T300	M*-371.8
L140a	L*-140.5		T421a	T*-421.5
			U9	U*-7

V) VD 16

VD16	ISTC			
A442	A*-143		H4470	H*-298
A2177	A*551.5		H5122	H*-489.3
A3658	A*1079		H6513	B*-290.3
A3692	B*-175.25		M4439	M*-472.2
A3700	B*-175.4		M5576	M*-663
A4035	A*1205		P3974	P*-884.56
B2579	B*-610		P877	P*-131
B4679	J*-203.7		S8190	C*-1022.3
E4364	G*-664.7		T1592	H*-73.93
E4367	G*-668		W1185	W*-4.1
F250	P*-749.2		ZV12674	P*-884.54

ABKÜRZUNGEN

Abbott	Abbott, T.K. Catalogue of fiftheenth-century books in the Library of Trinity College, Dublin and in Marsh's Library, Dublin, with a few from other collections. Dublin, 1905.
Accurti(1930)	Accurti, Thomas. *Editiones saeculi XV pleraeque bibliographis ignota ...* . Florentiae, 1930.
Accurti(1936)	Accurti, Thomas. *Aliae editiones saeculi XV pleraeque nondum descriptae.* Florentiae, 1936.
Adams	Adams, H.M. *Catalogue of books printed on the continent of Europe, 1501-1600, in Cambridge libraries.* 2 vols. Cambridge, 1967.
AmBCat	Pollard, Alfred W. *Catalogue of books ... from the presses of the first printers, collected by Rush C. Hawkins and deposited in the Annmary Brown Memorial at Providence, Rhode Island.* Oxford, 1910.
Amelung, Frühdruck	Amelung, Peter. *Der Frühdruck im deutschen Südwesten, 1475-1500.* Bd. 1 [etc]. Stutgart, 1979-[in progress].
Amelung, Hellinga Festschrift	Amelung, Peter. ‚Die niederländischen Inkunabeln in der Württembergischen Landesbibliothek in Stuttgart'. *Hellinga Festschrift. 43 studies in bibliography presented to Prof. Dr. Wytze Hellinga ... 1978,* Amsterdam, 1980, pp. 1-27.
Aquilon	Aquilon, Pierre. *Catalogues régionaux des incunables des Bibliothèques publiques de France. Vol. X: Région Centre.* Paris, 1991.
Arnoult	Arnoult, Jean-Marie. *Catalogues régionaux des incunables des Bibliothèques publiques de France. Vol. I: Région Champagne-Ardenne.* Bordeaux, 1979.
Audin	Audin de Rians, S. L. G. E. [Bibliography of the writings of Savonarola], in *Trattato di frate Ieronimo Savonarola circa il reggimento e governo della città di Firenze.* Firenze, 1847.
Badalic(Croatia)	Badalic, Josip. *Inkunabule u Narodnoj Republici Hrvatskoj.* Zagreb, 1952.
Baroncelli, Inc. Quer.	Baroncelli, U. *Gli incunabuli della Biblioteca Queriniana di Brescia.* Brescia, 1970.

BBFN Inc	*Bio-bibliographia franciscana neerlandica ante saeculum XVI.* II: L. Mees. *Pars bibliograhica, Incunabula.* Nieuwkoop, 1974.
Beltrami	Beltrami, R. ‚Incunabuli di biblioteche e archive novaresi'. *Bollettino della sezione di Novara della* R. *Deputazione subalpina di storia patria* 31 (1937) and 33 (1939).
Benzing (Reuchlin)	Benzing, Josef. *Bibliographie der Schriften Johannes Reuchlins im 15. und 16. Jahrhundert.* Bad Bockelt u.a., 1955.
Blomfield, Morton W.	*Incipits of Latin works on the virtues and vices, 1100-1500 A.D.* Cambridge (Mass.), 1979.
BMC	Catalogue of books printed in the XVth century now in the British Museum. Parts I-IX. London, 1908-1962.
BMC(Ger)	Short-title catalogue of books printed in the German-speaking countries and German books printed in other countries from 1455 to 1600 now in the British Museum. London, 1962. (Supplement. London, 1990.)
BMC(It)	Short-title catalogue of books printed in Italy and of Italian books printed in other countries from 1465 to 1600 now in the British Museum. London, 1958.
Bod-inc	A catalogue of books printed in the fifteenth century now in the Bodleian Library. Vols. 1-6. Oxford, 2005
Boh(LB)	Bohatta, Hanns. *Liturgische Bibliographie des XV. Jahrhunderts.* Wien, 1911.
Boh(Parma)	Bohatta, Hanns. *Katalog der liturgischen Drucke des XV. und XVI. Jahrhunderts in der Herzol. Parma'chen Bibliothek in Schwarzau.* 2 Teil. Wien, 1909.
Boh(1924)	Bohatta, Hanns. *Bibliographie des livres d'heures* ... (2nd edition). Wien,1924.
Borchling & Claussen	Borchling, Conrad and Claussen, Bruno. *Niederdeutsche Bibliographie. Gesamtverzeichnis der niederdeutschen Drucke bis zum Jahre 1800.* 3 Bde. Neumünster, 1931-57.
Borm	Borm, Wolfgang. *Incunabula Guelferbytana: Blockbücher und Wiegendrucke der Herzog-August-Bibliothek Wolfenbüttel.* Wiesbaden, 1990.
Bradshaw	Brandshaw, Henry. ‚The printer of Historia S. Albini'. *Memorandum* 1 (February 1868). (Reprinted in: *Collected papers*, ed. F. Jenkinson, Cambridge, 1889, pp. 149-63.)

Breitenbruch	Breitenbruch, Bernd. *Die Incunabeln der Stadtbibliothek Ulm.* Weissenhorn, [1987].
Brussels exhib.1973, cat.	*De vijhonderdste verjaring van de boekdruckkunst in de Nederlanden. Le cinquième centenaire de l'imprimerie dans les anciens Pay-Bas.* Brüssel, 1973.
BSA	Bibliographical Society of America. *The Papers.* Vols. 1 [etc]. 1904/07- [in progress].
BSB-Ink	*Bayerische Staatsbibliothek Inkunabelkatalog.* Bd I [etc]. Wiesbaden, 1988- [in progress].
Buffévent	Buffévent, Béatrix. *Catalogues régionaux des incunables des Bibliothèques publiques de France. Vol. VIII: Bibliothèques de la Région Ile-de-France.* Paris, 1993
Burger(MG&IT)	Burger, Konrad. *Monumenta Germaniae et Italiae typograghica: deutsche und italienische Inkunabeln in getreuen Nachbildungen.* Continued by Ernst Voulliéme. Berlin, [1892]-1916.
C	Coppinger, W. A. *Supplement to Hain's Repertorium bibliographicum,* Part II. 2 vols & Addenda. London, 1898 & 1902. [Siehe auch: HC, HC(Add)].
Camp	Campbell, M.F.A.G. *Annales de la typographie néedlandaise au XV e siècle.* Le Haye, 1874. --- Campell numbers between angled brackets are from the 10th supplement: L. and W. Hellinga. ,Additions and notes to Campell's Annales and GW'. *Beiträge zur Inkunabelkunde,* Dritte Folge, 1 (1965) pp. 76-86.
Camp(I)-(IV)	Campbell, M.F.A.G. *Annales ... ,* 1er-4e suppléments. Le Haye, 1878-1890.
Camp-Kron	Kronenberg, M.E. *Campbell's Annales de la typographie néedlandaise au XV e siècle: contributions to a new edition. I) Additions. II) Losses, doubtful cases, notes.* The Hague, 1956.
Campbell(Maps)	Campbell, Tony. *The earliest printed maps 1472-1500.* London, 1987.
Caronti	Caronti, A. *Gli incunabuli della Biblioteca Universitaria di Bologna.* Bologna, 1889.
CIBN	Bibliothèque Nationale. *Catalogue des incunables.* Tome I fasc 1 (*Xylographes et A*); tome II (*H-Z*). Paris, 1981-92.

Abkürzungen

C(Im)	Copinger, W. A. *Hand list of ... the largest collection in the world of editions of ‚The Imitation' of Thomas à Kempis*. Privately printed, [1908].
C(IVir)	Copinger, W.A. ‚Incunabula Virgiliana'. *Transactions of the Bibliographical Society* 2 (1893-94) pp. 123-226.
Cl	Claudin, Anatole. *Histoire de l'imprimerie en France au XVe et au XVIe siècle*. 4 vols. Paris, 1900-14. *Tables alphabétiques* (rédigées par Paul Lacombe). Paris, 1915, repr. Nendeln, 1971.
Cl(FPPr)	Claudin, Anatole. *The first Paris press. An account of the books printed for G. Fichet and J. Heynlin in the Sorbonne, 1470-72*. London, 1898. (Illustrated monographs issued by the Bibliographcal Society, VI).
Claes	*Bibliographisches Verzeichnis der deutschen Vokabulare und Wörterbücher, gedruckt bis 1600*. Hildesheim, New York, 1977.
Coll(S)	Collijn, Isak. *Katalog der Inkunabeln der Kgl. Bibliothek in Stockholm*. 3 pt. Stockholm, 1914. (*Nyförvärv 1915-1939 jämte tillägg*. Kungl.Bibliotekets Handlingar, Bilagor 5. Uppsala, 1940.)
Coll(U)	Collijn, Isak. *Katalog der Inkunabeln der Kgl. Universitäts-Bibliothek zu Uppsala*. Uppsala, 1907. (Bibliotheca Ekmaniana, 5. [Siehe auch Sallander].
Cook	Cook, Olan V. *Incunabula in the Hanes Collection of the Library of the University of North Carolina*. Enlarged edition. Chapel Hill, 1960.
Coq(Bordeaux)	Coq, Dominique. *Catalogue des incunables de la Bibliothèque municipale de Bordeaux*. Bordeaux, 1974.
Corsten(Anfänge)	Corsten, Severin. *Die Anfänge des Kölner Buchdrucks*. Köln, 1955.
CR	Reichling, Dietrich, *Appendices ad Hainii-Copingeri Repertorium Bibliographicum. Additiones et emendationes*. 6 vols & index. Monachii, 1905-11. (*Supplement*. Monasterii, 1914). [Siehe auch R, HCR].
Dahm	Dahm, Inge. *Aargauer Inkunabelkatalog*. Aarau, 1985.
Dal-Droz	Dalbanne, Claude and Droz, Eugenie. *L'imprimerie à Vienne en Dauphiné au XV e siècle*. Paris, 1930.
Davies	Davies, H.W. *Bernhard von Breydenbach and his journey to the Holy Land 1483-4*. London, 1902.

Davies & Goldfinch	Davies, Martin und John Goldfinch. *Vergil: A Census of Printed Editions 1469-1500.* London, 1992.
DBI	*Dizionario biografico degli italiani.* Roma, 1960- [in progrss].
Deckert	Deckert, Helmut. *Katalog der Inkunabeln der Sächsischen Landesbibliothek zu Dresden.* 80. Beiheft zum ZfB.Leipzig, 1957.
Delisle	Delisle, Léopold. *Chattilly, Le Cabinet des livres: imprimés antérieurs au milieu du XVIe siècle.* Paris, 1905.
DeR(M)	Ricci, Seymour de. *Catalogue raisonné des premières de Mayence (1445-1467).* Mainz, 1911. (Veröffentlichungen der Gutenberg-Gesellschaft VIII-IX).
Dokoupil	Dokoupil, Vladislav. *Soupis prvotisku z fondu Universitní knibovny v Brne.* Praha, 1970.
Eames-Sab(Ptol)	Eames, Wilberforce. *A list of editions of Ptolemy's Geography, 1475-1730.* New York 1886. (Reprinted from: Sabin, Joseph. *A dictionary of books relating to Amerika.* Vol. XVI. New York, 1886, p. 43-87).
Early Herbals	*A catalogue of early herbals mostly from the well-known library of Dr. Karl Becher, Karlsbad.* With an introduction by Dr. Arnold C. Klebs. Nyon Bulletin XII, L'Art Ancien S.A., Zürich, 1925.
Elliott-Loose	Elliot-Loose, Ghislaine *Les incunables des anciens Pays-Bas conservés à la Réseve ... de la Bibliothèque National.* Bordeaux, 1976.
Embach	Embach, Michael. *Die Inkunabeln der Trierer Dombibliothek : ein beschreibendes Verzeichnis mit einer Bestandsgeschichte der Dombibliothek.* Trier, 1995.
Engel-Stalla	Engel, Hermann und Stalla, Gerhard. ‚Die Brüder Johann und Konrad Hist und ihre Drucke'. *Archiv für für Geschichte des Buchwesens* 16 /1976) col. 1649-80.
Ernst(Hannover)	Ernst, Konrad. *Die Wiegendrucke des Kestner Museums ... neu bearbeitet und ergänzt von Christian von Heusinger.* Hannover, 1963.
Ernst(Hildesheim)	Ernst, Konrad. *Incunabula Hildesheimensia.* 2 vols. Hildeshemii, Lipsia, 1908-09.

Essling	Masséna, Victor, Prince d'Essling. *Les livres à figures vénitiens de la fin du XVe siècle et du commencement du XVIe.* 4 vols. Florence, 1907-14.
FairMur(G)	Davies, Hugh Williams. *Catalogue of a collection of early German books in the library of C. Fairfax Murray.* 2 vols. London, 1913.
Fav e Bres	Fave, Mariano und Bresciano, Giovanni. *La stampa a Napoli nel XV secolo.* 2 vols. Leipzig, 1911-12. (Sammlung bibliothekswissenschaftlichen Arbeiten, 32-33).
Feigelmanas	Feigelmanas, N. *Lietuvos inkunabulai.*Vilnius, 1975.
Fernillot	Fernillot, Yvonne. *Catalogues régionaux des incunables des Bibliothéques publiques de France. Vol. XII: Bibliothèque de la Sorbonne.* Paris, 1995.
Ferrarini	Ferrarini, C. *Incunabulorum quae in Civica Bibliotheca Matuana adservantur catalugus.* Mantuae, 1937.
Finger	Finger, Heinz. *Universitäts- und Landesbibliothek Düsseldorf Inkunabelkatalog.* Wiesbaden, 1994.
Fiske	Fowler, Mary. *Cornell University Library: Catalogue of the Petrarch collection bequeathed by Willard Fiske.* Oxford, 1916.
Füssel(Gutenberg)	Füssel, Stephan. *Gutenberg und seine Wirkung.* Frankfurt am Main [u.a.], 1999.
GB Jb	*Gutenberg-Jahrbuch.* Mainz 1926ff.
Geldner(Bamberg)	Geldner, Ferdinand. *Die Buchdruckerkunst im alten Bamberg 1458/59 bis 1519.* Bamberg, 1964
GfT	Gesellschaft für Typenkunde des XV. Jahrhunderts. *Veröffentlichungen.* Leipzig [etc], 1907 ff.
Giglio-Vignono	Giglio, Bruno and Vignono, Ilo. *Incunaboli, cinquecentin ... della Biblioteca capitolare d'Ivrea.* 2 vols. Ivrea, 1989.
Giovannozzi	Giovannozzi, Lucia. *Contributo alla bibliografia delle opere del Savonarola: edizioni dei secc. XV e XVI.* Firenze, 1953.
Girard	Girard, Alain. *Catalogues régionaux des incunables des Bibliothèques publiques de France. Vol.IV: Bibliothèques de la Région Basse-Normandie.* Bordeaux, 1984.

Goff	Goff, Frederick R. *Incunabula in American libraries: a third census of fiftheen-century* ... Millwood (N.Y.), 1973. (Reproduced from the annotated copy of the original edition (New York, 1964) maintained by Goff). (*Supplement.* New York, 1972.)
Goff(P)	Goff, Frederick R. ‚The Postilla of Guillermus Parisiensis'. *Gutenberg-Jahrbuch* 1959 pp.73-78.
Gspan-Badalic	Gspan, Alfonz und Badalic, Josip. *Inkunabule v Sloveniji.* Ljubljana, 1957.
Günt(L)	Günther, Otto. *Die Wiegendrucke der Leipziger Sammlungen und der Herzoglichen Bibliothek in Altenburg.* XXXV. Beiheft zum ZfB. Leipzig, 1909.
GW	*Gesamtkatalog der Wiegendrucke.* Band I [etc.] Stuttgart, etc.,1968- [in progress]. (Vols. 1-7 reproduced with additions and corrections from the original edition (Leipzig, etc., 1925-38)).
GW(Einbl)	*Einblattdrucke des XV. Jahrhunderts: ein bibliographisches Verzeichnis hrsg. von der Kommission für den Gesamtkatolog der Wiegendrucke.* Halle, 1914. (Sammlung bibliothekswissenschaftlicher Arbeiten, 35-36).
GW(Nachtr)	*Nachträge zu Hain's Repertorium Bibliographicum und seinen Fortsetzungen als Probe des Gesamtkatalogs der Wiegendrucke, hrsg. von der Kommission für den Gesamtkatolog der Wiegendrucke.* Leipzig, 1910.
H	Hain, Ludwig. *Repertorium Bibliographicum in quo libri omnes ab arte typographica inventa usque ad annum MD. typis expressi ordine alphabetico vel simpliciter enumerantur vel adcuratius recensentur.* 2 vols. Stuttgartiae, Lutetiae, 1826-38.
Harr(PiBâl)	Harrisse, Henry. *Les premiers incunables Bâlois et leurs dérivés: Toulouse, Lyon, Vienne-en-Dauphiné, etc. 1471-1478.* Paris, 1902.
Hase	Hase, Martin von. *Bibliographie der Erfurter Drucke von 1501-1550.* Dritte Auflage. Nieuw-koop, 1968.
HC	Copinger, W. A. *Supplement to Hain's Repertorium Bibliographicum.* Part I. London, 1895. [Siehe auch C].
HC(Add)	Copinger, W. A. *Supplement to Hain's Repertorium Bibliographicum, Addenda to Part I.* In: Copinger, W. A. *Supplement to Hain's Repertorium Bibliographicum* ... Part II, vol. 2, London, 1902, pp. 235-291. [Siehe auch C].

HCR	Reichling, Dietrich. *Appendices ad Hainii-Copingeri Repertorium Bibliographicum ... Emendationes.* 6 vols. & index. Monachii, 1905-11. (*Supplement*, Monasterii, 1914). [Siehe auch CR, HR, R].
Hellwig	Hellwig, Barbara. *Inkunabelkatalog des Germanischen Nationalmuseums Nürnberg.* Wiesbaden, 1970.
Hillard	Hillard, Denise. *Catalogues régionaux des incunables des bibliothèques publiques de France. Vol. VI: Bibliothèque Mazarine.* Paris, Bordeaux, 1989.
Horch(Rio)	Horch, Rosemarie Erika. *Catálogo de incunábulos da Biblioteca Nacional do Rio de Janeiro.* [Rio de Janeiro], 1956 (Supplemento. *Beiträge zur Inkunabelkunde*, Dritte Folge, 8 (1983) pp. 30-40).
HR	Reichling, Dietrich. *Appendices ad Hainii ... Repertorium Bibliographicum. ... Emendationes.* 6 vols. & index. Monachii, 1905-11. (*Supplement*, Monasterii, 1914). [Siehe auch CR, HCR].
Hubay(Augsburg)	Hubay, Ilona. *Incunabula der Staats- und Stadtbibliothek Augsburg.* Wiesbaden, 1974.
Hubay(Eichstätt)	Hubay, Ilona. *Incunabula Eichstätter Bibliotheken.* Wiesbaden, 1968.
Hubay(Ottobeuren)	Hubay, Ilona. *Incunabula in der Benediktinerabtei Ottobeuren.* Wiebaden, 1970.
Hubay(Würzburg)	Hubay, Ilona. *Incunabula der Universitätsbibliothek Würzburg.* Wiesbaden, 1966.
Hummel-Wilhelmi	*Katalog der Inkunabeln in Bibliotheken der Diozese Rottenburg-Stuttgart.* Bearbeitet von Heribert Hummel und Thomas Wilhemi (= Inkunabel in Baden-Württemberg / hrsg. von der Universitätsbibliothek Tübingen ; 1.) Wiesbaden, 1993.
Hunt	Mead, Hermann R. *Incunabula in the Huntington Library.* San Marino, California, 1937.
IBE	Biblioteca National [Madrid]: *Catálogo general de incunables en bibliotecas españolas.* Coordinado y dirigido por Francisco García Craviotto. 2 vols. Madrid, 1989-1990. (*Adiciones y correcciones.* I-II, Madrid, 1991-94)..
IBP	*Incunabula quae in bibliothecis Poloniae asservantur.* Moderante Alodia Kawecka-Gryczowa. Composuerunt Maria Bohonos und Eliza Sandorowska. 2 vols. Wroclaw, 1970. (Addenda. Indices. Wroclaw, 1993).

IDL	*Incunabula in Dutch libraries.* Editor-in-chief Gerard van Thienen. 2 vols. Nieuwkoop, 1983. (*Supplement* [in preparation]).
IGI	*Indice generale degli inconaboli delle biblioteche d'Italia.* Compilato da T. M. Guarnaschelli e E. Valenziani [et al.]. 6 vols. Roma 1943-81.
IJL	Yukishima, Koichi. *Union catalogue of incunabula Japanese libraries.* Tokyo, 1995.
Inv Ant	*Inventaris van incunabelen gedrukt te Antwerpen 1481-1500.* Antwerpen, 1982.
Jammes	Jammes, Bruno. *Catalogues régionaux des incunables des Bibliothèques publiques de France. Vol VII: Bibliothèque de l'Institut France, Bibliothèque Thiers.* Paris, 1990.
Juntke	Juntke, Fritz. ‚Die Inkunabeln der Marienbibliothek zu Halle'. *Beiträge zur Inkunabelkunde,* Dritte Folge, 5 (1974).
Juntke(Ablassbriefe)	Juntke, Fritz. *Unbekannte Ablassbriefe des XV. XVI. Jahrhunderts.* (In *Zentralblatt für Bibliothekswesen,* 51, 1934. S. 547-555).
Kaeppeli	Kaeppeli, Thomas. *Scriptores Ordinis Praedicatorum medii aevi.* 4 vols. Romae, 1970-93.
Kallendorf	Kallendorf, Craig. *A Bibliography of Venetian Editions of Virgil, 1470-1599.* Firenze, 1991.
Kiselev	Kiselev, N.P. *Inventar' inkunabulov vsesoyuznoi biblioteki imenii V. I. Lenina.* Moskva, 1939.
Klebs	Klebs, Arnold C. *Incunabula scientifica et medica: short title list.* Bruges, 1938. (Reprint from *Osiris*, vol. IV).
Klebs(Hortus)	Klebs, Arnold C. ‚Herbals of 15th century: Hortus sanitas'. BSA 12 (1918) pp. 48-51.
Kocowski	Kocowski, Bronislaw. *Katalog inkunabulów biblioteki uniwersyteckiej we Wroclawiu.* 3 vols. Wroclaw, 1959-77.
Kotvan	Kotvan, Imrich. *Incunábuly na Slovensku.* Matica Slovenska, 1979.
Kron	Campbell's *Annales de la typographie néederlandaise au XV e siècle.* Contributions to a new edition by M E. Kronenberger. The Hague, 1956. (Siehe auch Camp-Kron).

Abkürzungen

Krüger	Krüger, Nilüfer. *Die Inkunabeln der Universitätsbibliothek Rostock. Mit den Inkunabeln der Landesbibliothek Mecklenburg-Vorpommern in Schwerin und der Kirchenbibliothek Friedland* (= Kataloge der Universitätsbibliothek Rostock, 2). Wiesbaden, 2003.
LC(Exhib 15th c)	Library of Congress. *Exhibit of books printed during the XVth century and known as incunabula.* Washington, D.C. 1930.
Lefèvre	Lefèvre, Martine. *Catalogues régionaux des incunables des Bibliothéques publiques de France. Vol. II: Bibliothèques de la région Languedoc-Roussillon.* Bordeaux, 1981.
Lehmann-Haupt	Lehmann-Haupt, Hellmut. *Peter Schoeffer of Gernsheim and Mainz with a list of his surviving books and broadsides.* New York, 1950.
Leuze(Isny)	Leuze, Otto. *Die Wiegendrucke der Bibliothek der Evangelischen Nikolaikirche in Isny.* Stuttgart, 1916
Lokkös(CatBPU)	Lokkös, Antal. *Les incunables de la Bibliothèque de Genève.* Genève, 1982.
Louda	Louda, Jirí. *Soupis prvotisku Universitní knibovny v Olomouci a její pobocky v Kromerízi.* Praha, 1956.
Macf	Macfarlane, John. *Antoine Vérard.* London, 1910. (Illustrated monographs issued by the Bibliographical Society, VII).
Madsen	Madsen, Victor. *Katalog over det Kongelige Biblioteks inkunabler.* 3 vols. København, 1935-63. (P.R. Jørgensen, ‚Nye inkunabler ...'. *Fund og Forskning* 30 (1991) pp. 133-38).
Mambelli	Mambelli, Giuliano. *Gli annali delle edizione virgiliane.* Firenze, 1954. (Biblioteca di bibliografia italiana, 27).
Marston	Marston, Thomas E. *Incunabula in the Yale University libraries.* New Haven, 1955.
Martimort	Martimort, Aimé-Georges. ‚Missels incunables d'origine franciscaine'. *Mélanges liturgiques offerts au R.P. Dom Bernard Botte,* Louvain, 1972, pp. 359-78.
Mendes	Mendes, Maria Valentina C.A. Sul. *Catálogo de incunábulos* [Biblioteca Nacional, Lisbon]. Lisboa, 1988.

Meyer-Baer	Meyer-Baer, Kathi. *Liturgical music incunabula, a descriptive catalogue.* London, 1962.
Mich	Michelitsch, Anton. *Thomasschriften.* Graz & Wien, 1913.
Mittler-Kind	Mittler, Elmar and Helmut Kind. *Incunabula Gottingesia: Inkunabelkatalog der Niedersächsischen Staats- und Universitätsbibliothek Göttingen.* Bd. 1 etc. Wiesbaden, 1995-[in progress].
More Books	*More Books: the Bulletin of the Boston Public Library.* Vol. IV, No. 9 (Nov. 1929) - Vol. XIII, No. 2 (Feb. 1938).
Morg	Thurston, Ada and Bühler, Curt F. *Check list of fifteenth century printing in the Pierpont Morgan Library.* New York, 1939.
Morg(B)	Pollard, A.W. *Catalogue of ... early printed books from the libraries of William Morris, Richard Bennett ... and other sources now forming portion of J. Piermont Morgan.* 3 vols. London, 1907
Mor(P)	Morgan, Morris H. *A bibliography of Persius.* Cambridge (Mass.), 1909. (Bibliographical contributions of the Library of Harvard University, 58).
Nagel	Nagel, Koostanud Olev. *Inkunaablid. Tartu Riikliku Ülikooli Teaduslikus Raamatukogus. Katalog.* Tallin, 1982.
Nentwig	Nentwig, Heinrich. *Die Wiegendrucke in der Stadtbibliothek zu Braunschweig.* Wolfenbüttel, 1891.
Niederdeutsche HSS und Inkunabeln	*Niederdeutsche Handschriften und Inkunabeln: Ausstellung ... der Herzog August Bibliothek Wolfenbüttel (9.-26. Juni 1976).* [Wolfenbüttel], 1976.
Oates	Oates, J.C.T. *A catalogue of the fifteenth-century printed books in the Univerity Library Cambridge.* Cambridge, 1954.
Ohly-Sack	Ohly, Kurt and Sack, Vera. *Inkunabelkatalog der Stadt- und Universitätsbibliothek und anderer öffentlicher Sammlungen in Frankfurt am Main.* 5 vols. Frankfurt am Main, 1966-67.
Osler(IM)	Osler, Sir William. *Incunabula medica: a study of the earliest printed medical books, 1467-80.* Oxford, 1923. (Illustrated monographs issued by the Bibliographical Society, XIX).

Pad-Ink	Hartig, Matthias [et al]. *Die Inkunabeln in der Erzbischöflischen Akademischen Bibliothek Paderborn.* Wiesbaden, 1993.
Panzer	Panzer, Georg Wolfgang. *Annales typographici ab artis inventae origine ad annum MD ... (ad annum MDXXXVI continuati).* 11 vols. Norimbergae, 1793-1803.
Parguez	Parguez, Guy. *Catalogues régionaux des incunables des Bibiothèques publiques de France. Vol.XI: Bibliothèques de la Région Rhône-Alpes I: Ain, Ardèche, Loire, Rhône.* Paris, 1991.
Péligry	Péligry, Christian. *Catalogues régionaux des incunables des Bibliothèques publiques de France. Vol III: Bibliothèques de la Région Midi-Pyrénées.* Bordeaux, 1982.
Pell	Pellechet, Marie. *Catalogue général des incunables des bibliothèques publiques de France.* 3 vols. Nendeln, 1970. (Posthumous section edited by M.-Louis Polain. Reproduced from the copy of the original edition (Paris, 1897-1909) annotated by Polain).
Pell Ms.	Pellechet, Marie and Polain, M.-L. *Catalogue général* ... (Manuscript of later volumes, never published, reproduced from the original now in the Bibliothèque Nationale.) 23 vols. Nendeln, 1970. (The MS number is always quoted first, followed by the number added for the printed edition, which is quoted in parentheses except after 10438 (10196), where the MS numetation ceases, and only printed numbers are given).
Pell(Lyon)	Pellechet, Marie. *Catalogue des incunables des bibliothèques publiques de Lyon.* Lyon, 1893. (Nos. 637-1066 appear in the *Supplément*, by Guy Parguez, Lyon, 1967).
Pell(V)	Pellechet, Marie. ‚Jacques de Voragine: liste des éditions de ses ouvrages publiées au XV. siècle'. *Revue des bibliothèques* Avril, Août-Septembre, 1895.
Pennink	Pennink, R. *Catalogus der niet-Nederlandse drukken: 1500-1540 aanwezig in de Koninklijke Bibliotheek.* Gravenhage, 1955.
Polain(B)	Polain, M.-Louis. *Catalogue des livres imprimés au quinzième siècle des bibliothèques de Belgique.* 5 vols. Bruxelles, 1932-78.

Abkürzungen

Poynter	Poynter, F.N.L. *A catalogue of incunalula in the Wellcome Historical Medical Library*. London, 1964.
Pr	Proctor, Robert. *An index to the early printed books in the British Museum from the invention of printing to the year MD, with notes of those in the Bodleian Library*. 2 vols. London, 1898. 4 supplements, 1899-1902. (Occasional references to Part II, MDI-MDXX, Germany, London, 1903).
Pr(G)	Proctor, Robert. *The printing of Greek in the fifteenth century*. Oxford, 1900. [Illustrated monographs issued by the Bibliographical Society, VIII.]
Pr(T)	Proctor, Robert. *Tracts on early printing: I) List of the founts of type and woodcut devices used by the printers of Southern Netherlands in the fifteenth century*. London, 1895. *II) A note of Eberhard Frommolt of Basel, printer*. London, 1895. *III) Additions to Campbell's Annales ...* .London, 1897. (Reprinted in: *Bibliographical essays*, London, 1905, p. 131-232).
R	Reichling, Dietrich. *Appendices ad Hainii-Copingeri Repertorium bibliographicum. Additiones ...* .6 vols. & index. Monachii, 1905-11. (Siehe auch: CR, HCR, HR).
R(Doctr)	Reichling, Dietrich. *Das Doctrinale des Alexander de Villa-Die: kritischexegetische Ausgabe*. Berlin, 1893. (Monumenta Germaniae Paedagogica, 12).
Redgr	Redgrave, Gilbert R. *Erhard Ratdolt and his work at Venice*. London, 1894. (Illustrated monographs issued by the Bibliographical Society, I).
Rhodes(Oxford Colleges)	Rhodes, Dennis E. *A catalogue of incunabula in all the libraries of Oxford University outside the Bodleian*. Oxford, 1983.
Riedl	Riedl, Mirko. *Katalog prvotisku jihoceskych kniboven*. Praha, 1974.
Rosenwald	*The Rosenwald collection: a catalogue illustrated books and manuscripts, of books from celebrated presses, and of bindings and maps, 1150-1950. The gift of Lessing J. Rosenwald to the Library of Congress*. [Catalogued by Marion Schild; edited by Frederick R. Goff.] Washington, D.C. 1954.
R(Suppl)	Reichling, Dietrich. *Appendices ad Hainii-Copingeri Repertorium bibliographicum: additiones et emendationes. Supplement*. Monasterii, 1914.[Siehe auch HCR, CR, R].

Samm	Saam, Dieter. *Albrecht Kunne aus Duderstadt. Der Prototypograph von Trient und Memmingen und die Produktion seiner Offizinen (ca. 1474-1520).* Freiburg i. Br., 1990.
Sack(Freiburg)	Sack, Vera. *Die Inkunabeln der Universitätsbibliothek und anderer öffentlicher Sammlungen in Freiburg im Breisgau und Umgebung.* 3 vols. Wiesbaden, 1985.
Sajó-Soltész	Sajó, Géza and Soltész, Erszébet. *Catalogus incunabulorum quae in bibliothecis publicis Hungariae asservantur.* 2 vols. Budapestini, 1970.
Sallander	Sallander, Kurt. *Katalog der Inkunabeln der Kgl. Universitäts-Bibliothek zu Uppsala. 1) Neuerwerbungen seit dem Jahr 1907.* Uppsala, 1953. (Biblitheca Ekmaniana, 59). *2) Neuerwerbungen der Jahre 1954-64.* Uppsala, 1965. (Bibliotheca Ekmaniana, 63). [siehe auch: Coll (U)].
Sander	Sander, Max. *La livre à figures italien depuis 1467 jusqu'en 1530: essai de sa bibliographie et de son histoire.* 6 vols. Milan, 1942.
Schäfer	Arnim, Manfred von. *Katalog der Bibliothek Otto Schäfer, Schweinfurt. Teil I: Drucke, Manuskripte und Einblattdrucke des 15. Jahrhunderts.* Stuttgart, 1984.
Schilling	Schilling, F. *Die Wiegendrucke in Coburg.* Coburg, 1954.
Schmidt	Schmidt, Charles. *Répertoire bibliographique strasbourgeois jusque vers 1530.* 8 parts. Strasbourg, 1893-97.
Schmitt	Schmitt, Anneliese. ‚Die Incunabeln der Deutschen Staatsbibliothek zu Berlin im Anschluß an Ernst Vouilliéme. I) Der Katalog der in der Deutschen Staatsbibliothek zu Berlin vorhandenen Inkunabeln. II) Die Inkunabeln der Preußischen Staatsbibliothek: Neuerwerbung der Jahre 1927-45'. *Beiträge zur Inkunabelkunde*, Dritte Folge, 2 (1966). [Siehe auch Voull(B)].
Schorbach	Schorbach, Karl. *Der Strassburger Frühdrucker Johann Mentelin (1458-1478): Studien zu seinem Leben und Werke.* Mainz, 1932.
Schorbach and Spirgatis	Schorbach, Karl and Spirgatis, Max. *Heinrich Knoblochzer in Strassburg (1477-1484).* Strassburg, 1888.

Abkürzungen

Schr	Schreiber, Wilhelm Ludwig. *Manuel de l'amateur de la gravure sur bois et sur métal au XVe siècle. Tom. 5: Un catalogue des incunables à figures imprimès en Allemagne, en Suisse, en Autriche-Hongrie et Scandinavie*. 2 parts. Leipzig, 1910-11.
Schramm	Schramm, Albert. *Der Bilderschmuck der Frühdrucke, fortgeführt von der Kommission für den Gesamtkatalog der Wiegendrucke*. 23 vols. Leipzig, 1920-1943.
Schubert, Olmütz	Schubert, Anton. *Die Wiegendrucke der Studienbibliothek zu Olmütz vor 1501*. Olmütz, 1901.
Schüling	Schüling, Hermann. *Die Inkunabeln der Universitätsbibliothek Giessen*. Giessen, 1966.
Schullian	Schullian, Dorothy M. and Sommer, Frances E. *A catalogue of incunabula and manuscripts in the Army Medical Library*. New York, [1948?].
Schwenke, DK-Type	Schwenke, Paul. *Die Donat- und Kalender-Type. Mit einem Abdruck des Donattextes nach den ältesten Ausgaben*. Mainz, 1902. (Veröffentlichungen der Gutenberg-Gesellschaft, II).
Sélestat	Walter, Joseph. *Ville de Sélestat: catalogue général de la Bibliothèque Municipale. Pt. 3: Incunables XVIme siècle*. Colmar, 1929.
Sheppard	Sheppard, L.A. *Catalogue of the XVth century books in the Bodleian Library*. [Unpublished MS, 1954-71].
Smith (RaraAR)	Smith, David Eugene. *Rara arithmetica: a catalogue of the arithmetics written before the year MDCI with a description of those in the library of George Arthur Plimpton*. Boston and London, 1908.
Speck (Petrarca)	*Francesco Petrarca : 1304-1374; Werk und Wirkung im Spiegel der Bilioteca petrarchesa Reiner Speck* / hrsg. von Reiner Speck und Florian Neumann. Köln, 2004.
Spital (Ritualien)	Spital, Hermann Josef. *Der Taufritus in den deutschen Ritualien von den ersten Drucken bis zur Einführung des Rituale Romanum*. Münster, 1968. (Mit Bibliographie der Ritualien S. 212-284).
St Gallen	Scherrer, Gustav, *Verzeichnis der Inkunabeln der Stiftsbibliothek von St. Gallen ...* . St. Gallen, 1880.
Stillwell, Beginning	Stillwell, Margaret Bingham. *The beginning of the world of books 1450-1470*. New York, 1972.
Sudhoff	Sudhoff, Karl. *Deutsche medizinische Inkunabeln*. Leipzig, 1908.

TFS	Type Facsimile Society. *Publications.* Oxford, 1900-09.
Thach	Ashley, Fredeick W. *Library of Congress: Catalogue of the John Boyd Thacher collection of incunabula.* Washington, D.C.1915.
Torchet	Torchet, Louis. *Catalogues régionaux des incunables des Bibliothèques publiques de France. Vol. V: Bibliothèques de la Région des Pays de la Loire.* Bordraux, 1987.
Van der Vekene	Van der Vekene, Emil. *Katalog der Inkunabeln der Nationalbibliothek Luxemburg.* Luxemburg, 1970.
Van der Vekene (Hochfeder)	Van der Vekene, Emil. *Kaspar Hochfeder.* Baden-Baden, 1974. (Blitheca Bibliographica aureliana, 52).
VD 16	*Verzeichnis der im deutschen Sprachbereich erschienen Drucke des XVI. Jahrhunderts.* Stuttgart, 1983- [in progress]..
VE 15	Eisermann, Falk. *Verzeichnis der typographischen Einblattdrucke im Heiligen Römischen Reich Deutscher Nation.* Wiesbaden, 2004.
Verfasserlexikon 2	*Die deutsche Literatur des Mittelalters. Verfasserlexikon.* 2. völlig neu bearb. Auflage ... . Berlin, 1978- [in progress].
Veyrin-Forrer (Sorbonne)	Veyrin-Forrer, Jeanne. ‚Aux origines de l'imprimerie française: l'atelier de la Sorbonne et ses mecènes'. *L'art du livre à l'Imprimier Nationale,* Paris, 1973, pp. 32-53 (reprinted in: *La lettre et le texte,* Paris, 1987, pp. 161-88).
Voull (B)	Voulliéme, Ernst. *Die Inkunabeln der Königlichen Bibliothek (Preussischen Staatsbibliothek) und der anderen Berliner Sammlungen.* XXX. Beiheft zum ZfB. Leipzig, 1906. (Mit drei Supplementbänden: 1914, 1922, 1927. Siehe auch Schmitt).
Voull (Bonn)	Voulliéme, Ernst. *Die Inkunabeln der Königlichen Universitäts-Bibliothek zu Bonn.* XIII. Beihelft zum ZfB. Leipzig, 1894.
Voull (K)	Voulliéme, Ernst. *Der Buchdruck Kölns bis zum Ende des fünfzehnten Jahrhunderts.* Bonn, 1903. (Gesellschaft für Rheinische Geschichtskunde. XXIV).
Voull(Trier)	Voulliéme, Ernst. *Die Inkunabeln der öffentlichen Bibliothek und der kleineren Büchersammlungen der Stadt Trier.* XXXVIII. Beiheft zum ZfB. Leipzig, 1910.

Walsh	Walsh, James E. *A Catalogue of the fiftheenth century printed books in the Harvard University Library*. 5 vols. Binghampton, NY, Tempe AZ, 1991-1995.
Walt	*Incunabula typographica: a descriptive catalogue of the books printed in the fifteeth century (1460-1500) in the library of Henry Walters*. Baltimore, 1906.
Weale	Weale, W. H. James, *Bibliographia liturgica: catalogus missalium ritus latini ab anno M.CCCC.LXXV. impressorum.* Londini,1886.
Weale-Boh	--- Iterum edidit H. Bohatta. Londoni, 1928.
Wehmer(Buchdrucker)	Wehmer, Carl. *Deutsche Buchdrucker des fünfzehnten Jahrhunderts.* Wiesbaden, 1971.
Wiegrefe	Wiegrefe, A.W. *Die Wiegendrucke der Oberschule für Jungen in Stadthagen.* Bückeburg, 1940.
Wilhelmi	Wilhelmi, Thomas. *Inkunabeln in Greifswalder Bibliotheken: Verzeichnis der Bestände der Universitätsbibliothek Greifswald, der Bibliothek des Geistlichen Ministeriums und des Landesarchivs Greiswald.* Wiebaden, 1997.
Will	Will, Erich. *Decreti Gratiani incunabula.* Bononiae, 1959. (Studia Gratiana, 6).
Zehnacker	Zehnacker, Françoise. *Catalogues régionaux des incunables des Bibliothèques publiques de France. Vol.XIII: Région Alsace.* Bordeaux, 1997.
ZfB	*Zentralblatt für Bibliothekswesen.* Leipzig, 1884-1990. (Von 1884-1903 *Centralblatt* ...).